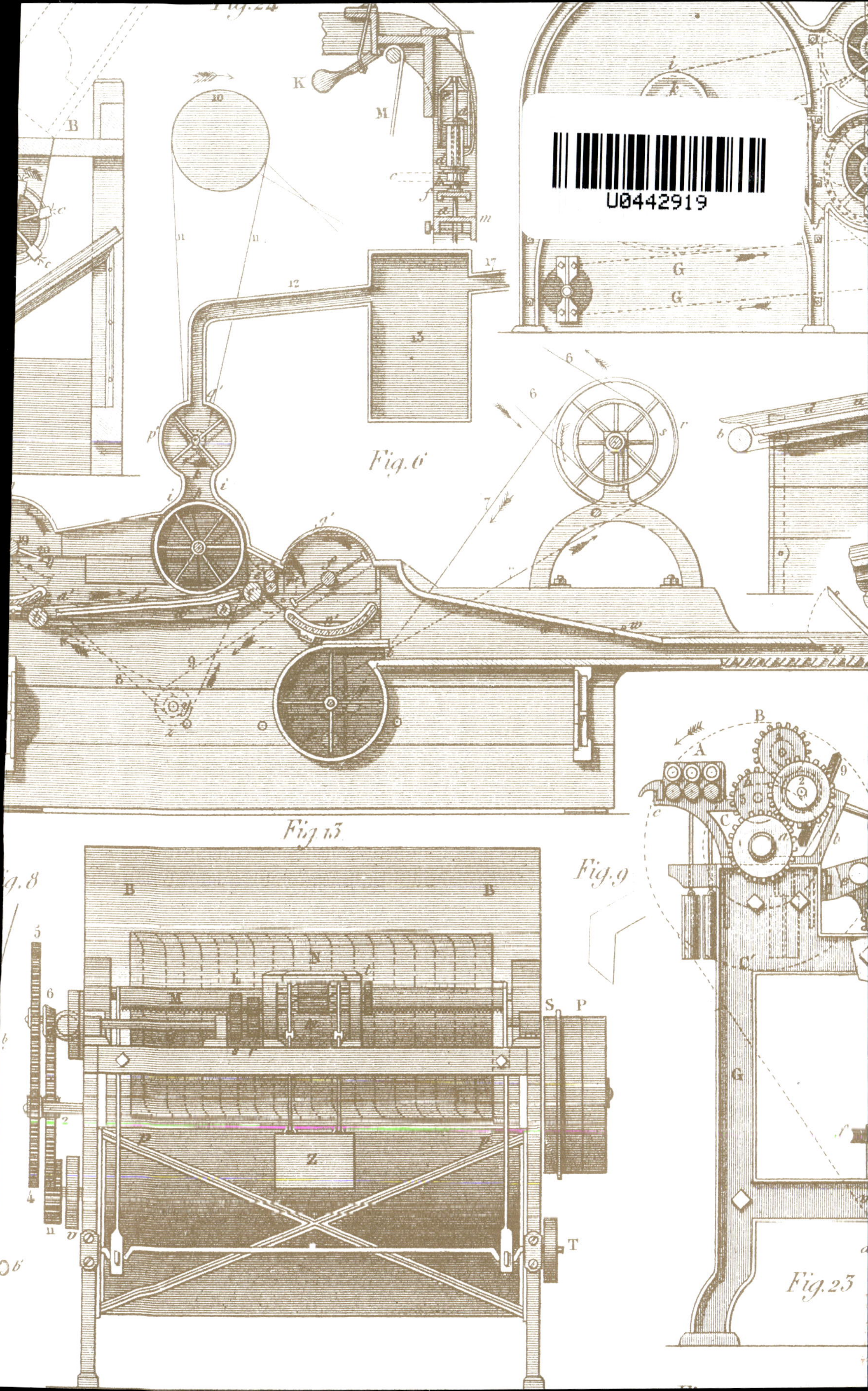
Fig.24
Fig.6
Fig.13
Fig.9
Fig.8
Fig.23

后浪出版公司

Empire of
Cotton
A Global History

Sven Beckert

棉花帝国
一部资本主义全球史

Sven Beckert

[美]斯文·贝克特 著　徐轶杰 杨燕 译

民主与建设出版社
·北京·

本书推荐

学识渊博，令人惊叹。

——奥尔罕·帕慕克

迷人而深刻……全球史就应该这么写。

——埃里克·方纳，美国历史学家

非常出色……《棉花帝国》经过深入研究，可读性强，对全球资本主义的无情扩张提供了新的见解。贝克特的文字优美，论点清晰而引人注目，不仅描绘了棉花资本主义的扩张……还写到了农田中的奴役劳工和工厂中受薪工人的状况。一项惊人的成就。

——托马斯·本德尔，《纽约时报》

非常重要……这是一项重要的学术研究，在对棉花这一商品的研究中，在短期之内无人超越。正如贝克特所说，棉花产业是工业革命的"发射平台"。

——亚当·霍克希尔德，《纽约时报书评》

惊人的全面，信息丰富，同时还发人深思。

——格伦·阿尔茨舒勒，《塔尔萨世界报》

有说服力……太棒了……贝克特的详细叙述没有遗漏一点棉花行业的丰富多彩的性质，同时还描述了棉花业对许多不同社会的影响。

——温迪·史密斯，《波士顿环球报》

《棉花帝国》证明斯文·贝克特是真正的全球历史学家中的新精英之

一。今天的学术史很少是为公众写的。《棉花帝国》超越了这一障碍，不仅可以被学者和学生阅读，也适合普通知识阶层读者阅读。这本书在主题处理上丰富多彩。这本书结构非常优雅，原始资料和二手资料的使用令人印象深刻，内容多样。对国际趋势的概述与令人难忘的事件交替出现……贝克特的书让我希望有一部续作。

——丹尼尔·沃克·豪，《华盛顿邮报》

意义重大，非常漂亮……《棉花帝国》是今年最好的非虚构图书之一。

——卡伦·朗，《新闻日报》

引人注目……贝克特令人信服地展示了欧洲贪婪的棉纺织品贸易是如何促成资本主义的出现的，在滋养棉花帝国的诸多实践与当今大型国际零售商生产商品的类似要素之间，建立了清晰的联系。那些渴望更多了解奴隶制在欧洲、非洲和美洲是如何和为何盛行的人会发现这本书非常有启发性。更好的是，那些从棉花帝国的遗产中受益、认为剥削和奴役工人相当令人不安的后人，将从中发现更多的灵感，可以努力实现一个更加公正和公平的社会。

——露丝·西蒙斯，布朗大学名誉校长

在智力上雄心勃勃……历史学家的杰作。

——提摩太·申克，《国家》

一部非常详细、发人深思的作品。

——《书目》

分量大、信息丰富、引人入胜……贝克特的叙事技巧让资本主义的故事对所有读者都能保持新鲜和有趣。

——《出版商周刊》

贝克特对棉花经济的近距离研究为资本主义研究提供了一个有价值的模型，在资本主义经济体系中，奴隶制和殖民主义不是孤立的，而是整体的一部分……有价值的贡献。

——《柯克斯评论》

目 录

中文版序一 　　　　　　　　　　　王希　1
中文版序二 　　　　　　　　　　　仲伟民　15

绪　论 　　　　　　　　　　　　　　　1
第1章　一种全球性商品的兴起 　　　　13
第2章　缔造战争资本主义 　　　　　　33
第3章　战争资本主义的收益 　　　　　57
第4章　攫取劳动力和土地 　　　　　　80
第5章　奴隶制盛行 　　　　　　　　　93
第6章　工业资本主义起飞 　　　　　　125
第7章　动员劳动力 　　　　　　　　　156
第8章　棉花全球化 　　　　　　　　　177
第9章　一场震荡世界的战争 　　　　　214
第10章　全球重建 　　　　　　　　　　240
第11章　大破坏 　　　　　　　　　　　270
第12章　新棉花帝国主义 　　　　　　　291
第13章　重回全球南方 　　　　　　　　321
第14章　结语：经线和纬线 　　　　　　358

注　释 　　　　　　　　　　　　　　　370
出版后记 　　　　　　　　　　　　　　486

中文版序一

斯文·贝克特（Sven Beckert）教授的著作《棉花帝国：一部资本主义全球史》于2015年在美国出版，随即获班克罗夫特最佳美国史著作奖，被《纽约时报》列为十大重要著作之一，三年内被译成至少九种文字出版。[1] 后浪出版公司推出本书中文简体字版，以飨国内读者，再度扩大本书的读者范围。在推特和微信的时代，一部六百页厚重的史学作品能拥有如此的阅读人气，实属罕见。

贝克特教授原籍德国，在汉堡大学接受本科训练，20世纪80年代后期到美国哥伦比亚大学历史系攻读美国史，博士论文研究的是19世纪纽约市金融资本发展史，后由剑桥大学出版社以《金钱大都市：纽约市与美国资产阶级的成型》出版。[2] 哥伦比亚大学毕业之后，贝克特前往哈佛大学历史系和商学院任教，在资本主义史和全球史两个领域内同时发力，成果丰硕，成为学界翘楚。《棉花帝国》是他多年跨国研究的结果，也是上述两个领域完美结合的典范之作。在哥伦比亚大学读研究生期间，我与斯文是先后同学，我比他入学早，选课时不曾相遇，但因同属19世纪美国史方向而相识。后浪出版公司史文轩编辑来信，约我向国内读者介绍斯文的作品，我感到很荣幸。碰巧的是，本书译者之一徐轶杰博士也是老朋友。我们2005年夏在北大美国史讲座上认识，讨论的话题正是"美国史研究的全球化"。我与斯文、轶杰在不同的时空背景中结识，不曾想到有

---

[1] 根据贝克特教授网页介绍，该书自出版后已经被译成日文、韩文、土耳其文、俄文、意大利文、希腊文、德文和西班牙文版。中文繁体字版见：斯温·贝克特著，林添贵译：《棉花帝国：资本主义全球化的过去与未来》，台北：远见天下文化出版股份有限公司，2017年。

[2] Sven Beckert, *The Monied Metropolis: New York City and the Consolidation of the American Bourgeoisie* (Cambridge University Press, 2001).

一天斯文的写作会将我们连接起来。在感叹世界变小的同时，我对他讲述的棉花经济全球化的故事也有了更切身的理解：将不同时空中原本互不关联的人事网络连接在一起，在此基础上建构一种共时性（synchrony）新秩序，这也许就是全球化的内容，而发明和不断更新这种"新秩序"则是资本主义在过去数个世纪的工作。

《棉花帝国》写于当代，谋篇布局却处处透出一种古典史诗的宏大气势。故事从古代的棉花种植开始，穿越欧洲创造的三个"棉花帝国"时期，一直写到20世纪棉花产业重返亚洲时结束，跌宕起伏、波澜壮阔。贝克特也是一位雄心勃勃的作者，在本书十四个篇章中讨论了诸多问题，但他的核心问题主要有三组：（1）棉花为何在过去三百年中成了世界经济中最为成功的一种商品？（2）发端于欧洲的资本主义为何能够借助棉花而生长成为一种全球性经济体制，不仅制造了当今世界经济的南北大分流，而且还不可逆转地改变了大多数人类的行为方式？（3）棉花经济与全球化的关系是什么？棉花经济的全球化是如何发生的？推动它发生和演变的动力和机制是什么？换言之，贯穿《棉花帝国》全书的是三个关键词：棉花、资本主义和全球化。其中的每一个词都可以写成一部历史，《棉花帝国》也的确讲述了这三种历史，但它不是一种简单的拼装或叠加，而是一部将三种历史交融为一体的、具有自身逻辑的新历史。贝克特称，他讲述的是"一个欧洲主导的棉花帝国的兴衰故事",[1]但隐藏在这个故事背后的却是一部资本主义全球化的历史。

书写这样一部历史，作者面临的最艰巨的挑战是史料的突破。《棉花帝国》的时间跨度上千年，主要集中在17至20世纪之间的三百年，空间覆盖则将除南北两极之外的主要大陆和海洋包括在内；内容上，除了棉花种植、棉纺工业和棉产品市场的世界历史之外，本书也覆盖了不同阶段的资本主义体系的建构与运作；除此之外，作者当然没有忽略被卷入到不同"棉花帝国"网络中的参与者——包括被贩卖到美洲的非洲奴隶、被强行驱逐离开家园的土著印第安人、武装押运奴隶的远洋贸易商、加勒比海

---

[1] Sven Beckert, *Empire of Cotton: A Global History* (New York: Alfred A. Knopf, 2015), xi. 本文使用的引语和页码皆来自该书的英文原版。

地区和美国南方的种植园主、英国工业革命的发明家、欧洲棉纺厂的厂主与工人、棉花交易市场的金融投机家、殖民主义国家的官僚、全球南方（Global South）的贫苦棉农和当地的"民族资本家"等。所有这些群体的经历都是棉花帝国故事中不可被简化的一部分。也就是说，为了写作这部著作，哪里有棉花，哪里有资本主义，作者的研究足迹就必须抵达哪里。我们由此可以想见作者在史料收集、筛选、分析和组织方面的工作量之巨大。《棉花帝国》英文版约四分之一的篇幅（140页）是注释，有些注释写得非常详细，本身就是一篇专业论文。纵观全书呈现的不同时代的棉花经济信息，纵观作者对来自不同国家和不同语言的原始材料和学术史的梳理和使用，令人不能不对他的知识功底、语言能力以及对新史料的想象能力表示由衷的敬佩。对于全球史领域的同行来说，《棉花帝国》树立了一个研究质量的标杆：真实的全球史研究必须要有全球性范围的史料的支撑。

方法论的创新是《棉花帝国》成功的另外一个主要原因。全球史的叙事框架给了贝克特一个有效的视角，帮助他把棉花资本主义的叙事带出国家史和地方史的局限，但并没有割裂新叙事与国家史和地方史之间的深刻联系。相反，当我们熟悉的一些历史发展——包括地理大发现、欧洲帝国对美洲的争抢、跨大西洋贩奴贸易、英国和欧洲的棉纺技术革命、资本主义贸易和金融体制的形成、近代无产阶级的形成、殖民主义和去殖民化运动在全球南方的兴起等——被"统合"到棉花资本主义全球化的叙事框架之下时，我们看到了这些"地方性"（local）的历史与全球史之间的联系，也看到了它们相互之间在一个更大网络中的相互关联。贝克特把呈现"资本主义的大转型"设定为他的写作目标，全球史叙事框架帮助他实现了这一目标。[1] 在这个框架下，棉花帝国的故事犹如一部宏大的交响乐章，在资本主义全球化的主旋律下，各种相关的历史变奏曲都在其中得到了恰到好处的演绎。

对"资本主义"概念的改造是本书方法论上的另一个亮点，也是贝

1　Beckert, *Empire of Cotton*, xv.

克特对资本主义历史研究的一个重要的原创性贡献。经典马克思主义十分看重"工业资本主义"（industrial capitalism），以至于人们也时常将之认为是资本主义历史的唯一或全部内容。贝克特在《棉花帝国》中介绍了两个新的概念："战争资本主义"（war capitalism）和"全球资本主义"（global capitalism），分别用来描述18到19世纪"工业资本主义"前后的资本主义历史阶段。具体说，"战争资本主义"指从15世纪末地理大发现后到18世纪后期棉纺技术革命开始之前这一时段的资本主义，"全球资本主义"则用来描述19世纪后期欧洲殖民主义和帝国主义对非西方国家的侵入到20世纪中叶亚非拉民族解放运动的兴起这一时段的资本主义。这样的处理意义何在？一些熟悉马克思和列宁关于资本主义论述的读者可能会认为贝克特的两个新概念分别与马克思讲的"资本原始积累阶段"和列宁的"帝国主义阶段"相重合，新瓶装旧酒，并无特别的新意。我不这样认为。我更愿意认为这是贝克特对资本主义历史研究的一种方法论上的改造。当然，将战争资本主义、工业资本主义和全球资本主义排列在一起，构成资本主义发展的三个阶段，与三种不同形式的"棉花帝国"相呼应，为《棉花帝国》创造了一种有效的叙事逻辑。我认为，贝克特的用意远不止于如此。他的更深用意在于展示，资本主义的历史要比我们理解的更长，也更复杂，而且资本主义的历史远未结束。通过新概念的使用，我们看到不同阶段的资本主义共同分享一些本质性的特征——包括暴力的使用、对外部领土资源的占有、对不同空间的劳动力队伍的重组、跨国网络的建设以及资本势力与"国家"的结盟等。这些特征并不是在工业资本主义时代才出现的，而是起源于战争资本主义时代，并在工业资本主义时代和全球资本主义时代继续得以使用，只是方式不同而已。贝克特的新概念还扩大了资本主义历史的参与者队伍，不同阶段的资本主义的受益者和受害者都纳入到叙事中，一方面展示为先前那种"看似更为高尚、更为纯净的资本主义发展史"所排斥的内容，[1]另一方面也展示棉花帝国的历史从一开始就充满了各种形

---

[1] Beckert, *Empire of Cotton*, xviii.

式的和在各种层次上的冲突与斗争。

强调"国家"在棉花资本主义全球化过程中所扮演的角色是贝克特方法论的另一个亮点。对利润的追求无疑是棉花资本主义发展的动力，但"棉花帝国"必须依附一定的"国家"体制才能运作。在贝克特的叙事中，无论是在棉花帝国的哪一个阶段，我们都能看到"国家"的身影，也总是看到"国家"与资本的结合。早期欧洲帝国对美洲殖民地的占领和瓜分，为欧洲定居者和商人积累财富创造了条件。同样，在殖民主义和帝国主义时期，欧洲国家也是以维护"国家利益"为名获得了非西方国家的土地、劳动力和市场资源。与此同时，"国家"对内建立法治和对私人产权的保护，创造带有保护性的经济秩序，对外则采取野蛮方式，无视他人的利益。资本主义与"国家"的联姻与互动是资本主义得以发展的前提条件，也是西方国家得以转型的前提条件。正如贝克特所说，"随着国家开始扮演越来越中心的角色，越来越以延续性最坚韧、权威最为强大的和发展最为迅速的体制出现的时候，"资本势力与国家的结合便越来越成为双方都需要的选择。因为有"国家"的"有形之手"，发端于欧洲的资本主义才能后来居上，在世界经济的"大分流"中成为拥有特权的发达国家。当"国家"内部的政治构成发生变化的时候——譬如工人阶级获得参与政治的机会，或殖民地国家的精英要求获得独立等——"国家"与资本的关系也将发生变化。所以，在棉花资本主义走向全球化的过程中，"国家"不仅是"棉花帝国"的建构者和参与者，也可能成为它的终结者。"国家"和"国家行为"是我们理解全球化进程的关键。

在这样的语境下，贝克特为我们讲述了一个"长资本主义"（long capitalism）的故事，而居于这个故事的中心位置的是棉花。为什么是棉花而不是其他东西？为什么是"棉花帝国"而不是其他什么帝国？贝克特称，棉化之所以成功是因为它"将不同大陆连接在一起"，创造了"一个关于土地、劳动力、运输、生产和销售的全球性网络"。棉花将"看似对立的各方带到统一平面之上"，促成了一种新的经济秩序的产生。这个被贝克特称作"多元统合"（unity of the diverse）的过程就是棉花资本主义秩序得以建立的过程。[1]原来散乱无序的不同网络被统一到棉花帝国的中心网络中来，从而建构起一种利润生成和利益共享的新体制：英国利物浦棉花交易所的股市与美国密西西比州棉花种植园主的收入、新罕布什尔州或达卡纺织工人的未来与曼彻斯特与利物浦之间的铁路的修建等因为棉花而被连接起来。但棉花帝国并不是稳定的或一成不变的，事实上，它始终处于变动、不稳定和矛盾之中，正如贝克特指出的，"世界经济空间组合的变动不居是过去三百年来的一种普遍特征。"正是因为如此，棉花帝国的历史为我们"提供了理解现代世界一系列问题的关键"，帮助我们理解现代世界的构成，它所背负的巨大不平等的来源以及资本主义为何和如何始终不断变化的"政治经济学"。[2]

"多元统合"是一个有效的概念，贝克特在全书中多次使用它来描述"棉花帝国"和资本主义的运作。棉花资本主义从16到20世纪的演变大致可以分为三个时段，每一个阶段都有特定的全球政治与经济背景，位于这种背景之中的不同的资本主义网络通过"多元统合"建构了一种更大、更复杂的政治经济网络，在这些网络的基础上，不同的"棉花帝国"得以产生，并反过来推进资本主义全球化进程的发生。

《棉花帝国》的第1至第5章集中描述第一个"棉花帝国"在战争资本主义时代的创建和运作。古代的棉花种植起源于南亚、中美洲和东部非洲，在区域经济中"扮演重要的角色"，[3]但无论是种植、纺织生产还是使用，都是在相互隔绝的环境之中进行的，没有产生跨区域的影响力。即便在种棉技术于12到14世纪传入欧洲之后，因为欧洲人无法控制原棉的生产与贸易，棉花也没有成为"全球商品"。

15世纪末的地理大发现以及随之而来的跨大西洋贸易网络的建立开启了"战争资本主义"时代，改变了棉花的命运。在随后的两个世纪中，欧洲人企图进入亚洲内部，创建一个交易网络，然后将此扩展到亚洲之外，但并不成功。另一方面，欧洲帝国在美洲开启了"世界上最大

1　Beckert, *Empire of Cotton*, xix-xx.

2　Beckert, *Empire of Cotton*, xxi, xviii.

3　Beckert, *Empire of Cotton*, 22.

规模的土地掠夺",[1]凭借对远洋航行技术的掌握和武装航运的暴力,建立起一个全新的连接美洲、欧洲和非洲的贸易网络。跨大西洋商业网络的创建是一次对不同空间的劳力资源的大规模重组,也是对全球市场的重塑,其结果是创造了"一个组织化的、具有全球规模的等级分明帝国"。[2]跨国贸易网络并非只是敢于冒险的武装商人的创造,它同时也是帝国争霸的结果。欧洲帝国一方面用暴力强占印第安人土地,准允和保护跨大西洋的贩奴贸易,另一方面在内部致力于建构保护私人产权的法治,通过开启保险业、金融业和运输业,创造一个有利于商业资本主义运作的环境。

这种战争资本主义的双轨制实践为塞缪尔·格雷格(Samuel Greg)在18世纪后期的棉纺工业技术发明展示其潜在的革命意义奠定了基础。格雷格对水力纺纱机(water frame)的使用成倍地提高了效率,为英国棉纺工业革命的起飞提供了技术支持。技术革新与战争资本主义创造的全球贸易体制相结合,推动了"一种新型资本主义"的生长,[3]也赋予了格雷格为自己和英国创造前所未有的财富的特殊权力。只有读到这里,我们方能理解贝克特为何花大量篇幅去讨论战争资本主义和强调"多元统合"的重要。英国(以及欧洲)的率先"崛起",除了拥有武力、经验和知识之外,还因为它创造了一个"组织化的、被监管的和被控制的生产过程"。[4]英国和欧洲对不同的资源和为控制这些资源而建立的不同网络——包括加勒比海的棉花种植园、从非洲强行贩运而来的奴隶劳动力、大西洋沿岸的市场、组织化的远洋运输、国内棉纺工业、银行和金融行业等——的统合和控制,对其成为工业革命的领袖至关重要。

战争资本主义创造了第一个"棉花帝国"——准确地说,是支撑棉花资本主义的全球经济网络,与此同时,棉花资本主义的发展反过来又进一步刺激了"棉花帝国"中各个部分的发展。美洲大陆的欧洲殖民者

1　Beckert, *Empire of Cotton*, 31.
2　Beckert, *Empire of Cotton*, 38.
3　Beckert, *Empire of Cotton*, 60.
4　Beckert, *Empire of Cotton*, 63.

对不断攀升的棉花价格和急速扩大的市场做出迅速反映，跨大西洋贩奴贸易也将更多的非洲人强行卷入到棉花经济中来。当"工业化生活的需要和节奏"通过棉花帝国的网络"传播和强加于世界各地的农村地区"的时候，[1]战争资本主义完成了世界经济分工的第一步，非洲被锁定在为美洲种植园提供廉价劳动力的位置上，英国人则将自己从种植原棉的负担中解脱出来。

棉花帝国不仅改变了非洲的命运，也改变了美国的命运。贝克特在第5章中对美国与"棉花帝国"的关系做了新的解读，也树立了一个在全球史背景下重新审视国家史的样板。18世纪末美国建国，正是棉纺工业技术革命发生的时候，1787年的制宪妥协使得奴隶制在宪法的保护下合理生长，并将美国变成了外部"棉花帝国"网络中的关键一环。1793年惠特尼轧棉机的发明、19世纪上半叶的领土扩张和国内贩奴贸易的兴起，都为美国奴隶制的飞速蔓延提供了土地、劳动力和技术支持。这种网络在美国内部的"统合"促成了"棉花王国"（Cotton Kingdom）在美国内部的兴起，并使美国在1860年内战爆发前夕成了英国棉纺业最大的原材料提供者。因此，19世纪上半叶的领土扩张不再是"天定命运"的杰作，而是一场与战争资本主义相似的"巨大的土地抢夺"，利用联邦军队强行迁移印第安人部落是利用"国家"权力为白人定居者腾出兴建棉花种植园的空间，"棉花王国"在南部引向单一经济作物发展模式的时候，更是将无数美国奴隶的后代投入到"第二次奴役"的深渊之中，并极大地威胁了其他白种美国人的自由。

工业资本主义时代的"多元统合"以及第二个"棉花帝国"的建构是第6章至第9章的主要内容。贝克特认为，18世纪的工业革命是欧洲国家"集体"创作的结果，但"英国的企业家、英国的经验、英国的工匠[在其中]扮演了关键的角色"。[2]战争资本主义留下的是一堆杂乱无章的"多样化的"网络（a great diversity），但受到"国家"鼓励和保护的"工业化项目"（the project of industrialization）则企图在无序的多样性中建

1　Beckert, *Empire of Cotton*, 92.

2　Beckert, *Empire of Cotton*, 153.

立一个统一的新市场秩序、规范和体制,唯有"拥有特权的地方"才有能力创造出"工业资本主义的体制",英国正是其中的胜出者。[1]贝克特称,将战争资本主义的遗产、较为成熟的资本主义经济运作、具有前瞻性眼光的资本家的积极行动以及一个具有强大行政、司法和军事能力并愿与私人资本进行合作的国家"统合"起来,正是英国成功转型的"秘诀"。这些因素的同时存在与成功统合也是资本主义在18世纪末19世纪初的"真正发明"。[2]

新的棉花帝国的有效运转需要两支新的支撑力量:全球性的劳工队伍和全球性的商品交易体制。两者都要求对世界范围内的资源进行动员和重组,也将更大范围的人群和社会卷入到棉花资本主义体系中来。新棉花帝国的劳工队伍同时包括了美国南方种植园的奴隶劳工、欧洲和北美棉纺厂的工人(尤其是童工和女工),以及其他空间中的各式劳工。他们被工业资本主义的新秩序组织起来,分享无产阶级的共同身份,但被限制在棉花帝国网络的不同环节中,生活和行动的每一个细节"都是围绕机器生产的旋律转动"。[3]"国家"则通过官僚机器和法治体制,强制实施低工资制,并对劳工阶级的反抗进行暴力镇压。然而,资本主义对"国家"的依赖也为自己埋下了破坏性的种子。当欧洲工人阶级最终获得政治参与权并对"国家"施加压力时,"国家"为维护自身安全也不得不做出妥协。贝克特所称的"最终资本家对国家的依赖将变成劳工的最大力量所在"的含义正在于此。[4]

全球化市场则由金融商人通过交易和信贷体系来建构。位于英国利物浦的棉花交易中心左右着全球的棉花生意。信贷网络中的经纪人取代了传统的商人,直接负责检查产品质量,评估产量与市场,并开始将还未播种的棉花当成未来商品进行预期销售和交易。用贝克特所说,这些交易商人"构成了市场",成为棉花资本主义的"有形之手"。[5]信用的发明给棉花帝

---

1 Beckert, *Empire of Cotton*, 165.
2 Beckert, *Empire of Cotton*, 173.
3 Beckert, *Empire of Cotton*, 178-79.
4 Beckert, *Empire of Cotton*, 196.
5 Beckert, *Empire of Cotton*, 204.

国带来新生，后者本质上变成了一个"信贷帝国"（empire of credit），[1]金融和贸易商人俨然成了"全球化的推动者"（globlizers），完成了将棉花的种植者、生产者、销售者和消费者的"多元统合"，还将不同形式的劳动体制（奴隶制、工厂工资制、运输体制的劳动等）连接起来，完成了另外一种意义上的"多元统合"。棉花商人的最终成功不只是远程运送产品，而且将工业生产的节奏带入到更大范围的乡村生活之中。这个过程也是在"国家"提供的法治环境中进行的。

1861年美国内战的爆发终结了第二个棉花帝国的历史。这场看似因奴隶制而起的内部流血冲突在全球史叙事框架下，也可以解读为是美国南北精英群体围绕美国与"棉花帝国"的关系发生的一场不可压制的冲突。南部奴隶主为棉花种植成为美国最成功的一种农业工业（agricultural industry）——棉花在内战前夕占美国对外出口的61%——而感到骄傲的时候，北部的自由劳动论者则担心，任由奴隶制的蔓延会将整个美国变成"兰开夏郡的种植园"，作为"第二次美国革命"的美国内战也是为了摆脱经济上的半殖民地位而发生的。[2]无论如何，联邦在内战中的胜利带来了美国奴隶制的废除和北美最大奴隶群体的集体解放。美国内战打断了第二棉花帝国的原材料供应链，迫使棉花资本主义在新的空间寻求新的"多元统合"，这正是贝克特在本书第10章到12章讲述的故事。

从美国内战结束到20世纪中叶，棉花帝国完成另外一次重建和转型。美国内战暴露了棉花帝国与生俱来的脆弱性和不稳定性，大宗投资的失败迫使棉花资本家从其他地方寻求廉价的棉花，从而引发了对世界范围内的劳动力、土地资源和市场的又一次重组，第三个"棉花帝国"的世界网络和与之相伴的全球资本主义应运而生。新棉花帝国的建构与19世纪末20世纪初的新殖民主义和帝国主义的发展是同步进行的，这个现实使得"国家"的作用变得更加重要。处于转型之中的西方国家兼具民族国家、工业化国家、殖民主义国家的多重身份，棉花经济因而变

1　Beckert, *Empire of Cotton*, 222.

2　Beckert, *Empire of Cotton*, 245.

成了一种国家利益，导致"国家"更深地卷入，棉花经济成为一种世界性的竞争。在新一轮的"多元统合"中，棉花帝国将空间范围延伸到印度、埃及、巴西等全球南方的乡村地带，那里的乡村人口变成了种棉人口，并同时被界定为工业化国家棉产品的潜在消费人群。"国家"在这个过程中再度扮演了重要的角色。棉花资本家和殖民地政府官员也意识到，"限制棉花生产的不是土地，而是劳动力"。[1] 所以，对全球南方劳工的改造成为棉花帝国主义时代的新内容。贝克特详细讨论在印度、埃及和原奥斯曼帝国的乡村改造情况，并指出，英国人在印度制造出一个与美国南方的分成制佃农相似的农村无产阶级，这个阶级"不是奴隶，但也不完全自由"。[2]

殖民主义和帝国主义国家的棉花工程与国家荣誉和财富锁定为一体，成为一种国际项目。但这种以谋求自身利润为出发点的努力对全球南方国家原有经济体系和商业网络造成的破坏是巨大的。西方棉纺资本和技术对全球南方国家传统手工业生产的强行取代，在贝克特看来，是一种发生在全球南方国家的"去工业化"过程。[3] 西方国家的商人在新的博弈成了"棉花王"。他们将棉花生产、销售、运输等高度一体化，利用母国对合同法和财产权法的保护，借用铁路等新技术和殖民主义统治的权力，为西方国家的工厂主提供直通全球南方国家乡村地区的直接通道。殖民地政府则通过不合理的税收制度打击殖民地的本土产品，为本国商人开辟市场。殖民地的基础建设也以满足宗主国的需要优先考虑，并不考虑殖民地人民的需要。全球南方国家成了棉花帝国网络中的原材料提供者的初级环节。

然而，新棉花帝国不再像工业资本主义时代那样只有一个中心，而是一个多国竞争的松散体系。而外部的政治经济背景对棉花帝国的运作也颇有影响。新资本主义与奴隶解放同时出现，工业现代化速度加快，自由劳动成为普遍体制，殖民主义官僚体制面临殖民地的抵抗，农业科学的发展等，所有这些对殖民地的统治都有重要的影响，基调仍然是控

1　Beckert, *Empire of Cotton*, 270.

2　Beckert, *Empire of Cotton*, 306.

3　Beckert, *Empire of Cotton*, 313.

制,但稳定(pacification)也成为殖民主义统治者追求的目标。[1]因为棉花变成了一种国家工程,在国内民族主义和帝国主义意识形态的推动下,国际竞争在某种意义上加强了资本势力与国家的结盟。殖民地棉花象征着强大的民族国家与强大的国家工业的共生。这一观念也为后"崛起"的国家所接受。俄国和日本在加入帝国主义的行列之后,也力图摆脱"对原材料的依赖"的困境。[2]

新棉花帝国的统治方式发生了变化,但游戏规则仍然不变:西方国家仍然要控制关键的生产环节,维持对棉花经济的世界分工,全球南方国家的殖民地不仅生产棉花,还必须成为西方棉产品的消费市场。在这个等级分明的棉花帝国主义秩序中,位于顶端的西方国家将始终掌握最核心的技术和收获最大比例的利润分成。"国家"在全球资本主义阶段的作用十分明显和重要,因为国家在推进棉花资本主义的同时,也在推进自身的建构,而因为国家在新一轮的全球化过程中的不可或缺的重要作用,"全球棉花帝国比从前更加依赖于强大的民族国家与帝国"。[3]

到 20 世纪中叶,西方殖民主义和帝国主义建构的棉花帝国网络更多的是一种象征意义的存在。20 世纪 30 年代,英国丢失了世界工业的领导地位,西方国家的棉花工业优势为全球南方国家所取代,亚洲的棉花种植和棉纺业生产在三百年之后重新崛起,贝克特在第 13 章中用"全球南方的回归"(The Return of the Global South)来形容这个转移。对于这个新的阶段,贝克特不再使用"棉花帝国"来描述,而是称其为"全球资本主义的下一个阶段"。[4]贝克特认为,有两支力量在这个转移过程中发挥了作用:西方国家内部的民主化和全球南方国家本土资本家的崛起。[5]劳工政治和内部政治的改革迫使原来支持资本主义势力的国家做出让步,殖民主义政策也难以为继。大多数西方国家没有美国那样一个

---

1 Beckert, *Empire of Cotton*, 344.
2 Beckert, *Empire of Cotton*, 345.
3 Beckert, *Empire of Cotton*, 375.
4 Beckert, *Empire of Cotton*, 382.
5 Beckert, *Empire of Cotton*, 383.

内部的"全球南方"（指贫穷的美国南方）来进行产业转移，[1]相继丧失了对棉花经济的控制权。全球南方国家的民族资本主义在崛起中，将自己的命运与民族独立联系在一起，并结合和利用了内在的文化和经济基础（包括廉价的本地劳动力和严酷的低工资制度），其发展路径也与战争资本主义不尽一致。譬如，明治维新后的日本获得了一个权力集中、管理现代化的体制，日俄战争后又获得海外殖民地，低工资的劳工待遇与政府的信贷支持对其棉纺业的起步非常重要，而其特殊的政治体制则剥夺了工人争取权利的机会。[2]

回归全球南方的棉花已经不再具有原始亚洲经济的本质。在经历了三个多世纪的资本主义的洗礼之后，棉花经济变成了一种彻底的资本主义经济。在近代历史上，棉花资本主义也留下一系列充满矛盾的遗产。它让无数人获得了财富，从中受益，但它同时让更多的人受尽磨难，成了受害者和牺牲品。它帮助西方国家率先完成了工业化，赋予了后者长期主宰世界经济秩序的权力，但它同时也给西方带来了沉重的历史包袱，促成了其内部的改革。棉花资本主义给美国带来了一个棉花王国，但它引爆了美国内战，并终结了世界上最大规模的奴隶制。棉花资本主义帮助殖民主义掠夺了全球南方的资源和劳动力，但它也激发了全球南方争取民族独立和解放的运动，并帮助开启了新兴国家的工业化进程。正如贝克特所说，棉花资本主义是一个关于控制和剥削的故事，同样也是一个关于"自由和创造性"的故事。[3]

贝克特描述的"棉花帝国"已经不复存在了，但棉花资本主义的遗产依然存在。棉花帝国的扩张过程，也是一个全球化的过程。这个过程的结果之一，是全球绝大部分人口都被卷入到资本主义的经济秩序中来，或者成了资本主义经济的受益者、参与者、鼓吹者，或者成了它的受害者、批评者、反对者，没有人可以逃离它的影响，不管情愿还是不情愿。与此同时，资本主义也将世界上几乎所有的社会和国家都卷入到自己的轨道中

1　Beckert, *Empire of Cotton*, 394.

2　Beckert, *Empire of Cotton*, 406-407.

3　Beckert, *Empire of Cotton*, 442.

来，将它们变成了自己的附庸、代理人、协调者或管理者。资本主义的故事还没有结束，它还处在变化之中，它的新的全球故事仍然需要历史学家的继续讲述，贝克特的著作只是一个成功的开始。

王希
北京大学历史学系
美国宾夕法尼亚印第安纳大学历史学系
2019 年 1 月 13 日

中文版序二

棉花作为一种普通的植物，棉织品作为一种普通的商品，至今与我们的生活息息相关，可是如果我要说，我们今天之所以迥异于古人而过上现代化的生活，与这种极为普通的植物和商品有着不可分割、千丝万缕的联系，你可能不太相信。然而，这的确是事实，棉花因此而被称作"白金"！《棉花帝国》这本书就给我们讲了这样一个故事，这是一个生动而真实的故事。作者不愧是讲故事的高手，因为这本书通过棉花给我们讲述了现代世界诞生的故事，与我们此前听到的故事情节完全不同。

本书从小处着手，立论却极为高远。作者将棉花产业置于全球史的框架中，试图解决一个宏大的问题，即现代世界是如何起源的？现代世界起源作为一个吸引了无数学者关注的世界性课题，学术界已经有很多的研究成果，结论众说纷纭，诸如技术进步说、制度变迁说、解除土地和劳动力制约说等等，都有相当的说服力，但是又很难说服争论的另一方。传统观点认为，英国是工业革命的发源地，自然也是现代世界的发源地，英国海上霸权的确立为工业革命提供了充足的资金和广阔的市场，殖民地的开辟释放了原来劳动力和资源的压力，技术的进步则使生产力得以解放等等。这是一种主流的观点，被很多教科书采纳。

工业革命是现代世界诞生的关键和重要环节，这一点当然不容否认。但显而易见的是，工业革命同样是结果，而不能成为解释现代世界诞生的充分理由。关于这个问题，著名经济学家熊彼特和诺斯的研究做出了杰出的贡献。熊彼特在斯密动力说的基础上，于1912年提出了"创新说"。熊彼特提出，资本主义经济的发展实际是一个内在因素的创新过程，即在市场动力的推动下，制造新产品、引入新的生产方法、开辟新的原材料市场、创新企业新的组织形式，在此基础上所建立起来的一种新的生产关系，其中企业家的作用非常重要。诺斯则注意到，不仅古典政治经济学家斯密、李嘉图没有预测到工业革命，甚至后来很多身在其中的经济学家，都没有注意到所谓的"工业革命"。为什么？因为欧洲的经济变革是一个漫长的过程，置身其中，却并无明显的感知，只不过后来有一个加速的时期而已。他认为，导致经济变革加速的最主要的因素是贸易，在这个加速过程中，贸易不仅是一种根本动力，而且贸易的发展使具有完善财产权规定和自由竞争的普通法取代了中世纪和王权时代的约束，使生产组织"从手工业到领料加工再到工厂制"，后来到工业革命。应该说，上述对于工业革命的解释是很有说服力的。但是上述解释并没有回答所有的疑问，比如这些变化的源点在哪里？又是如何形成燎原之势，并最终使全世界走出希克斯所说的习俗经济和命令经济而达至市场经济的？这是困扰我们的一些非常重要的问题。

实际上，关于现代世界的起源问题，既不是一个单纯的经济问题，也不是一个单纯的历史问题，因此传统的单一学科很难给出令人满意的答案。比较而言，全球史方法的引入，为我们解释现代世界的起源提供了一个更好的视角，能够帮助我们更深入全面地了解现代世界起源的真相，从而有可能给我们提供一个相对让人信服的答案。现代世界区别于前现代世界的一个根本区别是交互性（interconnectedness），即随着人类认识水平的提高、技术的进步，各国各大洲之间的界限被打破，全世界越来越紧密地联系在一起，这一点对我们深入了解最近几百年历史的发展变迁非常重要。全球史方法打破了传统研究中以民族国家为出发点、以欧洲国家为中心的理念，将研究视角转向全球、转向欧洲以外的地区。《棉花帝国》一书即是运用全球史方法解释现代世界起源的杰作，到目前为止，我认为这本书是运用全球史方法探讨重要历史问题的最成功的著作之一。

今天大家都能感知全球化对当代社会方方面面的影响，已经明确意识到我们已经生活在全球化体系当中，离开全球化，单个国家几乎无法生存。而对于影响当今世界的重大历史事件，尤其是大航海以来的重大历史事件，同样需要从全球化的视角去理解，比如工业革命这样重大的历史事件。此前各种各样的解释之所以引起争议，大约就是对全球化的重要性认识不足，普遍缺乏全球史的视野。即使近年引起大家广泛关注的加州学派所提出的新颖观点，同样引起极大争议。加州学派力主打破欧洲中心论，并普遍采用比较的研究方法，提出很多独特的见解。但在现代世界起源等相关问题上，加州学派也遭到了学术界严厉的批评，因为加州学派最主要的问题是普遍贬抑欧洲历史发展的重要性，强调东亚尤其是中国历史的重要性，甚至认为欧洲历史的发展尤其是工业革命的发生，完全是偶然现象，是历史发展的意外事件，这样的解释的确让人疑窦丛生。

自大航海以来，历史发展的两种趋势不可逆转，一是全球化趋势，二是人类由传统社会向现代社会转型的趋势。后一种趋势的核心是工业革命所导致的现代化模式，这种模式主导了近几百年来的历史发展，甚至成为唯一的发展模式。对这种发展模式的解读吸引了无数学者的注意力，这种模式既然起源于英国、欧洲，因此欧洲中心论自然也成为一种主导的理论。随着20世纪发展中国家的崛起，欧洲中心论受到了越来越多的挑战和质疑。但让人遗憾的是，到目前为止，并没有任何一种理论构成对欧洲中心论的真正挑战。更为滑稽的是，几乎所有反对欧洲中心论者的立足点和出发点，恰恰又都是欧洲中心主义。这样问题就来了，是欧洲中心论本身没有问题，其本身就是历史事实，其理论本来就是正确的；还是这并非历史事实，这个理论的确有问题，但至今没有找到一个破解的办法？

我相信作者是带着同样的疑问并试图回答这些疑问来撰写《棉花帝国》这部著作的，他说自己这个选题的目的就是为了研究全球资本主义以及现代世界的缔造过程。他选取棉花产业作为研究和立论的原点，可以说眼光敏锐而独特，棉花产业作为当时重要的制造业，不仅是工业革命的摇篮、杠杆和跳板，而且在现代世界的形成过程中，棉花产业还主导了世界贸易。英国正是对棉花产业链条的全方位控制，才成为世界霸主，成为现代世界的引领者。与茶叶、鸦片、咖啡、糖、瓷器等商品的生产和贸易比较，只有棉织品生产和贸易的历史才真正暗含着现代世界诞生的密码，因为只有棉织品才是真正全球性的商品，只有棉织品才引致了生产与加工环节持续不断的技术革新，只有棉织品能够调动全世界的资本、土地和劳动力。总之，只有棉织品才将全世界关联甚至整合在一起。

全球史既是一种审视历史、研究历史的独特方式，也是历史的一个重要研究对象。也就是说，全球史是实实在在的历史，而不是人们虚构的一个概念。这一点，《棉花帝国》就是一个极好的尝试，作者通过对棉花产业各个链条的研究，让我们清楚地看到，棉花产业不仅跨越了国界、洲际的界限，而且跨越了人种、宗教及文化的界限。因为棉花种植与加工的复杂性，任何一国大约都无法独立完成其全部的过程。虽然我们看到在前现代时期，像印度、中国这样的大国似乎能够独立完成棉花产业从种植到成品的整个链条，棉织品曾经畅销世界各地，但这些大国却完全无法应对现代纺织技术对传统棉纺织业的冲击，最后不得不加入到全球分工的链条当中。在以工业革命和城市化为动力的全球化浪潮中，似乎没有哪个国家可以置身事外。通过棉花产业的全球史，我们可以清楚看到，英帝国是如何崛起的，欧洲各国是如何步步紧跟的，美国是如何摆脱英国走上现代强国之路的，中国、印度是如何被卷入而成为强国附庸的，所有这些变化都与棉花产业有不可分割的联系。

本书提出了一些重要的概念，比如战争资本主义、工业资本主义等，这些概念对我们理解现代世界的诞生过程是非常有益的，同时也有助于我们理解全球化进程与民族国家形成之间复杂的关系。大家知道，民族国家是在全球化过程中伴随西方世界的兴起而诞生的文明形态，民族国家既依赖于全球化，但又与全球化背道而驰。作者敏锐地观察到了这一点，并正确指出，19世纪末全球一体化加速与民族国家本身的加强是同步的。现代世界正是诞生于全球化加速与民族国家形成之间，在这个过程中，以棉花产业为代表的近代工业形塑了整个世界，也造成了世界各地发展的不均衡，这种不均衡影响至今。

至20世纪后半期，棉花产业在现代世界中的地位已经大大下降，棉纺织工厂几乎全部转移到了发展中国家。但是，棉花产业塑造了现代世界，这个事实值得我们深入研究和思考。

仲伟民

清华大学历史系

2018 年 8 月 30 日

绪 论

1860年1月底，曼彻斯特商会的成员聚集在该市市政厅举行年会。在当时世界上工业化程度最高的城市的中心聚集的这68人中，最显要的当属棉花贸易商和棉产品制造商。在过去的80年里，这些人把周围的农村地区整合成了一个前所未有的囊括农业、商业和工业生产的全球性网络的枢纽。商人们将原棉从世界各地运到英国的工厂，这些工厂拥有当时世界三分之二的纱锭。一大批工人把棉花纺成线，织成成品织物，然后经销商把它们销售到世界各地的市场去。

这些出席年会的绅士们兴高采烈。商会主席埃德蒙·波特（Edmund Potter）提醒他们注意到本行业的"惊人增长"以及"全国的普遍繁荣，尤其是曼彻斯特地区的繁荣"。他们的讨论话题非常广泛，涉及从曼彻斯特、英国到欧洲，从美国、中国、印度到南美洲和非洲等国家和地区。棉产品制造商亨利·阿什沃思（Henry Ashworth）更是喜不自胜地庆贺道："这是前所未见的商业繁荣。"[1]

这些自鸣得意的棉花贸易商和棉产品制造商有理由沾沾自喜。他们站立在一个世界性帝国——棉花帝国——的中心。他们统治的工厂里，成千上万的工人操作着巨大的纺纱机和轰鸣的动力织布机。他们从美洲的奴隶种植园获得棉花原料，再将其工厂的产品贩卖到世界各地最偏远的角落去。虽然他们自己的职业可以说平淡无奇，就是生产并贩卖棉线和布料，但是这些棉花商人却以惊人的从容在讨论世界各地的事务。他们拥有的工厂嘈杂、肮脏、拥挤，无论如何都算不上讲究；他们生活的城市为燃煤蒸汽机的煤烟所熏黑；他们呼吸的空气中夹杂着人们的汗臭味和秽物的恶臭。他们运转着一个帝国，但看起来一点都不像帝王。

仅仅100年前，这些棉花商人的前辈们还会觉得"棉花帝国"的想法不可想象。在那个时代，人们仅仅种植小批量棉花，在壁炉边纺织；在联合王国，棉花加工业最多是个边缘行业。可以肯定的是，一些欧洲人知道美丽的细平布（muslins）、轧光印花布（chintz）和纯色棉布（calico），法国人将这些布料统称为"印度货"（indiennes），它们从伦敦、巴塞罗那、勒阿弗尔、汉堡和的里雅斯特的港口进入欧洲。欧洲农村也有男女纺纱织布，但产品难以和东方来的织物匹敌。在美洲、非洲，特别是在亚洲，农民将棉花分种在马铃薯、玉米和高粱之间。他们用棉花纺纱织布以满足其家庭自身的需要或他们统治者的需要。几个世纪来，甚至1000年来，生活在达卡、卡诺、特奥蒂瓦坎和其他地区的人们已经能够生产棉质布料并在布料上印染漂亮的颜色。他们生产的织物一部分行销全世界。有些布料非常精美，同时代的人称之为"风织品"（woven wind）。

在过去，妇女们要么在农舍里坐着矮凳用小型木质纺车纺纱，要么坐在小屋前用纺纱杆和纺纱钵纺纱；然而在1860年，一切都改变了，数以百万计的机械锭子——由蒸汽机驱动，由受薪工人（其中许多是孩子）操作——每天运转14个小时，产出数百万磅纱线。棉花不再由家庭种植并被纺成纱线织成布料，而是由数以百万计的奴隶在美洲种植园里种植，供应数千英里之外的需求极大的工厂，而这些工厂又距离布料的最终消费者数千英里；在世界各大洋装载着美国南方棉花或英国棉纺织品的蒸汽船，取代了穿越撒哈拉沙漠驮运西非棉纺织品的骆驼商队。到1860年，刚才那些参加集会庆贺自己所取得的成就的棉花资本家把历史上第一个全球整合的棉花产业看作理所当然，虽然他们所帮助创造的世界仅仅是新近才建成的。

然而在1860年，未来和过去一样难以想象。如果有人告诉他们，说在接下来的一个世纪里世界棉花产业会发生剧烈变迁的话，这些棉产品制造商和贸易商也会嗤之以鼻。到1960年，大多数原棉以及大量棉线和布料再次出产于亚洲、中国、苏联和印度。在英国、欧洲其他地区以及新英格兰，只有极少数的棉花工厂保留了下来。此前的棉花产业中心——曼彻斯特、米卢斯、巴门和洛厄尔等——到处都是废弃的工厂，并为失业工人所困扰。事实上，在 1963 年，曾经是世界上最重要的棉花贸易协会之一的利物浦棉花协会（Liverpool Cotton Association）拍卖了办公家具。[2] 棉花帝国，至少由欧洲占主导地位的部分，已经崩溃了。

本书讲述的是欧洲主导的棉花帝国兴衰的故事。但是由于棉花的中心地位，本书研究的也可以说是关于全球资本主义及现代世界的缔造和重塑的变迁过程。运用全球尺度的分析框架，我们将会了解，在如此短的时期内，欧洲那些雄心勃勃的企业家和有权势的政治家是如何通过将帝国扩张和奴隶劳动与新型机器和受薪工人结合起来，重塑当时世界上最重要的制造业的。他们所创造的特别的贸易、生产和消费的组织形式颠覆了千年以来世界上原有的各个分散的棉花世界。他们给棉花产业注入活力，投入改变世界的能量，并随后以其为杠杆改变了世界。欧洲的企业家和政治家掌握住这一古老作物的生物学馈赠，掌握了亚洲、非洲和美洲传统棉纺织技术，占据了其巨大市场，建立了有着巨大规模和能量的"棉花帝国"。不过讽刺的是，这些令人震撼的成就也唤醒了最终使他们在自己创造的棉花帝国中被边缘化的力量。

在这一过程中，数以百万计的人终生操劳，在慢慢扩张到世界各地的大片棉花田里耕作，从顽强的棉花作物上摘下数以亿计的棉铃，把棉包从车上搬到船上，再从船上搬到火车上，还通常在很小的时候就在从新英格兰到中国的"撒旦工厂"中工作。在这一过程中，各国为了攫取肥沃的土地而发动战争，种植园主将不计其数的人置于枷锁之下，雇主缩短了他们的工人的童年，引入新机械导致古代产业中心的人口减少，而工人，不论奴隶还是自由人，都为了自由和维持生计的工资而斗争。那些凭借一小块土地维持生计、在粮食作物旁种植棉花的男男女女们，眼睁睁地看着自己生活方式的终结。他们抛下农具，前往工厂。在世界其他地方，许多自己织布并穿着自己生产的衣服的人，发现他们的商品被无休无止的机器产品淹没。他们离开了纺车，进入田野里，陷入了无休止的压力和无尽的债务陷阱中去。棉花帝国从一开始就是一个奴隶和种植园主、商人和政治家、农民和商人、工人与工厂主不断进行全球斗争的场所。在这一点，还有其他很多方面，棉花帝国开创了现代世界。

今天，棉花无处不在，以至于我们很难认识到棉花也是人类的一个伟大成就。在你阅读这一句话的时候，也许你就正穿着由棉花织成的某种衣物。很有可能你从没有在棉枝上采过棉铃，未曾见到过原棉的纤细纤维，也从没有听到过纺纱机和动力织布机发出的震耳欲聋的噪声。对于棉花，我们既熟悉又陌生。我们将它的恒久存在视为理所应当。我们贴身穿着它。我们睡觉盖着它。我们把婴儿裹在它制成的襁褓里。棉花应用在我们平时花的纸币上、早上用来醒脑的咖啡滤纸上、做饭用的植物油中、盥洗用的肥皂里以及人类战争中的火药里。事实上，阿尔弗雷德·诺贝尔（Alfred Nobel）因发明结合了硝化甘油和硝化棉的无烟火药，于1887年获得英国专利。棉花甚至是你手中的书的一个重要的基本成分。

从公元1000年至1900年，在大约900年的时间里，棉花产业是世界上最重要的制造业。虽然现在棉花产业已经被其他行业超越，但是其依旧在就业和国际贸易领域保持着重要地位。棉织产品在世界上无处不在，在2013年，全世界出产了至少1.23亿包棉花，每一包大约有400磅重。足可以为地球上每个人生产20件T恤衫。这么多包的棉花如果堆叠在一起，将可以堆成一座四万英里高的巨塔；如果将其前后相接，可以绕地球一圈半。从中国到印度再到美国，从西非到中亚，棉花种植分布在世界各地。人们将生产的原棉牢固地打成包，运往世界各地的工厂去，这些工厂雇用了成千上万的工人。最终的产品又随后被卖到世界各地，从偏远的农村商店到沃尔玛超市都能看到。事实上，棉花可能是为数不多几乎在任何地方都能买到的人造商品之一，这既证明了棉花的效用，也证明了资本主义在迅速推动人类生产和消费方面所取得的令人惊叹的成绩。正如最近美国的一则广告相当准确地宣称的那样，"棉花是生命的质料"（Cotton is the fabric of our lives）。[3]

如果可能，不妨设想一下，世界上如果没有棉花会如何。清晨醒来，你睡在垫着皮毛或稻草的床上。你穿着羊毛衣服，或者根据气候或你的财产状况，穿着亚麻甚或丝绸衣物。你的服装很难清洗，要么是由于太贵，要么是由于你自己动手太费力气，因此你将不怎么经常更换衣物。这些衣物会气味难闻，还使人感到瘙痒。它们大多是单色调的。因为与棉花相比，羊毛和其他自然纤维并不容易染色。而且没有棉花将导致你身边满是绵羊，因为如果要生产与现在世界棉花消费量相当的羊毛，就要养活 70 亿只绵羊。这 70 亿只绵羊需要占用 7 亿公顷的土地来放牧，约为今天欧盟地表面积的 1.6 倍。[4]

确实难以想象。但是在欧亚大陆最西端的边缘，没有棉花的世界存在了很长时间。这个地方就是欧洲。直到 19 世纪，棉花尽管不是未知的，但在欧洲纺织品的制造和消费中仍处于边缘位置。

为什么是欧洲这个和棉花没有什么关系的地区缔造并支配了棉花帝国？1700 年时，任何一位理性的观察家都会认为世界棉花生产将仍以印度或中国为中心。而且事实上，直到 1780 年，这些国家生产的原棉和棉纺织品数量远大于欧洲和北美。但是随后事情发生了变化。欧洲的资本家和国家以惊人的速度占据了棉花产业的中心。他们利用他们的新地位启动了工业革命。中国和印度以及世界上许多其他地区则越来越屈从于一个以欧洲为中心的棉花帝国。随后这些欧洲人以充满活力的棉花产业为平台，创造出一系列其他产业；事实上，棉花产业成为更广泛的工业革命的跳板。

1835 年，利兹一家报纸的业主爱德华·贝恩斯（Edward Baines）称棉花产业为"工业史上无可比拟的奇观"。他声称分析这一奇观要比研究"战争和王朝"更值得"让学者们费心"。我赞同这一观点。正如我们将看到的，紧随棉花的是现代世界工业的起源、快速而持久的经济增长、巨大的生产力增长以及惊人的社会不平等。历史学家、社会科学家、政策制定者以及形形色色的意识形态者都曾试图解释这一切的源头。特别令人迷惑不解的问题在于，为什么人类经历了数千年的缓慢经济增长后，一小部分人在 18 世纪末突然间变得更加富足。学者现在将这几十年称为"大分流"（great divergence），这是仍支配着今日世界结构的巨大分裂的开端，这是工业化国家和未工业化国家、殖民国家与殖民地国家、全球北方和全球南方的分裂。人们很容易提出宏大的论述，其中一些极度悲观，而另一些则充满希望。然而，在本书中，我要用全球性、从根本上是历史性的方法来探究这个谜题；我从考察所谓"大分流"初始阶段崛起的工业开始我的研究。[5]

对于棉花及该产业非常具体且常常残酷的发展过程的集中研究，使我对那些对许多观察家而言视为理所当然的若干解释产生了怀疑。实际上，这一研究挑战了一些新近的和不那么新近的论断：欧洲爆炸式的经济发展是因为欧洲更加理性的宗教信仰、欧洲人的启蒙传统、欧洲人居住的气候环境及大陆地理情况，或者是因为优秀的机构或制度，如英格兰银行或法治。这些属性的确重要且通常不易改变，然而却不足以解释棉花帝国的历史，也不能解释资本主义结构的持续变动。而且这些解释通常也是错误的。作为第一个工业化国家，英国并不像人们通常描绘的那样，是一个自由、精干、有着可靠且不偏不私的机构的国家。相反，英国是一个帝国主义国家，拥有巨大的军费开支，几乎持续处于战争状态，有着强大且持干涉主义的官僚体制，税负高，政府债台高筑，实施保护主义关税，而且也并不民主。专门研究某一特定区域或国家内部的社会阶级冲突的"大分流"理论也同样有瑕疵。相反，本书以全球的视野展现欧洲人如何将资本的力量与国家的力量联合起来，去塑造——常常以暴力的方式——一个全球性生产复合体，并随后利用资本、技术、各种网络和棉花机构来促进技术和财富的增长，而正是这些技术和财富的增长定义了现代世界。通过回顾过往的资本主义，本书描述了资本主义运作的历史。[6]

与大多数撰写资本主义历史的著作不同，《棉花帝国》并不致力于仅仅解释世界的一部分。本书将在全球框架下理解资本主义，这也是唯一能恰当地理解资本主义的方式。全球范围内资本、人员、货物和原料的流动，以及世界上遥远地区之间联系的形成，是资本主义大变革的真正核心，因此它们也是本书的中心主题。

世界如此彻底而迅速地重建，只是因为新的生产组织方式、贸易方式和消费方式的出现才成为可能。奴隶制、对原住民的剥削、帝国扩张、武装贸易、众多企业家对人民和土地主权的主张，是它的核心。我把这个系统称为"战争资本主义"（*war capitalism*）。

我们通常认为资本主义——至少就我们今天所认知的全球化的、大规模生产的资本主义——是1780年左右随着工业革命而出现的。但是16世纪开始发展的战争资本主义在机器和工厂出现很久之前就已经存在。战争资本主义繁荣于战场而非工厂；战争资本主义不是机械化的，而是土地和劳动力密集型的，基于对非洲和美洲的土地和劳动力的暴力掠夺。通过这些暴力掠夺，欧洲人获得了大量的财富和新知识，这些反过来又加强了欧洲的机构和国家——这一切都是欧洲19世纪及之后非凡经济发展的重要前提。

许多历史学家称这一时期为"商人"资本主义或"重商"资本主义时代，但"战争资本主义"这个说法更好地表达了其野蛮性与暴力性，以及它与欧洲帝国扩张的密切联系。战争资本主义是资本主义发展过程中一个特别重要的阶段，但是往往不被人们所重视，它发生于一系列不断转移的地方，而这些地方又嵌入不断变化的关系中。在世界某些地方，它一直延续到了19世纪。

一提到资本主义，我们会想到受薪工人，然而资本主义的前期阶段并不基于自由劳动，而是基于奴隶制；我们会把工业资本主义与合同和市场联系在一起，但早期资本主义常常并非如此，而是依靠暴力和强制劳动；当代资本主义赋予产权以特殊地位，但在资本主义的早期阶段，大规模攫取和有保障的所有权一样常见；近代资本主义建立在法治和得到国家支持的强大机构基础之上，但是资本主义早期阶段尽管最终需要获得国家力量的支撑来建立世界范围的帝国，却往往是建立在私人个体不受限的行为基础上的——奴隶主对奴隶的统治以及边疆地区资本家对当地原住民的统治。这种高度侵略性、外向型的资本主义积累的效果是，欧洲人能够支配这些有着数百年历史的棉花世界，并将它们整合到一个以曼彻斯特为中心的单一帝国之中，随后创造了我们今天视为理所当然的全球经济。

正是在战争资本主义的基础上，演化出了更为人熟知的工业资本主义。工业资本主义是由强有力的国家塑造的，而国家拥有强大的行政、军事、司法和基础设施建设能力。起初，工业资本主义仍然与奴隶制和土地掠夺紧密相连，但是随着它的制度——从受薪工人到财产权——得到加强，这些制度使世界上许多地区的劳动力、原材料、市场和资本能够以不同的新形式进行整合。[7]这些新的整合模式驱动着资本主义革命进入到世界上更多的角落。

随着现代世界体系的成熟，棉花主导了世界贸易。棉纺织厂的数量远远超过了欧洲和北美其他制造业工厂数量。几乎整个19世纪的美国经济都由棉花种植主宰。新的生产模式是在棉花生产中首先出现的。"工厂"本身就是棉花产业的发明。同样，美洲奴隶制农业与欧洲制造业的联系也是棉花产业的发明。由于几十年来棉花产业是欧洲最重要的产业，所以它也是巨额利润的源泉，并最终滋养了欧洲经济的其他部门。棉花产业实际上也是几乎所有其他地区——美国、埃及、墨西哥、巴西、日本和中国——工业化的摇篮。同时，欧洲对世界棉花产业的控制导致欧洲以外绝大部分地区出现了一波"去工业化"浪潮，产生了一种融入全球经济的不同形式的新整合。

工业资本主义的建设始于18世纪80年代的英国，然后在19世纪初扩展到欧洲大陆和美国，赋予了接受工业资本主义的国家及其中的资本家巨大的力量，但也在棉花帝国内埋下了进一步转型的种子。随着工业资本主义的扩散，资本自身更多地与特定的国家捆绑在一起。国家在这一过程获得了更为中心的角色，成为最为持久、强大且扩展迅速的机构，劳工群体的规模和权力也大为增长。资本家对国家的依赖，以及国家对人民的依赖，赋予了那些在工厂的地板上夜以继日工作、生产资本的工人以权力。到19世纪下半叶，工人以工会和政党的形式集体组织起来，通过几十年的努力，缓慢地提高了工资并改善了工作条件。反过来，这又增加了生产成本，为世界上其他地区的低成本生产者创造了机会。在19世纪与20世纪之交，工业资本主义的模式已经传播到其他国家，并受到这些国家的现代化精英的追捧。由此，棉花产业离开了欧洲和新英格兰，回到了其发源地：全球南方。

也许有人会问，为什么这里对棉花帝国所做的论断不适用于其他商品。毕竟，在1760年前，欧洲人已经在广泛地贩卖多种热带和亚热带地区的商品，包括糖、大米、橡胶和靛蓝。然而，与这些商品不同，棉花有两个劳动力密集的生产阶段，一个位于农田，另一个位于工厂。糖和烟草没有在欧洲社会形成大规模的工业无产阶级，棉花做到了；烟草没有导致庞大的新型制造业企业的崛起，棉花做到了；靛蓝的种植和制作过程没有为欧洲制造商创造巨大的新市场，棉花做到了；美洲的水稻耕作没有引起奴隶制和雇佣制的爆炸性增长，棉花做到了。因此，棉花产业跨越了全球，不同于其他任何行业。由于棉花产业以这些新方式将各大洲织在一起，它为理解现代世界、现代世界典型的极大的不平等及全球化漫长的历史和资本主义不断变化的政治经济等问题提供了一把钥匙。

我们难以看到棉花产业重要性的一个原因是，在我们的集体记忆中，它常常为那些煤矿、铁路和巨大的钢铁工厂的形象——工业资本主义更有形、更巨大的证明——所遮蔽。我们常常紧盯着城市而忽视农村，紧盯着欧洲和北美现代工业奇迹，而忽略工业与世界各地原材料生产者和市场的联系。我们往往倾向于把奴隶制、攫夺剥削、殖民主义等事实从资本主义的历史中抹去，渴望塑造出一个更高贵、更纯洁的资本主义史。我们倾向于将工业资本主义描述为以男性为主导，然而实际上很大程度上是女性的劳动缔造了棉花帝国。资本主义在很多方面是一种解放的力量，是大部分当代生活的基础；我们不仅仅在经济上，同样也在情感上和意识形态上投身于资本主义制度。一些令人不舒服的事实更容易被忽视。

相比之下，19世纪的观察者已经意识到棉花在世界重塑过程中的作用。其中一些观察家歌颂新全球经济令人惊讶的变革力量。1860年，曼彻斯特《棉花供应报道》（*Cotton Supply Reporter*）相当激动地声称："在本世纪数量众多且庞大的机构中，棉花业似乎注定担当领导力量，推动人类文明的进展……棉花及相关商业活动已经成为诸多现代'世界奇迹'之一了。"[8]

当你看着棉花作物时，它看起来实在不像世界奇迹的候选。棉花朴实且不起眼，形状和尺寸有很多种。在欧洲缔造棉花帝国之前，世界各地的不同民族种植的棉花品种彼此大不相同。南美洲一般种植海岛棉（*G. barbadense*），这是一种低矮枝密的灌木，开黄色花，生产长绒棉；印度的农民一般种植树棉（*G. arboretum*），这是一种6英尺高的灌木，开黄色或紫色的花，生产短绒棉；非洲长的是一种和树棉很像的草棉（*G. herbaceum*）。到19世纪中叶，陆地棉（*G. hirsutum*）在棉花帝国中占据主导地位，也被称作美国陆地棉。这一变种棉花起源于中美洲，1836年时安德鲁·乌尔（Andrew Ure）是这么描述它的："高约两到三英尺，后分叉成枝，上面长满密密麻麻的茸毛。叶子的背面也长满茸毛。叶子有三到五浅裂，最上面的叶子则是完整的心形，叶柄柔软；靠近树枝末端的花开得很大，且通常颜色暗淡。蒴果为卵形，四室，几乎有苹果般大，能产出像丝一般柔软的棉絮，在市场上享有盛名。"[9]

这蓬松的白色纤维就是本书的中心。这种植物本身不会创造历史，但如果我们仔细地聆听，它将会告诉我们世界上以棉花为生的人的故事：印度织工、亚拉巴马的奴隶、尼罗河三角洲各市镇中的希腊商人、兰开夏高度组织化的手艺工人。棉花帝国正是由他们的劳动、想象力和技艺建成的。到1900年，大约1.5%的世界人口——成百上千万的男人、女人和儿童——从事棉花种植、运输或者棉产品制造。正如19世纪中叶的马萨诸塞州一位棉产品制造商爱德华·阿特金森（Edward Atkinson）所言："没有任何其他一种产品，对这片土地的历史和制度有着如此强大而邪恶的影响；可能也没有任何一种其他产品，这片土地的未来福祉要更依赖它。"阿特金森所谈论的是美国及其奴隶制历史，但他的评论可以应用到全世界。[10]

本书追随着棉花从田地到船只、从商铺到工厂、从采摘者到纺纱工到织工再到消费者的历程。本书不会把巴西的棉花史与美国的棉花史分开，把英国的棉花史与多哥的棉花史分开，或是把埃及的棉花史与日本的棉花史分开。要理解棉花帝国及与之相关的现代世界，我们只能将诸多地方和诸多民族联系起来，而非分别看待；他们影响塑造了棉花帝国，反过来又为棉花帝国所影响。[11]

我关心的主要是多样性中的统一性。棉花，这一19世纪最主要的全球商品，把那些似乎截然相反的事物——奴隶制与自由劳动力、国家与市场、殖民主义与自由贸易、工业化与去工业化——联系在一起，然后以一种近乎炼金术的魔法将其转换为财富。棉花帝国依赖种植园和工厂、奴隶和受薪劳工、殖民者和被殖民者、铁路和蒸汽船——简言之，依赖一个由土地、劳动力、运输、制造业以及贸易组成的全球网络。利物浦棉花交易所（Liverpool Cotton Exchange）对密西西比棉花种植园主有巨大的影响，阿尔萨斯地区的棉纺织厂与兰开夏郡的棉纺织厂紧密相连，而新罕布什尔或达卡手摇纺织机的未来取决于多种因素，如曼彻斯特和利物浦之间的铁路建设、波士顿商人的投资决定以及华盛顿和伦敦制定的关税政策。奥斯曼土耳其国家对其农村地区的力量会影响到西印度群岛奴隶制的发展；美国最近获得自由的奴隶的政治行动也会影响到印度农村棉花种植者的生活。[12]

从这些变幻无常的对立之中，我们看到了棉花如何使资本主义的诞生成为可能，又如何促成了其后续的再创新。当我们考察数百年来棉花及资本主义在世界范围内交叉相织的道路时，我们会一再地发现，任何资本主义形态都不是永恒或稳定的。资本主义史上每一个新时刻都创造了新的不稳定性，甚至是冲突，促成了巨大的空间、社会和政治的重组。

关于棉花的著作有着悠久的历史。实际上，棉花产业可能是所有人类工业门类中研究得最为充分的。图书馆里关于美洲种植园，关于英国、法国、德意志地区和日本棉花产业开端，以及彼此联系的商人的研究著作汗牛充栋。但试图将这些多样的历史联系在一起的研究还很少，也许最卓有成效的努力还是近两个世纪以前的事了。爱德华·贝恩斯在1835年撰写《大不列颠棉花产业史》（*History of the Cotton Manufacture in Great Britain*）时，他总结道："请允许作者表达……他的主题引起的兴趣不仅来自他所尝试描述的工业分支的重要性，也来自它所建立的这个国家与地球每个部分之间的大范围的相互交流。"[13]虽然不全同意他的结论，但我也分享着贝恩斯的热情，赞同他的全球视野。

作为利兹一家报社的编辑，贝恩斯生活在棉花帝国核心附近，他不可能不对这些事物采取全球视角。[14]然而，当专业的历史学家转而研究棉花时，他们几乎总是专注于棉花产业历史的地方、区域和国家等层面。然而，只有全球角度才能让我们理解这一宏大的调整，所有这些地方故事不过是整体的一部分：农业劳动力制度在全球范围内的巨大变迁、由民族主义精英推动的国家强化项目的扩散、工人阶级集体行动的影响以及其他等等。

本书利用了大量关于棉花的文献，但将其置于一个新的研究框架之中。因此本书对关于全球化的对话做出了一些贡献。这些对话充满活力，但常常持现在主义（presentist）立场，因而僵化且缺乏历史视角。有些人兴奋不已地声称发现了资本主义史的新的全球化阶段，《棉花帝国》一书挑战这些看法。本书认为，资本主义自起初就是跨越全球的，而世界经济的流动空间格局是过去三百年的共同特征。本书还认为，在资本主义的大部分历史中，全球化的过程与民族国家的需要并不像人们通常认为的那样相互冲突，而是彼此加强。如果这个所谓的新的全球化时代是对过去的革命性背离，那么这个背离并不是关于全球性联系程度的，而是在于资本家第一次能够从那些特定的民族国家解放出来，而过去正是这些民族国家使他们能够崛起。

《棉花帝国》是历史学家更广阔对话的一部分，他们试图在一个跨国家的，甚至是全球的空间框架里审视并重新思考历史。历史学作为一门专门学科与民族国家并肩出现，在民族国家的建构过程中发挥了重要作用。但是，历史学家从预设的国家视角出发，往往没有对跨越国家边界的联系给予足够的重视，而是满足于可以从研究特定民族国家领土内的事件、人物和过程所得到的解释。本书则致力于更广泛地关注跨越政治边界的网络、身份认同和过程，来平衡历史研究的这些"国家"视角。[15]

通过侧重棉花这一特别的商品，并追踪其种植、运输、融资、产品制造、销售和消费的过程的历史轨迹，我们能发现不同的人与不同的地方之间的联系，而如果我们从事的是更加传统的局限于国家边界的研究，这些联系将仍然处在边缘地位。本书不再关注特定事件的历史，比如美国内战；或特定地区的历史，如大阪的棉纺织厂；或特定人群的历史，如西印度群岛种植棉花的奴隶；或特定的历史进程，如农村耕种者向工业受薪工人的转化。本书以一种产品的传记为一扇窗，探究关于我们世界的历史的最为重要的问题，并重新解释一段影响至关重大的历史：资本主义的历史。[16]

我们即将踏上一段穿越人类五千年历史的旅程。在本书中，我们将通过关注一个看似无关紧要的事物——棉花——来揭开一个巨大的谜团：现代世界起源于何处？让我们先从一个位于今天墨西哥的小村庄开始我们的旅程，在这个与我们的世界迥异的世界中，棉花正在欣欣向荣地生长着。

第1章

一种全球性商品的兴起

500年前,在今天被称作墨西哥的太平洋沿岸地区的十几个小村庄里,人们整日劳作,种植玉米、豆子、南瓜和辣椒。在这块北邻圣地亚哥河、南靠巴尔萨斯河的地区,他们捕鱼、采集牡蛎和蛤蜊,收集蜂蜜和蜂蜡。除了这些自给自足的农业活动和手工制作一些小工艺品——他们最有名的创作是饰有几何图案的小彩绘陶制器皿——这些男女还种植一种长着簇茸白色小铃的作物。这种作物不能吃,却是他们种植的最有价值的东西。他们称之为 ichcatl:棉花。

棉花在玉米田里苗壮成长。每年秋天,村民们在收割完粮食作物后,会从这些齐腰高的金字塔形作物上摘下柔软的棉球,将许多棉铃放在篮子或袋子里,带回用泥土和荆条建造的小屋里。在那里,他们费力地把棉籽用手捋下来,然后把棉花放在棕榈席上拍软,再把纤维拧成几英寸长的几缕棉纱。接着,他们用一个装有陶瓷盘的细长的木制纺锤和一个用来支撑其旋转的纺纱钵,把纱捻在一起形成细的白线。然后,他们用一种背带式织布机(backstrap loom)织布。这是一种简单的工具,由两根绑着经纱的木棍组成,一根木棍挂在树上,另一根挂在织工身上;织工用自己身体的重量把经纱拉直,然后在经纱之间不停地来回编织纬纱,如同永不休止的舞蹈。成品布料牢固而柔韧。他们用靛蓝和胭脂红给布染色,染出各种色调的深蓝和深红色。一些布料他们自己穿,缝成衬衫、裙子和裤子；其他的布料作为贡品的一部分，每年都送到特诺奇提特兰进贡给遥远的阿兹特克统治者。仅1518年，这十二个沿海村庄就向蒙特祖玛二世（Motezuma II）皇帝进贡了800包原棉（每包重115磅）、3200匹染色布料、4800匹大白布料。这些都是技艺精湛的工人耗费了数千小时辛苦劳作的产物。[1]

在此前和此后的几百年里，相似的情景在世界各地的人类居住区中一再上演。从古吉拉特到苏拉威西岛，从上沃尔塔的岸边到美国和墨西哥之间的格兰德河河岸，从努比亚峡谷到尤卡坦平原，三大洲的人们在自己的田地里种植棉花，然后又在不远处的家里制成棉纺织品，祖祖辈辈都如此。棉花这种作物很顽强，只要有合适的自然条件，只需农民稍加侍弄就能茁壮生长。由于它的"形态可塑性"，用植物学家的话说就是，它能够"通过缩短、延长，甚至中断其正常花期，来适应各种生长环境"，棉花能在很多种环境中生长。[2]

种植棉花的许多民族数千年来都没有意识到，在全球其他地区的人们也与他们做着相同的工作。这些人都住在大约从南纬32度至35度到北纬37度之间的地带。这些地区的气候适宜棉花生长。作为一种亚热带植物，棉花要求生长期内温度不能低于10摄氏度，最好经常维持在15.6摄氏度以上。现在我们知道，只有在连续200天没有霜冻，年降雨量在20至25英寸之间并集中在棉花生长期中期的气候条件下，棉花才能生长。这种常见的气候带解释了棉花为什么在多个大陆上都能繁荣成长。在这些地区，种子被放在间隔约三英尺的壕沟里，然后盖上土壤。棉花需要经过160到200天才能成熟。[3]

不论是自己发现的，还是与其他民族交往获知，每一个棉花种植者都发现，从棉铃里拉出的蓬松的白色纤维非常适合制作纱线。这种纱线又能用来织成易于清洗且手感柔软的布料，可以抵御阳光的灼烧，在一定程度上也可以御寒。早在1000年前，亚洲、非洲和美洲都有的棉花织造业就是世界上最大的制造业；复杂的贸易网络——大多数是地方性的，也有少数是区域性的——将棉花种植者、纺纱工、织工和消费者联系起来。

我们很难重建织物的历史，因为大多数织物都没有保存下来。我们知道，自从大约十万年前现代智人从非洲稀树草原迁移到气候更冷的地区以来，他们就不得不保护自己免受风霜的侵袭。零星的考古记录表明，人类最初可能使用毛皮和兽皮当衣服穿。有证据表明三万年前，人类已开始用亚麻织布。大约一万两千年前，人们开始定居生活、从事农业和畜牧业生产时，织物的生产得到了广泛传播。然后，男人和女人开始实验用各类不同的纤维去纺纱和织布，以御寒和防晒。[4]

世界各地独立发明了各种各样的把植物转化为布匹的方法。在欧洲，大约一万两千年前的新石器时代，人们开始编织不同的草和亚麻布；大约8000年后，在青铜时代，人们开始从各种动物身上搜集毛料。在中东和北非，公元前7000年时，各社群也已经开始纺织各种动物毛和亚麻。在同一个千年里，中国农民和工匠使用苎麻纤维和丝绸制衣。随着社会分层越来越明显，布料便成了社会阶层的重要标志。[5]

在这个亚麻、毛料、苎麻和丝绸构成的世界里，棉花的重要性逐渐增加。据我们目前所知，大约5000年前，在印度次大陆，人们第一次发现可以用棉花纤维纺线。几乎就在同时代，生活在今天秘鲁海岸一带的人们，在完全不知道南亚发展的情况下，也做出了相同的尝试。几千年以后，东非的各个社会中也有了棉花的纺纱和织布技术。在这些地方，棉花迅速成为纺线的主要纤维，对于大部分用途而言，棉花的属性明显优于亚麻、苎麻和其他纤维。在种植棉花的最初几千年里，棉纺织品的生产很少扩大到棉花自然生长地带之外，但所有见过棉花的人一致认同，棉花是上好的布料生产原料：柔软、耐用、轻盈、易于染色且便于清洗。

我们在许多民族的创始神话和神圣文本中，都能发现棉花在人类早期社会的重要作用的证据。在印度教经典中，棉花经常出现在显著位置。印度教徒相信毗湿奴"用阳光为自己编织了一件衣服"。西非各地的人们把他们的纺纱技术归功于一位蜘蛛神阿南西（Ananse）。在北美洲，霍皮人（Hopi）相信一位蜘蛛女神能纺织棉布。纳瓦霍人（Navajo）认为阳光与白昼四子之一的比格奇第（Begochiddy）在造出山川和昆虫之后，创造并种植棉花。根据纳瓦霍人的信仰，"部落里的女婴出生后，应该去找一副蜘蛛网来……然后在女婴的手和胳膊上摩挲。这样，等女孩长大以后织布时,她的手指和胳膊就不会觉得疲倦"。在中国,根据1637年晚明的一段文字记载,衣服(包括棉衣)使人类区别于禽兽,而且在人与人之间,衣着也是区分统治者和被统治者的标志。*此外,把命运看作编织或纺织而成的概念,在很多不同的文化中占据中心地位,毫不奇怪的是,也包括棉花占据重要地位的那些文化。⁶

现代植物学家不再将棉花当作神灵的馈赠,但同样为之赞叹。生物学家认为棉花在地球上已经生长了一千万到两千万年,在演化过程中产生了四个在基因上不同的棉花品种:中美洲的陆地棉、南美洲的海岛棉、非洲的草棉和亚洲的树棉。相应地,这四类又衍生出成百上千的变种,其中只有少数主导了商业棉花生产。今天,超过90%的世界棉花作物是陆地棉的一个品种,即美国陆地棉。人类的栽培更进一步地改变了植物。一位专家说,我们的祖先大约用了5000年的时间改造了棉花,"棉花原来只是一种杂乱的多年生灌木或矮树,有着坚硬外壳的小小的种子,上面覆盖着粗乱的很难区分开来的茸毛;他们把它改造成了一种紧凑的矮小的一年生植物,种子上长着大量的白色长纤维,很容易开花结果"。棉花种植者小心地进行实验,逐渐地把它培育成可以满足他们日益增长的布料需求的作物。他们改良棉花使其适合某些生态环境,将其移栽到远方,扩展其适应范围,增加其多样性。与自然界其他许多物种一样,人类的培育加速并改造了棉花的生物史——这一能力在19世纪大大加速,对棉花帝国至关重要。⁷

已知最早纺织棉花的人类群体是生活在印度河谷的农民。1929年,考古学家在今天巴基斯坦的摩亨朱达罗地区发现了棉纺织品的残片。这些残片的形成年代大致在公元前3250年至前2750年之间。在附近的梅赫尔格尔地区,考古学家发现了公元前5000年前的棉花种子。文献资料进一步指出,在印度次大陆,棉花产业在古代即已存在。创作于公元前1500年到前1200年之间的吠陀经文也提及了棉花纺织。外国旅行者最早关于南亚的报告也提到了棉花,古希腊历史学家希罗多德(前484—前425)

---

* 出自《天工开物·乃服篇》:"贵者垂衣裳,煌煌山龙,以治天下。贱者裋褐、枲裳,冬以御寒,夏以蔽体,以自别于禽兽。"

熟知印度这些优质的棉纺织物。他在公元前445年评论道，在印度次大陆"有一种野生树木，果实里长出一种毛，比羊毛还要美丽，质地更好。当地人的衣服便是由这种毛织成的"。[8]

从最早发现棉花一直到19世纪，几千年来，印度次大陆的人们始终是世界一流的棉纺织品制造者。住在今天印度、巴基斯坦和孟加拉国地区的农民在粮食作物的旁边种上少量棉花。他们纺纱织布，供自己使用，也在当地和本地区的市场销售。直到19世纪，南亚的绝大部分地区消费的纺织品都是自己生产的。他们用手摘取棉花，用一种辊式轧花机去掉棉籽，用弓子（一种木制工具，绑有绳索，用一块木头敲击弓身时弦会震动）去掉泥土和结，用纺纱杆（一种绑着待纺棉花的工具）和一个纺锤把纤维纺成线，然后用挂在树间的织布机把线织成布料。[9]

在那个时代，顶级印度棉布的品质堪称传奇。13世纪，欧洲旅行家马可·波罗对希罗多德近1700年前的观察又做了一段阐述，他记述道，在科罗曼德尔海岸"出产的棉布是世界上任何地方所能找到的最精细最美丽的棉纺织品"。600年后，利兹的一家报纸的所有者、棉花专家爱德华·贝恩斯报告道，最好的印度布料"几乎完美得不可思议……一些印度薄纱如此技艺高超以至于使人认为这要么是仙女的杰作，要么是昆虫的作品，但绝不可能出自人类之手"。实际上，它们是"风织之网"（webs of woven winds）。[10]

然而，印度次大陆的织品并非绝无仅有。在欧洲人抵达新世界之前很久，棉花就在美洲繁盛生长，棉纺织品在美洲无处不在。在一条贯穿了中美洲、加勒比地区并延伸到南美洲的四千英里长的弧形地带之上，棉花纺织业是最重要的制造业。很有可能，最古老的棉产品制造中心位于今天的秘鲁一带。在那里，考古学家已经挖掘出约公元前2400年的棉织渔网以及公元前1600年至前1500年之间的纺织品残片。1532年，弗朗西斯科·皮萨罗（Francisco Pizarro）攻打印加帝国时，他惊叹于自己看到的棉纺织品的数量和质量。在印加帝国的卡哈马卡城，西班牙征服者发现仓库里装满数量庞大的棉纺织品，"远远优于他们所见过的任何纺织品，无论是精致程度，还是将各种颜色混合在一起的技艺"。[11]

此前十年，在卡哈马卡城以北几千英里之外，当欧洲人深入阿兹特克帝国之时，他们也同样地惊诧于当地精美绝伦的棉纺织品。除了黄金以及其他财宝，埃尔南·科尔特斯（Hernán Cortés）还给查理五世送去了用靛蓝和胭脂虫染色的华丽的棉布。同南美洲一样，中美洲的棉花产业也有悠久的历史。早在公元前 3400 年，棉花就广泛地种植在今天的墨西哥中部地区，而且考古发现最早的棉线可以追溯到公元前 1500 年至前 1200 年之间。据文献记载，玛雅人使用棉花的历史可以追溯到公元前 632 年。在今天的韦拉克鲁斯的低地地带，棉花产业可能早在公元前 100 年至公元 300 年之间就已经出现了。随着棉纺织品从精英阶层普及到普罗大众，棉纺织品的产量增加了，特别是在 1350 年阿兹特克军事和经济帝国崛起之后。由于越来越多的人穿棉纺织品，棉花的加工变得更加重要。纺织和染色的技艺越来越精湛，特别是可以通过不同的衣着看出不同的社会阶层。[12]

16 世纪中美洲被西班牙殖民者占领后，当地的棉花产业仍在继续。17 世纪末，一位西班牙殖民官员堂胡安·德·维拉古提尔·索托-马约尔（Don Juan de Villagutierre Soto-Mayor）赞扬前玛雅王国地区的印第安妇女，说她们"精力充沛地纺纱织布，技艺高超，染出完美的色彩"。棉花除用于制衣之外，还能用作宗教祭品、馈赠礼品、交易媒介、悬挂装饰品、包裹木乃伊、盔甲，甚至是医疗用途。据估计，前哥伦布时期的墨西哥每年生产 1.16 亿磅棉花，这相当于 1816 年美国的棉花产量。随着特诺奇提特兰的统治者扩大势力范围，他们从棉花种植和织造地区收取贡品与贸易产品。在纳瓦特尔语中，阿兹特克帝国一些特别重要的棉花产地的名字意为"在棉花神庙之上""在棉河之中"和"在棉山之上"。[13]

在哥伦布到来之前，今天的墨西哥和秘鲁地区是美洲棉花产业的中心，但棉纺织品的生产也扩散到了美洲大陆的其他地区。在今天的巴西，人们用从野生植物搜集的棉花纤维制作布料。在今天美国的西南部地区，可能早在公元前 300 年，美洲原住民就很热衷于种植棉花，特别是纳瓦霍人和霍皮人。关于棉花的知识从中美洲沿着墨西哥海岸向北传播。当西班牙殖民者与格兰德河以北的印第安人接触时，他们就注意到"印第安人纺织棉花"，也注意到他们"穿着坎佩切式（Campeche-type）棉毯，因为他们有大片的棉花地"。对于一些美洲原住民来说，棉花还有重要的宗教用途：霍皮人在祈雨祭祀仪式中以棉花象征云彩，将棉花覆盖在死者的面部，"意在使精神形体轻盈，如同云朵一般"。在加勒比地区，棉花种植也很普遍。实际上，克里斯托弗·哥伦布认为他到达了印度的原因之一是他在加勒比地区发现了大量的棉花，他形容这些岛屿"到处都是……棉花"。[14]

棉花的种植和加工在非洲地区也历史悠久。最早种植棉花的可能是位于今天苏丹东部地区的努比亚人。有些人声称，早在公元前5000年，当地就种植棉花来纺纱和织布，但考古学家通过对尼罗河东岸古城麦罗埃的考古发掘证明，棉纺织品仅出现在公元前500年到公元300年之间。棉花从苏丹向北传播到埃及。虽然棉纺织品在埃及文明中并不占有重要的地位，我们现在知道早在公元前2600至前2400年之间，棉籽就被用来当作动物饲料，而且卢克索的卡纳克神庙的绘画中也出现过棉花丛。然而，直到公元前395至前332年之间，埃及才出现棉花种植和棉纺织品制造业。公元70年，老普林尼（Pliny the Elder）观察到："在上埃及地区，阿拉伯半岛附近，出产一种灌木，有人称其为棉花（gossypium）。这种灌木很小，果实像长有胡须的坚果，里面是丝一样的东西，把丝从果实里抽出后能纺织成线。不管就洁白、柔软还是穿着而言，没有哪种已知的织物能超过这种线织成的布料……"公元800年后，棉花及其相关生产活动更是在伊斯兰教的庇护下加速传播。[15]

关于如何种植和加工棉花的知识也传播到了非洲西部。棉花究竟是怎么来的还不清楚，不过有可能是大约在公元元年左右由在各地流动的织工和商人从东非带过去的。在8世纪，随着伊斯兰教的到来，棉花产业获得极大发展。伊斯兰教教师教女孩纺纱，教男孩织布，同时还向那些人宣扬一种前所未有的端庄服饰，而当地的气候环境本来并不需要他们穿很多衣服。考古发掘发现了最早可追溯到10世纪的棉布。文献资料和考古挖掘都证明了西非地区在11世纪末已存在棉纺织业，在那时它已经向南传播到了今天的多哥地区。到16世纪初，利奥·阿非利加努斯（Leo Africanus）记述道，"梅里王国"（kingdome of Melli）的棉花"极为丰富"，"东巴托王国"（kingdome of Tombuto）棉花商人有着惊人的财富；

他在这里指的是西非的伟大的马里帝国和廷巴克图帝国。[16]

据我们所知，棉花的驯化、纺纱和织造是在世界这三个区域内独立发展的。[17] 不过，知识从南亚、中美洲和东非沿着现有的贸易和移徙路线迅速传播——例如从中美洲到北部，从东非到西部。棉花产业的传播活动的中心是印度。棉花的种植和加工技术从印度向西、向东和向南传播，使得亚洲在19世纪以前一直是全球棉花产业的中心，并且又在20世纪后期再次成为中心。印度的地理位置和棉花技术对于棉花在我们的世界上的显赫地位至关重要。两千多年前一群肯定穿着毛皮、羊毛和亚麻衣服的欧洲人，在遇见这些来自神秘"东方"的神奇的新织物时，印象最为深刻。

但是在欧洲人发现棉花之前，棉花正忙着改变其他人的生活。棉花从印度一路向西传播，经由中亚进入中东，然后进入地中海地区。有证据表明，甚至在公元前，波斯、美索不达米亚和巴勒斯坦等地就已经开始种植棉花了。尼尼微（位于今天的伊拉克）发现了大约公元前1100年的棉布。一份公元前7世纪亚述的泥板文书提到了一种长羊毛的树。几百年后，大约公元1世纪，安纳托利亚的农民开始种植棉花。和在非洲一样，伊斯兰教的传播在中东棉花种植、纺纱和织造等技术推广中发挥了重要的作用，因为伊斯兰教对谦逊的要求使得棉布成为一种"通常的衣料"。在9至10世纪，伊朗出现了供应城市市场——特别是巴格达的——需求的"棉花潮"。13世纪，从亚美尼亚到波斯，马可·波罗发现棉花棉布无处不在，他的游记中的一个常见主题就是亚洲各地棉花的"充裕"。[18]

随着棉花种植向西传播，有关棉花的知识也从印度向东传遍亚洲，特别是传入中国。尽管中国最终会成为世界上最主要的棉花和棉纺织品生产国之一，而且今天仍然是棉花产业的中心，但棉花并不是中国的本地作物。事实上，汉字中的"棉"一词是从梵语和其他印度语言中借来的。[19] 公元前200年左右，中国人已经知道了棉花，但在以后的1000年里，棉花并没有传播到最初引进棉花的西南边疆以外的地方。

在元朝（1271—1368）时，棉花在中国农村广为普及。在那些年里，棉花事实上取代了苎麻。苎麻曾和丝绸一样，传统上是中国人制衣的纤维原料。到1433年，中国的臣民可以用棉花抵税，使得政府可以给士兵和官员提供衣物。我们将会看到，棉花作物与赋税之间的关联，是政治当局对棉花产业产生兴趣的诸多例证之一。在开疆辟土的明朝（1368—1644），棉花生产扩散到了中国的新征服的土地上。到明朝末年，估计中国每年生产大约2000万包棉布。劳动力的地理分工已经出现了：北方农民运输原棉到长江中下游地区，南方的农民用这些北方运来的以及他们自己种植的原棉生产棉纺织品，其中一些纺织品还会被卖回北方。这类跨区域的贸易非常繁荣，棉布生意甚至达到帝国商业额的四分之一。到17世纪，中国的男女老幼几乎都穿着棉布衣服。因此，毫不奇怪的是，当中国人口在18世纪增加一倍达到4亿人口时，中国的棉花产业也仅次于印度排世界第二。1750年，中国的棉花产量约15亿磅，大致相当于美国内战前10年美国棉花产量的总和。[20]

印度的棉花技术也传播到了东南亚。随着生产技术的进步，棉布成为这些地区仅次于食品的最有价值的制成品。在公元3至5世纪的某个时期，佛教僧侣将棉花带到爪哇。很久之后，1525年至1550年间，棉花种植传播到日本。到17世纪，它已经成了日本一种重要的经济作物。由于小农户种植棉花以获得额外收入去缴税，棉花通常与水稻轮耕。[21] 随着棉花抵达日本，起源于印度的棉花种植已经传到亚洲大部分地区。

在非洲、美洲和亚洲的农民、纺纱工、织工和商人至少5000年的努力下，棉花世界逐渐繁荣起来并不断扩大。尽管这一巨大制造业的中心分布在三大洲，但它们有许多共同点。最重要的是，棉花种植和加工几乎一直保留着小规模的形式，以家庭生产为主。尽管一些种植者把他们的原棉卖到附近或远方的市场去，而且还有许多统治者强迫耕作者将部分作物用于进贡，但是没有任何种植者仅仅依靠种植棉花生活；相反，他们使自己的经济机会多样化，以尽可能地降低风险。在非洲大片地区以及南亚和中美洲部分地区，这种模式一直延续到20世纪。

在接下来的1000年里，家庭种植棉花与其他作物之间有一种微妙的平衡状态。家庭在种植粮食作物的同时种植棉花，在自己和社区对粮食和衣物的需求与统治者对贡品的需求之间取得平衡。例如，在韦拉克鲁斯，粮食与棉花套种很常见，可以同时为棉花种植者和纺织者提供生活必需的粮食。在尤卡坦半岛，玛雅农民在种植玉米和大豆的田地里种植棉花。在西非，棉花"和粮食作物套种"，比如在今天的科特迪瓦，棉花与高粱套种，而在今天的多哥地区，棉花与薯类套种。在印度的古吉拉特邦，"[棉花]在稻垄之间种植"。在中亚棉花种植地区，农民不仅在稻子旁种棉花，还在小麦和粟米旁种植棉花。在朝鲜，农民则是在大豆旁边种植棉花。18世纪以前，没有出现任何显著的棉花单一种植，而当单一种植模式出现时，人们对更多土地和劳动力的渴望也随之而来。[22]

与棉花种植相似，世界各地的棉花生产也始于家庭组织；除少数特例外，这种模式一直持续到19世纪。例如，在阿兹特克人控制的地区，所有棉花生产在家庭组织内部进行。在非洲也是如此，"在多数情况下，棉花产品的生产纯粹是家庭产业，每一个社会单位完全自给自足"。我们在印度、中国、东南亚、中亚和奥斯曼帝国等地区有相似的例证。家庭生产可以使一个家庭生产出自己所需的布料，但也能为市场提供棉纺织品。由于大多数农业社会对劳动力的需求随季节变化很大，而摘下的棉花能储存好几个月，农民可以在农闲时节间歇性地和季节性地集中生产纺织品。特别是对于女性而言，她们的活动主要集中在家庭里，有空就在家中纺纱和织布。[23]

每个社会都出现了明确的劳动力的性别分工，女性和纺织生产之间存在着特别紧密的联系。事实上，中国有句谚语叫"男耕女织"。除了纳瓦霍人、霍皮人和东南亚的一些民族，世界范围内，女性事实上垄断着纺纱工作。由于纺纱工作可以间歇性地完成，并能同时从事其他活动，例如照看孩子和烹饪，女性在家庭中的角色往往也使得她们主要负责纺纱。女性与棉布生产的关系非常紧密，有些文化中女性的陪葬品就是她们的纺织工具。另一方面，织布工作则没有出现如此明显的性别分工。在印度和非洲东南部，织布主要由男人负责，也有很多文化中由女人从事织布工作，比方在东南亚、中国、非洲北部和西部。然而，即使在女人和男人都织布的社会中，通常他们各自擅长不同的样式，生产不同品质的产品，并使用不同类型的织布机。这种劳动力上的性别分工在工厂制出现时重现，这使得家庭中的性别关系成为工厂生产出现的一个重要因素。[24]

这种前现代的棉花产业根植于家庭组织内部，有着特殊的生存策略，其特点是轧花、纺纱和织造的技术发展缓慢。例如，直到18世纪，东南亚地区的一个妇女纺一磅的棉纱要一个月时间，织一匹十码长的布料又要一个月时间。[25]时间耗费如此巨大，部分是因为花在纺纱和织布上的劳动属于经济学家所说的"低机会成本"劳动，部分是因为统治者向其臣民征收了最大程度的税收。而且，由于许多家庭生产的纺织品都能自给自足，所以市场的规模有限，再次降低了改进生产技术的积极性。

然而，缓慢的技术发展也与原材料供应的限制有关。在世界上大多数地区，原棉不能有效运输到很远的地区去。人力和役畜有时可以在相对较短的距离内运输原棉。在阿兹特克帝国，原棉运输到高原地区进行加工，运输距离大约100英里。用水力运输棉花更为高效和普遍。例如，在公元后第二个千年，据观察者称，数以千计的船只沿着长江将棉花运输到江南地区。古吉拉特和印度中部的棉花同样用船沿着恒河和海岸运输到印度南部和孟加拉。尽管如此，直到19世纪，绝大多数原棉的纺织都是在离种植地几英里之内的地方完成。[26]

在世界上如此多的地区，有如此多的人从事棉花种植、纺纱和织布工作，棉花纺织很可能是当时世界上最重要的制造业。尽管直到19世纪，自产自用的家庭生产模式一直是棉花产业最主要的组成部分，但是在18世纪80年代的工业革命之前，棉花产业也发生了一些重大变革。最为重要的是，棉纺织品——部分由于它们是高度劳动密集型产品——成了重要的保值产品和交换媒介。世界各地的统治者以棉布作为征收贡品和实物赋税，而且事实上可以说，棉花在政治经济学诞生的时候就是以这样的形式在场。例如，在阿兹特克人中，棉花是最重要的纳贡媒介。在中国，从15世纪初起，每个家庭都要用棉布缴纳部分税款。在整个非洲，布匹用于纳贡也是司空见惯。在中国、整个非洲、东南亚和中美洲，棉布不仅在实际生活中被作为一种纳税方式，也被当作货币来使用。棉布是一种理想的交换媒介，因为不像原棉，它很容易长途运输，不易腐败，并且价值含量高。在前现代世界的几乎所有地方，一匹棉布能买到所需要的东西，例如食物、制成品，甚至是庇护。[27]

棉花被用作原始货币说明了这样一个事实，即由于棉纺织品单位重量的价值很高，它们并不都是在紧邻其生产地的地方使用的。实际上，分别出现在美洲、非洲和亚洲的棉花中心都发展了越来越复杂的贸易网络，将种植者、制造商和消费者连接起来，甚至有时还跨越大陆。在伊朗，9至10世纪的棉花产业引发了显著的城市化，城市从附近农村吸收原棉，进行纺纱、织造、裁剪，然后卖到远方的市场，特别是位于今天伊拉克的市场。在前殖民时期的布基纳法索，一位作者发现："棉花处在贸易活动的中心位置。"早在公元前4世纪，古吉拉特棉布就已经在印度洋周边各地区间贸易活动中扮演重要角色，大量的棉布被销往东非海岸，并从那里贩运到更远的非洲腹地。在所有的这些交换中，贸易商，特别是那些远离了母国的贸易商，必须得迎合当地的口味，并且提供对当地消费者有价格吸引力的商品。[28]

在中美洲，布料会卖到数百英里之外的地方，有时还会卖到邻国去。例如商人们把布料从特奥提兰（在今天的瓦哈卡）贩卖到危地马拉。在今天的美国的西南部，纱线和布料也都是重要的贸易品。考古挖掘发现，在与棉花的种植地相距很远的地方也能找到棉产品。自从13世纪起，中国商人从远至越南、吕宋、爪哇的地方进口纱线和布料以补充国内生产。非洲商人以相似的方式，把棉纺织品贩卖到距离遥远的地区。例如，他们用马里布料交换沙漠地区游牧民的盐。奥斯曼帝国棉纺织品已经到达了遥远的西欧，而在13世纪，日本也已经开始进口棉产品。[29]

印度处在这个越来越全球化的贸易的中心区域，与罗马帝国、东南亚、中国、阿拉伯世界、北非、东非地区都有贸易往来。印度棉纺织品借助人背和牛运穿梭于南亚地区，它们乘着阿拉伯三角帆船越过重洋，驮载在骆驼背上穿越阿拉伯大沙漠抵达阿勒颇，沿着尼罗河顺流而下来到开罗棉纺织品市场，填满戎克船的底舱来到爪哇。早在公元前6世纪，印度棉纺织品已经卖到了埃及，商人把印度棉纺织品带到红海和波斯湾沿岸的各个港口。希腊商人随后将这些印度纺织品从埃及和波斯贩运到欧洲。最后，罗马商人也参与了进来，使得棉纺织品成为一种令帝国精英垂涎的奢侈品。在整个非洲东部，印度棉纺织品也十分重要。直到19世纪，在整个阿拉伯世界和欧洲，印度一直都是主要的棉纺织品供应地，古吉拉特商人和其他商人运输了大批量的布料。1647年，一位奥斯曼官员抱怨道："有太多的财富用来购买印度商品……世界的财富聚集在印度。"[30]

印度布料也向东销售到亚洲其他地区。在古代，商人就已经在中国的市场上出售印度棉纺织品。大量印度棉布也运往东南亚地区，供当地上层人士着装使用。据估计，在16世纪初，马六甲每年要从古吉拉特邦、科罗曼德尔和孟加拉等地进口满满15艘货船的棉纺织品。印度在世界市场上占据主导地位，1503年左右，意大利商人卢多维可·德·瓦特玛（Lodovico de Varthema）对古吉拉特的港口城镇坎贝这样评论道："这个城市为波斯、鞑靼、土耳其、叙利亚、巴巴利海岸、福地阿拉伯、非洲、埃塞俄比亚、印度以及诸多有人居住的岛屿提供丝绸及棉产品。"梵文中关于棉纺织品的词汇 karpasi 进入了希伯来语、希腊语、拉丁语、波斯语、阿拉伯语、亚美尼亚语、马来语、维吾尔语、蒙古语和汉语。甚至某些特定织物的名称变成了全球通用的名称，例如轧光印花布和细白布（jackonet）就是印度语言中一些术语的变体，最后在世界范围内用来形容某种特定的风格。实际上，17世纪初，印度棉纺织品就已经成为了历史学家贝弗利·勒米尔（Beverly Lemire）所说的"第一种全球性消费品"。[31]

随着需求的增加，棉花试探地迈出了走出家庭的第一步。在公元后第二个千年，作坊生产棉花产品变得越来越普遍，特别是在亚洲。印度出现了职业织工，他们专门为远距离贸易供货，给国内外的统治者和富商提供棉布。在达卡，织工在严格监督下为莫卧儿宫廷编织细平布，"被迫为政府工作，报酬却很差，过着几乎是囚禁式的生活"。据报道，早在15世纪，在位于今天的安德拉邦的阿莱姆孔达，已经有了装有一台以上织布机的作坊。与自给自足的织工不同，从事远距离贸易者在地理上相当集中：孟加拉因优质的细平布而闻名，科罗曼德尔海岸以轧光印花布和纯色棉布而著称，而苏拉特则以其结实而廉价的布料著称。尽管织工在印度种姓制度中占据着非常不同的地位，但是在印度次大陆某些地区，他们已经进入社会上层，足够富有，可以跻身当地寺庙的主要捐献者之列。全职棉纺织品制造者在世界其他地区也出现了。例如，在14世纪的明代中国，"织造局"出产质地更好的纺织品，那里集中地雇用了几千名工匠。在奥斯曼帝国的托卡特城，技艺高超的织工生产出大批量的棉纺织品。巴格达、摩苏尔和巴士拉以及伊斯兰世界其他大城市里，都有大型的棉花作坊。事实上，用于指代优良棉纺织品的 muslin 来源于 Musil 一词，这是库尔德人对摩苏尔的称呼。在巴马科，今天的马里首都，将近600名织布者从事纺织生产。与此同时，在被称为"西非的曼彻斯特"的卡诺有着庞大的棉花产业，给撒哈拉地区的人们提供布料。16世纪90年代，廷巴克图已有26家棉花生产作坊，每个作坊都有50名或者更多的工人。大阪也有成千上万的工匠织造棉纺织品；到18世纪初，整个地区的作坊雇用了三到四万工人。[32]

随着作坊越来越普遍，一种新型织工也变得越来越普遍：一个专门为市场销售而生产的个体，通常是男性。但是即便作坊在兴起，这种为满足市场进行的生产也通常发生在农村而不是城市，发生在家庭而不是作坊中。使这些农村市场供应者有别于那些为了生计从事生产的人的是，他们依赖全球商业中一种新兴力量：由商业资本组织起来的外包网络（putting-out networks）。在这些将构成19世纪机械化棉花生产核心的网络中，纺纱工和织工为城市商人制作纱线和布匹，而商人将这些纱线和布匹收走，在远方的市场上贩卖。商人资本家和生产者相互联系的特定方式差别很大。例如，在印度次大陆，虽然农村织工依靠商人为他们提供资本，以购买织布时所用的棉纱和维持生计的食物，但他们大体上自己拥有织布工具，工作时不受监督，而且对产品享有一定的处置权。相比之下，世界上其他地区的农村织工享受的权力相当少。例如，在奥斯曼帝国，商人将棉花和纱线预先提供给农民，由农民来纺纱和织布，再把产品卖回给商人，赚取一点利润。他们与印度织工不同，对自己的产品没有任何处置权。在中国，商人也对产品拥有很大的生产控制权，"他们购买原棉，在当地市场上将其外包给农妇去纺织，在市镇的作坊里染轧，随后贩卖到全中国"。实际上，商人控制着生产的每一个阶段，预示了他们在19世纪缔造横跨全球的棉花帝国过程中的中心作用。[33]

随着市场的不断扩大,棉纺织技术也跟着革新。尽管世界各地处理棉花的基本原理非常相似,且直到18世纪末19世纪初新型轧花机、纺纱机、织布机出现之前,生产力也都非常低,但是这一时期仍然有一些重要的创造发明。例如,在中美洲,一种"特制陶制纱锭"的出现改进了纺纱技术。公元1200年后,中美洲人也使用了特别设计的纺纱钵,提高了纺纱工的生产效率,使他们能满足统治者对贡品的贪婪需求。不过,技术发明的中心是亚洲:去除棉籽的辊式轧花机、清理和理顺轧过的棉的弓、纺车及各种新型织布机,包括垂直型整经机(upright warper),都源自亚洲。11世纪发明的纺车是一项特别重要的创新,因为它使农民纺纱的速度大大加快了。在同一地区,织工还发明了一种新式的脚踏式织布机。虽然它的确切起源还不确定,但它是在公元前500年到公元750年间传入印度,在公元3世纪时传入中国的,在中国最初用于丝织品的织造。[34]

最大的革新是棉花作物本身的驯化,其变化如此之大,以至于19世纪被奴隶采摘的棉花对两千年前的印度农民来说几乎无法辨认。人工选择使棉花适应了各种非常不同的环境条件,也使其纤维更加适合于编织布料。中国、日本、东南亚、南北美洲、西非和安纳托利亚等地区的农村种植者从毗邻的地区引进棉籽,把棉花加入耕种的作物行列。经历几个世纪的发展,这种驯化栽培过程极大地改变了棉花的物理特性,使其长出更长、更白的纤维(后来的棉花专家将纤维的长度称为"staple"),也使棉铃里的棉纤维更饱满,更容易地从荚中脱出。此外,灌溉技术和农艺学的进步使棉花种植扩展到新的地区。通过选种和改进技术,棉花能够种植在非洲、亚洲、美洲更干燥和更寒冷的地区,包括中东非常干燥的地区。例如,在伊朗,早在9世纪,灌溉系统的投资就使得棉花种植得到显著发展。尽管如此,与18至19世纪的变化相比,工业革命前两千年的总体生产力增长很少。在这两千年的绝大部分时间里,世界棉花产业的扩张主要在于越来越多的人化更多的时间种植、纺织棉花。[35]

这些制造网络将农村的纺纱工、织工与城市的商业资本联系在一起,特别是在亚洲,使得为市场而进行的生产逐步而显著地增长。但是,它们这么做并没有突破现有的社会结构,也没有改变几个世纪以来的生产组织形式。它们的中心仍然是家庭生产及与其相关的技术。这个前现代世界安全地置于两大壁垒的保护下：第一是制成品市场，尽管也在增长，但与1780年后的世界相比，增长还很缓慢；第二是从远方采购原棉的阻碍极大。需要一股巨大的力量来打破这些古老的束缚和限制。

在很长的一段时间里，在这个丰富多彩、充满活力且经济上举足轻重的棉花世界里，欧洲没有立锥之地。在棉花种植、生产和消费的网络中，欧洲人一直处在边缘地位。即便在希腊罗马时期，欧洲人开始进口少量的棉布料后，欧洲作为一个整体对全球棉花产业来说依然无足轻重。人们依旧穿着亚麻和羊毛制成的衣物，自青铜时代以来一直如此。正如圣雄甘地所说，当印度给欧洲供应棉花时，欧洲人自己"还沉浸在野蛮、无知和粗野之中"。[36]

简单来说，棉花对于欧洲人是一种异国事物。棉花生长在遥远的地方，据说许多欧洲人想象棉花是植物和动物的混合——一种"植物绵羊"。中世纪的欧洲还流传故事说，小绵羊长在树上，夜里弯腰喝水；此外，还有关于绵羊通过低茎长在地上的传说。[37]

棉花最初传入欧洲，就像在西非一样，是伊斯兰教扩张的结果。到公元950年，伊斯兰城市塞维利亚、科尔多瓦、格拉纳达、巴塞罗那和西西里诸城有了棉纺织业；其中一部分纺织品出口到欧洲其他地区。在12世纪，塞维利亚植物学家阿布·撒迦利亚·伊本·阿瓦姆（Abu Zacaria Ebn el Awam）出版了一部关于农业的专著，详尽叙述了如何种植棉花。[38] 伊斯兰文化与棉花之间的关系非常密切，大多数西欧语言中的"棉花"一词都借用了阿拉伯语 qutun。法语中为 coton，英语则是 cotton，西班牙语则是 algodón，葡萄牙语则是 algodão，荷兰语则是 katoen，意大利语则是 cotone，这些词都来自阿拉伯语词根。（德语中为 Baumwolle，捷克语中为 bavlna，意思大略为"树羊毛"，这些是例外，但正如我们所知，例外证明了规则。）公元1000年后的几百年里，伊比利亚的基督徒的"收复失地运动"使这一地区的棉花生产急剧萎缩；但几百年来，在阿拉伯技术和文化的影响下，欧洲大部分地区都熟悉并开始欣赏棉纺织品。

"植物绵羊",欧洲对棉花作物的想象。

到 12 世纪,欧洲的一小部分——特别是意大利北部——回归到棉花生产的世界,从此留了下来。由于欧洲气候总体不适宜棉花生长,而十字军把欧洲的势力延伸到阿拉伯世界,由此深入到棉花自然生长带。[39] 最初的棉花生产的尝试规模不大,却开始了改变欧洲大陆历史和世界经济走向的一个趋势。

欧洲最早的非伊斯兰的棉花产业中心出现在意大利北部,在诸如米兰、阿雷佐、博洛尼亚、威尼斯、维罗纳等城市中。棉花产业从 12 世纪末开始迅猛成长,在这些城市的经济中起到重要作用。以米兰为例,1450 年纺织业雇用了整整 6000 名工人生产粗斜纹布(fustian),这种织物既用棉也用麻。[40] 意大利北部人成为欧洲主要的棉花生产者,而且占据这个地位达 3 个世纪之久。[41]

棉产品制造业之所以在意大利北部繁荣起来有两个原因。第一,这些城市有历史悠久而且依旧繁荣兴盛的羊毛生产史,因此拥有技术高超的工匠和资金充裕的商人,也有从事远距离贸易的专门知识。一旦企业家决定从事棉花生产,他们就能利用这些资源。他们把原棉预付给周围农村的妇女，让她们纺纱，然后与城市里组织成行会的工匠签订合同，让他们织造棉布；接着他们给货物打上自己的标记，使其标准化，并利用其长途贸易网络将商品出口到地中海地区、中东地区、德意志地区、奥地利、波希米亚和匈牙利等海外市场。[42]

其次，意大利北部能容易地获得原棉。实际上，意大利北部棉花产业从一开始就完全依赖安纳托利亚西部和今天叙利亚等地的东地中海地区的棉花。早在11世纪，棉纱和棉布就已经进口到威尼斯、热那亚和比萨的港口中，使得人们开始了解棉花。原棉进口在十字军东征之后开始，有记载最早的这种贸易发生在1125年。[43]

随着航运技术的进步，大宗商品运输更为廉价，威尼斯成为欧洲第一个棉花集散中心，可谓12世纪的利物浦。一些贸易商专门从事棉花贸易，他们从安纳托利亚购买低等级的棉花，又从叙利亚购买优质的棉花。除此之外，热那亚人还从安纳托利亚、西西里和埃及进口棉花。尽管进口量大，但欧洲商人对黎凡特原棉具体种植方式几乎没有什么影响：他们从当地商人手中购买棉花，装上货船，跨海航行运输这些棉花。不过，威尼斯有能力参与并最终支配了地中海贸易，这对于意大利北部棉花产业的成功至关重要。更重要的是，这也是后来欧洲国家和资本家打入古代棉花产业中心的心脏地区的预兆。[44]

地中海的贸易网络不仅为意大利棉花产业提供了相对方便的原棉来源，还使他们可以接触到"东方"技术。意大利北部的企业主从伊斯兰世界引进了技术，其中一些来自印度或者中国。12世纪见证了"域外技术大批量地融入欧洲纺织业的历史的过程"——其中最重要的是纺车。在13世纪中期纺车传入欧洲之前，欧洲人像美洲人和非洲人一样用手工纱锭纺纱。在这样的条件下，纺纱是一个缓慢的过程，一位熟练的纺纱工每小时大约生产120米的线。以这样的速度，需要11个小时才能完成一件罩衫所需的纱线。纺车大幅度地提高了欧洲纺纱工的产量，生产率提高了三倍。因此，一种新材料棉花的出现，促使人们接受了新的制造技术，这也是为什么欧洲中世纪时期纺车也被称作"棉车"（cotton wheel）。尽管不像纺车那样引起了巨大变化，卧式脚踏织布机也带来了织布技术的提高。卧式脚踏织布机于11世纪首次出现在欧洲，它使织工可以用脚调整梭口（一种分开经线让梭子穿过去的装置），从而可以腾出双手来穿纬线，也就能生产出更高品质的纺织品了。这项技术从印度或中国通过伊斯兰世界传播到欧洲。[45]

意大利北部的棉花产业发展主要取决于它能从伊斯兰世界获得原棉和制造技术。然而这些联系和依赖也正是意大利最主要的弱点：纺织业仍然远离原料产地，而且缺乏对棉花种植的控制。意大利北部的棉花产业最终受到了严重打击，既受到伊斯兰棉花产业加强的影响，也受到其与伊斯兰世界的贸易网络边缘化的影响。[46]

甚至在这些重要的网络中断之前，意大利棉花产业还面临着另一个挑战：来自阿尔卑斯以北的德意志南部城市中的机敏竞争者的崛起。他们与意大利同行一样，也从黎凡特进口棉花。然而，意大利棉花产业要面对高税负、高工资、有组织的城市织工和行会的限制，而德意志制造商却享受着农村地区更容易驾驭的优势，在那里他们可以获得更廉价的劳动力。到15世纪初，德意志制造商利用这种成本差异，不但占据了许多意大利出口市场，包括欧洲东部和北部、西班牙、波罗的海地区、尼德兰和英格兰，甚至还侵入意大利本土市场。[47]

1367年，这样的一位富有创业精神的制造商来到德意志南部城镇奥格斯堡。起初，这位年轻的织工汉斯·富格（Hans Fugger）尽力地出售他父亲的棉布，过了一段时间，他本人也成为一名织布师傅。在接下来几十年里，他扩大投资，最终在奥格斯堡雇用了一百名织工来为长途贸易供应棉纺织品。当他死的时候，他已经成为奥格斯堡最富有的五十位市民之一了，而且为中世纪欧洲最富有的商业和银行家族之一的兴起奠定了基础。[48]

汉斯·富格仅用一代人的时间，就在德意志南部快速建立了一个欣欣向荣的棉花产业。1363年至1383年间，德意志织工的产品实际上已经取代了伦巴底的粗斜纹布在欧洲的地位。富格和像他这样的人之所以能成功，是因为他们拥有熟练的纺织工人、资本和贸易网络。德意志南部地区不仅拥有悠久的亚麻生产历史，还拥有强大的长途贸易商，这些人有足够的资本为新产业提供资金。而且这些贸易商还能得到廉价劳动力，能够打开欧洲北部市场,并有能力执行保证其产品质量的法规。因此,乌尔姆、奥格斯堡、梅明根和纽伦堡等城市成为主要的粗斜纹布生产中心。最终棉织产业沿多瑙河向东传播,并且向南传播到了瑞士。[49]

对农村劳动力的控制至关重要。例如,在最为重要的制造业中心之一的乌尔姆,城市自身仅有大约2000人从事棉纺织品生产,而有18 000名工人在农村从事相关工作。事实上,大多数纺织是在农村完成的,而不是在城市;商人给纺纱工和织工提供钱、原料甚至工具——这是另一种类似印度农村那样的外包制网络。这类生产组织方式远比城市生产方式灵活,因为没有行会的约束,而且农村织工仍旧拥有自己的土地,种植自己的粮食。[50]

随着意大利北部和德意志南部棉花产业的出现,欧洲的一些区域第一次成为全球棉花经济的一小部分。但在欧洲范围内,棉花产业还不是特别重要。大部分欧洲人仍穿着麻制和毛制衣服,而不是棉制衣服。而且,几乎没有任何欧洲棉花商品销售到欧洲大陆以外的地区。另外,在16世纪早期之后,由于三十年战争破坏了产业发展,以及贸易从地中海转移到大西洋,欧洲这一依赖威尼斯的产业就衰落了。事实上,16世纪,在新兴的奥斯曼帝国面前,威尼斯就失去了对地中海贸易的控制,奥斯曼帝国鼓励国内工业发展,并限制原棉出口。当16世纪60年代奥斯曼军队巩固其领土控制时,遥远的德意志棉纺织城镇也感受到了其影响。作为一个能控制原棉和棉纺织品流转的强大的国家,奥斯曼帝国的崛起摧毁了意大利北部和德意志的棉花产业。对于曾占主导地位的威尼斯人来说,雪上加霜的是,16世纪末,英国商船已经频繁停靠伊兹密尔(奥斯曼帝国的士麦那)等港口了。1589年,苏丹授予英国商人影响深远的贸易特权。[51]

精明的观察家肯定注意到,欧洲第一批棉纺织品生产者,无论意大利北部人还是德意志南部人,失败的部分原因是他们没有征服供应他们棉花原材料的人。这是一个不会被忘记的教训。随着16世纪接近尾声,一个全新的棉花产业崛起,其重点将是大西洋,而不是地中海。欧洲人理所当然地认为,只有国家权力的介入才能保证在这些新贸易区中获得成功。[52]

第 2 章

缔造战争资本主义

尽管首先出现在 12 世纪意大利北部,随后又出现在 15 世纪德意志南部的棉花产业令人瞩目,但是这些并没有改变世界棉花生产的格局。这两地的棉花产业繁荣之后又都衰落了。在其他三片大陆上有着规模更大的棉纺织业,而且和此前数个世纪以来一样,它们继续活跃着。印度和中国仍然是世界棉纺织品生产的中心,印度织工的产品依然在洲际贸易中占据主导地位。直到此时,欧洲纺织业在技术发明或者组织创新上没有什么独到之处,亚洲生产者依然掌握着最尖端的纺织技术。确实,欧洲新的制造业尝试为欧洲人生产了规模空前的棉纺织品,传播了对棉纺织品的嗜好,使得关于棉花加工的知识广为传播——所有这些要素最终变得极其重要。但目前而言,这些小的变动对全球棉纺织业来说无关紧要,因为此时欧洲人还缺乏在跨洋贸易市场上竞争的能力,何况欧洲生产的棉布质量远逊于印度的棉布。而且,与印度和中国的棉纺织品制造者不同,欧洲人依赖从远方进口的原棉,却不能对这些地区施加多少控制。在 1600 年时,绝大部分欧洲人还穿着亚麻和羊毛制成的衣服。

然而,在随后的两百年中,这一切都发生了改变。尽管这些变化非常缓慢,起初甚至难以察觉,但是势头一旦建立,变化就越来越快,最后是爆炸式的。最终的结果是世界棉花产业经历了剧烈重组:棉花种植和生产的方式与地点发生了剧烈的改变,同时棉花作物以一种令人震惊的方式将整个世界整合在一起。对棉花产业的重铸最初并不是来自技术进步，也不是来自生产组织方式的优势，而是源于一个更为简单的原因：跨越大洋投入资本和力量的能力和意愿。欧洲人越来越频繁地——往往以暴力的方式——挤入棉花贸易的全球网络之中，包括亚洲内部的以及亚洲与世界其他地区的贸易网络，然后利用同样的力量建立起非洲、美洲和欧洲之间的全新网络。[1]在更强大的国家面前，欧洲第一次闯入棉花世界的企图失败了；一代又一代的欧洲资本家和政治家吸取教训，凭借着他们运用武力扩张自身利益的意愿和能力，建立起了比较优势。欧洲人在棉花世界中变得重要不是因为新发明或先进技术，而是因为他们具有重塑和主导全球棉花网络的能力。

欧洲的资本家和统治者通过多种手段改变了全球网络。武力贸易的力量使欧洲能够建立起一个复杂的、以欧洲为中心的海洋贸易网络；财政-军事国家的缔造使得力量得以投射到世界上遥远的角落；金融工具的创新——从海运保险到海运提单*——使得远距离输送资本和货物成为可能；法律制度的发展给予遥远地区的投资以某种安全保障；与远方的资本家和统治者联盟，可以接触到当地的纺织工人和棉花种植者；攫夺土地和贩卖非洲奴隶创造了繁荣的种植园。当时人们所不知道的是，这些变化是通向工业革命的第一步。在欧洲和东亚人均经济生产值出现"大分流"前，一小部分欧洲人主导了构建全球经济联系的过程，而这一过程当时只是间断性的且逐步发生的，这不仅对棉花产业，而且对全球各处的人类社会都带来了重大的后果。"大分流"首先是国家权力、国家和资本所有者之间的特殊关系的分流。在这一过程中，诸多独立的棉花世界转变成了一个以欧洲为中心的棉花帝国。

1492年，克里斯托弗·哥伦布在美洲登陆，这是重塑全球联系的第一个重大事件。这一旅程引发了世界上规模最大的土地掠夺。1518年，埃尔南·科尔特斯攻击了阿兹特克帝国，为西班牙人在美洲广阔的土地

---

* 海运提单（bill of lading）是一种货物所有权凭证。提单持有人可据以提取货物，也可凭此向银行押汇，还可在载货船舶到达目的港交货之前进行转让。

上建立起领土主张，并扩展到南美和更远的北方。到16世纪中叶，葡萄牙跟随他们的脚步，攫取了今天的巴西。1605年，法国到达美洲并夺取了魁北克，攫取了今天美国中西部和南部的部分土地（这些土地在法国统治下成为路易斯安那），他们还占领了加勒比群岛中的若干岛屿，包括1695年获得的伊斯帕尼奥拉岛西面三分之一大小地区，成为法属圣多明各。1607年，英国在美洲成功建立了第一个殖民地，即后来成为弗吉尼亚殖民地一部分的詹姆斯敦，随后又在北美和加勒比地区建立了更多的殖民地。最终，我们将会看到，殖民者在美洲地区获得了大量土地，使得棉花的大规模单一种植成为可能。

棉花历史上的第二个重大事件发生在5年后的1497年。瓦斯科·达·伽马成功地驶入卡利卡特港，开拓了从欧洲绕好望角到达印度的海上航线。现在，欧洲人第一次直接接触到了印度织工——世界上占主导地位的生产者——的产品，而不再依赖大量的中间商；此前，这些中间商先用船只将印度布匹运过印度洋，再乘骆驼穿越阿拉伯半岛，最后用船将印度布匹卖到欧洲的各大港口。1498年，达·伽马从当地的统治者手中获得了与当地人开展贸易的许可，欧洲人开始建立了与印度次大陆的正式贸易关系。16世纪早期，葡萄牙人在印度西海岸建立一系列贸易据点，其中持续时间最长的是果阿。16世纪末，荷兰和英国开始挑战葡萄牙在亚洲贸易的垄断地位，他们特许设立了一些合股公司，以期在获利丰厚的香料贸易中分一杯羹。在一系列英荷战争后，英国人最终与荷兰人就在亚洲分割他们各自的利益范围达成妥协，而印度纺织品贸易主要落入英国人的手中。

起初，在商业的扩张是欧洲商人和政治家介入全球棉花产业网络最重要的事件。由此，欧洲人开始在印度纺织品跨洋贸易中占据一席之地。葡萄牙人是先锋，他们将大量的印度布料贩卖到欧洲。他们还试图巩固其在古吉拉特与阿拉伯半岛以及东非之间贸易的主导地位——起初，葡萄牙人强力限制古吉拉特商人与传统市场的联系，这一努力成败参半；到16世纪后半期他们则通过管制贸易的方式来实现这一目标。其他欧洲商人随后加入：1600年，英国东印度公司（British East India Company）建立，1602年荷兰联合东印度公司（Vereenigde Oost-Indische Compagnie）建立，1616年丹麦东印度公司（Dansk Ostindisk Kompagni）建立。到17世纪初，荷兰人和英国人取代了葡萄牙人，他们强力管制古吉拉特纺织品贸易，收缴古吉拉特船只，以限制当地商人与阿拉伯市场乃至东南亚市场的联系。在过去，东南亚市场是由以马德拉斯为中心的科罗曼德尔海岸的印度南部的工厂供应的。[2] 法国是欧洲大国中最后一个与东方开展贸易的国家。1664年，法国贸易商成立了法国东印度公司（Compagnie des Indes Française），第一次把法国人称之为"印度货"的彩色印花棉布引入法国。这些公司都试图在某一地区获得垄断权，但因为它们之间彼此竞争，还要面对一些与之竞争的独立商人，它们的计划从未完全成功。[3]

这些欧洲公司的共同点是，它们从印度购买棉纺织品，在东南亚交换香料，同时也把纺织品带回欧洲，在那里，棉花可以在国内消费，也可以运往非洲购买奴隶送到新世界刚刚开始扎根的种植园中去工作。有史以来第一次，棉纺织品涉及一个跨越三大洲的贸易系统；哥伦布和达·伽马的意义重大的旅行的结果是互相补充的。欧洲的消费者和非洲的贸易商渴求着这些美丽的轧光印花布、细平布和纯色棉布，也喜欢那些由南亚的家庭和工匠纺织的更简单实用的普通棉布。

因此，棉纺织品在欧洲人扩张进入亚洲的过程中至关重要。早在17世纪初，欧洲的贸易商和商人就在孟加拉的达卡港的贸易中扮演重要地位了，达卡在过去几个世纪里已经是世界上最高品质的棉纺织品的来源了。至早在1621年，英国东印度公司估计就已经进口了约5万件棉纺织品到英国去。40年后，这个数字涨了五倍。事实上，棉纺织品成了东印度公司最重要的贸易货物；到1766年，棉纺织品占公司全部出口货物的75%。根据不喜欢进口商品的英国作家丹尼尔·笛福（Daniel Defoe）的说法，棉纺织品"悄悄潜入我们的家里，我们的衣橱和寝室中，化为我们的窗帘、坐垫、椅子，最终连床铺本身都是纯色棉布或某种印度货"。[4]

全副武装的欧洲商人成功地参与到了印度棉纺织品的跨洋贸易中。然而，在印度国内，欧洲人的实力有限。基本上，欧洲商人的力量仅及港口城市的郊区，或者只限于这些士兵商人沿着海岸建造的据点的围墙内。为了确保能获得数额巨大的印度纺织品以供出口，欧洲商人依靠当地的贸易商——巴尼亚人（banias）*。巴尼亚人保证了欧洲商人与内陆种植、纺纱、织造这些越来越珍贵的商品的农民和织工的重要联系。欧洲人沿着印度海岸，在马德拉斯、苏拉特、达卡、卡西姆巴扎尔、卡利卡特等地建立了一系列仓库——又被称为库房（factories）。在这些库房里欧洲商人的代理人们向巴尼亚人订购棉布，然后收取待装船的货物。数百卷皮封簿册记录了每一笔交易，许多簿册留存至今。[5]

达卡的英国东印度公司的库房详细记录了1676年的棉布买卖的机制，证明了东印度公司对当地贸易商的依赖。在距离贸易船抵达的8至10个月之前，英国商人与巴尼亚人签订棉布供应的分包协定，明确规定棉纺织品的质量、式样、价格和交货日期。非洲和欧洲的消费者需要以特定价格购买特定商品。巴尼亚人随后向各种中间商预付定金，继而中间商在村庄之间辗转，与个体织工签订协议并为成品布料预付定金。[6]最终，织物又按照相同的链条回到英国在达卡的库房，商人在那里对其划分等级并准备装运。

在这个生产系统中，织工自己控制工作的节奏和工作的组织，拥有自己的工具，就跟几个世纪以来的一样，甚至还保留把产品卖给他们愿意卖给的人的权利。随着欧洲需求的增长，织工能够增加产量并提高价格，这显然对他们有利。实际上，到达古吉拉特巴鲁奇镇的欧洲贸易商，如同在奥里萨邦和达卡一样，为当地区域性的棉花产业带来了新的动力。尽管织工依然贫穷，但是他们也可以利用欧洲人对其布料的竞争谋取更多的利益，而本地巴尼亚人甚至还有印度统治者也都获得了好处——统治者迅速地建立起了针对棉纺织品生产和出口的赋税制度。[7]尽管欧洲商人在印度的势力相当大，但还不足以左右一切：英国商人抱怨这一机制常常被打乱，"在达卡，阿拉伯商人和莫卧儿商人每年都运走大批量的棉纺织品，沿着陆路运到远至土耳其人领域的地方"。此外，来自织工和当地巴尼亚人的"竞争、麻烦及指控"也都经常打乱这一机制。[8]

---

* 巴尼亚，是印度一个贸易商、银行家、贷款人种姓，在孟加拉泛指商人。巴尼亚词得自梵语banij，意思是贸易商。在孟加拉此术语适用于参与放债及所有同类活动的人，但在印度各地，商人有更详细的种姓指称。

依靠着当地贸易商和本地资本，"库房"这一机制延续了将近两个世纪。晚至 1800 年，英国东印度公司仍然从孟买的两个商人佩斯东吉·杰姆沙特吉（Pestonjee Jemsatjee）和索拉布杰·杰万吉（Sorabje Jevangee）那里购买价值超过 100 万卢比的棉布成品。而苏拉特的巴尼亚人达达波·蒙纳克吉（Dadabo Monackjee）与孟买城市北部的织工订立协议，为英国人供货。实际上，起初，葡萄牙、英国、荷兰和法国的贸易商仅仅是这个古老而活跃市场的最新到达者，和成百上千来自整个南亚和阿拉伯半岛的贸易商一起竞争。在达卡，直到 18 世纪，欧洲贸易商的棉布交易量也只占所有棉布贸易的三分之一。而且欧洲在印度的贸易能力仍然仰仗南亚的银行家和商人，依赖后者为棉花的种植和加工提供资金。[9]

但是，欧洲武装商人介入亚洲贸易，逐渐将那些古老的传统贸易网络边缘化，用武力将那些曾经占主导地位的印度和阿拉伯商人从许多跨大陆贸易的市场中排挤出去。1670 年，一位英国观察家仍然记录到中东商人"转运的纯色棉布是英国和荷兰人的五倍"，但是，随着更大、更快和更可靠船只的运用，特别是更具破坏力的火药武器的使用，"印度-黎凡特作为世界交易主要通道的古老模式发生了彻底的结构性转变"，一位历史学家总结道："奥斯曼土耳其帝国……是最大的失败者。"与东非进行贸易的古吉拉特商人也开始面临欧洲人的竞争。随着欧洲商人在印度变得越来越常见，他们也在东非市场站稳了脚跟。因此，欧洲人在印度洋两岸的主导地位逐渐形成。随着 18 世纪苏拉特的衰落和英国人统治下的孟买的崛起，印度西部的商人更加依赖英国人的力量。[10]

欧洲商人以及他们支持的印度土邦的影响日增，这最终反过来又对欧洲本身产生重大影响。随着更多的印度棉布达到欧洲，新的市场和时尚应运而生。精美的轧光印花布和细平布吸引了欧洲正在崛起的社会阶层，他们有足够的钱，并希望通过穿着这些棉纺织品彰显自己的社会地位。随着印度棉纺织品在 18 世纪更为流行，替代这些进口产品的愿望成了推动英国的棉花生产强有力的激励因素，最终引起了棉织产业革命性的变化。[11]

此外，欧洲商人对亚洲贸易的支配与在美洲的扩张同步进行。西班牙、葡萄牙、法国、英国、荷兰等列强在美洲强占了大量的土地，同时，他们还劫掠了这片大陆上可搬走的财富：黄金和白银。事实上，他们最初就是靠着这些偷来的贵金属在印度购买棉纺织品的。

然而，美洲的欧洲殖民者没有掠夺到足够的金银，于是他们发明了一条新的致富路径：开辟种植园种植热带和亚热带作物，特别是甘蔗，不过也有水稻、烟草和靛蓝。这些种植园需要大量的劳动力，为了保证有充足的劳动力，欧洲人运输非洲人到美洲去，起初是数以千计，后来数以百万计。欧洲商人沿着非洲西海岸建立了一系列驻防贸易站，例如今天塞内加尔的戈雷、加纳的埃尔米纳、贝宁的维达。欧洲商人付钱给非洲统治者去捕获劳动力，以印度织工的产品去交换。1500年后的三个世纪里，超过800万奴隶从非洲被贩运到美洲。起初，大部分是由西班牙和葡萄牙贸易商贩卖的，17世纪后，英国、法国、荷兰、丹麦和其他的贸易商也加入其中。仅仅在18世纪，他们就从非洲贩运了超过500万人，这些人大多来自非洲大陆的中西部的贝宁湾、黄金海岸和比夫拉湾。[12]加勒比群岛和南北美洲海岸几乎每天都有贩运过来的奴隶抵达。

由于非洲的统治者和商人也经常要求用棉布换取奴隶，奴隶贸易增加了对棉纺织品的需求。虽然人们常常以为奴隶贸易仅仅是用枪支和便宜货来换取奴隶，但更经常地用来换取奴隶的是一种更为普通的商品：棉纺织品。一项关于英国商人理查德·迈尔斯（Richard Miles）自1772年至1780年从黄金海岸换来2218名奴隶的1308项交易的研究显示，纺织品占所有交易物品价值的一半以上。18世纪末19世纪初，葡萄牙人从罗安达贩卖人口时也有类似的情况：纺织品占进口商品总额的近60%。[13]

非洲消费者以其挑剔和多变的口味而著称，这让欧洲商人大为惊愕。实际上，一位欧洲旅行家注意到，非洲的消费品位"最为多样、最为变化无常"，"很少有两个村庄有相同的消费品位"。1731年从法国港口出发的奴隶船"勤奋号"装载着精心分类的各式各样的印度织物，以迎合几内亚海岸不同地区的需求。以相同的方式，理查德·迈尔斯向英国供货商提出具体的指示，告诉他们在黄金海岸需要的是哪些颜色和类型的纺织品，甚至去找哪些具体的制造商。迈尔斯在一封1779年寄往英国的信中写道，"克肖先生的［货物］与［尼普的］没法比，至少他的这些货，这里的黑人贸易商根本看不上眼，而他们才是要取悦的人。"[14]

欧洲人的棉纺织品贸易把亚洲、非洲和欧洲紧密地联系在一个复杂的商业网络中。在此前四千年的棉花史中，从来没有这样一个跨越全球的网络。此前也不曾有人用印度织工的产品在非洲购买奴隶，然后把奴隶贩运到美洲的种植园去，生产供欧洲消费者享用的农产品。这是一个令人惊叹的体系，清晰地表明了资本和国家力量联合在一起所拥有的改变世界的力量。这其中最激进的不是那些具体的贸易行为，而是它们所嵌入的系统，以及这个系统中的不同部分如何相互依存：欧洲人创造了一个组织经济活动的新模式。

欧洲人的贸易网络扩张到亚洲、非洲和美洲，主要靠的并不是价廉物美的商品，而是靠武力屈服竞争者，以及欧洲商人在世界很多区域的强制性存在。根据特定区域的社会权力平衡方式相对不同，这一主题在不同地区有着不同的变奏。在亚洲和非洲，欧洲人建立了一系列沿海飞地，主导了跨洋贸易，但初期欧洲人没有卷入种植和生产过程。在世界的其他地方，特别是在美洲，当地的原住民被剥夺财产、驱逐或杀害。欧洲人通过从事大规模种植园农业，改造了世界的面貌。当欧洲人涉足生产领域后，他们将其经济命运与奴隶制捆绑在一起。帝国扩展、掠夺土著和奴隶制这三个步骤，在建造全新的全球经济秩序，以及资本主义的最终出现中，处于核心位置。

这些要素往往还伴随着这个新世界的另一个特征：国家支持商人和定居者的冒险活动，但对遥远土地上的地区和人民只有微弱的主权。相反，私人资本家常常以特许公司（如英国东印度公司）的形式组织起来，对土地和人民主张主权，并且与当地的统治者建立联系。全副武装四处劫掠的资本家成为欧洲人主宰的新世界的标志，他们的坚船利炮、士兵商人、武装私人民兵以及殖民者到处掠夺土地和劳动力，赶走竞争者。私有化武力是他们的核心能力之一。虽然欧洲国家设想、鼓励并促使建立一系列地域广大的殖民帝国，但国家自身的实力尚弱且势单力薄，这就给予私人以空间和余地来创造新的贸易和生产模式。这一时期的特征是财产权不受保障，只有一波一波的劳力和土地的掠夺浪潮，这恰恰见证了资本主义非自由的起源。

这一新体系的核心就是奴隶制。欧洲人将数百万非洲人贩卖到美洲,这使得他们迫切地需要获得更多的棉纺织品,从而加强了欧洲与印度的联系。这一贸易还使得欧洲商人在非洲更积极地扩张。这一贸易也使得在美洲获得的大片领土具有经济价值成为可能,从而使欧洲克服了自己的资源局限。尽管这一多面的系统表现出多样性,并随时间推移而变化,但是它与此前的世界如此不同,也与19世纪出现的世界不同,因此,这一体系应当有它自己的名字:"战争资本主义"。

战争资本主义依靠富裕且强大的欧洲人,将世界分为"内"和"外"两个区域。"内"包括母国的法律、体制和习俗,有着国家维持的秩序;与之相反,"外"则受到帝国支配,丧失大量土地,其原住民遭到屠戮,资源遭到掠夺,人民遭到奴役,而且大量土地被私人资本家占据,而遥远的欧洲国家几乎没有进行有效监督。在这些帝国属地中,"内"的法则并不适用。在这里,领主超越了国家,暴力凌驾于法律之上,那些私人行动者通过大胆的暴力强制行为重塑了市场。正如亚当·斯密所说,这些领土"往往比任何其他人类社会富强得更快",但它们是通过一个社会白板(social tabula rasa)做到这一点的,然而讽刺的是,这个社会白板为战争资本主义"内"部的截然不同的社会和国家的出现提供了基础。[15]

"战争资本主义"具备前所未有的变革潜力。战争资本主义是经济持续增长的现代世界的基础,它引发了深重的灾难,但也促成了经济空间结构的影响深远的转变;多中心的世界逐渐变为单一中心的世界。很久以来横跨多个大陆、贯穿众多网络的力量逐渐通过欧洲的资本家和国家所支配的单一节点,越来越集中化。在这一变化过程中,棉花处于中心地位,而棉花生产和分配的形形色色的诸多世界,在这一过程中逐步丧失了自己原来的地位,沦为这个新的全球范围内组织起来的等级森严的帝国的一部分。

就欧洲自身而言,全球性的经济空间重组对整个大陆都产生了影响。荷兰、英国和法国等"大西洋"列强取代了威尼斯及其意大利北部腹地等昔日的经济强国。随着大西洋贸易取代了地中海贸易,加之新世界成为重要的原料生产地,与大西洋有联系的城市在棉纺织品生产中的重要性也上升了。事实上，早在16世纪，欧洲棉花生产的扩大就依靠它与整个大西洋世界快速扩张的市场——从非洲的棉布市场到美洲新兴的原棉市场——的联系。在布鲁日（自1513年）和莱顿（自1574年）等佛兰德斯城市中，棉纺织业迅速发展，而安特卫普开始在原棉贸易和海外扩张中获得巨大的新市场。基于同样的原因，法国制造商在16世纪末也开始投资棉纺织业。[16]

在这诸多震撼世界的地缘变迁中，从长远看来，最重要的是棉纺织业进入英国。早在1600年，佛兰德斯宗教难民就开始在英国的市镇中纺织棉布。关于棉花产业最早的记载可以追溯到1601年："当时一位名叫乔治·阿尔努（George Arnould）的博尔顿粗斜纹布纺织工出现在地方法庭的记录中。"棉花产业逐渐成长，到1620年，英国棉产品制造商已经向法国、西班牙和荷兰以及德意志地区出口商品。棉纺织业尤其在英格兰北部的兰开夏郡繁荣起来，这里没有行会制度的控制，而且靠近重要的奴隶贩卖港口利物浦，这对同时为非洲奴隶贸易和美洲种植园提供产品的生产者至关重要。[17]

缓慢出现的英国棉纺织业从此前生产亚麻和羊毛制品的历史吸收了经验。和在欧洲大陆一样，棉纺织品起初是在农村生产的。商人，其中许多是清教徒或不从国教者，将原棉预付给农民，农民再利用家庭劳动季节性地从事纺纱和织布工作，完成工作后把成品归还给商人，由商人卖出产品。随着棉布需求的爆炸式的增长，纺纱和织布对小农的重要性也增加了。其中一些农民最终放弃了传统的作物，转而完全依靠棉纺生产谋生。一些组织国内棉纺织品生产的商人转变为大型实业家。随着资本积累的增加，他们开始给更多的纺纱工和织工提供更多的资金，扩大了生产，鼓励"延伸"式生产——从地理上延伸到更大区域的农村地区。这是典型的外包制，与亚洲几个世纪前进行的或英国毛纺织业的制度非常类似。农村更加工业化，农村的居民越来越依靠为远方的商人从事外包工作。[18]

与印度纺纱工和织工不同，正在成长的英国棉纺织工人没有独立获得原料的渠道，也没有独立进入市场的方式。他们完全依附于商人——事实上，与印度同行相比，他们拥有更少的独立性和议价能力。[19]因此，英国的外包商比印度的巴尼亚人有更大的权力。英国棉花从业者是正在崛起的全球力量的一部分，他们的海军逐渐控制了世界的各大洋，他们在美洲和亚洲——印度是其中最重要的——迅速攫取土地，他们的奴隶主创造了一个种植园体系，这个体系在各种意义上都依赖数千英里之外的遥远的兰开夏郡内地以及孟加拉平原上的纺纱工和织工的生产能力。

尽管有这些开端，它们的重要性也只是从历史回顾的角度才得以彰显。在整个 17 和 18 世纪，欧洲的棉纺织工业并不特别突出。在英国和欧洲其他地方，"棉纺织业几乎停滞不前"。即使在 1697 年之后，棉纺织业的发展仍然缓慢，例如，纺织业用了 67 年才将加工成棉纱棉布的原棉数量增加了一倍，达到 387 万磅。这是当时一整年的棉花消费量。相比之下，到 1858 年，美国平均一天的棉花出口额就达到这个数量。法国的情况也类似，而英法之外的欧洲，棉花需求量甚至更少。[20]

欧洲棉纺织业发展如此缓慢的原因之一是获得原材料较为困难。由于棉花不在欧洲本地生长，产业所必需的原料不得不从遥远的地方运来。新机器的发明在 1780 年使得棉纺织业发生了革命性的变化；但在此之前，17 和 18 世纪的欧洲制造商对原棉的需求不大，而且主要是通过现有的多样化的渠道来满足的，在这些渠道中，棉花只是诸多贸易商品的一类。1753 年，有 26 艘从牙买加出发抵达利物浦的船载有棉花，其中 24 艘船运载的棉花不足 50 包。[21] 在当时的世界上，没有任何一个商人、港口或地区专门从事棉花出口。

我们已经看到，自 12 世纪以来，欧洲棉花进口最重要的来源是奥斯曼帝国，特别是西安纳托利亚和马其顿地区。在整个 17 世纪，来自伊兹密尔和塞萨洛尼基的棉花继续支配当地市场，和丝绸和马海毛纱等其他东方货物一起来到伦敦和马赛。欧洲对棉花的需求在 18 世纪缓慢扩张，来自奥斯曼帝国的棉花依然占有相当大的比重，占到了 1700 年至 1745 年之间英国进口总量的四分之一。马赛的进口量也类似。[22]

世界其他地区的棉花也少量地进入了欧洲。例如，在 17 世纪 90 年代，东印度公司就把印度的棉花卖到了伦敦。类似地，在 18 世纪 20 年代，皇家非洲公司（Royal African Company）公告说："1723 年 9 月 12 日星期四上午

10点，在位于利德贺街上的仓库里，以蜡烛拍卖的方式……销售来自冈比亚的棉花。"一年后，他们又发布公告说销售"来自维达（Whyday）*……成桶的优质丝棉"，此后的一年则是"成包的几内亚棉"。但是，与象牙这样更重要的商品比起来，棉花如此小的销售量就显得相形见绌了。[23]

然而，更加重要的是棉花有了一个新的来源：西印度群岛。尽管与甘蔗相比，棉花在这些岛上仍然处于边缘地位。一些规模较小的农场主不像制糖大亨那样拥有充足的资源，于是开始种植这种被称为"白色黄金"的农作物。直到1760年，法属诸岛上棉花（被称作"小白作物"[petits blancs]）产量一直相当稳定。然而对英国和法国的棉纺织业来说，即使这一小部分西印度棉花也已经满足了他们需求的很大一部分。更重要的是，我们将会看到，这种生产模式指向了未来。[24]

1770年之前，欧洲商人已经通过完善的贸易网络从不同地区里获取了这种珍贵的作物。除西印度群岛之外，欧洲商人的影响力还没有超出各个港口城市；他们既无力影响内地棉花的种植，也没有意愿去预付资金扩大棉花种植。棉花流向欧洲商人，是因为他们愿意支付那里的价格，但他们对棉花是如何种植的毫无影响力。此时，在这个全球的原棉关系网络中，当地的种植者和本地的商人仍然是影响力巨大的角色。特别是因为他们既没有专门从事出口棉花生产，也没有专门为欧洲北部的市场出口棉花。[25]

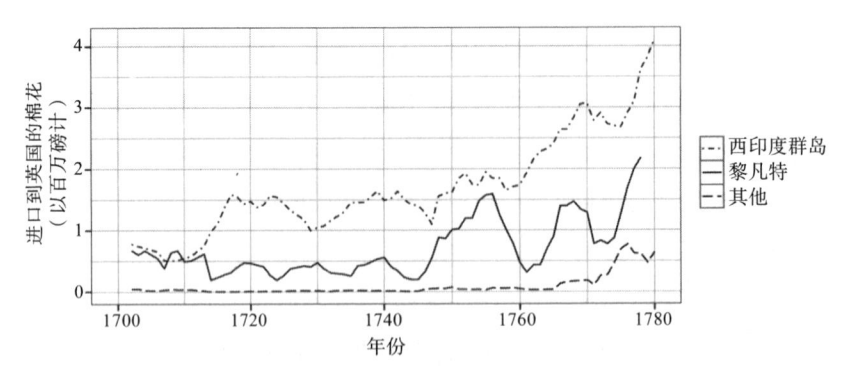

1702—1780年英国棉花进口量，按来源分列，以百万磅计，为五年的平均值。

---

* 即前文所说的贝宁的维达（Ouidah），又写成 Whydah。

随着小部分原棉进入欧洲，以满足不断扩张但在全球范围内仍微不足道的欧洲棉花产业，欧洲、非洲以及美洲奴隶种植园对棉布的需求却增长了。但是欧洲的产量不足以满足这一需求。因此，英国、法国、荷兰、丹麦和葡萄牙的贸易商，以同样狂热的精力，试图以更有利的条件，从印度进口更多的棉纺织品。1614年，英国商人出口了12 500件未裁剪的棉布，而到1699年至1701年，数量飙升到每年877 789件。在不到100年的时间里，英国出口的棉布数量增加到了七十倍。[26]

为了以有利的价格获得大批量印度棉布，欧洲各个东印度公司的代表开始更积极地卷入印度棉布生产过程。几十年来，这些获得特许的欧洲东印度公司的代表一直在抱怨说，印度织工有能力将商品卖给竞争对手公司、竞争的印度巴尼亚人、世界其他地区的贸易商，甚至是独立于这些公司之外的欧洲私人商人，以制造竞争，抬高价格。如果欧洲人能强迫这些织工仅仅单独为他们的公司工作，就有增加利益的可能性。垄断市场成了压低织工收入和推高特定商品售价的方法。[27]

欧洲商人能够以满意的价格获得他们所需要品质与数量的棉布，这是因为他们受益于欧洲国家对越来越广的印度领土的政治控制。他们不再仅仅是贸易者，而是逐渐地变成了统治者。例如，在18世纪30年代，达卡的厂房驻守着一批保护公司利益的军事武装人员。最引人注目的是，英国东印度公司本是一伙商人，1765年却成了孟加拉的统治者，并在此后的几十年中把他们的控制扩张到了南亚的其他地区。到18世纪末，领土扩张的梦想进一步增强了；由于英国商人越来越多地投资印度和中国之间的原棉贸易，他们希望将印度西部的产棉地区整合进东印度公司的领土中。国家特许的公司对遥远土地提出的私人政治权力主张，是对经济权力这一概念革命性的重新定义。国家与私人企业主共享对土地和民众的主权。[28]

这种经济力量和政治力量的新结合，以及其他因素，使得欧洲商人能够更进一步控制纺织品生产，特别是通过加强对织工的控制。[29]早在17世纪，沿着科罗曼德尔海岸，那些本来颇有影响力的担当印度织工和欧洲出口商之间中间人的印度商人，逐步为一些受到欧洲公司更紧密的控制的代理人所替代。继孟加拉之后，苏拉特也于1765年落入公司的控制。

1795年，总督属下的贸易局抱怨道：

> 迄今为止，这一系统实际上让一个与生产者或织工没有直接联系的承包商出面，他通过分包的形式与大量在财富和诚信方面都有限的当地商人建立协议。当地商人虽然负有责任，但是他们没有承担爽约赔偿的能力。事实上，货物也从来没有交到承包商手里。因此目前现有的困难无法被根除，除非完全废除这一制度，或者对其进行重大变革。[30]

移除印度中间商，可以让外国商人更好地控制生产，并且让后者有能力获得更大数量的商品。最终，东印度公司尝试绕过那些长期以来帮他们联系织工的印度巴尼亚人，而把这一职责交给了那些直接受雇于公司的印度"代理人"。伦敦的贸易委员会详细地指示总督如何重建棉布的采购体系，以期"为公司恢复真正的商业知识"，从而通过执行"代理人系统的总体的基本原则"，以较低的价格获得更多的棉布。现在，公司通过其印度代理人直接预付定金给织工，这是此前英国人没有做到的，而这在很大程度上得益于对领土的控制和随之而来的政治权威。虽然织工此前就依赖信贷，但是由于欧洲人新近加入这些信贷网络，以及欧洲商人垄断印度某些区域的经济控制权，这些印度织工现在更加依赖公司了。早在18世纪中叶，欧洲公司已经派遣其代理人深入达卡附近农村的一些制造中心，这些代理人日益详细地规定生产条件，因此成功地降低了价格。18世纪90年代，东印度公司甚至鼓励织工搬迁到孟买进行生产活动——目的是可以更好地监督织工，"以免遭特拉凡哥尔王公（Rajah of Travancore）臣仆的勒索"。[31]

英国人对印度次大陆的入侵意味着织工逐步丧失了定价权。根据历史学家辛那帕·阿拉沙拉南（Sinnappah Arasaratnam）的说法："他们不再能为自己选择的主顾生产，他们不得不接受棉纱作为报酬的一部分，他们的制作过程还受到住在村子里的公司代表的严苛监督。"此时，织工经常被迫去找指定的商人领取预付金。这样做的最终目的就是要使织工成为受薪工人，这一做法和同时代的商人在英国农村所做的一样。[32]

为进一步实现目标，公司直接地对织工使用强制力量。公司雇用了大量的印度人以监督并贯彻新的规章制度，事实上是将棉布市场官僚化了。大量的新法规使得织工在法理上束缚于公司，使得他们不能向开放市场销售棉布。公司的代理人则在织机旁督查棉布生产，努力确保这些棉布按约定卖给其公司。新的税务体系还会惩罚那些为别人生产的织工。[33]

公司越来越多地使用暴力，其中包括身体上的惩罚。如果一个公司的代理人投诉某位织工非法地在为私商工作，"那么公司代理人（Gumashta）会将他及其儿子抓起来，严厉地鞭笞，并把他的脸涂成黑白色，反绑他的手，并在士兵（sepoy，指英国人雇用的印度士兵）的押送下在村里游街，同时喊着'任何织工被发现为私商工作就会受到类似的惩处'"。这样的措施达到了预期的效果，印度织工的收入下降。17世纪末，织工所得最高能达到棉价的三分之一。根据历史学家奥姆·普拉卡什（Om Prakash）的研究，到18世纪末，织工所得的比例已经降到了大约6%。由于收入和生活质量的下降，一首沙利亚织工的摇篮曲诉说渴望回到一个神秘的过去，那时织布机上藏着银板。1795年，连公司本身也注意到了"织工空前的死亡率"。[34]

毫不奇怪，织工抵制欧洲资本对生产过程的强制侵蚀。其中的一些人打点行囊，从欧洲人控制的地区搬走。还有一些则偷偷地为竞争对手工作，但是为了避免被发现，他们不得不接受较低的价格。有时，一些织工会集体找到东印度公司，控诉公司对自由贸易的干涉。[35]

这样的抵制活动有时削弱了欧洲资本家的力量。因此，尽管东印度公司希望消除印度中间商，但是他们理解，"没有次级承包商是几乎不可能的"，这些人在从事纺织的村落的深厚社会网络不可能完全被公司代理人取代。欧洲的独立商人出于利益也经常与公司作对，如向织工出高价购买棉布，因此让织工有动机去违反公司的政策。[36]

尽管存在这样的局限，但是这些强硬政策成功地为欧洲商人的店铺提供了更多数量的棉布。1727年，欧洲从印度进口了总计大约3000万码棉布，但是到了18世纪90年代，增加到每年8000万码左右。特别是英国商人，还有法国商人，控制了数量庞大的棉纺织品的采购和出口：1776

年，仅在达卡地区一地就有 8 万名纺纱工和 2.5 万名织工，1795 年，东印度公司统计，仅苏拉特的织机就超过 1.5 万台。而且还有压力要求获得更多的棉纺织品。一封由英国伦敦东印度公司办公室于 1765 年写给驻孟买办公室的信件，反映了七年战争之后的和平所带来的机遇，并完美地总结了全球经济革命性重构的核心：[37]

> 自从实现和平以来，到非洲海岸的奴隶贸易大大地增长了，而对适合非洲市场的商品的需求也非常大。只要在我们的力所能及范围内，我们非常渴望在推动贸易一事上有所贡献，而英国在西印度群岛的种植园的福祉也非常依赖贸易，因此，从国家的角度出发，我们期望，并且明确地指示你们尽最大可能地去配合，不仅要提供上面所提到的投资清单中所定下的一般货物（亦即棉布），而且尤其要提供标记了 A 的更加迫切需要的货物。[38]

正如这封信所清楚表述的，来自印度的棉布、来自非洲的奴隶以及来自加勒比地区的糖在一个复杂的商业网络中在全球穿梭移动。美洲的大量奴隶需求创造了要求获得更多印度棉布的压力。毫不奇怪，东印度公司的弗朗西斯·巴林（Francis Baring）在 1793 年总结道，孟加拉"数量惊人的巨额财富……流入英国"。[39]

欧洲商人对印度棉纺织生产控制的日益增强，似乎对当时欧洲自己并不特别重要也并不特别活跃的处于起步阶段的棉花产业造成了威胁。英国、法国、荷兰及其他国家制造商如何与印度棉布竞争？印度布料不仅质量更好且更便宜。然而，即使印度出口了更多的棉布，但是看起来欧洲的棉花产业仍然在扩张。讽刺的是，正是从印度进口的棉布帮助了欧洲棉花产业，因为欧洲人持续不断地从亚洲引进了相关的技术，进口的棉布又开拓出许多新的市场。而且，从长期看，从印度的进口事实上影响了欧洲政治的优先考虑。我们将会看到，英国、法国和其他国家崛起为新的强大国家，出现了一批频繁发声的资本家；国家和个体都认为——即便是难以实现——以国内生产的棉布取代从印度进口的棉布是优先要解决的重要问题。

在这一过程中保护主义扮演了重要角色，再一次验证了国家对"大分流"的巨大意义。到17世纪末，由于棉纺织品进口和国内棉花产业都在扩张，欧洲的毛纺织和亚麻制造商纷纷向政府施压，要求保护他们免于新崛起的棉产品制造商以及来自印度的棉布的竞争。纺织业是欧洲最重要的制造业：棉纺织品的进口和生产给这个行业带来的混乱似乎威胁了纺织业的利益，并危害了社会稳定。[40]

早在1621年，即东印度公司创立仅20多年后，伦敦的羊毛商人就对持续增长的棉布进口表示抗议。两年后，即1623年，议会就对印度棉纺织品进口问题进行辩论，并称其"有损国家利益"。实际上，反对棉纺织品进口的声浪一直是17和18世纪的英国政坛的常见主题。1678年，一本名为《古老的行业衰落，又得以重建》（The Ancient Trades Decayed, Repaired Again）的小册子警告人们说，羊毛业的"最大障碍是我们自己的人民，他们穿着许多外国的商品，却不穿我们自己生产的"。1708年，《笛福评论》（Defoe's Review）刊登了一篇犀利的评论，考察了"我国制造业衰败的真正原因"，将其归咎于东印度公司进口越来越多的"轧光印花布和印花纯色布"。其结果是"不仅从普通百姓嘴边抢走面包，东印度贸易还夺走了所有人的工作机会"。通常是羊毛和亚麻制造商反对印度棉布进口，但有时棉产品制造商也参与其中：1779年，出于东印度公司会毁掉他们的行业的担心，印花布从业者给财政部写信抱怨道："如果不禁止东印度公司扩张他们在东印度的印花布生产，那么一定会有非常多的人离开这一行业。"[41]

这些反对促成了一些保护主义措施。1685年，英国对"所有印花棉布、印度亚麻及所有印度制造的丝绸制品"征收10%的税。1690年，关税增加了一倍。1701年，议会规定进口印花棉布为非法行为，只能进口白棉布到英国来进一步加工，这极大地推动了英国棉布印染业的发展。一项1721年的法令甚至禁止人们穿着用来自印度的白布染成的印花棉布的衣服。最终，售卖印度棉布完全成为非法行为：1772年，伦敦的罗伯特·加德纳（Robert Gardiner）将公寓租给一名叫布莱尔（W. Blair）的人，此人"将非法物资带入其住宅"，非法物资即印度细平布。后者因此入狱。1774年，议会又颁布法令要求在英国销售的棉布必须完全在英国纺织而成。只有那些预备再出口的东印度棉布才被允许进入英国。那些不在禁令范围内的印度棉纺织品，诸如纯色细平布和轧光印花布，则被征收很高的关税。最终，这些保护措施并没有帮助到羊毛和亚麻制造业，反而刺激了国内的棉花生产。[42]

与英国类似，法国极力将印度棉纺织品进口定为非法行为。1686年，在丝绸和毛纺业企业家的压力之下，法国宣布制造、使用和销售棉纺织品为非法行为。在此后的70余年里，法国至少颁布了两项王室敕令和80项枢密院的裁决，试图压制棉纺织品的进口和生产。惩罚措施变得越来越严厉，包括监禁，而且从1726年开始甚至会对违规者施以死刑。1755年，法国又宣布进口印度印花织物为非法行为；1785年国王再次确认了这一禁令，以保护"国家产业"。两万名警卫负责推行这些法令，发配了多达5万名违法者到法国桨帆船上去服苦役。但是，值得注意的是，专供几内亚的印度棉纺织品清楚地没有列入长长的取缔清单中，因为这些棉纺织品专用于奴隶贸易。毕竟，只有用印度棉布才能换来奴隶。[43]

其他欧洲国家也跟进。1700年，威尼斯禁止进口印度棉纺织品，佛兰德斯也是如此。在普鲁士，腓特烈·威廉（Friedrich Wilhelm）国王发布敕令，宣布穿着印花或染色的细平布及棉纺织品为非法。1717年，西班牙宣布进口印度纺织品为非法。18世纪末，奥斯曼帝国在苏丹阿卜杜勒哈米德一世（Abdulhamid I）统治时期禁止穿着某些印度服装。[44]

这些政策最初只是为了保护国内的羊毛、亚麻和丝绸等织品的生产者，最后演化为鼓励国内棉纺织品生产的明确计划。1807年，法国旅行家弗朗索瓦-沙勿略·勒古·德·弗莱（François-Xavier Legoux de Flaix）评论说，"各工业国为了促进国内生产而相继颁布的对印花制品的禁令"让那些无法与印度织工进行自由竞争的欧洲制造商意识到棉花市场很有前景。国内和出口市场潜力巨大而且极具弹性。而且，就如同保护主义措施限制了印度生产者进入欧洲纺织品市场，欧洲国家和商人逐渐主导了全球网络，依靠这一网络他们可以占据世界其他地方的棉织物市场。事实上，这些市场为从印度获得的棉布和国内生产者生产的棉布提供了销路。因此，欧洲人可以在印度增加棉花采购量的同时保护其国内缺乏竞争力的民族产业。这一奇迹之所以成为可能，就是因为战争资本主义使得欧洲人在主导了全球棉花网络的同时，建造了新型的更强大的国家，而这些国家持续的战争需要越来越多的资源，从而拥抱了国内的产业。[45]

帝国扩张以及欧洲人日益在全球棉花贸易中占主导地位，进一步促使亚洲知识向欧洲转移。欧洲制造商感受到越来越大的压力，要求取得这些技术，以在价格和质量上与印度制造商竞争。事实上，欧洲开始制造棉产品，是建立在可以说是历史上最引人注目的工业间谍活动上的。

印度织物在欧洲和非洲消费者中非常受欢迎，是因为它们精美的图案和亮丽的色彩。为了与质量绝佳的印度棉布竞争，在各自政府的支持下，欧洲制造商搜集和分享了关于印度生产技术的知识。例如，法国棉产品制造商投入了大量精力，通过近距离观察印度的纺织方式，去模仿印度的各项技术。1678年，为法国东印度公司工作的乔治斯·罗克斯（Georges Roques）根据他在艾哈迈达巴德的观察，撰写了一份关于印度人雕版印花技术的报告，这份报告很快就被证明非常有价值。40年后的1718年，特宾神父（Le Père Turpin）也这么做了。1731年，一名法国东印度公司船上的少尉乔治·德·博利厄（Georges de Beaulieu）抵达本地治里，去调查印度工匠制作细平布的方法。在种种这些努力之下，1743年，法国棉产品制造商几乎能仿制一切棉纺织品，但品质最好的除外。尽管欧洲人迅速剽窃印度的技术，但是直到18世纪末，来自印度次大陆的棉布依然首屈一指。勒古·德·弗莱由衷地钦佩印度棉纱和棉布的质量（"其完美程度远超于我们欧洲所熟悉的"），1807年，他再度在一份纪要中详细报告了印度纺织技术，以期望法国工匠可以复制这些技术：在诸多建议中，他建议"法国所有的织梭都应当按照孟加拉使用的模式制作，这样，我们才能在细平布的织造中达到与印度人一样的水准"。[46]

其他欧洲制造商也纷纷跟进。18世纪末，丹麦旅行家进入印度以理解和取得印度人的技术。在整个17和18世纪，英国棉布印花商一直在搜集，并运用印度棉布印刷专业知识复制印度图案。《班加罗尔纺织品加工及当地人丝、棉染色流程记录》(Account of the Manufactures carried on at Bangalore, and the Processes employed by the Natives in Dyeing Silk and Cotton)或者类似性质的《给棉纱或布料快速染上牢固的土耳其红，又称亚德里安堡红的真正的东方流程》(The Genuine Oriental Process for giving to Cotton Yarn, or Stuffs, the fast or ingrained Colour, known by the Name of Turkey or Adrianople-Red)这类出版物，见证了欧洲人对这种技术转移一直都很感兴趣。和几个世纪前纺车和卧式脚踏织布机的情形一样，从16到18世纪，亚洲始终是棉纺织技术特别是印染技术的最重要的源头。随着欧洲主导世界棉花网络进程的加快，欧洲人吸收印度技术的步伐也加快了。[47]

在外贸和国内市场中用国产棉布代替印度棉布，成为一个值得追求的目标。1780年，格拉斯哥棉花商人强烈要求政府帮助他们打开出口市场，理由是存在"国内消费无法消化的剩余产品：因此拓展更大规模的海外销售必不可少，唯有如此才能不让机器闲置（否则必然会被丢弃），并维持受到训练来从事这一行业的工人的生计"。[48]更重要的是，帝国的扩张使得欧洲商人，尤其是英国商人熟悉全球棉花市场。到了1770年，很显然欧洲的棉纺织品市场已经非常巨大了，但非洲、美洲，当然还有亚洲的市场更大，任何人如果能以有竞争力的价格来生产棉布以满足这些市场，可谓前景无限。而对于这些市场的弹性以及获利性的了解取决于商人从世界远距离棉花贸易网络中所获的经验。[49]

事实上，出口市场最终成了欧洲棉纺织制造业者的中心，这些市场最早是通过出口印度纺织品占领的。一封伦敦商务部致孟买商务部的信写道："就我们的投资而言，非常重要的是，能够定期卖出数量可观的苏拉特货物，以供应非洲贸易。"由于法国规定进口印度棉布为非法行为，西非人成为法国从本地治里贩运的棉布的主要买家。18世纪末，正如勒古·德·弗莱所观察到的："正是西印度群岛殖民地的建立，以及奴隶贸易催生了与印度的商业关系……但一旦安的列斯群岛的殖民地停止奴隶买卖，可以毫不犹豫地断言，棉花商品的数量将越来越少。"[50]

英国制造业者和商人很早就非常依赖本国棉布和印度棉布向非洲市场的出口。1750年后，对海外市场的依赖更加明显。正如历史学家约瑟夫·伊尼克里（Josef E. Inikori）所说，1760年，英国出口的棉布占生产总量三分之一。18世纪末，比例增加到三分之二。非洲和美洲是最重要的市场。在18世纪中期，英国出口棉布的94%进入了非洲和美洲市场。市场的规模之大意味着在那里有竞争力的人可以获得大笔财富。1776年，亚当·斯密清楚地指出了这一点："美洲的发现给欧洲各种商品开辟了一个无穷的新市场，因而就有机会实行新的分工和提供新的技术，而在以前通商范围狭隘，大部分产品缺少市场的时候，这是决不会有的现象。"[51]

非洲人喜爱棉布，是因为他们自己也有棉花产业，也因为他们很早就接触到印度棉纺织品。起初，欧洲的奴隶商人竭尽所能地按非洲现有的需求类型来提供货物，特别是靛蓝色和白色棉布。1730年左右，东印度公司指出，印度棉布的短缺使得英国人"开始在英国仿制印度棉布"。欧洲贸易商甚至用印度布的名字来出口这些棉布，因为非洲人更喜欢"印度制造"的棉布。在给贸易局的一份备忘录中，伊莱亚斯·巴恩斯（Elias Barnes）希望英国织工能够成功地仿制印度棉布。他认为这种棉布的潜在市场很大："不仅我们领土内能消费这种棉布，而且全世界也会成为我们的消费者。"最晚到1791年，东印度公司的商务部还在要求孟买定期向英国输送棉布，"尤其是满足非洲贸易的需要"。[52]

帝国扩张、奴隶制、土地掠夺——战争资本主义——为欧洲各国国内依然很小且技术落伍的棉纺织业奠定了基础。战争资本主义为棉纺织业提供了活跃的市场，还提供了获得技术以及重要原材料的渠道。战争资本主义也成为资本形成的重要引擎。利物浦等商业城市主要靠奴隶制而繁荣，后来又成为新兴棉花产业的重要资本来源，利物浦棉花商人可以为制造业者提供更多的货款，让他们来加工棉布。相应地，那些售卖英国生产的棉纱和棉布的伦敦商人则为兰开夏郡的制造业者提供贷款。事实上，随着利润从贸易转到生产制造领域，他们提供了十分重要且非常大量的运营资本，形成了"资金从商业向内的流动"。此外，当商人从远距离贸易中获得了财富后，因为政府越来越依赖从他们身上抽取的税收，他们也可以向政府诉求保护。[53]

最后但并非最不重要的是，战争资本主义还滋养了新兴的次级经济部门，如保险、金融和航运等，这些产业将会在英国纺织业的出现中起到极为重要的作用；同时它滋养了诸如政府信贷、货币、国防这样的公共机构。这些机构源自战争资本主义的世界，"因为先进的工业技术和商业实践"从出口贸易领域引入到国内经济领域。[54]

欧洲商人——特别是英国商人——在英国政府的鼎力协助下，以独特的方式挤进了全球棉花生产网络——种植者和纺纱工之间、纺纱工和织工之间、生产者和消费者之间的网络。在棉花生产的新技术发明很久之前，他们事实上就已经重组了全球棉花产业和全球棉花网络。这些网络由私人资本和越来越充满活力的国家所共同主宰。它们联合在一起，创造了武装贸易、工业间谍、禁令、限制性贸易条例，它们还掌控领土、捕获劳动力、驱逐原住民。同时，国家通过以自己的力量创造新领地，交给远方的资本家掌控，已经建立起了一个新经济秩序。[55]

在商人、制造业者和政府官员的大量努力下，到18世纪，欧洲已经在全球棉花网络中占据了一个全新的位置。虽然世界的绝大部分棉花生产还集中在亚洲，而且非洲和美洲的棉花工业依然生机勃勃，但现在欧洲人在跨洋贸易中开始占据决定性的主导地位。在新世界，他们建立了以奴隶劳动为基础的农产品生产制度，这一制度最终吸引越来越多的欧洲人成为棉花种植者，尽管欧洲土地上种植的棉花很少。强大的欧洲国家在建立窃取外国技术的制度的同时，还设立了一系列阻止外国纺织品进口的障碍。通过调度亚洲、非洲、美洲和欧洲的经济过程，欧洲获得了相当吊诡的能力，即在全世界引导印度织物贸易的同时，越来越将亚洲织物挡在欧洲之外，并在非洲和其他远离欧洲海岸之外的地方用这些织物去交换货物。一个全球化的纺织工业出现了，欧洲人第一次掌控广大的全球范围的棉产品需求。

欧洲政治家和资本家与他们的同行不同的是，他们具有掌控全球网络的能力。非洲、亚洲和美洲的贸易是以互利的商品交换为基础的交换网络,而欧洲人建立了跨大陆的生产体系,使欧洲和其他地方原有的社会关系发生了爆炸式发展。在早期的全球互动的历史中,最重要的不是全球贸易本身(因为对所有经济体影响有限),而是在时间上和空间上重塑商品生产过程的能力,以及这种生产所造成的难以预料的社会和政治后果。[56]在这个过程中,印度和中国或阿兹特克和印加帝国的能力甚至谈不上接近这种全球主导地位,更别说重塑世界遥远角落人们如何生产产品的能力了。然而,从16世纪开始,全副武装的欧洲资本家和资本充裕的欧洲国家重新组织了世界棉纺织业。正是对战争资本主义的这种早期接受,才是工业革命的先决条件,而工业革命最终极大地推动了世界经济的整合,并持续地塑造和重塑我们今天的世界。

一个松散、多中心、水平式的旧棉花世界急剧地转变为一个整合、集中、等级森严的棉花帝国。就在18世纪中叶,对于当时的观察家来说,欧洲,尤其是英国不太可能成为世界最重要的纺织中心。事实上,即使在1860年,伦敦统计学会和皇家亚洲学会会员詹姆斯·曼(James A. Mann)还记得:

> 在不远的过去,我们自己的条件还不能与新世界和印度的居民相比;尽管有着气候带来的各种好处,我们的道德状况无疑不如他们;美洲在其发现时的织造艺术和印度的织造技艺远超我们的羊毛制造业;及至今日,借助我们所有的工具,我们也不能超越东方细平布的精致,抑或海地、巴西和加勒比织物的牢固和大方。当我们的人民还处在太初的黑暗之中时,我们东边和西边的人们都沐浴在光明之下。
>
> 印度……我们贸易观念的间接来源地。印度的制造品和中国的制造品一起,激起了我们的先辈对那个时代的奢侈品的渴求。相对来说,制造业在印度的这段时期,构成了我们这个时代的黎明;从此世界商贸翻开了新的一页,太阳从一个时代转到了另一个时代。印度纺织业就是这光明的预兆,它一路加强,也获得了必要的温暖,驱散了清晨的迷雾,开启出胚胎;然后在欧洲人的大力支持下得到强化,催生了一个前所未见的繁荣的商业时代的到来。[57]

当太阳照耀在欧洲一小块地区时,积极进取的欧洲人正在缓慢地将不连续、多中心和水平的棉花世界纳入其轨道,同时还发明了一系列工具和方法,使他们能够调动土地、劳动力和市场,为一个崭新的大胆想象的帝国服务。通过缔造战争资本主义幅员辽阔的领域,奉行与欧洲本身完全不同的规则,欧洲人不仅仅创造了"大分流"和工业革命的条件,而且还反过来在欧洲本土创造加强国家力量的条件,这相应地又对创造棉花帝国至关重要。到1780年,整个欧洲,尤其是英国,已经成为世界棉花网络的中心。

第3章

战争资本主义的收益

这场革命发生在一些最出人意料的地方,例如,曼彻斯特地区小山之间幽静的峡谷里。今天,只需乘短途公交车就能从这座城市繁忙的国际机场到达那里。阔里班克纺纱厂(Quarry Bank Mill)吸引了大量游客前去参观,不仅是因为它的保存完好的庭院,也因为其工业历史。参观者可以沿着博林河岸游览,千百年来,水流冲刷周边环境,形成了一条约一百英尺深的峡谷。

两个世纪前,这条河激发一位英国商人进行了人类历史上最重要的实验之一。1784年,塞缪尔·格雷格(Samuel Greg)在溪流岸边,建立了一座小工厂。工厂里有几台新式的水力纺纱机(water frames),一些孤儿以及一群来自周边村庄的外包工人,还有来自加勒比地区的棉花。塞缪尔·格雷格没有使用数百年来人力驱动纺纱机的方法,而使用高处落下的湍急水流驱动纺纱机。塞缪尔·格雷格的工厂尽管规模很小,但与之前人们见过的工厂都不相同。就是在1784年,在这里以及附近少数几个河岸边,人类历史上的第一个非生物能量驱动的机器开始纺纱。经过几十年的不断改进,塞缪尔·格雷格和他的同行以极快的速度提高人类最古老制造业的生产效率,从而开始了一个史无前例的机器与人的合作时代。

塞缪尔·格雷格的冒险是一个典型的地方性事件。他于1758年出生在贝尔法斯特，但在曼彻斯特长大。在他发现沉睡的河流的潜在力量不久之后，他就搬到附近的斯蒂亚尔。他的工人来自柴郡和附近兰开夏郡的河谷、丘陵以及孤儿院。甚至他的机器也是在附近的城镇新近发明出来的。犹如硅谷在20世纪末扮演计算机革命孵化器一样，曼彻斯特周边田园诗般的起伏山丘在18世纪末成为那个时代先进工业——棉纺织业——的温床。在曼彻斯特周边环绕的35英里弧形地带里，农村布满工厂，乡镇变为城市，成千上万的人从农场进入工厂。

乍看起来这只是一个地方事件，甚至只是一个偏远的乡下事件，但若没有此前三个世纪棉花世界的一再重塑所提供的构想、材料和市场，它也不可能发生。格雷格的工厂处在全球网络之中，最终将在全球激发起一系列格雷格无法理解的变化。格雷格从利物浦的商人亲戚处获得生产必需的原料，后者从来自牙买加和巴西之类地区的船上购入这些原材料。我们知道，棉织物的观念和制作技术来源于亚洲，特别是来自印度；而格雷格生产棉纺织品的意愿主要是因为他希望在国内和国际市场上取代印度纺纱工和织工的产品。最后但并非最不重要的是，格雷格的大部分产品将离开英国前往其他地方，例如用于西非海岸的奴隶贸易，或者用于给格雷格自己在多米尼加群岛上的奴隶提供衣服，抑或卖给欧洲大陆。塞缪尔·格雷格能充分利用这些全球网络，是因为英国商人持续地控制了它们。

格雷格及其同行在1780年至1815年的工业革命高潮期间制作的布料，在质量上和产量上无法与亚洲、拉丁美洲和非洲的纺纱工和织工的产品相提并论。但是，他们的工厂代表了未来。这些以水力为动力（很快就变成以蒸汽为动力）的机器，在不断创新的驱动之下，因为受薪工人的投入，也因为大量的资本积累以及新型国家的鼓励，看起来几乎是不可思议的，它们也很快创造出棉花帝国的中心支柱。从这个地方性火花开始，英国逐渐建立纵横交错的世界经济体，并主宰人类最重要的一项产业。从这个地方性火花开始，工业资本主义开始出现并且最终将其羽翼囊括全球。从这个地方性火花开始，我们所熟知的世界出现了。

第3章 战争资本主义的收益 59

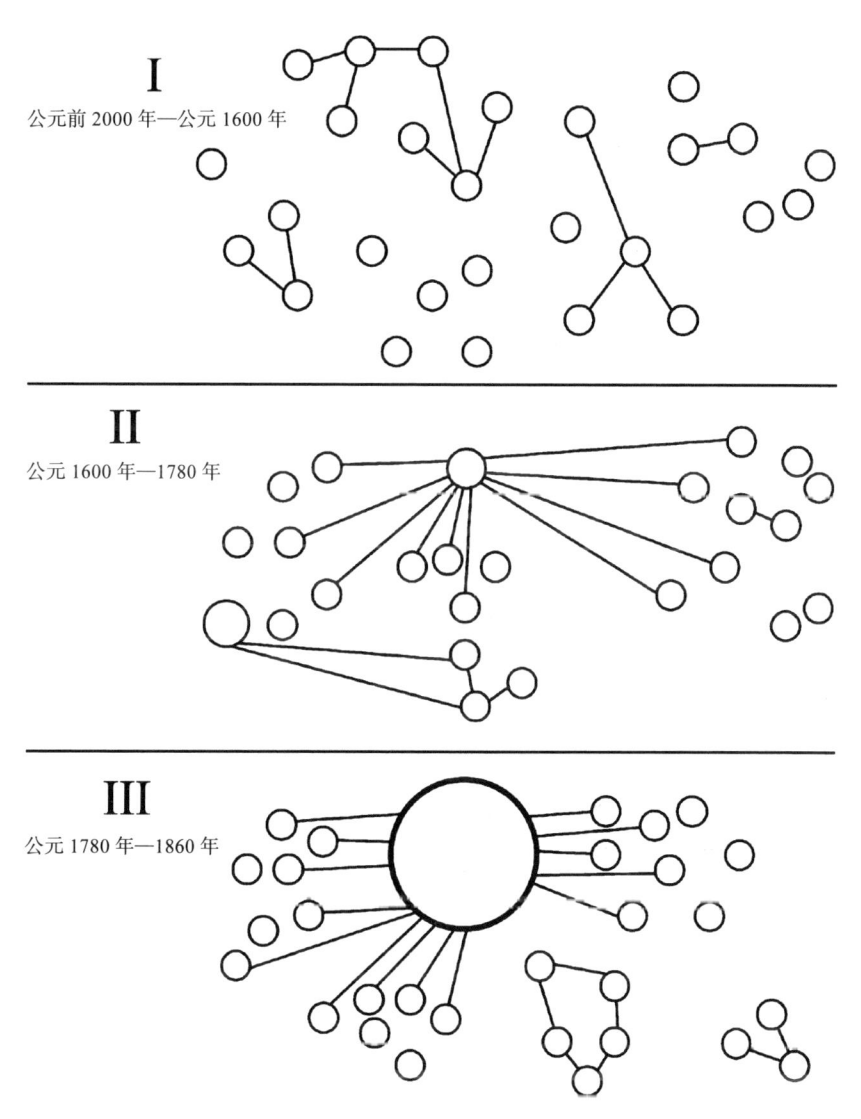

世界棉花种植者、制造商和消费者之间不断变化的空间安排。第一阶段：公元前2000年—公元1600年，多极，分离。第二阶段：1600年以后，网络越来越集中在欧洲，但生产仍然分散。第三阶段：工业革命后，生产网络集中在欧洲，一个多中心的棉花产业变成单极世界。

塞缪尔·格雷格对这段历史来说非常重要，他与其同时代人创造了未来。但如同大多数成功的革命家一样，他们依赖过去，依赖此前两百年里英国商人、种植园主以及国家所缔造的网络。换言之，只有战争资本主义所攫取的力量才使他们从水中汲取动力成为可能。奴隶制、殖民控制、军事化贸易和大量土地的攫夺为新型的资本主义提供了破土而出的沃土。格雷格的天赋在于他能意识到，像他这样敢于冒险的英国企业家可以在这种物质和制度遗产的基础上，通过拥抱迄今为止不够绅士的制造业世界，创造空前的财富和权力。

塞缪尔·格雷格与战争资本主义关系密切。战争资本主义暴力掠夺土地和奴隶劳工，仰仗帝国去攫取新的技术和市场。他的部分家庭财产来自希尔斯博洛资产公司（Hillsborough Estate）。该公司在加勒比的多米尼克岛上拥有一个盈利丰厚的甘蔗种植园，直到1834年英国在其领土范围内最终废除奴隶制前，格雷格在种植园里拥有着数百名非洲奴隶。格雷格的舅舅罗伯特·海德（Robert Hyde）和纳撒尼尔·海德（Nathaniel Hyde）也是纺织品制造商、西印度群岛的种植园主和商人，他们从格雷格九岁起开始抚养他，还为建立阔里班克纺纱厂提供了大量资金。格雷格的妻子汉娜·莱特博迪（Hannah Lightbody）出生在一个从事奴隶贸易的家庭。他弟媳的娘家也如此，从奴隶贸易转向向非洲出口布料。[1]

大部分格雷格的棉产品制造商同业没有他那样优渥的条件，没有加勒比地区的奴隶种植园。尽管他们只积累了一些微薄的资本，但是他们拥有工匠钻研的精神和高超的技艺，以及从纺织业谋取巨额利润的意愿。他们也通过奴隶劳动获得棉花这一重要的原材料。甚至他们所供应的市场也是靠着印度棉布打开的，而印度棉布因为欧洲国家要保护不具备竞争力的本国纺织业，被挤出许多欧洲市场。而且他们也借鉴了英国在印度次大陆通过扩张窃取的印度的纺织技术。此外，他们中的许多人藉由大西洋贸易积累资本，同时又为大西洋市场提供商品，特别是在非洲和美洲，这两处的经济体几乎全由奴隶劳工来驱动。对于他们来说，战争资本主义也提供了许多学习的机会——例如，如何组织远距离贸易，如何运营国内产业，以及了解跨大洋调动资本的机制，这些经验也促进了国内金融工具的发展。甚至现代的劳动力成本核算也是从奴隶庄园的世界中诞生的,后来才被引进到现代工业中。而且,英国企业主彻底重塑棉纺织品生产的雄心和能力也受到强有力的帝国国家的保护,而这个帝国自身也是战争资本主义的产物。[2]

最关键的是,在 18 世纪的下半叶,这一遗产使得英国商人仍然能在全球棉花工业中的许多重要节点上承担重要的指挥角色——即使英国工人的出产仅占全球产量的一小部分,英国农民也没有种植任何棉花。我们将会看到,英国对这些全球网络的掌控,对他们重塑生产的能力至关重要,也使得英国成为棉花产业引起的工业革命出人意料的起源地。尽管工业资本主义仍可以说是革命性的,但它是此前几个世纪的重大创新——战争资本主义的产物。[3]

塞缪尔·格雷格和他的发明家同伴都明白,大英帝国的全球性影响和力量赋予了他们远超过法兰克福、加尔各答和里约热内卢的商人和工匠的巨大优势。在他舅舅的雇佣下,塞缪尔·格雷格从当一名商人起家,在投资新机器之前,他已经在兰开夏郡和柴郡的农村组织起了一个庞大的纺纱工和织工的外包网络。而且,除了从外包网络获得的利润和劳动力,格雷格也能容易地从其妻子的家族获得大量资本。拉斯伯恩(Rathbone)家族后来在 19 世纪是重要的棉花贸易商,1780 年,他们已经为格雷格提供原棉。另外,格雷格还直接了解到欧洲大陆、非洲海岸和美洲的棉纺织品市场正在迅速扩张。[4]

这些早期冒险的前景无限美好,而需要承担的风险却不大。18 世纪 80 年代,格雷格起初给了阔里班克纺纱厂的投资仅仅 3000 英镑(相当于今天 50 万美元),只是相当小的一笔资金。随后,他从附近的救济院招募了 90 名年龄在 10 到 12 岁的儿童,让他们以"教区学徒"的身份在工厂里工作七年。到了 1800 年,除了这些童工,他还雇用了 110 名领工资的成年工人。格雷格的棉布起初大多销往欧洲、西印度群岛。18 世纪 90 年代后,棉布逐渐销往俄国和美国。由于有这些不断扩张的市场,格雷格的新工厂和其他工厂一样,自建立就获得了引人注目的利润。每年的回报是投资的 18%,相当于英国政府公债回报的四倍。[5]

同时代的观察家和现代的历史学家已经找到了很多理由来解释,为什么格雷格的冒险,以及更广泛的工业革命会"爆发"在18世纪80年代的英格兰北部。英国发明家的才智、英国市场的规模及非比寻常的深度整合、英国利于水运的地理条件、不从国教者所具有的跳出窠臼的思考方式、企业家首创精神的偏好等因素都被提到了。[6] 所有这些原因都很重要,但是它们都忽略了工业革命故事的核心:它依赖全球范围内的战争资本主义体系。

在上述多种因素的作用下,制造商作为一个新的角色,有史以来第一次大步走上历史舞台。他们的资本并不用来蓄奴或占领土地(虽然这些仍然很重要),而是用来将工人组织成机器大生产的管弦乐团。制造商以新的方式将土地、劳动力和资源调动起来,以其为基础重组生产,此外,他们还主张资本家与国家之间要有新的联结关系。正是这种社会和政治力量的联系共同促成工业资本主义的发展,这是工业革命最有改造作用的创新。我们将会看到,这一创新最终将会插上羽翼,最终到达世界的其他角落。

正如20世纪20年代一位观察家所写的,凭借战争资本主义的收益,格雷格及其同时代的人"用一代人的精力将棉花帝国从东方强夺过来",改写了全球棉花制造的整个地理格局。他们的工作是革命性的,因为它引导了一个崭新的经济活动组织制度,在它所开创的世界经济中,高速增长和不断创新成为常态,而不再是例外。诚然,过去也曾有过重要的创新发明,在工业革命之前,世界上不同地区的经济也曾有过经济快速增长的时刻。但是它们没有创造出一个革命本身就是永久常态的世界,在这个世界中,经济增长尽管有周期性的崩溃,但似乎会推动其自身的扩张。在1800年之前的几千年中,欧洲和世界其他地区都没有出现经济增长如此迅猛的加速。即使出现过也很快因为资源的局限、粮食危机或疾病而搁浅。现在工业资本主义正在创造一个变动不居的世界,而世界最重要的工业——棉花产业,也是人类生产力空前加速的主要动力。[7]

回顾过去,18世纪末的英国似乎已经条件成熟,为棉纺织业的彻底革新做好了准备。英国资本家有着两个世纪的棉纺织品发展的经验,也有可供投资的资本,可以在国内雇用更多的农民从事纺纱和织布。英国家庭纺织户几十年来一直面临印度进口布的压力,这一经验使他们认识到,必须要与印度制造商竞争并占领其市场。最后但并非最不重要的一点,一直有工人可以为新工厂提供劳动力,这些人无力抵抗从农村耕种者或工匠转变为受薪工人的进程。这些因素为从根本上重新想象生产及其所依托的体制提供了条件。然而,这些条件并非独一无二。事实上,即使不是在所有方面,至少其中许多特点在中国、印度、欧洲或者非洲等地区都具有。任何一个单一的因素都无法解释为什么18世纪末不列颠群岛的一小部分爆发了工业革命。[8]

然而,与其他地方的同行不同的是,英国资本家控制了许多全球性的棉花产品网络。他们掌控着独一无二的活跃的市场,主宰着棉花的跨洋贸易,他们还对售卖棉布可以获得巨额财富的巨大潜力拥有第一手了解。摆在英国棉产品制造商面前的核心问题是与质优价廉的印度棉布竞争。正如我们已经了解到的,在整个18世纪,英国生产方通过剽窃印度的技术已经攻克了大部分(尽管不是全部)质量难关。事实证明,扩大产能和降低成本遇到了更多的困难:英国商人在农村所建立的外包制网络已经很大程度上阻碍了产量的进一步提高。在外包制下,工作是不定期进行的,也很难在短时间内集中起更多的工人,而且随着产量的上升,运输成本也提高了。而且也很难保证在偏远农场里纺织的产品的质量统一。基于当时生产技术和社会组织的限制,英国的外包工很难在世界上的其他地区与棉纺织工人竞争。事实上,大多数情况下,他们只有在受保护的国内和殖民地市场才能获得成功。[9]

然而,英国棉纺织商不具备竞争力的最主要的原因却是工资成本。当时,英国的工资水平远高于世界其他地区。实际上,1770年兰开夏郡的工资水平可能是印度的六倍。即使由于机器的改良,英国的人均生产力比印度工人高出两到三倍,依然不足以抵消工资上的劣势。战争资本主义已经为英国棉花产业资本家创造了一系列全新的机会,它还是无法解决如何在全球范围的棉花市场上赢得重要地位的问题。保护主义只能在一定程度内可行，虽然在适用范围内取得了巨大的成功，但是无法靠这类禁令获得诱人的全球出口市场。英国棉花资本家需要的是灵活地应用新技术以降低成本，需要已经随着英国扩张而扩大的棉花市场进一步扩大，还需要国家在背后支持，需要这个国家不仅仅有能力保护其全球帝国，还可以改造英国本身的社会。[10]

由于劳工成本是影响抓住诱人的新机遇的主要阻碍，英国商人、发明家以及初露头角的制造商——都是务实的人——都专注于如何在高劳动成本下提高生产率。在这一过程中，他们促成了棉花历史上最重要的技术变革。第一个值得注意的发明是约翰·凯伊（John Kay）于1733年发明的飞梭。这个船形的木质小工具由织工在上面系上纬线后，从织机的一边推出，穿过经线后"飞"到另一边。这个飞梭使得织工的生产率提高了一倍。起先这种飞梭传播得很慢，但是它的传播是无法阻挡的：1745年后，尽管有织工为了生计而进行抵制，它还是被广泛采用。[11]

这一小块木头，经过全新的方式推动之后，促成了一系列的创新，这些发明缓慢但永久地改变了棉纺织业。更具生产力的织造技术推广开来，给纺纱施加了巨大的压力，需要更多的纺纱工来供应织工，以保证有充足的棉纱供织布机工作。尽管有比此前更多的家庭妇女在纺车前工作更长的时间，但是棉纱还是供不应求。凯伊的发明之后，一名织工所需要的棉纱需要四名纺纱工供应。许多工匠都尝试找出突破瓶颈的方法。到了18世纪60年代，詹姆斯·哈格里夫斯（James Hargreaves）发明了珍妮纺纱机，使生产效率的提高成为可能。珍妮纺纱机有一个用手操纵的纺轮，可以转动机器上的几只纱锭；纺纱工可以用另一只手向前或向后移动一个杆，将纱线绕到纱锭上。起初，珍妮纺纱机可以纺八条独立的纱线，后来是十六条甚至更多，到了1767年，它使纺纱工的效率增加了两倍。它的传播非常快，到了1786年，英国已有两万架珍妮纺织机。[12]

然而，早在1769年，由于理查德·阿克莱特（Richard Arkwright）发明的水力纺纱机，纺纱也有了进一步的发展。正是这一机器使得塞缪尔·格雷格的依赖水力的工厂成为可能。水力纺纱机有四个卷轴抽出棉线并在纺锤上将其拧成棉纱。与原先大多数情况下装置在家庭里的珍妮纺纱机不同，水力纺纱机需要更多的能量，因此主要集中于工厂里。10年后的1779年，塞缪尔·克朗普顿（Samuel Crompton）发明的"骡机"是这些发明的集大成者，它在水力纺纱机的基础上吸收了珍妮纺纱机的优点，并因此得名。"骡机"是一个长机器，有两个平行的托架：一边是缠有粗纱（一些轻微扭曲的棉纤维）的粗纱桶，另一边是接收纱线的纱锭列。纺车上的外托架被拉出五英尺，可以同时抽出多种长度的粗纱。粗纱筒的数量多少取决于"骡机"上安装的纱锭数量：虽然在18世纪90年代安装200支纱锭是常态，但在接下来的一个世纪中，这个数字将上升到1300以上。这些抽出来的粗纱随后被捻成纱线，并在托架回收时缠绕在纱锭上。与连续不间断工作的水力纺纱机不同，"骡机"以五英尺的长度来纺纱，但是却更结实更细。起初"骡机"由水力（直到19世纪20年代仍然是主要的动力来源）驱动，后来主要由蒸汽机（詹姆斯·瓦特［James Watt］于1769年获得专利）来驱动。[13]

当纺纱方面不再落后，生产压力转到了织布上。这首先带来了家庭织布的巨大扩张。凭借新机器和充足的纱线供应，这个时代成为兰开夏郡和柴郡农村纺织者的黄金时代。此时，随着英国纺纱厂产量的迅速增加，成千上万的乡下农民在织机上无休止地工作。1785年，埃德蒙德·卡特赖特（Edmund Cartwright）为他的动力织布机注册了专利，织布方面的生产力第一次得到了些许提高，但是动力织布机本身的技术问题依然很大。[14]

英国越来越多的制造商敏锐地意识到，尽管这种织布机还存在着一些问题，这些新机器能够使他们越来越多地主宰全球棉花复合体上他们原先无法掌控的一个节点：制造业。在18世纪的印度，纺纱工要耗费5万小时来纺100磅的原棉；1790年，凭借有100支纱锭的"骡机"，英国纺纱工仅需要1000小时就能纺出相同数量的纱线。到1795年，凭借着水力纺纱机，英国纺纱工仅需要300小时就能完成。1825年后，利用罗伯特的自动"骡机"，时间缩短为135小时。仅仅在30年中，生产力提高了370倍。英国的劳动力成本此时已经远低于印度。[15]

相应地，英国棉纱的价格也下降了，很快就低于印度生产的纱线。1830年，英国棉商爱德华·贝恩斯记录了在英格兰一磅40号棉纱（这个数字对应着棉纱的质量,数字越大,棉纱越精细)的价格是 1 先令又 2.5 便士;而在印度相同质量和数量棉纱的价格是 3 先令又 7 便士。曼彻斯特的纺纱商麦康奈尔和肯尼迪公司(McConnel & Kennedy)报告,1795 年至 1811 年间,高质量的 100 号棉纱的价格下跌了 50%,而且尽管出现了多次的涨跌,但是整个 19 世纪棉纱的价格持续下跌。棉纱价格,特别是细纱价格下跌得最快,成品布的成本也下降了。18 世纪 80 年代早期,剔除物价变动因素,一件细平布的价格为每件 116 先令,50 年后相同的细平布价格降为 28 先令。[16]

由此而引发的棉花制造业的繁荣是空前的。在欧洲经历了近两个世纪的缓慢增长后,英国棉纺织业经历了突飞猛进的增长。1780 年至 1800 年,英国棉纺织业产出每年增长 10.8%。出口每年增长 14%。1797 年,英国已经有约 900 余家棉纺织厂。1788 年,英国有 5 万支"骡机"纱锭,33 年后这一数字增加到 700 万。1780 年以前在印度生产棉布更便宜,而且质量更好,但自此以后,英国制造商开始能在欧洲和大西洋市场上与印度棉布竞争。1830 年后,他们甚至开始在印度本地与印度制造商竞争。一旦印度人开始使用英国制造的棉纱和棉布,这就向世人昭示,世界棉花工业发生了翻天覆地的变化。[17]

更多配置了新型纺纱机和织布机的棉纺织厂开始在英格兰北部不断涌现,让人惊讶的是,造成如此巨大变化的发明家,最初却是以一种非常不起眼的方式开始的。尽管没有理论科学作为参考,甚至没有接受过多少正规教育,他们仍然缔造了一个与以往迥然不同的世界。这些人是在小型作坊里工作的熟练工人,没怎么受过正式教育。在这些发明家中,凯伊出身的家庭最为富裕,他的父亲是一位比较成功的羊毛制造商,他本人可能也在法国接受了一些正规教育。另一方面,来自布莱克本的手摇纺织工哈格里夫斯可能从来没有受过正规教育。阿克莱特也是如此,他的父母也是穷人,而他是七个孩子中最小的。阿克莱特最先从他的叔叔们那里学会了阅读,而后自学。克朗普顿也生于赤贫之中:他的父亲死得早,母亲尝试以纺织来维持生计,他也许在五岁时就开始纺棉花。这四人都是工匠,与他们的机械朝夕相处,他们用简单的工具来解决一些实际问题,他们的洞察力来自日复一日改善生产的努力。[18]

然而，他们在当地远没有被当成英雄。他们的发明有时甚至会触怒邻居，因为这些人担心因此而失业。由于惧怕乱民的暴力，凯伊和哈格里夫斯都最终离开了他们各自创造发明时所在的地区。他们没能将自己的发明转化为财富；他们想要保护自己的专利权也没有成功，从而过着拮据的生活。当 1778 年哈格里夫斯在诺丁汉去世时，他仅仅获得了一项由"手工制造业促进协会"（Society for the Encouragement of Arts and Manufactures）颁发的奖励，而他的孩子们仍一贫如洗。只有阿克莱特从他的发明中赚得了财富，在不同的地方建立了一些棉纺织工厂。然而越来越多的英国制造业者接受了这些新技术。而且，英国如此高度重视这些发明的价值，以至于 1786 年后的近半个世纪里，从英国出口这些技术被视为非法。从此开始，技术进步成为一种常态：通过提高人类劳动生产率而可以获得利润。事实上，这将成为工业资本主义的一个标志性特征。

历史学家乔尔·莫吉尔（Joel Mokyr）、帕特里克·奥布赖恩（Patrick O'Brien）以及其他很多人将这些新机器称为"宏观发明"（macro inventions），这些机器不仅提高了人类的生产效率，而且改变了生产流程本身的性质：机器开始规范人类劳动的步调。[19] 由于机器依赖集中能源，需要宽敞空间，生产环节由家庭转移到工厂。工人以史无前例的规模和机器一起集中在中心地带。过去外包制商人曾经走村串户地寻找劳动力，现在工人主动找到制造商来寻找工作。

棉纱生产的机械化创造出了一个全新的实体：棉纱厂。尽管这些棉纱厂的规模差别很大，但都有一个共同的特征：靠近流水。而为了控制流水的能量，人们要么建立水坝，要么在河流陡峭之处开一个切口，使得水流穿过水车。水车驱动穿越整个工厂的轮轴，不同的大型皮带可以连接到轮轴上，也可以取下来，以驱动不同的机器。与其前辈不同，棉纱厂的基本功能不仅是集中和控制劳动力，而且还要安置一系列复杂的机械。到了 18 世纪 80 年代，一些工厂面积非常大：长 200 英尺，宽 30 英尺，高四到六层，矗立在乡间，十分醒目。[20]

这些工厂的纺纱生产需要三道基本工序：打轧（willowing）、梳棉

（carding）和纺纱（spinning）。第一步工作，由工人（通常是女性）将生棉在有网眼的桌面上展开，用棍子击打原棉，以除去枝杈、叶子和灰尘等在轧花时没有去除的杂物。由于这一过程中会有很多易燃棉花微尘搅入空气中，所以该工序一般不在主厂房，而是在毗邻的建筑中进行。在棉花清理好后，集中在工厂底部楼层中的一系列机械将原棉转变为"粗纱"——一种弱捻的纤维平行棉条线股，预备纺成细纱。首先，清理好的棉花进入一台梳棉机。梳棉机有着一个旋转的圆筒，上面有齿状套管，配备着金属齿梳。经过梳棉机后，那些乱糟糟的棉花就变成了条理清楚纤维平行的棉条，被称为银棉。随后，棉条进入并条机。棉条在此通过一组滚轴，被抻长、盘绕、拉平，最终制成粗纱。这些棉股被卷成一个粗纱筒，然后再卷在一个绕线筒上。最后，棉花可以用来纺纱了。这些纺纱机通常被放置在纺织厂的顶部楼层，横着贯穿整个楼层。这些机械要么是阿克莱特的水力纺纱机，要么是数量越来越多的克朗普顿的"骡机"。[21]

为了能够操作所有这些机械和棉花，制造商雇用了成百上千的工人，其中大部分是儿童和妇女。虽然大部分工人都自愿进入工厂，并领取工资，但不是所有工人都如此。我们将会看到，这是工业资本主义的又一项制度创新。在美洲的奴隶种植园之外，资本家第一次可以组织、监督并主导生产的过程。[22]

资本对劳动力的这种支配、对技术革命的拥抱和社会创新在世界其他地区没有发生，甚至在棉花产业的心脏地带的中国和印度也是如此。这在某种程度上令人惊讶，因为这些国家和地区几个世纪以来都在全球棉花生产技术的前沿。早在1313年，王祯就记载了一种"纺麻线的机械"，它很接近哈格里夫斯的珍妮纺纱机和阿克莱特的水力纺纱机。发展新型纺纱机无疑是在中国工匠力所能及的范围之内，同样，也是法国和印度工匠所能做到的。而且棉花及棉纺织品贸易的发展也是14至19世纪中国经济日益商品化的一个重要组成部分。[23]

尽管有着这些非常有前景的先决条件，中国和印度——以及普鲁士这个在技术教育上与英国最接近的竞争者——在支配全球棉纺织业的诸多节点上，都和英国差得很远。此外，与英国相比，中国和印度农民更牢固地依附在土地上，这使得制造商即使有心，也更难动员大量的工人。由于家户组织形式不同，特别是妇女在外活动受到限制，印度和中国女性主导的纺纱机会成本极低，因此较少可能采用新技术。按照农民家庭的计算，女性劳动力是很廉价的。此外，在印度，织工和最终消费者之间的链条很长，有许多中间环节。正如一位历史学家所说，"打破这一传统的历史性机制"非常困难，而且在很多人看来，也没有什么收益。在英国农村，许多纺纱工和织工的感受与他们在印度和中国的同行相似，他们知道，更新的技术将使他们以家庭为基础的制造业难以为继。然而，由于缺乏其他谋生手段，而且他们间断性地反对新技术的努力也被果断的国家击退，除了屈从于工业资本主义，他们别无他法。[24]

因此，棉纱厂首先拥抱了新技术，压迫劳工而不用奴役他们，并找到了组织生产的新方法，因此，曾经规模不大、分布在兰开夏郡和邻近的柴郡境内河流边的工厂迅猛增长——就在1784年，塞缪尔·格雷格建立他的第一家工厂时，新工厂进入兴盛期，并在接下来的几十年里不断扩张，有时这种扩张相当惊人。到1833年，塞缪尔·格雷格自己在5家工厂中雇用了2084名工人。他的阔里班克纺纱厂的纱锭量已经增加了3倍，达到10 846支。1795年，棉产品制造商罗伯特·皮尔（Robert Peel）把工厂扩展到了23家，全由他拥有和管理。在另一些情况下，进入这个行业的制造商常常资本不多，但是有着良好的社会网络。爱尔兰商人威廉·埃默森（William Emerson）要帮助他的亲戚开一家纺纱厂时，他写信给他在曼彻斯特的商业伙伴纺纱商麦康奈尔和肯尼迪公司，在信中告诉他们："我的一个亲戚非常想学习梳棉和纺纱的知识，为此我愿意派他到你们那里学习6个月，并为他受的指导支付任何你们认为合理的价格，希望让他在尊处或其他方便的地方接受你们指导，你们也可以提出其他条件。"[25]

在工厂数量成倍增长的同时，许多工厂的规模依然很小。而且比起利物浦的商人、萨默塞特的地产主和伦敦的银行家来说，这些工厂的所有者通常并不富有。到1812年，70%的工厂所拥有的纱锭少于1万支，价值低于2000英镑。进入这一工业领域的企业主的背景也十分多样。他们中的很多是商人兼制造商，有些来自其他工业领域，另一些则是富裕的农民，还有些甚至是具有非凡商业能力的学徒。当时有很多非同一般的社会流动性的案例，比如，埃尔卡纳·阿米蒂奇（Elkanah Armitage）8 岁起在一家棉纺织厂做纺纱工的助手，59 年后，他拥有几家自己的工厂并雇用了 1650 名工人。[26]

但是，另一些人在这一领域起步时有着更多的资源。比如塞缪尔·奥尔德诺（Samuel Oldknow），1756 年，他生于兰开夏郡的安德顿时，他的父亲已经是一位成功的细平布制造商，这些布大多由手工织布机织成。在父亲早逝后，奥尔德诺去给他的布料商叔叔做学徒。1781 年，他回到家乡重建家族的细平纹布生意。对他而言，这是一个幸运的时代。1779 年，骡机的引入使得高质量、大规模生产的纱线达到了前所未有的规模，这使得奥尔德诺能够进入此前由印度制造商主宰的市场。奥尔德诺还与两家伦敦公司合作，这样他能同时进入广大的英国和海外市场。奥尔德诺在 1783 年一封信的草稿中记述："目前的预期非常顺利。"到 1786 年，他已经成为当时英国最成功的细平布制造商。奥尔德诺继续建造工厂扩张他的事业，一度控制了 29 家工厂。1790 年，他进入纺纱业，在斯托克波特建造了一座蒸汽动力的工厂。1793 年，他在梅洛尔的一家更大的六层楼高的纺纱工厂也投入生产。[27]

在 18 世纪 80 年代到 90 年代，棉纺织业，即使是小规模工厂，提供的利润仍然是惊人的。卡德韦尔和比尔莱公司（Cardwell & Birle）的年平均资本回报率为 13.1%，达格代尔公司（N. Dugdale）的资本回报率是 24.8%，而麦康奈尔和肯尼迪公司的资本回报率是 16%。这样的高利润使他们可以不必大规模借助正规资本市场，就实现生产扩张。实际上，"[扩张]资金的最佳来源就是留存利润"。然而，这样的资本也经常来自商人的投资，他们只是投资棉纺织工厂，自身并不运营。此外，资金更重要的来源是向伦敦和利物浦的商人融资，以购买原棉，并出售棉纱和棉布。这种额外的调转资金非常关键：1834 年，英国的棉纺织业在工厂、机器的总投资上达到了 1480 万英镑，而投资在原棉和工资上的调转资金则达到 740 万英镑，这个比例相当大。获得这些资金经常取决于个人关系，随着获得大量流动资金越来越重要，中产阶级之外的人加入棉花资本家的行列变得更加困难。生产的高额利润相应地又使得制造业成为一个更加有利可图的投资领域。[28]

棉纺织工厂快速增长的一个例子是曼彻斯特的棉产品制造商麦康奈尔和肯尼迪公司。1791年，他们合伙成立了公司，专注于纺纱机的生产，这项生意对机器制造商詹姆斯·麦康奈尔（James McConnel）来说是很自然的事情。然而，有一天，麦康奈尔生产了两台骡机，但是他的顾客无法支付购买的款项，这件看上去倒霉的事情使他不得不自己使用这些机器。他的合伙人约翰·肯尼迪（John Kennedy）和另外两个投资人扩大了机器生产和纺纱业务，一共投资500英镑，这在当时是非常小的一笔投资。他们自称"机器制造商和纺纱商"，迅速扩张了工厂，专注于高质量纱线的生产。1797年，他们拥有7464支纱锭；到1810年，纱锭数量增加到78 972支，与此同时，他们雇佣的工人数量从1802年的312人增加到1816年的1020人。同其他人一样，他们也是利用留存利润来扩大经营的，1799年到1804年，留存利润每年平均为26.5%。[29]

棉纺织业的迅速发展使其迅速成为英国经济的核心。1770年，棉纺织业仅占整个经济增加值的2.6%。1801年，这一比例为17%，到1831年，这一数字增长到22.4%。相比之下，同期钢铁工业仅占6.7%，煤炭工业为7%，毛纺织业为14.1%。在1795年，英国有34万人从事纺纱业。到1830年，英国每6个工人中就有1个受雇于棉纺织业。同时，棉纺织业开始集中于不列颠诸岛的一小部分：兰开夏郡。最终70%的英国棉纺织工人在此处工作，80.3%的棉纺织工厂所有者来自兰开夏郡。[30]

棉纺织业的爆发不是昙花一现。相反，我们将会看到，棉纺织业的发展使得其他工业领域的发展也成为可能，包括铁路网、钢铁业以及后来在19世纪被称为第二次工业革命的一系列新产业。但是，棉花产业是先锋。正如历史学家费尔南·布罗代尔（Fernand Braudel）所说，棉纺织品领域的工业革命影响了"整个国家经济"。[31]直到19世纪中叶，工业革命在数字上来看，依然还是棉花的故事。

英国棉纺织业的惊人起飞使得英国资本家与整个英国一起，从战争资本主义中获得更多的收益。得益于新机器和新的生产组织带来的前所未有的生产效率，再加上受薪工人在大型工厂中的劳作，英国棉纺织业的生产成本更低了，正如所料，英国制造商打入了诸多新市场。随着棉花变得越来越便宜，随着棉织物变得越来越时尚，国内市场也在扩大，因为不断变化的图案设计对中产阶级消费者的自我展示越来越重要。[32]

英国纺织品制造商还决定性地进入了至关重要的出口市场。18世纪80年代，英国棉产品制造商进入了此前一直由英国商人在此销售印度织物的海外市场。优质的细平布曾经是孟加拉的骄傲，而且"数千年来无与伦比"，从此开始在英国生产。这可谓至关重要，因为英国仅有866万人，市场规模相当小，而且人均可支配收入的增长也十分缓慢。在整个18世纪，英国的棉纺织品出口增长了两百倍，其中94%的增长发生在1780年后的20年中，这一阶段出口激增16倍以上，从1780年的355 060英镑增加到1800年的5 854 057英镑。在18世纪最后几年，不列颠群岛生产的全部棉布中的61.3%用于出口。1815年后，凭借这些出口，英国几乎在全球棉纱和棉布贸易中"消灭了所有非欧洲世界的竞争对手"。[33]

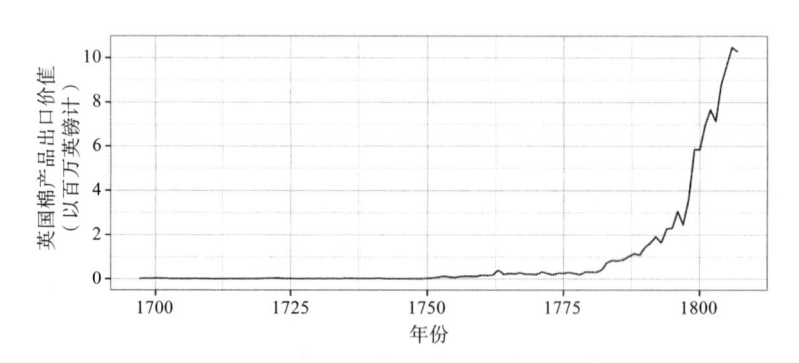

出口激增：1697—1807年英国棉花出口的增长。

英国棉纺织业的繁荣可以说是出口的繁荣。到1800年，英国出产的棉纺织品成为世界市场上的主导产品，与此同时，英国农村新建工厂中的成千上万的纺织工人，更不用说数百名工厂主、商人和海员，都开始依赖这种外国市场。1835年爱德华·贝恩斯惊奇地观察到，棉纺织品出口"现今……已经是毛纺织品出口的三倍。棉花产业在如此短的时间内，就将毛纺织业这个在英格兰繁荣了几个世纪的制造业远远抛在后面,而就在这一时期,所有的贸易问题作家都认为,它是国家商业财富的主要源泉"。实际上,这种创纪录的棉纺织品贸易影响了整个英国经济:从1784—1786年到1804—1806年,英国所有新增出口中56%为棉纺织品。[34]

在世界市场上,英国棉纺织品正在迅速取代印度棉纺织品。1800年至1801年财政年度,仍有价值140万英镑的棉纺织品从孟加拉出口到英国,仅仅8年后,即1809年至1810年,出口棉布价值就降到了仅比33万英镑多一点,而且此后继续快速下降。由此,主导全球纺织品市场几个世纪之久的印度织工的地位一落千丈。1800年,驻地商务专员约翰·泰勒(John Taylor)撰写了关于孟加拉达卡城棉布产业的详尽历史,并报告说,从1747年到1797年达卡的棉布出口价值下降了50%。纺纱工尤其为来自英国的竞争所伤害,他说,相当多的人因此"死于饥荒"。这个曾一度凭借棉纺织业而繁荣的城市,其人口已经"下降并陷入贫困",大量房屋"已经被废弃并变成废墟",这座城市的商业历史成了一段"令人忧伤的回忆"。达卡城"曾经的声望"和"巨额的财富"已经烟消云散了。到1806年,另一份关于孟加拉商业的报告得出结论:"公开记录中,布匹出口显著下降……其后果是,织工无法为他们的织机找到活干,其中许多人不得不离开家园去别处寻找生计;他们中的大多数开始从事农业,一些人还留在自己居住的地区,而另一些人则不得不迁移到更遥远的地区。"一位批评东印度公司的人士指出,英国的政策目标就是要将印度变为原棉的出口国、棉纺织品的进口国,"这一政策类似于西班牙对不幸的美洲土著采取的政策"。[35]

英国棉纺织品占领了先前由印度纺纱工和织工控制的多层面的出口市场。起初,棉产品制造商聚焦于世界上臣服于战争资本主义的地区。在18世纪的最后几十年即工业革命的全盛期里,超过三分之二的英国棉纺织品出口销往这些地区。实际上,这些出口商品是经过大西洋经济渠道流通出去的,英国花了两百来年和无数财富来建造这些渠道。与其他地区的农业生产者不同,美洲种植园的奴隶并不生产自己的衣物,因此,尽管奴隶主给奴隶的供给水平很低,但是为奴隶提供衣料仍然是独一无二的巨大市场。非洲贸易——绝大多数是奴隶贸易——对棉布的需求同样很大（甚至由于美洲棉花种植的繁荣还在增长），由于英国制造的棉布在质量和价格上能够与印度产品相匹敌，非洲商人开始接受英国棉布。1806年后，英国棉纺织品决定性地主导了这个曾经长期将其排除在外的市场。[36]

这些商人和制造商进入这些市场的能力，说明了一种特殊而新颖的国家组织形式的重要性。这种国家将成为工业资本主义至关重要的组成部分，并且将以各种独特的方式扩散到全球。毕竟，棉纺织品出口的扩张仰赖于英国贸易网络及其所依托的诸多机构——从开拓和保护市场准入的强大海军到可以使资本跨越远距离的海运提单——的力量。国家能够建立并保护全球市场、监控其边界、规范工业、缔造并保证土地的私有权力、确保遥远地理距离的合约得以执行、创制一系列金融工具以对民众征税，并且创造了一个社会、经济和法律环境，使通过支付薪酬来动员劳工成为可能。

有一位敏锐的法国观察家在19世纪初评论道："英国因为数个世纪以来一直坚持其保护和禁止的制度，才得以达到繁荣的巅峰。"[37]事实上，尽管这些新机器令人印象深刻且非常重要，但最终并不是这些新机器给世界带来了革命性的影响。真正的伟大的发明是这些机器所嵌入的经济、社会和政治机构。这些机构进一步定义了工业资本主义，并越来越将其从孕育它的战争资本主义相分离。[38]

在工业资本主义的核心创造这样一个状态，是各种不同利益关系的复杂的博弈的结果。崛起的制造商集团极力要求自己的利益得到承认，与此同时，政治家和官员也逐渐认识到，自己在世界上尊贵的地位依赖于大不列颠迅速增长的制造能力。制造商集团同与其竞争的利益集团（如东印度公司）和精英集团（如贵族地主）展开了斗争。然而，由于商人和制造商积累了大量国家仰赖的资源，因此资本家可以将他们对国家经济不断增长的重要性转变为其政治影响力。[39]棉纺织厂主逐渐在政治上积极起来，1832年的《改革法案》使他们获得了选举权，允许众多纺织品制造商进入下议院。从《谷物法》到英国的殖民地扩张，他们在下议院不遗余力地为他们的产业的（全球）利益游说。[40] 制造商为有利于自己利益的政策进行的辩护非常直白且现代，正如1789年103位来自格拉斯哥地区的棉产品制造商向财政部提出的请愿书显示的那样：

> 陈情人很早就开始生产英国细平布，近年来在拓展和提升这一有利可图的贸易分支上取得了重大进展，在其他被称为纯色布及混纺布的贸易品上也是如此。由于我们在这一制造业中应用了机器的力量，同时建立了一些新设施，陈情人提出如下请求：当出现国内不能消费的剩余产品时，为了使得机器不至于闲置，在海外更大规模地销售这些产品成为当务之急。[41]

依靠新崛起的制造商集团和能力大为增长的国家，在如何动员劳动力、资本和市场问题上，工业资本主义找到了一个新答案，完全不同于其前身战争资本主义。与美洲的方式不同，劳动力可以被动员起来是由于农村发生的一些变化（包括法律方面的变化）制造了一支庞大的失地无产者队伍，他们被迫出卖自己的劳动力来维持生存，而且在这么做的时候，他们也没有受到武力的逼迫。此外，与美洲的种植园不同，棉纺织业所需要的土地极其有限，而且主要集中于接近水力的地区。英国在几个世纪前就已经出现了土地市场，而且土地产权相对安全，并受到国家保护，因此，作为战争资本主义特征的土地攫取无法在英国本土出现。与此同时，一个干涉主义的国家能够以认为有利于整体经济发展的方式来促进土地使用，例如可以征收土地去修建收费公路和运河。此外，高度集权和官僚化的国家还能管理国内工业并向其征税。[42]

最后，也许对工业资本主义出现的早期阶段最具决定性的是，由于国家的帝国扩张，战争资本主义的机制可以外部化。这实际上降低了资本家对重塑国内社会结构的需求，以及对从劳动力、食物到原料在内的国内资源的依赖。动员劳动力、原料、土地和市场方面遇到的一些问题，战争资本主义已经在美洲、非洲和亚洲解决了。国家因为战争资本主义体制和财政积累而变得强大，是实现一些劳动力、土地和资源调动外部化的根本原因。实际上，国家可以在世界的不同地区推行不同的制度，例如，奴隶制和受薪劳动可以并存。

制造商、贸易商和政治家构建了一种新形式的资本主义——这种资本主义在19世纪末将会主宰世界上绝大部分地区。

现代国家的统治没有专制君主统治那么"明显可见"，而且由于其权力越来越嵌于非个人的条文、法律和官僚机制，所以它看起来也更为"虚弱"。悖谬的是，工业资本主义在扩大国家权力的同时，也使得国家权力更加不可见。而且，规范市场的不再是国王、领主或老爷的个人权威，也不是古老习俗；相反，市场是由合同、法律和法规严格执行的明确规则形成的。一些较弱的国家依然依赖代理人网络、权力分包体系和专制统治，这些因素难以为工业资本主义的发展提供肥沃的土壤。与此同时，随着欧洲殖民主义将其触角延伸到世界的其他地区，它进一步加强了殖民国家的国家能力，同时破坏了被殖民国家的政治权威和国家能力。随着国家能力比以往更加重要，其在全球的分布也更加不平衡。

显然，虽然1835年爱德华·贝恩斯宣称"这一［棉花］产业不是政府保护下的产物"，他还是按时间顺序列出了所有与棉花产业有关的"立法机构的干预"，从禁令到关税等各种形式。这份长达整整七页的清单恰恰显著地提醒人们，政府在保证棉花市场的"自由"中的重要性。[43] 在英国及此后其他少数几个国家中，资本家对国家的这种依附使得它们彼此密切结合，并导致了制造业资本的属地化和"国家化"。讽刺的是，资本家与国家之间的这种联系最终赋予工人权力，工人利用政府依赖被统治者的同意，集体动员起来去争取更高的工资和更好的工作环境。

同样由于现代国家令人生畏的国家能力（也就是黑格尔所宣称的"历史精神"），战争资本主义动员土地、劳动力和市场的方式大部分都无法在欧洲实施。这在很多方面都让人惊讶。毕竟，大型资本密集型产业、大量工人的动员以及对于工人的严密管理监控，都在美洲的种植园开展过，并且获得了巨额利润，似乎为生产重组指明了道路。然而，在英国本土，战争资本主义仅仅为资本主义提供了基础，而不是资本主义本身。由于资本家不能在国家力量所及之外为所欲为，虽然他们要控制生产，但工人没有被奴役，人民也没有被大规模屠杀。这是革命性的创新，但是在今天的世界里，我们对工业资本主义所依赖的制度基础已经习以为常，很难意识到这是何等革命性的创新了。

制造业的扩张和国家力量的加强是彼此促进的关系。英国加强棉花产业的经济活力的同时，棉花产业的许多成果对国家也越来越重要。正如爱德华·贝恩斯所说，为了支撑从18世纪末到19世纪初奠定英国在大西洋霸权的一系列战争，英国高度依赖商业，而其中最重要的就是棉花产业："如果没有繁荣的制造商和贸易所提供的手段，英国不可能支撑这么一场旷日持久且耗资巨大的冲突。"据爱德华·贝恩斯估算，从1773年至1815年，大约有价值1.5亿英镑的棉纺织品出口，让制造商、贸易商和国家赚得盆满钵满。这些贸易规模和贸易差额为国家提供了所需要的收入，例如，优先发展海军的资金。从17世纪末到19世纪初，英国的国库岁收增长了16倍，而同时英国在这些年当中有56年处于战争状态。在1800年，全部税收的三分之一来源于关税。正如《爱丁堡评论》(*Edinburgh Review*)于1835年所说："我们的繁荣和实力是多么依靠他们［制造商］的持续改良和扩张啊。"国家的官僚和统治者清楚地认识到，制造业是国家税收的一个渠道，而国家自身就依赖其所协助缔造的工业世界。[44]

正如我们在阔里班克纺纱厂所见，在这一巨大发展的蹒跚起步阶段，最初只是一些较为和缓的变迁。从现代的视角看来，新技术看起来有些古怪，工厂都很小，而且对棉纺织业的影响仅仅局限在几个有限的地区中，这些地区只是世界上很小的一部分。而全球的大部分地区，甚至英国大部分地区，仍和过去一样，似乎没有什么变化。从全球视角来看，那些最初散布在英国农村的工厂的生产力实在微不足道。毕竟，1750年中国的纺纱工和织工加工的棉花是1800年英国的420倍。印度的规模也几乎相同。[45] 1800年，也就是塞缪尔·格雷格为工业革命助产后20年，全球棉布生产只有不到千分之一由英国发明的机械出产。然而，一旦资本家、贵族、国家、工人以及农民之间数十年的长期斗争创造出工业资本主义的社会和制度框架之后，它就可以传播到其他产业和世界的其他部分。进一步转变的领域十分巨大。

正如历史学家埃里克·霍布斯鲍姆（Eric Hobsbawm）所说，由棉花产业助推的工业革命是"世界历史上最重要的历史事件"。工业革命缔造了一个不同于以往的世界。又如棉产品制造商托马斯·阿什顿（Thomas Ashton）在 1837 年所说，"这片烟囱林立的土地"不仅与几个世纪以来的英国农村世界不同，也是对由商人、种植园主、政府官员此前两百年缔造的战争资本主义的一个巨大飞跃。来自世界各地的游客都为工业革命的壮观景象所吸引，同时也对它的巨大规模感到敬畏和震惊：无尽的烟囱、喧嚣的城市、巨大的社会变迁。1808 年，一位英国游客在曼彻斯特看到一个小镇"肮脏得可怕，蒸汽机是有害的，染厂既噪声隆隆又令人讨厌，河水黑得就像墨汁"。1835 年，托克维尔（Alexis de Tocqueville）也进行了相同的旅程，看到了"城市被黑烟覆盖，透过它看到的太阳是一个没有光线的圆盘。在这样的半日半夜的环境里，30 万人不停地工作。上千种噪声在这个潮湿、黑暗的迷宫中扩散，这些噪声绝不是一个人在大城市中听到的普通声音"。托克维尔补充说，正是"从这些肮脏的沟渠里，人类工业劳动的成果滋养着整个世界。从这条肮脏的下水道里流出的是纯金。人性在这里实现了最全面的发展，也显露出最野蛮的一面；在这里文明缔造了奇迹，但在这里文明人几乎沦为野蛮人"。来自还是一片田园风光的美国观察家们被这个新的旧世界吓坏了，托马斯·杰佛逊（Thomas Jefferson）希望他的同胞"永远不要……转动线轴……让工厂就留在欧洲"。[46]

在英国国内，仅仅 20 年内，棉花产业的演变巨大。棉花最初只是帝国扩张的诸多战利品之一，后来成为推动工业革命的商品。从这一丛丛的白色棉铃中诞生了一个新的全球体系：工业资本主义。当然，在其他工业领域也有发明和创新，但棉花产业是唯一具有世界规模的产业，并与强制劳动有紧密的联系，能得到国家的特别关注，使得在全世界攫取市场成为国家的当务之急。

虽然工业资本主义最终将支配世界，但是在其诞生之初却促进了战争资本主义在其他地区的扩张和锐化。这是因为英国领先开发工业资本主义的能力有赖于英国商人为英国的工厂提供更便宜和可预测的棉花供应。[47]

英国棉产品制造商突然需要数量巨大的原棉，而此时工业资本主义的各项制度结构还远未成熟，过于狭隘，无法提供生产原棉所需的劳动力和土地。我们将会看到，在从1770年到1860年的可怕的90年中，工业资本主义不是取代而是重振了战争资本主义。

1858年，加尔维斯顿、休斯敦和亨德森铁路公司（Galveston, Houston, and Henderson Railroad Company）的主席理查德·B·金伯尔（Richard B. Kimball）造访了曼彻斯特。他的观察有着惊人的先见之明："当我进入你们的城市，就有一种嗡嗡声、持续不断的震动声冲击着我的耳膜，好像有一种不可抗拒的神秘的力量在工作。还用我说，这是你的纱锭和织布机还有驱动它们的机器发出的噪声吗？……由此，我问我自己，曼彻斯特的力量和美国的大自然之间有什么联系？得克萨斯的棉花田和曼彻斯特的工厂、织布机和纱锭之间有什么联系呢？"[48] 他所感受到却说不出来的这种联系，就是战争资本主义和工业资本主义之间当时仍未切断的生命脐带。

第4章

攫取劳动力和土地

> 人类曾经如同植物一样，就在命运创造它们的地点生活并死去，我们已经远离了这个时代……但是在所有出于好奇心、野心或对奢侈品的热爱而展开的旅程中，没有哪个在成果的重要性、广度和施加的影响力上，能与这不起眼的灌木产物的运输相比，也不能与制造业让棉树产品走上的旅程相比。棉花产品的变化无穷，正如我们自己的渴求和欲望一样。[1]
>
> ——《亚洲杂志》（Asiatic Journal），1826年

1857年，英国经济学家约翰·丹森（John T. Danson）发表了一篇论文，试图解释现代棉纺织工业的历史。在谈到"美洲奴隶制与英国棉纺织业关系"这一神秘问题时，他指出："除了东印度群岛之外，现在没有、过去也不曾有数量那么庞大的棉花供应，不是明显完全由奴隶劳动来维持的。"就他所观察，利用自由劳工种植棉花的尝试大体上失败了，这支持了他的结论，即"到目前为止，[棉花]必然主要依赖奴隶劳动种植"。因此，丹森认为，美国的奴隶劳动与欧洲繁荣的棉纺织品工业之间的联系如此牢不可破，以至于"我不得不认为任何关于改变现存体系的言论都是多余的"。[2]

乍一看，丹森的观点似乎是正确的。在他的文章面世的那一年，运抵

英国的棉花中有68%来自美国，而且其中绝大部分是由奴隶种植的。然而，这个对丹森以及其他人来说显而易见的事实本身却是一个新近才出现的创新。实际上，在棉花产业五千年的历史上，奴隶制从未起到过重要作用。不仅仅奴隶制是新创造物，以欧洲为中心的新兴棉花复合体也是独一无二的，这个复合体不再从其附近的农民那里获得其生产所需的原料。直到1791年，全世界大部分用于纺织的棉花都是由亚洲、非洲和拉丁美洲的小农生产的，并在当地消费。[3] 当英国的棉花产业爆炸式增长时，人们还不清楚哪里有足够的棉花以满足英国饥饿的工厂。虽然有这些挑战，还没有哪个产业能像棉纺织业那样发展得如此迅速、如此庞大。事实上，棉纺织业之所以能成长得这么快、这么大，其原因就在于棉纺织业有着特殊的空间分布，以及它可以利用奴隶劳动力。

在18世纪末棉纺织业革命的熔炉中，棉纺织业与新近全球性的、充满活力和暴力的资本主义形式建立起最后的但也是最有决定性的关联。这种资本主义的主要特征就是对土地和劳动力的强制攫取。要弥补机械化制造业的需要和前现代农业所能提供的供给之间的鸿沟，奴隶制是关键。[4] 迅速扩张的工厂消耗大量的棉花，只有战争资本主义才能确保必要的土地和劳动力再分配。因此，原住民与掠夺土地的拓殖者、奴隶与种植园主、本地工匠与工厂主迎来了一个新的世纪，这个世纪持续地处在一种实力悬殊的战争状态中。就如丹森正确理解的那样，正是压迫获得了新的土地，动员了新的劳动力，成为新兴棉花帝国的重要组成部分，同时也是打造工业资本主义的重要组成部分。然而丹森将自己生活的世界同时向前后延伸，忽略了奴隶制这一重要角色的新奇性，也没有看到它终结的可能性。

正如我们所看到的，千年以来，种植者一直在亚洲、非洲和美洲种植棉花。在世界的可耕种土地中有大片的土地适合棉花的种植，兰开夏郡或是不列颠诸岛的任何地方却不在其中。对于棉花的生长而言，除了在位于邱园的皇家植物园（Royal Gardens at Kew）的温室里（这里至今还在展现着大英帝国奠定基业所依靠的核心商业作物），英国以及欧洲的绝大部分地区的气候对于棉花的生长来说过于寒冷，也过于潮湿。在欧洲的精英中，只有法国的革命者凭借着他们重新发明世界的热情，曾经严肃地尝试通过人类技术克服本地气候，试图种植棉花，但他们还是失败了。[5]

实际上，英国以及稍晚欧洲的棉产品制造业看起来成功希望渺茫，因为这是人类历史上第一个缺乏本地原料的主要产业。在联合王国，毛纺织制造商和麻纺织制造商依赖苏格兰的羊毛和英格兰产的亚麻，制铁业依赖谢菲尔德的铁矿石，制陶业则使用斯塔福德郡发掘的黏土。棉纺织业则与这些不同，英国制造商的原料完全依赖进口。他们想要繁荣的话，不仅需要来自亚洲的技术和非洲的市场，也还需要从另一片大陆获得原料。设法取得这些原材料的过程，意味着建立了世界上第一个全球整合的制造行业。

然而在1780年，虽然机械发明接二连三地出现，这一全球整合的一个核心关键——棉花的实际供应——仍然没有被发现。从英国棉产品制造商和贸易商的视角来看，棉花原料的供应问题的解决办法——在美国南方从原住民抢来的土地上用奴隶种植棉花——根本不是一目了然。毕竟，在1780年，还没有任何种类的棉花从北美大陆来到英国。相反，制造商要利用一个范围广大的网络体系，从其中诸多小规模原料供应商处获得工厂所需的原料。从奥斯曼帝国的伊兹密尔和塞萨洛尼基，从加勒比海的太子港和皇家港口，从印度的孟买，从非洲的黄金海岸，一包包的"白色黄金"抵达伦敦和利物浦的各个港口。数个世纪以来，原棉在亚洲、非洲和美洲内部，以及亚洲和欧洲之间曾经以类似的路线流转。曾经，叙利亚的原棉在埃及纺织，马哈拉施特拉邦的原棉在孟买纺织，海南的原棉在江南地区纺织，安纳托利亚的原棉在卢塞恩纺织，尤卡坦的原棉在特诺奇提特兰纺织，马其顿的原棉在威尼斯纺织。[6]

到1780年，英国工厂中纺纱机器的生产速度大增，逐渐使得这一传统网络供不应求。1781年，英国制造商纺纱消耗了510万磅原棉，这是他们84年前纺纱量的两倍半。但仅仅9年之后的1790年，纺纱产量已经增长为1781年产量的6倍。到1800年，纺纱量再次近乎翻倍，达到5600万磅。在法国，尽管纺织业的增长较慢，但也相当可观：1789年法国的棉花消费量是1750年的5.3倍，达到1100万磅。棉纱价格的迅速下降制造出了前所未有的巨大消费者群体，特别是在欧洲，在那里棉纺织品曾经是只有富人才能享用的奢侈品,现在则变成大众可以消费的商品;在非洲,欧洲的棉纺织品已经取代了印度织工的产品。正如利兹作家爱德华·贝恩斯在1835年所记录的,原棉消费量的增长"迅速且稳定地超越了工业领域的所有先例"。[7]

随着原棉需求的增加,原棉的价格随之增长。1781年,英国棉花价格是10年前的2到3倍之间。曼彻斯特的棉产品制造商"相当确信,表示除非找到一些新的棉花供应源,否则这一正在崛起的工业的进程将受到阻碍,如果不是完全遏制的话"。由此,"从18世纪80年代开始,他们形成了一个实力雄厚且影响力巨大的压力集团,致力于使各地种植者以及英国政府认识到他们的要求"。[8]

就如同当时的一位专家所说,突然出现的对棉花史无前例的需求,以及相应的棉花的高昂价格,"使得在所有能种植棉花的气候和土地上,棉花种植都出现了增长,商业世界的所有力量都在满足我们的需求"。在过去两百年里,奥斯曼土耳其的棉花种植者曾经是欧洲主要的原棉供应者,现在他们已无法满足这种爆炸性增长的需求。实际上,整个18世纪80年代,塞萨洛尼基和伊兹密尔的原棉出口量几乎没有变动。在奥斯曼帝国农村,由于劳动力的极度短缺和封建关系的桎梏,安纳托利亚和马其顿的棉花供应一直受到限制。劳动力如此短缺,以至于从18世纪70年代初开始,西安纳托利亚的地产主就引入成千上万的希腊劳工种植棉花。但是即便如此,棉花的增长仍然无法满足欧洲棉花产业的需求。农村种植者的世界中的依附关系主要还是前资本主义式的,农民需要为了生存而努力奋斗,缺乏交通设施,再加上奥斯曼帝国一直都是一个独立的政治实体,所有这些因素都使欧洲难以在该地区推广棉花的单一种植。在这里为了棉花种植而迅速重新配置土地和劳动力是不可能的。此外,在诸如伊兹密尔和塞萨洛尼基这样的港口城市中,尽管西方商人的影响力一直在增强,地方精英仍然是一支有力的对抗势力,他们阻碍了西方资本家改变农村社会结构以为世界市场提供更多棉花的努力。此外,西方商人在当地还要同奥斯曼帝国本国的纺纱者去竞争棉花,后者是一群规模可观、相对富裕的工匠阶层。结果,奥斯曼帝国出产的棉花很快在欧洲市场被边缘化了。1786年至1790年，奥斯曼帝国提供的棉花占英国棉花进口的20%，20年后其份额只有1.28%，又过了10年，其份额仅有微乎其微的0.29%。不能或不愿意对其农村和贸易网络进行变革，导致奥斯曼帝国的棉农和商人退出了正在崛起的欧洲工业体系。[9]

由于奥斯曼这一传统的原棉供应地难以满足欧洲棉纺织工业增长的需要，棉纺织制造商迫切地寻找其他来源。例如，棉花商人威廉·拉斯伯恩（William Rathbone）和棉纱制造商理查德·阿克莱特试图创建塞拉利昂公司（Sierra Leone Company）从非洲获得棉花供应，但是这种努力失败了。棉产品制造商也将其贪婪的目光转向了印度丰富的棉花收成。由于东印度公司在南亚次大陆上享有重要的权力，而且印度是世界棉花产业的古老发源地，许多棉产品制造商希望印度能成为棉花的主要来源地。然而，东印度公司对曼彻斯特棉产品制造商的需要的反应十分谨慎。他们声称，由于东印度公司的棉布出口利润丰厚，原棉出口将有损印度的制造业。1793年，东印度公司的一份报告称："如果孟加拉的制造者遭遇了任何原料瓶颈而导致棉花产业的重大衰退，那么这个国家的财政收入将要下降，其人口也会无法阻挡地下滑；不能指望原料种植的任何可观的增长能抵消原料减少的影响以及对制造业者积极性的影响。"[10] 此外，大量出口原棉将导致农民过度依赖市场来购买粮食，"一季歉收将会导致粮食匮乏，甚或是饥荒，这将导致农村的凋敝以及国家财政的破产"。[11] 只要有可供出口的棉花，东印度公司都会将其运到中国来换取茶叶，以取代出口大批金银的需要。除了东印度公司的抵制以外，还有其他困难。这些因素包括：建设将棉花运到海岸的基础设施往往过于昂贵，印度的棉花品质不一，特别是短纤维棉，以及在广大的南亚次大陆内部劳动力的缺乏。简言之，印度对英国的棉花出口不足以满足日益增长的需求。[12]

与印度、非洲或安纳托利亚相比，西印度群岛和南美看起来似乎更有前途。原棉需求的爆炸式增长对这一地区的白人种植园主来说不是一个秘密。他们从17世纪30年代开始就小规模地种植棉花。随着棉花需求的增长，西印度群岛和南美的商人逐渐在他们常规的甘蔗和其他热带商品的贸易外，开始运送棉花。他们也将棉花贸易整合进他们的奴隶贸易之中。例如利物浦的塔尔顿（Tarleton）兄弟，起初棉花贸易只是他们贩卖人口贸易的副业。

既然这项生意非常有利可图，加勒比地区的欧洲商人尝试获得更多的"白色黄金"。他们找上加勒比地区的种植园主，这些人与非洲、安纳托利亚和印度的种植者不同，有近两个世纪为欧洲消费者种植作物的经验，其中最重要的是甘蔗。这些种植园主还控制了两个至关重要的因素：适宜棉花生长的土地和长久以来动员劳动力为世界市场生产的经验。在18世纪70年代到90年代的繁荣年代里，棉花对于两个新兴的种植园主群体有着特别的吸引力。第一个群体包括诸多小种植园主，他们缺乏开展甘蔗种植的必要资本，希望有一种作物能够种植在更为贫瘠的土地上，需要数量更少的奴隶和规模更小的投资，但仍然获得可观的利润。以圣克罗伊岛为例，棉花种植所需要的奴隶数量是甘蔗种植的五分之一弱。第二个群体是新开垦土地的种植园主，他们首先种植几季的棉花，以在较少的几个种植季节中松动土壤，随后利用从棉花生意中获得的利润转而投资蔗糖业。[13]

数以百计这样的种植园主集合起来，共同开辟了一种新的"商品边疆"（commodity frontier）——一片新的出产棉花的土地——并开启了全球棉花历史的新篇章。由于他们种植棉花的决定，以及他们的奴隶的劳动，加勒比地区的棉花出口出现了爆炸式的增长。1781年到1791年间，仅从英属加勒比岛屿进口的棉花就翻了两番。法国种植园主也纷纷效仿，1781年至1791年之间，加勒比地区最重要的棉花产地圣多明各的棉花出口量翻了一倍，法国制造商将这种棉花称为海岛棉（coton des Isles）。[14] 加勒比地区的棉花出口增长如此之快，以至于1800年，巴哈马的种植园主南森·霍尔（Nathan Hal）惊呼棉花"贸易增长惊人"。[15]

加勒比出产的原棉来自不同的地方。那些在18世纪早期最先开始种植棉花的岛屿，例如牙买加、格林纳达、多米尼克，继续种植棉花，在18世纪70年代，它们的出口量始终保持在200万磅左右，但是随后在18世纪80年代几乎翻了一番。棉花产量的增长相对较为和缓，这是因为棉花种植产业在当地经济中找到了稳定的位置，也因为甘蔗种植需要大量资金,使得种植园主很难放弃转而种植棉花。

但是在那些有更多未耕种土地,或者甘蔗种植得较少的岛上,棉花种植发生了爆炸式的增长。在巴巴多斯,从1768年到1789年,原棉出口增长了10倍,从24万磅增长到260万磅。首先,一种蚂蚁的入侵摧毁了巴巴多斯岛上的传统作物甘蔗。随后,1780年的一场飓风摧毁了岛上的大部分甘蔗业基础设施,而且由于美国独立战争,当地很难获得必需的原材料来重建这些设施。最终巴巴多斯转型为巨型的棉花种植园,成为英帝国中棉花出产最多的岛屿。与之相似,多巴哥岛的种植园主在1770年时不出口棉花,但是到了1780年,他们装船的原棉已经达到150万磅。还有巴哈马群岛的种植园主,他们在18世纪70年代之前几乎不种植棉花,但到了1787年,他们向英国商人销售了将近50万磅原棉。[16]

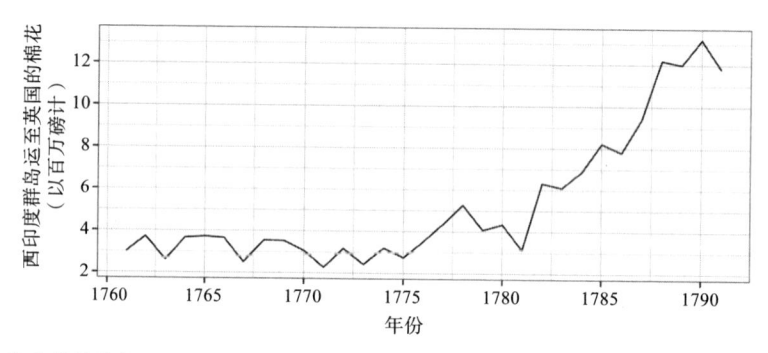

加勒比棉花革命:1750—1795年西印度群岛向联合王国运送的棉花(以百万磅计)。

数量可观的棉花也从加勒比地区法属岛屿卖到英国。在那里,英国商人获益于法国缓慢增长的棉花产业和法属岛屿——特别是圣多明各——贩卖进来的大量奴隶。以1770年为例,据估算,法属岛屿出产了整个加勒比群岛的56%的棉花,相比之下,英属岛屿仅占35%。仅圣多明各一地就运走了36%的原棉,超过所有英属岛屿的总和。而20年后这一不平衡仍然持续。1789年,法属岛屿的棉花产量达到1400万磅,其中仅有600万磅由法国自己消费,大约有570万磅棉花从法国本土的港口出口到英国。[17]

欧洲棉产品制造商越来越依赖法属岛屿出产的棉花,圣多明各尤其扮演了中心的角色。在1791年，据统计，圣多明各棉花种植园的数量与甘蔗种植园已经几乎相当，其出口到法国的棉花达到680万磅，这比八年前增长了58%，同时还向英国出口了大量的棉花。棉花种植的迅速扩张得益于1784年到1791年进口的25万非洲奴隶。在18世纪80年代棉花繁荣的鼎盛时期，棉花在法国的价格比1770年上涨了113%，每年有近3万名奴隶被运到圣多明各。劳动力供给弹性是战争资本主义的标志，这是世界上任何其他地区都比不上的。事实上，随着机器纺纱技术在整个欧洲大陆上的传播，更多的非洲人被戴上镣铐，被装进船舱，在太子港被拍卖，被送到遥远的农场，在逼迫下清理土地、锄地、播种、剪枝和收获白色黄金。[18]

换言之，奴隶制对于这个崭新的棉花帝国来说，和适宜的气候和肥沃的土壤一样重要。正是奴隶制使那些种植园主能够迅速对飙升的价格和扩张的市场给予反应。奴隶制不仅可以在非常短的时间内动员大量劳动力，而且催生了以一种暴力监督和几乎无休无止的剥削为特征的体制，只为了满足作物种植的需要，用经济学冷冰冰的术语来说这就是"劳动密集型"（effort intensive）。[19] 意味深长的是，那些辛勤劳作种植棉花的奴隶中有许多是欧洲的各东印度公司用从印度各地运到西非的棉布换来的，而且这桩生意那时还在继续。

在本国政府的支持、高涨的价格、充足的劳动力及土地（这是有限度的）等一系列因素的鼓励下，加勒比群岛的种植园主处在棉花革命的最前沿。从那时起，由于无休止地寻找土地和劳动力，也由于种植棉花所造成的生态问题，土地的肥力常常被耗尽，因此棉花种植的边疆一块接一块地被开拓。世界的棉花产业依赖"永无止境的空间扩张"。[20]

加勒比地区的种植园主拥有长期种植棉花的经验，但奥斯曼帝国和印度的农民也是如此；加勒比地区的土壤适宜棉花的生长，安纳托利亚西部和印度中部的土壤同样适合；加勒比地区的商人很容易地将大量棉花输入欧洲市场，伊兹密尔和苏拉特的商人也能做到。然而，与奥斯曼帝国和印度的农民不同，加勒比地区的种植园主很少受到土地和劳动力的限制。由于本土居民的灭绝，几乎每天都有西非的奴隶到来，加勒比地区种植园主能够迅速对新兴市场做出反应，这决定性地拉开了他们与其他地区棉花种植者的差距。当然，奥斯曼帝国和印度的大庄园主也会诉诸暴力，迫使农民在他们的棉花田里工作，他们却没有加勒比地区这样的种植园奴隶制。[21] 此外，加勒比地区由于有资本注入，种植园主可以迅速重新分配资源，而其他地区由于缺乏土地私有产权，以及奥斯曼帝国和印度统治者一直拥有着政治力量，因而难以做到这一点。新开垦的土地和新引入的劳动力，被几乎不受限制的欧洲商人、银行家和种植园主充分利用，促成了棉花种植的爆炸性增长。

在这些因素之外，种植园主还受到本国政府的支持，尽管只是温和的支持。1768 年英国皇家手工业学会（Royal Society of Arts）就设立了"西印度群岛棉花最佳品种"金质奖。10 年后该奖章颁发给多巴哥的安德鲁·班纳特（Andrew Bennet），他花了数年工夫研究的棉花没有数百种，也有数十种。1780 年，英国对由外国船只进口的棉花征税，"所得收益将用于鼓励英属背风群岛棉花种植，并鼓励其向英国出口"。后来，英国贸易部要求波兰植物学家安东·潘塔莱翁·霍弗（Anton Pantaleon Hove）在印度搜集棉花种子并引种到加勒比地区。1786 年，殖民地事务大臣西德尼勋爵（Lord Sydney）在曼彻斯特棉产品制造商的压力下，要求西印度群岛的殖民地官员鼓励当地种植园主种植棉花。作为回应，多米尼加总督约翰·奥德（John Orde）甚至承诺向有意在岛上种植棉花的个人提供免费土地。从 19 世纪末的角度看来，这样的支持微不足道，但是它预示了在未来，国家在从全球范围内获得对工业生产至关重要的原料中的作用，将成为普遍的关切。[22]

但加勒比地区种植园主真正的重要性并不在于那些一船船运走的棉花（尽管这依然很重要），而是在于加勒比地区开展生产实践的制度创新：通过肉体胁迫重建农村，这只可能通过战争资本主义实现。奴隶种植的棉花促进了这些人口新近减少的区域史无前例地整合进世界经济的过程，并为之提供了资金支持。奴隶制以及整个大陆的土地攫取为工业革命创造了广阔、富于弹性的全球供应网络，而且创造了一个新的机制，使欧洲工业生活的需求和节奏可以传播到全球的农村去。在这一过程中，一种新的奴隶制出现了（史学家称之为"第二次奴隶制"），它与工业资本主义的强度和利润高度关联。这种动态很快就将非洲大陆纳入其掌控之中，西非经济体越来越专注于为美洲提供迅速增长的劳工数量上。从1492年到1888年，在所有被卖到了美洲大陆的奴隶中，有近一半（确切地说是46%）是在1780年以后到达美洲的。此刻，奴隶制的未来与它所建立的工业资本主义紧紧地联系在一起。[23]

正如加勒比地区棉花种植的爆炸式增长所呈现的，暴力是战争资本主义的基础特质，因而它也是可移植的。战争资本主义的下一站是南美大陆。尽管西印度群岛的棉花出口迅速增长，但是对棉花的需求飙升更快，南美农场主发现了新的有利可图的棉花市场。1789年至1802年，圭亚那的棉花产量飞涨了令人震惊的862%，这是在这一时期引入苏里南和德默拉拉的两万名奴隶的劳作下产生的。[24]

这其中更重要的是巴西。1781年，第一批出产自巴西的棉花进入英格兰。起初，巴西的棉花是加勒比地区棉花的补充，但是很快超过了后者。棉花在巴西的许多地区都是原生作物，几个世纪以来巴西的种植者一直在出口少量棉花。作为18世纪后半期巴西殖民地经济现代化进程的一部分，葡萄牙鼓励当地种植棉花，特别是巴西东北部的伯南布哥和马拉尼昂。早期的努力见效后，奴隶进口的汹涌大潮使得一位观察家认为"白色的棉花将马拉尼昂变成黑人的天下"。尽管棉花后来成了"穷人的作物"，但是巴西的第一波棉花种植爆炸性的扩张是由更大一些的奴隶种植园推动的。就如同在西印度群岛那样，巴西的棉花种植从来不曾威胁到甘蔗的种植和后来咖啡的种植，但是棉花在巴西出口中的份额增长相当可观，从1800年的占比11%增长到1821年至1825年之间的占比30%。[25]

巴西既不存在像西印度群岛那样的可利用土地限制，也不存在像安纳托利亚那样的劳动力限制，其棉花产量迅速增长。1785年到1792年之间，巴西装船运到英格兰的棉花数量超过了奥斯曼土耳其帝国。这一阶段的尾声，将近有800万磅的巴西棉花运抵大不列颠，与之相对照的奥斯曼帝国运到英国的棉花有450万磅，西印度群岛运来的则有1200万磅。1770年到1780年间，当时巴西最重要的产棉区马拉尼昂的棉花出口数量翻了一番，到 1790 年该地区的出口数量又几乎翻了一番，到 1800 年该地区的出口数量又一次几乎上涨了两倍。在 18 世纪末的最后几年里，西印度群岛和奥斯曼土耳其的棉花产量都还扩张不足，北美的棉花也还没有充斥市场，巴西成为蓬勃发展的英国纺织业的非常重要的原料供货者。巴西农场主不仅生产数量可观的棉花，还种植了一种特别的长纤维棉花，能更好地适应新出现的工厂技术。[26]

到 18 世纪 80 年代，西印度群岛和南美的奴隶出产了世界市场上销售的绝大部分棉花，这种奴隶制和征服的爆炸性组合一路助推工业革命到 1861 年。约翰·塔尔顿（John Tarleton）是一位成功的奴隶贩子，也是一位成功的利物浦棉花商人，他认为奴隶贸易、种植园经济体出口商品以及英国海运业的繁荣"彼此交织联系在一起"。这种组合造就了惊人的利润：棉花和奴隶使许多商人变得富有，比如，按塔尔顿的计算，他的"财富"在 1770 年至 1800 年之间增长了两倍。[27]

发展全球范围的原料供应体系所带来的风险和成本，似乎是棉花产业发展不可逾越的障碍。但是棉产品制造商对这一遥远的热带商品的完全依赖，却成了他们的重大突破。事实上，如果没有完全依赖遥远的土地和劳动力这种违反直觉的赌博，他们的工厂就不可能如此迅速地扩张。到 1800 年，仅仅英国就消费了数量难以置信的棉花，需要耗费 416 081 英亩的土地来种植，要是在英国种植，这将耗费其可耕地的 3.7%，还需要大约 90 360 名农业工人在这些假设的棉花地里劳作。到 1860 年，英国对棉花的需求更大了，那么将有超过 100 万工人（或者是一半的英国农业工人）在这些假设的棉花地里劳作，而且需要 630 万英亩的土地或英国 37% 的可耕种土地来种植棉花。假设毛纺织业代替了棉纺织业成为工业革命的先驱，那么将有更多的土地被用于畜养所必需的绵羊：那 1815 年将需要 900 万英亩，1830 年需要 2300 万英亩——这超过了英国可耕地的总和。在国内种植棉花和羊毛替代两个假设方案中，土地和劳动力的限制使得布料产量的急剧扩张变为不可能。也许更重要的是，这两个方案中的任何一个都将使英国和欧洲农村发生难以想象的动荡，而英国和欧洲的农村社会结构与奥斯曼帝国和印度的一样，无法适应这种快速的大规模土地和劳动力再分配。因此，对于工业革命来说至关重要的供给弹性，仰赖可靠地获得遥远的土地和外国劳动力的能力。对西方崛起有很多传统解释，例如技术革新、文化倾向，以及聚集在不列颠群岛的偏远角落的一小群棉布制造商所处的地理和气候环境，相比这些因素，欧洲各国及其资本家重新安排全球经济联系的能力和依靠暴力攫夺土地和劳动力的能力，就算不是更重要，也至少同等重要。[28]

西印度群岛和南美出产的棉花因此涌入利物浦、伦敦、勒阿弗尔和巴塞罗那的市场中，实际上促进了机械化纺纱的快速扩张。但是这种扩张依然有其限度。正如前文提到过的，西印度群岛可供棉花种植的土地已经不多，限制了棉花的产量，使其与甘蔗相比长期看来处于不利位置。在当地以及土地资源丰富的巴西，甘蔗种植园与棉花种植园都在争夺着劳动力。由此，从1790年开始，西印度群岛出口的棉花量出现了绝对下降：1803年，只有相当于1790年一半数量的棉花从西印度群岛出口，而且其在英国的市场占有率缩减到10%。即使1819年后对英国人种植的棉花实施特惠优待，也不能挽回这一趋势。到19世纪初，西印度群岛出产的棉花在英国市场的份额呈现自由落体式下跌，"释放黑人奴隶运动加速了这一过程"。在巴西，由于没有能够大规模将奴隶从甘蔗生产调换为生产棉花，棉花产品的扩张受到了遏制。正如棉花专家詹姆斯·曼所观察的："如果巴西能调动所需的足够劳动力，那么无疑巴西将成为我们更大的原料供应者。"[29]

1791年，革命撼动了西印度群岛中最重要的产棉岛圣多明各，该岛停止了所有销往世界市场的商品的出产，也包括棉花。在历史记载的最大的一次奴隶起义中，圣多明各岛上被奴役的人民武装起来，击败了法国殖民政权，建立了海地国家，并在岛上取消了奴隶制。战争资本主义所遭遇的第一次重大的挫折来自那些看起来最弱小的人：圣多明各岛上成千上万的奴隶。革命之前的一年，圣多明各出口到英国的棉花占英国棉花进口量的24%，仅仅4年后，即1795年，这一数字跌落到4.5%。正如一位英国观察家所记述的："那个岛曾是我们最大的棉花原料供应地，基于这些原因正处于无政府、贫困并且几近瓦解的境地。"事实上,他预计到局势不大可能像过去那样,"这块由黑奴的血汗浇灌的种植园主的土地"无法再"增加我们金库的储备,让我们享受财富和奢侈淫乐的生活"。到1795年,该岛向法国出口的棉花数量下跌了79%,即使是革命过后10年,出口量也仅仅回复到革命前出口水平的三分之一。法国国民议会(French National Assembly)又通过了禁止从法国港口出口原棉的政策,这进一步加剧了英国对于棉花供应的焦虑。1792年,《宾夕法尼亚公报》(Pennsylvania Gazette)据实报道:"由于起义最高潮时期正是一年中棉花和靛蓝的重要时令,因此1791年棉花和靛蓝产业……一定遭受了严重的伤害。"[30]

迅速增长的棉花需求与加勒比地区的政治动荡,导致了令制造商烦恼的价格高涨。这些制造商依赖通过与印度棉纺织品竞争来占领新市场。整个1791年和1792年,约翰·塔尔顿向他的兄弟报告:"棉花价格每天都在上涨。"到1795年,他发现"棉花价格涨幅惊人"。在1790年,出产自西印度群岛的棉花价格最高每磅21便士,1791年为30便士,而且棉花价格在整个18世纪90年代持续走高。对有些棉花商人而言,革命的创伤如此惨痛,直至1913年,利物浦主要的棉花贸易商拉斯伯恩家族仍然记得那场动乱的影响是使棉花价格翻倍。1793年法国和英国爆发战争后,法属西印度群岛便不再向英属加勒比海港运送棉花了。[31]

因此,到了18世纪90年代,对关切的观察家来说显而易见的是,在可以预见的将来,欧洲对原棉的需求和供给之间的鸿沟将迅速而且持续地扩大。正如美国作家坦奇·考克斯(Tench Coxe)所记述的:"这种棉花纤维特别适用于由机器转化为棉纱、布料等产品……使得无论国内还是海外,对其需求都十分广泛、持久且不断增长。"[32] 传统种植棉花的技术显然无法提供充足的供给。然而,西印度群岛和巴西根据其蔗糖经济的经验,创造了一种新的种植棉花的方式,明确地聚焦于种植园种植和奴隶制。但是这些地区的棉花出产很快达到了它们的极限,或者像海地那样因革命而受挫。附近有一个地区看起来满足了出产充足的棉花需要的所有条件:新诞生的美利坚合众国。在那里基于奴隶制的棉花种植将达到一个前所未有的高度。

第 5 章

奴隶制盛行

随着英国棉纺织制造业在 18 世纪 80 年代爆炸式增长，全球的农村供给关键性的棉花的压力迅速增加。在 1785 年的冬天，一艘美国船只驶入利物浦港。这一旅程似乎没有什么值得关注的事，此前就有成千上万的船只满载来自北美的收获来到英国，这些船装满了烟草、靛蓝、大米、皮毛、木材等商品。而这艘船却与众不同，其货舱中除了其他货物，还有若干包棉花。这艘船看起来有些可疑，因此利物浦的海关官员迅速扣留了棉花，并声称这是来自西印度群岛的走私品。几入之后，利物浦商人皮尔-耶茨合伙公司（Peel, Yates & Co.），也就是进口这批棉花的商人向伦敦的贸易委员会申诉，要求允许进口时，他们被告知，这些棉花"不可能是从美国进口的，因为美国不出产棉花"。[1]

事实上，18 世纪 80 年代，对于欧洲人来说，棉花出产自西印度群岛、巴西、奥斯曼帝国和印度，但不会产自北美。对于利物浦海关的官员来说，从美国进口棉花几乎难以想象。美国能产出数量可观的原棉看起来更加荒谬。虽然棉花是这个新生国家的南部地区的原生作物，尽管许多拓殖者在南卡罗来纳州和佐治亚州种植少量的棉花以供国内使用，但美国从来不曾专门种植供商业用途的棉花，也没有大量出口棉花。海关官员无疑知道，美国种植园主利用自己大量的土地和充足的奴隶种植烟草、稻米、靛蓝和一些甘蔗——但是没有种植棉花。[2]

当然，这是一种严重的误判，美国的环境非常适合棉花种植。美国南部大片区域的气候和土壤满足了棉花种植的条件，那里有适宜的降雨量、适宜的降水方式，以及适宜的无霜期。一些敏锐的观察家注意到了这一潜力：早在1786年，即美国棉花不期而至进入利物浦港口的第二年，詹姆斯·麦迪逊（James Madison）就以乐观的情绪预测美国将变为主要的棉花种植国，同时乔治·华盛顿相信"这种新原料［棉花］的增长……必然为美国的繁荣带来几乎无限大的影响"。费城人坦奇·考克斯本人就是南方的大地产主，他对美国棉花种植潜力做出了含蓄但很有力的评论。1794年，他观察到英国棉纺织商人数量迅速增长，以及在圣多明各革命之后西印度群岛棉花价格大涨，他宣称"这一作物一定值得南方种植园主的注意"。他受到了英国工业家的鼓励，比如斯托克波特棉花商人约翰·米尔恩（John Milne），此人在18世纪80年代末曾长途旅行穿越大西洋劝说美国人种植棉花。[3]

正如这些追逐个人利益的观察家所预测的，棉花种植很快主导了美国大片地区。事实上，棉花将会成为美国商业的内在组成部分，以至于更早的事实——棉花曾主要来自奥斯曼帝国、西印度群岛和巴西——已经很大程度上被人遗忘了。事实证明，皮尔-耶茨合伙公司预见到了19世纪影响最深远的趋势之一。[4]

棉花种植能在美国迅速扩张，部分原因是种植园主利用了他们的殖民地先辈在种植"白色黄金"方面积累的经验。早在1607年，詹姆士敦的拓殖者就种植棉花了。到17世纪末，旅行者已经将来自塞浦路斯、伊兹密尔的棉花种子引种到美国的土地上。整个18世纪，农场主们持续积累来自西印度群岛、地中海地区的棉花种植的知识，也种植来自这些地区的棉花种子，产品主要用于国内消费。在美国人争取独立的斗争期间，因为无法从英国获得棉布，种植园主种植更多的棉花作为替代，同时让奴隶有事干，因为奴隶过去习惯种植的烟草和大米已经缺乏市场。例如，1775年，南卡罗来纳的种植园主拉尔夫·伊泽德（Ralph Izard）发出指令要求"种植数量可观的棉花，来为我的黑人奴隶制作衣服"。[5]

棉花种植的迅速扩张更容易实现，这是因为烟草和棉花存在着大量相似性；此前积累的前者的耕种知识可以用于后者。此外，一些原来用于将烟草运送到世界市场上的基础设施可以转而用于运送棉花。而且在18世纪的革命期间，种植园主和奴隶在西印度群岛和北美之间反复往来，带来关于棉花种植的更深入的知识。例如，1788年，圣克罗伊岛的奴隶主在美国售卖一名奴隶时，夸奖他"熟悉棉花种植"。西印度群岛发明的奴隶-棉花种植模式此时已经传播到北美大陆。[6]

1786年，美国的种植园主开始注意到，英国机械化棉纺织业迅速扩大导致棉花价格不断上涨。就在那一年，种植园主开始种植第一批长纤维的海岛棉（Sea Island cotton），这个名字来源于其种植园所在的佐治亚州外海的岛屿名，棉花的种子是他们从巴哈马群岛买来的。与本地棉花不同，这种棉花有着长而多絮的纤维，非常适合制造优质棉纱和棉布，曼彻斯特制造商对此有很大的需求。尽管说法不一，但很可能是一个叫弗兰克·列维特（Frank Levett）的人最早走出了这重要的一步。列维特出生在棉花城镇伊兹密尔，因为北美殖民地革命而去了巴哈马群岛，但是最终又回到佐治亚，重新获得了他的土地，此后将精力集中于棉花种植。其他种植园主效仿了他的模式，于是海岛棉沿着南卡罗来纳和佐治亚的海岸向南向北扩散开来。例如，南卡罗来纳的棉花出口数量激增，从1790年的不到1万磅增加到1800年的640万磅。[7]

当1791年的革命使得圣多明各不再成为棉花市场的竞争者之后，美国的棉花种植迎来了决定性的突破。圣多明各是欧洲最重要的棉花来源，革命使棉花价格上涨，也使得整个法国种植园主阶层四散奔逃，他们中的一些逃到了古巴和其他岛屿，有很多来到了美国。例如，约翰·蒙塔莱特（Jean Montalet）曾经是圣多明各重要的棉花种植园主之一，他逃到北美大陆来避难，到达南卡罗来纳后将一座稻米种植园改造成棉花种植园。因此，革命既为美国带来了急需的棉花种植的专门技术，又使得美国种植园主更有经济上的动力去种植棉花。但是圣多明各种植园的奴隶起义也给这些棉产品制造商、种植园主和政治家留下了根深蒂固的印象：即将要在北美扩展的奴隶制与土地攫取制度具有与生俱来的不稳定性。[8]

尽管海岛棉种植迅速地扩展，但它很快到达了其种植极限，这是因为一旦远离海岸，海岛棉的种植就失败了。在内陆地区，一种不同种类的棉花繁荣起来，被称为陆地棉（upland cotton）。与海岛棉相比，这种棉花的纤维长度稍短，且纤维与棉籽包裹得更为紧密。用已有的轧花机很难清除那些棉籽，但是在高价格和需求增长的刺激下，种植园主们要他们的奴隶用一种模仿印度丘卡式轧花机（churkas）的辊式轧花机从事缓慢和烦琐的轧花工作。[9]

即使是奴隶劳动，也不足以应付这些棉花的加工。种植园主们渴求一种机器能够更快地将棉籽从纤维中分离出来。1793年，伊莱·惠特尼（Eli Whitney）刚从耶鲁大学回到萨凡纳，建造了一种新轧花机的第一代工作模型，这个模型能迅速将陆地棉的棉籽分离出来。一夜之间，他的机器将轧花的生产效率提高了50倍。这一新发明的消息迅速传播开来；各地的农场主纷纷复制这种轧花机。就像珍妮纺纱机和水力纺纱机一样，伊莱的轧花机突破了另一个限制棉纺织品产量的瓶颈。因此这种轧花机发明之后，在一场只能被形容为"棉花潮"的潮流中，据说可以种植棉花的土地的价格增长了两倍，而且"种植棉花的人年收入比引种棉花前增长了一倍"。[10]

在新技术的武装下，1793年后棉花种植迅速扩展到南卡罗来纳和佐治亚的内陆地区。由此，1795年，数量可观的美国棉花第一次抵达利物浦，就我们所知，没有任何一件被海关扣留。随着拓殖者们（他们中的许多人来自美国南部偏北的地区）涌入该区域，当地的农村地区发生了翻天覆地的巨变，这里此前只有一些不多的原住民和农民，种植烟草和一些满足生计的作物，现在变成了到处都是棉花的王国。[11]

为了大规模扩大棉花生产，种植园主引入了成千上万的奴隶。18世纪90年代，佐治亚州的奴隶数量几近翻倍，达到了6万人。在南卡罗来纳，内陆棉花种植区的奴隶数量在1790年时是2.1万人，20年后增长到7万人，其中有15 000名新近从非洲引进的奴隶。随着棉花种植园的扩展，在四个典型的南卡罗来纳内陆县，黑人所占人口比例从1790年的18.4%上升到1820年的39.5%，而到1860年更上升到了61.1%。一直到美国内战发生，棉花产业和奴隶制携手并进、同步发展，英国和美国成了新兴的棉花帝国的两大轴心。[12]

唯一重要的问题是土地，如果不种植豆科植物来休耕或施用价格昂贵的鸟粪作为肥料，同一块土地没几年就不能使用了。一位佐治亚州帕特南县的种植园主哀叹："我们只有一条道路可走，那就是尽可能多地出产棉花，耗尽大片土地的地力……原来一英亩出产1000磅的土地现在出产不超过400磅。"但是，即使是地力耗尽也不能使棉花巨头扩张的脚步有所减慢，他们只是向更加西部和更加南部的地方迁移。新开垦的土地、跟随迁徙的奴隶劳工以及新的轧花技术使得棉花种植很容易扩展到新的土地上。1815年后，棉花种植园土向西进入南卡罗来纳和佐治亚的肥沃内陆地区。伴随着棉花价格的起伏，他们向亚拉巴马和路易斯安那迁移，最终到达密西西比、阿肯色和得克萨斯。虽然棉花价格在19世纪上半叶逐步下滑，但是在1810年至1815年、1832年至1837年以及19世纪40年代中期之后，棉花价格都出现了急速上涨，致使棉花种植的扩张主义者爆炸性增长。1811年，美国出产的棉花中有十六分之一来自南卡罗来纳和佐治亚以西的地区，1820年，这一比例达到为三分之一，而到1860年这一比例达到四分之三。新的棉花田在密西西比河两岸富含腐殖土的土地、亚拉巴马的内地以及阿肯色的黑色草原繁荣兴盛起来。棉花种植的西进运动非常迅速，到了18世纪30年代末，密西西比的棉花产量已经超过所有其他南方州。[13]

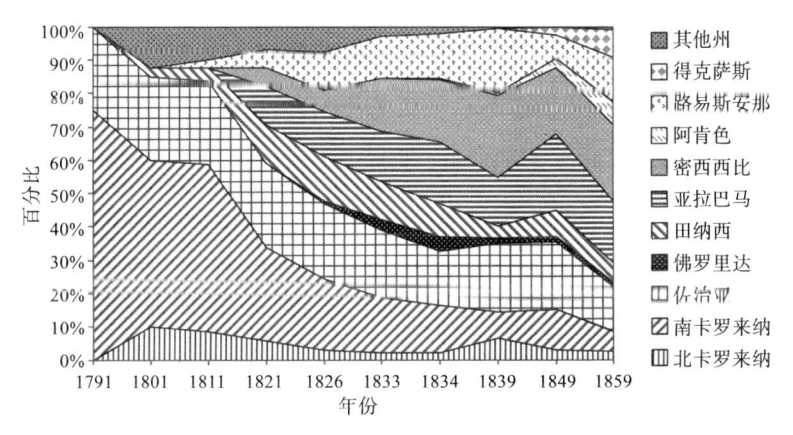

西进：1790—1860年美国各州棉花生产。

美国进入棉花帝国的势头非常迅猛，美国南方的棉花种植迅速开始重塑全球棉花市场。1790年，就是惠特尼的发明出现三年前，美国出产150万磅棉花，到1800年这一数字增长到3650万磅，到1820年则达到16 750万磅。1791年至1800年间，美国向英国出口的棉花增长了93倍，而仅仅1820年这一出口数字又增长了6倍。1802年时，美国已经是英国棉花市场的重要供应者，到了1857年，美国出产的棉花数量与中国一样多。惠特尼轧花机可以非常有效地处理美国的陆地棉，其质量极好地满足了英国棉产品制造商的需求。虽然轧花机破坏了纤维，但是这种棉花仍然适宜制作成廉价的更为粗糙的纱线和织物，这些织物在欧洲和其他地方的下层百姓中需求量巨大。如果没有美国的棉花供给，大规模生产棉纱和棉布的奇迹以及新的消费者购买这些廉价商品的能力，早就在传统棉花市场的旧现实基础上碰壁了。纺织品所谓的"消费者革命"就是源于种植园奴隶制结构上的剧烈变化。[14]

美国崛起并主宰全球棉花市场是一场彻底的命运逆转。但是这一事件发生的原因是什么？正如坦奇·考克斯在1817年指出的，只从气候和土壤的角度很难解释美国棉花出产潜力，因为，如他所说，这种白色黄金"能够在地球上广大的农业高产地区种植"。[15] 但与世界上几乎所有其他棉花种植地区不同的是，美国的种植园主不仅有着不受限制的土地、劳工和资本供应，还有着无与伦比的政治权力。正如我们所知，在奥斯曼土耳其帝国和印度，强大的地方的统治者控制着土地，而彼此之间关系交织的各个社会集团争着土地的使用权。在西印度群岛和巴西，甘蔗种植园主与棉花种植园主争夺着土地、劳动力和权力。而拥有大量土地的美国不必面对这些限制。

从第一批欧洲拓殖者离船登岸之时起，他们就开始向内陆推进。这片土地的原住民不得不面对这些船只所带来的一切——起初是病菌，随后是钢铁。在18世纪末，美洲印第安人还控制着距离海岸省份只有几百英里之遥的大片土地，但是他们无力阻止白人拓殖者的持续蚕食。拓殖者最终赢得了一场血腥的绵延几个世纪之久的战争，成功地将美洲印第安人的土地变成了一片法律上的"空地"。这片土地的社会关系被灾难性地弱化或抹除,大部分居民都消失了,因此也就没有历史的羁绊。以拥有一大片不受阻碍的土地而论,美国南方在棉花种植的世界里可谓独一无二。

在南方政客的支持下,联邦政府侵略性地获得了许多新领土,有些从外国政府那里获得,有些则通过武力逼迫美洲印第安人获得。1803年,路易斯安那购地案使得美国的领土几乎增长了一倍,1819年,美国从西班牙手中得到佛罗里达,1845年吞并了得克萨斯。所有这些获得的土地都有非常适宜棉花农业的土地。事实上,到1850年,美国有67%的棉花产自半个世纪前还不属于美国的土地。羽翼渐丰的美国政府建立了一个军事-棉化综合体。

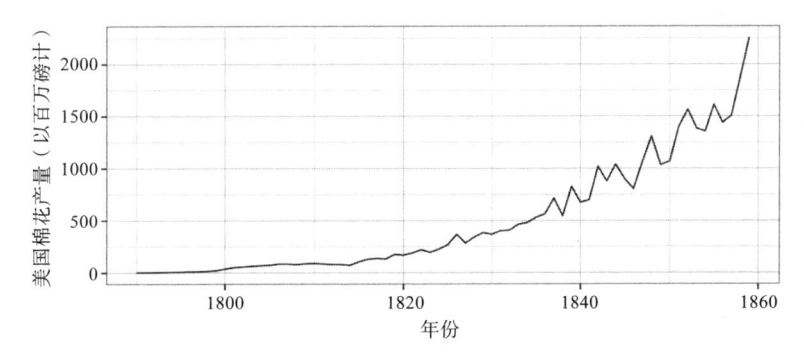

1790—1859年的美国棉花产量(以百万磅计)。

这一时期的领土扩张被地理学家约翰·韦弗(John C. Weaver)称为"大土地潮"(great land rush),它与种植、制造和金融资本家的领土野心紧密联系。棉花种植园主们不断向前推进边界线,以寻找种植棉花的新土地,他们的行动往往先于联邦政府。他们缔造的边疆区的特征就是几乎没有政府监管:国家垄断暴力还是一个遥不可及的梦。[16] 但这些位于棉花帝国边疆地带的种植园主们却拥有着衣冠楚楚、言辞锐利的伙伴。例如,英国的巴林银行家族在棉花帝国的扩张中起到了重要的作用,他们资助了路易斯安那购地案,协商并售卖了用以与法国政府达成交易的债券。在发行用以资助收购案的债券之前,弗朗西斯·巴林还通过当时的英国首相亨利·阿丁顿(Henry Addington)请求英国政府同意美国如此大的领土扩张。对于巴林来说，这次与首相的会面非常重要，他在自己的笔记本上用密密麻麻的小字写道：

> 6月19日，星期日：在里士满公园见阿丁顿先生，与他交流事情的详情，并回答了每一个问题。我明确地问他是否同意该条约和我们的行动。他说他认为由这个国家支付一百万英镑将路易斯安那从法国转到美国手里是明智的，而且他认为对我们的行动没什么好说的，只能同意。除了其他我们没有讨论的一些显然出于政治的动机，他看起来认为路易斯安那在美国的手中比在法国手里，能让我们的制造业者和公司有更好的出口。[17]

向南部和西部的推进不仅仅是因为种植园主们在寻求新土地。领土扩张服务于很多不同的利益方：迅速吞并领土的国家、渴求出海港口的西部农民、需求原材料的制造业者，以及英国的经济和政治诉求。随着工业资本主义的扩张，战争资本主义的区域持续向外推进。

但是只有几个国际条约本身是不够的，为了使这些土地能够为种植园主所用，需要将控制那里的原住民赶走。19世纪最初几年，克里克人（Creeks）已经被迫放弃对佐治亚的土地的权利主张，这些土地随后变为棉花田。10年后，克里克人又战败，被迫签署《杰克逊堡条约》（Treaty of Fort Jackson），割让了2300万英亩的土地，相当于今天的亚拉巴马和佐治亚。1814年后的几年中，联邦政府与克里克人、奇克索人（Chickasaw）、乔克托人（Choctaw）签订了进一步的协议，在南方攫取了数百万英亩的土地。这些协议中，1818年安德鲁·杰克逊（Andrew Jackson）与奇克索人签订的条约，打开了田纳西西部的土地以种植棉花，1819年杰克逊与乔克托人订立的条约将亚祖河-密西西比河三角洲500万英亩土地交给美国政府，换给对方俄克拉荷马和阿肯色的大片贫瘠土地。1835年，亚拉巴马众议员大卫·哈伯德（David Hubbard）邀请纽约和密西西比土地公司，购买那些奇克索人已经被驱逐出去的土地，这些土地随后变为棉花田。大卫·哈伯德说："如果在我回来时能够得到你们任何形式的明确提案来获得奇克索人的土地，我将会根据你们的计划的大小迅速采取行动，制订我未来的行程规划，以满足你们资本家的意图。"该公司购买了约25 000英亩土地。1838年，联邦军队开始将切罗基人（Cherokee）从他们在佐治亚的祖居地赶走，把这些地方变为棉花田。再向南，佛罗里达异常肥沃的棉花种植地是1835年至1842年从塞米诺尔人（Seminole）手中攫取的，这是美国在越战之前经历的时间最长的战争。一位史学家宣称，难怪密西西比的种植园主"着迷于装备精良训练有素的民兵、充足的武器以及有求必应的联邦军队"。[18]

美洲印第安人很清楚这一军事-棉花复合体扩张的基础：切罗基人在1836年遭到驱逐时，他们的酋长约翰·罗斯（John Ross）在一封写给国会的信中说："我们的财产就在眼前遭到掠夺，我们的族人可能遭受暴力，甚至我们的生命也可能被夺走，而你们对我们的投诉置之不理。我们失去了国籍；我们被剥夺了公民权；我们还被剥夺了人类大家庭成员的身份！"只有针对原住民的残暴扩张战争，可以与动员奴隶劳动所需要的胁迫与暴力相提并论。这种事情在安纳托利亚或古吉拉特都是难以想象的。[19]

如果说在大陆上的领土吞并为美国提供了新的种植棉花的土地，那么这一过程也获得了运输棉花所需的许多大河。美国显著的低运输成本不是从来就有的，而是领土扩张的直接结果。其中最重要的就是密西西比河，大量涌入的棉花货船使得河口的新奥尔良变成了美国主要的棉花转运港口。而其他河流——路易斯安那的红河、亚拉巴马的汤比格比河和莫比尔河——也同样重要。1817年密西西比河上出现了第一艘蒸汽船，从而降低了运输成本。到19世纪30年代，铁路线将新的内陆地区与河流和海港联系在一起。因此，最现代的科技使得对人类劳动力最残暴的剥削成为可能。[20]

棉花种植园主们难以满足的需求主导了新国家的政治，这不仅仅是因为他们仰赖国家获得并清空新的土地，还因为他们需要强制劳动力。与其他地区不同，美国的种植园主可以获得大量廉价劳动力——这就是《美国棉花种植者》（*American Cotton Planter*）所声称的"全世界最廉价且最容易获得的劳工"。直到 20 世纪 40 年代机械化收割出现之前，棉花种植一直是劳动密集型行业。收获棉花所需要的工时甚至比纺纱和织布还要长，收获时劳动力不足是棉花种植中受到的最大限制。美国南方杂志《狄波评论》(De Bow's Review)评论道："真正限制棉花出产的因素是劳动力。"在莫卧儿印度和奥斯曼帝国复杂的农业结构中，农业耕种者首先要确保自己的口粮作物的种植，因而限制了他们能够向市场提供的收成。事实上，如我们所见，缺乏劳动力是限制西安纳托利亚棉花出产的重要因素之一，同样也让在印度建立棉花种植园的努力受挫。在巴西可以使用奴隶劳动，但棉花又竞争不过需要更多劳动力的甘蔗。而随着 1807 年英国废除奴隶贸易，西印度群岛的种植园主很难招募到劳工了。[21]

然而，在美国，几乎所有的短缺都可以用足够的金钱来解决。新奥尔良和其他地方的奴隶市场与棉花市场一起蓬勃发展。同样重要的是，有成千上万的奴隶可以用来种植棉花，因为美国独立后南方各州的烟草生产变得不再那么有利可图，促使那里的奴隶主出卖他们的奴隶。正如一位英国观察家在 1811 年明确指出的那样："在弗吉尼亚州和马里兰州种植烟草已经不再能引起人们的兴趣；原来从事这项工作的黑奴被送到了南方各州，使那里的美洲棉花种植者得到了更多的人手，能够更加活跃地开展业务。"事实上，到 1830 年，全美国足有 100 万人种植棉花，即每 13 人中就有 1 人，其中大多数是奴隶。[22]

因此，棉花生产的扩大使奴隶制重新活跃起来，导致奴隶劳动力从美国南方的北部地区向南部地区转移。仅仅在轧花机发明后的 30 年（1790 年至 1820 年）内，就有 25 万名奴隶被强制转移，而在 1783 年至 1808 年禁止国际奴隶贸易期间，贸易商大约进口了 17 万名奴隶到美国，这是 1619 年以来进口到北美的所有奴隶的三分之一。总而言之，美国国内的奴隶贸易将约 100 万奴隶强制迁徙到了美国深南部（Deep South），大部分都去种植棉花。[23]

可以肯定的是，并不是所有的美国棉花都是由大型种植园的奴隶种植的。南方农村的小农户也生产棉花，因为它能很快赚到现金，而且种植棉花不像种植甘蔗或大米那样需要大量资本。然而，尽管他们做出了努力，总的来说，他们的产出也只占总产量的一小部分。正如我们在世界各地看到的那样，小农户在种植适销对路的商品之前，往往会把重点放在维持生计的作物上。事实上，1860年在南方采摘的所有棉花中有85%是在大于一百英亩的农场上种植的；拥有这些农场的种植者拥有所有奴隶的91.2%。农场面积越大，种植者就越能利用奴隶制棉花生产中固有的规模经济效应。较大的农场负担得起去除种子的轧花机、用来把松散的棉花压成捆以降低运输成本的压平机，他们可以从事农业实验，从清除的土壤中获得更多的营养物质，并且可以购买更多的奴隶以避免遇到劳动力制约。[24] 棉花生产需要不断地寻求劳动力，持久地争夺控制权。奴隶贩子、奴隶栅栏、奴隶拍卖，以及用来控制数以百万计的奴隶的身体和心理上的暴力行为，对于美国的棉花生产扩大和英国的工业革命至关重要。

奴隶们比其他人都更理解棉花产业成功的暴力基础。如果有机会的话，他们会以生动的细节作证。1854年，逃亡的奴隶约翰·布朗（John Brown）想起他是怎么"被牛皮鞭……打的"，以及监工如何"搜捕'逃亡的黑奴'"。他记得，"当英国市场的［棉花］价格上涨时，可怜的奴隶立即感觉到了这一后果，因为他们的日子更加艰难，鞭子也不停地抽打着"。另一个奴隶亨利·比布（Henry Bibb）记得那可怕的暴力："在监工的号角声中，所有的奴隶都集合起来目睹我受罚。我被剥掉衣服，被迫脸朝下趴在地上。地上揳了四根桩子，我的手和脚都绑在这些桩子上。然后监工就用鞭子抽打我。"[25]

英国棉花制造业的扩张取决于大西洋彼岸的暴力。棉花、清空的土地和奴隶制紧密相连，利物浦棉花商人威廉·拉斯伯恩六世（William Rathbone VI）于1849年前往美国时向他的父亲报告说："黑人和这里的一切都随着棉花的价格波动而波动。"奴隶劳动如此至关重要，以至于《利物浦纪事报》（*Liverpool Chronicle*）和《欧洲时报》（*European Times*）都曾警告说，如果要解放奴隶，棉布价格可能会增加一倍或两倍，给英国带来毁灭性的后果。虽然野蛮胁迫对数百万美国奴隶来说像是一场噩梦，但是这种暴力结束的可能性对那些在棉花帝国中收获巨大利润的人来说同样是一场噩梦。[26]

为了使这种噩梦不会成真，美国的种植者们也利用了第三个把他们变成世界领先的棉花种植者的优势：政治力量。南方的奴隶主已经以五分之三条款*的形式，将其权力基础写入了宪法。一系列支持蓄奴的总统、最高法院法官，以及国会两院强有力的代表，都保证了对奴隶制看似无止境的政治支持。奴隶主之所以能在联邦级别拥有这样的权力，是因为在蓄奴州内没有与之竞争的精英阶层，奴隶主在州政府享有巨大的权力。最后，这些州政府还修建了越来越深入内陆的铁路，使得北美的棉花种植者进一步发挥了种植园靠近通航河流的交通优势。相比之下，巴西的棉农却要与该国强大的蔗糖种植者的利益相抗衡，无法通过改善基础设施来促进棉花出口。通过骡子或马来长途运输棉花的费用仍然昂贵，例如，从圣弗朗西斯科河地区运输到萨尔瓦多港的棉花，价格几乎翻了一番。在印度，交通运输基础设施同样很差（据说在印度，棉花运输到港口后价格增加了约50%，但在美国只增加了3%），因为印度的棉花商和种植者缺乏资金和力量推动交通条件的快速改善。奴隶主在美利坚合众国的政治影响力也是决定性的，因为它允许他们把奴隶制度扩展到新获得的南方和西南地区土地上，同时成功地使联邦政府实行剥削美洲土著的政策。[27]

以一种迂回的方式，美国的独立已经成为欧洲棉花产业，特别是英国棉花产业的福音。英国屈服于一个世纪以来的废奴主义者的压力，在1834年废除了其帝国内的奴隶制。一些美国革命者设想在自己的国家也这样废除奴隶制，却只看到奴隶制成为世界最重要的棉花种植区的发动机。而且美国独立也解除了剥削美洲原住民的限制，白人移民和北美印第安人之间的关系现在已经摆脱了欧洲政治的复杂协商的影响。事实证明，政治和经济空间的分离对于世界上最有活力的产业是至关重要的。由于种植棉花的奴隶主主宰地方政府，并且对联邦政府施加重大影响，他们的利

---

* 五分之三条款是1787年制宪会议上美国南方与北方达成的妥协，奴隶的实际人口乘以五分之三，以作为计算税收和议员分配的基础。

益和国家政策可以结合到令人惊叹的程度，这对于大英帝国内的奴隶主来说是不可能的。

例如，在亚祖河-密西西比河三角洲，我们可以看到这些因素如何结合在一起。在这个面积大约7000平方英里的地区，宽阔的密西西比河数千年来积累了丰富的沉积物，使其成为世界上产量最高的棉花田的苗床。1859年，三角洲地区6万名奴隶产出了惊人的6600万磅棉花，这是18世纪90年代初圣多明各在其生产高峰期时出口到法国的棉花数量的近10倍。[28]

为了使三角洲地区成为工业世界最重要的商品的主要产地——可以把这里理解为19世纪初的沙特阿拉伯——必须要从原住民那里获得土地，而劳动力、资本、知识和国家力量必须要统统动员起来。1820年至1832年间，一系列由小规模冲突和武装冲突支持的条约将大部分土地从原住民乔克托人那里转移到白人定居者手中。满怀希望的棉花种植者使用货车、木筏和平板船从南部的其他地方带来奴隶，清理那片"丛林般的"植被，然后锄地，播种，修剪幼苗，最后收获棉花。关于三角洲是"世界上最适宜种植棉花的地区"的消息传遍了整个南方，那些能够获得充足的资本（主要是以劳动力的形式）和有着专业知识的种植者开始进入这个地区。他们建造的种植园成了繁荣的产业：到1840年，在三角洲中心的华盛顿县，奴隶和白人居民的比例超过了十比一。到1850年，全县每个白人家庭平均拥有80多名奴隶。三角洲地区最大的种植者斯蒂芬·邓肯（Stephen Duncan）拥有1036名奴隶，到19世纪50年代末，他的财产估值达130万美元。三角洲地区的种植园并非典型的棉花农场，而是高度资本化的产业，事实上也是北美最大的产业之一，所需要的投资几乎超出所有北方工业家的能力。从三角洲地区豪华典雅的豪宅的前廊来看，财富似乎是从土地中流出的，这是一个奇异的炼金术的结果，这个炼金术结合了无主土地、奴隶劳动以及——我们将会看到——源源不息的欧洲资本。[29]

种植者对全球棉花市场的支配日益增长，实际上又反过来有助于其自身的成长。随着棉花种植在美国南部扩张，英国和欧洲大陆的消费者越来越依赖这种供应，美国南部与欧洲之间的机制化联系加深了。欧洲进口商人向查尔斯顿、孟菲斯和新奥尔良派出各自的商业代表，他们还定期与大西洋彼岸的商业伙伴通信。这些商人建立了密集的航运网络，并将棉花贸易与他们的其他业务结合起来。从事棉花交易的人们经常穿越北大西洋，建立了紧密的商业联系、友谊甚至婚姻关系。反过来，这种网络使跨大西洋贸易更安全，更可预测，从而降低了成本，使美国与其潜在竞争者（如印度或巴西）相比具有另一个决定性优势。

所有这些网络的核心是，棉花从美国流向欧洲，而资本流向相反的方向。这种资本往往是通过抵押奴隶担保的，如果债务人违约，抵押贷款的所有者有权获得特定的奴隶。历史学家邦尼·马丁（Bonnie Martin）表明，在路易斯安那州，88%的按揭抵押贷款使用奴隶作为（部分）抵押；在南卡罗来纳州是82%。她估计，总共有数亿美元的资本是由人类财产担保的。因此，奴隶制不仅允许迅速分配劳动力，还允许迅速分配资本。[30]

种植者从这些征用的土地和劳动力中获得了巨大财富，然后再投资于农业改良，这也是成功如何带来更多的成功的另一个例证。他们试验了各种来自印度、奥斯曼、中美洲、西印度群岛和其他地区的棉花杂交种，创造出适应特定局部气候和土壤的棉花品种，最终培育出成百上千的棉花品种。最重要的是，1806年，纳奇兹种植园主沃尔特·比尔林（Walter Burling）引进了墨西哥的棉籽，这种棉花的棉铃较大，采摘起来更容易。据专家说，这种棉花"纤维质量更好，特别是纤维长度更长，并且抗'腐烂'"。这种棉花在墨西哥中部的高原地区由美洲原住民栽培了数个世纪，一经引入美国，就被美国种植者占用，成为"美国及世界各地所有陆地棉品种的基本种质"。新的棉花的采摘速度是当时常见的佐治亚绿籽棉花（Georgia Green Seed cotton）的3到4倍。这里残酷的讽刺之处在于，美洲印第安人开发了一种非常适合美国环境的棉花，结果极大地推动了对他们土地的掠夺，并使这些土地上的奴隶劳动更富有成效。[31]

在劳动控制和农业方面的这种创新，通过建立密集而显著地方性的知识传播网络而日益制度化。书籍、农业机构、《狄波评论》和《美国棉花种植者》这样的杂志,以及地区性的农业展览会,都传播了关于如何选择种子、如何组织劳动力、如何解读市场、如何耕种和种植,以及在哪里投资的信息——简而言之,如何完善"实用种植园经济"。[32]

欧洲的工业革命也积极地影响了美国南方奴隶制的演变。帮派劳动(gang labor)*绝不是新的,但从来没有像在棉花种植园里那样盛行,它体现了工业劳动的新节奏,一位作者将其称为"军事农业"。在棉花农场里系统化地动员奴隶妇女和儿童进一步扩大了产量。结果,美国的棉花生产增长速度远远快于农场奴隶数量的增长。这些增长一部分与采用不同的棉花品种有关,但也与系统地加强剥削有关。19世纪的种植园奴隶制使得美国出现了一种不可能存在于世界其他新兴工业中心地区的劳工组织。由于种植园通常比工厂大,需要更多的资本投资,而且除了18世纪90年代伊莱·惠特尼的轧花机出现时的一系列发明浪潮,棉花农业的技术进步有限,种植园的生产力提高只能来自劳动力重组。奴隶主通过近乎完全控制工作过程来保证生产力的提高,这是对奴隶的暴力支配的直接结果。而在世界上新兴的纺织厂中,这种情况是不可能出现的。在这些纺织厂里,工人成功地维持了他们所出身的农场、小作坊和工艺行会的节奏。[33]对劳动者的全面控制是资本主义的核心特征之一,它在美国南部的棉花种植园取得了第一个巨大的成功。

种植园主支配劳工的方式与英国商人和印度农耕者或安纳托利亚的奥斯曼土地所有者之间的关系截然不同,他们可以更加严厉地鞭笞奴隶,因而发明了越来越残酷的惩罚劳动力的方法。事实上,根据史学家爱德华·巴普蒂斯特(Edward Baptist)的说法,酷刑是美国种植者生产更多棉花的能力的根源。劳动力会计方法的创新进一步帮助种植园主从工人身上压榨出更多的劳动力。正如管理学学者比尔·库克(Bill Cooke)所说的那样:"它(种植园)是工业纪律早期发展的地点……这一点是毋庸置

---

* 美国棉花种植的一种劳动方式。将劳动力分为不同的帮派(gang),最强壮的劳动力去干最复杂的活,次等的去干较容易的活,再次等的去干最容易的活。例如,种棉花时,最强壮的人挖坑,次强壮的播种,最弱小的盖土。

疑的。"随着棉花种植园生产力的提高，棉花价格下降，英国制造商在世界市场上更具竞争力，这一趋势加上许多其他因素，最终将会破坏印度和其他地区的制造业，并使后来世界各地农村融入全球棉花帝国的过程更加容易。[34]

工业生产的节奏也以其他方式进入了种植园。由于棉花农业的扩张取决于信贷的预先到位，有时这种信贷以奴隶抵押担保，而其中大部分资金来自伦敦货币市场，因此它的模式此时遵循市场的竞争逻辑，而不是个人突如其来的愿望和区域的具体情况——资本流向以最低的成本生产最多棉花的地方。让南方种植园主大为感叹的是，代为售卖种植园主的棉花，为他们提供货物，并提供信贷的代理商和伦敦货币市场是他们财富和权力的决定性来源。但伦敦的货币市场和兰开夏郡的制造商同样依赖当地暴力掠夺土地和劳动力的老手。东海岸种植者原来的老式家长制，部分由互惠互利的重商主义逻辑和更广泛的英帝国经济里母国和殖民地之间受保护的往来庇护，这时已经被以商业资本为中介的更自由、更有竞争力和流动的社会秩序所取代。对财富积累的贪婪欲望加速了棉花生产的"社会新陈代谢"。事实上，战争资本主义的逻辑来自于兰开夏郡的工业（受薪）劳工中心。在18世纪，奴隶制使得工业起飞，现在它成为其不断扩张的组成部分。[35]

被攫取的土地、奴隶劳动，以及给予了奴隶主对劳动力极大处置权的国家统治，这三者的特殊结合给那些拥抱它的人带来了极其丰厚的利润：早在1807年，密西西比州的一个棉花种植园据说返还了22.5%的投资。成千上万的种植者与棉花边疆一起移动以获取这样的利润。棉花的利润率也表现在奴隶价格的大幅度上涨上：新奥尔良一个年轻的成年男性奴隶的价格在1800年时大约为500美元，但在美国内战之前却高达1800美元。我们不妨看看佐治亚州的年轻种植园主约瑟夫·克莱（Joseph Clay）的故事。他于1782年买下了佐治亚州查塔姆县的皇家谷，这是一个稻米种植园。他在土地上种植稻米，一直种到1793年。那一年，他听到了惠特尼的轧花机的消息，于是借了3.2万美元的贷款，用这笔钱购买额外的奴隶，将部分田地改种棉花，又添置了一些轧花机。棉花生意非常赚钱，仅仅7年之后，他就偿还了债务，对庄园进行豪华装修，并购买了更多的奴隶和轧花机。当克莱于1804年去世时，他的遗产价值27.6万美元。[36]

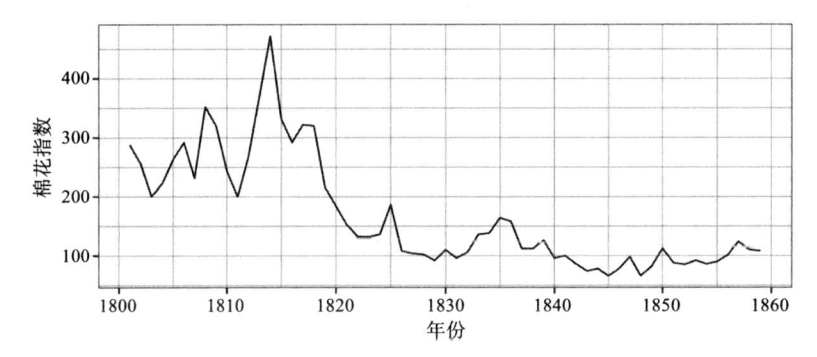

奴隶制的报酬：利物浦美国中等棉花价格指数（1860年＝100）。

同样，南卡罗来纳州靛蓝种植者彼得·盖拉德（Peter Gaillard）因为棉花业的繁荣，财产得以复苏。1790年，由于英国市场的消失，盖拉德的靛蓝事业几乎崩溃，只能在种植园里种植供家人糊口的粮食。正如他的一位朋友所提及的那样："在引入棉花作为市场作物之前的灾难性的十年里，他和其他人一样，陷入了债务和痛苦之中。"然而在1796年，他开始种植棉花——"一个辉煌的前景展现在这些沮丧的种植园主面前"——这种作物的利润丰厚，4年后，他偿还了所有的债务，并于1803年在自己的地产上建造了一座新的庄园。强迫劳动意味着获利迅速，到1824年，他已经拥有500名奴隶。南卡罗来纳州的韦德·汉普顿一世（Wade Hampton I）也有同样的经历。据说他在1799年的第一次棉花收成中获得了7.5万美元的利润，到1810年，每年他从棉花种植园获利15万美元。他的儿子后来在19世纪40年代中期利用部分利润搬迁到了密西西比河三角洲。未来的棉花种植者丹尼尔·乔丹（Daniel W. Jordan）在调查密西西比州种植棉花的机会时看到"一块可以耕种的土地，在这里我可以赚钱……在这个州，五年内我可以赚到任何人所能想到的钱"。[37]

到了1802年，得益于他们的财富，以及他们借助奴隶劳动从土地上榨取越来越多的棉花的能力，美国的棉花种植者主宰了英国市场。到了

19世纪30年代,他们还占领了新兴的欧洲大陆和北美市场。因此,早期的生产者,特别是西印度群岛的生产者遭受了损失。1812年,一位匿名信作者观察到:"竞争如果完全自由而不受限制,那么殖民者(在西印度群岛)就无法长期维持下去;同样的价格可以让美国种植者获得丰厚的利润,却不足以支付殖民者的耕种费用。"其他潜在的竞争者,如印度的农民,种植棉花的土地面积与1850年北美的棉花种植面积相当,但是他们在世界市场上仍然处于边缘地位。[38]

这场棉花繁荣剧烈地改变了北美农村的大片土地,使美国在棉花帝国中占据了举足轻重的地位。美国财政部估计,1791年在巴西投资棉花生产的资本仍比美国高10倍以上。到1801年,仅仅10年之后,美国棉花行业的资本投入就比巴西多了60%。棉花给奴隶和土地注入了前所未有的价值,其程度甚于在加勒比地区和巴西,并向奴隶主承诺了获得利润和权力的巨大机会。到1820年,棉花占美国出口总额的32%,而在1796年只有2.2%。事实上,1815年到1860年间,美国出口的商品一半以上都是棉花。棉花如此主导美国经济,以至于棉花生产统计"成为评估美国经济的一个越来越重要的单位"。美国经济在世界上的上升是建立在棉花的基础上,也是建立在奴隶制的脊背上的。[39]

美国的棉花对西方世界非常重要,以至于一位德国经济学家指出:"对世界来说,美国北方或西方的消失不如南方的毁灭那么重要。"南方的种植者深信自己在全球经济中的核心角色,他们兴高采烈地宣布,他们掌握着"控制现代文明命运的杠杆"。正如《美国棉花种植者》在1853年所说的:"迄今为止,美国的奴隶劳工给世界带来了,而且仍在带来难以估量的福祉。如果这种福祉想要持续下去,奴隶劳动也必须继续下去,因为说什么用自由劳动力为世界供应棉花根本就是无稽之谈。棉花从来不曾由自愿劳动力耕作成功过。"[40]

美国棉农成功地把自己变成了工业时代世界上最重要的商品种植者。一位在印度代利杰里的英国商人观察到,他们的"巨大的种植园,现在供应着半个文明世界的服装材料"。随着大量奴隶种植的棉花从美国涌入,成品棉的成本下降,使得很多人负担得起的衣物和床单市场迅速扩大。正如曼彻斯特商会在1825年所说："我们坚信，很大程度上因为制造材料的价格非常低廉，棉产品制造业近年才得以迅速增长。"1845年，南卡罗来纳州棉花种植者认为，"近一半的欧洲人口……现在还没有舒适的棉质衬衫"，这构成了一个"还不曾尝试过的市场……越来越向我们的企业开放"。1780年以前的棉花世界主要由分散的区域和地方网络构成，到这时已经越来越成为一个单一枢纽的全球矩阵。而美国的奴隶制是它的基础。[41]

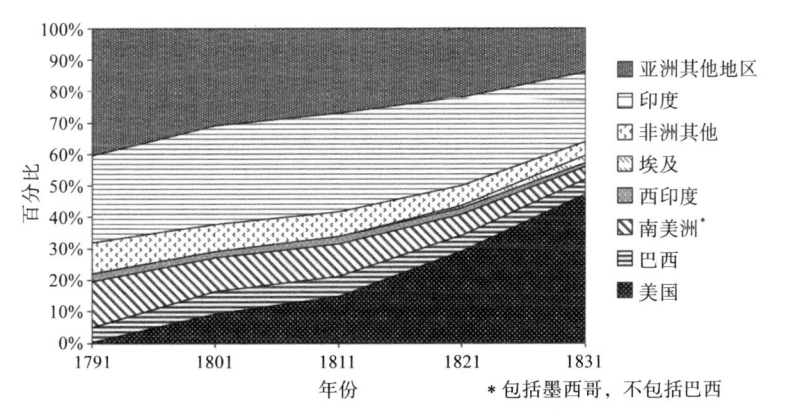

战争资本主义重塑全球棉花产业：1791—1831年世界棉花产量（粗略估计）。

尽管取得了不可否认的成功，但欧洲棉产品制造商对一个国家和一个特殊的劳动力体系的依赖使一些原棉消费者感到不安。早在19世纪10年代，英国制造商就开始担心，他们过于依赖单一供应商提供宝贵的原材料。1838年，格拉斯哥商业与制造业协会（Glasgow Chamber of Commerce and Manufactures）尖锐地警告人们一个"令人担忧的事实，即英国几乎完全依赖外国供应这种货物，这种货物现在几乎和面包一样必要"。6年后，"一位棉纺纱工"对英国依赖美国的棉花供应的状况表示"非常忧虑"。就在北美殖民地开始缓慢而痛苦地离开帝国，表明政治和军事行动可以切断大西洋之间的联系之际，这种关系变得重要起来。棉产品制造商明白，他们的繁荣完全依赖奴隶的劳动，他们"害怕迟早会到来的剧变的严重性"。1850年，一位英国观察员估计，英国有350万人受雇于这个国家的棉花产业，他们都受制于美国种植者的兴趣和这些人对美国政治的控制。[42]

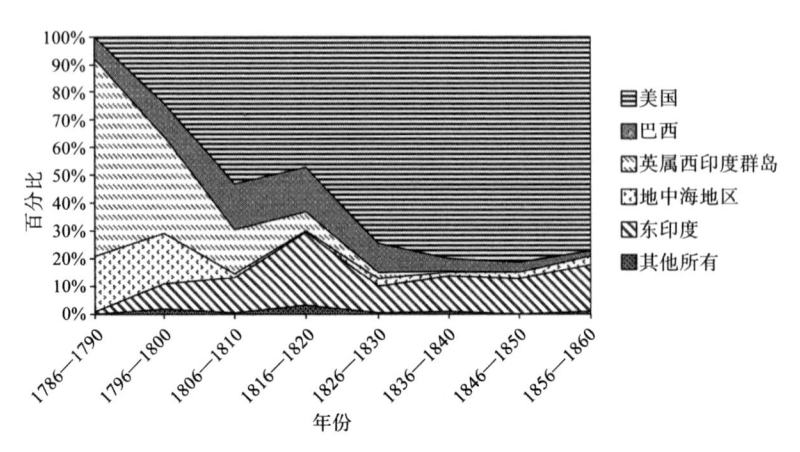

英国棉花进口量，按原产国分列的年平均百分比。

棉产品制造商对过于依赖美国棉花的担忧主要集中在三个方面。首先，他们担心美国自己的工厂会抽取越来越多的棉花，这种现象在19世纪最初十年已经开始大量出现，使欧洲消费者获得的棉花减少了。其次，英国制造商尤其担心，欧洲大陆的生产者将需要越来越多的棉花，争夺美国的棉花供应。第三，也是最重要的是"奴隶制继续存在的不确定性越来越大"。依赖这种"沾满鲜血的农产品"就是对"罪恶的美国奴隶制"的"自杀性依赖"。[43]

1835年，托马斯·巴林（Thomas Baring）仔细地观察了美国，预期"奴隶问题的进一步激化可能会大大改变结果，当然，对价格是有利的"。在一个越来越同情废奴主张的工业化的美国，奴隶财产到底还有多可靠？南方种植园的政治经济是否会和北方的经济精英的利益冲突？美国南方富有和强大的奴隶主的日益扩张主义的计划及其原始民族主义项目，能否被包含在一个工业化的美国之中？南方的种植者，这些因其财富而有恃无恐的"鞭子之主"，开始感叹他们在全球经济中的从属角色；他们有着初具雏形的计划，想要改革自身在其中的角色，而这对整个体系来说又是一个威胁。对于"织机之主"来说，原材料生产者必须在政治上服从产业资本的意愿和方向。[44]

在种植园本身，还有另一个危机潜伏着。许多观察家在访问"黑带"*的工业化的棉田后都对其印象深刻，认为奴隶制是不稳定的，因为奴隶与他们的主人之间随时可能出现战争。"一位棉纺纱工"在1844年警告说，"这个国家的安全取决于我们能否从英属印度获得更好的棉花供应"，因为在美国，"一有机会……这些奴隶自然会分散，没有远见的黑人将不再种棉花，而且也不会有白人来接替他们的位置，美国的棉花种植业将会终结"。他担心"会出现一场种族灭绝战争，这个前景想想都很可怕"，他担心解放奴隶可能会动摇"我们的国家的……根本基础"。关于逃亡、拒绝工作甚至彻底叛乱的谈论，使得种植园主和欧洲棉产品制造商提心吊胆。商人弗朗西斯·卡纳克·布朗（Francis Carnac Brown）在1848年曾警告说："一群不满的奴隶生活在暴政之下，每天都有爆发动乱的危险，我们知道，动乱迟早有一天会来的。"美国人试图向他们的欧洲客户解释说，美国的奴隶制与圣多明各不同，非常安全——正如坦奇·考克斯所说，这不仅因为有强大的白人民兵存在，还因为奴隶"没有枪炮和武器。而且尽管他们人数很多，但都被河流、河湾和大片人口密集的白人聚集区隔离开来"。但人们依然疑虑重重。[45]

在这些焦虑的时刻，欧洲棉产品制造商在世界其他地区寻找增加棉花供应的产地，例如非洲和印度。19世纪10年代和20年代，法国官员把塞内加尔视为潜在的棉花替代来源，但尽管他们进行了协调努力，棉花产量却依然很少。在英国，对出产棉花的希望主要集中在印度，因为印度的棉花出口历史悠久，似乎使其非常适合供应英国的工厂，特别是制造商认为印度有着"充足的多种多样的棉花供应"。印度或许可以指向新的建立棉花产业的方式，这种方式不依赖奴隶制和攫取土地制度的固有不稳定性和紧迫性。有好几十本著作列举并分析了印度棉花的可能性，其中许多有着浮夸而雄心勃勃的标题，例如《信德和旁遮普：印度宝石的过去和其在世界棉花市场取代美国蓄奴州的无与伦比的能力》（*Scinde & The Punjab: The Gems of India in Respect to Their Past and Unparalleled Capabilities of*

---

* "黑带"指美国南方的经济带，起初是因为该地区肥沃的黑土而得名，后来又因为该地区众多的棉花种植园大量使用黑人奴隶而得名。

Supplanting the Slave States of America in the Cotton Markets of the World）。其中一些书不仅仅是小册子。例如，约翰·查普曼（John Chapman）是西印度纺织工业供应商和铁路发起人，他在1851年出版了一本《印度的棉花和商业，关于其与英国的利益》（The Cotton and Commerce of India, Considered in Relation to the Interests of Great Britain），在超过四百页的篇幅里详细记录了印度各地的土壤、农业实践、土地所有权模式、交通基础设施和印度不同地区的贸易关系，并有大量统计资料的支持。大多数作者和他一样，认为印度的"土壤和气候"是"有利于"棉花生长的。[46]

到了19世纪30年代，这些个人的声音以集体形式表达了出来。1836年，曼彻斯特商会在其年度报告中首次提到印度棉花。四年后，他们召开了一次特别会议，要求东印度公司在印度棉花生产方面采取一些措施，并于1847年向下议院提交了类似的请愿书。1845年，一个竞争性的当地企业家协会，曼彻斯特商业协会（Manchester Commercial Association）甚至向东印度公司的董事们派出了一个代表团，敦促他们推广印度的棉花种植，因为这一议题"对这个地区的利益至关重要"。[47]

一些具有前瞻性的制造商开始意识到，作为商品市场的印度与作为原材料提供者的印度之间可能存在着更深入、更持久的利润关系。他们想象了一个印度农民向他们出口棉花并同时购买曼彻斯特商品的世界："没有什么比这更自然的了，这些居民既然被剥夺了棉布市场，那他们应该被鼓励去种植原材料。"[48]

19世纪50年代，美国棉花的价格再次上涨，对印度棉花的焦虑也达到了顶峰。确实，曼彻斯特棉花利益群体在是否需要国家干预以保证印度棉花供给安全方面存在着分歧，有些人认为事情应该留给市场决定。[49] 但是到了1857年，"能够维持这一地区产业的充足的棉花供应"已经成为曼彻斯特商会年会的一个重要议题。棉产品制造商、商会会长和议会议员托马斯·巴兹利（Thomas Bazley）认为，"棉花供应……完全不足"，并且要求从印度、非洲、澳大利亚和其他地方获得更多棉花，"因为英国政府确实拥有这些土地"。他呼吁纺纱厂组织起来，在殖民地扩大棉花种植，他还极力推动成立曼彻斯特棉花供应协会（1857年），"以期获得更充足和更普遍的供应"。在堪萨斯-内布拉斯加法案（Kansas-Nebraska Act）[*]和德雷德·斯科特判决（Dred Scott decision）^{**}之后，美国政治日益动荡，协会非常担忧，毫不夸张地说，他们前往世界各地到处分发轧花机，提供建议，并向农民分发种子和农具，同时收集有关不同棉花品种的信息以及种植它的方法。协会做的这些工作是棉花资本家宏伟计划的一个缩影：把全球农村变成一个棉花生产的复合体。[50]

对于棉产品制造商来说，印度依然很有诱惑力，理由很明显，它仍然是世界上最大的白色黄金种植地之一。他们认为印度出产的棉花比美国多；一些非常不准确的估计认为，印度每年消耗高达7.5亿磅的棉花，除此之外还每年出口1.5亿磅以上。这与1839年的美国总产量7.56亿磅相比要高出不少。传统上，大部分棉花用于国内生产，甚至进入长途贸易的棉花通常也都是在印度消费的。一直以来，印度中部的棉花会被卖到南部的马德拉斯和东部的孟加拉，但随着印度棉布出口行业的衰落，这些棉花越来越多地被带到孟买，并从那里出口到中国，也有少量到了英国。[51]

1788年以来，英国东印度公司曾不甚热心地支持增加棉花出口的努力，但涉及的数量很少，主要是因为运输成本高昂。事实上，直到19世纪30年代，印度出口到中国的棉花（用于支付公司的茶叶采购）远远多于欧洲，而向欧洲出口的增长通常伴随着对中国出口的下降。因此，印度的棉花农业没有明显地转向以出口为导向。[52]

然而曼彻斯特制造商还想要更多。他们向英国东印度公司、英国政府以及英国殖民政府施加压力，开展多种活动来鼓励印度棉花的种植和出口。私人倡议不足以改变印度农村棉花种植的情况，因为"私人公司不愿作出回应"，因此需要政府介入。他们首先想到的是改善基础设施，"[需要]建设桥梁，建造铁路，挖掘运河，栽培棉花，或引进机器"。1810年，

---

* 堪萨斯-内布拉斯加法案是1854年由美国民主党参议员斯蒂芬·道格拉斯提起的法案，允许新加入的堪萨斯州以及内布拉斯加州的当地居民自由选择是否允许蓄奴。尽管引致巨大批评声浪，此法案依然通过。

** 斯科特诉桑福德案，简称斯科特案（Dred Scott case）是美国最高法院于1857年判决的案件。黑人奴隶德雷德·斯科特曾经随主人到过自由州，并居住了两年。后来回到蓄奴州密苏里。主人死后斯科特提起诉讼要求得到自由。最终美国最高法院以不符合宪法为由驳回了他的请求。

公司在印度使用美国棉籽。1816 年，董事会把惠特尼轧花机运到了孟买。1818 年，公司成立了 4 个棉花实验农场。1829 年，建立了更多的试验农场，并向欧洲人提供土地以"种植核准种类的棉花"。1831 年，孟买政府在南马拉地县设立了一个采购原棉的机构。1839 年，东印度公司内部就对基础设施、试验农场进行更多投资，和将鸦片资本转移到棉花生产等问题进行了讨论。他们的路线得到法律变化的援助：从 1829 年开始，孟买政府对虚假包装和销售棉花的人处以最高七年的徒刑。1851 年，另一项"更好地制止欺诈行为法案"（Act for the Better Suppression of Frauds）开始实施，有着类似的目标。当局采取了许多举措以试图增加和改善印度棉花出口。而在 1853 年，当英国人取得了距离孟买东北约 300 英里的贝拉尔时，印度总督达尔豪西勋爵（Lord Dalhousie）夸耀地宣称："英国取得了印度大陆上已知最好的棉花地带；因此……开辟了一个巨大的供给渠道，通过这个渠道，弥补了我们一个重要的制造业的原料不足问题。"[53]

同样重要的是收集、借用和传播知识的计划。调查印度棉花农业生产的计划开展了起来。1830 年，政府委托详细调查印度的棉花种植情况。1848 年，印度政府实际上调查了整个次大陆，调查了每个地区增加出口棉花生产的潜力。事实上，与其他地方的情况一样，对某地区的统计和信息渗透通常先于该地区纳入全球经济之前，到 19 世纪中叶，欧洲人对印度许多地区的气候、土壤、农业疾病、劳动力供应和社会结构的了解仍不甚确切。同时，外国种子，特别是美国的种子，被引进到印度，新的轧花机也被分发，在古吉拉特邦、哥印拜陀等地建立了实验农场。[54]

这些努力中最重要的一项发生在 19 世纪 40 年代，当时东印度公司支持建立由美国出生的棉花种植者经营的试验农场，想以印度出产的棉花来取代美国。有几个美国人表示愿意"前往印度斯坦"。1842 年 6 月，一位"在棉花农场出生和长大"的 W·W·伍德（W. W. Wood）从新奥尔良写信表示，他一直有"什么时候到印度自行创业种植棉花的想法，但更愿意接受（东印度公司）的赞助和支持"。他最终得到了这种支持，并和其他 9 名种植者一起，带着从美国带来的种子、轧花机和其他工具来到了孟买。这些种植者前往印度各地,在那里分配到土地、房屋和压平机,种植外国棉花品种,其中大多数是美国品种。他们雇用了工人,也和农民签约让农民自主种植棉花。起初事情看起来不错,《亚洲杂志》报道了这些美国种植者的"热忱和勤奋"。[55]

然而,尽管他们尽了最大的努力,农场还是迅速失败了。不同的降雨模式挫败了使用美国农业实践的计划。基础设施的局限性使运输变得困难。人们越来越认识到,美国的做法对印度棉花种植者所处的环境来说过于资本密集。印度人也反对在实验农场使用所谓的废弃土地,因为传统上"他们可以不用花钱,在荒地上养活他们的牲畜"。此外,农场的失败还因为,相比自家的田地,农民对他们受雇照顾的田地不太重视。另外还有人全面抵抗。有位美国农民"默瑟先生的屋子在几个星期前被烧毁了,除了他穿的衣服,整个农场、工作连同他的全部财产都没了"。在这样的时刻,再加上美国人"对印度的习俗和语言完全陌生",情况只会更糟。结果,默瑟在1845年报告说,"实验农场只是政府的一个无用的开支,美国的种植体系不适应印度,印度土著因为了解气候和地力,比任何欧洲人都能更好、更经济地耕种,因此要求取消农场……"[56]

实际上,印度农民拒绝放弃所谓的荒地,而且他们也不容易被说服去农场工作,这使关洲发生的那场"种植园革命"不太可能发生在这里。事实上,他们积极反对殖民官员的要求。在印度的美国棉农抱怨说,他们"不得不屈服于(他们的工人)的偏见"。他们还抱怨印度采棉工人的"懒惰",抱怨农场棉花失窃,工人罢工以迫使他们准许提高工资,资本缺乏,土壤贫瘠,"没能雇到劳工"。最后他们认定雇佣劳动这条路行不通。其中有位种植者明确表示,"使用受薪工人耕种,在印度这个国家是绝对不可能获利的"。[57]

印度的经验确实似乎证实了棉花种植对胁迫劳动的依赖。然而,棉产品制造商开始明白,不可能完全信任奴隶制。由于制造商自己的资本和自己的机构不足以建立替代制度,他们转而求助于国家:他们要求新的土地权属法律来保证对棉化的投资;他们要求在试验农场投入更多的资金,积累农业知识,加大国家对基础设施的投入;他们还要求对棉花耕种者征收的税不要挫伤棉农积极性,以致棉农不想投资去提高农作物的数量和质量。英国和印度的棉花资本家都明白,资本必须注入农村,但他们都认为那里的条件太危险了。正如孟买商会所指出的那样:"如果我们要扩大生产,扩大的规模达到每年数百万磅,同时还要激进地改进生产流程,以至于需要改变整个民族的风俗习惯,这样的行动是不可能通过细枝末节的改动来完成的,而只能通过寻找相应规模和力量的原因和原则才可能成功。"[58]

面对棉产品制造商和贸易商关于英国东印度公司没有充分鼓励印度棉花种植的指控,东印度公司竭力为自己辩护。1836年,东印度公司出版了一本书为自己辩护,书名《关于东印度公司处理印度棉花-羊毛、生丝和靛蓝种植的报告和文件》(Reports and Documents Connected with the Proceedings of the East-India Company in Regard to the Culture and Manufacture of Cotton-Wool, Raw Silk, and Indigo in India),其中详细列出了它所进行的无数活动。公司转而指责商人,要求他们在印度购买棉花时要更加警惕,并且只购买干净的皮棉。事实上,欧洲棉商和殖民官员将在未来15年中,互相指责对方要为印度出口棉花的质量低劣和数量不足负责。[59]

然而,尽管有这些争吵和努力,印度棉花在世界市场上仍只扮演着非常次要的角色,对美国棉花的霸权地位不构成任何威胁。可以肯定的是,更多的印度棉花来到了英国,主要是因为以前对中国的出口重新转向了欧洲。尽管印度棉花重新定向,但它在英国市场的份额依然很低,从19世纪30年代的7.2%上升到19世纪50年代的9.9%。1839年,税务局承认:"这种商品的培育并没有想象中的那么成功。"孟买商会更为直截了当,对他们来说,改善和扩大棉花出口的种种努力"结果完全失败"。[60]

正如实验农场的失败所表明的,失败的一个重要原因是交通基础设施存在问题。在印度,棉花通常由公牛和手推车运到市场,原材料运输非常缓慢且昂贵。直到1854年,印度只有34英里的铁路。一位专家肯定地认为,美国棉花之所以比印度棉花更有竞争力,是因为铁路系统要好得多,而且应该补充的是,美国还有非常优越的河流运输系统。兰开夏郡的工业节奏与印度种植棉花的农村的经济生活节奏存在分歧。在世界其他地区，战争资本主义通过诉诸身体强制来弥补这一差距，但在印度它未能做到这一点。[61]

也许比缺乏足够的基础设施更重要的是，印度种植者的生产模式与出口生产的需求并不完全一致。印度农民仍深深植根于与欧洲棉花新贵分离的棉花经济中。他们生产的棉花主要用于国内消费，而且往往自己生产衣服。英国所认为的"失败"，更应该被看作棉花生产在可能性和优先性上存在着巨大差异的证据。棉花的单一种植在美国南方非常盛行，而在印度完全不存在。印度的耕种者偏好自给农作物，因为他们担心如果种植市场作物失败了就会挨饿——一个观察者形容"种植者在各自的田地里同时种植棉花和谷物，不分青红皂白地按照他们的意愿或利益指示"。当地农民只是把棉花"作为一种次要作物"，一位英国收税官哀叹道。[62]

而且，印度人不愿意采用新的种植方法和新的市场准备方式。他们抵制使用外来种子，而且继续用脚踏的丘卡轧花机处理棉花。这种对不同种子和棉花加工方式的抵制，在英国殖民者看来非常疯狂，但从印度种植者的角度来看是完全合理的。毕竟，他们使用的技术非常适合当地的社会和环境条件，当地的种子也是如此。而且，农民最大的客户是本土的纺织工人，所以他们种植了自己认为迎合当地市场的棉花。在资金极度短缺的情况下，人们很自然地会把重点放在维持生计的农作物上，采用成熟的技术，迎合成熟的市场。既然资本不是来自欧洲商人和印度商人，那么生产的革命化即使不是不可能，也是困难的。另一个潜在的控制生产的战略是创造一个农村无产阶级，但这在没有明确的土地私有产权的情况下也是不可能实现的，而土地私有产权只有在大规模的土地征用和强大的国家存在的情况下才能形成。[63]

印度农民对土地、劳动力和棉花生产方式的控制非常有效，同样，当地商人在交换过程中依然强大，这有效地限制了西方的侵占，并且有效地阻止了农村的革命化。棉花贸易直到19世纪60年代仍然主要由印度代理商、经纪商、中间商、贸易商，甚至出口商主宰。尽管"英国的利益方……做出了艰苦的努力，调整棉花的销售使其适应出口经济的需要"，但它们在很大程度上是失败的。1842年,孟买商会提出了一个一直无解的问题:"为什么英国的资本在其他地方如此强大,人们也期待它在印度能够有所作为,却最终完全无法运作呢?"他们列举了欧洲资本家面临的诸多不利条件:人数很少,在孟买只有40个欧洲商人在处理棉花;他们不得不适应"现有的商业状态";他们感叹"必然会遇到许多反对和强制",而且不得不与当地的纺织商竞争。[64]

甚至西方商人在棉花种植区开展业务时,也在各方面都遇到了阻力。"由于他们是欧洲人,这些耕种者被教导不要信任他们,而且在要价的时候价格也会比给当地商人的高很多。所有事情上都会碰到类似的限制,从劳工的价格、雇车的费用、仓库的租金,到请人轧花的费用,都是如此。"因此,对欧洲商人来说,想要"在内地维持据点"的想法是不可能实现的,英国商人只能限制于"购买送到孟买来卖的棉花"。尽管他们知道,需要"在这个国家的内地设置商品代理人",才能谈得上改造棉花生产,但他们不可能"冒险把大量资金投入到远离他们控制的地区,而如果想在古吉拉特维持据点,就必须要有大量的资金去建造房屋,给耕种者们预付资金"。在贝拉尔,直到1848年,"棉花通常由流动经销商从产棉的农村里以小批量购买",大部分棉花由农民自己纺织,而"在这个国家没有任何资本家能做出值得一提的进展"。与在美国不同的是,他们还不具备一个英国议会委员会在1847—1848年认为可能必要的能力:"对于欧洲资本家来说,他们需要自己与土地上的耕种者直接沟通。"[65]

总之,欧洲人只是非常表面地进入了印度的棉花种植领域。西方商人对印度农村的棉花种植没有任何影响。他们对棉花从生产者转移到沿海贸易商的方式也影响不大。英国人在大农场里使用受薪工人种植棉花的努力彻底失败了,这尤其是因为他们无法动员起劳动力。有一位棉花农场的负责人写道:"当村民需要这些人的劳动时,他们就不去农场了,一些领了政府月薪的人在早上说他们病了,不能上班。到了晚上,我发现他们在为村民工作。"[66]

鉴于这些麻烦,强制劳动似乎是一个有吸引力的选项。事实上,美国以奴隶为基础的棉花种植体系的成功范例,使得一位商人在1831年要求公司考虑是否应该采用"一点点温和的强制措施"。另一位作家同样认为，欧洲人应该雇用"孤儿院的学徒"，而其他人则倾向于让犯人和苦刑犯服劳役。所有这些想法都未能付诸实行，欧洲的棉花种植园也没能出现。相反，东印度公司必须不断与地方统治者、地方权力结构打交道，面对当地的财产所有权模式以及当地的生产方式。英国在印度面临的困难清楚表明了印度与美国的决定性差别。尽管拓殖者与美洲原住民的冲突无论在生命上还是财产上都耗费巨大，但结果都让拓殖者完全控制了土地和资源。原住民的做事方式已经不复存在。当地人被彻底毁灭了。[67]

就像安纳托利亚和西非等地的农民一样，印度农民塑造了一个可以抵制欧洲商人资本冲击的世界。由于欧洲人无法将身体强迫和无所不包的土地征用转移到世界的这些地区，也没有权力去强迫实行某些替代性的原料生产体系，最终令他们悲叹的是，他们对美国的依赖程度还是加深了。正如达卡行政专员邓巴先生（Mr. Dunbar）于1848年总结的那样："在这个古老而人口众多的国家，土地昂贵，租金高昂，农业服务几乎不为人知。当地的农业人口非常缺乏技艺、精力和创业精神，那里的农产品如此劣质，运输成本又如此之高，与美国的竞争似乎是一项无望的任务。"[68]

与印度相比，埃及存在着强制劳动、征用土地甚至是实行奴隶制的可能性。棉花在埃及很晚才成为主要出口商品，那是在19世纪20年代，穆罕默德·阿里帕夏（Muhammad Ali Pasha）统治期间实现的。作为阿里创造充满活力的国内棉化工业的努力的一部分，19世纪10年代后期，他把移居纽约很久的法国纺织工程师路易斯·亚历克西斯·朱梅尔（Louis Alexis Jumel）带到国内。朱梅尔偶然发现开罗一座花园的棉花丛有着异乎寻常的长而坚固的纤维。在阿里的支持下，他进一步改良了这种品种。到1821年，这种被称为朱梅尔棉的棉花已经开始大量收获，并在欧洲找到了市场。[69]

阿里明白这种新的出口作物的潜力，并命令在全国各地种植这种棉花。这个项目从一开始就有强制性的成分在内。农民每年都要服徭役，被迫在国有土地上种植棉花。他们还被迫在自己的土地上以特定的方式种植棉花，向国家出售作物，还要无偿工作。政府制定棉花价格，并控制在亚历山大港的外国商人的运输和销售的各个方面,明确禁止商人从埃及种植者那里直接购买棉花。工人也被迫挖掘运河给作物灌溉,在下埃及修建交织成网的道路,用于向市场运输作物。正如1843年纽约的《商人杂志与商业评论》(Merchants' Magazine and Comrnercial Review)所记载的那样:"棉花并非由农夫自愿栽培,而且如果不是帕夏的专制干涉,可能根本没多少人会种它。"与在美国不同,在埃及,暴力强迫不是由个人施加的,而是从一个前现代国家施加到农民身上的。[70]

埃及政府也控制了棉花贸易。直到19世纪50年代,与依靠信贷经营的美国种植者不同,埃及统治者成功地限制了外国商人对国内棉花贸易的影响,尽管这些人在地中海港口城市亚历山大港的出口贸易中占据中心位置。政府以固定价格购买棉花,集中到中央仓库,然后运到亚历山大港,而阿里是唯一向外商出售原棉的销售者。在19世纪20年代和30年代,埃及国家收入的10%到25%来自这种棉花销售。[71]

埃及棉花在为欧洲制造商提供原料方面发挥了重要作用。[72]1825年,英国工厂老板注意到,埃及的出口"事实上遏制了最近其他地区棉花价格整体上涨的趋势"。但他们认为,埃及棉花的主要价值在于可以代替美国的长纤维海岛棉,这点至关重要,"一旦发生任何政治事件,使得我们不能获得美国棉花,埃及棉花就可以用作替代品"。[73]

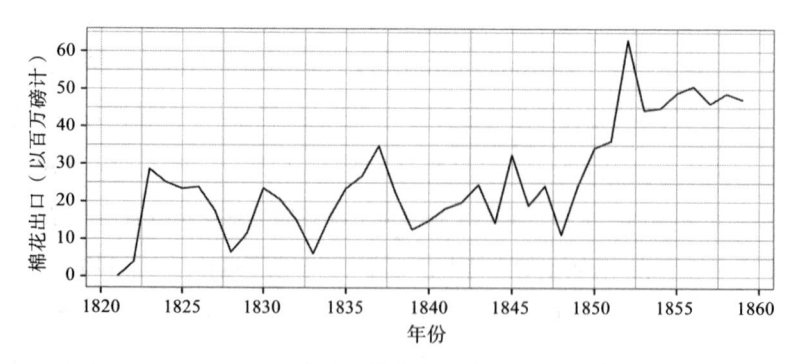

1821—1859年埃及棉花出口(以百万磅计)。

这样的灾难性事件没有发生。至少这时还没发生。相反,从美国南方流入的棉花越来越便宜。奴隶制与攫取原住民的土地结合起来,在欧洲资本的推动下，将原材料不懈地投入欧洲的核心产业。欧洲资本的大量输入改变了美国的农村。土地变成了财富，并且跨越巨大距离，将奴隶和工人、种植者和制造商、种植园和工厂联系起来。在工业革命之后，奴隶制成了西方世界新的政治经济的中心。但是，这个以扩张领土和暴力支配劳动力为基础的资本主义本身具有内在的不稳定性：正如《不来梅商报》（*Bremer Handelsblatt*）在1853年所说的那样："欧洲的物质繁荣系于棉花之上。如果奴隶制突然被废除，棉花生产将一下子下降六分之五，所有的棉花工业都将被毁灭。"[74]

具有讽刺意味的是，制造商对棉花的渴求由于意料之外的原因，从意想不到的方面得到了缓解：亚洲棉化制造业圈缓慢而稳定的崩溃。在整个19世纪上半叶，地方性棉花制造网络仍然是世界上强大的存在。在非洲、拉丁美洲和整个亚洲，用于家用或当地市场的棉花种植仍然重要；事实上，直到19世纪中叶，更多的棉花进入了这种有限的流通，而不是进入工业生产。在非洲大部分地区，直到1886年，托马斯·埃利森（Thomas Ellison）还观察到："土著棉花从远古时代就已经种植和生产，当地土著人大部分都穿着自己生产的织物。"[75]

在中国也是如此。纺纱工和织工这时仍在沿用传统的生产方式，大多在家里工作，靠家属劳动，继续为巨大的国内市场服务。他们使用的大部分棉花来自自己或邻居的田地，而另一些人则从上海和其他地方的大型棉商那里买了棉花。一位英国旅行者在1845年观察到："在晴朗的秋天的早晨，通往上海的道路挤满了一队队来自棉花田的苦力。"这位观察者见证了一个棉花世界的存在，这个世界远离欧洲人主宰着种植、生产和消费的棉花圈子。日本基于当地种植的国内棉花贸易同样蓬勃发展，在家庭和作坊中生产出了大量棉纺织品。尽管孟加拉出口制造业开始衰退，但在19世纪最初几年仍然进口了大量的原棉：1802年，据说孟加拉种植了700多万磅棉花，但进口了超过4300万磅棉花，这些棉花主要来自印度西部。孟加拉同时与中国及兰开夏郡争夺着其核心产业的原材料。尽管英国对印度有着完全相反的计划，印度依然是诸多这样的替代性棉花圈子中最为突出的例子。[76]

然而，尽管地方和区域网络持续存在，它们却不会再度繁荣了。这些由习俗、便利和利润所界定的小型网络被欧洲资本和国家权力不断扩大的网络所颠覆。事实上，美国奴隶制所造成的棉花的廉价将有助于破坏世界各地的当地性制造业。棉花帝国多次推进历史学家卡伦·维根（Kären Wigen）称之为"制造外围"的过程。坦奇·考克斯在1818年就已经了解了这一过程。他敏锐地观察到，英国出口到印度的产品会迫使印度人"转而种植棉花，而不是制造他们卖不掉的东西"。在19世纪，欧洲人一次又一次把赌注压在战争资本主义的功效上。他们每次都能成功地开辟新的种植领域，强制更多的奴隶，寻求更多的资本，他们成功地以更便宜的价格生产更多的棉纺织物，并把棉花产业上的竞争对手变成外围。这些替代性棉花圈子的破坏反过来又会进一步改变世界许多地方农村的权力平衡，使更多的领土和更多的劳动力更容易受到全球经济侵蚀的影响。我们将会看到，这种贪婪的战争资本主义循环的最大讽刺是，它的成功为自己的覆亡奠定了基础。[77]

但是任何覆亡的迹象都还很遥远。在19世纪上半叶，战争资本主义似乎是一个巨大而坚不可摧的机器，是一个极其有效的争夺利润和权力的机制。随着英国的力量的增强，世界其他地区的资本家都看到了新技术和肉体胁迫结合在一起所具有的内在可能性。当然，许多观察家都对针对原住民的近似战争的攫取、种植园里的暴力和英国工业城市的社会动荡感到担忧。然而财富和权力却在向那些能够拥抱这个新世界的人频频招手。从法国到德意志地区，再到瑞士、美国、伦巴底和其他地方，资本家都试图沿着曼彻斯特开辟的道路前进。

第 6 章
工业资本主义起飞

约翰·马斯特森·伯克（John Masterson Burke）是纽约市詹姆斯·阿莱尔（James P. Alair）铸造厂一位 23 岁的商务经理，1835 年，他乘船来到墨西哥南部，目的地是一个名叫巴利亚多利德的殖民地小镇。在那里，曾经的尤卡坦州州长唐·佩德罗·巴兰达（Don Pedro Baranda）和苏格兰人约翰·麦克雷戈（John L. MacGregor）已经开设了墨西哥第一家蒸汽动力棉花生产企业，这是伯克将要去指导的工厂。他们说"巴利亚多利德周围棉花的自发增长"是自己创业的诱因，但从兰开夏郡到洛厄尔的棉花使人致富的故事想必也鼓励了巴兰达和麦克雷戈。[1]

巴利亚多利德远离航运设施和技术专家，在这里建造工厂绝非易事。尽管在后来的 1842 年有位纽约访客曾形容这个工厂"整洁、紧凑并且有着商业化的外表"，但在尤卡坦州建立生产之初却是一场斗争。为了让尤卡坦之光（Aurora Yucateca）开始工作，伯克不仅从纽约带来了机器（其中还包括用来将这些机器从港口运到巴利亚多利德的车辆），还带来了四名工程师，其中两人很快就死于疟疾。由于没有建筑师，这些创业家自己设计了工厂，"拱门两度撑不住，整个建筑都倒塌了"。尽管有这些困难，巴兰达、麦克雷戈和伯克最终还是使工厂开工了。从这年到 1844 年之间的 9 年里，他们雇用了 117 名当地工人工作，用玛雅人家庭提供的木柴作蒸汽机的动力来源，在后者的玉米田里种植棉花，他们一共生产了 39.5 万码布料。尽管以兰开夏郡的标准来看成绩平平，也已经是一个很了不起的成就了。[2]

棉纺织厂在尤卡坦半岛的热带荒野中拔地而起，距离梅里达港口城坐车也有几天的路程，同时还远离资金来源，这样的事迹昭示了棉花对全球创业家的强大吸引力。18世纪80年代水力纺纱机在英国扩散开来之后，机械化棉花生产开始在世界各地蔓延，先是从英国传播到欧洲大陆，再传播到美国、拉丁美洲、非洲北部，最终传播到印度和更远的地方。

我们可以叙述数百甚至数千个这样的故事。以位于今天德国的维瑟河谷为例，这个河谷从巴登公国的黑森林最高峰延伸到瑞士巴塞尔附近的莱茵河，自18世纪以来一直是一个充满活力的棉纺织中心。这块地区有着充裕的瑞士资本、廉价的劳工和广泛的中间商网络，富有进取精神的巴塞尔商人动员了成千上万的农民在自己家中纺棉花，这些来自当地农民家庭的工人无法为他们的后代找到土地，也不受行会的限制（行会限制了在巴塞尔这样的城市里的生产扩张）。一些商人开始大量雇佣这类工人，政府强迫儿童和年轻人纺纱的政策也有助于这些从业者。1795年，来自黑森林地区采尔的外包商人梅因拉德·蒙特福特（Meinrad Montfort）付薪水给大约2500户这样的家庭，这些家庭中有一个或多个家庭成员从事纺织工作。蒙特福特和类似的外包商人从巴塞尔获得原棉，并把成品布交给商人，后者又把商品交给位于莱茵河对岸的独立城市米卢斯的新兴的棉花印花厂。瑞士的投资如此巨大，以至于一位历史学家把这个地区的经济重组称为"维瑟河谷的殖民化"。[3]

早在18世纪，这些瑞士企业家和他们的巴登分包商就已经把一些纺纱工和织工组织起来在非机械化生产的作坊工作，以便更好地监督生产工作。早在1774年，蒙特福特就在附近的施陶芬创建了一个漂白作坊。一旦工人开始离开自己的家在作坊里工作，那么新近在英国发明的纺纱机械来到维瑟河谷就只是一个时间问题。事实上，1794年，仅仅在格雷格在斯蒂亚尔创建工厂10年之后，企业家就创立了第一家机械化纺织厂，尽管因为担心机械化会导致失业、苦难和社会动荡，政府官员很快就迫使其停工，但政府对工业的干预是一个罕见的例外，到了1810年，在一个更偏好机械化的政府的邀请之下，水力纺纱机和骡机重返河谷。这些工厂利用黑森林地区从山地奔流而下的充沛的水力资源，很快摧毁了手工纺纱。然而，纱线的充足供应导致了手工织布的繁荣，短时间内使得农民可以留在自己的农场。与其他地方一样，不断增长的需求和资本也最终转移到了工厂。米卢斯企业家彼得·克什兰（Peter Koechlin）在维瑟河谷的城镇施泰嫩（1816年）、舍瑙（1820年）和采尔（1826年）创建了手工织布厂。随着制造业从家庭搬到工厂，越来越多的农民放弃了养牛和制作奶酪。到1860年，维瑟河谷共计有16万支机械化纱锭和8000台织机，几乎全部位于工厂里。这个河谷曾经是一个偏远的自给型农业基地，现在成了工业革命地图上的又一个据点。像尤卡坦城镇巴利亚多利德一样，它陷入了资本主义经济全球化的旋涡，这一经济体连接着黑森林和尤卡坦半岛的农民、密西西比河畔的奴隶，以及我们将看到的，拉普拉塔河岸边的消费者。[4]

渴望利润的企业家和渴望权力的统治者结合成完美的团队，机械化的棉花工业借助他们的力量，成功地将维瑟河谷、巴利亚多利德和世界大片地区殖民化了。1771年，珍妮纺纱机在英国发明6年之后来到了法国的鲁昂市。1783年，位于杜塞尔多夫附近拉廷根的外包商人约翰·戈特弗里德·布鲁格尔曼（Johann Gottfried Brügelmann）无法为他的织工提供足够的纱线，这种问题在几年前是不可能解决的。而现在他投资了25 000多帝国塔勒（Reichsthaler），聚集了大约80名工人，并在英国专家的帮助下建立了德语地区第一家纺纱厂。两年后，第一台机械纺纱机抵达巴塞罗那，这个城市有着古老的棉化纺织传统，直到今天还有一条狭窄的街道叫棉花街（Carrer dels Cotoners）。1789年，普罗维登斯商人摩西·布朗（Moses Brown）雇用了一名熟练的英国棉业工人塞缪尔·斯莱特（Samuel Slater），并在美国建成了第一家成功的纺纱厂。1792年，比利时企业家利芬·博旺（Lieven Bauwens）随之效仿，建立了特温特第一家机械化纺纱厂。一年后，这种机器首次开始在俄国纺纱，俄国财政部赞助米哈伊尔·奥索夫斯基（Michael Ossovski）开办了一家棉纺厂。1798年，萨克森开姆尼茨的一位市民克里斯蒂安·弗里德里希·克莱西格（Christian Friedrich Kreissig）买下了25架珍妮纺纱机，并开办了一家棉纺厂。到 1801 年，瑞士圣加仑的当地商人赞助马克-安托万·佩利斯（Marc-Antoine Pellis）创建了该国第一家纺纱厂"纺织股份公司"（Spinnerei Aktiengesellschaft）。7 年后，伦巴底地区马焦雷湖岸边的因特拉镇里，纱锭开转了起来。1818 年，在穆罕默德·阿里的命令下，第一台机械化棉纺厂开始在埃及经营，19 世纪 30 年代中期，唐·佩德罗·巴兰达在墨西哥建立了第一家蒸汽动力棉纺厂。[5]

英国工匠生产棉纱的革命性方法迅速传播开来，可能比以前任何一种制造技术更为迅速。这肯定有赖于诸多旅行者、期刊、报纸和学术协会大肆鼓吹这些奇妙的进步。但更有影响力的是，英国贸易商以无与伦比的价格大量贩卖纱线和成品棉布。欧洲和北美的消费者主要是通过印度生产的相对昂贵的棉产品来了解这种奇妙的商品的，他们对此作出了迅速而热烈的回应；而几个世纪或几千年以来一直自给自足棉纺织物的地区的消费者也同样如此。随着越来越多的人购买便宜的棉花，越来越多国家的企业家相信他们可以生产同样的商品。技术工匠、冒险家、国家官僚和新兴企业家以同样的热情接受新机器和新技术。到 1800 年，正如我们所看到的，在英国、法国、德意志地区、美国、俄国、瑞士、荷兰和比利时，第一批机械化纺纱厂已经出现了。20 年后，新的工厂在哈布斯堡帝国、丹麦、意大利、埃及和西班牙纺织出纱线和布料。到 1860 年，棉纺厂遍及欧洲、北美、印度、墨西哥和巴西。虽然那一年英国仍然控制着世界机械纺纱锭的 67.4%，但用机器纺纱的棉纺织业已经在世界上大部分地区有效地取代了旧的生产方式。[6]

机械化棉花产业显著之处不仅在于其迅速的全球扩散，还在于其蓬勃的发展速度。每个新纺纱厂都是其富有创业精神的邻居的榜样，表明利润在等待着那些能够掌握棉花生产新领域的人。比利时的工业化在 19 世纪的第一个十年在欧洲大陆是没有先例的，就是这种增长的一个例子：仅在比利时的中心城市根特，1802 年只有 227 名纺纱工，但 6 年之后已经有 2000 名工人，在周围的农村还有 1000 人的劳动力。[7]德意志地区的纱锭数量从 1800 年的 22 000 支增加到 1860 年的 200 万支。加泰罗尼亚的棉花工业也呈指数级增长，到 1861 年有近 80 万支纱锭，以至于被称为"西班牙中部的小英格兰"。1828年，俄国有9家纺纱厂开工，到19世纪中叶，俄国在棉纺织品方面实现了自给自足。在墨西哥，到1843年有25 000支纱锭和2600架织机。1857年，瑞士的纺纱锭数达到了135万支。1828年，邻近的阿尔萨斯拥有50多万机械纱锭，1846年为859 300锭。在美国，罗德岛（1790年）、新泽西州（1791年）、特拉华州（1795年）、新罕布什尔州（1803年）、纽约州（1803年）、康涅狄格州（1804年）和马里兰州（1810年）纷纷建立了棉花工厂。根据美国的普查，1810年，美国有269个棉花企业，共有87 000支纱锭。到1860年，纺纱总量将达到500万支纱锭，棉纺织品成为美国在资本投入、就业人员和产品净值方面最重要的制造业。[8]

机械化棉纱生产在世界许多地区的迅速普及和指数式增长，表明了这一新社会制度不可抗拒的力量。最明显的是，机械化纺纱导致生产力大幅提高。那些有足够的资金来负担这项新技术的人立即就拥有了相对于手工纺纱者的竞争优势。企业家在瑞士安装了用于纺纱的骡机之后，平均每个工人的生产力增加了一百倍。[9] 因此，1780年后棉花的历史有一个确定的方向也就不足为奇了：生产率更高的机器取代了人类劳动，从而完全颠覆了世界上最重要的制造业。

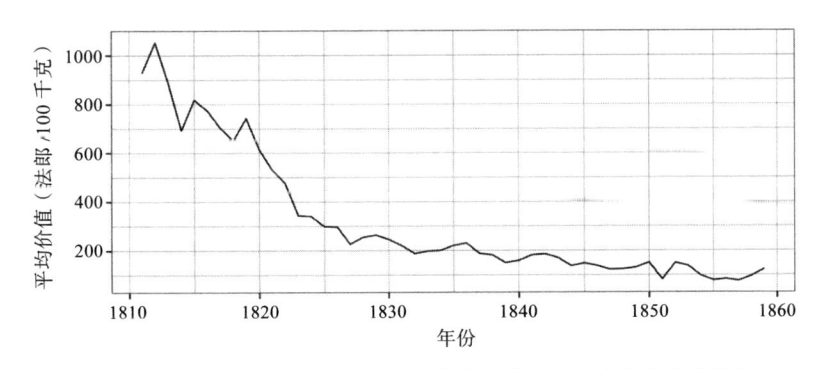

棉花价格大幅下跌：1811—1860年，米卢斯每100千克棉纱平均价格。

然而，如果这种纺纱的新方法如此引人注目，它是不是应该在全球范围内更均匀地传播呢？为什么要化10年甚至更多的时间才能到达几百英里外的欧洲大陆，20年甚至更久的时间跨越大西洋到美国，50年或者更多的时间到达墨西哥和埃及,还有100年甚至更长的时间到达印度、日本、中国、阿根廷和大部分非洲?棉花产业工业化的传播令人困惑。显然,这是一种更有效率的满足人类基本穿衣需求的方式。棉花种植需要适宜的气候和土壤,但正如英国的例子所显示的那样,棉产品制造业并不需要这样的条件。事实上,机械化棉花制造业的普及似乎遵循了普遍的效率规律,却有着令人意外的特殊结果。

如果我们把机械化棉花生产与病毒或外来入侵物种的传播做比较,那么找出潜在的原因需要我们去区分弱势群体和对抗性群体。事实上,即使粗略浏览一下最初采用它们的国家和地区的这些新机器,也可以看出一系列具有特色的经济、社会和政治关系——工业资本主义的萌芽特征。正如我们在英国看到的那样,这种工业资本主义激烈地背离了几个世纪以前的生活。在18世纪的最后几十年,英国的手工业者和外包商人偶然发现了一种纺纱的新方法,这是一回事;但是把这个模型扩大几个数量级,并把它变成一个新的社会秩序是完全不同的事情。我们将会看到,一种新兴形态国家的力量才是决定性因素。

要了解世界各地机械化棉花制造传播看似奇特的模式,以及其相应的工业化情况,让我们来看看这些追随英国的地方有什么共同点。首先也是最重要的是,早期采纳机械化棉花制造的地方都有纺织制造的历史。因为并无必然成功的保证,这种先前的经验对于棉花工业化来说是必需的。纺纱工厂几乎总是出现在已有充满活力的纺织产业的地区——无论这些纺织产业使用羊毛、亚麻还是棉花,在城市还是农村,基于家庭还是车间。例如,在根特附近地区,亚麻纺织的悠久传统为棉花生产培养了劳动力。在墨西哥的普埃布拉,机械棉花纺纱建立在已有数百年历史的棉花纺织业的基础上,那里的工人有一个棉花生产者的行会,甚至在机械化出现之前就已经出现了大型作坊。德意志地区的情况也不例外:一位经济学家发现,"现代棉花产业几乎到处都是建立在更古老的家庭工业上"。在俄国,棉花制造业是在18世纪的亚麻和羊毛制造业基础上发展而来;在美国,新英格兰的纺织厂出现在妇女有着悠久的纺织传统的地区;在阿尔萨斯,纺织生产的历史可以追溯到15世纪；而在瑞士的棉花制造地区，家庭制造棉织物有着悠久而出众的历史，人们积累了丰富的技能和资本。这种小规模的工作往往是工业化生产崛起的第一个受害者，但它为篡位者提供了现代制造所必需的技能和劳动力。[10]

旧制造业基地不同的侧重点也塑造了各地区工业化的不同途径。在世界上一些地区，棉纺织工业化是从基础纺纱业开始的，而织布业和印染业随后才跟进。例如，美国和英国一样，那里的工业化是从基本的制造业，即纺纱业开始的，接下来才是织布，最后才进入印染业，在从其他地方进口的棉布上印染彩色图案。然而在世界其他地区，例如比利时、俄国和阿尔萨斯，棉花工业化却是从蓬勃发展的印染业中诞生的。[11]

无论是以纺纱还是印染为主，所有这些地区的农村居民都在小屋、农舍、棚户里纺纱织布，并且是在商人的指导下这样做的。在萨克森，纺纱和织布可以追溯到15世纪，最初农民生产纱线和布料供自己使用。到了18世纪，商人建立了一个复杂的外包制度，把原棉预付给农民，然后来取回成品纱和布。最终这些农民中有一些成为全职的纺纱工。到1799年，开姆尼茨及其周边地区有多达1.5万人在家中纺棉花。在这个过程中，工人磨炼了技能，而商人们积累了资金和营销技能。[12]

瑞士的故事与之类似。成千上万的人早在机器到达之前就忙于生产棉纺织品。就像在萨克森那样，商人逐渐开始组织这种生产。当廉价的英国纱线开始淹没瑞士市场时，许多纺纱工成了织工，继续在家中工作。然而，一些外包商人却看到了在国内生产纱线的机会，他们把工人带到工厂，让这些人领取工资，在新的英国制造的机器上工作。起初，工业化并没有消除农村和家庭制造业，但随着时间的推移，它对资本的贪得无厌的渴求以及对机械化越来越大的需求，把权力转移到了那些最有能力建造雇佣受薪工人的大型工厂的商人身上。[13]

在意大利，伦巴底的外包系统也为19世纪初期工厂生产的出现铺平了道路。在几百英里以西的加泰罗尼亚，早期的农村制造业和巴塞罗那城市里的制造业已经铺平了工厂生产的道路，这部分是由于新的资本积累，部分是由于农村出现了大量可以进入工厂工作的受薪工人团体。荷兰的机械化棉花产业也是建立在家庭外包网络之上的,并且嵌入其中,和墨西哥的情况一样。[14]

这样的家庭纺织系统至少在一开始就可以很容易地适应更加机械化生产方式。例如,在18世纪后期,一些纺纱工人开始在家中或小作坊里使用珍妮纺纱机,就像他们几十年前在英国所做的那样。但是,最终几乎所有的商人都会把生产集中在工厂,在那里他们可以更好地监督、规范化,并且通过水力和蒸汽动力来加速生产。[15]

这种早期的生产经常(虽然并不总是)也提供了工业生产所必需的其他成分:资本。如果没有资金,生产棉花的新方法是不可能的:通常需要兴建建筑物、调整溪流、建造机器、雇用工人,长距离跨越国界取得原料和招聘专家。商人最常见的策略是将在组织家庭生产棉纱和布料中积累起来的资本再投资到小工厂。例如,在瑞士,前外包商人为1806年以后兴建的机械化纺纱厂提供了资金。他们从只有几台骡机的小厂开始,慢慢扩大规模。18世纪后期在加泰罗尼亚,手工业者先是在非机械化的家庭纺织工业中积累资金,然后用它来扩大机械化生产。在阿尔萨斯,这个行业从米卢斯旧的商业和手工业精英那里汲取资本和创业技能。在俄国,来自距莫斯科50英里远的小城谢尔吉耶夫镇的棉产品制造商普罗霍罗夫(Prokhorov)家族,也采取了类似的行动。他们原本是被叶卡捷琳娜二世解放的农奴,后来成了小本经营的商人,1843年起,他们又专注于纯色棉布印染。此后不久,他们开办了一家小型纺纱厂,公司迅速成长。作为当时最具活力的行业,棉花生产为人员的社会流动提供了充足的机会。瑞士棉产品制造商海因里希·昆茨(Heinrich Kunz)最初是一名雇佣工人,但在1859年去世的时候,他拥有8家纺纱厂,共15万支纱锭,雇用了两千名工人。[16]

美国的工厂老板也经常出身于小商人和熟练工匠的行列。罗德岛的塞缪尔·斯莱特曾在英国当学徒,负责监督其他工厂,他于1789年移民到美国。到了美国之后,他与普罗维登斯商人摩西·布朗建立了合作关系。布朗从西印度群岛的粮食生产中发家致富,想在他位于波塔基特的工厂中引进机械化纺纱。斯莱特凭借记忆组装起英国设计的机器,在1790年12

月，工厂生产了第一条纱线。精力充沛的斯莱特很快扩大了业务，增加了工厂，并最终在1799年积累了足够的财富，建立了自己的公司。到1806年，罗德岛农村地区有一座村庄以他名字命名：斯莱特斯维尔村。[17]

这样的成功激励了其他人：1813年，"为自己谋生"的威廉·霍姆斯（William Holmes）写信给他的兄弟约翰说他们应该建一家棉花厂，他评估了附近一家工厂的成本，并根据观察到的结论，估计建一个足够容纳1000支纱锭的工厂大概要花10 000美元。他写道他"准备加入这个行业并投入1000美元。有一位纺纱工是独立工匠，可以争取让他投入500美元，如果有必要的话，我可以找到其他人合伙"。一旦开始，这些小额投资者可以用"从200支纱锭的工厂中获得的利润来添置新的机器"。[18]

正如霍姆斯兄弟的例子所表明的，早期棉花工厂的资本需求可能规模不大，即使在资本有限的地区，如萨克森，棉花工厂仍然可能以某种方式繁荣起来，虽然这些工厂又小又过时，依靠的是廉价劳动力和廉价水力。同样，唐·巴兰达于1835年在他的巴利亚多利德工厂投入的成本也不多，总共40 000比索，相当于大约200名技术工人的年工资。即使在可以得到较高资本的地区，支出也是保守的。在法国下莱茵省，部分棉纺厂集中在米卢斯。在1801年，平均每家棉纺厂只需花费16 216法郎的资本，那里的37家工厂平均每家雇用81名工人。织布厂需要的更多，要35 714法郎，但与一家马车生产厂所需的15万法郎和一家军火生产企业所需的140万法郎相比，这仍然是一个不大的金额。当然，后来工厂规模会增长：19世纪上半叶，机械化纺纱厂的成本可能在20万到60万法郎之间，而一家综合了纺纱、织造和印染业务的工厂成本可能高达150万法郎。[19]

从外包制度和小型手工作坊中所积累的资本再投资，会和在有时变幻莫测的贸易世界中积累的大量财富的试探性投资结合起来。在一些特殊情况下，商业资本会投资到工业生产上，所以在棉花生产上有时会有巨额投资。最戏剧性的举动是由一批波士顿商人做出的，他们的资本在1807年至1812年间因为美国对英法贸易的禁运而突然灾难性地搁置，于是要为这些资本寻找新的投资渠道。1810年，弗朗西斯·卡博特·洛厄尔（Francis Cabot Lowell）前往英国，以取得棉纺织厂的蓝图。回来之后，他和一群富有的波士顿商人签署了"波士顿制造公司会员之间的协议条款"（Articles of Agreement between the Associates of the Boston Manufacturing Company），在波士顿附近的沃尔瑟姆创建了一个巨大的综合性纺织厂，初始资本金为40万美元，略多于200万法郎。这家纺织厂专注于生产廉价的粗棉纺织品，其中一些用于给奴隶制作衣物，以取代印度制造的布料。（洛厄尔布在奴隶中如此常见，以至于后来"洛厄尔"成为奴隶中用来描述粗棉布的通用词）。这一冒险被证明非常值得，大多数年份的分红在实收资本的10%以上。1817年，工厂的分红达到了17%的峰值。到1823年，波士顿联营公司（Boston Associates）进一步扩张，在波士顿以北约25英里的洛厄尔建立了更多的工厂，成为世界上最大的综合工厂。美国的商业资本进入制造业标志着奴隶制与工业之间又一个紧密的联系。早期的棉花工业家，例如卡博特、布朗和洛厄尔等家族，都与奴隶贸易、西印度群岛的粮食贸易以及奴隶种植的农产品贸易有联系。"鞭子之主"和"织机之主"再次紧密联系在一起。[20]

波士顿联营公司在投资规模上是不寻常的，但他们并不是唯一一把资本投入工业生产的大商人。19世纪初期的瑞士商人也开始投资阿尔萨斯棉产业，以及投资伦巴底新兴的棉花厂。巴塞罗那商人也纷纷效仿。同样，在墨西哥投入棉花生产的大部分资本也并不是来自纺织业本身，而是来自贸易中积累的财富。在1830年至1849年间在普埃布拉开设棉花工厂的41个资本家中，有19人是商人，5人是地主，只有3人此前曾从事纺织业。[21]

富有的商人，其中许多是外国人，也在俄国棉纺织业的发展中起了核心作用，没有谁比路德维希·克诺普（Ludwig Knoop）更具象征意义的了。克诺普出生于不来梅的一个中等商人家庭，1839年以曼彻斯特商业公司德泽西（de Jersey）助理代表的身份来到俄国，负责进口纱线。他只有18岁，但对棉花生产技术已经相当熟悉，而且对这一行业的前景非常入迷。4年后，英国解除了对纺织机器出口的禁令，这一禁令曾在1786年至1843年禁止出口骡机这样的纺织机器（或其蓝图），克诺普开始将这些机器带到俄国，同时带去的还有英国工程师和机械师；他还进口了美国种植的棉花，并为俄国制造商在国外获得融资。他在1843年至1847年间建立了8家纺纱厂，最终将这些工厂出售给俄国企业家。借助棉花在全球的崛起之势，克诺普成为俄国最杰出的实业家。[22]

这种资本的流动几乎总是嵌入在亲属关系网络中，例如，波士顿联营公司的资金来源就是亲戚圈；上西里西亚的弗伦克尔（Fränkel）家族在罗兹及周边地区建立了一个大型的纺织、织布和精致加工的帝国，有效地集中了家族资本和管理技能。然而，体现家族对新兴棉花产业的重要性的最好例子是阿尔萨斯，那里有少数几个家族统治了当地一个巨大的产业长达数代，其中包括多尔富斯（Dollfuse）、克什兰（Koechlin）和施伦贝格尔（Schlumberger）家族。这些家族之间彼此通婚。皮埃尔·施伦贝格尔（Pierre Schlumberger）是米卢斯主要棉花企业家之一，在他死时，他的纺纱厂和印染车间价值高达130万法郎。皮埃尔共有22位儿孙于1830年至1870年间成年，19人结了婚，其中14人与阿尔萨斯的资产阶级结婚，还有3个与棉花港口勒阿弗尔的资产阶级结婚。因此，米卢斯的纺织资产阶级非常有凝聚力，能够组织起来（1826年，他们建立了米卢斯工业协会［Société Industrielle de Mulhouse］），并且有能力创造一个有利于他们的政治、社会和经济环境。其中一个后人安德烈·克什兰（André Koechlin）被恰当地称为"米卢斯苏丹"。[23]

因此，能够获得资本，同时还有纺织品生产的历史，对于开始用机器制造纱线和布料的巨大冒险至关重要，但把这些先决条件转化为全面棉花工业化的催化剂是压力，即来自英国进口商品的竞争压力。事实上，在全世界范围内，拥抱机械化棉花生产最主要的动机，就是需要用国内产品来替代外国（通常是英国）进口商品，正如英国也曾为了用自己的国内产品取代对印度进口的依赖而奋力拼搏。到了1800年，英国商品正在淹没世界市场，英国出口了大量的棉纱和比例较小的布料：从1780年到1805年，英国对欧洲的出口额增长了20倍以上。[24]

起初，英国制造商本身就是扩散工业资本主义的重要推动者。例如，一位曼彻斯特棉花生产商赖特·阿米蒂奇（Wright Armitage）派他的兄弟伊诺克（Enoch）前往美国销售工厂产品。以类似的方式，曼彻斯特纺纱商麦康奈尔和肯尼迪吸引到了远在汉堡、瑞士和法国的代理商，到了1825年，莱比锡、贝尔法斯特、圣加仑、塞萨洛尼基、法兰克福、加尔各答、法国城市、热那亚和日内瓦都有代理人在出售他们的纱线。他们的业务记录表明他们服务的海外市场越来越多样化。在18世纪90年代，公司几乎只与英国的客户通信，到1805年他们开始与德国、葡萄牙和美国的商业伙伴通信，到1825年又与埃及、法国、印度、意大利、波兰和瑞士的商业伙伴通信了。在那一年，公司30%的信件去了英国以外的地方，这见证了其全球销售范围。曼彻斯特的第一个千万富翁，一个"工商业帝国"的建立者约翰·赖兰兹（John Rylands）作为织工开始了自己的职业生涯，后来他成为一名制造商，到19世纪20年代，他成了一个大批发贸易商，在曼彻斯特有着庞大的仓库，到1849年，他又在伦敦建立了仓库，供应着世界各地的市场。[25]

然而，最终工厂所有者只专注于制造业，而把销售权交给了一批迅速发展起来的商人。1815年，曼彻斯特市已经有1500家棉花展厅，为顾客提供全面的货物。外国出生的商人蜂拥而至。例如，内森·罗斯柴尔德（Nathan Rothschild）于1798年从德意志抵达，为父亲在法兰克福的商行购买纺织品，他是定居在曼彻斯特的许多德意志犹太人中的第一个。1840年以后，大批希腊人加入他们，以满足奥斯曼帝国及更远的地方的需求。利用英国富商和银行家所提供的信贷，位于外国港口的商人成为进一步销售英国纺织品的渠道。例如，在布宜诺斯艾利斯，一个迅速增长的英国商人集团从19世纪初就销售英国的纱线和布料，同时出口生皮和其他肉类产品。例如，雨果·达拉斯（Hugo [Hugh] Dallas）进口这些纱线和布料并抽取佣金，同时向英国制造商发回"颜色、种类、质量和价格方面的信息"，这样他们可以根据偏远地区市场的需要调整生产，在那里信件可能需要六个月才能到达。[26]

布宜诺斯艾利斯并不是英国商人在南美洲从事棉花交易的唯一地点。据估计，19世纪20年代中期，在蒙得维的亚有10家英国商行，利马有

20家，墨西哥城14家，卡塔赫纳4家，里约60家，巴伊亚20家，伯南布哥16家。[27] 这波出口的浪潮淹没了世界上非机械化的棉花产业。瑞士是欧洲最早的工业化国家之一，从18世纪90年代中期就开始大量进口英国的机织纱线。结果，纺纱工资急剧下降：假设一个瑞士纺纱工在1780年能用一天的工钱买到一个五磅重的面包，在1798年则需要两天到两天半的工钱。早在1802年，英国纺纱厂的代表便前往瑞士销售更多产品，到19世纪20年代初，瑞士农村的手工纺纱工已经绝迹了。在加泰罗尼亚、欧洲西北部以及德意志的土地上也发生了类似的侵略行为，迫使新近出现的资本家、统治者和官僚来接受机械化的制造业。实际上，如果不这样做，就意味着放弃棉花产业，放弃已经成为重要的财富来源、越来越成为"现代化"的先决条件的产业。然而正如我们将会看到的，世界许多地方的统治者和资本家无法做出回应。[28]

英国的竞争强烈地刺激了制造商去拥抱一个全新的事物，但是没有英国的技术，制造商就不可能做到这一点。尽管英国政府试图坚持自己的垄断地位，但由于私人和政府指导的工业间谍活动的积极进行，也由于那些试图在新土地发财致富的熟练工人和棉花资本家不可阻挡的外流趋势，新技术还是迅速蔓延开来。在英国发明新机器到传播至其他地方之间，通常只有10年的滞后时间。在荷兰和德意志西北部，英国的珍妮纺纱机和水力纺纱机在1780年传入，而比利时的纺纱机是从法国引进的，珍妮纺纱机在1771年就引进了法国。水力纺纱机在1769年出现在英国，1782年就抵达了里昂。塞缪尔·克朗普顿的骡机在1788年来到了亚眠，此时距离其发明仅仅过了9年。一位社会学家评论说，阿克莱特的机器是一个"相当大的技术突破"，却可以"轻松地扩散到其他地区"。[29]

事实上，在英国发生工业革命之后，来自世界各地的企业家、统治者、官僚和科学家仔细研究了英国棉花产业的进展情况。他们前往英国获取蓝图、模型和机器。如果机器不能公开拥有的话，那么企业家和间谍就不得不把这个新技术的秘密记在心中，或者说服英国技术人员应聘出国，尽管在1825年之前一直都有限制性的移民法。工业间谍活动在当时普遍存在。例如，在1798年至1799年间，利芬·博旺为了把机械化纺纱引进比利时，曾 32 次造访英国，去研究纺纱的新方法，有时还会带回熟练工人。托马斯·萨默斯（Thomas Somers）于 1785 年被一群巴尔的摩制造商派到英国，他带回了一些纺纱机的小型模型。由于早期机器的知识主要集中在工匠的头脑中，他们的活动使这种扩散成为可能。据估计，在欧洲大陆工作的英国工匠有两千多人，他们是英国纺织工业诀窍的中心。[30]

英国的企业家、英国的专业人士和英国的工匠，在各地都起着至关重要的作用。在法国棉花工业中心之一的诺曼底，托马斯·瓦丁顿（Thomas Waddington）和弗雷德里克·瓦丁顿（Frederic Waddington）兄弟在阿夫尔河畔的圣雷米和鲁昂建立了机械化纺纱工厂。1818 年，米卢斯棉花企业家尼古拉斯·施伦贝格尔（Nicholas Schlumberger）从英国雇用了工程师乔布·狄克逊（Job Dixon）为他建造纺纱机。1831 年，卡米耶·克什兰（Camille Koechlin）前往英格兰调查当地的棉花纺织技术，并带回了一些"在英国做的笔记"（Cahier des notes faites en Angleterre），详细介绍了各种制造技术，特别是与织物染色相关的技术。[31]

新机器从法国迁移到邻近的瑞士。随着瑞士棉花工业受到来自英国的机织纱线的严重影响，1800 年瑞士驻波尔多的领事马克-安托万·佩利斯建议瑞士联邦政府进口法国制造的英式纺纱骡机。这些机器最终于 1801 年被置于一个国有化的修道院里，204 支纱锭开始纺纱。一年后，一些温特图尔商人把 44 台阿克莱特纺纱机带到了伍尔大林根的一家工厂。[32]

远离兰开夏郡的地方也受益于这些思想、机器的传播和人员的流动。墨西哥先是借助英国的，后来又借助美国的专家、技术和机器。美国棉花业本身依靠英国的技术，依赖那些很容易被频繁的贸易和移民所掩盖的工业间谍活动。1787 年，亚历山大·汉密尔顿（在他成为财政部长之前两年）和坦奇·考克斯派英国人安德鲁·米切尔（Andrew Mitchell）去收购阿克莱特机器的模型和图纸，这个计划后来因为米切尔被抓而失败。最著名的是，弗朗西斯·卡博特·洛厄尔于 1810 年出访英国，据称是出于"健康原因"，回来时带回了他在沃特敦的工厂的蓝图。移民和间谍活动的结合意味着知识传播得很快：阿格莱特的梳棉机在短短的 8 年中就横穿了大西洋，哈格里夫斯的珍妮纺纱机花了10年；阿克莱特的水力纺纱机花了22年，而克朗普顿的骡机只花了11年。1843年以后，当英国的纺织机械出口终于合法化时，"英国工程公司寻求市场"成为纺织制造技术进一步普及的重要附加因素。[33]

一旦这些技术传播开来，本土机器制造商就很快掌握了这些技术，并对其改造以适应新的目的和条件。萨克森的企业家早在1801年就开始建造英国机器的简化版本，1806年，瑞士的工匠也随之跟进。法国在发展棉花工业的同时，还发展了一个强大的机器制造业，而这些技术又出口到了整个欧洲。德意志地区的熟练工匠在俄国棉花工业的早期历史上发挥了重要的作用。巴塞罗那的工匠早在1789年就制造出了珍妮纺纱机，在1793年制造出了阿克莱特的水力纺纱机，在1806年造出了克朗普顿的骡机。阿尔萨斯制造商开发给布料上色的染料和化学品的时间比他们的英国同行大约要早15年，这些技术使得巴塞尔周边出现巨大的化学和制药产业。而在1831年，美国人约翰·索普（John Thorp）发明了环锭纺纱机，这种纺纱机操作简单，速度也更快，每个工人的纺纱效率提高不少。它很快就传播到墨西哥、英国，以及最重要的是，在19世纪末传播到了日本。工业资本主义的核心特征是技术不断创新，这个概念已经蔓延到英国的边界之外，这是工业资本主义发展壮大的标志。[34]

实际上，获得纺织技术的重要性不亚于获得资本、先前拥有外包网络的历史、英国竞争的压力，以及更普遍的纺织品制造史。巴布亚新几内亚、刚果盆地或北美大陆内地地区缺乏这些条件，因此不太可能跟随英国的道路。但是世界上大部分地区即使满足了这些条件，也没有能实现棉花产业的工业化，位于今天尼日利亚的卡诺、日本的大阪和印度的艾哈迈达巴德就是如此。可以肯定的是，亚洲和非洲的大部分棉花产业仍然处于英国竞争的领域之外，因此承受新的制造技术的压力要小得多。在亚洲的一些地区，包括印度、中国和奥斯曼帝国，尽管英国纱线进口带来了巨大的压力，但并没有实现机械化。当这么多地区进行工业化时，为什么看上去条件一模一样的地区没有实现呢？我们需要在其他地方寻找答案。

对这种发展不平衡有一个简单解释，就是战争资本主义对欧洲经济的有益影响。毕竟，英国的案例揭示了，对殖民地的掠夺、奴隶制以及暴力插入全球网络对于当地棉花产业的激进重塑是多么的重要。如果说工业资本主义是建立在战争资本主义的收益之上的话，那么拥抱战争资本主义的能力也许就是棉花工业化的基本前提。不仅英国人如此，法国、荷兰和西班牙的资本家也能够并且确实利用了殖民地的原材料和殖民地市场。不过，这个链接还是太简单了。毕竟，战争资本主义对工业资本主义发展的最重要的贡献之一就是以极其低廉的价格提供了大量的原棉。但在许多方面，这种收益很容易被普遍化——任何人都可以前往利物浦或新奥尔良（就此而言）购买棉花，从而受益于北美奴隶和土著人民所遭受的巨大压力。那么德意志地区的棉花工业化又是因为什么呢？或者瑞士的呢？可以肯定的是，他们的一些商人在奴隶贸易中获得了巨额的财富，受益于奴隶种植的棉花，但是这些欧洲工业化的重要地区仍然没有殖民地。

而且，当时盛行的经济模式——战争资本主义——为工业化提供了所需要的资源（尤其是原棉），还有许多重要的制度遗产，但英国的例子表明了，战争资本主义本身不适合下一步：大量生产棉纺织品。必须要打造另一种组织经济活动的方式，而改造这种模式比移动机器或动员资金更具挑战性。

英国的例子也显示了国家有能力打造有利于工业化的条件的重要性。没有一个能够在法律、官僚、基础设施、军事上渗透整个领土范围的强大国家，工业化几乎是不可能的。打造市场、保护国内工业、创造工具来增加税收、守卫边界以及促成可以动员受薪工人的变革都是至关重要的。事实上，各国有无培育国内棉花产业的能力，已成为工业化和非工业化地区之间的关键差别。现代国家的地图几乎完全符合早期棉花工业化地区的地图。

在最肤浅的层面上，国家之所以重要，是因为它们通过采取一系列措施来保证纺纱厂的建设，明确地承担起了棉花生产工业化的职责。比如，法国革命政府向比利时棉花先驱博旺提供贷款。当约翰·戈特弗里德·布鲁格尔曼在德语地区建立第一家棉纺厂时，他从伯格公国获得了独家特权和垄断权。在萨克森，当卡尔·弗里德里希·伯恩哈德（Karl Friedrich Bernhard）和康拉德·沃勒（Conrad Wöhler）于1799年在英国工程师的帮助下开办第一批棉纺织厂时，他们成功地向当地政府申请到了直接补贴和临时垄断。在俄国，棉花企业家米哈伊尔·奥索夫斯基获得了政府贷款，并在1798年建立俄国第一家机械化纺纱厂时获得了五年的垄断权。在丹麦，政府大力资助新兴纺织工业，并从国外带来技术工人。1779年它甚至创立了被称为"曼彻斯特工厂"的皇家特权棉花制造厂（Royal Privileged Cotton Manufacture）。同样，在美国，亚历山大·汉密尔顿在1791年的《关于制造业的报告》中强烈主张政府支持工业发展。而且国家被证明是重要的，例如1786年马萨诸塞州议会赞助两名苏格兰人——罗伯特·巴尔（Robert Barr）和亚历山大·巴尔（Alexander Barr）——移民到东布里奇沃特建立一个棉纺厂。同样，1789年，一群波士顿商人在马萨诸塞州获得了500美元的资助，建立了贝弗里棉纺织品厂。在墨西哥，联邦政府于1830年成立了阿维奥国家工业促进银行（Banco de Avío para Fomento de la Industria Nacional），为工厂建设贷款，组织购买外国机器和聘请外国技术专家。1826年，普埃布拉政府支持机械师前往美国和欧洲学习棉花生产技术和购买机器。[35]

然而，垄断、补贴和专业知识都被证明是相当小规模的干预措施，足以建立一两个工厂，但不足以建立起一个重要的国内棉花工业。事实上，我们将在后面看到，如果没有位于工业资本主义核心的新式强大的国家，这些努力可能很容易失败。比这些更为重要的是，一个国家是否有能力将其国内制造业的努力与竞争——特别是来自英国的竞争——隔离开来。但是在19世纪初，只有少数几个国家有能力监督外部边界。值得一提的是，机械化棉纺来到欧洲大陆的第一波浪潮，是不断扩张的法兰西革命共和国有能力将英国商品排除在欧洲大陆的直接结果。从1806年11月到1814年4月对英国贸易品的封锁，*为欧洲大陆棉花工业化提供了一个最重要的推动力量，保护了起初弱小的大陆棉产业，使之成为一个完整的工业。就

---

* 大陆封锁是拿破仑于1806年在柏林启动的针对英国的经济封锁政策，于1814年拿破仑倒台时结束。

在大陆棉花产业挣扎出现之时，拿破仑的政策将其从英国制造商的毁灭性竞争中隔绝开来；法国的纺织业务很快起飞。萨克森也受到类似的影响：1806年，萨克森以开姆尼茨为中心的棉花产业共有13 200个机械纱锭，到了1813年，大陆封锁即将结束之时，这一数字迅猛地增长了17倍。[36]

封锁的影响也波及欧洲其他地区。虽然瑞士第一家机械化棉纺织厂在1801年就已经开工运转，但瑞士棉花产业的真正扩张是在1806年开始大陆封锁之后，当时其产业得以服务此前由英国商品服务的市场。随着大陆封锁的结束，瑞士工业经历了一场严重的危机，因为欧洲大陆再次充斥英国的商品。瑞士人不得不到别处寻找市场，而这些市场在美洲和远东越来越多。在比利时，在大陆封锁之前，根特的许多印染作坊仍然使用印度的布匹。一份1806年的报告指出："在本省中，只有两家制造商生产这种称为纯色棉布的适合印染的布料。如果对来自印度的纺织品进口实施禁运，由于本地区有很多织工，也由于纺纱厂可以生产他们所需要的一切，本省将立即能生产出足以满足本省及其他省份印染厂需求的布料。"拿破仑无意中实现了这一愿望，为当地制造商提供了巨大的新机遇。仅仅一年之后，费普尔（Faipoult）州长就能够报告"从没有任何工业进展比现在发生得更快"。在荷兰、哈布斯堡帝国和丹麦，到处都有着类似故事。[37]

美国在与英格兰的冲突中也有类似的动力起到了作用。在那里，19世纪初的战争被证明对棉花生产企业有利。杰弗逊的1807年禁运法案禁止了英国、法国和美国之间的货物运输，来自英国的纺织品大部分从市场上消失了，这为美国的纺纱厂和织布厂提供了新的机遇：美国的机械纱锭数量从1807年的8000增加到1815年的13万。美国在1806年有15家棉纺织厂，到了1809年有62家棉纺织厂，还有另外25家在建中。这种惊人的高利润增长促使包括波士顿的弗朗西斯·卡博特·洛厄尔在内的很多商人把更多的资金转移到棉花生产中去。[38]

拿破仑的大陆封锁政策在欧洲和美洲的棉花产业发展的关键时刻给予了其极大的助力。然而，到1815年，欧洲的战争和革命动乱所起到的保护作用已经结束。在拿破仑战败，和平来到欧洲时，英国棉花生产商赖特·阿米蒂奇舒了一口气，他说："突然从战争变为和平，这对商业产生了很大的影响……我认为我们现在开始感觉到自己比其他国家更有优势，可以把它们赶出制造商市场了。"[39]

然而，在世界的一些地区，棉花产业在动荡的年代大幅度增长，以至于制造商获得了足够的政治影响力，迫使其政府保护新兴产业免于被"赶出"，并使得国家有了进一步发展产业的兴趣和能力。赖特·阿米蒂奇的想法部分是错误的。在美国，一种新式关税早在1816年就为棉花工业提供了一些保护。世界其他地方也纷纷效仿。在法国，在大陆封锁结束之后实行了"禁止性关税"。普鲁士和奥地利在1818年，俄国在1820年，法国在1822年，意大利在1824年，巴伐利亚和符腾堡在1826年，都对棉产品征收了进口关税。法国走得更远，在1842年甚至禁止所有棉产品进口到其领土。保护主义曾经被视为战争带来的灾难，现在已经成为新兴工业化国家的一个永久性特征——在这方面这些国家效仿的是英国的例子，就像英国曾经保护本国的市场不受印度商品的激烈竞争那样。[40]

棉产品制造商本身就站在最前沿要求得到这种保护。即使到了1846年，这个行业已经远离襁褓期了，阿尔萨斯的企业家还是创建了保护全国劳工协会米卢斯委员会（Comité Mulhousien de l'Association pour la Défense du Travail National），由棉产品制造商埃米尔·多尔富斯（Emile Dollfus）和J. A. 施伦贝格尔（J. A. Schlumberger）主导，倡导强有力的保护主义政策。1820年以来，莱茵河对岸的巴登的棉纺纱业者一直施加压力要求征税。萨克森的纺纱厂也一直主张采取保护性关税。1834年1月1日，当萨克森成为德意志关税同盟（Zollverein）的一部分时，这些纺纱厂获得了更大的国内市场，得到了更多的关税保护。1846年参加符腾堡会议的弗里德里希·利斯特（Friedrich List）与大西洋彼岸的亚历山大·汉密尔顿一样，在关税同盟成员之间就关税问题进行谈判时，认为"制造业的价值［必须］从政治的视角来考虑"。他认为，工业能力以及其他种种因素对于国家动员战争的能力至关重要。加泰罗尼亚、哈布斯堡、俄国、意大利和法国的统治者通过各种关税和禁令来保护其新兴的棉花工业，而其棉花工业家则大声疾呼，征收更高的进口关税。[41]

即使在远离英国的地方，国内棉花工业化也依赖政府在和平和战争时期保护本国工业的能力。在美国，马萨诸塞州的精英，特别是沃尔瑟姆工厂的创始人弗朗西斯·卡博特·洛厄尔，影响了联邦政府的决定，使得联邦政府在 1816 年对低档棉纺织品征收保护性关税，同时实际上继续允许进口高质量的英国纺织品，从而垄断了廉价棉产品市场。印度粗制棉产品是洛厄尔和他的同行的竞争对象（而他们此前职业生涯主要就是从印度进口这种商品），实际上直到 1846 年都需要支付 60% 到 84% 的税款。那时这个行业已经发展到能够以较低的关税承受这种竞争的程度。[42]

墨西哥的工业和美国一样，是保护主义之子。自 1821 年从西班牙独立后，墨西哥的政治精英一直在追求工业化。墨西哥拥有一个历史悠久、非机械化的纺织业，但是这个产业受到了从英国和美国进口的廉价纱线和布料的压力。新独立的墨西哥试图通过提高关税来解决这个问题，甚至禁止进口棉纺织品和纱线。独立意味着墨西哥逃脱了席卷世界其他地区的去工业化大潮。墨西哥第一座机械化棉纺织厂（和尤卡坦之光不同）于 1835 年在普埃布拉建立，由埃斯特万·德·安图尼亚诺（Esteban de Antuñano）创立和经营。安图尼亚诺本人也强烈要求国家保护自己免受进口棉花的竞争。和美国的坦奇·考克斯和德国的弗里德里希·利斯特一样，安图尼亚诺提倡以替代进口的工业化生产作为通往财富和政治稳定的道路。面对工业家的压力，以及出于对社会动荡的恐惧（比如 1828 年普埃布拉纺织制造业的骚乱），墨西哥政府在 1829 年 5 月以前通过了新的关税，禁止进口在墨西哥也能制造的粗棉衣物。新的关税证明是成功的，到 1831 年，新的纺纱车间开始运行。安图尼亚诺继续成为关税的热切支持者，他警告说，降低关税将"一举"破坏已经取得的一切。他真切地认为，自己的工厂只是因为禁止进口低于 21 号的纱线（相对较粗的纱线）才能存在。保护主义有增无减：1837 年的新关税再度禁止廉价棉纱和布的进口。到 1843 年，禁止进口棉纺织品的条款甚至写入墨西哥宪法。结果，墨西哥的棉纺厂数量从 1837 年的 4 家增加到 1847 年的 50 多家。[43]

墨西哥独立的国家机构是其走向工业资本主义的核心因素。它受到根深蒂固、组织有序、自觉且有计划地持工业主义者立场的商人的压力，这些商人不仅使他们的利益成为国家政策的核心,而且常常实际上主宰国家。在墨西哥,与巴西不同,促进国内工业是民族主义政治家所关心的核心问题:正如一位墨西哥历史学家所说:"制造商的繁荣几乎完全取决于国家监管市场的意愿和能力。"因此,墨西哥的独立非常重要。到1870年,国内纺织品生产者,其中大部分是棉纺织品生产者,仍然供应了60%的国内市场需求,相比之下,印度仅为35%~42%,奥斯曼帝国为11%~38%。墨西哥在政治上异乎寻常地一贯而有力坚持进口替代政策,从而创造了一个不同于世界上其他南方国家的立场。[44]

因此,工业资本主义的成功建立既依赖企业家的主动精神,也依赖国家建立一个能让制造业发展的框架的能力。除保护主义以外,国家也通过消除内部关税在建造市场中起到了至关重要的作用。加泰罗尼亚工业从西班牙取消内部市场关税壁垒中受益,1834年德意志关税同盟建立之后,德意志地区的工业也得到了很多好处,因为这消除了当时常见的繁杂的边界和各种各样的关税条款。有时国家也会成为重要的客户,例如在俄国,主要是装备自己的军队。但最重要的是道路建设、运河挖掘和铁路建设,这些是19世纪上半叶充满自信的国家常做的事情。这些基础设施项目极大地促进了货物、人员和信息的流通,从而允许出现更大、更为整合的市场。[45]

这些处在竞争地位的国家和棉花资本家是英格兰早期胜利的第一批见证人,他们清楚地看到了征服外国(通常是殖民地)市场所能得到的国家利益,并且尽其所能进行效仿。当然,英国本身依靠帝国扩张来占领市场,部分是为了避开欧洲大陆和美国的保护主义政策。加泰罗尼亚的工业也从海外的销售中受益匪浅,以至于一位历史学家认为,美洲是"18世纪70年代末以来公国生产者最活跃的市场"。而且双方有着几乎完美的互补性:棉纺织品从加泰罗尼亚的棉花工业流出,而在西班牙国家的鼓励下,越来越多的原棉从新世界运到巴塞罗那港。[46]与其他地方一样,出现了殖民地和工业化整合的新形式。[47]

因此,加泰罗尼亚工业的增长率与英国工业的增长率大致相同——但这只持续到19世纪10年代,当时拉丁美洲的西班牙资产大幅缩水。尽管西班牙曾经拥有欧洲发展最快的棉花产业之一，但西班牙生产商日益发现自己处于劣势。没有殖民地市场带来的利益，这些商人无法在前西班牙领土或在美洲其他地方与更便宜的英国商品竞争。随着行业前景下滑，商业资本被剥夺，国家资助创建布料市场的重要性凸显出来。[48]

法国和荷兰的工业同样从殖民地市场中受益，而且时间长得多。法国制造商在非洲、亚洲和美洲的法国殖民帝国内找到了重要的市场。荷兰在1816年重新获得了爪哇，到1829年，爪哇进口的棉花的68%来自荷兰。这不仅是威廉国王1824年的"纺织品条例"（Textile Ordinance）——这是一项试图迫使英国制造商退出爪哇的保护主义法令——的结果。威廉还创立了一家半政府式的公司尼德兰贸易公司（Nederlandsche Handel-Maatschappij），以国王为主要投资者，负责收购荷兰的棉产品并在爪哇销售，然后再将爪哇的货物运回荷兰。在这样的支持下，殖民地市场成为荷兰成功的核心。特温特的棉花产业实际上完全依赖爪哇市场。[49]

当比利时于1815年由于维也纳会议而成为荷兰共和国的一部分后，得以进入荷兰的亚洲市场，立即获得了巨大的利润。这些市场变得非常重要，以至于比利时在1830年获得独立，无法进入荷兰殖民地市场之后，立即陷入了严重的危机。一些比利时公司甚至收拾行李搬到荷兰，以便继续出口到殖民地，比如托马斯·威尔逊（Thomas Wilson）和让·巴蒂斯特·西奥多·普雷文纳尔（Jean Baptiste Theodore Prévinaire）的公司都是如此，两者都于1834年搬到了哈勒姆。[50]

即使那些没有殖民地的国家的制造商也从其他国家的殖民扩张中受益。和英国同行一样，瑞士制造商通过投资意大利和德意志地区的棉花行业以及寻求更远的市场，来应对日益增长的贸易保护主义。在19世纪50年代和60年代，为东南亚生产蜡染和为伊斯兰世界生产棉布披肩对瑞士制造商来说非常重要，例如瑞士温特图尔的格布吕德·福尔卡特（Gebrüder Volkart）商行把瑞士棉纺织品出售到印度、地中海东部地区和东亚地区。[51]

将邻近和遥远地区塑造成市场的能力，在非洲、亚洲和南美洲的许多地区，如果有的话，出现时间也要晚得多。虽然世界许多地方都有技艺、市场、资本和科技，但一个能够保护国内市场、进入偏远市场以及建设促进制造的基础设施的国家，是早期工业领袖才有的显著特征。而且这些日益强大的国家也打造出了支持工业资本主义的必要制度——从雇佣劳动力市场（通过破坏农村前资本主义依附和获得生存的替代手段）到由法律和行政机构所创造的产权。

因此，工业资本主义是所有发明中最具革命性的，只能以非常特殊的方式传播。那些设法效仿英国榜样的资本家通常在接受工业化项目的国家内工作，把国家制造业看作加强国家力量的一种方式，在这个过程中打造了经济活动与国家领土之间的新的关系。在这些国家，统治者、官僚和资本家可以从法律、官僚系统、基础设施和军事上渗透整个领土范围，为长期的资本投资、动员劳动力、扩大国内和国外市场、保护民族工业不受全球经济的不确定性影响创造条件。对于新兴民族国家的政治家来说，建立一个英国模式的工业社会的理由非常直截了当：工业是财富的来源，也是极其优越的战争工具。为了在竞争激烈的国家体系中生存，繁荣是必不可少的，拥抱工业资本主义似乎是一个非常可靠的手段。反过来，对于一些资本家来说，投资制造业似乎是一条富有希望的通往财富之道——并且他们要求各国政府尽其所能帮助打造工业资本主义，而这往往违背与他们竞争的、通常拥有土地的精英阶层的利益和倾向。他们的成功是这些国家获得棉花工业化俱乐部成员资格的最终关键，也是全球经济史上"大分流"的中心。正如我们所看到的，这种工业资本主义最终会变得强大起来，在19世纪60年代的大危机中减少对战争资本主义的依赖。[52]

因此，棉花工业化不仅是资本家的一个项目，也是国家的一个项目。最神奇的是，出现了一系列有决心、有能力保护国内棉花生产的国家并没有破坏依赖出口的英国工业。相反，英国棉花制造业在1815年以后继续快速扩张。19世纪上半叶，英国的棉花产量每年增长5%，出口量增长6.3%。到1820年，英国企业家共拥有700万支纱锭，到1850年这一数量达到2100万支。到了19世纪30年代，织布也越来越机械化，随着动力织布机的传播，织工也进入了工厂。在1835年，英国大约有1500家棉产品制造商（其中一些拥有多家工厂），而到1860年，在不列颠诸岛已拥有4000家棉纺厂。棉花对于英国来说是如此重要，以至于到1856年，曼彻斯特商会准确地描述道，这个行业"在规模和效用上没有任何其他制造业可以比拟"。[53]

面对其他地方的保护主义，英国成功的秘诀有双重因素。首先，英国制造商把重点放在高质量的纱线和布料上，在这方面他们无须面对其他地方的技术不太先进的制造商的竞争。其次，英国越来越依赖世界殖民地或半殖民地地区的市场。到19世纪50年代，英国生产的全部棉产品中有一半以上用于出口。从1820年到1850年，亚洲和拉丁美洲成了出口市场增长最快的地区，亚洲的比重尤其迅速上升。英国的棉花贸易避开了那些能够保护自己的新兴产业的强大国家，倾向于无法在政治上抵制英国的猛攻的市场。[54]

战争资本主义惊人的贪婪和不平衡的后果带来了巨大的多样性：一些国家得到了加强，另一些国家则被削弱，无力投资基础设施，也无力加强行政能力和实施工业保护政策。一些国家获得了大规模生产商品的惊人能力，另一些国家仍然处于前工业化家庭生产的阶段。一方面，奴隶制、土地攫取、军事化的贸易和殖民扩张为棉花种植开辟了广阔的新领域和劳动力市场，创造了极具活力的新市场。它们帮助限制了来自全球市场的竞争，强烈地刺激了国际货物流通，从而使得工业化成为世界少数特权地区才可能有的项目。它们也是国家力量大幅增强的根源，使得一些国家能够建立工业资本主义制度。事实上，欧洲国家在全球范围内的帝国扩张及其在欧洲内部的加强共同构建了一个短暂的决定性时刻。[55]另一方面，殖民扩张、奴隶贸易和奴隶制本身也削弱了其他地区的国家能力，而且在这么做的同时，也限制了新式机器和工业资本主义在这里扎根的可能性。

没有一个地方比埃及更能阐释战争资本主义对棉花产业的双重影响了。这个北非国家长久以来在很多方面都很特殊，它似乎要最先抛弃非洲的模式，跟随欧洲的轨迹。埃及本身就有许多成功的棉纺织业工业化的先决条件。埃及可以获得大量在自己的土地上生长的原棉。埃及有着悠久的纺织生产史，而且棉花产业是工业革命前埃及主要城市最重要的工艺产业，在18世纪时，埃及就已经向法国出口纺织品了。[56]正如我们将会看到的那样，埃及能够获得英国的技术。埃及人也能够调动足够的资本。但到了1850年，埃及却没有成为少数发生了工业革命的国家之一。

这一切开始相当有希望。受重商主义思想的影响，埃及统治者穆罕默德·阿里一心想建立生产企业。他希望工业化能够加强埃及的军事实力和独立性。阿里开始了一个进口替代项目，与欧洲大陆的同类项目非常相似。19世纪初期，埃及向欧洲出口了大量粮食，英国商人用纺织品来支付，这伤害了埃及的纺织品工场。作为回应，阿里对这些英国货物实施了禁运，并鼓励历史上曾主宰纺织品贸易的叙利亚基督徒设立工厂。1815年，埃及第一家棉纺织厂开工了，并且有着政府授予的垄断权。3年后，1818年，第一台机械化棉纺厂开始运作，其他人迅速效仿。[57]

和其他地方一样，埃及的这种工业化技术直接或间接地来自英国。起初，阿里从那里进口纺纱机，让英国机械师把机器组装起来，但后来他把法国工程师带回国内，开始了国内的机械工业。[58]到这个阶段为止，埃及的棉花工业化沿着欧洲大陆、美国和墨西哥的道路前进。

埃及进行工业化的努力在19世纪30年代中期达到了巅峰。到1835年，有1.5万到2万名工人在30家棉纺厂工作，操作着大约40万支纱锭。这些工厂的大部分产品售往国内市场，其他出口到整个中东地区，如叙利亚和安纳托利亚这样的地方，也进入苏丹和印度市场。正如1831年德语报纸《奥斯兰》(Ausland)在回顾埃及棉花产业后评论的那样："有趣的是，在短短几年之内，一个野蛮国度竟然完成了拿破仑和整个大陆在本世纪初尽一切努力都未能完成的任务，即在棉花生产领域成功地与英国竞争。"这样的评估只是稍微有些夸张：一位专家估计到19世纪30年代，埃及在人均棉花纱锭上位于世界第五位，他计算出当时埃及每千人口大约有80个机械纱锭，对照之下英国每千人口为588，瑞士为265，美国为97，法国为90，墨西哥为17。[59]

富有意味的是，英国政府官员已经开始担心在市场上会输给这个"野蛮国度"了。英国议会议员，后来担任香港总督的约翰·鲍林爵士(Sir John Bowring)于1837年在埃及旅行期间观察到，英国的棉纺织品"以前曾广泛使用，自从埃及的工厂也开始纺织细平布之后，现在已经很少被运往埃及去了"。而这种担忧在其他市场也被提出了：孟买的《亚洲杂志》报道，

1831年"一艘阿拉伯船……从红海带来250包棉纱,这是在开罗附近的阿里帕夏的纺纱厂制造的。据报道,它已经向苏拉特送出了500包,向加尔各答送出了1000包,而且它打算在下一季送来长布、马德波勒姆布等等。商业界对这个新的竞争对手怎么看?"[60]

在印度的英国商人开始抱怨。1831年6月,他们这样描述从埃及进口到加尔各答的纱线:"这种纱线捻的品质极佳,甚至超越从英国进口的那种……考虑到这些事实,我们可以理解,埃及的制造商很可能会妨碍从英国到这个国家的类似产品的出口。"对埃及进口棉花商品的进一步检查使他们相信"棉线非常强韧",他们总结道:"考虑到帕夏拥有的有利条件,以及它所拥有的地理优势,我们认为英国制造商理应获得比上述税款更大的保护,这里的代理商有意在这个问题上提醒政府注意。"[61]

他们在埃及看到的也给其他观察员留下了深刻的印象。1843年,法国纺织品制造商儒勒·普兰(Jules Poulain)研究了埃及的棉纺织厂,并向阿里提供了他的观察的详细报告,他鼓励在工业化方面作出进一步的努力。普兰说:"工业造就国家财富。"普兰和阿里都认为,"生产加工本国农业出产的产品是很自然的"。事实上,埃及自己生产棉花这一事实是它相对法国和英国的比较优势。普兰认为,如果法国人在印度的本地治里成功了(他们在那里刚开了一家小纺纱厂),埃及人也可以在埃及取得成功,这尤其因为埃及有一个"巨大的优势":埃及的劳动力要便宜得多。[62]

在劳动力问题上,埃及的故事开始有了区别。阿里远比欧洲国家做得更过分,他在埃及遵循了战争资本主义模式。工人被迫在工厂工作。1816年至1818年期间,开罗库伦费许的第一批棉纺织作坊开业时,他们的熟练工人和机器来自欧洲,但是1000至2000名普通工人是苏丹奴隶和被迫为最低工资工作的埃及人,由军队严格监督。这些工人经常受到虐待。在某种程度上,这个制度与其他地方没有什么不同——政府引诱发生工业化,孤儿被迫在工厂工作——但是在埃及,胁迫更为极端,而且受薪工人仍然处于边缘地位。在某种程度上,埃及的统治者选择了全球种植园经过试验的机制,作为进入工厂世界的途径。事实上,阿里表明,战争资本主义至少可以在埃及在短时间内催生工业化。[63]

战争资本主义可能通过强有力的决心把棉花工业带入埃及，但其成果并没有持续太久。到了19世纪50年代，埃及的棉花工业基本消失，农村遍布工厂废墟。埃及从来没能建立使其全面过渡到工业资本主义的体制框架；甚至像雇佣劳工这样基本的制度也没有建立起来。埃及棉花种植和棉花工厂对战争资本主义的依赖最终限制了国内市场的增长。此外，埃及最终无法保护国内市场。随着当埃及相对于欧洲大国削弱时，英国商人努力地为自己的货物打开埃及市场。英国向埃及出口的棉花货物的价值从19世纪20年代后半期到30年代后半期增加了估计有10倍。1838年，"英国奥斯曼关税条约"生效，规定进口关税只有8%的从价税（即产品价值的一个百分比），这实际上迫使埃及进行自由贸易，"摧毁了埃及的第一个机械化纺织工业"。加之国家运营棉纺工厂时碰到的困难，以及获得蒸汽动力生产所需燃料时碰到的问题，英国主导的"自由贸易"体制使得埃及实际上不可能实现工业化。埃及的棉花工业受到了两方面的打击：国内拥抱战争资本主义，以及在国外最终屈从于英帝国主义。埃及的国家机器在国内很强大，但在确定埃及在全球经济中的地位时却很薄弱，无法与英国的利益和计划相抗衡。[64]

战争资本主义对工业化的负面影响可以从另一个例子看出来：巴西。乍一看，巴西和埃及很像。巴西有着悠久的棉产品生产历史，种植了大量的优质棉花。18世纪摇摆不定的殖民地政策会时不时地鼓励巴西的工场制造业，但一份1785年的皇室法令禁止了所有制造业，除了粗棉制品，因为殖民当局担心棉化工厂与采矿业竞争劳动力。但是尽管存在这样的法律，棉化制造业还是出现了。1808年葡萄牙皇室迁至里约时，这些法令被撤销，人们建立了几家棉纺厂。这些工厂仍然很小，处在边缘位置，圣保罗的工厂由于缺乏熟练劳动力，以及无法与英国纺织品竞争而在19世纪20年代被关闭。1844年，阿尔维斯·布兰科关税法（Alves Branco tariff）将大部分外国制成品的关税提高到30%，这鼓励了几家新工厂的发展，但关税以及相应所带来的工业发展都是暂时的。结果，直到1865年，巴西只有9家棉纺厂，共13 977支纱锭，大约是棉花工业化高峰时期的埃及数量的二十分之一，相当于墨西哥的十分之一。[65]

因此，巴西与墨西哥不同，也与某段时间的埃及不同，虽然获得了棉花、资本和技术，却没有发展起来自己的机械化棉花产业。实际上，巴西的棉花工业化一直要等到19世纪80年代。[66]巴西之所以未能实现工业化，是政治上有影响力的奴隶主所造成的特殊政治经济条件的直接结果。这些强大的甘蔗和棉花种植者设想的巴西在全球经济中的角色是奴隶劳工生产的农产品的提供者，这个愿景与国内工业化项目背道而驰。

例如，在重要的甘蔗生产州巴伊亚，从事农产品贸易的商人明确地"反对工业发展，并试图通过反对政府的必要支持来阻挠工业发展"——尽管巴伊亚能够获得煤炭、资本、运输基础设施和原棉，非常适合工业化。相反，巴伊亚的精英则希望政府投资基础设施，以便更好地将货物运入和运出世界市场，并倾向于将劳动力分配给农业。然而，对他们来说最重要的是，奴隶制要求低关税，以促进巴西的糖和咖啡流入全球市场，从而排除了使欧洲、北美和一度使埃及工业化的保护主义。巴伊亚商业协会（Bahia Commercial Association）是一个商人组织，他们和种植者一样强烈地抵制关税，因为他们深深地受种植者的支配，也达到了其目的。[67]

巴西新兴的棉花企业家也面临其他问题。由于资本都被用于奴隶劳动农产品的生产和贸易以及奴隶贸易本身，工业企业往往缺乏信贷来源。而且，劳动力的招募仍然是一个问题。由于奴隶制普遍存在，人们几乎很难找到从事工业的受薪工人，因为欧洲人不愿意与奴隶劳动竞争，更愿意移居到阿根廷等大陆其他地区。结果，工厂只能混合利用受薪劳工和奴隶劳工。但一般来说，劳动力集中在农业领域，商人把"工业和运输业看成……竞争劳动力的对手"。[68]

巴西的情况表明，种植园奴隶制的需要可能不利于工业化。不是说奴隶劳动本身与制造业不相容，相反，奴隶可以在棉花工厂工作。但以奴隶为主的社会不利于棉花产业工业化。早期的工业化在全球范围内依赖战争资本主义，但是在战争资本主义在全球最为暴力的地区，棉花工业化从未成为现实。例如，古巴依赖大量奴隶工人，但在整个19世纪却没有一家棉纺织厂。[69]位于战争资本主义核心的私人党派之间的战争状态与新兴工业资本主义的需求相矛盾。因此，棉花制造业的扩散过程不仅可以从国家的能力来得到解释，也可以从国内的权力分配来解释。而奴隶制国家在支持国内工业家的政治和经济利益方面是出了名的迟钝和软弱。

在美国的蓄奴地区也是如此，美国是世界上唯一分属战争资本主义和工业资本主义的国家，这个独特的现象最终将引发一场破坏性空前的内战。在美国南方，世界上最有活力的奴隶经济体之一，19世纪80年代之前很少有棉花工业化可言。可以肯定的是，在美国独立战争期间和之后，南方各州出现了一些机械化棉花制造业，在19世纪30年代和之后，一些纺织厂建立了。但直全1850年，南方的棉纺厂才消耗了78 000包棉花，仅占新英格兰地区棉花消费量的六分之一。像巴西一样，制造业的进一步扩张受到繁荣的奴隶经济的阻碍，奴隶经济把资本、劳动力和企业家才能都集中在了种植园中，限制了市场规模，使该地区对欧洲移民没有吸引力，也没有（例如像新英格兰和黑森林地区那样）迫使白人农民从事受薪劳动。[70]

战争资本主义还以不同的方式限制了其他地方工业化的机会。印度是前现代时期的棉花大国，不仅没有通过机械化实现跃进，还经历了世界上最迅速和最剧烈的去工业化过程。由于面对来自其殖民统治者的大量廉价棉纱和面料的进口，并且无法得到自己政府的服务，印度的棉花产业也损失惨重——首先是出口生产，然后是国内纺纱。正如我们所看到的，工业革命之后，印度在全球棉花行业中失去了一度占有的核心地位，并且从历史角度来说非常讽刺的是，最终成为英国棉花世界上最大的出口市场。

殖民主义破坏了殖民地的国家能力，使其服从殖民者的利益，这个作用是决定性的。印度与欧洲大陆不同，巨人的国内需求并没有导致国家投资或保护，尽管印度可以获得棉花、资金和丰富的技术资源。其在法国殖民统治下早期也的确曾有一些工业化的努力，事实上，19世纪30年代，印度次大陆上的第一家机械化纺纱厂就是在法国殖民地本地治里建成，为法国西非市场生产几内亚布。这个棉纺织厂是欧洲资本、殖民地贸易和欧洲国家的子嗣，但是没有生育能力。印度棉花工业化直到1856年才重新出现，当时帕西族商人科瓦斯基·纳纳霍伊·达瓦尔（Cowasji Nanabhoy Davar）在孟买开设了第一家现代化棉纺厂。然而，印度棉花制造业的真正起飞必须等到19世纪70年代，当时印度在美国内战期间进行棉花贸易中积累的利润又被重新投入制造业中去。[71]

在19世纪上半叶，世界上许多拥有充满活力的棉花产业的地区并没有发展到机械化生产。所有这些情况都表明，各种各样的因素必须联合起来，才能使官僚和资本家进入这个工业创造财富的新世界。即使在巴利亚多利德的尤卡坦城，本来很有前途的棉花项目尤卡坦之光也在19世纪40年代末期终结了。尽管唐·佩德罗·巴兰达拥有了不起的创业精神，但他的工厂最终却失败了。他始终面对来自英国纱线的竞争，这些纱线是从英属洪都拉斯守卫薄弱的边境走私进来的，比他的工厂生产的产品便宜约40%，再加上尤卡坦从墨西哥独立出来，他无法进入受到高度保护的墨西哥市场，这一切终结了他的事业。1847年，玛雅叛乱者在卡斯特斯战争中占领了巴利亚多利德市，摧毁了工厂。地方政府太软弱，无力保护边界、制伏叛乱、建立统一市场，这再一次显示了国家对棉花工业化持久成功的重要性。[72]

殖民主义、拥抱奴隶制、攫取土地——简而言之，战争资本主义——使得世界某些地区的工业资本主义崛起，同时使得其在其他地方出现的可能性大大降低。正如我们所看到的，工业资本主义依赖资本和国家权力的结合，以新颖的方式创造市场和动员资本和劳动力。工业资本主义在19世纪上半叶的出现又为越来越多的属地化创造了条件——资本也越来越属地化，即对特定民族国家的依附。[73]

资本主义历史上这个阶段的关键是其形式上的多样性。资本主义依赖战争资本主义和工业资本主义的共存。战争资本主义以暴力征用土地和劳动力，有着特殊状态，其主要资本家有着不协调和不受限制的主动性，而工业资本主义则依赖在行政、基础设施、法律和军事上强大的国家去引导私人发起的项目。同时存在这两种不同但相互依赖的形式的资本主义可能是18世纪末和19世纪初的真正创新。因此，并不是全球整合本身，而是在全球整合之内形式的多样性，解释了几十年来棉花工业化剧烈而又不大相同的速率。

然而，资本主义并不是一成不变的。工业资本主义在战争资本主义的推动下创造了强大的新制度和结构。18世纪80年代以后，越来越多的国家建立了工业资本主义,最终使得世界上部分地区出现了新的劳动力、领土、市场和资本的整合形式,而这些地区到19世纪中期仍然受制于战争资本主义曾发明出来的最恶劣的政权。筹集资本的新途径,资本投入生产的新方式,动员劳动力的新形式,打造市场的新方式,以及最终但并非最不重要的,将土地和人民纳入全球资本主义经济的新形式,将从这种富有潜能而又常常是粗暴甚至野蛮的战争资本主义与工业资本主义的交集处崛起。从19世纪60年代开始,由国家力量支持的资本,而不是依靠土地攫取和私人人身限制的奴隶主,将会殖民统治许多地区和人民。

19世纪上半叶棉花工业化向欧洲大陆和其他一些地方蔓延,表明奴隶制和殖民剥削对资本主义来说并非必不可少的。[74]资本主义不断重塑自己,一时一刻学到的教训和能力可以随时纳入下一刻。全球与地方的联系以及地区之间的联系也在不断变化。可以肯定的是,战争资本主义的消亡延续了一个世纪——从海地革命一直到美洲奴隶制的缓慢衰落。但是工业资本主义的制度创新促成了战争资本主义由于自身的矛盾而死亡,因为强大的国家将会扩展到世界更多的地区,能够在奴隶制结束之后在全球农村动员劳动力。事实上,现代世界的形成既由战争资本主义的诞生所塑造,也由其死亡所塑造。

然而,资本家和政治家拥抱工业资本主义所带来的最伟大的制度创新之一就是发明了新形式的劳动力动员体制。资本主义在美洲所需要的广大劳动力是通过奴役非洲人来满足的,制造业巨大的劳动力需求是通过建立一个强大的新的受薪劳动体系来实现的。虽然受薪劳工并不是不存在法外胁迫,但这是动员大量劳动力的新方法。它把劳动者和劳动力放在一个完全不同的法律、社会和制度基础上,而这样做的能力是使世界上一些地方不同于另一些地方的下一个因素。

第 7 章

动员劳动力

1935 年，年轻的德国作家贝托尔特·布莱希特（Bertolt Brecht）在丹麦流亡时，坐下来思考现代世界是如何形成的。他通过一个想象中的"读书的工人"的声音传达了他的想法。这位工人提出了许多问题，包括：

> 谁建了七门的忒拜？
> 在书中你会读到国王的名字。
> 国王是否拉动了巨岩？
> 巴比伦多次被拆毁。
> 又是谁把它多次重建起来？建筑工
> 又住在利马哪间金光闪闪的屋子里？[1]

布莱希特也可能在谈论一个非常不同的帝国，那就是棉花帝国。到他那个时候，棉花的传奇已经有很多记载了。历史书籍充斥着那些驯化这种植物所赐予的独特礼物的人的故事，例如理查德·阿克莱特和约翰·赖兰兹，弗朗西斯·卡博特·洛厄尔和伊莱·惠特尼。但是与任何一个产业一样，帝国本身是由数百万不知名的工人维持的，他们在棉花种植园和农场中工作，在世界各地的纺纱厂和织布厂中工作，包括布莱希特的家乡奥格斯堡。正如我们所看到的那样，正是在奥格斯堡，500 多年前汉斯·富格从非机械化棉花生产中积累了他的财富。

和布莱希特的搬运工和建筑工一样,也很少有棉花工人进入我们的历史书籍。大多数人甚至没有留下痕迹。他们往往是文盲,在醒着的时间几乎一直为生活奔波,没有多少时间像社交精英那样写信或日记,因此我们几乎没有办法把他们的生活拼凑出来。最令人伤心的一件事就是曼彻斯特的"圣迈克尔旗帜"(St. Michael's Flags),在这个小公园里据称有4万人,其中大多数是棉花工人,重重相叠,埋在没有标记的坟墓里,"埋葬死者几乎是一个工业化的过程"。埃伦·胡顿(Ellen Hooton)是少数罕见的例外之一。与其他数百万人不同的是,她于1833年6月进入历史记录,被召到国王工厂调查委员会(His Majesty's Factory Inquiry Commission)面前作证,这个委员会负责调查英国纺织厂的童工问题。当她出现在委员会面前时,虽然她只有十岁而且十分害怕,但已经是一个经验丰富的工人,一个在棉纺厂工作了两年的老员工。埃伦引起了公众的关注,因为曼彻斯特城里以及邻近地区出现了很多工厂,一些中产阶级活动家关心这些工厂中的劳动条件,试图用她的案例来强调对儿童的虐待。他们声称埃伦是一个童奴,不仅被迫在锁链一般的环境里工作,还被一个残酷的监工所惩罚,在真的锁链下工作。[2]

委员会决心表明这个女孩是一个不可信任的"臭名昭著的骗子",委员会质询了她的母亲玛丽和她的监工威廉·斯旺顿(William Swanton)以及工厂经理约翰·芬奇(John Finch)。然而,尽管他们努力洗白这个案子,但指控却被证明是真实的。埃伦是玛丽·胡顿的唯一的孩子,玛丽自己是一个单亲母亲,是一个手工纺织工,几乎只是勉强谋生。埃伦七岁之前,从她父亲那里得到一些孩童抚养费,她父亲也是一个织工。但是一旦抚养费期限满了后,母亲就把她带到了附近的一家工厂里工作,以期增加家庭微薄的收入。在经历了多达5个月的无薪劳动(据说她必须先在这个行业当学徒)之后,她成了在埃克尔斯纺纱厂工作的许多童工之一。当问到她的工作时间时,埃伦说,早上五点半开始,晚上八点结束,期间有两次休息,一顿早餐,一顿午餐。监工斯旺顿先生解释说,埃伦在一个房间与25人一起工作,其中有3名成人,其余都是孩子。用埃伦自己的话来说，她是一个"在喉咙打结的人"——这是一项烦琐的工作，需要修理和重新缠绕被拉到骡机框架上的断线。由于断线经常发生，每分钟都会有几次，她每次只有几秒钟的时间完成任务。

当机器来回移动时，跟上机器的速度几乎是不可能的，所以她有时会"断端"——也就是说，她来不及把线头的松散和断端快速连接上。这样的错误代价高昂。埃伦报告说，她被斯旺顿"一周两次"殴打，直到她"头和双手酸痛"。斯旺顿否认殴打的频率，但承认使用"皮带"来惩罚女孩。她的母亲叫女儿"一个调皮捣蛋的女孩"，作证说自己赞成这样的体罚，甚至要求斯旺顿更严厉地管教，以终止她的逃跑习惯。玛丽·胡顿生活艰难，迫切需要这个女孩的工资，因此尽管遇到了麻烦，她一再请求斯旺顿继续保住这个女孩的工作。玛丽说，"我哭了很多次"。

然而，殴打并不是埃伦在斯旺顿手中经历的最糟糕的待遇。有一天，她工作迟到了，斯旺顿更严厉地惩罚了她：他在她的脖子上挂了一个铁圈（关于重量是16磅还是20磅，没有达成一致），让她在工厂里上下走动。其他的孩子戏弄她，结果，"她与其他人打架的时候，摔倒了多次。她还用棍子打他们"。即使在时隔近二百年后的今天，我们也很难想象女孩的生活的困苦、她的工作的单调乏味，以及遭受暴力虐待的痛苦。

今天曼彻斯特有一座约翰·赖兰兹图书馆，哈佛大学有一个以洛厄尔命名的学生宿舍，每个小学生都会学习理查德·阿克莱特和伊莱·惠特尼的故事，当然，没有任何图书馆或学校会以埃伦·胡顿的名字命名。除了一小撮历史学家，没有人知道她的一生。然而当我们想到棉花制造业的世界时，我们应该想到埃伦·胡顿。没有她以及数以百万计的儿童、妇女和男人的劳动，棉花帝国将永远不会建立起来，赖兰兹和洛厄尔也无法积累他们的财富，而阿克莱特和伊莱的发明也会在谷仓的角落里吃灰。埃伦的故事凸显了肉体惩罚的暴力，但同样重要的是经济困境中所遭遇的更为平庸的暴力，这使得越来越多的人进入工厂，他们为了服务于这个棉花帝国而耗尽了生命。

像埃伦·胡顿一样，数以千计——到19世纪50年代，则是数以百万计——的工人流入了新建的工厂，操作生产棉线和布料的机器。[3] 动员这么多的妇女、儿童和男人到工厂工作的能力让人心生敬畏。好多同时代人都被数百甚至数千名工人走进和离开工作岗位的景象震惊了。每天早晨日出前，成千上万的工人从孚日山脉的狭窄小路上前往位于山谷的工厂，从阔里班克纺纱厂的山坡上的宿舍床上爬出来，离开他们在略布雷加特河*上面勉强维持生活的农场，穿过拥挤的曼彻斯特街道，走向遍布在散发着臭味的运河边上的几十个工厂之一。到了晚上，他们又回到了破败的宿舍，在那里他们好几个人共同睡一张床，或者到了寒冷而漏风的小屋，或者回到巴塞罗那、开姆尼茨或者洛厄尔的人口稠密且建设糟糕的工人阶级社区。

多个世纪以来，世界曾经见过极度的贫困和劳动剥削，但从来没有见过这样大量的人类围绕着机器生产的节奏组织生活的每个方面。一周6天，每天至少12个小时，妇女、儿童和男人填满机器、操作机器、修理机器和监督机器。他们打开包装结实的生棉包，把成堆的棉花喂入梳理机中，来回移动巨大的骡机，把断头的纱线捆扎在一起（像埃伦·胡顿一样），他们从纱锭中取出纱线，提供必要的粗纱给纺纱机，或者扛着棉花在工厂里移动。纪律是通过小额罚款和强制解除合同来维持的：19世纪初的一家工厂的解雇案例有各式各样的官方理由，从诸如"使用不适当的语言"之类的乏味的纪律问题，到"用她的丑脸恐吓S·皮尔森先生"这样奇特的指控。维持一支有纪律的劳动力队伍将会十分困难重重。1786年后的20年，一家英国工厂招募的780名学徒中，有119人逃跑，65人死亡，还有96人不得不遣还至原来同意他们前来的监护人或家长。毕竟，这是威廉·布莱克（William Blake）**所谓"黑暗的撒旦工厂"时代的开始。[4]

无论是寒冬还是酷暑，无论是晴天还是雨天，工人都要走进这些几层高的、通常是由砖块砌成的建筑物中，在巨大的屋子里工作，这里的环境常常很热，几乎一直潮湿、多尘而且震耳欲聋。他们努力工作，生活贫困，死得很早。正如政治经济学家莱昂内·利瓦伊（Leone Levi）在1863年所说的那样："请短暂进入那些众多工厂之一；看那数以千计的工人队伍稳步

---

*　西班牙加泰罗尼亚境内第二大河。
**　威廉·布莱克，英国诗人、画家。此语出自布莱克最有名的诗《耶路撒冷》。

工作；看，每一分钟的时间、每一码的空间、每一只老练的眼睛、每一根灵巧的手指、每一个创造性的思想，都在专注于高度压力的工作。"[5]

很难夸大这个新的人类劳动组织的重要性和革命性。今天，我们认为这个制度是理所当然的：我们大多数人靠出卖劳动力谋生，每天工作数小时，报酬是我们的薪水，用以购买我们日常所需。我们也理所当然地认为机器确定了人类活动的步伐。但是在18世纪或19世纪，这并非如此：如果从整个世界来看，当时只有极少数的人以劳动力换取工资，特别是制造业工资。工作的节奏是由气候、风俗、大自然的循环决定的，而不是机器。人们工作，或者因为他们是奴隶，不得不这么做，或者因为他们是世俗或宗教当局的封建附属，或者是因为他们在自己拥有权利的土地上使用自己拥有的工具来生产生活必需品。作为棉花帝国中无数的齿轮之一，制造纱线和布料的新世界从根本上是完全不同的。棉花制造依赖有能力或说服、或吸引、或迫使人们放弃几个世纪以来组织人类生活的活动方式，加入新兴的工厂无产阶级。尽管这些机器本身也令人震惊，拥有改变世界的力量，但这种工作节奏的转变要更为重要。他们可能并不知道这点，但当埃伦·胡顿和无数其他人流入工厂时，他们看到的是未来，他们的劳动正在建设着的工业资本主义的未来。

将工人迁入工厂的能力成为棉花帝国胜利的关键。结果，一道鸿沟横跨在世界上那些能够动员劳动力的政治家和资本家与那些做不到的人之间。要想说服成千上万的人放弃他们所知道的唯一的生活方式，其复杂程度不亚于安装新的机器。正如我们所看到的，这两者都需要一定的法律、社会和政治条件。棉花生产过渡到工厂制最初集中在少数几个地方，但是甚至在那里，人们也遇到了巨大的反对声。要想获得成功，需要权力的不均衡分配，使得政治家和资本家以大部分亚洲和非洲精英阶层还不知晓的方式，去主宰个人和家庭的生活。国家的权力不仅需要像世界上许多地方一样广泛，而且要密集、集中，可以渗透到所有的生活领域。因此，在统治者不能轻易地压制其他替代性谋生手段的地区，过渡到工厂生产几乎是不可能的。具有讽刺意味的是，工厂生产本身会慢慢破坏这些替代性的组织经济活动的方式。

可以肯定的是，工业革命主要是关于节省劳动力的技术，例如，正如我们所看到的，纺纱的生产力增加了一百倍。但是，这些节省劳动力的机器需要劳动力才能操作。由于棉花产品市场因价格下跌而急剧扩张，棉花产业也迅速增长，最初需要数千工人，然后需要数万，最后在世界上一些地区，需要数十万名工人。在英国，到1861年，有44.6万人从事棉花产业。据估计，1800年德意志地区的棉业工人约有59 700人，到1860年增加到250 300人。法国棉花产业雇用了大约20万工人，1827年瑞士棉花产业雇用了62 400名工人。1810年，美国棉花工业仅有1万名领取薪水的工人，1860年这一数字上升到12.2万人。1814年，俄国雇用了4万名棉花工人，到1860年则为约15万人。1867年，西班牙的棉花工人约为10.5万人。全球棉花工业依靠无产阶级化的劳动力，同时它本身也是最大的促进劳动力无产阶级化的机构之一。[6]

在工厂成为一种生活方式之前，资本所有者只知道一种大量动员劳动力的模式：美洲的种植园经济，建立在对数百万非洲人的奴役之上。许多棉花企业家对这个系统非常熟悉，正如我们所见，阔里班克纺纱厂的塞缪尔·格雷格在多米尼克拥有奴隶种植园，而且远非只有他如此。但是，由于受到启蒙运动对"经济人"（economic man）产生的新敏感，以及由此导致的欧洲法律对奴隶制的禁令，欧洲已经不存在这种可能性。把非洲奴隶带到曼彻斯特、巴塞罗那或米卢斯是不可能的；奴役当地人口同样也是不可能的。此外，奴隶劳动在经济上有很大的不利之处——很难在奴役的条件下激励工人，而且监督成本很高。而且，奴隶劳动整年都需要花费（有时候还需要养工人一辈子），并且很难根据工业资本主义起伏的繁荣与萧条周期来作调整。换句话说，种植园的模式无法满足工厂的需求。

然而，获得劳动力对世界各地的制造商来说至关重要。毕竟，一个企业家在机器上的重大投资，只有在有可预测的源源不断的劳动力来操作这些机器的情况下，才有可能带来回报。女人和男人、女孩和男孩的劳动力就这样变成了商品。[7] 把人们变成工厂工人意味着把他们变成受薪工人。然而，对欧洲和其他地区的大多数人来说，工资并不是他们生活的核心。

毫不奇怪的是，许多依靠土地为生或制作手工艺品的人没有兴趣成为工厂工人。一个农民种植自己温饱所需的粮食，一个工匠制造用于出售或者交换的物品。相比之下，工厂工人只有自己的劳动力。

因此，新出现的资本家和政治家不得不发明新的方式来大规模地调动劳动力——一位兰开夏郡的农村治安官在1808年将其称为"新兴的人种"。如果他们预见到了最终需要雇用数百万工人，那么这个问题看起来似乎是不可能解决的——而且实际上，有时他们确实会担心劳动力供应不足。例如，一个什鲁斯伯里的工厂老板在他位于西米德兰兹的家中抱怨说，1803年，启动工厂所面临的最大问题是吸引足够数量的工人。[8]

然而，特别是从农村地区长达几十年（有些地方是数个世纪）的转型过程中，这些充满希望的雇主受益良多。领主和农民之间的相互义务关系已经开始瓦解。在欧洲，地主把大片的土地圈了起来，使农民难以独立从事农业，而且原始工业的浪潮也已经使制造业，甚至是工资支付成为许多农民日常生计的一部分。[9]

而且，新近得到巩固了的国家在官僚、军事、意识形态和社会方面对固定领土的渗透，同样也帮助了这些工厂主。"强迫"几乎一直是让人们为他人劳动的一个核心要素，对于封建领主和殖民地奴隶主来说都是如此。然而，工业资本主义的一个显著特征是，实行强迫的越来越多地是国家及其官僚和法官，而不是领主和奴隶主。全世界许多需要工人的资本家都担心农奴制、奴隶制、学徒制等个人依附制度的衰落，担心这会导致闲散乃至无政府状态。但是在一些地区，国家已经拥有足够的力量来创造条件，确保妇女、儿童和男人可以持续流入工厂。在欧洲大部分地区，地主和资本家把劳动力作为私人依附者进行控制的权力受到严重削弱，但与此同时，国家越来越多地承担从法律上强制人员（比如乞讨者、所谓的流浪者和孩子）去工作的职责。而且，由于公用地被圈了起来，国家已经使得人们越来越难以获得其他谋生的方案，实际上增加了对无财产者的经济压力。正如法律史学家罗伯特·斯坦菲尔德（Robert Steinfeld）所说的那样，甚至"经济强制也是法律造成的"，也就是说，是国家造成的。[10]

因此，国家建立了受薪劳动的法律框架，使其对上升中的制造业者来说更可理解。他们非常欣赏的是，即使在新的工业资本主义的中心，受薪劳动也保留着重要的非金钱强制要素——身体胁迫。事实上，英国、美国、法国、普鲁士和比利时的雇主"要求签署受薪劳动协议并严格执行"，还"使用各种法律强制的方式将工人和工作捆绑在一起"。例如，1823年的《仆役法》(Master and Servant Act)明确允许"英国雇主可以将违反劳动协议的工人送到矫正所去从事苦力，最多可长达三个月"。在1857年到1875年间，仅在英格兰和威尔士，每年就有大约1万名工人因"违约"被起诉，其中许多人被判入狱；棉花工人经常在其中。在普鲁士，整个19世纪，工人都可能会因为离职而被处以罚款和监禁，1845年普鲁士的《工业法》(Gewerbeordnung)规定："未经许可也无合法理由离职，或是逃避责任，或严重不服从的培训工、助手和工厂工人，将被处以20塔勒的罚款或最高达14天的监禁。"[11]

尽管有国家的大力支持，招聘工人仍然是新兴的制造业者面临的巨大挑战，这表明只要工人还有其他谋生手段，他们就会试图逃离工厂世界。例如，药剂师霍安·巴普蒂斯塔·西雷斯(Joan Baptista Sires)于1770年在巴塞罗那的拉瓦尔居民区开设了一家拥有24台织布机和19个印花台（给棉织物染色的地方）的棉纺织厂，他面临的最严重的挑战之一是招聘60到150名男女以维持生产。人员更替非常频繁，因为大部分员工只待几个月。西雷斯试图通过在工厂中复制手工作坊的某些元素来解决这个问题，例如，为熟练男性工人提供最好的工作岗位，还允许他们的妻子和孩子在工厂工作，从而增加了工人的家庭工资，同时利用他们的打折劳动力以节省经费。为了吸引工人进入他的工厂，西雷斯允许一些家庭住在这些建筑中，这也是在仿效整个欧洲手工作坊的典型模式。[12]

50年后的美国，劳动力招聘的状况依然没有改观。位于新罕布什尔州多佛的多佛制造公司(The Dover Manufacturing Company)在1823年8月至1824年10月期间，必须雇用342名工人以维持平均约140人的劳动力。[13]工人的来来去去非常频繁，他们拼命地保留在工厂外的生计。进入工厂几个星期后，他们一旦拿到足够的钱可以撑到卖掉作物的时间，或者在农场上需要劳动力时，就会离开。

这些劳动力招聘模式在正在进行棉花工业化的地区非常典型。在每个案例里，原始工业化和无产阶级化都是交织发生的。机器制造的纱线（以及后来的布料）的扩散，破坏了农场的手工纺纱和手工织布业，给纺织工人造成压力，迫使他们在别处寻找收入来源。对许多人来说，唯一可行的解决办法就是前往工厂，尽管也正是工厂破坏了他们此前的收入来源。实际上，巴塞罗那企业家西雷斯通常雇佣加泰罗尼亚首府周围的农业工人。在萨克森，当第一批棉纺织厂生产的廉价纱线涌现到市场，战胜了手工纺纱者之后，先前的招工困难得以克服，因为后者被迫在扩张的工厂里工作。在瑞士，远在黑森林广大农村的成千上万的工人提供了潜在巨大的劳动力储备，此前这些人忙于为外包商人服务，事实上，最终许多工人都转向工厂生产。随着阿尔萨斯棉业迅速扩张，劳动力需求巨大，企业家到孚日山区和黑森林地区去寻找劳动力。在那里，家庭的生存依然依赖农业生产，甚至在工厂开始生产之后仍然继续这样。例如，在坐落于米卢斯市以北的小镇韦塞林，直到1858年，几乎所有纺织厂的工人仍然拥有自己的土地，并通过从事农业补充收入。为了寻找纺纱工和织工，资本更加深入地进入农村，使得制造商可以支付极低的工资，因为工人仍然可以依赖其他家庭成员的无偿劳动——其中包括抚养子女和种植食物。在这里，与其他地方一样，资本主义的展开依赖非资本主义的生产形式和劳动力。[14]

但更常见的情况是，工人失去了土地，面对家庭制造业的衰退，他们往往从农村转移到城市。事实上，棉花工业化导致了巨大的移民浪潮，而且往往跨越国界。1815年，盖布维莱的齐格勒与格勒特公司（Ziegler, Greuter et Cie）的1500名工人中，有750人是阿尔萨斯人，其余的则是来自瑞士和德国的移民。美国的纺织厂也吸引了这样的移民。成千上万的工人从新英格兰边缘的农业地区迁移到新兴的纺织城镇，还有许多工人越过了大西洋，如来自爱尔兰因马铃薯饥荒*而逃难的男男女女们。荷兰、比利时、加泰罗尼亚和法国的棉花产业也吸引了来

---

* 爱尔兰大饥荒，又称马铃薯饥荒，指发生于1845—1852年的一场饥荒。因为爱尔兰的主要作物马铃薯遭到疫病的打击大量死亡，爱尔兰人口锐减，同时造成了大量的移民人口。

自周边农村的移民。[15]

这些农民工放弃了自己的农业活动和家庭制造业，从山区走出来，有时甚至横跨海洋，进入黑森林、瑞士、孚日、加泰罗尼亚、萨克森和新英格兰的纺织工厂。那里的人口基本上都是手工工匠。这些工人大部分是男性，他们的工作技能最高，往往有在旧式手工作坊工作的经验，而没有做农活的经验。诺伊豪斯和胡贝尔（Neuhaus & Huber）于1830年在瑞士的比尔他们原先的纺纱厂旁边创建了一家织布厂，吸引了新近失业但技术高超的手摇织工，这些工人此前几十年来一直在城镇附近生意兴隆。熟练的工匠还会迁徙到很远的地方：俄国纳尔瓦镇的施瓦茨（Schwarz）棉布厂1822年雇用了35名德国人、1名法国染色师和1个来自荷兰的人。路德维希·克诺普的科林霍姆（Kreenholm）工厂在1857年雇用了许多英国技术工人。事实上，法国、墨西哥、美国和其他地区的制造商经常从国外招聘高技能的工人。[16]

然而绝大多数工人并不熟练，也不是被招募的；相反，他们是由于农村条件的改变，特别是由于家庭制造产品无力与工厂产品竞争而衰落，而被赶入工厂的。也许最戏剧性的是在19世纪20年代动力织布机取代手工织布机的时刻。由于欧洲大部分地区遭受了巨大的苦难，失业的家庭织工准备好搬进工厂。针对这种情况，为了保住家庭拥有的土地，前往工厂工作往往成为一种战略，要么派一名家庭成员去从事全职工作，要么派出好几个家庭成员去短期打工。马萨诸塞州洛厄尔的工人就是这种情况，（未婚）女性在工厂里赚得工资经常使她们的家庭保住土地。迁移到工厂劳动可能会给处在边缘地位的农业活动带来一线生机。[17]

保留至今的详细薪酬记录使我们可以详细检查这样一家早期棉纺厂，即上面提到的多佛制造公司。在1823年8月9日以后的63个星期内，共有305名妇女，其中大多数年轻未婚，在工厂的某个阶段劳动，构成了89%的劳动力。她们平均工作25.93周，占总时间的41%。事实上，许多妇女季节性地进入工厂工作，工作了几个月后回到其他的工作上。仅举一个例子，10月中旬，有43名女性（占劳动力的32%）从工厂离开一周，在下一周返回。

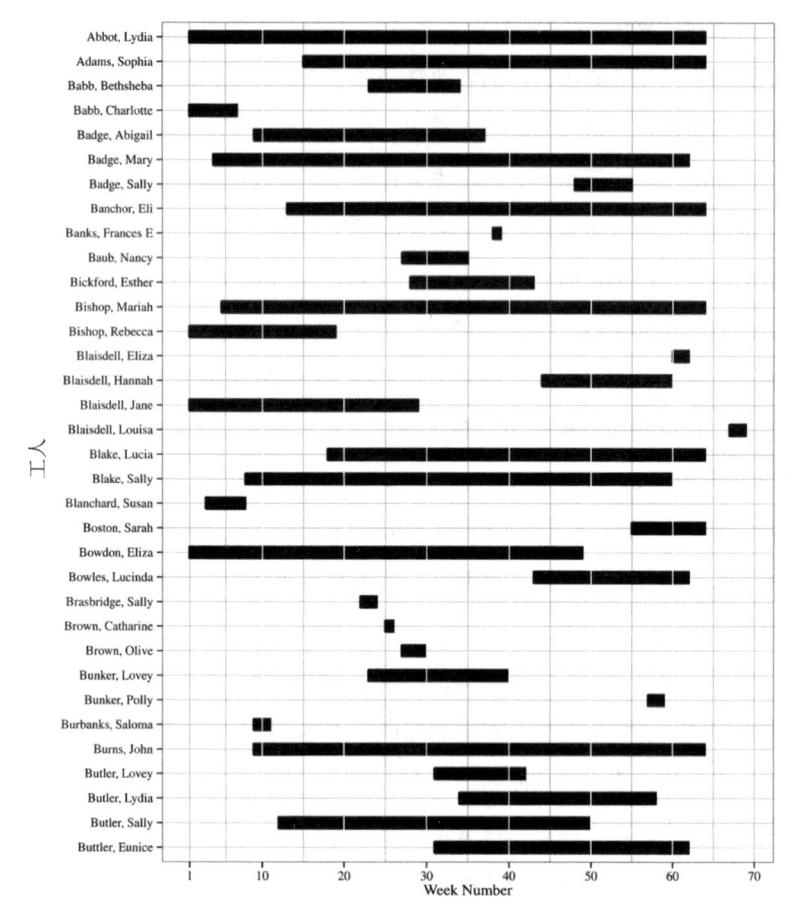

多佛制造公司的排班表，1823年8月9日至1824年10月16日：
所有姓氏以 A 或 B 开头的工人样本。

因此，这种农业工作的节奏一直延续到工厂之中，工厂工作可以帮助家庭保住土地。在新罕布什尔州，常见的情况是一个家庭成员基本上在工厂里全职工作，而另外一些人则只在很短的时间内工作，例如巴杰（Badge）一家：玛丽做全职工作，而阿比盖尔和莎莉只是短期打工。

但是，即使在19世纪20年代的多佛制造公司，也已经有完全无产阶级化的家庭，许多成员长期留在工厂里。珀金斯一家就是这种模式的例证。包括两名男子在内的家庭成员基本上都从事全职工作，因此他们不大可能种植任何农作物或饲养动物。不管具体的模式如何，并不是工厂劳动本身的吸引力吸引了数百万人进入棉纺织厂的旋涡中的。[18]

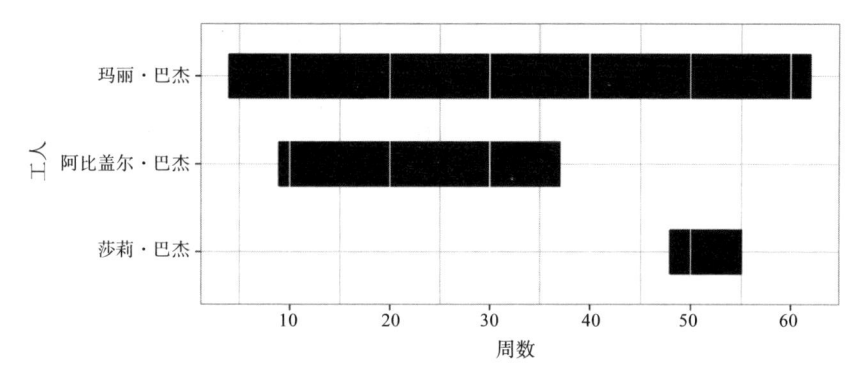

多佛制造公司巴杰一家的工作表，1823—1824年。

制造商试图规避吸引大量人员到工厂工作的问题的方法之一，就是优先招募社会上最弱的成员，那些最没有资源抗拒的人。为此，他们利用了家庭内部长期以来的既成权力关系，特别是有着悠久历史的家长制，这使得男性户主可以根据自己的意愿支配妻子和孩子的劳动力。事实上，工业资本主义的出现正是建立在这样一种较旧的社会等级制度和权力关系的基础之上的，并将这些制度和关系作为一种工具来更广泛地革新社会。雇主明白，他们劳动力的"廉价"依赖非资本主义的谋生方式持续存在——这个教训最终也让印度和其他地区种植棉花的农村，得以过渡到为世界市场生产。资本主义革命成功了，因为它还不完全是资本主义的。

因此，孩子经常是第一个进入工厂工作的人，埃伦·胡顿就是其中之一。多达一半的棉花工人是孩子，被父母所逼迫，而这些父母又被新的经济现实所逼迫。儿童劳动力非常便宜，工资相当于成人工资的四分之一到三分之一，而且相对听话，不太可能反对极其重复和枯燥的任务，而且即使他们这样做，也比成年人更容易受到惩罚。对于资源很少的父母来说，孩子往往是额外收入的唯一来源。例如，我们之前提到过的曼彻斯特制造商麦康奈尔和肯尼迪，他们生产精细海岛棉棉纱，雇用了大量的儿童。1816年，在他们的568名工人中，有257名16岁以下的，占总数的45%。[19]

在塞缪尔·格雷格在曼彻斯特附近的开创性的阔里班克纺纱厂里，许多贫穷的孩子都以所谓的学徒名义做工。在1784年到1840年间，格雷格招募的工人中一半以上都是儿童，他把他们安置在宿舍里，让这些孩子为他工作了 7 年。格雷格称自己是一位体贴的家长式雇主，他把一名童工埃斯特·普赖斯（Esther Price）锁在一个特别建造的用于管教"不服从行为"的牢房里，并让其他孩子加班工作，以惩罚他们吃了一个苹果的"罪行"。同样，格雷格也绝非独一无二。例如，塞缪尔·奥尔德诺也利用了一个繁荣的"学徒"市场；1796 年，克勒肯维尔教区展示了 35 名男孩和 35 名女孩，邀请奥尔德诺随意挑选多少。《爱丁堡评论》在 1835 年宣称，工厂"一直是［儿童们］最好最重要的学校"。他们断言，把这些儿童放在街上情况会更糟，因为纺纱厂使得"孩子远离了危险的道路"。[20]

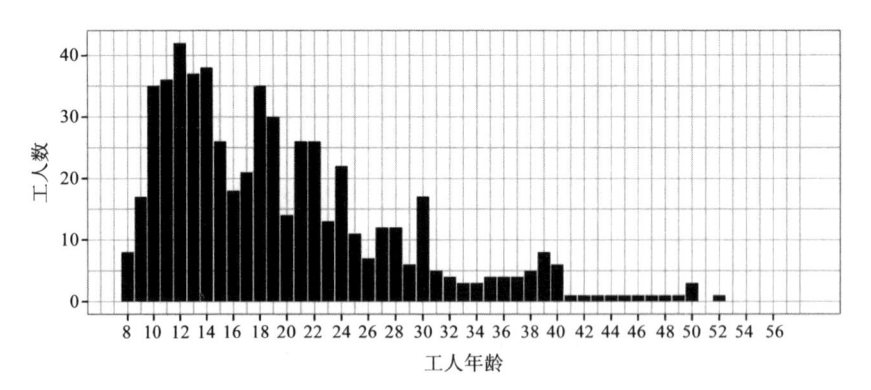

儿童制造工业革命：麦康奈尔和肯尼迪公司工人年龄，1816 年。工人总数为 568 人。

由于社会接受童工，并且有大量迫切的需求，大量童工工作在棉花生产的各个方面。1833 年，兰开夏郡棉花工厂中 36% 的工人年龄小于 16 岁。1846 年，比利时全部棉业工人中有 27% 的人不到 16 岁。在 1800 年，齐格兰（Siegerland）一家纺纱厂的 300 名工人中，有一半是 8 至 14 岁的孩子。1798 年俄国财政部允许米哈伊尔·奥索夫斯基建造第一家机械棉纺厂，他从圣彼得堡一家孤儿院"接收"了三百名儿童。从萨克森到普埃布拉，再到哈布斯堡帝国，情况到处都很相似。加泰罗尼亚的制造商将他们的工厂安置在比利牛斯山脚下，这里有着许多苦苦挣扎的农民，可以从中获得童工。在普埃布拉，大多数棉花工人此前都是农民、欠债的雇农和纺织工匠，不过儿童也是劳动力的重要组成部分，他们从 10 岁就开始工作，有时甚至更早。早在 1837 年，米卢斯工业协会的一个委员会就报告说，儿童从事"强迫劳动",并且"非志愿地做贡献"。为了改善条件,委员会建议将 8 到 10 岁的儿童每天工作时间限制在 10 个小时;10 到 14 岁的孩子为 12 个小时;14 到 16 岁的孩子每天 13 小时,同时只允许 14 岁以上的儿童上夜班。他们希望这种半心半意的措施一旦实施,能改善儿童的生活。然而,阿尔萨斯棉业依然严重依赖童工,企业家强烈反对 1841 年通过的一项限制这种做法的法律。事实上,在米卢斯资产阶级家庭中的童年的发明(Invention of Childhood),就像欧美其他国家一样,是建立在极力剥削周围的工厂里童工的基础上的。来自英国、丹麦、瑞典和俄国济贫院的孩子们的童年都在纺织工厂结束了。[21]

除了儿童,女性,尤其是年轻未婚女性构成了棉花产业劳动力。事实上,棉花制造业成为 18 世纪和 19 世纪最由女性主导的产业。如前所述,在 19 世纪 20 年代中期的新罕布什尔州多佛制造公司中,所有工人中有 89% 是女性。在加泰罗尼亚的棉花产业中,多达 70% 的工人是女性。尽管男性在墨西哥和埃及占主导地位,但在整个欧洲和美国,女性主导着棉纺织业。女工的这种优势往往导致了棉花业长期被人忽视,被男性主导的采煤业、炼铁业和铁路业所掩盖了。[22]

毫不奇怪,这些女性大部分来自农村。这部分原因是家庭的策略,即通过工资来补贴正在减少的农业收入,从而有机会保住土地。欧洲和北美大部分地区的女性曾经负责纺纱和编织长达几个世纪,这种趋势仍在继续,虽然工作本身从家庭转移到了工厂,从手工变为机器生产。1841 年,当年轻的威廉·拉斯伯恩来到美国的时候,他对女工的无处不在感到震惊:在新泽西州帕特森的一家工厂,他发现了"世界上最浪漫的工厂",他还发现"这些工作的女性看起来面带病容,但非常漂亮"。几天后,当他参观洛厄尔工厂时,他观察到,"工厂里的女孩很整齐,很漂亮。我相信她们一般都受过良好教育,她们是农民的女儿,有时甚至是神职人员的女儿,离开家庭去那里工作几年,以做好结婚的准备"。与他同时代的一些人一样,拉斯伯恩对女性从事棉花业有一种不可救药的浪漫主义看法。[23]

由于长期以来的偏见，女性的劳动力便宜得多。历史学家发现，"在固定的工资结构下，女性通常只能挣到男性工资的45%到50%"。然而，女性不仅工资更为廉价，她们也更少根植于较老的常常规范男性手工匠人的工作文化，这种工作文化可能也确实成为抵制工厂主的基础。女性的工作模式，以及她们的孩子的工作模式，更容易被塑造，以适应机器生产无休止的节奏。[24]

获得女性劳动力对于早期的棉产品制造商来说至关重要。这也是欧洲大部分地区（后来还有日本）与世界其他地区的区别。并不是说其他地方的女性并没有从事纺织品生产——她们从事了——但是与非洲和亚洲不同，欧洲和北美的女性最终可能离开家庭进入工厂，这是纺织工业化的一个重要条件。例如，在中国情况就大不相同了。历史学家肯尼思·彭慕兰（Kenneth Pomeranz）指出："中国的家庭制度不允许单身女性迁移到城市或周边地区，直到20世纪有严密监督的宿舍的工厂，才能在体面的范围内成为可能。"社会学家杰克·戈德斯通（Jack Goldstone）甚至认为，女性所承担的不同角色可以解释为什么欧洲发生了工业化而中国没有。在欧洲和美国，女性结婚时间比较晚，因此可以在婚前加入工厂无产阶级的行列当中去。[25]

父权制的有利遗产和农村转型，几乎总是需要以更加公开的胁迫形式作为补充。虽然"织机之主"所采取的强制手段与"鞭子之主"采取的大不相同，但是用武力来动员劳动力，在工厂内部对劳动力进行管理，而且使工人一旦进入工厂就业就不能离开，几乎是普遍的现象。由于制造商把投资押注在工厂上，他们会采取强制手段甚至使用人身暴力，有时这是私人的，但越来越多地得到国家的许可。正如我们所看到的，孤儿经常别无选择，只能在棉纺织厂的压迫下工作。比利时企业家利芬·博旺使用"他看管的监狱中的囚犯"作织工。在俄国，纺织工厂使用受薪工人的努力一开始就失败了，相反，企业家利用"妓女、罪犯、乞丐等，其中一些人被判处终身在工厂里做工"。在美国，马里兰、路易斯安那和罗德岛的囚犯在白天纺织棉花。即使是那些同意签订劳动合同的棉花工人，也经常被"某种形式的奴役"束缚在工厂里。克诺普位于科林霍姆的巨大工厂的管理方式被爱沙尼亚一家当地报纸描述为,"对员工态度并没有比奴隶主对黑奴更为关切"。工厂不仅有自己的警察力量,还经常残酷地体罚工人。在墨西哥的普埃布拉,工人同样受到严格的监督:他们住在工厂的大院里,不允许有朋友或亲戚探望,有时甚至连读报都是非法的。而在哈布斯堡帝国,棉纺织厂如同军营,工人被锁在工厂里,只能在星期天离开。[26]

在世界上奴隶制盛行的地区,身体胁迫扮演了更为重要的角色。特别是在美洲,世界种植园奴隶制的中心,强制劳动也进入了棉花生产。在巴西,土著人民和奴隶被迫在纺织工厂工作。在美国南部,奴隶也从事棉纺织生产——一个历史学家恰当地将这个系统称为"强迫式原始工业化"。因此,在奴隶制地区,奴隶制也同样推动了工业生产。[27]

然而,与棉花种植相比,整体而言全球棉花制造业在动员劳动力上使用身体强制的程度要小得多。即使在俄国,虽然1861年解放农奴之前,农奴有时被迫在纺织工厂做工,这些被迫劳动者在棉花劳动力中的比例从来没有超过3.3%。相反,出现了新的但更复杂的劳动力控制方法,这种方法并不依靠奴役工人。

然而,大型奴隶种植园的经验教训还是给企业家提供了很多灵感。例如,棉花生产商塞缪尔·奥尔德诺在18世纪90年代中期试图对工人建立更大权威。与奥尔德诺非常熟悉的外包系统不同,工厂对他来说是一个全新的领域,所以他十分努力地设法控制他的工人。第一步,他创建了一个考勤薄,系统地记录工人的出勤状况。他的考勤簿以工厂房间为基础,把每一个房间的工人都列出来。他把这一天划分为四个时段,列出了工人实际上在哪些时段出勤了。例如,1796年3月,册子上列出了"玛丽·刘易斯,1,2,3,4;托马斯·刘易斯,1,2,3,4;佩姬·伍戴尔,1;玛莎·伍戴尔,1;萨缪尔·阿登,3,4"等等。在我们这个时时受到监控的世界里,这样的记录看起来很古老过时,但就像从季节性工作转向机械工作一样,这种记录时间的想法也是新的,虽然它在奴隶种植园中得到了最充分的阐述,但也慢慢地迁移到工厂的世界中了。动员大批工人、支付其工资、监督其工作、确保他们运用自己的技能和精力,这是一项在进行中的工作，而且还不断出现新的困境。在工厂之外，例如在工人家庭中和街区里，雇主的权威很难用得上。灌输纪律的概念非常困难，在考勤簿上记录出勤往往是不够的，所以雇主也经常用殴打、罚款和解雇来对付工人。工作的节奏和严密的监督让许多同时代观察家联想到他们唯一知道的其他大型工作环境——奴隶种植园——尽管这使他们无视眼前正在发生的事物真正革命性的本质。[28]

纪律难以执行，工人难以招聘，同时也因为工作条件常常糟糕得惊人，以至于世界各地的奴隶主把奴隶劳动的条件与工业劳动者的条件相比较，认为前者更好。例如，在德意志地区的棉花行业，每周工作6天，每天工作14到16个小时都算是常态。1841年在普埃布拉，每天平均工作时间达14.8小时，包括1个小时的午餐时间。在第二帝国时期的法国，平均工作时间为12小时，不过雇主可以随意延长工人工作时间，直到1873年，巴塞罗那纺织工厂的工作时间仍然这么长。生产环境到处都很危险，机器声音震耳欲聋。[29]

这种情况对工人的健康产生了巨大的影响：19世纪50年代，当萨克森政府试图招募士兵时，只有16%的纺纱工和18%的织工达到健康标准。几十年来，对很多同时代人来说，这些新兴棉花工厂工人的生活水平象征着工业化的一切错误。1826年，J·诺里斯（J. Norris）向英国内阁大臣罗伯特·皮尔*说：“我得很遗憾地补充道，劳工阶层的穷人，特别是织工的悲惨现状无法用言辞来形容。”事实上，最近一份对预期寿命以及工人身高的分析表明：工业革命所带来的后果中，"没有增加食物消耗，没有增加人均寿命，没有改善营养状况，也没有改善住房条件"。作者总结道："这里给出的是工业革命中心地区样本教区的婴儿死亡率，它支持这样的观点，即缺乏明显证据表明英国工人及其家庭的日常生活在19世纪中叶之前有明显的改善。"实际上可能等到19世纪70年代也没有明显的改善。正如美国劳工活动家塞思·路德（Seth Luther）在1833年所报道的那样："我

---

* 即前文所说的工业家罗伯特·皮尔之子。

计算出，把闲暇时间的变化考虑进去之后，人均消费量从18世纪60年代至19世纪30年代基本保持不变。这种过度劳累的结果是，身体成长受到了压制，四肢变得虚弱，有时甚至可怕地扭曲。"[30]

考虑到这种情况，农民和手工业者往往不愿意成为工厂工人就不足为奇了。随着生活水平和寿命的下降，对工厂的恐惧是完全合理的。抵抗既来自个人，也来自集体，这使得无产阶级化的过程常常更为持久，也往往更为暴力。在18世纪80年代和90年代的法国大革命的动乱时期，工人摧毁了使棉花生产现代化的机器，还威胁了与生产现代化相关的工厂主。例如，1789年，数百名工人袭击了法国棉花产业中心诺曼底的棉花工厂，摧毁了700台珍妮纺纱机和其他机器。诺曼底及其他地方的军队和民兵与这样的动乱作斗争，但成效不一。这种抵抗运动在19世纪20年代还在持续，当时法国工人反对引进动力织布机。这波抵抗非常有效，而且国家经验不足，保护其现代化企业家的能力和意愿也相对有限，一些资本家认为，最不容易引起抵抗的方法是限制新机器的使用，而不是专注于高品质商品的生产，不管其有多么劳动密集。对民众起义的恐惧成为法国企业家的引导性原则。[31]

英格兰工业化过程中也经常有这样的抵抗运动。早在18世纪40年代，就曾发生过反对凯伊的飞梭的骚乱，1753年曾发生过针对"棉卷机"的袭击；1768年至1769年，兰开夏郡的工人反对引进珍妮纺纱机，1779年兰开夏郡的工人又捣毁了各种机器。但是，直到19世纪10年代，捣毁机器活动才真正流行起来，这时国家能够并且愿意用大规模的力量来镇压它。1811年和1812年，"斯托克波特和其他地方的蒸汽织布机遭到袭击"，1826年又发生了一次机器攻击。[32]

世界其他地方的工人也发动了反抗。在普埃布拉，纺织工会"极为反对"机器生产棉纱。坚持介绍新机器的工厂老板将发明者及其机器藏在"秘密地点"，以免引起行会的敌意。这种恐惧在韦拉克鲁斯也很普遍。在瑞士，织工在19世纪20年代暴动，要求禁用动力织布机，并于1832年在奥伯斯特烧毁一家工厂。1827年在荷兰的蒂尔堡，反对引进蒸汽机的工人砸毁了工厂主彼得·范·多伦（Pieter van Dooren）的窗户。[33]

因此，世界机械化棉花产业的扩张，不仅要依赖配置新技术和取得资本和市场，还要依赖资本家把成千上万的人变成无产者的能力——而且更重要的是，突破阻力强加一种全新的生活和工作方式的能力。正如一个同时代人1795年在英格兰所见到的那样："每次当引进不同的机器，劳动阶级总是强烈地抵制几种加速劳动的模式。"[34] 这是一种——用一位历史学家评价黑森林的维瑟河谷的话说——"内部殖民地化"过程：资本对越来越多的领地和社会关系的殖民地化和支配。然而，在封建精英遭到削弱的情况下，这种转变是可能的，而正在巩固实力的国家在这个过程中则起到了关键作用。

事实上，国家在压制工人阶级集体行动方面变得极为重要，再一次表明了国家能力对工业资本主义来说至关重要。各国通过了法律，把从工会到罢工、再到公众集会以及劳工导向的政党的所有一切都定位为非法的。各国还将工人改善工作条件的努力定为犯罪行为。正如我们所看到的，当机器在整个棉花帝国传播时，国家做出了回应。1811—1812年，英国（还有法国）的卢德主义者（Luddites）摧毁了数百台纺纱机，1812年2月，议会通过了一项法律，破坏机器可判处死刑。1812—1813年间有30人被吊死，1830年又吊死了19人。其他人被流放到澳大利亚或被监禁。而英国政府也以其他方式打击工人的集体行动：小皮特*在1795年通过的《危及治安集会处置法》（Seditious Meetings Act）暂停了人身保护令，并禁止未经事先授权的超过50人的集会。1799年和1800年的《禁止结社法》（Combination Act）将工会定为非法，这使约翰·多尔蒂（John Doherty）于1818年被判处了10年苦役，其罪行是参加了（非法的）曼彻斯特棉纺协会。英国政府不太相信它为保证社会和平而设计的机制，也准备与工人作战——仅在1792年至1815年间，在工业区就建立了155个军营。正如一位历史学家所总结的那样："政府镇压的尺度令人震惊。"当工人暴动时，工厂主常常依靠国家来镇压这种动乱，使得工厂所有者积累资本的能力日益依赖民族国家化的国家力量，

---

* 小威廉·皮特（1759—1806年），英国18世纪末19世纪初的政治家，24岁即出任首相。

而国家自己的力量也越来越依赖工业化的成功。[35]

把工人变成无产者的斗争使得工业家更加依赖国家,这清楚地表明了他们权力有限。然而,资本的属地化,其日益依附和依赖国家,也使工人能够集体组织起来改善工作条件和提升工资;最终,资本家对国家的依赖成了劳动者的最大力量。虽然面临多次压制,但工会和工人阶级的政治运动在整个19世纪对资本施加了新的压力,这种压力在几十年后从根本上重塑了世界棉化工业。

正如我们所看到的,工人不仅反抗机械生产,而且还努力试图在机械化生产体系内改善自己的生活和工作条件。这些努力起初微不足道,但最终却获得了力量,确实为他们赢得了更高的工资、更短的时间和更好的工作条件。在19世纪上半叶,成功的例子还很少,但是斗争依然不断。早在1800年之前,英国织工之中就已经出现了一些工人阶级的协会。1792年,斯托克波特和曼彻斯特的骡机纺纱工组成工会。1807年,手摇织工收集了13万个签名来倡导他们所谓的"合法工资"。1826年,由于织工集结并威胁要损坏织机工厂,棉纺织工人的暴乱从曼彻斯特蔓延开来。来自曼彻斯特的弗雷德·福斯特(Fred Foster)1826年4月28日向内阁大臣罗伯特·皮尔"非常高兴"地说,一旦工人在街头集合,"镇压命令就会下达,主要街道被部队清空"。1844年,西里西亚纺织工人的叛乱非常有名。在新英格兰,1824年,罗德岛波塔基特的女性棉纺织厂的工人离开了工作岗位,成为美国工人的第一次罢工。英国的骡机纺纱工将他们的集体行动策略带到了美国,特别是新英格兰,1858年他们成立了福尔里弗骡机纺纱工联盟(Mule Spinners' Union of Fall River)。西班牙的棉花工人在19世纪40年代和50年代之间发起了一场劳工运动,1854年,纺纱工人进行了第一次总罢工。在法国,纺织工人参加了1830年到1847年之间35%的罢工。妇女有时在这种集体行动中起了带头作用:例如在马萨诸塞州的洛厄尔,女性劳动者于1844年组织了洛厄尔女劳工改革协会(Lowell Female Labor Reform Association),为更好的工作条件和更短的工作日而奋斗。早在19世纪中叶,作为对工人对抗倾向的回应,棉产品制造商开始将资本转移到了其他地方,加泰罗尼亚的企业家在这方面也许算是先锋,他们越来越多地将生产转移到巴塞罗那郊外略布雷加特河和特尔河边上的彼此隔绝的工厂村庄去,以逃离麻烦的工人。正如在棉花种植的例子里一样,工人的集体行动和世界棉花产业的空间布局交织在一起。[36]

然而,这些工会化、罢工以及其他形式的旨在改善棉花工人工资和工作条件的集体行动的初期努力表明,一旦控制和动员劳动力的问题在强大的国家内部被"民族国家化"(nationalized),而且事实上成为国家问题,工人就同样可以通过诉诸国家并且在国内政治的空间内进行动员,获得了改善自己境况的新机遇。例如,由于工人的集体行动,对于违反雇佣合同的非金钱性惩罚行为越来越难以成立。1867年,英国大部分工人阶级成员都获得了投票权,工会向国家施加压力,限制工人违约时的补偿,并于1875年获得成功。德国直到1918年革命之后,才终结对违反合同行为的刑事惩罚。[37]事实上,"随意就业"——即工人可以自行决定何时离职——也是几十年来工人斗争的结果,而不是随着工业资本主义出现的"自然"产物,更不是工业资本主义出现的先决条件。从工厂到种植园,自由的扩张都依赖工人的组织和集体行动。在现代经济学教科书中被理想化了的劳动力市场往往是罢工、工会和骚乱的结果。

从18世纪80年代开始到1861年的棉花帝国实际上依靠两种截然不同的劳动力形式、两种截然不同的生产组织形式。大西洋西岸是充满活力、不断扩张和利润丰厚的奴隶种植园,这是欧洲人自16世纪以来一直在建立的非常活跃的战争资本主义的最新产物。在欧洲本身以及在新英格兰地区和世界上其他一些地区,也出现了一个更加新颖和更有活力的生产组织:工业资本主义,有着以受薪劳动力为基础的纺纱和织造工厂,生产力十分强劲。通过一群商人的中介作用,这两个系统并肩成长,互相靠拢。资本以商人为代表,促进了奴隶棉花种植园和受薪劳动力棉花工厂的迅速扩张,将两个看似相对立的遗产连接起来——直到其中一个倒塌的那一天。一旦发生这种情况,一旦棉花帝国中的奴隶制像遥远的超新星那样黯灭掉,它对建设工业资本主义的重要贡献就可以从我们的集体记忆中被清除掉。

第 8 章

棉花全球化

> 当代最突出的现象无疑是这个巨大的商业部门的每年的进步扩张，它对两个半球的物质和社会状况的影响如此显著。……
>
> 远在大洋的另一边，直到最近才得到开发的土地被改造成肥沃的平原，使得人口不断增加，种植面积不断扩大，为我们的祖国提供了国家福利、工资和就业的不竭源泉，而且利用大笔资金，成为一个庞大行业的推动者，这个行业将把原料转化为成品的各种活动结合了起来，其产品供应了各个区域的市场。
>
> ——《新不来梅报》，1850 年 1 月 6 日 [1]

对于瓦尔特·本雅明（Walter Benjamin）来说，巴黎是 19 世纪的首都。* 然而，对于过去和未来的棉化之土来说，世界真正的中心是利物浦。这座城市坐落在英格兰多雨的西北部，位于默西河流入爱尔兰海的入海口处。在那里，全球最重要的商业十字路口之一，利物浦的商人通过把一个新兴的欧洲制造业复合体和一个更具侵略性和扩张性的棉花腹地连接起来，积累了前所未有的财富和影响力。正是在利物浦，工业资本主义和战争资本主义交织在一起，利物浦商人将前者的逻辑运用于后者，并在此过

---

* 瓦尔特·本雅明（1892—1940 年），德国哲学家、思想家、批评家，著有《发达资本主义时代的抒情诗人》《德意志悲苦剧的起源》《单行道》《巴黎，19 世纪的首都》等书。

程中同时改造了两者。利物浦商人的天才在于他们能够结合通常被认为是对立的成分：受薪劳动力和奴隶制、工业化和去工业化、自由贸易和帝国、暴力和合同。

利物浦可能是世界奇迹之一，但绝不是游客喜爱的那种。事实上，"丑陋"是20世纪初的一位编年史家对利物浦的总结。"利物浦的主要吸引物当然是宽敞的码头"，一个观察者这样干巴巴地评论道。早在1832年，码头和港口护堤就绵延了两英里半，密布着埠头、仓库，"桅杆林立犹如森林"。默西河之外是爱尔兰海，再之外则是大西洋，正是在大西洋的对岸，人们种植了世界上大部分的棉花。每年都有数千艘船抵达，运来紧压的生棉包。成千上万的工人（其中许多是爱尔兰移民）负责卸货，然后将这些生棉包运到仓库。从那里，大部分生棉包通过运河船只（1830年以后则通过火车），运送到附近距此20到50英里的兰开夏郡的纺纱厂，一些生棉包回到船上，运到了欧洲的各个港口，在这些港口，先是由货车，后来由火车将这些棉包运送到越来越多地充斥欧洲农村的纺纱厂。这里没有什么技术奇迹，利物浦的港口只是一个充满危险、非常辛苦的劳动地点。每天早晨，数千名工人在黎明前的雨天街头聚集，希望能被雇用一天，能够去处理巨大的棉花包，这是一个工时很长、工资很低的危险工作。[2]

利物浦的港口是一个横跨全球的帝国的中心。它的商人向世界各地派出船只，最初主要是帆船，但是到了19世纪50年代和60年代，蒸汽动力船只越来越多。这些船长要应对危险的海洋、可能叛乱的船员、危险的疾病，还有经济波动。19世纪40年代初，利物浦运棉船的船长詹姆斯·布朗（James Brown）每次抵达新奥尔良港时，都得浪费数周的时间来寻找足够的棉花来装载他的船只。运费不断变化，因为港口里闲置的船只意味着激烈的竞争。来自利物浦的市场消息往往导致棉花价格突然变化，使得他的出发被推迟。布朗写道："部分船员已经跑路了。""飓风"和"关于海盗的新闻"进一步让他神经紧张。[3]

虽然利物浦港口有着一幅充满体力劳动的宏大景象，但这个城市的神经系统是棉花交易所，其管理员彼此生活和工作都靠得很近。每天早晨，这个城市的商人都会在市中心的一块空地"旗帜下"（on the flags）交易。棉花经纪人塞缪尔·史密斯（Samuel Smith）记得："不管什么天气，寒冷还是湿润，冬天还是夏天，我们都站在外面，有时雨天和冷天没法忍受，我们就会躲在拱门下面。"1809年后，一座漂亮的交易所建筑在城市中心建了起来，棉花商人搬到里面去了。买家和卖家见面的交易厅里吵吵嚷嚷，看上去非常混乱，但是令人印象深刻，因为"就公开交易而言，世界上没有哪个地方能够提供如此优雅而宽松的条件"，"销售量非常可观……几分钟内就完成了"。[4]

由于具有非常全面的配置，这个城市的商人成了一个全球性的棉花种植、制造和销售网络的主导者。在孟买的阿波罗码头上，商人紧张地等待着"来自利物浦"的消息。在整个美国南部的种植园里，"利物浦价格"是一条最有意义的消息，是许多奴隶主最为关心的事情。[5] 南方的农业杂志《狄波评论》不断报道利物浦价格，以及美国的棉农如何能由此赚得最大利润。纽约的商家杂志和商业评论对利物浦价格也感到同样的焦躁不安。对于埃伦·胡顿和数十万像她这样的棉纺织厂工人，利物浦价格将决定她是否会被雇用。全球对利物浦的关注反映了这个城市的商人对世界大片地区拥有的巨大影响力。在利物浦价格上涨的时候，种植者在路易斯安那州可能会决定购买新的棉花土地，奴隶贩子可能会发现，将成千上万的年轻奴隶贩卖到这些新的领土非常有利可图。来自利物浦的消息可能有一天会使得美洲原住民从他们的土地上被驱逐，有一天会鼓励人们在印度投资铁路，另一天会使瑞士、古古拉特邦或米却肯州的家庭完全放弃纺纱和织布。[6]

利物浦和其他任何城市都不一样，同时集中了全球棉花贸易的所有核心功能。它的商人买卖原棉，运输棉花产品，并为棉花种植和棉花制造提供资金。其他棉花城市则更加专业化。例如，新奥尔良、亚历山大港和孟买的商人掌握了原棉出口，而不来梅和勒阿弗尔的商人则接受前者的货物。纽约和伦敦的商人专注于为贸易融资。而广泛分布在从布宜诺斯艾利斯到累西腓、汉堡到加尔各答这样的城市里的商人，他们收到纱线和布料，再把它们分销到内陆腹地。

然而，这些城市没有一个可以真正与利物浦匹敌。棉花流动的渠道并不是均匀分布在世界各地的。这些渠道在某些点上变窄和扩大，流量和速度是影响力分布的直接表现。网络越深，速度越快，其权力也就越大。利物浦享有连接许多地方的贸易和信息的洪流，而密西西比的腹地城镇或布宜诺斯艾利斯却只有慵懒、温和的流量，只和极少数地方交流。因此，位于一个"商品链"的最开始的地方或者最末端的地方，通常都意味着处于相对弱势的地位。棉花网络集中于利物浦这一个城市导致了新的权力等级，这个创新的发展取代了艾哈迈达巴德或苏拉特或瓦哈卡等城市中的旧棉花网络和旧商人集团。利物浦商人在19世纪的崛起，进一步推动了棉花多极世界向单极化的方向发展。

对于利物浦的棉花交易所来说，其高窗之外的世界在本质上是一个巨大的棉花生产和消费综合体。贪婪的赢利欲望要求越来越多的土地用于棉花的商业化种植，要求越来越多的棉纺织厂以及开放更多的棉布市场。这种前所未有的、高度杠杆化的产业扩张的生存依赖全球农村的永久转型，需要后者动员更多的劳动力和资源和提供市场。然而，尽管利物浦的资本及其商人无所不在，但在黑森林、孟买或密西西比，这些地区彼此相联系转型的性质却截然不同。

虽然利物浦的商人位于这个新的棉花帝国的核心地带，实际上也构成了这个棉花帝国，但他们只是全球从事棉花贸易的许多贸易集团之一。这些贸易商共同协调了数十万奴隶、农民和在世界许多不同地区经营着大小农场的棉花种植者的努力。这些贸易商共同把这些原材料运送给成千上万为工厂购买棉花的制造商，这些制造商则把纱线和布料送到市场和商店，再把这些棉花商品卖给数百万消费者。商人将纤维和布料从密西西比种植者或古吉拉特的农民运交给奥尔德姆或茨维考的纺纱厂，从曼彻斯特制造商运交给伊斯坦布尔的市场，从米卢斯的工厂运交给纽约的店家。商人把资金预付给巴巴多斯种植者，让后者去种植棉花。他们从众多的种植者那里收得棉花，并准备捆成生棉包以备运输。他们派遣船只穿越世界各大洋。他们向制造商提供棉花，并将市场信息从市场传达到工厂，从工厂到港口，再从港口到种植园。他们把从越来越高效的工厂出来的纱线和织物卖给了全世界越来越多的消费者。虽然商人有时候也是种植园业主和工厂业主，但他们更经常是独立的中介。他们不专注于种植或制作，而是专注于转运。在诸如利物浦这样伟大的发源地，商人构成了市场。他们是看得见的手。

锻造这些关联所面临的挑战与潜在的利润一样巨大。以这个链接中的一个环节为例。如果一名密西西比州的种植者要向曼彻斯特制造商提供棉花，当地密西西比商人（所谓承购商）必须首先向种植者提供信贷以让后者获得奴隶、土地和器具。这名承购商可能会从伦敦或纽约的银行家那里获取这些资源。一旦棉花成熟了，承购商就会把棉花卖给新奥尔良港口的商人，后者再卖给在利物浦的进口商，这些进口商还会为这些棉包提供保险，并把它们运往欧洲。一旦进入利物浦，进口商会要求销售经纪人（另一种商人）来处理棉花。一旦采购经纪人找到了他想要的棉花，就会把它转交给制造商。制造商加工处理棉花，然后将其提供给另一个商人，后者负责组织装运，将其运送给另一个遥远的港口的代表，例如加尔各答。一旦到了那里，纱线就会卖给印度商人，印度商人将把它分发到农村，最后由印度织工购买，然后再卖给其他贸易商，分发给村庄和城镇的零售商。因此，密西西比奴隶种植的棉花在兰开夏郡制成棉纱，然后可能会在印度农村的某个地方织成衬衫。棉花帝国就是由数以万计的这种关联组成的。

世界各地的商人组成了这些网络，这种网络建立在信用、贸易、信息、信任、社会关系和对利润无止境的追求上。这些新的棉花网络的范围是前所未有的。此前从来没有任何行业在如此广阔的距离上，将这么多种植者、制造商和消费者的活动连接起来。因此，商人从未如此迫切地被需要过。这些网络的规模造成了前所未有的协调问题。无论是农民还是种植业主，甚至是富裕的制造商，都无法保证他们的生计所依赖的渠道畅通无阻。商人在空间上组织世界最重要制造业的激进重组的能力，和那些更为具体的机器，以及19世纪50年代散布全球的新型劳动组织一起，都是极为重要的发明。[7]他们的资本以及他们所建立的贸易体制结构，使得世界上的大片地区——从欧洲新兴工业化的村庄到密西西比和古吉拉特的种植园和农场——都伴随着工业生产的新节奏而运动。通过跨越奴隶种植园和受薪工人的工厂之间看似不可逾越的鸿沟，他们创造了现代资本主义。[8]

这些商人将棉花和棉产品贸易打造成了19世纪最重要的贸易之一。1800年至1860年间，最为重要的美国和英国之间的原棉贸易渠道增长了38倍；美国和欧洲大陆之间的贸易量（小得多）在同期增长了138倍。1860年，埃及的出口量是1822年的14倍。法国最重要的棉花港口勒阿弗尔的棉花进口量，在1815年到1860年间增长了近13倍。随着原棉贸易的增长，棉花制成品贸易也爆炸性增长：1794年英国出口了350 448磅纱线；到1860年这个数字增加了563倍。其他商品贸易也在这些年间蓬勃发展，但并不是都这样增长的；举一个例子，巴西的咖啡出口在1820年到1860年之间增加了7倍。但是世界主要经济体都依赖棉花贸易：法国最为重要的出口产品是纺织品，大部分是棉纺织品。1800年至1860年间，棉产品占英国出口总值的40%至50%。原棉也是迄今为止美国最重要的出口商品：1820年，美国棉花出口额约为2200万美元，烟草叶800万美元，小麦不到50万美元。棉花占美国商品出口额的31%左右。到1860年，烟草出口的价值翻了一番，小麦出口增加了8倍，但棉花几乎疯涨了8倍，达到1.92亿美元。它现在占所有商品出口价值的近60%。商人建立了世界上第一个真正的全球经济体，棉花位于其中心位置。[9]

商人——其中一些是经销商或经纪商，其他是代理商、进口商或承购商——准确地判断出，在这个庞大的新行业中有充足的获利机会。在将种植园棉花带给消费者的每一笔交易中，都有不同的商人群体从中获得利润。[10]佣金、利息和服务费提供了他们的收入来源。有些人变得非常富有，其中最为著名的有利物浦的拉斯伯恩家族、伦敦的巴林家族、伦敦及孟买和其他地方的拉利（Ralli）家族、温特图尔的福尔卡特家族、勒阿弗尔的西格弗里德（Siegfried）家族、不来梅的维特因（Wätjen）家族、新奥尔良的福斯托尔（Forstall）家族、纽约的布朗家族、亚历山大港的卡萨维蒂（Cassavetti）家族、孟买的杰吉伯伊（Jejeebhoy）家族。棉花巩固了这些家族的巨大财富和权力，使他们能够兴建仆从如云的豪宅，收集珍贵的艺术品，投资其他事业，在世界各地游历。但是这个行业还有其他成千上万的不太富有、名字已经被遗忘了的棉花商人。他们共同构筑了新的资本空间。

然而，为了让奴隶制与工业之间的联姻取得成功，商人首先要把机器生产和工业资本主义的模式传播到全球农村去。19世纪以前，世界上并不缺少大梦想家，但迄今为止，还没有人意识到这样大范围内的生产腹地和脆弱的消费市场的潜力。这些商人这样做的过程非常复杂，事实上，它依赖一个行动者的网络，这些行动者的眼界往往，虽然并不总是非常地方性，他们有时所做的只不过是把工业资本主义的逻辑多推进一步，使其更接近农村棉花生产者而已。然而，仅仅通过把棉花生产过程中的各个地方和各个阶段联系起来，这些商人往往在不知不觉中创造了一些相当新的东西。有史以来第一次，他们利用了非常多样化的各种劳动制度，这是新兴资本主义的标志性特征——奴隶种植棉花，受薪工人制造纱线，奴隶及受薪工人轧花、压平、装载和移动生棉包。通过这样做，他们帮助欧洲克服了资源的限制。这些商人的活动非常琐碎，看似无关紧要，但观察这些商人的行动，可以帮助我们理解工业和战争资本主义如何联系起来的问题。

考虑到这些商人在塑造现代资本主义世界中的重要性，他们的实际工作看上去常常近乎乏味。他们大部分时间都在写信、与供应商和顾客交谈、旅行和做出推断。由于他们创造的棉花帝国如此广阔，商人很快就专门从事贸易的特定方面。一些专注于将棉花从种植园运到港口，另一些则从事跨洋贸易；有的集中向制造商销售原棉，有的则是出口棉花，而另一些则在一个特定的国家或地区分销进口棉花。通常，商人把他们的贸易集中在一个特定的地区，成为将世界某些特定地区相互连接起来的专家。因此，他们从事的业务看起来非常不同。实际上，全球体系不是建立在一个中央的、帝国的指示之上，而是由众多有着地方性及多样化联系的行动者所建立，这些人通常只是在解决当地的问题。

商人帮助解决的最迫切的问题是如何为制造商提供原棉。随着行业规模和效率的提高，也由于棉花产地都不靠近工厂，制造商需要确保更大量的来自世界偏远地区的棉花供应。从18世纪60年代至80年代，大多数制造商都自己从纺纱地区的经销商那里购买所需的棉花，而经销商用自己的资金做生意，并向制造商提供信贷，使他们能够购买生棉。[11]例如，1788年，曼彻斯特市共有22位这样的经销商。反过来，经销商从利物浦商人那里购买棉花，后者在18世纪甚至19世纪初仍然大多是一般商人，棉花只是他们提供的诸多商品中的一种。

然而，随着19世纪前几十年里棉花交易数量急剧增加，以及制造商对棉花质量和价格的要求发生了变化，他们舍弃了这个略显得陈旧的世界。他们不再从经销商处购买棉花，而是开始使用经纪人。与经销商相比，经纪人并不拥有棉花；相反，他们收取进口商家和制造商之间的经纪佣金。因此，工厂所有者不仅可以购买经销商所拥有的棉花，还可以购买利物浦港口的任何棉花——以最便宜的价格获得他们想要的数量和质量。经纪商提供了制造商与棉花进口商之间更为直接的联系，并通过制定规章制度、分发信息、提供详尽的仲裁服务来组织市场。"他们给利物浦带来了关于工业的技术知识，"一位学者这样说，"他们还带来了一种新的行政技能和效率，来处理一种几乎全新的贸易所面对的问题。"因此，经纪人"成为市场中的核心人物"。他们既是纺纱新技术的专家，也对利物浦令人眼花缭乱的市场了如指掌，他们帮助制造商浏览利物浦的各种棉花品种，并帮他们获得特定制造过程所需的棉花品种。[12]

到了1790年，在利物浦出现了4位这样的专业棉花经纪商。其他许多人也纷纷效仿，到1860年，利物浦的街道上共有322名经纪人。他们一般以小型家族企业的方式来运作，来自不同的背景：有些是前经销商，有些是纺织工人，还有一些人是进口商。最终，经纪人进一步专门化。一些人成为采购经纪人，为制造商购买棉花；其他人则成为销售经纪人，为进口商贩销售棉花。[13]

由于这些变化，制造商无须再在市场上检验棉花了。尽管19世纪初，制造商还亲自触碰出售的棉花，但现在他们改将需求传达给经纪人，然后后者替他们找到想要的棉花。制造商越来越多地专门生产特定品质的纱线和商品，并要求更多的棉花品种，他们发现进入市场购买所有这些棉花是不可能的。他们现在依赖于关键的原材料源源不断地进入工厂，需要由经纪人来保证供应。

随着经纪人取代经销商,他们也改变了棉花销售的方式。此外,机器生产的需求决定了这些变化。整个18世纪到19世纪上半叶,棉花都是作为实物商品销售的。商人买卖特定的棉花,处理令人眼花缭乱来自世界各地的不同棉花,它们有着不同纤维长度、颜色、弹性和清洁度。由于商人出售特定批次的特定棉花,他们提供方法使买方能追溯每个特定的棉花包裹到特定的生产者。1814年棉花经纪人乔治·霍尔特(George Holt)的记录显示他销售"13袋劣质吉南[棉花]""6袋巴巴多斯""10袋帕拉斯、15袋巴希斯、25袋戴拿拉拉斯、10袋南岛",还有一系列数量不明的"孟加拉""苏拉特""波旁""德马拉拉"和"佩南"棉花。利物浦棉花经纪人托马斯·埃利森于1886年观察到:"到本世纪初,通常的做法是卖方向买方提供可能要出售的任何一批或多批棉花的标记、船名和存储地点,以便买方可以到仓库检查包裹。"棉花极大的天然多样性被保存了下来,所有参与棉花交易的人都在买卖看得见摸得着的棉花。[14]

当19世纪最初几十年棉花贸易爆炸式发展时,这个体系受到了很大的压力。经纪人匆匆忙忙地在利物浦港口检查数百个棉袋和棉包,试图提供特定批次的棉花以满足特定制造商(需要特殊品质的棉花以生产特定种类纱线)的需求。很快这就变得几乎不可能。在制造商的需求的推动下,经纪人寻求新的制度化解决方案。首先,他们从实际检查每袋棉花转为按样品采购。[15]他们从每包生棉中抽取一小批纤维,并根据该样本确定价格并进行销售。这些样本不像生棉包,它们很容易被运送甚至还可以邮寄。第二步,经纪商为棉花品质制定了明确的标准和精确的词汇表。最终,制造商甚至不需检查样品就能购买棉花。实际上,他们不再从特定的地方订购特定的棉花,而是要求特定质量的棉花。这是对行业的彻底重塑。

棉花在等级、纤维长度和特性上有着巨大的差别。到1790年,尽管其他商品如糖和咖啡已经有了等级区分,开始广泛使用"中等"和"上等普通"等级别,但是还没有人尝试对棉花进行分级。1796年,在查尔斯顿,"佐治亚棉花"和陆地棉首次作为棉花类别被人提到,1799年在费城，有人提到"佐治亚田纳西棉花"——这种分类方式仍然反映的是原产地。同年，《商业地理通用词典》(Dictionnaire universel de la géographie commerçante) 仍然只按产地列出不同种类的棉花。然而，1804年，查尔斯顿商人列出了"普通棉"，到1805年，这一分类已经成为"普通陆地棉"。到1805年，海岛棉被分为顶级、优质、良、中等和劣等等级。《贸易商》(The Tradesman) 1809年谈到"上等中等棉"；1815年在新奥尔良市场使用了"顶级"这个分类，两年后，"一等品"棉花上市，又一年后，在查尔斯顿出现了"中等棉花"的分类，随后1822年在新奥尔良又出现了"精选顶级棉花"，在1823年出现了"精选良品"。《伦敦杂志》(The London Magazine) 在1820年之前提到了这些类别，在这十年间它们得到了广泛使用。这些标准仍然只是近似的划分，既不能被精确定义也不能被强制执行，但它们为后来可供执行的标准提供了基础。如果没有这样的标准，这样大宗商品的大批量长途贸易几乎是不可能的——大自然的巨大的多样性必须被提纯并分类，以使其符合机器生产的要求。[16]

为了使标准能够长期实行下去，购买者必须能够验证他们购买的棉花的质量。起初这些规章制度是非正式的，公约没有形成书面文字，而是在个人之间达成谅解。随着通过样本的交易数量的增加，在远洋港口和制造商之间从事贸易的商人要求具有"某种永久性"的规则，需要一种在制度上得到保障的标准。作为回应，这些经纪人在1841年创建了利物浦棉花经纪人协会。协会做的第一件事就是通过一项决议，保证所有按样品出售的棉花都能保证质量符合样本。到1844年，他们确定了"良"和"中等"棉花的标准。1846年，美国商会（American Chamber of Commerce，由与美国进行贸易的利物浦商人于1801年在利物浦成立）建议经纪人"取走几个美国棉花的样品，交给美国商会处置，以便在所有涉及棉花质量的问题上形成一个参考标准"。棉花市场不再是一群追求效用最大化的个人自发地相互作用的场所，而是日益成了一套在市场之外形成的制度运转的场所。[17]

一旦有了正式化的标准，人们就开始努力将其应用于国际上。1848年，新奥尔良商会写信给利物浦的美国商会，谈到"迄今为止，由于缺乏与利物浦一致且为双方都认同的固定、统一的质量标准,新奥尔良的棉花买家在进行购买操作时经常会遇到极大的不便"。它建议为"新奥尔良和亚拉巴马州的良中等以及普通棉花"制定相互认证的标准。然后这些相同的标准应该由新奥尔良和利物浦共同维系,以便仲裁纠纷。利物浦美国商会同意并投票制定这样的标准。作为一系列集体表达的公约的结果,一个现代棉花市场正在形成,以利物浦商人的私人协会为核心。资本正在改变着我们看待棉花的方式——它很快就会改变植物本身。资本密集型工厂生产的无休止的压力更移向了棉花种植本身那一端,把资本的逻辑强加于自然的逻辑之上。[18]

棉花标准与另一项发明一起出现,而且事实上带来了这项发明:销售尚未到埠的棉花。对于期货市场来说,信息和样本必须比散装棉本身走得更快,这种情形似乎是19世纪10年代在利物浦出现的。到1812年,棉花经纪人开始交易仍然位于公海上的棉花,交换所谓的"海运提单"——证明某些生棉包所有权的文件。两年之后,1814年8月13日,乔治·霍尔特向乔治·约翰斯顿公司(George Johnston & Co.)出售了100袋来自阿米利亚岛的十天内"即将抵达"的棉花。在19世纪上半叶,这种销售在未来交割的棉花的贸易行为增加了。1858年,利物浦美国商会明确规定了这种"即将抵达"合同。根据利物浦巴林商行的说法,这时候"货运文件抵押品"开始出现。这不仅仅发生在利物浦:1860年以前纽约商人在美国南部也使用了这种"即将抵达"的合同,而在勒阿弗尔,早在1848年,商人们就创造出了这种"销售交付"(ventes à livrer)的合同。但不管在哪里,这些合同仍是例外,直到19世纪50年代,棉花经纪人塞缪尔·史密斯仍观察到:"几乎所有的生意都是仓库里进行实货交易的,销售还在海上漂浮着的货物是例外。"[19]

而且,在19世纪上半叶,销售未来交割的棉花依然建立在最终要交付某一特定棉花包裹之上。乔治·霍尔特在1814年承诺交付他的顾客约翰斯顿的是特定的棉花包裹,而不仅仅是特定质量的棉花。然而,特定的合同和特定批次的棉花之间的联系逐渐地开始减弱。人们开始销售尚未发货的棉花——在好几个月后才能进入市场——甚至可能是那些没有种植的棉花。[20] 这种贸易的日益抽象化在美国内战期间开始繁荣起来，真正的期货交易开始出现。可量化的、稳定和持续的机械化生产的需求鼓励其基本原料的投入越来越抽象，保护厂家免于受到价格波动的影响，以使他们在全球市场制定成品价格。

然而，从工厂到种植园的这一长链还有更多的环节。利物浦的经纪人把制造商的需求传达给另一个强大的棉花商人群体：进口商。与经纪人相反，这些商人从事跨洋棉花贸易，运输着规模庞大的货物，相应地，他们的获利机会也更大。在利物浦和其法国竞争对手勒阿弗尔，专门从事进口的棉商早在18世纪后期就已经出现，19世纪在不来梅也出现了这样的商人。他们专注在国外采购棉花，或者更典型的是，接受委托（而不是直接获得棉花的所有权）将棉花从遥远的港口运到欧洲。[21] 他们比任何其他人更直接地与农村生产者及世界上最具活力的制造业相连。起初，他们帮助奴隶制在路易斯安那和巴西繁荣兴盛，后来他们又使得印度的农民生产者为跨洋市场生产棉花，并促使穆罕默德·阿里控制埃及农民以从中获利。

利物浦的商人是世界最重要的棉花进口商，遥遥领先于其他人。在18世纪中叶，他们已经把第一批棉花运到了利物浦；到1799年，英国进口的棉花中有整整50%运到那里（其余大部分去了伦敦），在19世纪30年代末期，这一比例增长到89%。利物浦的商人垄断了全球棉花市场，这是此前其他商人未能做到的。他们的成功有几个原因。首先，利物浦在大西洋奴隶贸易的中心位置使得其适合开展棉花贸易。棉花一开始是与糖、烟草和其他商品一起，作为从西印度群岛而来的返程商品来到利物浦的，这趟贸易正是三角贸易的一边。利物浦可能已经控制了高达85%的英国奴隶贸易，而至1807年废除奴隶制时，利物浦运输的货物中至少四分之一是奴隶；因此，在利物浦港口工作的人都有着长途贸易的丰富经验，也都熟知美洲的棉花种植地区。而且，随着大西洋越来越取代地中海成了棉花贸易的主要渠道，利物浦也处于非常有利的投资地位。而且利物浦还受益于其地理位置，它邻近曼彻斯特及其周围的棉纺纱地区，而且由于运河的建设、默西河基础设施的改良以及后来 1830 年世界上第一条铁路的建设，这层联系进一步加强了。有了这样的联系，利物浦可以从贸易商人所建立的制度创新中受益。[22]

利物浦最强大和最富有的商人都是从事棉花贸易的。对利物浦棉花进口贸易的仔细研究表明，在 1820 年足足有 607 位商人从事棉花贸易。然而，该研究还证实，经常进口棉花（每年 6 次以上）的商人不多，1820 年是 120 位，1839 年是 87 位。因此，进口贸易是由大量偶尔进口少量棉花的商人，以及少量定期进口大量棉花的商人从事的。然而，随着利润率在 19 世纪的第二个 25 年下降，商人团体的地位更加巩固了。1820 年，前十大棉花商人进口了所有到达利物浦的棉花的 24%，而前二十大棉花商人进口了总额的 37%。19 年后，前十大棉花商人进口了所有棉花的 36%，前三十大的棉花商人进口了 60%。这一年，即 1839 年，利物浦的最大棉花进口商销售了超过 5 万包生棉。[23]

虽然多数贸易商继续在进口其他商品的同时进口少量棉花，利物浦的主要棉商从他们的专业化和集约化的棉花贸易获得了巨大的回报。拉斯伯恩家族是利物浦的最重要的棉花贸易商之一，于 18 世纪开始从事棉花贸易（塞缪尔·格雷格的阔里班克纺纱厂开业时，他们就为其供应棉花了），开始棉花贸易只是他们以前从事的木材、盐和烟草贸易的补充，后来就超越了这些项目。事实上，他们可能是利物浦第一家进口美国棉花的公司。拉斯伯恩家族在 19 世纪最初几十年里一直运输棉花，并且在 19 世纪 30 年代专门从事棉花贸易。像许多其他商家一样，他们通过美国的南方港口的代理商购买棉花，这些代理商要么替拉斯伯恩家族出面采购，要么以抽取佣金的方式代购。利润空间十分可观：在 1849 年至 1853 年，拉斯伯恩家族从棉花贸易中赚取的收入高达 18 185 英镑；在 1854 年至 1858 年间，他们整整赚了 34 983 英镑——而当时一名医师的年薪可能只有 200 英镑。仅仅 5 年的棉花贸易的利润就可以用来建造一个庞大而设备齐全的英国农村庄园；随着 19 世纪的推移，越来越多这样的豪宅点缀在利物浦的农村。[24]

拉斯伯恩家族早期从事其他商品贸易，后来转型从事棉花贸易，这种轨迹在 19 世纪主要的跨大洲棉商中比较典型。但棉花贸易还有另外一条路。那些财富或技能不是来源于贸易行业的人把棉花行业看作很有前途的投资多元化的方式。棉花交易非常有利可图，所以这个时代的主要资本家除了少数几个，几乎所有人都试图插足棉花贸易，给这个行业带来了大量的资本。这里面最著名的例子就是巴林家族。巴林家族和罗斯柴尔德家族一样，是欧洲最大的银行家之一，而且就像罗斯柴尔德家族一样，在 19 世纪上半叶，巴林家族也与棉花建立了重要的联系。他们与美国有着长期的关系，这不仅仅是因为他们促成了正在扩张的奴隶制力量从法国购买路易斯安那。

早在 1812 年，巴林家族就已经开始投资棉花生意，当时他们向新奥尔良商人文森特·诺尔特（Vincent Nolte）预付了 6000 英镑，让他去开创一家棉花商行。由于这笔资金的涌入，诺尔特"在棉花市场上的地位现在逐渐变得更加有影响力"，到 19 世纪 20 年代，他每个季度交易 1.6 万到 1.8 万个生棉包。19 世纪 20 年代初，当弗朗西斯·巴林拜访诺尔特来检查自己的投资时，据诺尔特说："当他第一次走在所谓的堤坝路……看到从上到下堆着许多生棉包，全部印有我公司的标记时，他显然很高兴。"但 1826 年诺尔特失败了，然后巴林家族又找了一位美国代理商托马斯·沃德（Thomas Ward）常驻波士顿，以更严格地控制他们的美国投资。[25]

在沃德的监督下，巴林家族的以伦敦为根基的棉花业务迅速发展，1832 年，他们在利物浦开设了一间办公室。他们一步一步地建立了一个信息采集和交易的全球系统，中心位于利物浦。在那里，他们收集了有关全球原棉供应、棉花生产和棉花消费的信息，然后将其转化为托马斯·沃德的订单，后者随后与纽约、费城、查尔斯顿、萨凡纳、莫比尔和新奥尔良的代理商行做安排。巴林家族也承接股份，也就是说，他们购买了其他代理商行转交的特定批次棉花。预付和购买的款项都由巴林兄弟公司（Baring Brothers & Company）开立汇票提供。正是由巴林家族这样的商人操纵的信贷，使战争资本主义的残酷越来越有效率，从而使工业资本主义越来越有利可图。[26]

利用这一波的活动，1833年巴林家族成为第五大棉花进口商，从1839年到1842年，他们上升为最大的一家，其竞争对手"观察他们的一举一动"。例如，仅在1839—1840财年，他们就进口了104 270包棉花——这是至少7万奴隶一年劳动的生产量。[27]

巴林家族的业务就像拉斯伯恩家族的一样，是其他大多数同行所难以望其项背的，不仅在利物浦，而且在欧洲其他新兴的棉花港口更是如此。尽管如此，其他地方也开始出现在重要的棉花商，以满足其他国家棉花产业的需求。在德国北部海岸，不来梅在19世纪上半叶成为棉花交易中心。第一袋棉花在1788年抵达不来梅；到1829年，不来梅的港口共有6位从事棉花贸易的商人，到1845年，贝克特尔（Bechtel）、维特（Vietor）、德利厄斯（Delius）、迈耶（Meier）、哈根多恩（Hagendorn）、吉尔德迈斯特（Gildemeister）和弗里策（Fritze）等家族集体进口了18 498包棉花。[28]

与利物浦不同的是，不来梅自己的腹地没有兴旺的棉花产业，大部分棉花要运送到数百英里外的萨克森和德意志南部等地的制造商那里去。不来梅所拥有的是通过人员往来与美国产生联系。事实上，不来梅的棉花贸易之所以出现，主要原因是把欧洲移民带到美国的船只在返程时运回了棉花。1852年1月，不来梅的棉商维特因公司（D. H. Wätjen & Co.）满载棉花的船只"阿尔贝斯号"从新奥尔良开往不来梅，4月又将移民带到新奥尔良，然后在6月再将棉花运回不来梅。9月，他们再次带着移民前往新奥尔良，11月将烟草运往伦敦。不来梅的棉花贸易显示了欧洲大陆剩余劳动力出口与农产品进口之间的共生关系。全球化越来越能自己推动自己了。[29]

比不来梅商人更重要的是他们在勒阿弗尔的同行。勒阿弗尔位于法国西北部的诺曼底海岸，是19世纪上半叶欧洲最重要的棉花港口，也是法国、瑞士和德意志西部地区棉花工业的供应者。1830年，港口工人卸载了15.3万包棉花，这些工人和他们利物浦的同行一样，工资过低，劳动量过大，1860年，他们共卸载了60万包棉花，占所有进口法国棉花的89%。和利物浦一样，勒阿弗尔的中心也是棉花。同样和利物浦一样，勒阿弗尔在欧洲棉花贸易中的中心地位，主要是由于它早期在东印度和奴隶贸易中起到的重要作用，而且和不来梅一样的是，它也是欧洲移民前往美国的主要出发港口。[30]

和利物浦一样，越来越多的商人在勒阿弗尔交易棉花。1835年共有279位商人在竞争业务。和他们的利物浦同行一样，他们在全球范围内经营。举例来说，勒阿弗尔的主要贸易商之一儒勒·西格弗里德（Jules Siegfried）出生在米卢斯的一家棉布印染家族，他不仅在他父亲位于勒阿弗尔的公司学习生意，还在曼彻斯特和利物浦当学徒。1859年，他的兄弟雅克（Jacques）在新奥尔良开了一家棉花商行，最终它成长为跨大西洋的西格弗里德兄弟（Siegfried Frères）公司，其合伙人经常在法国和美国之间往来。就和利物浦商人一样，勒阿弗尔的棉商也把机械生产的节奏注入了原棉贸易。[31]

另一位法国商人儒勒·勒塞纳（Jules Lecesne）更是足迹遍布全球。他在英格兰、纽约和波士顿接受培训，于1840年在亚拉巴马州的莫比尔创建了他的第一家棉花出口公司（一些不来梅的商人也这么做，他们暂时在南部城镇定居，以获得棉花和专业知识）。十年后，他在新奥尔良创立了一家名为儒勒·勒塞纳兄弟（Jules Lecesne Frères et Cie）的公司，1851年在加尔维斯敦建立了代理公司，后来又于1854年于纽约、1857年于巴黎、1858年于曼彻斯特建立了分公司，所有这些都指向勒阿弗尔的一家商行。最终，他的代理人遍布很多城市，其中包括加尔维斯敦、新奥尔良、莫比尔、纽约、哈瓦那、科克、格拉斯哥、曼彻斯特、利物浦、巴黎，当然还有勒阿弗尔。他成为勒阿弗尔的主要棉花进口商和阿尔萨斯棉花产业的主要供应商，1860年他的棉花进口量占该市棉花进口量的22%。[32]

随着19世纪的发展，欧洲进口商人——跨越海洋运送棉花的人——面临着更多来自美利坚合众国的竞争，而这在19世纪初看起来几乎是不可能的。在纽约、波士顿和其他地方出现了很多棉花贸易商，他们将在跨大西洋棉花贸易和供应美国棉纺织厂方面发挥越来越重要的作用。

美国的布朗兄弟（Brown Brothers）公司最终将跻身世界上最重要的棉花商行之列。布朗家族是来自爱尔兰的移民。亚历山大·布朗

（Alexander Brown）于 1800 年在巴尔的摩创立了一个不大不小的亚麻生意行，后来业务扩展到了棉花贸易。作为这种多样化的一部分，亚历山大派他的儿子威廉于 1810 年到利物浦去建立一个商行，以负责进口美国棉花和出口棉纺织品。他把其他儿子也送到其他港口城市。其中最重要的是，1825 年，他把儿子詹姆斯送去了纽约，目标是促进"利物浦的威廉和詹姆斯·布朗公司（Messrs. William & James Brown & Co.）的利益，并向我们在南方的朋友们提供更多的设施和市场选择，他们把自己的生意交给了我们"。到 19 世纪 20 年代，布朗兄弟公司是美国和利物浦之间最大的棉花交易商之一。[33]

从 19 世纪 20 年代到 50 年代，布朗兄弟公司参与了南方棉花贸易的各个方面。该公司向南方棉花种植者和承购商预付资金，以换取未来作物。它安排航运把货运到利物浦；实际上，布朗家族自己就拥有许多船只。它为在途的棉花提供保险。它通过抽佣方式销售大量棉花（通常，布朗兄弟会预付这些货物棉花市场价值的三分之二），这些承购商包括他们自己在新奥尔良、莫比尔、萨凡纳和查尔斯顿港口的代理商。尽管布朗家族赞成风险较小的佣金业务，有时他们也会直接购买棉花，并将其运到利物浦出售。此外，更重要的是，布朗家族向南方人提供信贷和汇兑设施（兑换各种货币），使他们能够销售奴隶种植的棉花。在 19 世纪 30 年代，他们向新奥尔良棉花贸易商马丁·普莱斯特公司（Martin Pleasants & Co.）提供了 10 万美元，并向新奥尔良的耶特曼·伍兹银行公司（Yeatman Woods & Co.）提供了 20 万美元的信贷额度。他们还将资本转移到南部的银行，例如亚拉巴马州莫比尔的种植者与商人银行（Planters' and Merchants' Bank），以及密西西比的商人和贸易商银行（Merchants' and Traders' Bank）。布朗家族在全球棉花经济中占据了核心地位，因此得以发家致富。在 19 世纪 30 年代早期的繁荣时期，据估计，布朗兄弟每年的利润超过 40 万美元——足够购买 13 艘一百英尺长的游艇，或者 1300 辆马车。[34]

这些活动使得布朗家族在全球棉花贸易中占据了相当大的份额，预示着美国商人在 19 世纪末在棉花帝国中的重要性日益增加。威廉·布朗在1820年利物浦棉花进口中所占份额为2.8%，1839年为7.3%，使他成为全球最大棉花进口国中的十大棉花进口商之一。1838年，他的兄弟詹姆斯在纽约处理了17.8万包棉花，相当于美国对英国棉花出口总额的15.8%。后来，布朗家族将他们的惊人财富转而投资到铁路、银行、工业企业和包括纽约自然历史博物馆在内的文化机构。通过这种多样化的投资，人们从种植园奴隶制和土地攫取中获得的收益被刻进经济和文化机构，这些机构在1865年废除奴隶制之后依然继续存活。

无论是在纽约还是勒阿弗尔，不来梅或利物浦，这些商人购买和运输的绝大多数棉花来自武力征服和使用奴隶劳动力的领土——首先是西印度群岛和巴西，最终是美国南部。事实上，商人与世界上这些看上去遥远、质朴、发展薄弱的地区建立了密切的联系。引人注目的是，与南亚和非洲很多建立已久的棉花产地相比，这些以奴隶劳动为主的地区格外容易被欧洲资本和资本家改造，以适应机器生产的模式。[35]

商人建立这些关系的最重要工具是以信贷形式存在的资本。信贷这根魔杖使得商人可以重塑自然、清理土地、移除本地居民、购买劳动力、生产一定品质和数量的作物、满足制造商及其现代化棉花机器的贪婪胃口。就目前而言，在没有奴隶制的情况下，这些重要的步骤即使不是不可能，也是非常困难的。

这些商人最终能够成功，不仅在于他们有能力组织复杂的交易，运输大宗商品，而且还在于他们有能力把工业生产的节奏注入农村。我们仔细阅读任何种植园账簿就会发现，欧洲信贷使得种植者可以购买更多的土地和奴隶，并且是他们从一个收获季节撑到下一个收获季节的重要支柱。不太明显，但更重要的是，伦敦货币市场把工业资本主义的逻辑潜移默化地转移给种植者的能力。这就是新奥尔良棉商W·诺特（W. Nott）描述的联系：1829年，托马斯·巴林给新奥尔良的W·诺特公司（W. Nott & Co.）提供了1万美元的信贷额度，相应地，诺特又能够预付资金给"田纳西州的种植者，期待他们以出售的作物所得，偿付承购商所开立的汇票——而这些汇票之所以被广为接受，是因为人们相信种植者会允诺交运他们的收成,这是在收成交给接受方前8、10甚至是12个月就交付了的定金"。他继续说,这样的交易相对安全,因为"J·W公司对每一个种植者的地位和性格非常了解,而且至少有一个种植者长期住在纳什维尔……在预付大约相当于一个季度2.5万至3万包棉花的资金时,他们所依赖的并不是承购商的签字——这位承购商可能无法提供这个数字的十五分之一——而是在于种植者可以准时地向这些承购商递交其作物,以符合汇票的要求"。[36]

除了直接向种植者提供信贷,欧洲和纽约的商家还投资南方的国家债券和银行,为棉花种植的进一步扩大提供资金。1829年,巴林承销了路易斯安那发行的用以资助路易斯安那种植者联合会银行的国债。虽然银行是1828年由种植者——其中最重要的是巴林的朋友爱德蒙·福斯托尔(Edmond Forstall)——建立的,但当它证明不可能筹集足够的资本时,路易斯安那州最终担保了这些债券。债券发行后,巴林便买下了价值166.6万美元的债券。两年后,到1830年4月,该银行已经给种植者提供了160万美元的贷款,担保财产价值500万美元。实际上,巴林资助了路易斯安那州种植园的大规模扩张,使得土地清理和奴隶购买成为可能,所有这些都最终有利于他自己庞大的棉花进口业务。世界上几乎没有哪个地方像美国的种植园那样吸引集中的资本投资,也很少有地方能提供这样大量的利润。[37]

大部分来自欧洲的资本,以及越来越多的来自纽约和波士顿的资本,都是通过一些中间商来扩大棉花生产的,这些被称为承购商的中间商把棉花商人和美国棉花种植者联系在一起。他们完成了工厂和种植园之间的贸易商链。出口棉花的商人与联系种植者的承购商之间的互动,是欧洲资本推动南方农村走向机器节奏的支点。

这些美国中间商以抽佣的方式接受了种植者的棉花,将其运送到港口,然后卖给了诸如巴林和布朗这样的商人。这种服务对种植者来说有着巨大的好处,因为这使他们能够在大型沿海市场甚至在欧洲销售他们的产品,实际上甚至可以让他们中位置最偏僻的也得以进入遥远的市场。承购商也为种植者提供制成品和食品供应。他们是美国南方棉花种植区最重要的资本提供者，向那些种植者提供信贷，使后者可以获得需要的物资来渡过难关，直到下一次棉花收获，再购买更多的土地和更多的奴隶扩大棉花生产。[38]

承购商另一个收入来源是这些贷款的利息，相当于未来棉花收获的8%或更多。他们吸引了欧洲商人的资金，因此"正如世界商品市场一样，世界货币市场也通过承购商，向棉花种植者敞开了大门"。从奴隶主种植者和农民那里收集棉花并把它卖给出口商，并没有使这些承购商成为棉花帝国最富有的贸易商，但他们确实人数最为众多。只要有棉花种植的地方，就会有承购商。他们代表了沿海地区的资本，将资本积累的全球规范及制造商对更便宜、可预见的品质的棉花的需求带到了奴隶种植园的门口。[39]

新奥尔良、查尔斯顿和孟菲斯等城市都有数十家承购商，这些人为这些港口吸引了大量的棉花。事实上，利物浦棉花经纪人塞缪尔·史密斯从新奥尔良报道说："宽阔的密西西比河的堤坝或河岸……铺满了两排或三排长达数英里的轮船。"这么多"棉包在他们的甲板上堆积如山"，"它们看起来像浮动的城堡"。但是其他的小城市也吸引了一些承购商，因而也吸引到了棉花。例如，丹尼尔·拉德（Daniel Ladd）就是在佛罗里达州的圣马克河上的小镇纽波特开始了他的生意。1817年，他出生于缅因州奥古斯塔市，他的家族中有很多成员是商人、货主和纺织厂主。16岁时，拉德加入他的一位亲戚，在佛罗里达州的一个代理商行做职员，不久后自行开业。对于这样一个行业而言，纽波特是一个不错的地方，因为19世纪20年代，这个小镇已经成为佛罗里达州北部和佐治亚州南部地区种植的棉花出口的重要港口。在后来的1850年，纽波特和邻近的圣马克镇每年将运送4.5万包棉花，根据拉德的传记作者，这使"他充满想象力的头脑"看到其中的机会，"他不断设法将这些机会转化为有利可图的生意"。拉德向种植者提供预付款，靠抽佣为他们销售棉花、购买棉花、提供补给，并提供运输设施。拉德本身也身处奴隶经济中，他在1860年拥有27名奴隶，还贩卖奴隶。他在1847年打出广告，出售帽子、马鞍还有"一个农场帮手和一个厨师助手"。他也接受奴隶作为抵押品，放出很多贷款，例如，"为了得到1845年2月15日支付的100美元，克罗韦尔（R. H. Crowell）以一名叫卡罗林（Carolyn）的16岁黑人女孩和三百蒲式耳玉米作为抵押"。拉德的生意虽然本地化，但与更广泛的制造业和信贷以许多不同的方式联系在一起。拉德出售的棉花托运给波士顿、萨凡纳，尤其是纽约市的商行，大部分的资本来自那里。拉德的代理人每年去纽约采购补给，1860年其花费超过5万美元。[40]

在底层，像拉德这样的承购商利用欧洲商人预付的资金，把这笔资金提供给种植者，使他们能够购买土地、奴隶和补给品。同样，这些欧洲商人也提高了信贷，使制造商能够购买棉花，又向全球的布商提供资金，使他们能够获得棉化产品，以便向顾客出售。如果没有信贷，棉花帝国就会崩溃——事实上，任何抵押品被没收的种植者都非常清楚，棉花帝国的核心就是信贷帝国。

反过来，商人则从各种渠道获得资金。他们一部分人的资金来自棉花贸易本身；许多棉商一开始是另一个商人的店员或合伙人，然后利用积累的利润来自行创业。正如我们所看到的，其他商人将他们的资产从其他行业转移到棉花生意中来。巴林家族正是这样做的，他们将资本从政府的贷款业务和东印度公司的业务转移到棉花贸易来。布朗家族也是这样，他们利用亚麻贸易中积累起来的资本进入棉花市场。拉斯伯恩家族则利用多元化贸易的利润专门从事棉花生产；内森·罗斯柴尔德利用父亲在银行和一般贸易方面的利润，大量投资纺织业；孟买商人詹姆塞特吉·杰吉伯伊（Jamsetjee Jejeebhoy）利用鸦片贸易的利润进入棉花出口行业。其他商人在奴隶贸易中积累了人量财富——在英国1807年废除奴隶贸易之后，利物浦商人有时会转移到棉花贸易中。然后，在利物浦、勒阿弗尔和纽约等地汇集了商人资源的银行愿意向贸易商提供信贷，而贸易商又可以用它来润滑全球的棉花生产机械。[41]

大部分这种信贷是通过未来交付的奴隶生产的商品乃至奴隶本身做担保的。当事情出错时，这种联系就变得最为明显——例如，当种植者无法偿还承购商预付给他们的资金，承购商就无法偿还出口商的信贷。向南方种植者提供大笔资金的纽约布朗家族，就以这种方式拥有了南方至少十三个棉花种植园,以及数百名奴隶。1842年,威廉·布朗和詹姆斯·布朗估计,在他们南方总计155万美元的投资中,这些种植园的价值达到了34.8万美元。实际上,詹姆斯·布朗坐在他的纽约办公室,雇用驻地经理管理奴隶种植园。[42] 利物浦美国商会理解这层关系,他们在1843年的会议上报告:

> 在这种交易过程中,经常发生这样的事情,奴隶制国家的种植者或其他人员对英国商人负债,这些英国商人为了保证自己的利益不受损失,会以他们极具价值的种植园和奴隶作为抵押品,因为奴隶是种植园价值的重要组成部分。在英美两国之间的商业交易中,由于这个国家数年来债务如此沉重,英国商人不得不直接或通过其代理人接受了大量此类担保品,其中许多尚未兑现。而债务人在许多情况下没有别的东西可以用来偿付。[43]

不仅仅个体商人可以成为奴隶主,而且更广泛地说,英国和美国之间的信贷流动在很大程度上是建立在奴隶财产上的。正是因为这个原因,1843年利物浦美国商会游说反对《奴隶法案》(Slave Act),他们担心这会使"所有(由奴隶担保)的抵押和其他……为了履行合同所订的担保品"失去法律效力。这些奴隶不仅仅是劳动者,也作为抵押品使得全球各地的资金更快地流动,从而也加快了棉花的流动。[44]

这个扩大信贷的体系因为非常全球化,所以很容易受到干扰。它的每一个部分都是相互关联的。如果在棉花帝国的一部分中有人失败了,危机可能迅速蔓延到其他地方。兰开夏郡的制造商依赖国外市场,而如果这些市场上的商人没有汇款,可能会在国内造成严重的问题。纽约商人哈姆林(Hamlin)和范维克滕(Van Vechten)非常焦虑地催促道:"大约11个月前,你从我们这里购买了最后一批货物,我们的负担很重,今年春天无疑也会有很大压力,我们要求你提早汇款,无论是以现金还是产品的方式。"如果原棉价格迅速下跌——有时会发生这样的情况——商人的棉花价值会低于他们的预付款,使他们很难或不可能偿还债务。结果导致了1825年、

1837 年和 1857 年的全球经济恐慌。[45]

尽管有着周期性的经济崩溃,大部分资金还是非常容易地转移到世界上最偏远的采用奴隶劳动的棉花生产区。尽管资本迅速增长,欧洲采购经纪人、销售经纪人、进口商和承购商仍然难以渗透到以农民劳动为主的棉花生产农村地区。正如我们所看到的,农民生产的节奏非常固执,很难被改变,这让棉商和制造商感到非常受挫。事实上,欧洲战争资本主义这件工具在北美如此有效,却并不能把亚洲和非洲的土地和劳动力全部纳入全球棉花网络。必要的物质、行政、军事和法律上的基础设施在那里根本不存在。

并不是说欧洲商人资本和农民生产者之间并不存在联系,例如在印度就存在着关联。但是,棉花交易量仍然有限,而质量从未让欧洲制造商满意。印度生产棉花的方式从未满足现代欧洲纺纱厂的特殊需求。事实上,在农民种植棉花的地区,欧洲的资本没有到达生产者。相反,当地耕种者保留了对其土地和劳动力的充分控制,没有实行全球市场所需要的棉花的单一种植,而本土商人保持着对内部棉花贸易乃至出口贸易的控制。直到 1851 年,印度商人如柯赛特吉·弗恩多恩吉(Cursetjee Furndoonjee)、科瓦斯基·纳纳霍伊·达瓦尔和孟瓦吉·弗兰吉·般岱(Merwanji Framju Panday)从印度出口的棉花包仍比欧洲商人多。欧洲公司即使存在,也往往是印度棉商的下属代理人,并向印度商人借款。当然印度商人也主宰了印度本国的棉花生产,当地资本主要为出口棉花提供资金。[46]

印度商人在原棉贸易中的中心作用建立在他们早期在布料交易中的作用上。1788 年,印度贸易局向东印度公司的总督报告说,棉花贸易"仍然还是以原住民非常简单的方式进行,生意很大程度上依靠他们进行"。首先,印度商人如孟买交易商佩斯东吉·杰姆沙特吉、詹姆塞特吉·杰吉伯伊和索拉布杰·杰万吉等能够将布料方面的专业知识用到原棉贸易上去。结果,在整个 19 世纪上半叶,西方商人在印度的影响通常只限于沿海城市,甚至在那里他们也会遇到来自印度商人的激烈竞争。成立了 1836 年的孟买商会中还有数量众多的印度商人,反映了他们一直以来的重要性。正如商会在1847年所观察到的那样,"委员会认为,考虑到欧洲人在这个国家的代理和作业状况,不能希望商人采取任何涉及在内陆维持据点的立场;英国商人唯一可以恰当地考虑提供的支持,必须限于购买那些带到本地市场的棉花,据说这也正是他们所准备做的。"[47]

在种植棉花的农村地区,印度商人向耕种者预付资金,往往利率很高,然后把原棉卖给中间商,中间商再把棉花预付给沿海商人,这是一种被英国人认为是"邪恶"的制度,主要是因为它无法被控制。正如孟买的商人约翰·理查兹(John Richards)于1832年向伦敦巴林家族所报告的那样,"本地商人只接受来自内地、沿海、波斯湾、红海、中国的农产品,他们中很多人是印度教徒和帕西人,非常富有,有的甚至拥有大量的资本。由于生意完全掌握在他们手中,任何与沿海人签订棉花合同的企图最终都失败了"。由于非欧洲资本占主导地位,加上当地农民一直控制着土地和劳动力,所以当地棉花生产主要满足包括制造商在内的当地生产者的需求,而不是满足遥远的欧洲的棉纺厂的需求。[48]

印度商人和生产者的这种独立性在19世纪上半叶并不罕见,欧洲商业渗透到棉花种植地区的腹地,在世界大部分地区仍然是例外而不是常态。到19世纪中叶,大多数棉花从未经过欧洲或北美商人的账簿而进行交易。在中国,进口的印度棉花受到香港商人的控制,这些商人把它卖给内地的经销商。在安纳托利亚西部,和印度一样,港口城市伊兹密尔与棉花生产地区之间的贸易掌控在当地商人的手中。在奥斯曼帝国的另一部分,埃及,西方商人对生产者与亚历山大港之间贸易的影响仍然有限。直到19世纪40年代末期,穆罕默德·阿里部分通过强迫农民以棉花缴纳税款,实际上强制垄断了从生产者那里获得原棉的权力,他将这些棉花出售给沿海商人。而一些新兴工业化地区则避免了对进口棉花的依赖。例如在墨西哥,普埃布拉的工业家要么直接从生产者手中购买棉花,要么从韦拉克鲁斯商人那里购买。[49]

值得注意的是,在整个19世纪上半叶,欧洲资本对全球棉花种植的农村的渗透,主要局限于采用奴隶劳动力生产棉花的地区——奴隶制而非农民生产是工业革命诞生之初受薪劳动力的婢女。只有在奴隶制无法作为一种劳动力动员的模式维持下去之后，而且欧洲国家由于能够攫取一部分机械化制造所产生的财富，从而获得了更多的行政、司法、军事和基础设施建设的能力之后，欧洲资本和国家强权才能开始改革全球农村，显示在印度、埃及，最终及于中亚和非洲。

尽管没有能将农民生产者纳入棉花帝国，但世界上第一个现代制造业的代表性特征是其全球性。这种全球化需要全球化的推动者，这些人能看到新秩序所带来的机遇，并鼓励他们的企业界和他们的国家采取集体行动来抓住机遇。主要的全球化推动者既不是种植者，也不是制造商，这些人的思维定势非常强烈，正如我们所看到的那样，专门创造连接耕种者、制造商和消费者的网络的贸易商才是全球化的主要推动者。

打造这样的全球网络需要勇气和想象力。当约翰·尼德雷尔（Johannes Niederer）于1854年效力于瑞士福尔卡特商行时，他提出在巴达维亚、澳大利亚、望加锡、棉兰老岛、日本、中国、仰光、锡兰和开普敦勘察商机。用一个历史学家的结论来说，这些环游世界的商人"统治了这个产业"。事实上，制造商和耕种者经常抱怨贸易商的力量，而许多商人则看不起制造商，认为他们只是乡巴佬和赌徒：罗伯特·克赖顿（Robert Creighton）是一个宾夕法尼亚棉花贸易商，甚至在遗嘱里告诫他的儿子们不要从事制造业。亚历山大·布朗也是如此，他在1819年提醒他的儿子威廉说，公司的所有成员"一致反对投资棉纺织厂"。[50]

为了能在棉化帝国中成为强人的主角并且从中获利，拉斯伯恩、巴林、勒塞纳、维特因、拉利等家族构建密集的网络，让信息、信贷和货物能够可靠地流通。[51] 建立这样的网络非常困难。例如，拉斯伯恩家族花费了极大的精力来培养他们与纽约、波士顿和南方各港口，特别是查尔斯顿和新奥尔良的商人的联系。他们不断与商业伙伴通信，试图获得市场最新信息以获得商机。他们也经常到美国旅行，长期居住在北美成为家族年轻成员必经的过程。[52]

其他商人也努力创造这些网络。1828年，托马斯·巴林沿着美国东海岸从新奥尔良前往波士顿，研究当地商业条件，与南方城镇的商人建立更密切的联系,招揽更多的生意,并向南方的许多企业发放贷款,使得后者可以给棉花运输行业预付资金。儒勒·勒塞纳也走上了同样的道路,在整个大西洋世界的各个棉花港口建立分支商行,并让他的亲戚们充当员工,他们不断交换价格和收成的信息,最终甚至在新奥尔良发布了一份法文棉花货运快讯。他们尤为需要的是从气候状况到经纪人性格等方面的可靠信息。[53]

正如我们所看到的,全球棉花贸易依靠信贷。信贷依赖信任。而在范围远超任何家庭或部落等亲族关系的全球市场上,信任则以信息为基础。因此,可以说信息是大多数商人活动的核心。大量的信息与任何商人都有潜在的关联,但是最有价值的是两类信息:谁会偿还债务,未来几个月棉花价格会怎样。结果是,商人之间数百万封的信件(现在藏在图书馆和档案馆的黑暗角落里)讨论了这些话题。对未来价格走势的预期显然非常重要,因此关于任何可能影响价格的因素——棉花种植区的天气,战争的影响和区域经济状况——的信息都非常宝贵。虽然像英格兰银行这样的机构也开始收集这些信息,但其中大部分仍是私人收集(和囤积)的,并且为私人使用。[54]

在可靠的信息稀缺的地方,谣言和八卦填补了空白。公司成也信誉,败也信誉,而传播经过操纵了的信息可能会改变市场。因此,毫不奇怪的是,能够提供信息是威信的一个主要来源,也是个体商人和企业提高信誉的主要方式。当汉堡商人门格及尼曼(Menge & Niemann)在1841年向纽约商行菲尔普斯-道奇(Phelps, Dodge)提供服务时,他们先是介绍了自己和自己的业务,然后立即提供了有关汉堡贸易发展的信息,包括公司印刷的市场行情表,其中列出了棉花等一系列商品的当地价格。[55] 他们表示,菲尔普斯-道奇和他们做生意的话,就有机会获得有用的信息。

既要拥有信息,也要让别人知道你拥有信息,这就是为什么塞缪尔·史密斯在作为利物浦棉花经纪人的职业生涯的一开始,就立即发布了自己的棉花通讯,回想起来,他认为这一步"对我的生意的帮助不是一点点"。巴林家族在新奥尔良的代理文森特·诺尔特在关于自己棉业生涯的回忆录中宣称,自1818年起,他是第一个印刷棉花市场通告的人:"气象图让我有了一个想法，想做出一个类似的东西，要在连续三年的航运周期内，表现出每周的价格走势和波动，并且用黑色、红色和蓝色线条来表示出汇率的差异。"他接着指出，这样的信息共享给他带来了许多新的业务。[56]

由于生产如此分散，如此全球化，要想整合信息相当困难。1845年，米卢斯最古老的棉花生产家族之一的成员弗里德里克·多尔富斯（Frédéric C. Dollfus）抵达新加坡港口。他此行目的是了解那里需要什么样的棉花产品，并告知棉花生产商什么样的价格比较恰当。在详细研究新加坡当地市场后，多尔富斯前往澳门、广东、香港、马尼拉、巴达维亚和三宝垄。考察了亚洲一些最重要的棉纺市场之后，他把自己好不容易才搜集到的情报与家乡感兴趣的观众分享。一年后，多尔富斯回到了米卢斯。[57]

此行只是米卢斯制造商获取市场信息的众多努力之一。他们从事了这个时代最伟大的信息收集事业之一，在18世纪和19世纪收集了来自世界各地的成千上万的布样，仔细记录了它们的出处和本地市场价格，所有这一切都是为了使本地制造商能够为远程市场生产。加泰罗尼亚的制造商开展了一个非常相似但规模较小的项目。[58]

便于获取信息使得棉花帝国内部的某些地区脱颖而出，正如威廉·拉斯伯恩六世在1849年所认识到的那样，他预测纽约将会"越来越成为美国贸易的中心（当然是在欧洲市场的引导下）……帆船从英国出发10天内即可抵达，从新奥尔良、圣路易斯、辛辛那提、查尔斯顿等城市信息[通过新发明的电报]一个小时内即可抵达，它比其他任何地点都拥有更多的重要信息"。[59]对于拉斯伯恩家族和其他人来说，更重要的并非靠近棉花种植区或棉花生产区，而是获取信息。而纽约这个城市既不是棉花生长腹地，也没有纺纱厂，但恰恰提供了这样的条件——尽管在作为信息、信贷和贸易中心的作用上，它还是无法与利物浦竞争。

由于知识变得非常必要，商人发明或采用了越来越正式的信息收集和传播方式。他们创造了专门用于这一任务的出版物：1826年8月在布宜诺斯艾利斯出版的《英国定期船班及阿根廷新闻》（The British Packet and Argentine News）报道了拉丁美洲和全球市场行情，包括棉纱和布料行情。温特图尔出版的杂志《兰伯特周报》（Landbote）在1840年之后开始定期发布关于勒阿弗尔棉花市场的消息。《不来梅商报》则定期报告棉花收成、棉花市场和本市价格变动情况。[60]

更快的船舶意味着更快的信息移动。《亚洲杂志》早在1843年就宣布："英国的期刊和报纸几乎刚刚从印刷机上下来就到达了孟买。"孟买毕竟"现在离我们很近——距离伦敦桥只有35天的航程"。到19世纪40年代，当电报开始将棉花种植、交易和消费中心（虽然还没有跨越大洋和大陆）连接起来时，商人可以更直接地获得关键信息。[61]

最终，将这些获取信息的渠道正式化的愿望成为商人集体组织起来的主要原因之一。利物浦经纪人首先独立汇集了有关棉花交易状况的信息，并通过私人通告将这些信息分发给客户。1811年，经纪人同意开始合作收集信息，但继续在私下分发给客户。1832年，人们开始努力创建棉花集体价格通告，1841年利物浦棉花经纪人协会（Liverpool Cotton Brokers' Association）诞生，其90名成员主要致力于收集和传播市场信息，尤其是关于市场上棉花"可见供应"的信息。在棉花种植、交易或制成纱线和布料的地方，这些信息收集机构纷纷出现。商会常常走在前列：1794年曼彻斯特商人成立了"商人协会"（Society of Merchants），勒阿弗尔商人在1802年成立了一个商会，到1825年，在英国已经有12个这样的机构，孟买商人在1836年成立了孟买商会，19世纪30年代，巴西商人开始组织商业协会，到1858年在美国有30个这样的商会。所有这些机构都收集市场信息，但他们也是政治游说团体，吁请这个蓬勃发展的帝国特别关注他们的要求。[62]

这种经济秩序依赖可靠的信息、信任和信贷，导致商人依赖市场以外的网络。全球贸易的塑造和受薪劳工的出现一样，依赖资本主义出现之前的社会关系。使商人与众不同的不仅是他们积累和调动资本的能力，甚至也不仅是他们获得信息的特权，而是他们建立和利用这些网络的能力，这种基于信任的网络建立在大家庭关系、地理上的邻近度，还有共同的宗教信仰、族裔身份和起源上。在一个贸易风险极大的世界里，一个公司的生存可能取决于一个通信人是否可信，因而可靠性是至关重要的。当那些有办法在社会关系中赢得信任的人实际上创造了被一位历史学家称之为"关系资本主义"的东西时，可靠性更容易获得。这些网络非常重要，法国研究商人群体最杰出的历史学家奥利维尔·佩特雷-格勒努约（Olivier Pétré-Grenouilleau）认为："大西洋贸易的典型特点并不仅仅取决于市场规则。"棉花市场远更依赖这些市场之外的社会关系。[63]

地理上的邻近是一种建立信任网络的方式。全球棉花交易集中在相对较少的贸易中心，这尤其因为地理位置上邻近允许这种网络和支持机构蓬勃发展。利物浦首批棉花经纪商之一的尼古拉斯·沃特豪斯（Nicholas Waterhouse）与家人和当地"朋友"网络一起投入了生意。爱德华·贝恩斯在1835年观察到，利物浦商人更广泛地培育了一种"严格的正直和荣誉"准则，用于规范他们之间的关系。[64]

但是这些网络也需要在全球范围内延伸。在远距离建立信任相当困难，需要付出巨大的努力。1841年威廉·拉斯伯恩访问纽约市，以振兴棉花业务，他写信给他的父亲，迫切需要确认"一些有价值的友谊"。事实上，拉斯伯恩家族的通信往来中随处可见建立信任和友谊的努力。19世纪20年代初，当拉斯伯恩的合伙人亚当·霍奇森（Adam Hodgson）对美国棉花市场进行调查时，他从纽约向拉斯伯恩报告说："我非常清楚，我们一致的商业义务感和个人友谊，会使你们抓住每个机会回报朋友们对我们表现出的善良和信心，我不需要提醒你，自从我登陆这个国家以来，我在两个方面都感受深切。"他下面的语言让我们想到联姻请求，他说，一家商户"相当友好，我认为他们对我们相当真诚，偶尔下一个棉化订单，也可能使得他们定下货运托单"。其他商户也采取了类似的方式：当福尔卡特家族希望在欧洲棉花贸易上面建立地位时，他们列举了许多印度、德国、英国和瑞士商家作为"参考"来源，可以证明自己诚实可靠。他们呼请其他人"信任"他们，并提到他们的"亲密朋友"。当巴林公司想要扩大与印度的贸易时，他们的孟买经纪人列举了一些本地贸易商名单，认为这些人"周到、聪明，都是一些可敬的人，你可以完全信任他们"。[65]

家庭成员不需要寻找，也不需要专门培养，因此他们对这些网络尤为重要。当威廉·拉斯伯恩在 1805 年售卖他所购买的棉花遇到了问题，并迫切需要现金时，他的父亲和兄弟每人都给了他 3000 英镑，帮助威廉克服了"相当的焦虑"。当布朗家族试图扩大他们在南部港口的代理人和通信人网络时，他们则去寻找能保持联系的纽带。他们在查尔斯顿的代理人詹姆斯·阿杰（James Adger）和布朗家族一样，原本来自北爱尔兰，也是亚历山大的老朋友。在萨凡纳，他们的代理人约翰·卡明（John Cumming）跟他们有姻亲关系，其他港口的代表也都如此。对于福尔卡特家族来说，家庭关系同样重要。福尔卡特的岳父爱德华·福雷尔（Eduard Forrer）在圣路易斯建立了一个代理人办事处。西奥多·莱因哈特（Theodor Reinhart）1876 年在父亲的商行学习棉花生意后，与福尔卡特兄弟商行（Volkart Brothers）老板的女儿丽莉·福尔卡特（Lily Volkart）结婚，从而联合了两家商人公司，这是棉花世界中名副其实的王朝婚姻。[66]

我们再以 19 世纪最重要的棉花贸易商行之一拉利家族为例。[67]他们覆盖世界的帝国源于安纳托利亚沿岸的一个小希腊岛屿，拉利家族的大多数（如果不是全部的话）头面人物都来自希俄斯，而且大部分都是拉利家的成员。两兄弟约翰·拉利（John Ralli）和斯特拉蒂·拉利（Strati Ralli）前往伦敦开始在那里从事棉花贸易。1822 年，他们带第三个弟弟潘迪亚·拉利（Pandia S. Ralli）到了伦敦。1825 年，斯特拉蒂在曼彻斯特开办了纺织品贸易公司，1827 年约翰·拉利去了敖德萨。住在伊斯坦布尔的第四个兄弟于 1837 年在波斯开办了一个办事处，第五个兄弟奥古斯特·拉利（Augustus S. Ralli）在马赛开了一家棉花公司。19 世纪 60 年代，拉利家族的代表遍布世界各地，例如伦敦（1818 年）、利物浦、曼彻斯特（1825 年）、"东方"（敖德萨与君士坦丁堡），以及印度数个地方，包括加尔各答（1851 年）、卡拉奇（1861 年）和孟买（1861 年）等，还有美国的城市。[68]拉利因此能够在美国购买棉花，运到利物浦，把它卖给曼彻斯特的制造商，然后在加尔各答出售成品——所有这一切都通过家族内部完成。

拉利家族的例子表明，希腊侨民和其他人——亚美尼亚人、帕西人和犹太人——一样在全球棉花贸易中扮演了重要角色。到18世纪最后25年，希腊人对连接奥斯曼帝国与外界的网络变得尤为重要，在埃及的棉花贸易中尤其突出。在穆罕默德·阿里的第一波工业化努力中，希腊人在19世纪上半叶抵达埃及，成为最大的外商集团。到1839年，包括拉利在内的12家希腊商行占据了亚历山大港棉花出口市场的33%，其中最大的希腊商行托西萨兄弟公司（Tossizza Frères et Cie）出口了埃及11%的棉花。[69]

其他这种流散社区也在全球棉花贸易中发挥了重要作用。犹太人在纱线和棉布的全球贸易中占据了中心地位，部分原因是此前的歧视迫使他们成为流动的贸易商，主要从事纺织品贸易。这一角色最著名的例子就是罗斯柴尔德家族，他们在进入曼彻斯特的纺织品贸易后，把货物出口到欧洲大陆，顾客主要是同宗信仰的犹太人。内森·迈耶·罗斯柴尔德（Nathan Mayer Rothschild）的故事很有典型性：他于1777年出生在法兰克福一个著名的银行和商人家庭，在1798年前往伦敦学习做生意，一年后搬到曼彻斯特开办自己的纺织代理公司，带去了大量的资本。他在自传中写道："我离英国的距离越近，货物越便宜。我一到曼彻斯特，就把所有的钱都拿出来，东西相当便宜；于是我赚取了可观的利润。"他购买了曼彻斯特货物，在法兰克福和欧洲大陆市场销售，同时还向制造商提供信贷。罗斯柴尔德在曼彻斯特的成功鼓励其他来自法兰克福的犹太家庭在曼彻斯特创业。结果，到19世纪初，法兰克福的犹太人家庭在把英国棉花销售到大陆方面发挥了重要的作用。[70]

虽然还是例外，侨民网络有时也被纳入公司内部，逐渐减少了信任网络的重要性。拉利家族就是这样的情况，布朗家族在更有限的意义上也是这样。然而，也许最遥遥领先于时代的是一家瑞士商行，它把遥远的网络并入老公司本身，这就是福尔卡特兄弟公司。公司于1851年由萨洛蒙·福尔卡特（Salomon Volkart）同时在瑞士的温特图尔镇（棉纺业的一个重要中心）和孟买成立，开始在印度采购原棉，并向印度出口制成品。随着他们开设更多的分支机构，福尔卡特兄弟公司不仅在印度，而且在世界其他地方组织棉花采购，将棉花运送到欧洲各个港口，然后出售给纺纱厂。到了19世纪50年代末，福尔卡特兄弟公司已经整合了一系列的销售和购买活动。[71]

然而在19世纪中叶，福尔卡特兄弟公司是非常特殊的。大部分棉花仍然在独立的商行之间进行交易，这些商行以信任的网络为中介。在大量的信件往来、面对面交谈和旅行中，这些商人与世界许多不同地方的人们彼此熟悉，建立联系，他们成了一个世界性的社区。与种植者或制造商不同的是，商人往往跟远方的人们，而不是和本城或邻近腹地的人们，有着更密切的联系。拉斯伯恩（E. Rathbone）在一封典型的19世纪中期的信件中提到开罗、亚丁、巴勒斯坦、亚历山大港和法国等不同地方的商业伙伴或亲戚。在勒阿弗尔，正如在亚历山大港、利物浦和孟买一样，商人来自世界各地——事实上，只有少数大商人是勒阿弗尔古老世家的成员。拉斯伯恩和其他商人居住在一个跨国社区，他们在这里旅行得很轻松。在相隔遥远的城镇里，人们从事着类似的行业，穿着类似的衣服，住着类似的房子，阅读类似的书籍，对人性和政治经济学有着类似的意见，甚至可能也属于同一个家庭。[72]

这些商人作为一个社会阶级凝聚在一起，并由他们所建立的机构所强化，在英国、法国和美国发展了巨大的政治影响力。他们很早就明白，他们的贸易深深植根于地方、国家和全球的政治之中。他们的行动表明，他们似乎本能地认识到，国家不干预市场，而是构成市场。他们的日常经验告诉他们，全球贸易不是从自然状态下产生的，而是通过谨慎的、有意识的管理才能发展起来的。因此，根据利物浦棉花经纪人塞缪尔·史密斯的说法，政治无处不在："由于我们的业务涉及很多和国外的往来，而且受到外交事务的影响，特别是受到战争和对战争的恐惧的影响，我们自然就成了敏锐的政治家。"[73]

随着商人成为"敏锐的政治家"，意识到国家对于他们整合棉农、棉花制造者和棉花消费者的宏大工程的重要性，他们遇到了许多与自己有着共同倾向的统治者和官僚。欧洲各国越来越依赖包括棉花资本在内资本快速积累所产生的财富。因此，这些政治家往往有求于资本家，而且当这些资本家集体组织起来的时候，政治家往往顺从他们的意志。欧洲各国不同于同时代的日本、中国等国的地方,不仅仅在于它们的国家能力,而且还在于它们会回应产业资本的需求。[74]

尽管商人们会就各种大小事务向其政府进行游说,但其中最重要的问题是贸易基础设施。码头、仓储设施、铁路和水路运输的建设在商人的议程上优先级很高,因为它们直接影响到货物和信息在新兴的全球经济中的流动速度,而流通速度决定了积累的速度。[75]

虽然贸易看起来可能相当随便,不受规范,只因少数人的一时兴起而变,但是贸易最终也依赖各国设计和执行的法律框架。不出所料,商人花费了大量的政治能量来加强这一法律秩序,使之符合自己的利益。在这个过程中,他们有意无意地增加了国家的能力。公约虽然被商人自己约定,但需要强制性的规则,商人们明白,没有一个行为者能像国家一样有效地执行这些规则。正如纽约律师丹尼尔·洛德(Daniel Lord)在其1835年的文章《代理人法》(Law of Agency)中详细解释的那样,法律规则允许商人在遥远的地方拥有代理人和承购商,代表他们行事:"正是通过它,通过引进援助和从属关系……现代商业曾经触及经度的极致,并把赤道和两极点都同样征服;她穿越海洋,走过非洲沙漠,征服亚洲平原。"[76]

在把全球农村实际转变成工业原材料供应者和制成品市场的实际过程中,"法律"变得尤为重要。棉花供应者越多,消费者越多,贸易也就越多。为了使这种转变成为可能,商人们渴望更强大的国家的存在,特别是在世界上的非奴隶制地区。他们最迫切的关注点之一就是把这个"法律"注入全球种植棉花的农村,虽然他们要做到这一点的努力,往往在农民生产占主导地位的社会中受挫。

法律的重要性在英属印度这样的殖民地环境里最为明显。在孟买,商人不断地向英国政府施压,要求就印度棉花贸易制定新的规章制度。一位印度棉花贸易编年史家观察到:"对棉花立法不仅是英国统治时期最早的经济立法,也可能是当代经济世界最先进的立法。"市场规则和市场本身出现在商人集体行动与国家的交会之下。然而,具有讽刺意味的是,商人越是成功地扩大了国家的权力,贸易就越少取决于他们在此前几代人中建立的信任网络。[77]

随着法律日益融入全球农村，由国家发起的基础设施项目加速了货物的流动，商人集体动员起来，以其他方式利用国家权力塑造符合自己利益的全球市场。他们的工业政策实际上是全球性的。而其中英国商人和制造商的政策最为全球性。这些人位于棉花帝国的中心，他们相信，保证他们自由开放地进入国外市场是政府的核心职能。例如，1821年，曼彻斯特商会要求政府向丹麦施压，以减少纱线的进口关税；1822年，他们要求在东印度群岛实行更自由的贸易政策。后来他们鼓动取消英国和爱尔兰之间的关税，并且就"巴西海关的关税""巴达维亚进口英国货物的关税""蒙得维的亚的关税"、与摩洛哥的贸易以及"上海的关税"等问题展开了辩论。勒阿弗尔商人也同样争取最不受限制的贸易。[78]

虽然大多数商人在意识形态上都明确地认同自由贸易，因为这完全符合他们在市场准入和廉价劳动力问题上的利益，但他们也可以以同样的力度提倡创造新的贸易壁垒。实际上，他们对自由贸易的坚持是非常不一致的。早在1794年，一些棉商就抗议"反对从英国出口棉纱"。据他们说，棉纱的出口威胁了英国的繁荣，因为它们会在低工资的德意志地区纺织成布，从而在英国造成失业问题。他们的论调异乎寻常地超前，说："德意志便宜的食物使他们的手工制造成本比我们的便宜，他们先是剥夺了我们手工织布者的就业机会，现在正在包括纺纱在内的其他部门迅速取得进展。"曼彻斯特商会也同样反对"英国工匠"移居海外和"我们自己的制造商所使用的这类机器的出口"。[79]

商人呼吁国家政府同时使用政治权力和军事力量，保护自己进入国外市场。1794年，曼彻斯特商人协会谈到了皇家海军保护装有珍贵制成品的船只进入地中海的重要性。1795年，他们呼吁政府通过军事力量保护他们与德意志的贸易，以及更广泛地，保护与欧洲大陆的贸易。在曼彻斯特，商人要求政府保护大西洋上的船只免受海盗袭击，并呼吁建立一支"大型海军部队"。[80]

商人的政治愿景和他们的贸易一样，都是真正全球性的，从"出口到波罗的海的棉纱所需缴纳的过路税"，到专注于开放印度市场的殖民地债务法律。在英国，印度很快就成了"首要问题"。对于棉纺织厂主亨利·阿什沃思来说，如果由适当的政府干预开启的话，印度市场将提供无限的机会："现在，虽然我和这里的大多数人一样坚持完全自由的贸易原则，但这并不一定意味着，在和那些不是像我们这样先进的政治经济学家的人打交道时，我们应该推迟我们的行动，直到他们改变。"作为一名业余经济学家，阿什沃思直觉地理解，经济思想有助于"形成经济格局"——使此前不可能的事情成为可能——这正是几十年后它在印度所做到的情况。[81]

呼吁国家把印度农民变成供应国际市场的棉花种植者，这是商人把国家带入全球棉花种植农村的更大的项目的一部分。他们知道，与世界上奴隶主宰的棉花种植地区不同的是，在印度和其他地方，他们需要帝国国家的能力来实现他们所希望的变革。他们没有预料到的是，他们越是进一步推进国家建设项目，就越是降低自身在棉花帝国中的重要性。

亨利·阿什沃思比其他许多人更清楚地理解到，贸易世界依赖建立全球市场的强大国家，他毫不掩饰地庆祝英国政府干涉商人和制造商的利益。工业化国家依靠繁荣的制造业经济，以提升实力和达到社会稳定。即使是没有远大目标的政治家，也能理解为国内工业提供可靠的原材料供应和为产品创造市场的重要性。欧洲各国的经济增长速度飞快，竞争非常激烈，它们试图将全球农村同时转变成为工业企业的原材料供应者和制成品的消费者。它们改造了自己的农村以寻求劳动力，同时试图把这种经验运用到世界其他地方，使这种特殊的融合形式如同"自然法则"一样天经地义。

这个新的、方便的而又被赋予了神圣意味的使命虽然无心，但同样肯定地减少了工业资本主义对战争资本主义的一些早期机制的依赖，特别是对大规模地攫取土著人民土地和通过奴隶制动员劳动力的依赖。随着市场导向型基础设施建设能力的增强，以及致力于将欧洲资本注入全球农村和动员劳动力的法律框架的存在，商人们加倍努力以调整小农农业，使其为世界市场生产棉花。随着国家越来越强大，商人能够将史无前例的资本流和工业生产的逻辑注入迄今为止独立的内陆地区。19世纪40年代，英国巴林商行通过从孟买进口棉花,来保证棉花供应来源的多样化。欧洲资本家也介入和埃及生产棉花的农民的生意。19世纪40年代末和50年代初,随着埃及政府对内部棉花贸易的垄断力度减弱,商人——特别是希腊裔的商人——深入内地,开始向农民直接采购棉花。但也许最具前瞻性的是福尔卡特兄弟开发的模式。他们的印度棉花贸易商依靠不断扩张的帝国政府,越来越接近当地的生产者,因此,到1875年,福尔卡特兄弟和他们的欧洲同行出口的棉花数量,是曾经占主导地位的印度同行的两倍多。[82]

然而,在欧洲资本在19世纪最初10年末的帝国国家中找到合作伙伴之前,棉花帝国深为美国所震撼,在那里,奴隶制和工业资本主义的结合看起来最有力,也最有利可图。在其他地方,奴隶制和工业资本主义似乎可以很好地共存。但正如我们所知,在其他地方,这两个获利引擎是由国界隔开了的,而在北美并不是这样。对美国而言,与世界其他任何地方不同的是,同一个国家的领土内同时引入了战争资本主义和工业资本主义。任何政治联盟都不能永远遏制这两种相反的政治力量。

随着美国经济基础的发展,奴隶主和工业资本家对国家的要求越来越不同。美国制造商和商人,像其英国和其他国家的同行一样,相信工业资本主义的机制可以转移到全球棉花种植的农村,因此能够保证原料的充足供应。波士顿棉产品制造商爱德华·阿特金森成为受薪劳动制度的狂热信徒,他注意到他的工厂有能力动员和管理大量工人。与世界其他地方一样,阿特金森这样的美国工业家把他们的政治利益交给了一个日益强大的国家政府。[83]另一方面,从事棉花种植的奴隶主则倾向于大西洋贸易的政治经济,并且依赖国家有意愿去获得更多的土地用于种植园农业,同时执行和支持奴隶制。他们担心加强联邦政府可能会干扰他们对劳动力的掌握。毕竟,奴隶制需要不断的暴力以对待可能反叛的奴隶,而这种暴力的存在依赖国家愿意纵容它。因此,奴隶主感到极为需要取得对国家的控制,或者至少把奴隶制的反对者排除在国家权力大厅之外。

然而,这种控制越来越难以取得。在工业经济活跃的北方各州,此时开始出现了一小群,但是人数不断增长的试图建设一个国内工业化的政治经济体的人。和种植者一样，他们的政治需求也需要控制国家机构。但与南方人不同的是，北方工业资本家从与商业化的农民甚至是部分快速扩张的工人阶级的相对稳定的政治联盟中，吸引了越来越多的政治力量。这些资本家从这样一个事实得到了鼓舞：一小群但人数不断增长的商人虽然在犹豫要不要直接挑战南方的奴隶制度，但这些商人——一直以来是种植者最重要的北方盟友——越来越接受国内工业化项目。很能说明问题的是，美国最重要的棉花交易商布朗家族，慢慢开始专注于外汇业务，投资工业企业，例如铁路，还有纽约的新奇铁厂（Novelty Iron Works）。[84]

这样的举动是有道理的，因为他们以前的初级商品贸易进入成本低，总是会面临那些愿意承担更大风险并接受更少利润率的新竞争对手。低进入壁垒创造了一个其中有大量小本经营者的棉花市场，最终这使富裕的交易者进入新兴的、更有利可图的业务，这些业务的资本要求更高。巴林家族等外国资本家和布朗家族一样，投资也越来越多元化，尤其是投资到铁路、煤矿和制造业。他们比别人更明白，随着国家能力的不断扩大，商业资本的作用正在减弱，工业家与国家结合在一起，将能够更为深入到全球农村，可以寻找更多土地和劳动力来生产和消费棉花。最具前瞻性的制造商和商人认为，这种新的支配形式将会决定性地削弱商品生产者的力量，从而消除棉花帝国中最具威胁的不稳定因素之一，并削弱全球资本主义。[85]

不同的商业集团之间的社会权力的平衡发生变迁，这被证明是至关重要的。美国的独特之处在于，经济精英之间的分裂如此之大，以至于在面临重大危机之时，甚至连奴隶主的商人盟友们都放弃了他们。这与巴西等其他奴隶制社会完全不同，在那里种植者和出口商形成了一个统一的政治集团，一致同意国内工业化是其经济利益的威胁，而奴隶劳动是必不可少的。[86]

美国经济精英的重新组合，以及像福尔卡特在印度所做的开辟无须奴隶制的棉花腹地的前景，使得奴隶制和工业资本主义的结合成本上升，收益减少。1861年，这一结合发生了爆炸，随之而来的美国内战不仅成为这个年轻的共和国的转折点，而且成为全球资本主义历史的转折点。

第 9 章

一场震荡世界的战争

危机最能说明全球棉花帝国的基础。美国内战就是这样的一场危机。1861年4月，当萨姆特堡炮击*发生时，棉花是世界上最重要的制造业的核心成分。根据英国棉花商约翰·本杰明·史密斯（John Benjamin Smith）的自吹自擂但基本上准确的说法，棉纱和棉布的生产已经发展成为"任何年代或任何国家曾经存在或可能存在的最大的产业"。从许多标准——包括雇佣人数、产出价值、盈利能力——来看，棉花帝国都是无与伦比的。一位作者大胆估计，1862年，全世界有2000万人（每65人中就有1人）参与了棉花的种植和棉布的生产。英国的工厂仍拥有全球机械化纱锭数的三分之二，英国五分之一到四分之一的人口是以棉花业为基础的。全部英国资本的十分之一投入其中，接近全部出口的一半由棉纱和布料组成。欧洲和美国大片地区都依赖可预测的廉价棉花供应。所以伦敦《统计学会杂志》（*Journal of the Statistical Society*）宣称，除了小麦，没有其他"初级产品像棉花这样对人类需求有如此大的掌控力"。[1]

棉花产业为欧洲制造商和商人带来巨大财富，为成千上万工人带来了工作（虽然境况悲惨），也使美国跃入世界经济的中心舞台，建立了"美国各州曾经设想过或实现过的最成功的农业产业"。仅仅棉花出口就使得

---

* 萨姆特堡是美国联邦位于南方邦联的少数要塞之一，1861年4月12日，邦联政府的皮埃尔·博雷加德的部队炮击要塞，迫使要塞投降，标志着美国内战的爆发。

美国在世界经济地图上占有一席之地。在内战前夕，原棉占美国所有产品出口总值的61%。在18世纪80年代棉花繁荣开始之前，北美一直是全球经济中一个有前途但处于边缘位置的角色。现在，1861年，全球资本主义的旗舰大不列颠发现自己危险地依赖从纽约、新奥尔良、查尔斯顿和其他美国港口运出的白色黄金。到19世纪50年代末，美国棉花产量占英国8亿磅棉花消费量的77%。它也占法国1.92亿磅棉花消费量中的90%，德意志关税同盟1.15亿磅中的60%，以及俄国1.02亿磅中的92%。[2]

美国迅速上升到市场支配地位的原因很简单。美国比任何其他国家都更能灵活地提供进入原棉生产的三大关键要素：劳动力、土地和信贷。正如《经济学人》（The Economists）在1861年所说，美国在世界棉花市场上取得了这样的成功，是因为种植者的"土壤肥沃无比，不必花费任何成本；其劳动力一直非常充沛，而且不断地持续增加中；用来清理和运输棉花的安排和商业组织都很到位"。[3] 到了19世纪中叶，棉花已成为大西洋世界经济繁荣的中心。诗人约翰·格林利夫·惠蒂尔（John Greenleaf Whittier）将其称之为"西方的哈希什"（Haschish）*，这种药物正在制造强大的幻梦，让人们认为可以进行领土扩张，认为自己就是法官，可以颠倒是非，认为天堂就是有着"舒适的农场"，还有一些"黑人天使作为监工"。[4]

奴隶制位于人类历史上最具活力和影响深远的生产综合体的中心。英国殖民地官员赫尔曼·梅里沃尔（Herman Merivale）指出，曼彻斯特和利物浦的"富裕实际上是建立在黑人的辛劳和受苦之上的，可以说他们用手挖掘了那里的码头，制造了那里的蒸汽机"。周边商品生产中的资本积累，根据梅里沃尔的说法，是大都市经济扩张的必要条件，而（必要时通过强制手段）获得劳动力是将丰富的土地变成生产性原材料供应商的先决条件。[5]

无论是庆祝奴隶制带来的物质进步，还是要求废除奴隶制，在19世纪50年代，许多同时代人都认为，全球经济发展需要身体上的强迫。卡尔·马克思在1853年很尖锐地表示，"资产阶级文明"和"野蛮行径"勾

---

* 一种药品，通常由印度大麻所榨出的汁液制成。

结在一起。但是这种说法在精英圈子里只是常识。例如，法国地理学家埃里斯·雷克斯（Élisée Reclus）在《两个世界的评论》（*Revue des Deux Mondes*）中写道："英国的工业繁荣似乎与奴隶制的进步密切相关。"南方种植者热烈地同意这一点：棉花和棉花所依赖的奴隶制是现代世界不可缺少的一部分，是美国和欧洲惊人物质进步的根基。南卡罗来纳州参议员和棉花种植者詹姆斯·亨利·哈蒙德（James Henry Hammond）有一次在参议院论坛上著名地说道，如果奴隶供应的棉花生长系统受到威胁，"英格兰将蹒跚地倒下，并带着整个文明世界一起"。"地球上没有任何力量敢于向棉花宣战。棉花为王"。[6]

奴隶制使得工业有着惊人的进步，同时享受着巨大的利润。然而，同时代人担心，这个庞大而醒目的机器只不过是一个表面，放大了我们前面所提到过的，欧洲长期以来对美国政治稳定的担忧。英国政治经济学家莱昂内·利瓦伊指出，作为"对外国的一个产业支流"，欧洲的棉花工业可能是脆弱的，尽管一位法国观察家认为它的繁荣"已经成为数以千计的工人生死攸关的问题，也关乎所有发达工业国家的繁荣和苦难"。[7]

最重要的是，奴隶制本身似乎对稳定具有潜在的危害——用曼彻斯特棉花供应协会的话来说，是一个"有隐患的基础"——不仅仅是因为它在美国产生了局部的紧张局势，也因为奴隶可以抵抗甚至反叛。曼彻斯特棉花供应协会在1861年宣布："奴隶劳工是不可靠的。"《棉花供应报道》抱怨道，"奴隶起义与社会不和的恐惧"是永远存在的。就连伦敦货币市场也反映了这些担忧，南部铁路的债券比北部路线的利率更高。《威斯敏斯特评论》（*Westminster Review*）在1850年报道："这种不信任起源于从道德和物质意义上对危险的精确计量，因为这个社会是建立在非正义和暴力的基础上的。"[8]

美国奴隶制已经开始威胁到它一手创造的繁荣，因为南方棉花独特的政治经济与刚刚出现的自由劳动和北方国内工业化的政治经济相冲突。此外，这两个经济体同时向西部地区的暴力扩张给新生的国家机构带来了一场又一场的危机。[9]充足的肥沃土地和奴役劳动力使得南方成为兰开夏郡的种植园，但到了1860年，大量美国人，尤其是北方各州的美国人，抗议这种半殖民地式的依赖。他们及时引发了第二次美国革命。由于担心自己的人身财产安全，南方奴隶主独立出去，把赌注押在他们的欧洲贸易伙伴将介入并维护世界经济，以维护自身格外有利可图的利益。南方的种植者明白，他们的棉花王国不仅依赖丰富的土地和劳动力，而且也依赖他们保持奴隶制，并将其扩展到美国西部的新棉花产地的政治能力。奴隶制领土的持续扩张，对于确保其经济可行性，甚至是其政治可行性至关重要，而这正受到前所未有的一个让人担忧地持分裂态度的共和党的威胁。奴隶主明白，对他们拥有人类资产的权力的挑战，来自新政党加强民族国家对其公民的权力主张的项目——这对于其自由劳动和自由土地的意识形态也是同等必要的前提条件。

然而，从全球角度来看，1861年4月北方联邦与南方邦联之间爆发的战争，不仅是为了美国的领土完整和其"特殊制度"的未来而战，也是为了全球资本主义对全世界奴隶劳动的依赖而战。美国内战是对整个工业秩序的一次严峻考验，它能否适应（哪怕只是暂时）失去其提供原料的合作伙伴——扩张的、奴隶驱动的战前美国——而不至于让社会混乱和经济崩溃毁灭他们的帝国？正如浸信会传教报纸《印度之友》（Friend of India）的编辑约翰·马什曼（John Marshman）在1863年3月所说的："可以说，南方的繁荣一直是以三四百万人处于奴役状态为基础的，这是一个巨大的犯罪行为，我们很难摆脱这样的念头：来自上帝永恒王座的清算日已经到了。"[10]

清算日于1861年4月12日到来。在那个春日，南方邦联军队向南卡罗来纳州萨姆特堡的联邦驻军开火。这是一个典型的地方性事件，是世界核心生产和贸易体系的一个小小的裂缝，但是由此产生的危机，恰恰彰显了全球棉花产业和资本主义的基础。哥伦比亚大学政治学家弗朗西斯·利伯（Francis Lieber）预测："在这场战争之后，棉花和奴隶制都不会保持其原来的形态。"美国的这场战争以其惊人的持续时间和破坏力，标志着世界上第一次真正的全球原料危机，并催生了新的全球劳工、资本和国家权力网络的出现。因此，全球资本和劳动史上最重要的篇章之一就是在偏远的北美战场上展开的。[11]

内战的爆发一举中断了自18世纪80年代以来就存在的全球棉花生产网络和全球资本主义的关系。为了迫使英国在外交上承认自己，邦联政府禁止所有的棉花出口。等到邦联意识到这个政策注定失败了时，北方的封锁已经有效地阻止了大部分棉花离开南方。尽管走私活动依然存在，而且大部分走私者也都能成功，封锁的威慑作用却使得大部分运载棉花的船只不再从事南方贸易。因此，对欧洲的出口从1860年的380万包减少到1862年的几乎没有。由此产生的"棉荒"的影响迅速向外扩散，重塑了整个行业，并波及更大范围内的社会，从曼彻斯特到亚历山大港这样的地方都是如此。萨克森棉花制造业城市开姆尼茨的商会在1865年略带夸张地报道说："贸易史上从来不曾出现如过去四年那样的重大且意义深远的运动。"[12]

疯狂的争夺随之而来。因为没有人能预测战争什么时候结束，以及美国南方的棉花生产什么时候能够复苏，这种争夺的努力更是不顾一切。1861年1月，《利物浦水星报》（Liverpool Mercury）的编辑们问："如果这个岌岌可危的供应来源突然中断了，我们该怎么做？"一旦确实中断了，这个问题是全球决策者、贸易商、制造商、工人和农民首先要考虑的。[13]

起初，欧洲棉花生产企业的恐慌情绪稍微有所缓解，原因是前几年棉花进口量非常高，主要港口和工厂在未来几个月甚至一年内库存充足。此外，从布宜诺斯艾利斯到加尔各答的纱线和布料市场也已经过剩。由于最初预期战争会很短，美国南方棉花出口量的减少意味着棉花价格上涨，棉花和棉产品所有者甚至欢迎这条信息。回顾当时，战争的最初几个月，莫斯科工业家的喉舌《莫斯科》（Moskva）还报道说，冲突起初帮助"我们摆脱了由于生产过剩而迫在眉睫的棉花行业的自身危机"。[14]

然而到了后来，供应减少和价格上涨开始使生产瘫痪。1861年夏末，美国驻英国大使查尔斯·弗朗西斯·亚当斯（Charles Francis Adams）给他的儿子亨利写信说："这个棉花问题已经开始让人困扰了。"到1862年初，与上年相比，英国棉花进口总量下降了50%多，从美国进口下降了96%，工厂开始每周关闭几天，最后甚至完全关闭。棉花价格比战前水平翻了 4 倍，因此制造商关闭了商店，成千上万的工人失业。早在 1861 年 11 月，兰开夏郡的制造商就已经关闭了 6% 的工厂，并且三分之二的工厂缩短了工时。到 1863 年初，兰开夏郡有四分之一的居民（超过 50 万人）失业，领取某种形式的公共或私人援助。住在兰开夏郡低荒地纺纱厂（Low Moor Mill）的织工约翰·奥尼尔（John O'Neil）在他的日记中描述了自己的困境："伤心和疲倦……难以保住自己的生活。"为了应对这种困境，"失业者"向内政部递交了请愿书，要求得到救济。[15]

到 1863 年，失业工人在英国几个棉花城镇的街道上暴动，凸显了棉荒的爆炸性社会后果。内政部长接到城镇当局的要求，要求提供有关"未来紧急情况下如何获得军事力量"的消息。就连棉花商威廉·拉斯伯恩也在 1862 年春天向他的儿子报告说："这里和制造业地区的穷人的处境非常悲惨，而且恐怕还会加剧。"危机如此严重，以至于距离欧洲数千英里孟买商会的商人为了"帮助兰开夏郡困境中的工厂主"而筹集资金。"焦虑"和"忧虑"开始蔓延。[16]

类似的危机在欧洲大陆蔓延开来。在法国，制造商关闭了棉纺厂，因为他们承受不起高昂的棉花价格，美国棉花的进口量从 1860 年的 60 多万包减少到 1863 年的 4169 包。这对诺曼底这样地方的粗棉制造商打击尤为严重，因为棉花的价格很大程度上决定了产品最终价格。到 1863 年，诺曼底织机的五分之三处于闲置状态，而在生产高质量棉产品的科尔马和贝尔福地区，所有纱锭中的 35% 和全部织机中的 41% 处于闲置状态。同一年，法国国家救援委员会估计有 25 万纺织工人失业。在阿尔萨斯的纺织城镇，已经有人张贴海报，宣称"面包或死亡"（Du pain ou la mort）。[17]

较小的棉花中心也遭受了严重的困扰：在德意志关税同盟的土地上，从 1861 年到 1864 年，原棉进口下降了大约 50%，数百名工厂主把工人打发回家。仅在萨克森，从事棉花产业的约 30 万人中，三分之一的人在 1863 年秋天已经失业了，剩下的工作时间很短。美国北部虽然远离战场本身，但是仍受到战争的影响，成千上万的棉花工人失业，但社会影响不那么严重，因为许多人在繁荣的毛纺厂工作，为联邦军队生产衣服，或直接入伍。然而，在莫斯科，棉花纺纱业中有 75% 在 1863 年已经关门了。

工人和制造商想必会同意美国驻德意志地区斯蒂廷市的领事的话："这场战争及其后果是摆在整个文明世界前的一场横祸，没有国家可以完全免受影响，不管它与战场的关联是多么微不足道。"[18]

虽然制造商关闭了纺织厂，纺纱工和织工遭受了磨难，棉花商人却在短暂的时间里经历了一个黄金时代。棉花价格上涨导致了一阵狂热，"医生、牧师、律师、妻子和寡妇以及贸易商都开始投机"。棉花运输在交付工厂之前多次在投机者之间易手，每次转手都可以赚取少量利润。巴林兄弟公司在1863年夏天承认："在这桩商品中所赚的钱和仍在赚取的金额几乎是惊人的；三年多来没有一包棉花从印度运抵，但已经支付了利润，而且利润相当可观。"利物浦棉花经纪人因为市场上存在着许多投机者（导致许多交易）和价格上涨（他们的佣金是价值的一个百分比）而大为获益。1861年，棉花进口总值为3970万英镑，1864年达到8400万英镑，尽管数量大大减少。[19]

随着价格波动和投机行为的蔓延，贸易商也在努力将投机性市场交易，特别是远期交易制度化。到1863年，利物浦棉花经纪人协会创建了一个标准格式，供商家就将来交付棉花的合同使用，利物浦报纸也开始报告印度棉花的远期价格。那一年，在孟买开始出现"远期合约"（time bargains），为"赌博爱好者"提供了新的机遇。实际上，战争导致了"革命性的贸易现代化"，而建立了一个正式的期货市场也许是其中最重要的元素。[20]

当商人和投机者受益于全球对棉花的争夺时，制造商大声地迫切地要求开放新的棉花来源。在法国，来自不同棉花生产地区的工厂老板不断向帝国政府施压。"因此迫切需要开发……新的生产领域"，鲁昂市商会写道。1862年，一批来自孚日瑟诺讷的棉产品制造商呼吁拿破仑三世将中国工人带到阿尔及利亚，在那里种植棉花。那年，棉产品制造商雅克·西格弗里德在米卢斯商会的支持下，向米卢斯工业协会提交了一份"请愿书"，主张在阿尔及利亚种植棉花："殖民不是为了棉花，棉花是为了殖民。"当富有的阿尔萨斯棉产品制造商安托万·埃尔佐格（Antoine Herzog）于1864年坐下来写一本名为《阿尔及利亚与棉花危机》

(*L'Algérie et la crise cotonnière*) 的书时，他希望法国意识到自己正在"任由一个民族的政治变迁的摆布"，因此需要"以一切可能的方式……在能够生产棉花的国家开展棉花种植，并且以一种特殊的方式，在我们的殖民地开展棉花种植。"埃尔佐格恳求拿破仑三世接见自己，支持自己在殖民地种植棉花的努力，甚至还前往阿尔及利亚调查了那里的棉花生产机会。[21]

在制造商的压力下，以及出于对棉花工人的苦难和动员的关切，政府官员也表示担忧。棉花毕竟是国民经济的中心，而且对于维护社会和平至关重要。一些欧洲官员主张承认美国南方邦联，打破联邦的封锁，以获得迫切需要的棉花。另一些则希望从美国以外的地方获得新的棉花来源，拥有庞大棉花产业和大量殖民地的两个欧洲大国，英国和法国在这方面尤为迫切。甚至在战争爆发之前，英国外交大臣约翰·罗素（John Russell）已经赶紧向曼彻斯特的棉产品制造商保证，他的政府将尽全力从美国以外的地方取得棉花。然而，1862年7月，美国驻埃及亚历山大港的领事威廉·塞耶（William Thayer）报告说："政治家几乎全部陷于无力解决眼前困境的绝望之中。"普鲁士驻华盛顿公使弗雷厄尔·冯·杰罗特（Freiherr von Gerolt）和他的英法两国同行一起，在与美国国务卿威廉·苏厄德（William Seward）会晤时多次重复说明棉花对本国经济福祉的重要性。英国下议院、上议院和法国参议院多次就"棉花问题"展开辩论。[22]

公众对于确保获得国内工业所需的廉价原材料的强烈关注与过去明显不同。自18世纪80年代以来，原棉市场一直决定性地由商人主宰，但现在棉花已经成为一个国家问题，而国家在这几十年来的商人政治动员中获得了更多的权力。对工业生产的大量投资是人类历史上的一个新奇事物，这要求土地、劳动力和金钱的不断供应。政治领导人正在为棉荒而战，他们看到工业资本主义的崛起使得他们自己只能和制造商一样，依靠可预见的廉价原材料供应。帕默斯顿勋爵（Lord Palmerston）在1861年10月警告说，英国必须得到棉花，因为"我们不能让数百万人民灭亡"。法国殖民部委托人员进行调查，研究在圭亚那、暹罗、阿尔及利亚、埃及和塞内加尔等地种植棉花的前景。一种新的帝国主义的轮廓开始出现。[23]

回应对棉花的迫切需求,在位于利物浦以东4600英里和安提塔姆*以东9200英里的地方,印度商人和耕种者、英国殖民官僚和曼彻斯特制造商开始了一场为国际市场种植棉花的疯狂竞赛。正如我们所看到的,自19世纪20年代以来,英国一直试图培育印度作为可靠的棉花来源,然而根据孟买商会的说法,这一努力"显著地失败了"。事实上,正如《经济学人》在美国内战爆发前所指出的那样,"只要南部各州还有黑人,只要这些黑人还在继续工作",那么在印度种植棉花供应世界市场就"只是一场冒险,而不是一项事业"。[24]

然而,炮击萨姆特堡事件宣布印度的时代来临了。对于棉花商、制造商和政治家来说,没有哪个地方看起来比印度更有希望成为棉花的来源。事实上,曼彻斯特商会的埃德蒙·波特认为,这"似乎是笼罩在我们身上的苦难的唯一补救措施"。在美国内战期间,英国的棉花资本家和殖民地官员狂热地工作,以增加印度棉花产量,并将其推向市场。一位观察家在1861年7月从纳格波尔写信说:"在我看来,棉花似乎是当今最主要的话题。"印度的英文报刊充斥着成千上万的有关棉花的故事。曼彻斯特制造商向孟买运送棉籽以分发给耕种者;他们把轧花机和压平机运到了农村地区;他们还谈论投资铁路,以把棉花运送到海岸。然而,他们却陷入了印度众所周知的障碍之中。1862年,当曼彻斯特棉花供应协会向印度运送轧花机和打包机时,他们计划将它们卸到靠近棉花种植区的新建的塞达舍尔港。然而,当船到达时,他们发现港口还没有完工。最后他们将轧花机和压平机搬到另一个有卸载设施的港口,但是这个港口连接到棉花种植区的道路还没有完工,机器也不能移动。[25]

面对这样的重重困难,英国的棉花生产商加倍努力改造印度的农村,特别是通过他们主导的两个组织,曼彻斯特商会和曼彻斯特棉花供应协会。毕竟,曼彻斯特商会会员亨利·阿什沃斯问道:"如果我们不使用它们,我们的财产又有什么价值?"阿什沃思等人向一个新近愿意回应商人呼声的

---

* 美国内战期间战役的地点。

英国政府施加压力，要求大规模投资基础设施，更改刑法使棉花掺假成为犯罪行为，制定新的财产法，以创造清楚界定、易于销售的土地财产。[26]

面对来自制造商和商人的这种压力，国家并没有置若罔闻。早在1861年9月，印度财政部长塞缪尔·莱恩（Samuel Laing）就在曼彻斯特与棉花利益团体的代表会晤，讨论如何改善印度棉花生产，在整个战争期间还在曼彻斯特、伦敦和孟买举行了会议。英国印度外交大臣查尔斯·伍德（Charles Wood）也看到了这种紧迫性，并建议"尽可能地从印度获取棉花"。英国殖民官员还撰写了数十份报告，调查印度各个地区的棉花种植潜力。[27]

英国政府和制造商一致认为，帝国的行政、法律和基础设施建设能力需要渗透进印度农村。也许最重要的是，制造商施压要创造一种新的法律环境，以促进欧洲对棉花生产的投资，加强欧洲的支配。棉花资本家希望改变印度的合同法，以"对已经收取定金的违约行为进行处罚"，给予"预付定金者对他预付的农作物完全的留置权"，允许实施包括苦役在内的各种处罚。如果对在他们的资本支持下种植的棉花，商人能够获得绝对处置权，就会被鼓励进行投资，而这将有助于克服"在印度农业人口中执行合同法面临的困难"。这还允许耕种者全力投入经济作物，因为他们可以在自己的棉花作物成熟之前用预付款购买粮食。最终制造商施加的压力成功了，新的合同法颁布实施了。而且，1863年又颁布了刑法，将棉花掺假定为犯罪行为，可以处以苦役的刑罚。[28]

这样的开创市场的努力和实体基础设施的建设齐头并进，兼顾了"曼彻斯特人士"和殖民地国家利益，特别是铁路建设，正如查尔斯·伍德所说，铁路不仅可以将棉花运到港口，还允许部队迅速行动来制伏叛乱。仅在美国内战的第一年，印度政府在基础设施项目的支出几乎翻了一番。1864年，英国政府为印度拨款700万英镑用于"公共工程"，《印度时报》（Times of India）评论道："这个预算……可被视为用于一个明确目标，即开放从农村到市场的更便捷的通道。"伍德本人担心曼彻斯特的压力，于1863年3月写信给印度财政部长查尔斯·特里维廉爵士（Sir Charles Trevelyan），敦促他更积极地改善基础设施，因为不这样做是"自杀行为"。伍德警告说："我们必须建设这些道路。"而且，殖民地政府把棉花产品进口关税从10%降低到了5%，这得到英国制造商强烈支持，因为他们认为关税给"机械化生产的制造……虚假的鼓励"，从而"把印度的资本和劳动力转移到农业种植之外，而印度土壤可以大量生产各种产品"。他们同意，印度的未来不在制造业，而在于向欧洲棉花工业提供原棉。[29]

然而，尽管有这些影响深远的干预措施，制造商仍然对英国政府感到不满。他们几十年来一直呼吁国家进行更多干预，现在语气已经接近歇斯底里了，这促使商人、制造商和帝国之间的关系更加紧密，而这种关系成为棉花帝国19世纪最后30年的标志性特征。

曼彻斯特商会一直抱怨政府对棉花缺乏热忱。受挫的制造商试图通过在议会采取行动来增加压力。1862年6月，来自棉花消费地区的议员要求政府加大对印度基础设施建设的投入，以促进棉花向世界市场的转移。在这次辩论上，斯托克波特议员约翰·本杰明·史密斯说："棉花的供应不仅仅是兰开夏郡的问题——这是一个对整个国家都很重要的问题。"这些情绪变得如此强烈，最终兰开夏郡制造商公开抱怨查尔斯·伍德，棉花供应协会成员要求"弹劾无能的部长"。英国政府的回应也同样不客气，伍德经常表示对"曼彻斯特人士"的厌烦。这些制造商的利益和英国政府的利益从来没有完全一致，因为查尔斯·伍德和其他英国政府官员敏锐地意识到，在1857年印度大起义严重挑战了英国在印度的统治后，危害印度脆弱的社会秩序有着巨大的危险。与许多制造商不同的是，他们理解在印度农村实施转型是一个有着巨大风险的项目。[30]

然而就在此之前，棉荒为殖民地原料生产开辟了新的前景。即使是鼓吹自由放任资本主义最为热情的《经济学人》也最终赞同国家介入，以获得棉花，特别是来自印度的棉花。很难用"供求定律"这样的词汇来替这种做法做辩护，但最终《经济学人》和其他许多人都找到了一个办法："答案，至少是答案的一大部分是，似乎在印度社会的许多重要部分都存在着非常特殊的困难，这在一定程度上阻碍和抵制了主要动机的作用，而政治经济必须依赖其效用。"他们还说，在印度，"一个共同政治经济的原始先决条件……无法得到满足。英国人需求很高，但简单来说，印度人不是一个很好的供货方"。因此,"在这样的事实状况下,政府干预行为并不是在放宽政治经济的规则。政府干预并没有妨碍'供求关系'的效果和运作,而是为了确保达到这种效果……对于一个缺乏普通经济能力的国家,建议采取一种不寻常的政策,并不比为失明和失聪儿童推荐一种不寻常的教育方法要更不寻常"。[31]

还有一些意想不到的人也加入了鼓吹国家干预全球种植棉花的农村的阵营中。例如,棉产品制造商、议会议员和自由贸易倡导者理查德·科布登(Richard Cobden)同意,亚当·斯密的想法不适用于印度。同样地,曼彻斯特商会于1862年7月召开了一次关于印度棉花供应问题的特别会议,要求"必须对这一目标提供公共支持,推进有助于棉花生产并将其运输到港口的公共工程,如灌溉、公路或铁路建设,以及修改和完善合同法和土地权属法"。制造商和殖民官员面对棉荒,对市场运作变得越来越不耐烦。正如1862年5月达瓦尔地区棉花轧花厂的总监所报道的那样:"我们有强烈的信念,相信一般来说,在与贸易有关的事务上通过立法进行干涉是不明智的,但是根据目前的情况……当前这些问题极为重要,不仅影响当地,而且影响国家的利益,而且现行法律明显效率低下,这让我们不得不相信,更为严格的立法是必要的。"尽管伍德和棉花业呼声较高的人士关系不谐,他也开始相信,"供求法则"的运作不足以将更多的印度棉花带到英国。他认为印度的农民喜欢闲暇而不是积累,导致价格上涨时产量不足。如果期望印度在棉花经济中取代美国南方,印度就需要国家的改革和强制措施。奴隶制的危机迫使帝国以新的方式进入全球棉花种植的农村。[32]

政府干预的效用还得到了迅速提高的价格的推动,世界市场生产的过渡往往非常缓慢,高昂的价格现在让这一进程大大加快。在战争的头两年,印度棉花的价格翻了两番。结果,印度耕种者开始在刚刚清理的土地上种植棉花,并在曾经种植粮食作物的土地上种植棉花。据美国驻加尔各答总领事所说,这种前所未有的对出口农业的投入,造就了"意料之外的大规模供应"。这种农业在战时获利极高,还使得欧洲的棉产品制造商能够获得一些保持工厂运行所需的原料。印度在1860年只贡献了英国原棉进口量的 16%，贡献了 1857 年法国原棉进口量的 1.1%，而到了 1862 年，则贡献了英国原棉进口量的 75%，法国的 70%。这些棉花部分是从国内市场和竞争性的国外市场（特别是中国）转移过来的，其余的则是因为总产量增加了 50%。[33]

印度西部——特别是英国人在 1853 年才获得的贝拉尔省——的农村生产者，是这种产量增长的最大功臣。孟买的爆炸性增长的确可以追溯到美国内战时期，因为印度棉花放弃了先前供应的孟加拉渠道，转而供给孟买这个欧洲转口港。到 1863 年，甚至有装满棉花的船只从孟买驶向纽约。欧洲商人和制造商抱怨印度棉花质量差——不够干净，纤维更短，需要调整机器——但印度棉花防止了欧洲棉花工业的彻底崩溃。《棉花供应报道》注意到："在借由英国资本促进印度原材料生产方面，美国奴隶主要远比英国资本家在单干的情况下做得更多。"美国奴隶制的危机实际上已经迫使世界其他地区的棉花种植的农村进行重新配置。[34]

改造印度部分地区的这一波活动浪潮也波及了埃及下游的尼罗河三角洲。为了应对棉产品制造商对新的原棉来源的迫切需求，奥斯曼帝国总督穆罕默德·赛义德帕夏（Muhammad Sa'id Pasha）很快就决定把自己的大片土地转变为棉花农场。根据马萨诸塞州棉产品制造商爱德华·阿特金森的说法，穆罕默德·赛义德一夜之间成为"世界上最大和最出色的棉花种植者"，但阿特金森并不知道的是，他是在以强迫和暴力加诸埃及农村的前提下做到这点的，其中包括从苏丹进口奴隶作为额外的劳动力。[35]

从总督的有利位置来看，他通过在世界市场上出售棉花来实现埃及的现代化的长期项目的时机，现在看起来比以往任何时候都更加成熟。正如我们所看到的，这个项目是穆罕默德·阿里帕夏于大约 40 年前开始的。新的铁路、新的运河、新的轧花机和压平机都已经出现。到 1864 年，下埃及 40% 的肥沃土地已经转化为棉花农场。从 1860 年到 1865 年，埃及的农民耕作者把棉花产量从 5010 万磅增加到了 2.507 亿磅，是原来产量的 5 倍，这是意义重大的永久性的经济变化，因此埃及历史学家将美国内战列为该国 19 世纪最重要的事件之一。棉花出口价值增长了 14 倍，算得上"一场经济革命"。因此，1862 年美国内战期间，当埃及总督到达曼彻斯特时，他受到英雄般的欢迎也就不足为奇了。[36]

内战的影响也波及了巴西东北部的海岸。数十年前，自给自足的农民占领了伯南布哥州及其周边地区的大片属于大地产所有者的土地。随着时间的推移，这些农民开始种植少量的棉花，以获得购买生活必需品和缴纳税收所需的现金。当美国内战期间棉花价格飙升、英国信贷淹没农村时，农民放弃了生计作物，转而为世界市场种植棉花。从1860年到1865年，这些种植者的棉花出口总量翻了一番多。[37]

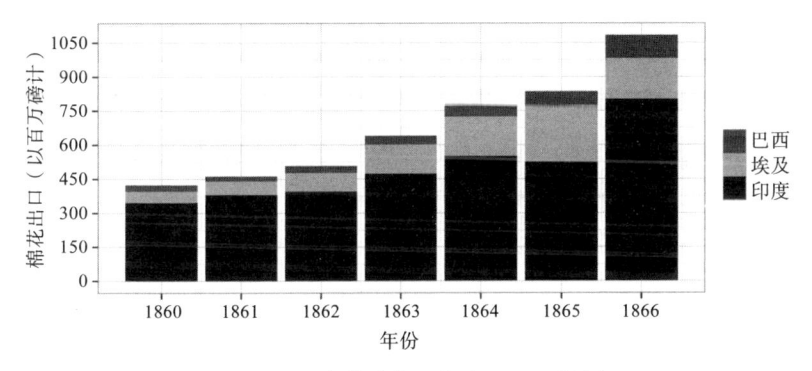

1860—1866年棉花出口量（以百万磅计）。

世界其他地区的农民也对棉荒做出了回应。例如，西安纳托利亚在1863年的时候出口量增长到了战前3倍以上，达到了3150万磅，这既要归功于英国的私人棉花资本家，也要归功于伊斯坦布尔的帝国司令部，后者为棉花种植者提供特权，发放美国棉花种子，还把铁路扩展到腹地地区，以帮助将棉花运输到海岸。在制造商和米卢斯工业协会的压力下，阿尔及利亚的法国殖民官员在美国内战期间努力增加棉花生产，并得到一些在那里筹集资金并开展业务的私营公司的支持。在阿根廷，"传播棉花种植的试验开始了几次，特别是在1862年到1865年期间……当时美国的棉花出口由于内战而下降"。在未来的棉花大国墨西哥，棉花种植大增，服务北方联邦市场，1861年至1865年期间棉花出口价值猛增8倍。秘鲁棉花产业的出口量翻了两番。同样，世界上最大的棉花产地国之一中国，打破了广阔的国内市场的限制，涌入世界市场。外高加索和中亚棉花开始出现在莫斯科和圣彼得堡。西非棉花在非洲商人和法国殖民者的共同努力下，在阿尔萨斯和诺曼底找到了热切的买家。沿着非洲的大西洋沿岸，在未来的德国殖民地多哥，非洲商人雇佣奴隶生产棉花，将其运往利物浦。[38]

棉花潮的确在政治经济学家、制造商和商人中引发了更多的幻想，他们希望世界这个或那个地区能够填补战争导致的空缺，这表明对美国内战的这种反应的性质是多么混乱和实验性。《曼彻斯特卫报》（*Manchester Guardian*）多次大肆鼓吹非洲、印度、澳大利亚和中东各地的棉花前景。1864年，一位法国观察家乐观地宣称："非洲是棉花真正的家。"澳大利亚的《昆士兰卫报》（*Queensland Guardian*）在1861年认为："昆士兰必须棉花化。"然而让棉产品制造商和轻信的投资者懊恼的是，美国内战期间，并不是所有的这些计划都奏效了。在世界市场上销售的非洲、阿根廷和中亚棉花的数量仍然很少，在这些地区的障碍仍然太大，是私人资本——即使在迫切的欧洲政府的配合下——难以克服的。[39]

然而，在美国内战期间，商人、制造商和政治家瞥见了棉花帝国的未来形态。正如塞缪尔·鲁格莱斯（Samuel B. Ruggles）向纽约商会解释的那样，他们"为了地球上文明国家的商业解放做出了巨大的努力"。[40] 由于他们，印度、埃及和巴西的棉花才能大量进入西方市场。此外，他们在棉荒期间的经历，也开启了殖民冒险和国家介入商品市场的大胆新景象。虽然在战前，棉商和制造商的活动也是以私人投资和国家游说为主，但棉荒大大提高了这些棉花资本家对国家和自身的政治成熟度的依赖。殖民主义已成为关乎自身利益的紧迫问题，因为资本家明白了，他们的全球网络和庞大的资本投资在当地的动乱面前是多么脆弱，而奴隶制又变得多么不稳定。

然而，美国棉花在未来全球经济中的作用依然存在疑问。它会回到全球市场中吗？如果是的话，棉花仍然由奴隶来种植吗？

欧洲一些棉产品制造商和商人甚至希望南方邦联和北方联邦永久分裂，以便在一个得到国际承认的邦联中继续由奴隶种植棉花。他们认为棉花帝国在可预见的未来继续依赖奴隶制。在法国，检察总长报告，阿尔萨斯纺织业地区的纺织厂主普遍认为"从商业角度来看，由于南方愿意同欧洲进行贸易，这种分离对我们来说是一个福音"。1862年，科尔马总检察官发现，舆论越来越支持"立刻承认南方邦联"。勒阿弗尔商人几乎一如既往地支持南方邦联的事业，《勒阿弗尔信使报》(Courier du Havre)在表达这种情绪上最为激烈。在英国，许多有产者同样反对北方的事业，既是出于他们自己反民主的态度，也出于他们对一个分裂且虚弱的北美力量的偏好，不过对棉花问题的担忧也在他们考虑之内。当约翰·亚瑟·罗巴克（John Arthur Roebuck）在众议院鼓吹承认南方邦联时，他不厌其烦地提到兰开夏郡纺织工人的命运和他们对棉花的需求。利物浦作为世界上最大的棉花港口，是邦联之外世界上最亲邦联的地方。利物浦商人协助棉花运出遭联邦海军封锁的港口，为邦联建造军舰，向南方提供了军用装备和信贷。利物浦南方俱乐部（Liverpool Southern Club）以及认可邦联中央协会（Central Association for the Recognition of the Confederate States）一再鼓吹南北永久分离。即使是利物浦商会也乐于接受一个独立的邦联带来的好处。利物浦的商业界认为，正如布朗兄弟在利物浦的合作伙伴弗朗西斯·亚历山大·汉密尔顿（Francis Alexander Hamilton）于1861年8月所写的那样，"世界上没有力量可以使南北两部分统一起来"，北方联邦的胜利"完全不可能"。[41]

利物浦并不孤单。在曼彻斯特，南方俱乐部（Southern Club）和曼彻斯特南方独立协会（Manchester Southern Independence Association）也在为南方鼓吹。1862年，数千人在英国棉花城镇举行集会，要求政府承认南方邦联，其中有很多是工人。虽然还有许多工人支持联邦，因为北方的斗争日益被认为是在争取自由劳动，但精英的情绪倾向于支持邦联，曼彻斯特商会主席预计："南方诸州永远脱离是不可避免的。"[42]

这种情绪虽然在棉产品制造商和商人中并不普遍，却有可能影响到政府（特别是英法两国）对美国内战的态度。北方联邦的利益在于要让欧洲政府保持中立态度，他们认真对待这一威胁。而南方邦联认为它最重要的外交政策目标就是获得国际认可。欧洲国家当然有充分的理由不去介入：英国不得不考虑加拿大省份的命运，以及对从美国北方进口的小麦和玉米的日益依赖，而法国、俄国和普鲁士等大陆国家则有兴趣维持一个强大的美国来制衡英国的经济和军事力量。但是欧洲调解冲突甚至承认邦联始终是可能的，其倡导者几乎总是吹嘘一个独立的南方邦联作为棉花来源的好处。[43]

棉花生产地区的社会动荡，包括示威、骚乱和罢工（仅在法国就有50多场），加剧了国家官僚和资本家的焦虑。威廉·格莱斯顿（William Gladstone）在成为英国首相之前和其他人一样，认为对兰开夏郡社会动荡的恐惧可以成为英国干涉美国冲突的原因。1862年，格莱斯顿在一次公开演讲中，对棉荒的社会和经济影响进行了可怕的描述，他赞美了英国工人的耐心，将棉荒的重要性与大英帝国遭受的另外两次灾难——爱尔兰饥荒和印度大起义——相提并论。[44]

棉花利益集团一直在向林肯政府施压，以保持欧洲棉花消费者的需求。英国外交部和英国驻华盛顿大使馆的外交信函表明，英国外交大臣罗素伯爵和法国政府一起对联邦政府施加了相当大的压力。英国驻华盛顿大使里昂勋爵（Lord Lyons）向伦敦报告说："我于1863年7月25日去了国务院，跟苏厄德先生谈了棉花问题。我告诉他说，在密西西比州进行军事行动的时候，我们以最大的耐心等待，但现在这条河已经打通了，现在是时候兑现此前向我们做出的承诺，充分供应棉花了。他准备做什么来兑现他的承诺？"林肯很清楚棉花在冲突中的重要性。他在1861年12月3日的第一个年度咨文报道中指出："叛乱分子用来鼓动外国敌视我们的主要工具是……商业上的困难。"到了1862年年中，当内阁讨论林肯要宣布解放叛乱各州的奴隶的计划时，苏厄德成功地反对"立即颁布"计划，他还"强烈支持棉花和外国政府"。苏厄德担心宣布解放奴隶将导致欧洲对邦联的承认。他注意了最近的发展动态，认识到美国内战对全球资本主义的潜在的革命性影响，并呼吁谨慎行事。[45]

美国外交官也经常被人提醒，欧洲迫切需要棉花。当埃及亚历山大港的美国领事威廉·塞耶1862年夏天前往伦敦时，他向苏厄德汇报说，英国政策精英一直在考虑承认邦联的问题。同一年，美国驻布鲁塞尔公使亨利·桑福德（Henry Sanford）遇到了法国国务秘书，后者警告道："我们已经差不多用光棉花了，我们必须拥有棉花。"1862年拿破仑三世与美国驻巴黎公使威廉·代顿（William L. Dayton）谈话时，他希望"你们的政府能够做些什么，来减轻这里因为缺少棉花而遇到的困难"。法国受到来自棉花工业家的巨大压力，积极从事外交努力，以试图结束美国的冲突，因此，米卢斯棉产品制造商古斯塔夫·伊贝尔特-克什兰（Gustave Imbert-Koechlin）宣布："美国内战双方有望实现和平"。南方邦联在欧洲的外交官受到这种抱怨情绪的鼓舞，知道欧洲对南方棉花的需求是他们外交武库中最强大的箭头，随着内战越来越不利于南方，他们也越来越绝望地使用了它。[46]

北方联邦的外交官也试图反制这种情绪，通过协调努力与欧洲公众直接沟通。查尔斯·弗朗西斯·亚当斯于1861年告诉他的儿子，如果他能写一本关于棉花问题的小册子，将会非常有用。他写道："生产棉花需要两件东西，劳动力和适宜种植棉花的土壤。"他建议"首先研究土壤问题"，他认为，全球各地有很多种植棉花所必需的环境条件。他补充说，在世界的一些地方，比如在印度和埃及，劳动力也很丰富，而在世界其他地方，"没有劳动力，这样就会面临苦力问题"。亚当斯认为美国内战是其他地区棉花生产者崛起的机会，可以永久瓦解南方几乎垄断的地位。"这场（为了封锁和棉花新来源的）斗争不能更重要了"。"美国奴隶制的毁灭取决于随之而来的全世界范围内要求棉花的压力"。[47]

事实上，让欧洲强大的棉花利益集团能够理解反对邦联的战争的最佳途径，就是证明廉价的棉花可以在其他地方获得。美国政府确实尽力鼓励世界其他地区的生产，例如将大量的棉籽移到国外。苏厄德在1862年4月写道，华盛顿"显然有责任……检查其他国家种植棉花的能力，并尽可能地鼓励棉花种植，从而反制国内棉花垄断者的破坏性计划"。埃及因为有着长纤维棉花作物，在这个评估中特别重要，因为它可以用高质量的替代品代替美国的出口品，这是印度棉花做不到的。在整个战争年代，塞耶经常与总督会面讨论棉花生产问题，并最终聘请了总督的亲信阿尤布·贝·特拉布尔希（Ayoub Bey Trabulsi）来检查"埃及的棉花"。由于这些关系，塞耶能够在1862年11月说："总督已经发挥了他的影响力，以帮助增加种植……他已经……建议所有的大地产主今后要用四分之一的土地种植棉花。由于总督阁下的建议实际上相当于命令,业主已经……开始加速正在进行中的农业革命。"[48]

苏厄德深信这种努力会取得成功,他特别强调全球棉花生产对南方争取独立的不可预见的影响。"如果暴动的各棉花州发现埃及、小亚细亚和印度向全世界提供棉花,而加利福尼亚则为其提供购买的资金,他们还是看不到自己的繁荣和希望正在消失,就是瞎了眼,看不到自身的前途。"[49]

事实上,美国决策者的这些尝试确实有助于缓解华盛顿和欧洲资本之间的紧张关系。1862年春,利物浦巴林兄弟公司认为,美国和英国之间的战争是不太可能的,"只要我们从印度大量进口棉花"。1862年8月,查尔斯·伍德说:"我们国内唯一的麻烦……兰开夏郡的困境……可能会大大减轻,只要一些数量合理的棉花可以从印度运来,比去年的数量要多。"到1863年,从印度进口的大量棉花已经缓解了法国的棉花危机。事实上,到1864年初,各棉花制造区的检察官可以报告说,从印度和埃及进口的棉花已经减轻了制造商的压力,工厂开始慢慢地再次生产,结果,"斗争……已经在我们的省里失去了很大的兴趣"。[50] 在战争结束几年之后的1871年,当苏厄德来到印度阿格拉——也是阿克巴大帝的坟墓——参观那里的一个轧花厂时,他说,"我们从印度的莫卧儿王朝皇帝阿克巴的陵墓,前往了美国的伪君主——棉花之王——的坟墓"。[51]

一旦有大量来自美国以外的棉花,欧洲政府所受到的来自棉花利益集团的政治压力下降了。波士顿棉花生产商爱德华·阿特金森松了口气,认为"欧洲对棉花州的依赖被证明是完全错误的",并认为不久之后"欧洲将完全不依赖这个国家的棉花供应"。到了1863年,即使是那些生计要依赖棉花、曾经拥护南方各州独立的人,也开始设想一个不依赖奴隶制、多样化的原棉供应网络了。[52]

有些人甚至开始认为,南方顽固地要求独立和保持奴隶制是导致世界经济混乱的真正原因。毕竟,与南方种植者及其政府不同的是,棉花商人和制造商并没有专注于某种特定的棉花来源——美国的南方,也没有专注于特定的劳动制度——奴隶制——来制造这种棉花。他们要求的只是一种

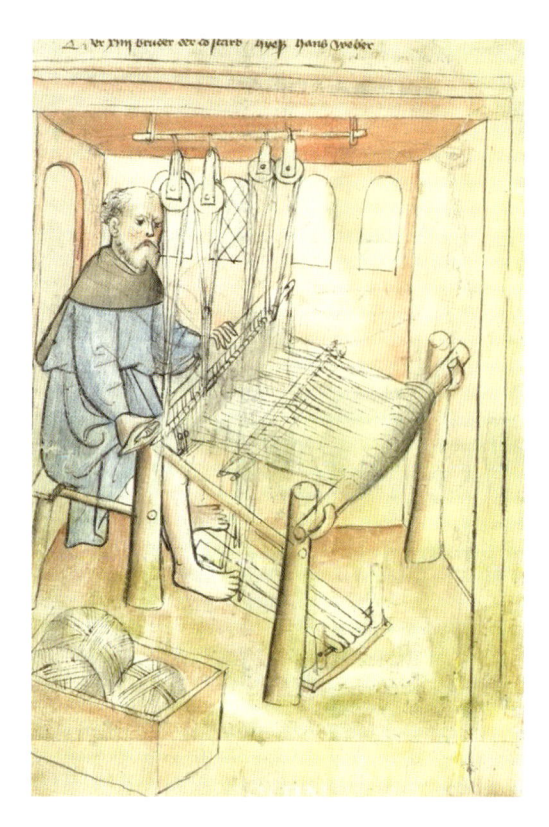

◀大约1425年纽伦堡的织布工，使用卧式脚踏织布机。

▼背带式织布机，在一千多年的时间里，这是中南美洲很多人们最主要的织布工具。

▲一台采取了约翰·凯伊发明的飞梭的织布机。飞梭是一种小小的船型工具，可以带着纬线穿过经线，在很短时间内大大提高了织布效率。

▲珍妮纺纱机，这是工业革命中最早期的成果之一，极大地提高了纺纱的效率。

◀弗朗西斯·巴林，巴林家族成员，促成了美国收购路易斯安那。

▶埃及总督穆罕默德·阿里帕夏，他在任内大力推进埃及的棉花种植。

▲ 1897年在俄克拉何马州棉花田中劳作的黑人劳工。

▲ 在种植园中运送棉花的黑人劳工。

▲阔里班克纺纱厂，这个位于曼彻斯特郊外的纺纱厂今天是一座博物馆，它是世界上最早采用非生物动力的纺纱厂，是工业革命的先驱之一。

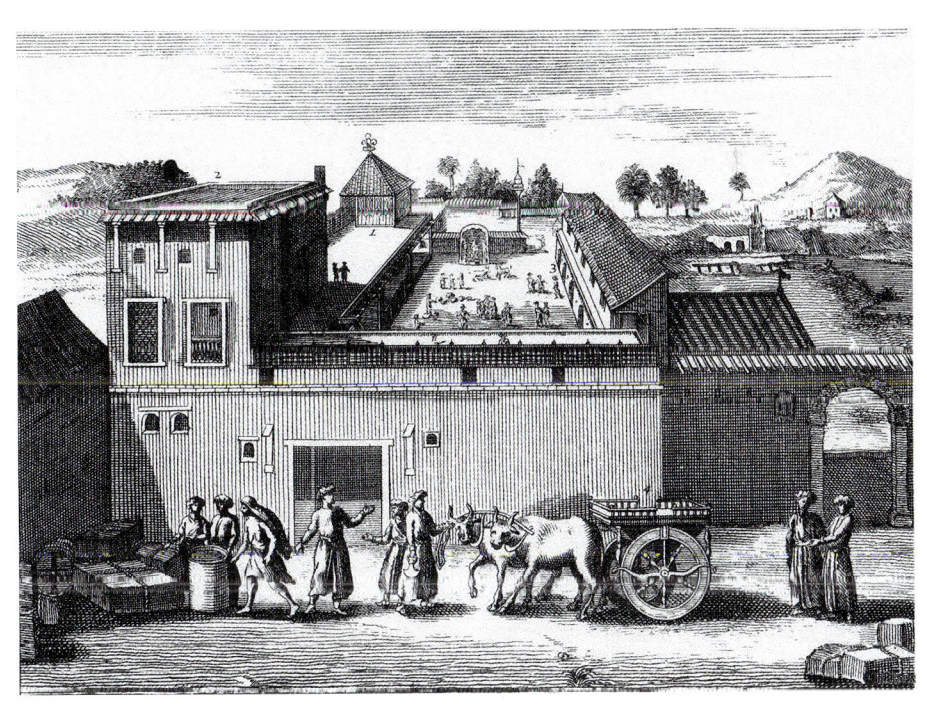

▲欧洲国家在印度设立的用来储存商品的"库房"。

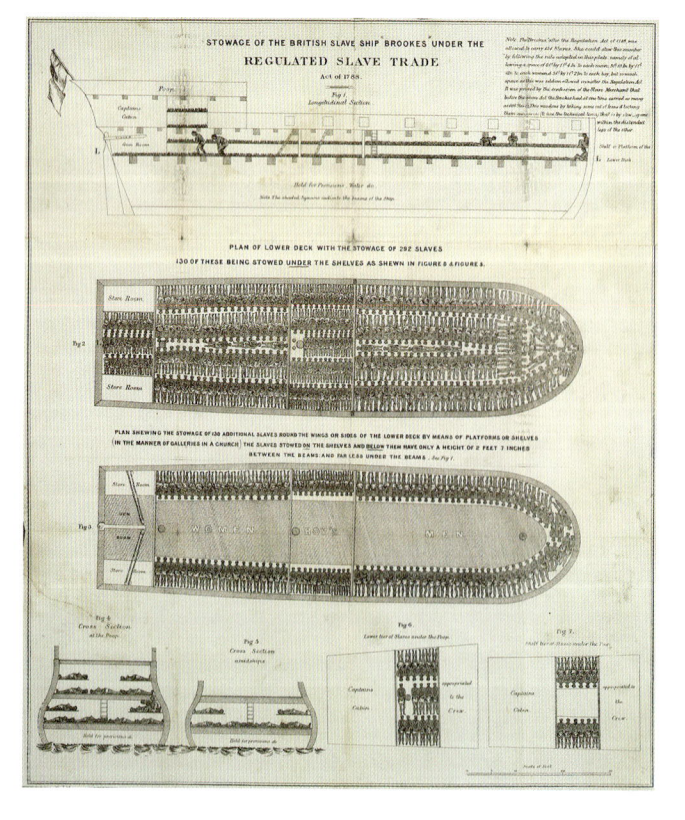

▲哥伦布发现美洲，开启了欧洲国家在美洲攫取土地的进程，改变了整个世界的历史。

◀运奴船的图片，在几百年的时间里，数以百万计的非洲黑人被运送到美洲充当劳工。

▲工业革命中在工厂中工作的纺织工人。

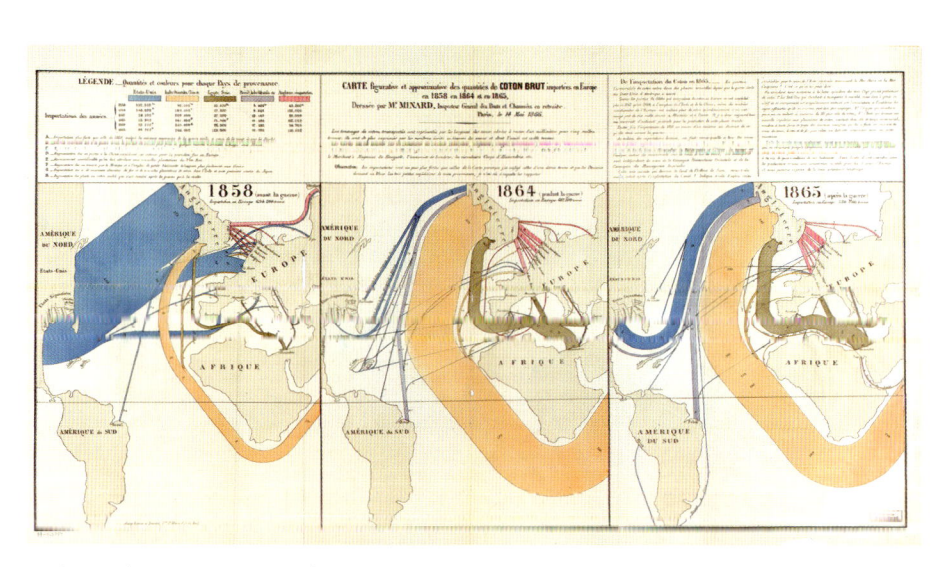

▲美国内战所造成的巨变,在这幅法国工程师约瑟夫·米纳尔绘制的图片中,我们可以看到"世界史上最大的商业灾难"所造成的影响。

◀坦奇·考克斯,美国政治经济学家,对棉花产业有过很多精辟的评论。

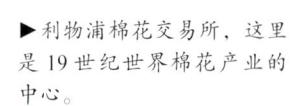

▶利物浦棉花交易所,这里是19世纪世界棉花产业的中心。

▲ 1908年在南卡罗来纳州兰卡斯特棉纺纱厂中工作的一名童工。

◀路德维希·克诺普，他将英国的纺纱技术带到了俄国。

▼工业革命期间曼彻斯特的棉纺纱厂。

▲ 位于新罕布什尔州多佛的科奇克纺纱厂,摄于20世纪10年代。

▲ 印度1876年大饥荒中的灾民。印度因为采取了棉花单一种植,在19世纪末遇到了严重的饥荒。

◀纽约棉花交易所。

▼20世纪初兰开夏郡的棉纺织业工人进行罢工。

▲ 1908年北卡罗来纳州甚特内尔棉纺厂一名童工。当时工厂中还有很多像她这样年纪的童工。

▲位于博尔顿的北端纺织公司的工厂。此时以欧洲为中心的棉花帝国已经面临崩溃。摄于1948年。

▲1932年兰开夏郡的纺织女工。

▲进行手工纺纱的甘地,这一形象成了印度独立中的标志性图像,而纺车也成了印度国旗中的图案。

▲伊丽莎白于1949年访问曼彻斯特时与一名纺纱女工交谈。

◀1937年苏联阿塞拜疆的关于棉花生产的宣传画。

安全、可预测的、达到品质要求的廉价棉花供应。

然而，对封锁造成的短期供应中断做出反应是一回事，而想象没有奴隶制的棉花帝国则是另一回事。根据他们对此前 80 年里棉花帝国的历史的理解，许多商人和制造商担心事情会像《不来梅商报》所说的那样发展，"奴隶制与棉花生产之间的深层关系"可能被破坏，"大批量生产棉纺织品的基本条件"会被摧毁。[53]

早在 1861 年，当联邦将军弗雷蒙（John C. Frémont）在密苏里解放奴隶的时候，《经济学人》就担心这种"可怕的举动"可能会蔓延到其他蓄奴州，"在这些肥沃的土地上造成彻底的破坏和普遍的荒芜"。《棉花供应报道》甚至还宣称，如果战争成为一场解放奴隶的战争的话，可能会出现"第二次圣多明各暴动的恐怖"，并预测在这种情况下，美国"庞大的棉花生产行业必然突然崩溃"。持有这种信仰的人把里士满的陷落看作这种后果，就不足为奇了，根据《不来梅商报》的说法，即使是"最夸张的想象力也不足以预见其影响"。[54]

考虑到这些担忧，美国的 400 万奴隶（其中有世界上最重要的棉花耕作者）在战争期间或战后立即获得了自由，这一点更为了不起了。奴隶认为他们的主人在镇压叛乱分子的国家政府面前处于劣势地位，在这种想法的鼓舞下，奴隶开始了农业起义。美国奴隶抛弃种植园，撤出劳动力，向联邦部队提供情报，最终还拿起武器充当联邦士兵，使得一场分裂战争变成一场解放战争。他们成功了。此前和此后都不曾有棉花种植者的叛乱如此成功过，他们的力量偶然由国家精英内部的深刻而不可调和的分裂而被放大了。[55]

面对前所未有的反抗，奴隶制不可能复活，棉花资本家需要寻求动员棉花种植劳动力的新途径。他们在世界其他地区过去的棉花种植经验中找不到太多的安慰。按照战前世界的棉花市场价格，尽管一些制造商做出了最大的努力，也还是很少有印度、巴西或非洲的种植者为欧洲市场生产大量棉花。农民顽强地坚持自给农业，即使是为市场种植的少部分棉花，他们也把它卖给了附近的纺纱厂，而不是卖给利物浦或勒阿弗尔的商人。甚至在美国本身，作为奴隶在战争中获得自由的时候，许多人很快就放弃了种植园的工业节奏，而试图把精力集中在自给农业上。[56]

此外，早些时候在加勒比地区解放奴隶的经验，尤其是圣多明各的经验，使商人和制造商对前奴隶生产经济作物的前景不抱太大希望。早在1841年，赫尔曼·梅里沃尔就曾指出，"在黑人拥有自己的小块耕作土地和其他资源的情况下，迫使他们去当雇工"是很困难的。（英国）特别委员会在调查西印度群岛的"雇主与劳动者之间的关系"之后，在1842年同样指出，解放之后，农产品的产量减少了，因为"劳动者只需在种植园中一星期工作三四天，就能过得很好，还能积累财富"。《经济学人》指出："在热带地区，大自然赋予了人类永久性贫穷的益处，也可以说是诅咒，那里丰盛的食物本身即确定了最低工资。"[57]

对英国殖民地官员霍姆斯（W. H. Holmes）来说，两难处境非常清楚："当奴隶成为自由人时……他的第一个愿望也是独立自主，完全做自己的主人。"在他仔细研究过的圭亚那，"即使是那些非常肥沃的土地原先无法提供的少量奢侈品，只需要少量的劳动就可以获得"，这使得农民不可能为了工资去种植出口作物。法国的殖民官员也得出了同样的结论：一旦"黑人……获得了自由……他们就返回到了野蛮人的小屋"。获得了自由的奴隶回归自给自足的农业，这被许多前奴隶预想为新自由的真正基础，却是全世界棉花商人和制造商最糟糕的噩梦。[58]欧洲观察家关于自由奴隶的担忧被加勒比地区的事态发展进一步加剧了，例如牙买加1865年的"摩兰湾叛乱"，当时一群牙买加黑人反抗殖民地政府对一群非法占地者施加的严厉惩罚，被英国军队血腥镇压了下去。

土地所有者、制造商、商人和政治家从对过去经验的解读中得出的结论是，解放可能对世界机械化棉花工业的福祉构成威胁。因此，他们积极努力寻找方法来持久地重建全球棉花生产网络，试图去改造全球农村而不是诉诸奴隶制。在战争期间，他们通过文章、书籍、演讲和信件热切讨论是否可以在非奴役劳动力的基础上种植棉花。例如，爱德华·阿特金森早在1861年就写了一本《自由劳动力种植的廉价棉花》（*Cheap Cotton by Free Labor*），参加到辩论中来，一年之后，威廉·霍姆斯的《自由棉花：怎样和在哪里发展》（*Free Cotton: How and Where to Grow It*）扩展了讨论范围。一位法国匿名作者在同一年写了一本《美洲白人与黑人以及两个世界的棉花》(Les blancs et les noirs en Amérique et le coton dans les deux mondes），声援了霍姆斯。[59]

很快，这些论著又从美国内战的经验中吸取教训。在内战期间，在埃及、巴西和印度以及美国南方的联邦控制区，突然转向尝试由非奴隶的劳动力来种植棉花，毕竟代表了一个全球性的实验：一个有着棉花但没有奴隶的世界会是什么样子？

这些预演是为了在战后能存在一个不再依附奴隶制的棉花帝国，孕育了两个有些矛盾的信仰。有少部分观察家认为，即使没有奴隶制，也可以获得足够的棉花，使棉花生产能够继续迅速扩张。例如，英国女子自由种植棉花（English Ladies' Free Grown Cotton），一个松散的妇女协会，就持这样的看法，他们承诺只购买用自由劳动力生产的棉花制成的布料。也许最乐观的是，它被诸如爱德华·阿特金森这样的美国共和党人所接受，他相信美国南方的棉花生产可以通过使用"自由劳动力"而大幅度扩张——也就是说，前提是获得自由的奴隶不要满足于自给自足的农业。阿特金森因为自己在棉纺织厂配备受薪工人取得了成功，因而坚信美国及世界棉花供应的未来取决于南方地产主和南方各州激励获释奴隶自行生产棉花的能力。[60]

然而，内战的经验也表明，只有在不可持续的高价下，非奴隶劳动力生产的棉花才能进入世界市场。毕竟，印度棉花的价格翻了两番，而此前以较低的价格把印度棉花推向世界市场的努力在很大程度上已经失败。而且，从1864年和1865年的视角来看，伴随解放黑人奴隶而来的还有美国南方的相当大的社会动荡。棉花资本家普遍认为，自由会使原棉供应量永久性减少，这是相当合理的推论，并且最直接地表现在战后棉花价格远高于战前水平上。利物浦收到了一些惊人的消息，如拉斯伯恩家族收到的报告预测"无法在明年依靠黑人的劳动力"。巴林家族反过来又声称，"很少有人认为，人们可以在南方充分地重新组织劳动力，使得在下个季节种植和采摘超过150万包生棉"（1860年棉花产量为540万包）。[61]

由于在棉花产业圈内，人们普遍担心棉花收成会永久性减少，邦联政府失败后，要求重建美国南方种植园农业的压力大为上升，特别是要求棉花种植者有序地返回田地。《不来梅商报》呼吁宽恕战败的种植精英。1865年春，英国驻华盛顿公使弗雷德里克·威廉·阿道夫·布鲁斯爵士（Sir Frederick William Adolphus Bruce）向伦敦报告了重建的现状，严厉批评"极端共和党人"，他还提醒安德鲁·约翰逊（Andrew Johnson）总统考虑振兴棉花生产的迫切需要。他非常关切自由民是否工作以及如何工作的问题；他担心"黑人的解放将是对种植棉花和甘蔗各州的物质繁荣的巨大打击"。他关注南方的动乱，也批评赋予被释黑人奴隶选举权的做法，他于1865年5月相当赞许地报道"各地正在采取措施强迫黑人工作，并教导他们自由意味着为工资而工作，而不是为主人而工作"。[62]

但棉花资本家和政府官员在战争中也学到了更广泛的教训。最重要的是，他们知道是劳动力而不是土地限制了棉花的生产。曼彻斯特棉花供应协会的成员是世界上这方面问题最重要的专家，他们知道在全球许多不同的地区，土地和气候条件"和美国的质量相当，甚至优于美国"。但是这些全球棉花专家发现，"最迫切的必需品——劳动力"更难以找到。就像印度财政部长塞缪尔·莱恩所说的那样："在全世界范围内废除奴隶制的问题，很可能取决于印度的自由劳动力生产的棉花，是否可以卖得过在美国奴隶生产的棉花。"[63]

但这样的劳动力从哪里来？正如我们所看到的，在内战期间，棉花利益集团的努力正好集中于在不曾为欧洲市场大量种植棉花的地区获得劳动力。棉花供应协会主席简要地总结了这一战略："我们现在正在打开内地。"这个战略历史悠久，然而美国内战却以前所未有的方式让资本家和政治家投入其中。[64]

全球棉花生产网络在地域上的迅速扩张，与寻找新的方式来激励农村耕种者种植棉花并将其推向市场的努力深深纠葛在一起。正如政治学家蒂莫西·米切尔（Timothy Mitchell）所说的那样，统治者如何才能让农民种植这些"不能吃，也不能满足当地的需要"的作物呢？又或者，用1861年法国观察家马蒂厄（M. J. Mathieu）更直白的话来说，要如何"去管教和激励黑人工人"呢？[65]

在整个棉花帝国，官僚和资本家都在就"黑人是否从现在开始是勤劳的工人"这个问题而伤透了脑筋。[66] 在一篇异常长的文章中，《经济学人》借内战结束之际，对这个问题进行了深入的讨论，认为：

> 可能没有任何一个政治问题像白人和深肤色种族之间的关系这样，涉及的经济结果如此广泛，如此之久……可能就是命运，现在则甚至是职责，而且肯定是欧洲人——特别是英语族群——的利益，去要求他们来引导和督促全亚洲、非洲，以及由非洲、亚洲或混合种族所居住的美国部分地区的工业企业。那些企业确实很大……发展这些新的繁荣之源所必需的一个条件是安排某种工业制度，在这种制度下，大量的黑人劳工自愿在极少数的欧洲监工的帮助下工作。不仅要有个体劳动者，而且要有组织的劳动力，在科学安排下以最小的成本获得最大的效果，这样巨大的作业，例如开掘隧道、采摘棉花等其他工作，才可能在没有罢工和争吵的情况下完成，而且最重要的是，不应该对劳动力价格有不自然的增加，例如施惠收买工人服从那些天然与他们的偏见相排斥的命令。

《经济学人》认为，可以肯定的是，"我们必须承认，所有这些目标都是靠奴隶制得到的。因为仅仅以廉价完成重大工程而论，任何其他组织都不可能和那些把技术高超的欧洲人置于顶端，使他成为低技术的黑人或深肤色劳动者的专制主人的组织相提并论。"但是奴隶制也有"道德上和社会上不利的后果"，因此，"必须要开创一个新的组织，而我们所知唯一可以有效运作的组织是……基于完全自由和相互利己的基础上……但是，如果我们要采纳完全自由的原则，那么很明显深肤色种族必须以某种方式自愿服从白人"。[67]

但是，如何让"深肤色种族自愿地服从白人"呢？内战已经无意中改变了棉花种植的地点和方式的可能性，一举推翻了全球棉花生产网络中被迫劳动力和自由劳动力之间的平衡。奴隶自己的坚决努力以及在新近获得自由的男女支持下的联邦军队的推进，摧毁了250年来推动战争资本主义和工业革命的奴隶财产制度。但是世界棉田新出现的秩序依然有待确立。[68]

在美国内战期间只能隐约地一瞥到重建的轮廓。然而，到了19世纪末，棉花世界将会大不相同。商人、制造商和农业生产者对危机的反应速度和灵活性，显示了他们的适应能力，尤其显示了他们有能力调集新的、间接的但影响深远的国家权力，来保证劳动力供给，而不是直接拥有人类财产。《两个世界的评论》敏锐地评论道，"解放奴役的种族和重振东方民族有着密切的关联"。[69]

1865年4月，当北美大陆的枪炮声沉寂下来时，欧洲棉纺织业85年来最大的动荡结束了。劳动力的新体系——从苦力工人到受薪劳动力——已经在全世界范围内进行了测试，虽然现在还不能确定棉花生产是否会恢复到战前水平，但人们几乎普遍相信"自由劳动力"种植的棉花是可能的。美国前奴隶庆祝他们获得了自由，制造商和工人期待工厂能够再次满额运转，而新的棉花供应充足。

然而，商人没有什么值得庆祝的。利物浦巴林兄弟公司在1865年2月向伦敦的同行汇报说："和平的传言几乎引起了恐慌。"《印度每日新闻》(*Indian Daily News*)在3月初发行了"号外"刊，报道了联邦部队占领查尔斯顿时，"利物浦一片恐慌。棉花价格跌到一先令"，这种恐慌迅速蔓延到孟买本身。波士顿冰商卡尔文·史密斯（Calvin W. Smith）从孟买报道说："我很遗憾地说，我从来没有见过任何人像本地的英国人和帕西人这样拉长了面孔。我们在国内的成功是他们的毁灭。如果这场战争在一年内结束，这个城镇将有更多的人破产，比其他任何一个地方都要多。在过去的四年里，这种疯狂的投机行为此前闻所未闻。"在利物浦也到处都是恐慌。利物浦棉商萨缪尔·史密斯记得："看到那些购买了精美豪宅和昂贵画廊的男人，现在不得不在'旗帜下'闲逛，以寻找能从一位老朋友那里寻找借来几尼的机会，真是可怜。"[70]

这次全球性的恐慌向农民、工人、制造商和商人显示了，世界各地的发展现在是多么密切地关联在一起。弗吉尼亚农村地区的一场战斗的余波震及贝拉尔和下埃及的小村庄,巴西农民对农作物的选择取决于他对利物浦市场的判断,而联邦攻陷里士满的消息传到印度海岸,孟买的房地产价格立刻崩溃。一位英国观察家对美国内战带来的这些新的全球联系感到惊讶。他写道:"我们已经看到了,在全球最偏远的地方,'价格'的影响是多么有力和迅速。"[71]

世界确实变小了,棉花把世界各部分联系在一起的方式发生了很大的变化。如果说内战是棉花帝国的危机时刻,那么这也是对其重建的一次排演。棉花资本家因为成功地在国内重新开启工业生产而充满信心。当他们在南方的灰烬中调查时,他们看到颇有希望让棉花种植采用自由劳动力方式,有着新的土地、新的劳动关系和新的关系。但也许最重要的是,棉花资本家已经知道,他们所编织的利润丰厚的全球贸易网络只能由前所未有的国家机构来保护和维持。与此同时,政治家也明白,这些网络已经成为他们国家社会秩序的根本,因此也成为政治合法性、资源和力量的关键壁垒。因此,法国观察家在1863年预言时是正确的:"棉花帝国被保住了;棉花王并没有卸权退位。"[72]

第 10 章

全球重建

1865年秋，英国皇家工兵部队的威廉·希金斯（William Hickens）上尉考察了战败的邦联各州。希金斯受英国外交部委派去评估南方棉花种植的前景，他与种植园主、经纪人以及"其他棉花产业相关人士"会面。在他写给英国国务大臣克拉伦登伯爵（Earl of Clarendon）的报告中，他对美国南方再次以可比于战前的价格大规模生产棉花的可能性表示极大的悲观。1866年，他预期南方的种植园和农场最多生产100万包棉花。这是战前产量的四分之一。使他做出悲观评估的原因很简单：南方没有足够的劳动力从事犁地、播种、剪枝和收获棉花。他遗憾地说，"解放奴隶时彻底地破坏了原有的劳动力体制"，在可以预期的未来之内棉花产量将大幅度下降。路易斯安那的种植园主告诉他，由于自由民"完全不知道契约的神圣性，因此他们会……逃避履行他们的职责"，所以"最大的困难是让黑人认真工作"。希金斯得出结论，解决方案是让白人拓殖者种植棉花，这些人最终将能够"像战前一样大规模"种植棉花，但是价格将永远没有"过去那样"便宜。[1]

1865年4月，棉花产业资本家和政治家头脑中首要的问题就是美国南方种植园主能否以及何时恢复其在棉花帝国中的地位。最终，所有观察家都同意希金斯的结论，这个问题归结于一件事：劳动力。曼彻斯特棉产品制造商埃德蒙·阿什沃思（Edmund Ashworth）几乎可以确定地表示，

"曾经在皮鞭下劳作的黑人在为工资工作时动作会较慢"。利物浦棉花经纪人莫里斯·威廉姆斯（Maurice Williams）简洁地表达了这个问题："迫使奴隶生产棉花的权力现在被永久地剥夺了，过去南方各州主要凭借着这种权力才能生产出占全世界棉花消费量五分之四的棉花，人们很自然地认为，自由劳动力种植棉花的方式要通过多年的努力才能在产量上赶上奴隶劳动。"[2]

正如奴隶彻底改变了棉花帝国一样，奴隶解放迫使棉产业资本家走向了自己的革命，他们疯狂地寻找组织世界棉花种植劳动力的新途径。调和解放美国棉花种植者和更多原棉需求之间的矛盾并不容易。而且棉产品制造商对于廉价棉花的无尽需求又使"棉花问题"仍然处于高位。原棉进口量很大，一般来说它们是欧洲工业化国家贸易中花费最多的一项，而且棉花产品在欧洲出口到海外市场的货物清单中也高居榜首。由于成千上万的工人在棉织工厂中谋生，这些供应和出口对确保欧洲和北美的社会稳定至关重要。要保持一个如此重要的行业，需要对棉花帝国进行一次全球性的重构，需要寻找一种创新组合，将土地、劳动力、资本和国家权力整合在一起。[3]

在此后半个世纪里，该行业的持续快速增长放大了这一需要：1860年至1890年，全球棉花消费量翻了一番，随后到1920年又翻了一番。1903年，经济学家伊利亚·赫尔姆（Elijah Helm）报告道："在过去30年，就重要性和带来的利益而言，很少有工业变迁能够超过机械化棉花生产的非凡增长。"英国的纺纱商依然是世界上最重要的原棉消费者，尽管他们的需求增长的速度慢于1860年之前。在19世纪40年代，他们的棉花消费量每年增长4.8%，但是到了19世纪70和80年代，增长速度率已下降到1.4%。不过，英国的纺纱业增长速度缓慢，更多的是由于西欧、东欧、美国棉织工业的迅速发展，以及20世纪初巴西、墨西哥、印度、中国和日本的快速发展造成的，这些地方纺纱业的需求大增。1860年至1920年间，世界棉织产业中机械纱锭的数量增长了两倍。企业家和工人使得1亿支纱锭投入使用，其中一半在1900年前的40年内投入使用，另一半在20世纪的头20年投入使用。动力织布机的运用也急剧扩展。1860

年有65万台动力织布机，1929年时这一数字达到了320万。1860年至1900年间，欧洲大陆的棉纱锭数量占全球比例缓慢增长，从1860年的四分之一增长到世纪之交的30%。美国的纱锭数在世界的占比也增长了，从1860年的10%增加到1900年的约20%，挤压了英国的占比。[4] 这种转变的主要影响是使得更多的国家和资本家对廉价棉花产生兴趣，因此对全球农村转型产生兴趣，将世界腹地更广阔的一片地区拉入大都市资本积累的循环之中。[5]

正当棉花生产的传统组织方式奴隶制崩溃时，世界对原棉的需求爆炸式增长，迫使资本家和政府官僚努力动员棉花种植工人。如前所述，绝大多数耕种者强烈偏好为自己的家庭和社区生产，而不是为了世界市场生产。尽管从印度到亚拉巴马再到西非的小农并不反对进入市场，甚至是长途市场，并从中利用机会获利，但是他们种植的策略几乎总是嵌入在家庭生计、相互义务、政治安排、权利和惯例的世界里，这使得为市场种植处于次要地位。他们不愿放弃以家庭为中心的种植活动，而且，在某些地区，他们团结起来也足够强大，可以抵制欧洲和北美资本家和帝国管理者的侵犯。此外，农业工资太低，太不可靠，难以吸引农村种植者放弃自给生产，因为获得更高收益的可能性不足以平衡更大的风险。[6]

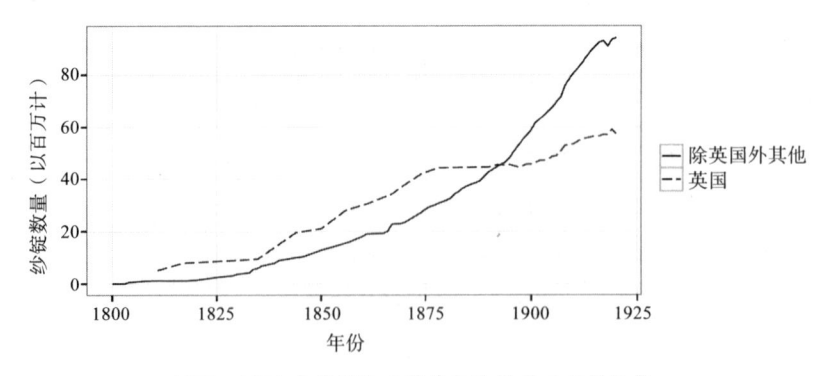

1800—1920年英国和世界其他地区的工厂纱锭数。

棉花帝国的重组，就其根本，要求棉花工业家、商人、土地所有者和国家官僚努力破坏农民的这种偏好，在这一过程中，他们借助新近巩固的民族国家的权力，颁布合法（也经常不合法）的强制措施，来使农民变成耕种者，并最终成为商品的消费者。他们试图通过传播资本主义社会关系，例如信贷、土地的私有产权以及合同法，来改革农村地区。他们寻求——而且最终找到了——法国殖民地官员形容得很恰当的"新剥削模式"。[7]他们所推进的农村转型与工业生产的全球化性质密切相关。此前的全球贸易形式是基于各种明显非资本主义的方式，例如农奴或者家庭内部生产，所制造出来的商品交换。现在，全球化企业家和帝国政治家的财富和强制力量正在通过将劳动力和土地商品化，来改变全球人民的生产制度——就像他们此前几个世纪在美洲所做的那样，只不过形式各异。在亚洲和非洲，"大转型"首次进入远离港口城市的内陆地区。实际上，工业资本主义的逻辑带来了全球经济一体化的新形式。制造商正在崛起的力量以及他们控制的特定形式的资本创造了资本与土地以及居住在其上的人们之间的新关系，并允许采用新的方式来动员劳动力。

新形式的劳动力——包括新形式的强制、暴力和压榨——传播到全球更广大的棉花种植地区。现在，支配不再仅仅依靠奴隶主的权威，而是基于非个人的（但远非公正和不偏不倚）市场、法律、国家等社会机制。在工业家、商人、农业生产者、工人、统治者和官僚之间的这些有时充满暴力但几乎总是不对称的斗争中出现的新劳动体系，成为棉花生产的主要动力，直到20世纪40年代美国出现商业上可行的机械化收割，以及出现了一个新的全球政治经济体制，情况才发生变化。[8]

即使同时代人不确定美国种植者是否以及何时会回归世界棉花市场的主导地位，但没有人怀疑，如果美国棉花出口要复苏，世界棉花业要复兴和继续扩张，先前受到奴役的种植棉花的劳动力是不可或缺的。1865年，许多来自欧洲的商人、记者和外交官认真研读了地图和图表，并向南方农村派出考察人员以发现能够取代奴隶制的劳动力体制。[9]他们很快了解到，问题的核心在于获得自由的奴隶是否会回到棉花地中。许多人想知道，原来的奴隶是否能留在他们耕种了半个多世纪的土地上继续耕作，而且现在完全的身体胁迫已经非法了，他们是否能继续耕种棉花。当然可以听到一些乐观的声音：波士顿棉产品制造商爱德华·阿特金森坚持他对包括棉花生产在内的自由劳动力的卓越生产力的热切信念。其他人则认为，"匮乏"将"纠正""有色人种普遍的懒惰"，并迫使他们回到棉田。[10]

然而，大多数看法更为悲观。《南方种植者》（Southern Cultivator）预测："南方此前大量种植的这种作物将必须被放弃。"威廉·拉斯伯恩在美国的代理人，棉花商人J·R·巴斯克（J. R. Busk）希望，"南方的平定不会因激进措施而被无限期推迟"，也建议"明年不能依赖黑人劳工力"。来自伦敦的乔治·麦克亨利（George McHenry）在他所著的《美国的棉花供应》（The Cotton Supply of the United States of America）一书中甚至主张，只有恢复奴隶制才能出产棉花："棉花只能在南方各州由黑奴广泛种植，而黑奴劳动力只能由所谓奴隶制的半家长制度予以控制。"印度的棉花专家基于一些自己的利益，也同意这一观点。孟买的棉花专员G·F·福布斯（G. F. Forbes）预测，这些从前的奴隶打发时间的方法只会是"在最近的一棵树下睡觉"。[11]

在整个欧洲和美国，经济和政治精英一致认为，昔日的奴隶必须继续种植棉花。他们还同意棉花问题归根到底是劳动力问题。律师、联邦将军弗朗西斯·巴罗（Francis C. Barlow）的朋友亨利·李·希金森（Henry Lee Higginson）是一位富有的波士顿人，在1865年希望购买南方棉花种植园，巴罗给他的建议是："只需要能让黑人工作，在那里挣钱就是一个简单的问题。""黑人劳工"问题困扰着全球各地的地主、官僚、前奴隶和自命的专家。正像《南方种植者》对这场讨论的总结："最值得一辩的问题就是，什么类型的劳工最适合我们。"而且，实际上，如何"成功地管理黑人劳工"这个问题占满了该刊物的版面。许多"专家"担心，就像早先在西印度群岛那样，获得自由的人们会去从事自给自足的农业。为了防止这种"恶果"，一些人提倡支付货币工资，另一些人主张实施分享收成的佃农制，当然还有一些人倾向于保持帮派劳动。一位南卡罗来纳的订阅者评论道："黑人是南方恰当的、合法的、由神注定的劳动者……但是在过度自由之下变得难以驾驭……要把他们训练得像一个自由人一样工作。不允许他们像他们在圣多明各的同类那样。"《佐治亚梅肯电讯报》（The Macon Telegraph of Georgia）在1865年春更加简洁地说："现在我们的人民面临的一个重大问题是,如何妥当运用全国所有非洲劳动力。"[12]

关于"如何妥当运用全国所有非洲劳动力"这个问题,在战争期间已经找到部分回答。当时联邦将军和北方的投资家试图在联邦军队占领的南方地区恢复棉花生产。最突出的就是在南卡罗来纳和佐治亚沿海的海岛上的努力,那里几十年来是重要的棉花种植地区。爱德华·阿特金森等北方人在那里购买棉花种植园,并试图用他们的"自由劳动力"来种植。他们预期在未来世界里,自由民将为了工资而继续种植出口作物,他们十分热情地投入了这一项目中。由于自由民对于自由所蕴含的意义有着不同的想法,例如是否拥有土地所有权和是否对自己的劳动力有控制权,联邦军队于是强迫自由民为挣得工资在种植园工作。这些措施对于自由民的希望和愿望而言不是好兆头。[13]

最终人们在种植园、当地法院、州政府以及华盛顿进行了长达数年的斗争,以确定美国棉花种植地区的新劳动体制的轮廓。这一斗争从战斗停止之时就开始了,当时尽管种植园主因为战败,在政治和经济上遭受了严重损失,但是他们仍然试图恢复接近奴隶制的种植园世界。可以肯定的是,现在必须订立合同而且要支付工资,《佐治亚梅肯电讯报》1865年5月告诉读者,有些遗憾,"将来劳工必须支付报酬"。但是除此之外,生活还会像以前一样继续。前奴隶还生活在获得解放前居住的小屋里,还需要在监工的管理下进行锄地、种植、除草和收获。金钱,或者更典型的是部分作物收成,将是他们努力的补偿。[14]

1866年初北卡罗来纳韦克县的棉花种植园主阿伦佐·迈尔(Alonzo T. Mial)的一份早期合约中,规定27名被释黑人要从日出工作到日落,日落后还有一些活动,而且还要承诺必须"在周日来到种植园"。生病或休假时都没有薪水。工人每月收到10美元,还有15磅的培根和1蒲式耳的粮食。同样,在佐治亚州的西南角,一个主要的棉花种植区,解放后的种植者雇用他们的前奴隶当受薪工人,单方面施加限制性条件和最低工资,所付报酬非常低,仅只够买"生活必需品",此外加上谷类作物的十分之一(而不是棉花)。亚祖河-密西西比河三角洲也许是全世界最重要的棉花种植区,那里的情形类似,地主支付工资,但也试图限制自由民迁移,而且依然强迫他们在种植园种植棉花。由于绝大部分被释的男女几乎一无所有,地主单方面对他们强加了这些条件,迫使他们签订长达一年的合同,将他们禁锢于种植园中,直到下一个收获季。[15]

按照他们自己的设计,种植者想象以某种形式的雇佣劳动为基础重建棉花帝国,使土地所有权结构、工作节奏以及种植园生活模式基本保持不变。他们在欧洲的经济和政治精英中拥有强大的盟友,后者一心一意专注于从美国获得更多棉花。

然而,种植园主并不能按照自己的心意安排。他们遭遇了自由民的反抗,后者决心创造一个与奴隶制截然不同的世界,实际上,一个为国际市场生产商品的世界不再是自由民的首要关切。出于充分理由,自由民相信保有土地才能保证他们获得新的自由,他们认为自己支持联邦的战争努力和自己在奴隶制下的无偿劳动使他们有权获得这些土地。许多人相信,一旦联邦胜利,40英亩土地和1头驴就会等着他们。例如在弗吉尼亚一群自由民就对为什么"我们对这片土地有神圣的权利"有一个非常明确和完全准确的想法。他们回忆说:"我们的妻子,我们的孩子,我们的丈夫一次又一次地被卖掉了,以购买我们现在居住的土地……要没有我们清理土地,种植棉花、烟草、大米、甘蔗和其他一切东西,北方的大城市还能获得我们种植的棉花、甘蔗和大米这些他们赖以为继的物资吗?"奴隶制窃取了他们劳动的正当回报,这种窃取要由土地的再分配来补偿。[16]

然而,自由民成为拥有土地的自耕农的希望是短暂的。早在1865年秋,大量战争时期没收的土地就已物归原主。没有土地,自由民就很难掌控自己的劳动力。此外,由于安德鲁·约翰逊总统宽大的重建政策,原来的奴隶主也恢复了大部分的政治影响力。他们利用自己恢复的地方和区域政治力量来运用国家机器,以限制自由民对经济资源和权力的主张。这些"重建"州的政府所做的第一件事就是强化劳动纪律,并让工人留在种植园中。早在1865年11月,密西西比就通过了一系列所谓黑人法典(black codes),要求自由民签署劳工合同,并将自由行动定义为"流浪"。尽管联邦政府通过自由民局(Freedmen's Bureau)纠正了一些公然违反"自由劳工"的行为,但是美国政府中的许多人也认为，需要国家的强制力量将自由民转变为受薪工人。例如，路易斯安那的自由民局的一位助理专员在1865年7月指出，有必要"让每个地方的自由民被迫去工作，而且这样做时，他们都应当自由和自愿地签订合同"。这位助理专员和其他许多人完全没有想到自由地被迫是多么荒谬。事实上，没有受雇的自由民受到了强制劳动的威胁。[17]正如历史学家艾米·德鲁·斯坦利（Amy Dru Stanley）所称，北方人将这些"强制劳动合同"合法化，作为帮助引导自由民走向自由的一种措施。同时，获得生计的其他途径，例如在公共土地上放牧、狩猎、捕鱼及采集水果和坚果的方法日益受到限制。[18]

棉花资本家普遍欢迎这些措施。《商业和金融纪事》（*Commercial and Financial Chronicle*）替纽约商业团体发声，表示希望自由民的流动性"只能被当作临时状态，必须通过流浪法和给予流浪者生活必需品这种双重措施而加以纠正"。面对着如此强大的反对，许多自由民感觉他们"将会永远充当伐木工和汲水工"——我们这里还可以补充一句，棉花种植者。由于被剥夺了其他的谋生方式（这一点与印度和非洲的农村种植者截然不同），这些自由民似乎相对容易被转化为农业无产者。[19]

但是，自由民愿望的落空还不是故事的终结。毫无疑问，南方的白人精英试图再造一个类似于奴隶制的劳动力制度，而且他们的努力明目张胆地无视他们的战败事实，北方人开始动员起来反对约翰逊总统的重建政策。得益于曾经的奴隶和他们的北方盟友的努力，1866年，自由民获得了公民权，1867年，男性自由民获得了投票权，这使得他们能够运用自己日益增长的政治力量来改善自己在种植园里的处境。到1867年，国会对南方各州重新建立了军事管辖。北方的支持和自由民的政治动员反过来使黑人工人更能够清楚地表达他们对种植园的要求。到1867年，"自由民走出田野，放下工作"。他们还得益于劳动力短缺的情况，这是由于男性的工作时间比在奴隶制下时要少，而许多妇女和儿童完全退出野外劳动。由此，昔日的奴隶设法谈判到了一些条件更好的合同。比如，三角洲的合同比前几年支付了更高的工资，并提供更好的条件。此外，那些原来难以在偏好身体强壮的男人的种植园世界中为自己和孩子找到一席之地的黑人女性，现在艰难地动员起来，被纳入了劳工合同的世界。这就是"弱者的武器"。[20]

更为重要的是，自由民要求以家庭为单位独立工作，并获得糊口的粮食。现在，种植园主无法单方面支配工作安排。不过，自由民仍然不能拥有土地。到1867年，双方都无法完全将自己的意志强加于另一方。因此，产生了一项社会妥协，非洲裔美国人的家庭在没有日常监督的情况下种植特定土地，从地主那里得到补给，然后用他们所种植的作物的一部分来支付给地主。这样的分配方式像野火一样在美国的棉花种植区扩散开来。而奴隶制时期流行的帮派劳动制度几乎消失了。就如1867年11月《南方种植者》观察到的："首先必然要发生的变化是……地产的细分。"到1868年，即使是在亚祖河-密西西比河三角洲地区也流行分享作物的佃农制，到了1900年，在阿肯色州、南卡罗来纳州、密西西比州、路易斯安那州、亚拉巴马州和佐治亚州，有超过四分之三的黑人农民或者是分成佃农，保留有一部分作物，或者是租户，向地产主缴纳固定数量，但保有作物。[21]

阿伦佐·迈尔现在放弃了与他被解放的前奴隶签订工资合同，并将他的种植园分成了小块地块以采用分成制。同南方的其他地区一样，这些安排的确切性质各不相同——有时迈尔同意对作物分成，有时他租出土地以获得固定数量的某种作物，或者甚至直接用钱来支付。在一个典型的分成合同中，迈尔给予承租人30到35英亩土地以及农具。作为回报，他获得收成的一半。迈尔的承租人则按合同规定有义务建筑篱笆、维修桥梁、清扫马厩、开沟修渠——这所有的一切"必须使我满意，否则必须重做，直到我挑不出毛病为止"。总之，他总结说："所有人都必须在我的指导下工作。"对于迈尔而言，分成制减少了监督成本，同时还给予了他指导租户和决定种植何种作物的权力。[22]

作为美国棉花种植区的主要劳动体系，分成制的扩散证明了自由民的集体力量，分成制使得他们能够摆脱远为糟糕的种植园帮派劳动体系，并能获得种植园的工资。分成制给予这些被解放的男女对自己劳动力的部分控制权，使得他们可以逃避足以让人回想起奴隶制的日常监督，并允许以家庭而非个人来与土地所有者签订合同，以及决定男人、女人和孩子的劳动力分配。

然而从许多方面来说，这只是一种空洞的胜利。新兴的土地所有制、劳动力制度和信贷供给机制使得美国南部的农民不得不种植棉花，而种植棉花会导致贫困。种植者和商人向农民提供后者需要的物资时，他们就会收取过高的利息。因此，在收获季节结束时，作物几乎不足以支付债务。例如，在密西西比三角洲的利福勒县兰尼米德种植园，耕作者购买食物要支付25%的利息，购买衣服要支付35%的利息。反过来，商人和地主的高额债务迫使佃农种植越来越多的棉花，这是唯一可以随时赚钱的作物，尽管每包的收益在减少。信贷昂贵，在国家政治经济中处于边缘地位，加之棉花价格下跌，在这样环境里经营农业，这些种植者眼见着自己的收入状况恶化。他们的命运和当时全球绝大多数为世界市场生产的农民一样。[23]

由于经济和政治环境的急剧变化，1873年后，他们失败的程度尤为明显。这一年标志着迄19世纪为止最大的国际经济危机的爆发。正当许多新的种植者产出了更多的棉花时，棉花需求增长速度暴跌至美国内战前平均水平之下。随着世界市场棉花价格下跌，种植者的利润减少了。尽管——或者恰恰因为——价格下跌，战后南方的棉花租佃、债务和市场体系继续对农民施加了巨大的压力，迫使他们出产更多的棉花。尽管对于每个农民来说种植棉花是完全合理的，但这样的集中种植对整个地区来说是一种自我挫败。[24]

随着棉花种植者的经济形势恶化，北方为自由民利益进行干涉的意愿削弱，种植者的政治力量也减弱了。地产主暴力地镇压黑人集体行动，越来越重申自己的政治权力。他们掌握了州立法机关，而且这些新组成的"救赎者"立法机关继续剥夺黑人种植者的公民权，还要确保他们的子女被劣质学校教育所损害，并拒绝让他们受到法律保护。土地所有者通过空前的暴力运动来巩固其对南方政府机构的政治支配，这些暴力运动旨在阻碍棉农的政治活动：1888年至1930年，仅在密西西比三角洲一地，私刑就有100起。对于欧洲的棉花商来说，种植者恢复政治权力是值得欢迎的消息，伦敦巴林兄弟公司在1874年9月16日收到了一份来自新奥尔良福斯托尔父子公司（Forstall and Sons）的电报："州政府被人民推翻保守派官员当权。"

随着土地所有者获得更多政治权力，他们迅速采取行动控制非洲裔美国人的劳动力。当重建后的"救赎者"立法机构修改了留置权法，赋予地主对于棉花作物的首要拥有权（primary claim）时，负债的自由民沦入了一种依赖状态，连分享作物的佃农制曾经得到的少量讨价还价的能力也丧失了。另一重打击来自立法者对刑法的修改，新的"刑事法使得种植园工人易被逮捕、定罪和监禁［因为负债］，还剥夺了佃农种植庄稼的权利，从而将他们削减到与受薪工人同等的法定地位，限制了传统上获得自然的恩赐的权利"。1872 年，佐治亚州最高法院甚至"否定了佃农决定种植作物的权利和对所种植作物的法律权利"。实际上，越来越多的法院把佃农界定为受薪工人而不是租户。土地所有者还使用国家机器来限制劳动力的流动。例如，1904 年，密西西比州立法机关制定了一项新的流民法，旨在将"黑人懒汉赶到田间"。地主和农村耕种者之间的关系可能与奴隶制下的有着根本不同，但到了 19 和 20 世纪之交，棉花种植者仍然生活在贫困中，没有什么权利，也没有政治声音。[25]

具有讽刺意味的是，在地主巩固自己在区域内的权力的同时，他们自己经历了历史学家斯蒂芬·哈恩（Steven Hahn）所说的在国家经济中"权力的急剧不可逆转的衰落"。由于棉花价格下跌，他们消费的商品面临保护主义关税，再加上资本稀缺和成本过高，他们在内战期间出现的国内工业化政治经济中沦为次要角色。从全球范围内，这批棉农从未像商人那样强大，但在内战之前，他们还能享有地区政治控制权和非常显著的国家政治影响力。但是现在权力决定性地从原材料供应商那里转移出去。虽然他们当时不知道，但南北战争剥夺了世界上最后一个政治上强大的棉花种植者群体的权力。从棉产品制造商的角度来看，这种边缘化稳定了棉花的帝国，使得为保护奴隶制而出现的那种动荡再次发生的可能性很小。[26]

如果说奴隶转型的佃农为世界市场生产更多的棉花，那么南方内地的白人自耕农也是如此。在奴隶制期间，白人自耕农仅出产少量的棉花，他们一般种植自给作物。然而，战后形势发生了变化：在那些棉花生产一度处于边缘地位，并且家庭依赖自给作物和家庭手工业为生的地区，种植棉花成为了首要工作。比如，从1860年到1880年，在佐治亚州内陆的大部分白人农场中，相对于每千蒲式耳玉米，棉花生产量增长了两倍。[27]

白人自耕农生产的棉花产量的增长又如何解释呢？在美国内战之后，交通运输、通信和销售设施在原先孤立的南方区域迅速扩展。例如，佐治亚州铁路里程在19世纪70年代增长了两倍。新的棉花种植地区基础建设的进入改变了农村。随着铁路而来的是商店和商人，还有轧花机和压平设备。受到战争摧残的自耕农现在种植棉花以赚取现金。随着最小的内地市镇都有商人进入，自耕农能轻易地售卖棉花，同时享受更多的制成品、肥料以及重要的信贷渠道。1906年一位德国社会科学家观察到："这些信贷对于从战争的影响中恢复至关重要，但是一旦陷入信贷体系，农民就被迫种植更多的棉花，这是因为商人只肯接受容易卖掉的作物为抵押。"由此许多白人农民失去了他们的农场，到1880年，有三分之一的人租用自己工作的土地。实际上，白人自耕农的资本主义转型使得他们与黑人分成作物的佃农更相似，越来越多的白人失去了他们曾经仅有的东西——土地和口粮作物。然而他们在作物方面转型对全球棉花经济而言特别重要。在美国内战之前，自耕农所出产的棉花占美国全部棉花的17%，到1880年这一比例增加到44%。[28]

虽然白人自耕农和前奴隶种植了绝大多数的南方棉花，他们并不是唯一的种植者。一些种植者呼吁"开放德意志和中国移民"到南方，并在20世纪初，努力将意大利移民带入密西西比三角洲。少量的移民工人在路易斯安那的棉花种植园中为工资而工作，但他们从来不是劳动力的主要部分，因为在美国的其他地区还有更具吸引力的机会吸引着移民。劳动力中更重要的一个来源是租赁囚犯。例如，佐治亚州奥格尔索普县詹姆士·门罗·史密斯（James Monroe Smith）的2万英亩种植园，到1904年每年生产3000包棉花，其1000余名工人中有许多是囚犯。史密斯一直头痛的问题是劳动力的招募，1879年他找到了一个解决方法，他投资了第三监狱公司（Penitentiary Company Three），这个公司在佐治亚州全州租借犯人。史密斯拥有公司四分之一，也就获得了公司四分之一的犯人。

另外，史密斯还雇用地方监狱的罪犯。这些工人受到暴力对待，如果逃跑就会被射杀。史密斯对待犯人非常严厉，最终受到了国家调查。1886年一名读者写信给《卡特斯维尔日报》(Cartersville Courant)控诉他严厉鞭笞犯人，指出有些囚犯遭到鞭打225下，史密斯否认了这一指控。[29]

正如史密斯的例子所表明的那样，美国动员棉花种植的劳动力与强制手段是携手并进的。考虑到自由民转变为农业无产阶级劳动力要比印度或非洲农村耕种者容易得多——后者对土地和劳动享有更大程度的控制权，所以暴力程度在某种程度上是令人惊讶的。然而，美国南部农村地区的暴力事件间接证明了自由民对不同生活方式的强烈渴望，这也是地主力量虚弱的标志。土地所有者只有坚定地与国家结盟，才能保证破坏农村耕作者建立自给型经济的努力，让其劳动力用于世界市场的农产品生产。在1865年，很少有观察家期待这样一个从奴隶制向新的劳动制度的转变能获得巨大成功，这一转变让全世界的帝国政治家和大都市棉产品制造商的心中充满了希望。[30]

当种植园、州政府以及华盛顿特区的权力走廊中发生斗争，决定南方棉花种植区的劳工制度时，重建导致美国迅速、大量、永久地增加了供应给世界市场的棉花。尽管所有预测都与之相反，美国农村耕种者还是恢复了他们作为全球主要原棉生产者的地位。到1870年，他们的总产量已经超过了此前于1860年达到的最高纪录。到1877年，他们恢复了战前在英国的市场份额。到1880年，他们出口的棉花数量超过了1860年。到1891年，美国的佃农、家庭农民和种植园主生产的棉花是1861年的两倍，供应了81%的英国棉花市场，66%的法国市场，61%的德国市场。美国棉花种植的重建如此成功，世界各地的帝国官僚和资本家都将其视为模范。从英国到德国再到日本，各式各样的帝国主义者都在研究美国，从中为自己的棉花种植项目吸取教训，而美国棉花种植者成为受欢迎的专家，指导殖民政府如何向商业棉花生产过渡。[31]

在全球最重要的棉花种植者解放之后，美国新型棉花种植劳动力的出现是棉花帝国内最重要的变化。然而在世界其他地区，部分受到美国棉花生产危机的鼓舞，制造商、商人和官僚机构加速了内战期间已经开始的农村转型，尽管采用了各种方法，有着不同的结果。由于他们的活动，在1865年至1920年间，亚洲、非洲和美洲的数百万佃农、受薪工人和农民经营者开始为欧洲和北美的纺纱厂生产"白色黄金"，到20世纪之后，也开始为日本、印度、巴西和中国的工厂供应棉花。

在19世纪的最后几十年里，印度经历了世界市场上棉花生产最为显著的扩张。事实上，在美国内战结束时，孟买商会已经发现，"美国奴隶的解放对印度棉业的未来至关重要"，这意味着印度大部分农村社会结构和印度贸易会出现永久性的变化。尽管战后（特别是1876年以后）印度农村生产者无法在世界棉花市场保持其主导地位，但其出口量仍迅速上升，从1858年的2.6亿磅增加到1914年的近12亿磅。然而，出口商不再将产量大增后的大部分棉花卖给印度的两个传统市场（英国和中国）的制造商，而是卖往欧洲大陆，以及20世纪后，卖给日本的纺纱厂。到1910年，印度棉花出口中只有6%运往英国，而日本消耗了38%，欧洲大陆则为50%。与英国的同行相比，欧洲大陆和日本的制造商已经调整了他们的机器来加工印度较短纤维的棉花，成功地将印度和美国的棉花混合在一起，生产出较粗的布料。因此，1860年后的30年间，欧洲大陆对印度棉花的消费量增加了62倍，不来梅商会在1913年说这是"不可或缺的帮助"。为了满足这些需求，印度的棉花种植面积大大增加，到19世纪80年代后期，在印度的一些地区（如贝拉尔），全部土地的三分之一都用于种植棉花。这种出口扩张与印度本身的机械化纱锭数量的爆炸同时发生。事实上，到1894年，印度收获的棉花不到50%用于出口，印度棉纺织厂消费了大约5.18亿磅棉花，另外还有2.24~3.36亿磅棉花用于手工纺纱。[32]

尽管印度棉花在粗棉市场上扮演着重要角色，但巴西棉花在质量上更能与美国作物匹敌。因此，在巴西，19世纪后三分之一时间里棉花出口量有所增加。在19世纪50年代，他们平均每年出口3240万磅。在接下来的30年中，巴西每年平均出口6670万磅棉花——尽管国内棉花生产同时期也增长了53倍。1920年，巴西生产了2.2亿磅棉花，其中有四分之一用于出口。[33]

与此同时，埃及农民生产的棉花产量在1860年至1865年间从5010万磅增加到2.507亿磅。可以肯定的是，埃及棉花的质量远高于美国的大部分品种，正如法国棉产品制造商罗歇·塞里格（Roger Seyrig）所言，它是"一种奢侈品"。在美国内战结束后，它的棉花产量大幅下降到大约1.25亿磅，但到1872年，商人再次从亚历山大港运送了2亿多磅棉花到欧洲各目的地。即使在美国内战后的棉花生产低谷期间，埃及的产量仍然是内战前的两倍半。到1920年，它生产了5.98亿磅棉花，是1860年的12倍。下埃及所有土地的40%都用于种植棉花。对一些人来说，埃及现在看起来像是一个巨大的棉花种植园。[34]

到19世纪的后三分之一，埃及、巴西和印度的棉花已经成为世界市场上重要的新生力量。1883年，这些地区的棉花已经占据了欧洲大陆市场（现在大得多）的31%，是1860年所占比例的两倍多。[35]

棉花在多个大陆的扩张十分惊人，尤其是那里都没有采用奴隶制。自19世纪20年代以来，困扰棉花资本家的一大问题是如何让非奴隶的农村种植者成为棉花种植者，进入世界市场，现在这一问题的解决方案似乎符合了欧洲和北美棉产品制造商和政治家的利益。然而，正如美国南方表明了实现这种转变可以有很多种模式，农村种植者成为棉花种植者进入世界市场的具体方式也是千差万别，是劳动力、地主、资本提供者和帝国官僚各方冲突的结果。

所有这些重塑全球农村的斗争都有共同之处，那就是国家现在发挥了重要作用。国家制定和实施了新形式的强制手段，取代了奴隶主的直接肉体暴力。这并不意味着人身暴力不存在，但与合同、法律和税收带来的压力相比，这是次要的。随着各国对领土建立新的主权，他们还把主权扩展到了劳工身上，这见证了工业资本主义的新的制度力量。

贝拉尔是印度西部地区的中心，长久以来以其优质棉花闻名于世，卡姆加奥恩是贝拉尔的一个小城市，或者说其实只是一个小镇。在英国人到达之前的几十年里，这里的棉花中的一些用牛车出口到恒河的米尔扎布尔，然后运到加尔各答，但农民从来没有专门种植棉花，他们还种植许多其他东西，另外也从事纺纱和织布。事实上，在当地纺纱的"生纱"贸易远远超过原棉贸易。随着原棉出口市场的兴起，1825年，事情开始发生变化，当时帕西商人佩斯坦吉公司（Messrs. Pestanji）将第一批用牛车运送的棉花带到孟买。英国不满生棉贸易扩张缓慢，在1853年取得了对贝拉尔的政治控制，这一立场正中兰开夏郡制造商下怀，在美国内战期间，贝拉尔成为"印度最优秀的棉花产区之一"。[36]

由于英国殖民政府和兰开夏郡制造商认为贝拉尔作为主要棉花种植区有着巨人潜力，还由于英国制造商的迫切要求，殖民政府在1870年完成了一条通往卡姆加奥恩的铁路（由贝拉尔的"剩余收入"支付），当时那里估计有9000名居民。海得拉巴的英国居民桑德斯先生（C. B. Saunders）欣喜地说道："最后一个障碍已被移除了，在这个西印度最大的棉花商场和欧洲港口之间的直接的船运交通已经出现，这将使每一捆棉花都能够运到欧洲市场去。"当铁路到达卡姆加奥恩时，印度副王亲自在庆祝开幕式上发表讲话，说这一天"法院、工厂、棉花市场以及每个重要的地点都要张灯结彩"。他提醒他的听众（其中许多是棉花商人）："我们都知道，美国的棉荒在刺激该国棉花的开发和生产方面有着很大的关系。"他认为，这种为世界市场而生产的新产品不仅有利于印度本身的发展，而且也让"在最近苦难交加的时期中，表现出近乎英雄气质的一个阶层，获得了巨大利益"——他指的是兰开夏郡棉花生产区的纺织业者。为了彰显棉花在贝拉尔殖民地的中心地位，副王最终还"坐车来到了棉花市场，在这个棉花市场中，商人用棉包建立了一个巨大的凯旋门"，为了欢迎总督并且纪念铁路通车。[37]

随着铁路而来的是电报。现在，利物浦商人可以将棉花订单发送到贝拉尔，并在6周后在默西河的码头收货，由于新开设的苏伊士运河，从孟买到利物浦的轮船在21天内完成了这趟旅程。[38]这些基础设施项目的影响令人咋舌，贝拉尔棉花专员哈利·里韦特-卡纳克（Harry Rivett-Carnac）预测：

在卡姆加奥恩附近种植的棉花，在当地市场购买的棉花，以及在相邻工厂压制的棉花,从压平厂打包进入车厢后,直到抵达孟买的码头前,可能都不必离开铁轨。在连接卡姆加奥恩和利物浦的电报的协助下,凭借着市场和船运港口之间的完整铁路交通,以及可能还有苏伊士运河的协助,要计算执行利物浦的订单,并把所需数量的卡姆加奥恩棉花运抵兰开夏郡所必需的时间,就不困难了。[39]

英属印度可能确实被认为是灵活的实用主义的原型,即国家帮助资本家获得棉花种植劳动力,资本家再寻找如何调动劳动力的方式。在兰开夏郡制造商和利物浦棉商的推动下,英国殖民政府在印度继续推行促进棉花种植农村转型的项目,该项目在美国内战期间大幅加速。项目的影响非常迅速:最晚在1853年,贝拉尔基本上还脱离世界市场,有着以农村为导向的经济,拥有大量的家庭制造业。然而,到了19世纪70年代,贝拉尔的大部分经济活动都围绕在为全球市场生产原棉。一位英国殖民官员在70年代中期观察到,在贝拉尔,"棉花的种植几乎完全是为了出口。国内的家用布的制造受到英国商品进口的冲击,许多织工阶层的人已成为普通劳动者"。当地经济的这种重新定位也迫使人们从事农业劳动,例如班贾拉人(传统上运送棉花的牛车主人)以及纺纱工和织工都发现自己失业了,并越来越依赖从事农业以维持生计。事实上,40年后,一位记者报道,"自从铁路通车以来",贝拉尔曾经欣欣向荣的棉花制造业几乎全部消失了。[40]正如里韦特-卡纳克在1869年解释的那样:

> 现在并没有太多可抱希望的了,因为自从这条铁路支线通到本地,欧洲的成品得以进口,本地棉布的市场已经被抢走了。其结果是,不仅会获得更多的原材料供应(因为现在已经加工成纱线的产品将被出口),而且现在大量原本从事纺纱和织布的人口可以转变为农业劳动力,因此丛林土地可能被开发出来,种植面积会扩大。

对于印度事务大臣查尔斯·伍德来说,印度社会结构的这种变化有一种似曾相识的感觉:"从棉花报告中得出的结论总体上令人满意。当地织工和我早年在西赖丁沼泽边缘时所记得的那类人很像。每个小农都有20至50英亩的土地，家里有两三台织机。工厂和工场破坏了这种纺织家庭，现在他们完全是农业工人。印度的复合型生产者（即将农业与家庭制造相结合的人）将以同样的方式终结。"像伍德这样的同时代人都明白，他们在将世界农村改造为原材料生产者和制成品消费者（以及最终的工厂劳动力提供者）的过程中起到了重要的作用，他们为自己所扮演的角色感到自豪。[41]

总而言之，贝拉尔成为世界上重建棉花帝国最重要的实验室之一。其多样化的农业经济转变为日益专业化的棉花种植。《亚洲杂志》在1872年提道："一股以前不为人知的压力推动着人们去种植棉花。"1861年，在贝拉尔有629 000英亩土地上种植了棉花，到1865年棉花种植面积增加了近一倍，然后到19世纪80年代再增加一倍。到20世纪初，贝拉尔独自生产了四分之一的印度棉花收获量，这一产量比埃及的收成还要多。正如一位观察者所说的，贝拉尔"已经成为完美的棉花花园"。[42]

与印度和美国一样，在埃及，棉花农业的扩张是国家强有力干预的直接结果。在19世纪后三分之一时期埃及对产权进行重新定义，使大量的土地从村庄和游牧民族那重新分配给关系良好的大地产所有者成为可能。在这一转变之前，埃及的财产权存在分享土地收益的可能性，这意味着某块特定土地的所有权通常由不同的个人、社区、宗教当局和国家所共享。[43]这种多重产权主张实际上阻碍了土地的购买和销售，到19世纪后期几十年，这种产权结构阻碍了农业进一步商业化。

因此，埃及政府希望提取更多税款，以支付国家基础设施的扩张，偿还庞大债务，以及更好地控制其人民，转而将这些大地产的财产权赋予那些社会地位良好的个人。起初这些庄园只是其所有者的"纳税责任"，但到了19世纪70年代，这些地产成了他们的私人财产，其中大部分通常是强行从村庄夺取的土地。由于棉花种植庄园越来越被认为是大地主的完全私人财产，曾经拥有部分土地收入和一些定居权利的村民现在完全任凭这些地主的处置。这些新的地产所有者可能会迫使农民住在特殊"私人村庄"中，控制他们生活的方方面面。那些没有做到他们要求的种植者遭到驱逐，加入了农业无产者日益庞大的队伍中。[44]

新所有者的权利非常广泛，包括可以"监禁、驱逐、饥饿、剥削和行使许多其他形式的专制、不寻常以及必要时可以诉诸暴力的权利"。因此，这是一种"第一次成功地将耕作者固定在土地上的监督和威慑制度"。要让土地由单一个人独占，需要政治科学家蒂莫西·米切尔所说的"用来制造财产的暴力"。这些新式财产权迅速蔓延：1863 年，地产所有者控制了埃及耕地面积的七分之一，到 1875 年几乎增加了一倍，到 1901 年更增加到了 50%。[45] 1895 年，仅仅 11 788 人拥有埃及所有土地的近一半，而另一半是由 727 047 名财产所有者所拥有。其中一些庄园非常巨大，例如，易卜拉欣·穆拉德（Ibrahim Mourad）控制了塔卡 13 000 英亩的土地，由两万名耕种者耕种，只有埃及统治者伊斯玛仪帕夏（Isma'il Pasha）自己控制的那些庞大的庄园才比他的要大。[46]

与其他地方一样，埃及棉花种植农村的转型依赖巨大的信贷金字塔。在底层，棉花田的工人几乎总是对高利贷者和土地所有者负债，并不断受到债务束缚的威胁。反过来，土地所有者从当地商人那里得到信贷，后者许多是外国人。所有人中最大的土地所有者伊斯玛仪累积了很多这样的债务，1878 年，由于棉花价格下跌，他将地产签字转让给他的债权人罗斯柴尔德家族。与此同时，埃及政府大量贷款资助挖掘灌溉渠道（主要通过强迫劳动）、建设铁路和进口蒸汽泵。国家借款数量之大令人咋舌，尽管埃及人民面临的为出口市场生产的压力越来越大，最终国家还是破产了。这种债务使整个埃及陷入了英国的怀抱中：随着棉花收益递减，埃及无法偿还债务，失去了主权控制权，并于 1882 年最终被英国政府接管。[47]

正如埃及和印度的例子所显示的，在 19 世纪后三分之一时期，统治者和官僚在促进为世界市场种植棉花的过程中发挥了关键作用。他们之所以这样做，部分是因为他们自己的权力依靠对资源的获取，也由于工厂运转会给社会带来的相对和平，使得他们的地位更加稳固。但是他们也是在强大的资本家的要求下行事的，要么是因为统治者和资本家在很大程度上是同一群精英团体，就像埃及的例子那样；要么是因为政治家受到了协同一致的游说和政治压力，比如英国、法国和我们将会看到的德国那样。

随着各国越来越多地制定和执行市场规则，各国调动棉花种植劳动力的愿望导致了国家对其臣民前所未有的索求。从贝拉尔到尼罗河三角洲到米纳斯吉拉斯州*，政府和法院破坏了过去对放牧权和狩猎权等资源的集体权利，迫使农民一心一意地致力于棉花生产。例如，贝拉尔的自然地貌被英国的大规模土地调查彻底改变了，随后英国鼓励将所谓的"荒地"转变为棉花农场。这些"荒地"曾经开放给农民，供他们集体使用，但现在越来越多地变成了私人财产。在这个过程中，大量传统上是木柴和野味来源的森林被砍伐，早期被用于公共牧场的草地被开垦。采伐进一步减少了森林，以满足贝拉尔棉花大城镇的西方商人对蒸汽棉花打包机的需求。在世界某些地区，这种森林砍伐导致了降雨模式的显著改变，从而破坏了首先引发森林砍伐的殖民地棉花热潮。[48]

此外，法院对留置权法的执行给了债权人另一种破坏农民对土地的主张的手段，并进一步将农民置于债务泥潭之中，迫使他们种植更多的棉花。美国内战之前的贝拉尔、美国南方以及其他地方的农村存在的相互依存和个人主导的体系，让位于这样一个世界——国家支持的债权人将农村耕作者变为商品生产者和消费者。正如一位不知名的英国印度棉花作者所解释的那样，"在没有聪明才智人士领导的地方，政府必须担负起在更为文明的国家可以安全地留给私营企业的责任"。[49]

在印度和其他地方，创建土地私人产权是另一个国家主导的项目。英国的棉产品制造商要求殖民地政府"管好殖民地事务"，要求建立新的土地所有权制度，因为他们认为旧的公有制度阻碍了"个人所有者的权利，让他们无法实施有效的耕种"。他们将土地私有产权视为增加棉花产量的先决条件。个人需要获得明确的土地所有权，然后才可以购买、出售、出租或抵押。这些新的财产权利是对传统的偏离：例如，在前殖民地时代的贝拉尔，各种社会群体之间的关系的特点是"种姓阶层中基于主仆关系的

---

* 巴西的一个州。

社会地位",其中"土地的出产……是根据社会等级来进行分割的"。个人并不控制特定的土地,而是享有分享收获的权利。一位英国殖民官员敏锐地将这种"制度,如果它可能被称为制度的话"与"中世纪欧洲"进行比较。然而,在英国人到了这里之后,土地被调查,各地主之间的界线明确划分,制定了每块土地的赋税。它创建了一个"卡特达"(khatedars)阶层,他们控制着土地,并负责纳税。1870年,一位英国殖民官员报告说,革命正在成功。在贝拉尔,"土地的占有者是它的绝对所有者"。由于卡特达阶层拥有土地,但没有资本,他们只有依赖放债人才可以抵押自己控制的土地。为了耕种土地,这些卡特达人引入了佃农制度,佃农又从放债人那里获得了运营资金。在印度和其他地方,正是大地主和放债人从棉花出口种植的推广中获得了大量利润,而绝大多数小土地所有者或无地农民则陷入债务和贫困的泥沼。[50]

由于土地上的私有财产遍布全球农村,土地所有者现在也可以承担缴纳税款的责任,并以现金支付,这反过来又鼓励了经济作物的生产。在印度的马哈拉施特拉邦,正如在贝拉尔一样,英国努力增加税收,并鼓励农民为遥远的市场生产,结果削弱了村庄的集体性质。现在是个体农民而不是整个村庄负责纳税。因此,放债人取得了对于农民的土地和劳动力新的权力,因为农村耕种者依赖预付款来缴税。同样,在丘库洛瓦,奥斯曼帝国对当地居民征税越来越多,因此,人们不得不从事受薪劳动,或被迫从事基础设施项目建设。棉花生产得益于他们对现金的需求(就像在美国一样),因为正如1877年孟买的棉花部观察到的,"棉花一向是最容易变现、价格也最好的商品"。[51]

虽然印度棉花种植者通常持有土地,但与美国的自由民不同的是,他们不仅不得不用预付款支付税款,还要购买农具、棉花种子,甚至谷物,以维持到收获季节。新的合同法允许放债人在向农民贷款时享有适度的担保。事实上,新的产权有利于农业的商业化,这不仅是因为它们使土地交易更容易,而且还因为它们允许资本的注入,而土地本身现在可以作为资本的抵押品。耕种者对这些贷款支付过高的利率(每年30%并不罕见),然后他们又通常是在收获前的几个月,把棉花签字转让给放债人——这造成了一位历史学家所说的"债役"。[52]

放债人（sowkars）深深根植于农村之中，在英国人到来之前很长一段时间里一直向农民提供贷款。然而，他们深深植入在一种道德经济中，被迫在收成不好的年份去帮助农民，而这一生命线在英国殖民主义正在建立的商业化程度更高的经济中日益消失了。虽然放债人可以获得一些财富，大地主也可以从资本的供应中受益（使他们能够专注于雇佣劳动力的经济作物），但小土地所有者、佃农，特别是无地农业受薪工人处于巨大的风险之中。美国内战后，棉花价格持续下跌近30年，大批"现代化"农民陷入越来越绝望的境地；他们中的许多人最终死于19世纪90年代席卷印度棉花种植区的饥荒。[53]

新的基础设施、新的法律和新的财产权紧跟着不断加强和扩张的国家，侵入了全球农村，使得这种变革成为可能，而这种变革在几十年前还是难以想象的。国家在许多其他方面进一步涉足棉花事务，也许最全面的努力是系统地收集和传播有关棉花农业各个方面的信息。关于气候和土壤条件、生产趋势、土地所有权模式、种子质量和劳动系统的大量汇编越来越多地充斥于政府办公文件中，与前几十年商人通过信函或通知辛苦地收集和传递的信息非常相似。这在一定程度上是出于将当地知识系统化并加以利用的直接努力。人们可以通过观察印度农民种植棉花的过程来获得一些有用信息，以了解特定环境条件下的最佳做法，然后可以将其转移到非洲或其他地方。同样，可以收集特定的棉花品种，然后运往世界其他地区——事实上，各国政府能够大大加快生物物资在全世界的流通。但比这两项工作都更重要的是一项非常简单的工作，即评估社会和自然世界中的情况，将这些信息转化为数字，汇编成表格，然后将其发送到棉花帝国的各个角落。这些数字阐明了某些地方的"潜力"，并提出了一些实现这一潜力的政策。[54]

在整个棉花种植世界，各国政府开始了这种努力。1866年，印度殖民政府设立了"中部各省及贝拉尔棉花专员"的职位，由一位殖民地官僚担任，负责认真收集有关棉花种植地区的详细资料。哈利·里韦特-卡纳克是一位无畏的棉花帝国扩张先锋，他担任了这一职位，在贝拉尔上下奔波，生活在火车车厢，还配备了"运马的车厢，如有必要，就亲自骑马到一些重要的地方，如果我必须在场的话"，这都是为了"扩大和改善棉花种植，以增加供应；然后还要采取一切必要措施，协助贸易商把这些物资完好无损地运到海岸"。世界农村的革命性转型这样的重大责任就是落在了这些政府官僚的肩上。到1873年，印度政府扩大了这些活动，并通过建立了一个"棉花与丝绸部门"（Fibres and Silk Branch）将其集中起来，详细研究印度各地棉花和其他织造物的生产情况。[55]

其他国家也纷纷效仿。1862年，美国成立了农业部，很快就开始研究棉花。农业部首先收集统计资料，但很快扩大了活动范围，研究了影响棉花植株的疾病，试图确定特别适合特定环境条件的棉花品种，并培育改良的棉花品种。该部还致力于解决如何在亚利桑那州等西部各州种植棉花的紧迫问题。1897年，俄国在其新近获得的中亚领地上建立了一个农业和国有土地管理局（Administration of Agriculture and State Domains），工作内容就是关注棉花生产。在埃及，政府向棉农提供了关于农业最佳做法的详细信息，并在1919年成立了农业部，以扩大这些努力，比利时殖民当局后来在刚果研究并借用了这一模式。[56]

收集信息与政府直接改变棉花农业的努力齐头并进。英国殖民官员向印度农民分发美国棉花种子，致力于改变印度棉花品种，鼓励农民使用新的农业方法。埃及皇家农业协会（Société Royale d'Agriculture）试验了示范农场。当地农民常常抵制这种项目，因为种植新的棉花品种不仅劳动强度更大，而且风险更大，因为这些品种在当地气候能否成功还未得到验证。很少有项目提供额外的补偿来抵消这些负担，因此，要使这些项目取得成功需要强大的压力。[57]

尽管他们齐心协力，但强大的政府、资本丰富的商人和地主并不总能完成他们的宏伟计划。政府记录中充满了农村耕种者推迟甚至停止经济重组的努力。例如，在印度西部的达沃，尽管英国殖民官员不断努力引进美国棉花品种，农民仍然强烈偏好种植本地棉花品种，也偏好种植粮食作物。当地品种更能适应当地气候，拥有现成的当地市场，更好地融入了家庭经济，因为可以在当地进行轧花。[58]正如奥地利总领事1877年在喀土穆报告的那样，苏丹农民拒绝种植更多的棉花，因为"与艰难和相对无利可图的耕作相比，当地居民其他谋求生计的方式要容易得多，所从事的工作也不那么繁重"。1919年，在伊拉克，一位德国观察家评论道，"由于伊拉克的文化，劳动者不用费力地获得了他所需要的一切食物和所有其他必需品，这阻止了人们积极工作的意愿"——这是世界各地殖民官员都赞同的一个观点。在缅甸，一位英国官僚遗憾地观察到，"缅甸农民自己对棉花种植这个产业显然漠不关心，他们认为棉花是次要的，当他们可以用更少的麻烦在水稻作物上获得可观的利润时，他们不太可能对棉花感兴趣"。[59]

在一个尽管做出了重大努力但依然未能成功种植棉花的地区（澳大利亚），这些斗争的意义也许最能体现出来。从20世纪初开始，英国殖民政府努力在一个土地供应几乎无限的大陆上种植棉花，而且当地土地完全适合种植棉花。尽管做出了这些努力，棉花生产增长缓慢。《阿德莱德广告人报》(*Adelaide Advertiser*) 很好地理解了原因：虽然有着丰富的适合种植棉花的土地，但缺少种植、锄地和收获作物的廉价劳动力。科学和工业咨询委员会（Advisory Committee of Science and Industry）报告说，棉花种植扩张面临的主要困难是"手工采摘的高昂成本"。由于廉价劳动力的短缺，以及白人定居者有远比种植棉花更好的选择，委员会在1918年观察到"澳大利亚的棉花种植现在实际上已经灭绝"。纽约普莱斯-康贝尔采棉公司（Price-Campbell Cotton Picker Corporation）总裁西奥·普莱斯（Theo Price）1917年就此事向澳大利亚政府提出建议，非常理解其中的关键："棉花种植在很大程度上是一个劳动力问题。除非你能保证有充足的劳动力供应，否则就很难大规模地种植棉花。我不知道你在澳大利亚的移民法是什么，但是如果你们能够引进华人的话……我认为发展棉花快速种植是可行的。""劳动力条件，"1920年《悉尼晚报》(*Sydney Evening*) 总结说，"不利于在经济基础上建立棉花产业。"没有大量廉价劳动力，棉花市场就得不到满足。[60]

然而，尽管遇到了这样的挫折，棉花资本家仍在寻找劳动力，甚至还在寻求更多的劳动力。在印度、巴西和埃及的棉花种植地区，就像在美国一样，随着地主、殖民官僚、商人和地方政治精英（如美国南方的地主）将农村耕种者变成商品的生产者和消费者，棉花帝国也得以扩张。[61] 动员劳动力的确切方式因地而异，因为它们依赖相对的地方、区域或殖民社会权力分配。[62] 工业资本主义的巨大力量恰恰来自它持续地将不同劳动制度联系在一起的能力，特别是利用农村耕种者世界的不完全转变所带来的极其廉价的生产条件，在这个世界中，家庭内部劳动往往得不到薪偿，而且在某种程度上，口粮仍然在家庭内部生产。覆盖在传统之下的地方与区域环境以及社会权力的分配决定了新兴的劳动安排。例如，美国的棉花种植者在 20 多年的时间里享有特许经营权（这限制土地所有者的政治权力）非常重要，正如非洲基本上独立于欧洲资本对于其保持经济活力也很重要。结果，一些农村耕种者变成了佃农，另一些变成了租户，还有一些变成了受薪工人。即使他们的权力和传统生活方式不断被剥夺，他们仍然保持着一定的影响力——事实上，他们对自己日常生活的影响力仍然大于在纺织厂工作的数百万非熟练工人。[63]

农村耕作者、地主、商人和官僚不停为新兴棉花帝国的形态及其内部的劳动力形式而斗争，这种斗争受到特定地区惊人的权力不平衡和世界各地之间不平等关系的制约。到 19 世纪末，佃农制和租户制成为主要的劳动力动员模式，其原因与它们在美国占主导地位的原因相似：农村耕种者更喜欢在没有日常监督的情况下自主工作，而且他们一般都拒绝成为受薪工人。在贝拉尔，佃农在卡特达阶层地主的土地上工作，从放债人那里获得周转资金。在埃及，大部分作物不是靠"雇佣劳动力"种植，而是靠"小土地占有者自己"种植的，这些人有些是佃农，有些是地主，而所有这些人都能够利用自己家庭的劳动力；事实上，埃及的大多数棉花都是由儿童采摘的。在巴西，分享作物的佃农制以及小型家庭农场相当流行。在大地产上，租户家庭通过将一部分作物分给业主来"支付"地租。在秘鲁，由于 1874 年不再允许华人卖身工人境，地主又无法吸引农民为工资而工作，他们开始将土地租给耕种者。直到 19 世纪末棉花农业出现，丘库洛瓦的大部分土地都未耕种，在那里，大规模的土地持有需要劳动力,其中大部分劳动力都是通过分享作物的佃农制与雇佣一些移民受薪劳动力而招募到的。[64]

只要是分享作物的佃农制盛行的地方,佃农和小业主都依赖外部资本。例如,在印度的辛德,农民一播种就把作物卖给放债人,以偿还为了集中精力种植棉花而借的贷款,这些贷款"一部分是现金,一部分是谷物,还有棉花种子、布、御谷、面粉等,供家庭和工人使用"。各地的放债商人常常决定农民耕作什么,因为他们是预付种子和农具的人。年利率通常在12%至24%之间,但也有可能飙升至150%。在丘库洛瓦,佃农从土地所有者和商人那里获得信贷,后者收取15%至20%的利率,因此,"尽管有着劳动力稀缺的限制,商人资本还是获得了对土地和生产过程的控制"。[65]

因此,到19世纪末,世界上大部分棉花将由耕种者种植,他们用家庭劳力耕种自己的或租用的土地,但这些耕种者不是自给自足或为当地生产,而是由于新的都市资本的注入被吸纳进全球棉花市场的。佃农、作物留置权和控制着资本的强大当地商人将很快成为新常态,导致农村的劳动者不受奴役,但也不完全自由。世界各地的棉花种植者将深陷债务泥潭,容易受到世界市场波动的影响,他们一般都很贫穷,受制于旨在让他们留在土地上的新的流浪法规和劳动合同。他们将在政治上被边缘化。他们往往会受到非经济因素的胁迫。这种制度并非史无前例,但是现在,随着私人资本和国家在法律、行政和基础设施方面的进步,它开始以前所未有的程度去打造全球棉花种植农村。[66]

然而,有一群为数不多但数量不断增加的农村耕种者变成了世界棉花市场工资微薄的工人。他们是最没有权力的。他们沦落到从事受薪工作,往往是因为他们身为负债累累的收益分成的佃农、租户或小农场主,处境日益恶化。成为受薪工人是他们失败的标志。在埃及,到1907年,将近40%的农民成为无地劳工。在印度,工作在棉花田的受薪劳动者人数在整个19世纪都有增加的趋势:在坎德什,由于越来越转向棉化农业,以及随之而来的法律和社会变革,投入棉花的土地比例不断上升,掀起了一波无产者化浪潮，到1872年，四分之一的成年男子为工资而工作。[67]

在墨西哥北部，无产者化也席卷了棉田。1884年后，拉拉古纳的土地所有者利用新的铁路和基础灌溉设施建造了一个巨大的棉花种植区，"使之成为墨西哥最重要的商业农业区"。成千上万的工人涌入这一地区，有些在种植园里工作，另一些人按周或月打工；许多人从墨西哥其他地区迁入，在1880年至1910年期间，当地农村人口从2万增加到20万，此外还有40万移民工人在收获季节抵达。结果，棉花农场以极快的速度扩张，在1890年前的10年里产量增加到了5倍，然后在接下来的10年里翻了一番。有些庄园非常大。例如，卢汉家族（Luján）拥有4.5万公顷土地。这些工业据点通常高度机械化，拥有压平机、轧花机和棉籽油加工厂。[68]

拉拉古纳棉花工人和世界上任何地区的工人一样，完全无产阶级化。一些种植园保留了一支半熟练工人队伍，组成8至12人的小组，由一名工头领导，负责耕种特定地段的棉花田。一些大型庄园雇用了数千名这样的工人，他们每周工作6天，每天工作12小时。这些工人加入农业无产者的行列，是因为由于土地所有权的集中，他们失去了使用此前的公用土地资源的机会。这些工人中的许多人最终乘坐私人铁路来到拉拉古纳，像牛一样挤在车厢里。由于没有可供这些移民使用的土地，因此这些人无法从事自给农业。[69]

一位历史学家评论道，"地主的统治就是法律"，大庄园配备了穿制服的私人警察力量，借助监狱和对工人的"体罚"来执行劳动纪律。一些种植园甚至建造了 cepo de campaña——一个特制的"笼子……来惩罚惹麻烦的工人"。移民工人经常由驻扎在田野的武装警卫监督。国家协助执行劳动纪律，城镇颁布了"严格的流浪法，让那些工人在不工作的时候不能在市中心待着"。这种诉诸身体强迫手段的做法在世界棉花种植区十分普遍，在美国、秘鲁、埃及和其他地方都很重要。资本主义令人敬畏的进步不仅依赖各种各样的劳动制度，而且也依赖令人咋舌的暴力手段。[70]

在重建后的棉花帝国中，欧洲和北美新获得权力的国家无处不在。毕竟，资本家通过获取劳动力来积累资本的计划和官僚通过控制人口来建构国家的计划是相辅相成的。[71] 在国内和工业资本主义中心地带的斗争中，棉花资本家明白，要改造农村，改造社会，就必须使用国家的力量来巩固财富。各国由于从事战争资本主义获得了新的官僚、法律、军事和基础设施建设能力，在这种能力的支持下，制造商和商人将世界上越来越多的人和地区纳入全球经济之中，特别是纳入为世界市场而从事棉花生产的体系之中。

到19世纪末，工业资本主义的动力已经加速到一个地步，使得资本家和政治家共同努力加快非资本主义社会形态的崩溃，或者至少把它们与资本主义世界市场联系起来。为了迫使人们勉强接受这些新的革命性的工作安排和社会关系，他们不时要诉诸身体胁迫。就像棉产品制造商亨利·阿什沃思1863年在曼彻斯特商会面前说的那样，他们不愿等待，"以让价格做到一切"。要使劳动力成为商品，劳动者就必须从历史上维系他们的相互义务中"解放出来"。与此同时，他们认为，土地也必须从非经济联系中"解放"出来，成为可自由销售的商品。这种"解放"在意识形态上依赖引入历史上某些特定的组织生产方式，因此是由它帮助产生的经济、社会、文化甚至种族等级制度所促成的。资本家是这个时代真正的革命者。[72]

统治者和官僚支持这个项目，因为获得原材料（包括棉花）越来越成为国家政策的试金石。当他们巩固国家时，重新安排全球经济联系实际上成为他们有意开始的计划——事实上，19世纪末全球经济一体化的加速与民族国家本身的加强和巩固是齐头并进的。强大的国家、统治者和官僚依赖强大的民族工业，而民族工业又依赖原材料和市场；这些工业产生了可以征税的财富，并为数百万人提供了就业机会，所有这些反过来又加强了社会稳定，进一步加强了国家。[73]

因此，包括全球市场在内的市场建设是一个政治进程。随着越来越多的国家竞争获得原材料、劳动力和市场，这一政治进程越来越受到民族国家的制约。国民经济、帝国和民族资本家日益成为新全球政治经济的基本基石。随着殖民世界成为原材料的重要供应国和一些行业的重要市场（例如，英国棉产品出口的60%流向印度和远东），工业资本主义开始采取新的面貌，各国对提供原材料和市场的领土实行政治控制。1876年至1915

年间，全球四分之一的土地"被分配或重新分配为殖民地"，这证明有固定疆域的领土的重要性正在迅速增加。政治家和资本家实际上融合了各自对权力和积累的目标，并在此过程中形成了一种全新的资本主义全球化形式。工业资本主义的方法是在英国和其他地方的工厂生产世界中发展起来的，现在已走向全球，日益取代了战争资本主义的经过试炼的方法。[74]

具有讽刺意味的是，加强新巩固的民族国家和"民族"经济的项目也日益成为一个国际项目，1905年后开始定期举行的国际棉花大会就是最好的象征，这些大会聚集了曼彻斯特、维也纳、巴黎、布鲁塞尔、米兰、伦敦、斯德哥尔摩和亚历山大港等地的商人、制造商、种植者和官僚。到1927年，有17个国家参加。他们讨论了世界各地的棉花种植条件，并试图确定最佳做法。他们还审查了增加棉花产量的模范性努力，例如详细讨论了德国在多哥殖民地从事棉花农业方面的经验。这些大会是全球资本家和官僚之间讨论的重要组成部分，讨论如何协调大都市经济对周边廉价而丰富农产品的需求与新的劳动力形式。在巴黎，殖民事务部的专家成立了一个"殖民地劳动制度委员会"（Commission du Régime du Travail aux Colonies）；在柏林和芝加哥，新兴的社会科学家探讨了采用"自由劳动力"制度获得农产品方面的可能性；西班牙驻巴黎大使请法国殖民事务部长报告法国在解放劳动力方面的经验及其对劳动力供应的影响。孟买的英国殖民当局研究了俄国在中亚的劳工动员情况。20世纪10年代，日本农商务省着手扩大朝鲜殖民地的棉花种植，调查欧洲国家利用"自由劳动力"在殖民地种植棉花的努力。正如我们将看到的那样，后殖民主义和后资本主义政权同样渴望从这些经验中吸取教训，并且常常以一种急切的激进主义来实施这些教训，甚至超越了其老师的革命性设计。世界上少数地区有竞争力的民族国家得到加强，有着重建全球农村的强烈愿望，并将它们的政策嵌入在超越任何特定民族国家的战略之中。国家的形成和全球化再次携手并进。[75]

虽然"自由劳动力"的困境仍将是全球对话的核心议题，但到了19世纪70年代，从棉花资本家的角度来看，因解放棉花种植工人而给棉花帝国带来的危机已经得到解决。资本家和各国利用工业资本主义的工具改造全球棉花种植农村的新能力，使更多的棉花在利物浦、不来梅、勒阿弗尔、大阪和波士顿等港口以更低的价格销售。劳动力、土地、资本和国家力量的重组如此成功，以至于利物浦的棉花价格不仅恢复到美国内战前的水平，而且进一步下跌。1870年，美国一磅棉花售价24美分；1894年，价格降到了7美分，低于内战前的价格（当时大约11美分）。曼彻斯特棉花供应协会一直促使世界各地农民种植棉花用于出口，因此，该协会也于1872年解散。美国南方自由民的经济和政治愿望的破灭，以及世界各地新的劳动制度的发明，激发了人们对资本的革命活动将会继续成功重塑全球农村的信心。[76]

第 11 章

大破坏

正如我们所看到的，1865年后工业资本主义的迅速扩张，改变了全球更多的农村地区。棉花帝国工业中心地带的制造商需要原材料、劳动力和市场，居住在远离欧洲和北美城市中心的大多数人类能感受到他们的贪婪。随着美国奴隶制的废除，印度、埃及、美国南部、巴西以及（几十年后的）西非和中亚的耕种者被吸引到新的劳动系统中，生产数量众多而且越来越多的棉花。多亏了他们的辛苦且报酬很低的劳动，直到20世纪，棉花和棉花商品贸易在大西洋世界和亚洲"仍然是迄今为止最大的单一贸易"。甚至在20世纪30年代，日本棉花贸易商东洋棉花会社还认为："棉花无疑是世界国际贸易中的首要商品。"[1]

总的来说，新的劳动制度的出现和原棉产量的惊人增长表明，工业资本主义最具革命性的一个项目是在制造业中心和农村之间建立新的关系。正如我们所看到的，到了19世纪70年代，资本家已经做到了几十年前看起来不可能做到的事情，即在不依赖奴隶制的情况下，将越来越多的全球农村完全融入到满足工业生产的需要中。这种成功的原因是显而易见的：强大的帝国主义国家——这主要由于商人和制造商的持续鼓动才能出现——现在可以深入到原本十分偏远的世界各地。工业资本主义的代理人乘坐火车穿越贝拉尔，通过横跨大西洋的电报电缆传播棉花价格，并跟随在"平定"塔什干和坦噶尼喀的军事行动之后。

这些棉花大王紧紧跟随一个强化的国家的脚步，进一步推动了一个创造性破坏的双重过程。他们将都市资本推向世界奴隶地区之外的棉花生产者，在这个过程中，往往摧毁了19世纪60年代以前棉花从农场运送到工厂的旧商业网络。而且他们破坏了手工纺纱和手摇织布，造成了世界上有史以来最重要的去工业化浪潮。数以百万计的人，特别是妇女，放弃了他们的纺纱和编织工作，这些工作几个世纪以来，甚至几千年以来在他们的社会里一直都很重要。

在19世纪的最后三分之一时期，都市资本和制成品转移到世界农村更广泛的地区。欧洲商人在他们传统上最薄弱的一个巨大领域——亚洲最为成功。正是在亚洲，他们设法更为接近棉花的实际生产者和消费者。例如，到了19世纪70年代，贝拉尔的中心市场城市卡姆加奥恩有着来自英国、德国、法国、意大利、瑞士和哈布斯堡帝国的商人，他们都专注于收购原棉。这些商人派印度代理商到附近的种植区购买原料，然后在将其运往孟买港之前对原料进行清洗和压平。他们现在真正获得了对棉花贸易的控制，不再像他们从前几代人继承下来的那个世界里那样，"贸易完全掌握在当地商人手中"。[2]

正是奴隶劳动力的终极危机，把欧洲商人（后来也包括日本商人）推向内陆，而不仅仅是停留在印度、埃及、西非和其他地区的港口城市。1861年奴隶制解体的第一个迹象出现时，曼彻斯特棉花供应协会的制造商就希望欧洲人能"诱导……在印度内地占据一席之地，并监督当地人之间的贸易"。午后，伦敦的印度事务部向孟买驻地总督表示支持"在这些地区设立代理机构，直接从种植者阶级而不是通过中间人购买棉花"。然而，在印度这样做并不容易，因为印度棉花经销商深深扎根于当地棉花贸易和棉花生产村庄的社会结构中——事实上，如果不彻底改变印度的社会结构，很难想象欧洲资本家能够取代他们的印度同行。但他们做到了，这主要是因为他们得到了一个日益强大的帝国的支持，到1878年，一位英国殖民管理人员观察到，"[贝拉尔的棉化]贸易……几乎完全落入欧洲商人手中"。[3]

在诸如贝拉尔的卡姆加奥恩这样的欧洲资本主义偏远腹地控制棉花生产的资本家中，有福尔卡特兄弟公司。这家瑞士商行的总部设在康斯坦茨湖畔的温特图尔镇，自 1851 年以来一直活跃在印度棉花贸易中，依靠印度经纪商的服务为欧洲市场购买棉花。然而，在 19 世纪的最后三分之一时期，他们把资本转移到更接近棉花实际种植者的地方，在包括卡姆加奥恩在内的印度棉花种植区建立了采购机构，并设立了轧花厂和压平厂。福尔卡特的代理商从当地经销商那里购买棉花，用公司自己的轧花机进行加工，然后在"福尔卡特压平厂"把棉花压平，然后用铁路将棉花运到孟买，在孟买，福尔卡特代理商给棉花贴上商标，然后运到利物浦、勒阿弗尔或不来梅，再卖给工厂主，那些工厂主信任印有"VB"字样的棉包品质。旧制度依赖许多中间商人，而现在福尔卡特兄弟公司独自提供服务，直接将棉花种植者与棉产品制造商联系起来。[4]

到 1883 年，有 16 家福尔卡特压平厂分布在贝拉尔农村，到 1920 年，福尔卡特公司将成为印度棉花的最大发货商，销售超过 18 万包棉花，占出口总额的四分之一。福尔卡特并不是唯一的一家。其他欧洲商人，例如拉利、克诺普和西格弗里德的代理商、轧花厂和压平厂也都很活跃。20 世纪初，日本的棉花贸易公司加入了这一行列。到 1926 年，仅东洋棉花会社一家在印度就有 156 个分支机构，而公司的大部分利润来自这种内陆贸易活动。[5]

随着欧洲和日本出口商迁往一度偏远的棉花生产城镇，农村种植者得以将其产品销往全球市场。可以肯定的是，将种植者与欧洲和日本商人联系起来的小型交易商和放债人持续存在，这些人继续向印度农民提供资金以让后者获取种子、缴纳税款和挨到下一个收获季节，同时收取高得惊人的利率。这些放债人深深扎根于农村，欧洲商人依赖他们，正如当地人需要欧洲商人以进入市场和获得资本一样。[6]

然而，尽管放债人持续存在，但此前一直占据主导地位、直到 19 世纪 50 年代还在棉花出口中发挥主要作用的印度棉花商，此时却已被推到了贸易的边缘位置。尽管他们在美国内战期间积累了大量财富，但许多人在战后棉花价格迅速下跌时就破产了。此外，运输基础设施的改变和连接

第11章 大破坏 273

VOLKART BROTHERS' BUYING AND SELLING ORGANISATION

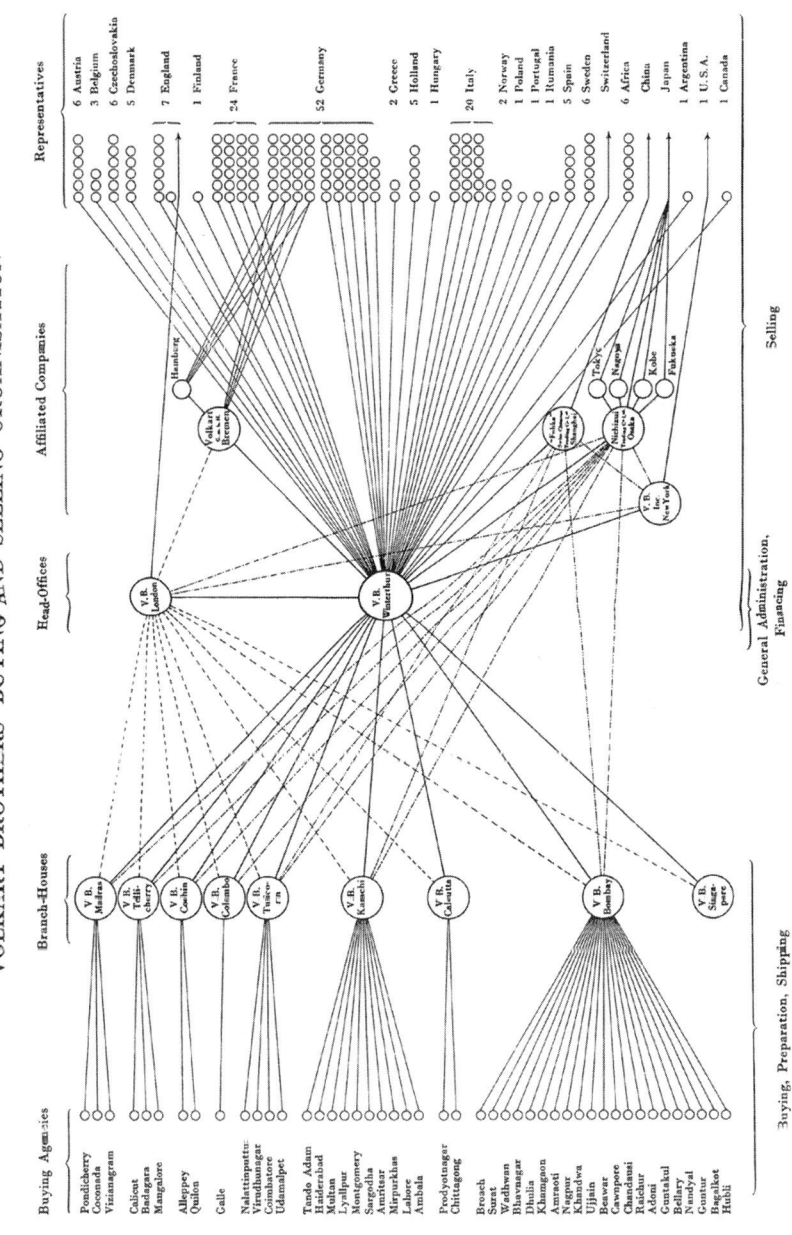

Buying Agencies	Branch-Houses	Head-Offices	Affiliated Companies	Representatives

Buying Agencies: Pondicherry, Cocanada, Vizianagram, Calicut, Badagara, Mangalore, Alleppey, Quilon, Galle, Nalettimpattu, Virudhunagar, Coimbatore, Udamalpet, Tando Adam, Haiderabad, Multan, Lyallpur, Montgomery, Sargodha, Amritsar, Mirpurkhas, Lahore, Ambala, Proddyatnagar, Chittagong, Broach, Surat, Wadhwan, Bhavnagar, Dhulia, Khamgaon, Amraoti, Nagpur, Khandwa, Ujjain, Beawar, Cawnpore, Chandausi, Raichur, Adoni, Guntakal, Bellary, Nandyal, Guntur, Ingaliguet, Hubli

Branch-Houses: V.B. Madras, V.B. Tellicherry, V.B. Cochin, V.B. Colombo, V.B. Tuticorin, V.B. Karachi, V.B. Calcutta, V.B. Bombay, V.B. Singapore

Head-Offices: V.B. London, V.B. Winterthur

Affiliated Companies: Volkart G.m.b.H. Bremen (Hamburg), V.B. Inc. New York, Volkart Brothers (Japan) Ltd. (Tokyo, Nagoya, Kobe, Fukuoka)

Representatives: 6 Austria, 3 Belgium, 6 Czechoslovakia, 5 Denmark, 7 England, 1 Finland, 24 France, 52 Germany, 2 Greece, 5 Holland, 1 Hungary, 20 Italy, 2 Norway, 1 Poland, 1 Portugal, 1 Rumania, 5 Spain, 6 Sweden, 1 Switzerland, 6 Africa, China, Japan, 1 U.S.A., 1 Canada

Buying, Preparation, Shipping | General Administration, Financing | Selling

瑞士棉花商富尔卡特兄弟公司与棉花种植者和制造商的连接网络，1925 年：采购和销售组织。

利物浦的电报的出现，以及印度棉花期货交易，都挤压了通过托运单销售的商人的投机利润。作为回应，欧洲各大商家将他们的业务纵向整合，将种植者和制造商联系起来，就像福尔卡特兄弟公司取得了惊人的成功一样。而印度商人没有能力在欧洲制造商附近建立业务，因此无法复制这一举措。因此，印度商人日益受到压力，特别是在海外贸易方面。1861年，他们仍然出口了孟买67%的棉花，但到1875年，他们的份额下降到只有28%，而且一直在下降。由于无法在海外棉花贸易中竞争，这些商人中的一些将把资本投资于印度还在发展中的棉纺厂上。[7]

在世界其他地方，资本注入棉花生产的过程也是类似的。例如，在埃及，"商人派代理人到村庄购买小份棉花"，要么从当地商人那里购买，要么直接从耕种者那里购买，这样做打破了埃及总督曾经的完全垄断地位。这些商人中有许多是在美国内战期间的棉花繁荣之后来到埃及的希腊人，而且几乎都是家族或同乡网络的一部分，这种网络不仅延伸到希腊，而且还延伸到的里雅斯特、马赛、伦敦和曼彻斯特。[8]

在安纳托利亚南部的丘库洛瓦，情况类似，希腊人和信奉基督教的阿拉伯商人担任这一角色，他们首先是与亚美尼亚商人取得联系，亚美尼亚商人把他们的跨地中海网络与农村耕种者联系起来。然而，到了19世纪80年代，外国银行和贸易公司已经介入，开始排挤本地资本家。1906年，德国黎凡特棉花协会（German Cotton Society of the Levant）开始运作，1909年德意志东方银行（Deutsche Orient Bank）在梅尔辛开设分行，一年后德意志银行（Deutsche Bank）开始大量投资灌溉计划。在一些罕见的情况下，农村的资本化甚至更进一步，外国投资者开始拥有整个棉花种植园。在墨西哥的拉拉古纳，英国投资者经营着巨大的棉花种植庄园特拉华利洛农工垦殖公司（Compañía Agricola, Industrial y Colonizadora del Tlahualilo）；在密西西比州，英国棉纺有限公司（British Spinners Ltd.）拥有三角洲和松地公司（Delta and Pine Land Company）及其名下的3.7万英亩的棉花田。[9]

即使在长期受大量注入的欧洲资本影响的北美产棉各州，商人和棉花种植者之间的关系也越来越趋向于采用印度和埃及开创的帝国主义模式，这种模式使棉花种植者边缘化。在美国内战之前，美国是世界上唯一依赖和接受欧洲资本的主要棉花种植区。但在美国与印度不同的是，商人在强大的棉花种植者种植园主面前扮演着相对次要的角色。19世纪末，随着商人获得新的权力和资本以新的方式进入南方农村，这种情况发生了变化。[10]

承购商的缓慢消失是重新塑造美国棉花贸易的核心。这些承购商通常会给种植者预付资金，替他们贩卖作物，并向他们提供物资，现在这些承购商被定居在内陆城镇的商人所取代。内战结束后，随着通往南部腹地的交通和通信条件显著改善，棉花帝国进一步向西移动，种植者开始将棉花直接卖给商人或工厂的代理人，甚至卖给外国买家，而不是委托一个遥远港口的承购商销售。结果，达拉斯这样远离海洋的得克萨斯内陆城市成为重要的棉花交易场所。早在1880年，达拉斯就有33个这样的棉花采购商，其中许多是欧洲和美国大型公司的代理商，如北卡罗来纳州威尔明顿市的亚历山大·斯普朗特（Alexander Sprunt），还有弗兰克·安德森（Frank Anderson）和门罗·安德森（Monroe Anderson）。安德森兄弟与威尔·克莱顿（Will Clayton）共同建立了安德森-克莱顿公司（Anderson, Clayton & Co.），成为世界上最大的棉花经销商。[11]

随着棉花采购转移到美国内陆城镇，那里也设立了棉花压平厂和轧花厂，棉花分级员等专家也随之进入，这与印度、埃及和其他地方的情况非常类似。随着电报将利物浦和纽约的价格迅速传达给最偏远的南方城镇，当地商人开始购买这种作物，就像卡姆加奥恩的情况一样。与此同时，铁路越来越多地为农村小商店带来各种各样的商品，进一步削弱了承购商作为种植园供应商的作用。这些商人越来越多地向种植者提供信贷，篡夺了承购商在战前的另一项功能。旧承购商适应新情况，自己也成为内陆的购买商，这是对旧的承购商制度的又一次打击。结果，"棉花销售向内陆转移"，到19世纪70年代初，曼彻斯特纺织厂的代表直接在孟菲斯等城镇购买棉花。例如，亚历山大·斯普朗特父子公司在南部各州设立采购机构，在不来梅、利物浦、新英格兰和日本经营销售机构，这在许多方面与福尔卡特兄弟公司在印度的业务相类似。[12]

在印度、埃及、美国和其他地方，都市资本获得了对棉花种植者的新权力，使当地对棉花贸易的控制边缘化，也使美国南部以前强大而现在战败了的棉花种植园主边缘化。然而，具有讽刺意味的是，在制造商要求提供尽可能便宜的棉花的压力下，进口商、经纪商和承购商这样的佣金密集型行业也越来越受到挤压，最终被一个简单得多而且成本低得多的贸易体系所取代。事实上，商人非常成功地把遥远的种植者和制造商联系在了一起，以至于他们自己的劳动变得越来越不重要。

在寻求降低交易成本的制造商的压力下，19世纪60年代之前将棉花从种植园送到工厂的无数中间人开始整合，最终被少数几个纵向一体化的棉花交易商取代。现在，新角色迈上了棉花帝国的舞台，这些人将种植者与制造商直接联系起来。旧式的进口商和经纪人都衰落了。一些人，诸如布朗家族，在内战前就已经未雨绸缪，退出了棉花行业。其他人，诸如拉斯伯恩家族，在战后遭受了巨大的损失，然后退出了贸易。较低的交易成本意味着投资棉花贸易得到的利润较低，从而让那些能够获得大批量的商品的人优势很大。19世纪全球棉花贸易的权威之一托马斯·埃利森估计，1870年至1886年间，交易成本占棉花交易价值的比重下降了2.5个百分点。[13]

商人的作用也发生了变化，因为由于国家推动的农村转型，现在连接原棉种植者和棉产品生产者变得更加简单。正如我们所看到的那样，国家利用合同法、新的土地财产权、铁路和帝国对领土的控制，将自己的力量投射到世界农村，使制造商能够无须中介而更直接地进入世界农村，接触到被日益边缘化的棉花种植者。

随着全球棉花贸易越来越多地由少数棉花交易所主导，棉花帝国内部的旧式进口商、经纪商、承购商的重要性进一步下降。这些交易所的交易不再依赖宗教、亲属或同乡情谊所建立的信任网络。相反，交易所是一个非个人化的市场，任何人在任何时候都可以交易任何数量和质量的棉花，现货或期货交割都可以，还可以对尚未发货，甚至可能尚未种植的棉花的未来价格进行投机买卖。这种棉花交易所迅速遍布全球：1869年，纽约棉花交易所开业，1871年新奥尔良棉花交易所开业，勒阿弗尔、不来梅、大阪、上海、圣保罗、孟买和亚历山大港的棉花交易所也相继开业。这些交易所专门从事棉花期货合约交易。我们已经看到，这种"即将抵达"交易在19世纪60年代以前已经零星出现，但现在"期货"开始成为全球棉花贸易的主导模式，因为信息在全球传播的速度大大加快，特别是由于1866年第一条跨大西洋电报电缆的铺设。[14]

这些新兴商品市场是成熟的体制。对于霍尔特家族（Holts）和德林克沃特家族（Drinkwaters）这样早在19世纪10年代就曾在利物浦港附近忙着检查从美洲运来的一袋袋棉花的人还有他们的诸多同行来说，这种新兴棉花市场是难以想象的。现在，贸易高度抽象化和标准化，不再涉及具体实际的棉花，各种各样的棉花自然品种通过约定准则和合同被分门别类，与抽象资本相对应，使其通用化。

最重要的是棉花本身的标准化。棉花本身有着许多自然品种，期货交易难以处理它，因此棉花被虚拟成只有一个品种——"中级陆地棉"，合同也被标准化为明确指定这一品质的规格。正如我们所看到的，这些标准是在美国内战前利物浦棉花经纪人协会确定的。19世纪70年代，其后继组织利物浦棉花协会接手了这一质量定义和标准的执行工作，这是因为利物浦在全球棉花帝国中处于中心地位。棉花分类的详细规则以及买卖双方争端的仲裁机制，使得前好几代商人的知识和信任网络不再那么重要。正如历史学家肯尼思·利帕蒂托（Kenneth Lipartito）所指出的："期货投机有助于将全球供求条件强加于地方市场，从而使整个棉花贸易朝着一个单一市场的理想方向发展，即每一等级的棉花都有一个国际确定的单一价格。"[15]

由于全球棉花市场的重组，棉花业务迅速增长。1871—1872年纽约棉花交易所交易了500万包未来交货的棉花（略高于实际棉花收获量），10年后它交易了3200万包棉花——是实际棉花收获量的7.5倍。全球棉花贸易现在不是为了取得实际的棉花，而是为了投机棉花未来的价格走势。这种投机之所以成为可能，是因为棉花交易所有能力为棉花创造一个"世界价格"，这一价格在所有棉花种植地区和制造中心每天任何时候都被承认。[16] 棉花贸易不再由进口商、承购商和经纪商在整个棉花帝国港口城镇的街道上悠闲散步中所决定了——现在，工业资本的节奏和金融的节奏日益主宰棉花贸易。

商人的作用减弱，主要是因为他们的许多核心职能被国家篡夺了。我们已经看到，合同越来越依赖的至关重要的分级标准，原本是建立在商人的私人合同的基础上，并由利物浦棉花协会执行的，而在进入 20 世纪之后，越来越多地由美国的国家分级员来定义和执行。这种非常重要的进行定义的权力从利物浦棉花协会等私人协会转移到国家，并从英国转移到美国，这是美国对全球经济影响日益扩大的结果，也是美国棉花生产者的政治压力的结果，他们觉得自己在利物浦制定的规则面前处于不利地位。1914 年，"美国官方棉花标准"被制定，所有期货交易都需要使用这些标准。1923 年，《棉花标准法》（Cotton Standards Act）规定，在州与州之间和国外贸易中使用任何其他标准对美国棉花进行分类的做法都是非法的，因此，这些标准也指导了欧洲棉花交易所的交易。现在政府分级员进驻棉花交易所的政府分级室中，国家在全球棉花贸易的中心位置牢牢站稳了脚跟。[17]

此外，国家还成为统计数据的重要提供者，这些数据使市场信息更为清晰，同时使商人花费大量时间和财力建立的复杂的信息收集和交流网络的地位大大降低。从 1863 年 7 月开始，美国农业部每月发布棉花生产报告。1894 年，它发行了一份《农业年鉴》（Agricultural Yearbook），这是一份庞大的统计资料汇编。1900 年，它发布了由"41 名全职领薪的统计学专家及其 7500 名助手、2400 名县级志愿通讯员及其 6800 名助理，还有 4 万名镇级或区级志愿通讯员"收集的作物报告。两年后，国会责成人口普查局每年收集"轧花商申报的全国棉花生产统计数据"。到 1905 年，甚至还有一个国际农业研究所（International Institute of Agriculture）拥有自己的统计局，是意大利国王亲自创建的。国家集中关注确保廉价原材料可靠而源源不断地提供给制造业企业，现在可以说一手创造了市场。[18]

帝国政治家、制造商和新型商品交易商不满足于仅仅将棉花种植者和旧的商人网络边缘化，他们也在孜孜不倦地开展长期项目，摧毁仍在许多地区持续存在的旧棉花世界。他们在现在的全球农村地区推动了一个复杂的去工业化动态。每一个放弃手工业的纺纱工和织工都为欧洲和北美制造商创造了一个潜在的新市场,正如我们所看到的那样,这些制造商早在19世纪初就已经把印度纺织品从世界市场上赶了出去。但现在,在19世纪最后三分之一时期,政治家、制造商和经销商在此前棉花世界的心脏地带,突破了当地对外国棉花产品的壁垒。世界许多地方的农村庄稼人和前纺织工人开始首次购买欧洲、北美乃至日本的纱线和布料。

没有一个市场的重要性会超过世界棉花产业的古老故乡。亚洲棉花市场广阔,赢得这些市场的英国、法国、荷兰、西班牙和美国帝国国家不仅给兰开夏郡制造商,也给欧洲大陆、北美和日本制造商授予了一份大奖。[19]其中印度是一个尤其巨大的市场,早在1843年,印度就已成为英国制造商最重要的客户,此后大约一个世纪,它一直处于中心地位。到1900年,英国棉花工业总产量的78%用于出口,而其中大部分出口到印度。[20]

鉴于欧洲制造商早先的失败,他们的成功更为显著。19世纪初期,高昂的运输成本使他们基本上无法进入亚洲和非洲的内陆市场,甚至在对欧洲商人开放的市场上,销售欧洲棉花也很困难。19世纪初的一个典型故事说明了原因:英国商人理查德·凯(Richard Kay)与印度和中国进行棉花交易,他前往加尔各答销售纱线。在那里,他遇到了无穷的困难,被"一群本地商人"所烦恼。他饱受酷热之苦,在去边远村庄的旅途中又生病了。当他大阿拉哈巴德时,他抱怨被"各种各样的布商所骚扰"。据《亚洲杂志》报道,在广阔的印度次大陆,"欧洲货物在内陆的贸易几乎全部掌握在当地商人手中,他们目前提供了主要的媒介功能,使我们的布匹、棉花、铜、铁等广为流通"。因此,"英国制成品迄今为止只是非常有限地取代了印度西部的本地棉布制造品,因此,除非改进运输和通信手段,使得这些制造商能够以更平等的条件进行竞争,他们才有可能取代当地商人"。[21]

然而,到了19世纪30年代,世界上最古老的贸易模式之一发生了大逆转,大量英国制造的棉花开始流入几个世纪甚至几千年来手工纺织蓬勃发展的地方,随后法国、瑞士和其他地区的产品也相继涌入。1838年奥斯曼帝国实行"自由贸易",英国布匹开始"涌入伊兹密尔的市场",当地棉花工人无力维持旧的生产制度。在非洲东南部沿海,棉纱和布的进口也开始摧毁当地的棉纺织业。在墨西哥,欧洲棉花进口对当地制造业产生了严重影响——一位历史学家发现,在实行关税推动墨西哥工业化之前,瓜达拉哈拉的工业"几乎被铲除"。在瓦哈卡,500台织机中有450台停止运作。在中国,1842年的《南京条约》迫使中国开放市场,随后欧洲和北美纱线和织物的涌入产生了"破坏性"影响,特别是对中国的手工纺纱业者而言。[22]

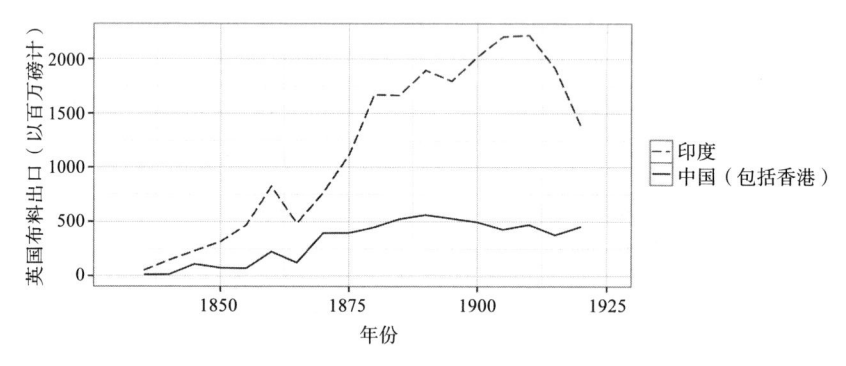

占领亚洲市场:1820—1920年英国对印度和中国的布出口,以百万码计。

印度是其中最大的市场。1832年,从来不会错过赚钱机会的巴林家族与加尔各答的一家当地商行吉斯伯恩公司(Gisborne and Company)合作出口英国纱线。它还资助了对中国和埃及的纱线和布料贸易。1853年孟买商会称,由于吉斯伯恩等商人的努力,越来越多的英国棉花流入印度市场,"以前人们认为不可能达到这种程度"。值得一提的是,早在19世纪初,曼彻斯特制造商麦康奈尔和肯尼迪公司的大部分纱线客户都位于欧洲大陆,到了19世纪60年代,他们的客户大多来自加尔各答、亚历山大港以及世界上类似的遥远地区,而菲尔德兄弟公司(Fielden Brothers)则迅速扩大了生产,以至于他们开始考虑向加尔各答输送"大批穷人"所需的布料。机器生产需要更多的市场才能保持盈利。[23] 然而,尽管有所有的这些努力,19世纪上半叶,这个古老的世界棉花中心仍然保留着大量的手工业生产。据估计,到1850年,英国在印度的市场份额仅为11.5%。[24]

占领这些古老的市场需要几十年的时间,最终的突破只能依靠帝国国家。事实上,为这些大都市制造商创造市场是殖民政府有意识在进行的一个项目。全球南方将要成为大都市工业的市场以及原材料和劳动力的供应商,而不是竞争对手,这需要摧毁本土制造业。殖民政府建立了区别对待本地生产者的关税和货物税制度。它们还优先考虑建设一系列新的不适合当地需要,但适合全球市场准入的基础设施。它们还投入大量的时间和金钱研究国外的布市场,以帮助它们的制造商在遥远的地方参加竞争。孟买商会在1853年曾敦促"如果可能的话,确定每种特定商品的主要消费地,以及这些商品到达各自最终目的地的路线……孟买商人和国内制造商都有极大的兴趣,想确切地知道西印度群岛的进口贸易正在扩大到什么程度,以及向什么方向扩展"。20年后的1873年,福布斯·沃森(J. Forbes Watson)出版了《印度纺织品制造商的样品图鉴(第二辑)》(*Collection of Specimens and Illustrations of the Textile Manufacturers of India*),这是一本漂亮的四卷本著作,其中有数百个印度布料样品,有着详细描述,包括长度、宽度、重量和产地。一些样品甚至列出了它们的每码价格——所有这些都是为了使欧洲制造商能够通过复制这些织物,在印度市场上有竞争力。1906年,"内阁大臣委派一名印度事务部官员检查印度的手摇织布机的产品,以确定是否有任何印度制造的产品不能由英国机械织布业制造,并且获得利润"。[25]

中国的市场同样诱人。1887年,一位驻扎在宁波的英国官僚向曼彻斯特商会发布了一份"有关宁波地区本地棉产品制造商的报告"(Report on the Native Cotton Manufacturers of the District of Ning-Po),他在报告中附上了"一些在这里常见的……棉布样品"。英国驻中国领事早些年已将两箱"中国几个地区劳动人口穿的普通服装送交曼彻斯特商会,包括这些服装的成本价格"。这些服装在曼彻斯特商会展览了两天,"吸引了很多人参观"。制造商和帝国政府的努力非常成功。1880年,英国在印度的市场份额增加到60%左右。孟加拉商人抗议英国的进口浪潮,但毫无结果。[26]

来自世界棉花产业中心地带的棉纱和棉布流入新近成为落后地区的世界棉花种植区,带来了去工业化的海啸。1869年,贝拉尔棉花专员哈利·里韦特-卡纳克观察到:"廉价的进口机器制成品在许多方面把本地的纺纱工和织工完全赶出了市场,许多人不得不出门找活儿干,或者从事农业劳动。"

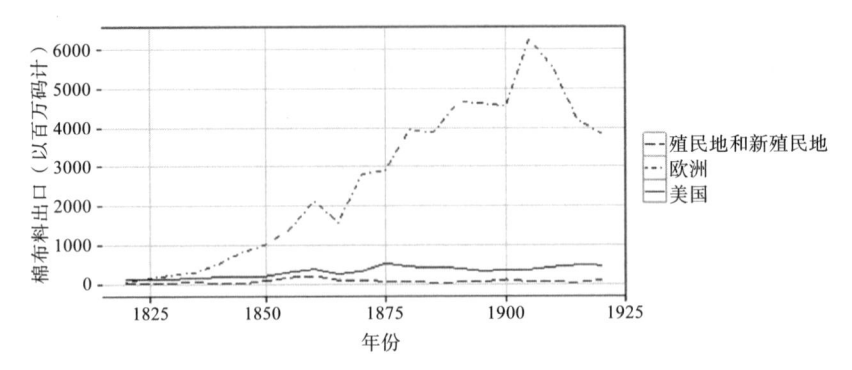

殖民地和新殖民世界的服装:1820—1920年英国棉布出口,按目的地分类。

在19世纪中叶,仍有数百万人从事手工纺织,就像他们几个世纪以来所做的那样。工业生产纱线和布料的竞争开始在19世纪上半叶破坏生产,特别是在欧洲和北美,它实际上破坏了印度用于出口的布料生产。然而,在旧棉花世界的中心,那里人们仍然还在家庭内部生产纱线和布料供当地消费,这样的变化似乎仍然遥远。但现在,在19世纪的最后三分之一,这种情况即将改变。通常情况下,这些变化展开得很慢,起初几乎看不到——例如,一条新的铁路线从遥远的工厂运来纱线——但有时它们也可能发生得很突然。在印度,美国内战就是这样一个事件。在那场战争中,许多纺纱厂发现自己无法以市场价格竞争得到其关键原料。马德拉斯商会(The Madras Chamber of Commerce)在1863年的报告中指出,"棉花价格的上涨使本辖区棉纺织工人的处境十分艰难"。结果,在美国内战期间,织工的数量减少了50%,前织工转而从事农业劳动。因此,在印度的大部分地区,和融入世界市场的过程同步发生的是广泛的"农民化"(peasantization),而不是如人们所预料的那样,无产者化。[27]

随着前手工艺工人被吸引到棉花种植中,去工业化在接下来的几十年里席卷了其世界。1874年,在贝拉尔,印度政府主管棉花事务的助理专员说:"家庭布料的生产因英国布匹进口而受到损害,许多织布工人已成为普通劳动者。"据贝拉尔棉花专员报道,由于国内生产的布料较少,"家庭布料生产根本不会影响原材料的供应,英国可以自信地期待从贝拉尔进口这些原材料"。[28]

对于欧洲棉产品制造商来说，这是值得庆祝的好消息。埃德蒙·波特在曼彻斯特商会发表演讲时，本来一本正经的听众不停地对他发出"对！对！"的欢呼：

> 我们军事行动的巨大开支；公共工程的巨额支出……以及我国对……印度农产品的日益增长的消费；所有这些都使得现金在那个国家的耕种者（ryot）中流通，并在一定程度上提高了他们的社会地位，从而增加了他们对制成品的消费。一封信告诉我，在一些地区，织工止在放弃手工业这种低薪工作，去从事我们希望他们从事的工作，即农业工作（"对！对！"），因为毫无疑问，在印度肥沃的土地上种植农产品将最有利于促进印度的真正利益。（"对！"）[29]

对于英国的棉花商和制造商来说，印度去工业化的消息是太受欢迎了，稍稍放松礼仪要求也是可以的。

到19世纪末，这种衰落带来了社会灾难。在孟加拉，"各个地区都在报告，由于广泛使用更便宜也更精良，虽然并不总是更耐用的来自欧洲的制成品，印度的制成品正在逐渐消失"。在帕加纳斯区，"织工基本上被迫离开他们的传统职业，转而投入农业"。1896—1897年孟买管辖区遭遇饥荒时，税务部（Revenue Department）最后报告说，织工"不仅深受庄稼歉收和价格高昂之苦，而且也深受他们的产品无人问津之苦"。这样的故事在世界许多地区一直在反复发生。[30]

然而，尽管有这些悲观的报告，国内生产并没有消失。在奥斯曼帝国，织工利用得到廉价的（进口）纱线的机会，成功地迎合了高度分化的当地市场，在整个19世纪表现相当出色。中国历史学家观察到，虽然手工纺纱迅速减少（1913年，中国使用的所有纱线中只有25%是在家纺的），但纺织业仍然存在，在20世纪30年代，70%的布仍然由家庭生产，而且直到社会主义时期依然如此。在拉丁美洲，棉花的家庭生产也持续存在，特别是在原住民社区。研究非洲制造业的历史学家还观察到，"现在有很多关于进口棉花处于完全支配地位的说法,除了相当有限的地区,这种说法完全不成立"。这些相当有限的地区基本上是在欧洲定居点附近。即使在印度,正如英国殖民地工商部(Department of Commerce and Industry)1906年报告的那样,"手工织布无论如何也不会绝迹,它仍然是印度本地人最重要的职业,仅次于农业。在某些地方,它是一种独立的谋生手段或补充农业收入的手段,而在另一些地方,它被当作纯粹的家庭职业"。[31]

随着世界发生变化,而且这些棉花生产者无力在政治上对这些变化做出反应,他们也还是尽其所能地进行了调整。起初,面对出口市场的损失,他们生产粗纱粗布来供应国内消费者。他们还往往成功地将重点放在欧洲制造商没有供应的市场领域,即生产更耐用的布料。工商部不无遗憾地报告说:"难以深入更多的内地市场,风俗习惯、种姓制度、宗教信仰、易货制度等等的效应,妨碍了这一进程的速度,使其无法像其他地方一样快。"直到1920年,印度仍有大约250万手织工。甚至把殖民主义对国内工业的破坏性影响作为其政治运动的一个关键方面的圣雄甘地,在1930年也承认"手工纺织仍是整个印度仅次于农业的规模最大和最广泛的行业"——这是因为尽管取得了很多快速进步,资本主义对农村的重组在20世纪初仍然远远没有完成。[32]

如果这些调整还不够的话,织工还试图通过将生产转移到更远的农村地区,让女性家庭成员在生产中发挥更突出的作用,来降低产品成本。在奥斯曼帝国,棉纺织品的生产越来越多地从以行会为基础的男性劳动,转向常常是位于农村的女性劳动和童工劳动。去工业化在破坏了家庭经济的同时,往往还造成两性不平等。事实上,当地制造业的生存能力往往根植于农村的性别社会结构,农村工人(往往是妇女)在一年中的部分时间里无所事事,家庭认为继续生产供家庭消费甚至销售的纺织品的"成本"极低。工商部报道:"在阿萨姆和缅甸,纺织是女孩教育和妇女日常家务的一部分。家庭……是以这种方式供给,而很少有产品会用来出售;而当剩余产品在当地市场销售时,在计算价格时不考虑利用闲暇时间从事家务劳动的成本。"事实上,向资本主义的不完全过渡使家庭成员能够以低于维持生计的成本劳动。[33]

从黑森林到中国再到印度，纺纱工和织工也共同努力抵制其古老工业所面临的破坏，但他们的运动面临着与制造商紧密结盟的帝国日益集中的力量。19世纪初，黑森林的纺纱工烧毁了机器。1860年，广州的纺纱工骚乱，抗议欧洲商品进口浪潮。[34]但国家对这种骚乱毫不宽容。一群印度织工报告说，收税员使用酷刑强迫他们交税：

> 把弦和特制的木头刑具绑住私处，把石头放在他们的头上和背上。让他们站在太阳下，拧大腿和耳朵，拉胡须，把两个人锁在一起，封上住户的大门，把暴力抢来的财物在拍卖会上拍卖，限制人身自由，不准人吃喝拉撒；虐待和殴打一些人，使用暴力和胁迫手段虐待另一些人。[35]

肆无忌惮的暴力不仅是奴隶制种植园世界才有的特征。织工很清楚这种新政治经济的逻辑，但他们缺乏改变这种逻辑的能力："那些从欧洲来到印度的人……在积聚了大量财富之后，把这些财富带到欧洲，所有这些财富都是通过我们的劳动获得的，但我们自己却连维持生计都做不到。"[36]

尽管有这些来自个人的抵制和集体的抗议，但总的趋势是坚定不移的，最终造成了毁灭性的后果：全球数百万家庭棉纺织工人失去了纺纱和织布的能力。仅在印度，历史学家提尔坦卡·罗伊（Tirthankar Roy）总结道："无可否认的经验证据表明，手工纺纱者群体大规模放弃了纺纱，仅这一因素就可能造成400万至500万人的失业。"其他历史学家认为，1830年至1860年间制造业受到的打击仅在印度就造成200万至600万人失去全职工作。欧洲棉花制造业的大规模扩张以及全球大部分农村地区越来越转向出口棉花种植，破坏了古代棉花制造业的稳定，并最终摧毁了古代棉花制造业，这给纺纱工、织工和农村种植者都带来了灾难性的后果。[37]

世界上大部分棉花种植农村的生活总是很艰难。从理论上和实际上讲，把重点放在出口棉花种植上可能有利于农村种植者。正如我们所看到的，许多农民因为美国内战期间的棉花价格上涨而获益。然而，对世界上越来越多的农村地区进行彻底的改造也带来了不那么有利的后果。最关键的是，它破坏了粮食安全。美国内战期间，艾哈迈达巴德、海拉和苏拉特的英国官员报告说："用于种植棉花等出口物品的土地面积越来越大……已导致粮食作物的耕种比例下降。"因此，1861年至1865年间，食品价格上涨了325%以上，甚至查尔斯·特里维廉爵士也不得不承认："在目前食品价格居高不下的情况下，印度几个地区的人民很难维持生存。"埃及的情况相当相似。埃及曾经是一个粮食出口国，由于在美国内战期间对棉花的投入越来越大，开始依赖进口粮食作物。1863年夏天，埃及几乎所有的牛都死于疾病，一场粮食危机爆发，成千上万的埃及农民丧生。[38]

棉花种植者越来越倾向于世界市场，这也对社会结构产生了重大影响。例如，在印度西部的马哈拉施特拉邦，英国为增加收入和鼓励农民参与遥远的市场所做的努力，破坏了村庄的集体性质，使农民个人而不是整个村庄负责纳税，并将司法权移交给遥远的法院，而不是以村庄为基础且以农民为主导的法庭。市场现在越来越包含了社会的所有层面，不仅在兰开夏郡或阿尔萨斯如此，在贝拉尔和下埃及也是如此。在安纳托利亚，对棉花潮的反应是"大规模转向经济作物"，棉花取代了粮食作物，废除了农村的封建社会关系，当地商人资助作物种植，向农民收取33%至50%的利息。历史学家艾伦·理查兹（Alan Richards）认为，在埃及，蓬勃发展的棉花出口业"摧毁了旧的准社群形式的土地保有权，打破了村庄社会关系的保护网，代之以土地私有财产和个人纳税责任，并创造了四个阶层：大地主……富农……小农和无地阶级"。早在19世纪40年代，政府就开始强迫农民种植棉花等特定作物，并把"它们运到政府仓库"。农民对这种压力的回应是成群结队地离开土地，而政府以此为理由拒绝承认那些"遗弃"土地的人对土地的权利。1862年，任何离开某块土地两个月以上的人都失去了对土地所有权。1863年埃及新统治者伊斯玛仪掌权时，他集中精力建立大型庄园，把土地分给他的亲属和政府官员，并且强迫农民在基础设施项目和自己的种植园工作。任何抵制这些措施的行为都会遭到暴力镇压。[39]

然而，对棉农最严重的影响出现在美国内战之后。1873年全球经济大萧条爆发后，世界市场价格一度下跌，印度、埃及、巴西和美国的农村耕种者很难弥补损失，因为价格下跌使偿还贷款和纳税变得越来越困难。1873年至1876年间，苏拉特棉花在利物浦交货的价格下降了38%。巴西、埃及、印度、美国和其他地方的棉花种植者常常负债累累，现在他们的经济作物收益直线下降。在印度和巴西，严重干旱进一步加剧了这些问题，导致粮食价格迅速上涨。尽管历史学家对世界市场价格下跌在多大程度上影响了棉花种植者有着不同意见，但世界市场一体化至少增加了世界偏远地区人民面临的经济不确定性。他们的收入，以及他们的生存问题，现在与他们无法控制的全球价格波动联系在一起。很多时候，对那些几乎没有土地控制权的农民来说，他们唯一的应对措施是种植更多棉花，以弥补价格下跌造成的收入损失，而这导致棉花过剩，进一步压低了价格。

受薪工人、租户和佃农的共同之处在于，他们失去了维持自给自足的农业的机会，现在他们的基本生产和消费取决于全球市场。"棉花曾经是一种从属产品"，而且"不管棉花的价格可能有多高，农民并未因为棉花而忽视种植粮食，因为这样做他有挨饿的危险"，但到了19世纪末，数百万农村耕种者开始主要依赖棉花。此外，由于世界市场一体化通常伴随着社会分化，越来越多的无地租户和农业劳动者在获取粮食作物方面，周期性地面临可能会饿死的危险。在非洲，一位作者发现"棉花和粮食不安全一般几乎是同时出现的"。在墨西哥的拉拉古纳，营养不良的儿童比例前所未有地高。在阿根廷，小型棉花种植农场普遍面临着生活悲惨的境况。[40]

1864年至1873年间，佃户或农民购买一定量的贝拉尔最重要的粮食作物——高粱——所需要的棉花数量翻了一番，到1878年又翻了一番。也许更重要的是，谷物对棉花的相对价格每年都发生巨大变化（20%甚至40%的变化都并不罕见），给棉花种植者不稳定的生活带来了新的不确定性。正如印度的一位历史学家所说，"成功地参与市场需要经济自主权以及承担风险和承受损失的能力。而贫穷且负债的农民两者都没有"。同时代人认为，这场危机至少部分是土地和劳动力从粮食作物转向棉花的结果。1874年印度殖民政府观察到："该地区的粮食储备越是减少，越是偏向种植棉花，一旦碰上季风带来灾难，危险也就越大，因此有必要采取某种安全措施来防止这种灾难的后果"。实际上，直到20世纪，从事棉花出口生产通常会导致深陷贫穷、债务和欠发达的泥潭。正如开罗的佳必耶土地公司（Gharbieh Land Company）董事长内盖布·沙库尔帕夏阁下（H. E. Neguib Shakour Pasha）在国际棉纺厂和制造商协会联合会大会（Congress of the International Federation of Master Cotton Spinners' and Manufacturers' Associations）上发言时提醒他的听众的那样："你只需去村庄看看我们的人民住的房子，看看他们少许的家当，看看他们从早到晚辛勤而专注地工作，你就知道埃及农民是过着如何阴郁和无趣的生活的。"[41]

造成这些不确定性的原因往往是这些农村耕种者自己所不了解的。贝拉尔棉花专员哈利·里韦特-卡纳克在1868年报告说："棉花价格大幅度上涨，然后突然下跌，市场不断波动，甚至在最偏远的棉花种植村，其耕作者也受到影响，这导致一些知识不足的人不仅对棉花不信任，而且还怀有某种程度的敬畏。"他在"各省最为偏远的棉花种植区"旅行时，发现人们对棉花价格为什么会迅速变化感到迷惑不解，因为他们"没法理解目前的贸易状况，为什么通过电报，本地市场脉搏的跳动立即与辛根哈特和全国其他贸易中心联系起来"。这些棉花种植者告诉里韦特-卡纳克说，他们把这种波动归因于"运气""战争""母国政府的仁慈"，要么就是因为"女王在王储的婚礼上给了每个英国人新衣服"。[42]这些耕种者非常清楚，他们无法控制的遥远事件现在决定了他们生存的最基本条件。

这种不确定性可能大规模威胁到生命。1877年和19世纪90年代后期，随着棉花价格下跌，粮食价格上涨，许多棉花生产者无法获得粮食，贝拉尔和巴西东北部数百万农民遭遇了饥荒。专门种植棉花可能会导致灾难性的后果，就像19世纪70年代的饥荒那样，这不是因为粮食短缺（事实上，贝拉尔继续出口粮食），而是因为最贫穷的农业劳动者无力购买急需的粮食。仅在印度，就有600万到1000万人死于19世纪70年代末的饥荒。一位记者指出，"如果贝拉尔是一个独立的地区，依靠自己的资源，有可能这里根本就不会出现饥荒"。高价使许多农民和农业劳动者无法获得食物，在1900年饥荒期间，贝拉尔又有8.5%的人口死亡，而死亡人数最多的地区是从事棉花生产最专业的地区。没有土地的农业工人和前织工受灾尤为严重，"因为他们不仅要为粮食支付更多的费用，而且他们的工资也因其他地区工人的竞争而减少"。英国医学杂志《柳叶刀》（The Lancet）估计，19世纪90年代的饥荒死亡人数总计为1900万人，在印度一些新近被改造成生产出口棉花的地区，死亡人数尤为集中。在里索德镇，一位同时代人观察到人们"死得像苍蝇"。[43]

由于世界市场一体化，印度、巴西、墨西哥和美国南部的棉花种植者经历了一种新的不确定性，在放债人的压迫下，他们采取了一个绝望而危险的步骤：起来反叛。在埃及，早在1865年，农业工人就在艾哈迈德·阿夏奇（Ahmed al-Shaqi）的领导下起义了。在印度，1875年5月和6月的德干暴乱是针对放债人和商人的——这些人象征着对农村的改造。1873—1874年反对实行公制叛乱（Quebra Quilos）期间，巴西农民（其中许多人几年前才转而从事棉花生产）破坏了土地记录，并拒绝缴纳税款，在全球棉花价格下跌后他们再也负担不起这些税款了。1899年，又发生了大规模的粮食骚乱，甚至在小村庄也有数百人参加。与此同时，美国南部的棉农也组织起来了。他们成立了农民联盟（Farmers Alliance），并发起了一场民粹主义政治运动，要求国家解除对他们生活造成严重破坏的一些经济压力，这一运动在20世纪头十年再次抬头，当时有数十万农民加入南方棉花协会（Southern Cotton Association）和全国农民联盟（National Farmers' Union）。棉花民粹主义也传播到了埃及，1900年，瓦迪·梅达瓦尔（Wady E. Medawar）提出了一项土地改革方案，与美国棉花农民提出的方案非常相似，例如包括合作社、农业改良协会、向农民提供廉价信贷的机制，以及一个将私人和公共倡议交织在一起的农村耕作者组织。与此同时，拉拉古纳的墨西哥棉花工人采取了"不服从命令、偷窃、抢劫"和其他形式的集体行动，试图改善自己的处境。粮食短缺导致粮食骚乱，并被在联邦军队支持下的私人军队残酷镇压。这些抵抗战略因政治制度而异，从在得克萨斯州的创建合作社和竞选政治职位到在印度的谋杀放债人不等。[44]

棉花种植者的叛乱有时对国家政治产生重大影响，例如在美国，民粹主义者影响了1896年至关重要的总统选举，迫使国家更多地参与棉花贸易。在墨西哥，他们在20世纪10年代的墨西哥革命中发挥了重要作用。但是，把世界许多地区整合入全球棉花帝国也使"棉花民族主义"成为20世纪反殖民斗争的一个主要主题。最突出的是，印度民族主义者认为自己国家在全球棉花经济中的角色被重新塑造，并认为这是殖民主义最具破坏性的影响之一，他们设想建立一个后殖民经济，使印度再次成为棉花大国。[45]

未来几十年，这些运动将再次彻底改变棉花帝国。但在此之前，美国内战后出现了强大的制造商和帝国政治家的新组合，进一步推动了全球棉花生产农村在世界更多地区，包括朝鲜、中亚和非洲的一体化。棉花帝国的触角越伸越远。帝国扩张，往往以令人惊讶的方式，将影响后殖民甚至后资本主义的棉花产业，以及随之而来的20世纪全球资本主义。

第12章

新棉花帝国主义

1902年，日本农商务省农业事务司司长佐古光起与刚从中国沙市调往朝鲜木浦的日本政府官员若松兔三郎一起坐轮船从中国前往朝鲜。当他们穿越黄海时，两人讨论了在东亚扩大棉花种植，以为大阪和其他地方如雨后春笋般涌现的工厂提供原材料的前景。1893年，日本进口了大约1.25亿磅原棉。到1902年，日本棉花进口增加到4.46亿磅，主要来自印度和美国；到1920年，这一数字将超过10亿磅。农业官员佐古建议，也许可以让朝鲜农村种植者为日本工厂生产更多棉花。若松也表示赞同，他说自己在沙市待了多年，那里已经出现了一个生机勃勃的棉花种植业。两人一抵达朝鲜，就决心调查当地的棉花种植情况，并想办法增加产量。[1]

若松根据自己早期在中国的观察，一开始先是在小型农场试验各种棉花品种。两年后，1904年，日本帝国议会和贵族院的成员以及棉产品制造商"效仿两年前成立的英国棉花种植协会（British Cotton Growing Association）"，创建了朝鲜棉花种植协会（Association for the Cultivation of Cotton in Korea）。协会系统化地扩大了若松的努力，特别侧重于引进美国棉花品种、兴建轧花厂，并最终向朝鲜政府提交了一份报告，提出了增加棉花产量的建议。到1906年，日本纺纱业者在大阪成立了朝鲜棉花公司（Korean Cotton Corporation），并在木浦设立了一个分支机构，向朝鲜农村种植者提供贷款，后者将自己的棉花作物抵押给公司。日本纺纱业者迅速扩大活动,"控制了朝鲜半岛南部棉花地带的大部分原棉"。日本棉花商向朝鲜农村派了很多购买棉花的代理商,对这个项目的帮助很大。[2]

1910年日本开始占领朝鲜时,新殖民政府采取措施进一步扩大棉花生产。1912年3月,"总督向……南部各道政府发出了……关于鼓励种植陆地棉的指示"。日本棉花资本家和帝国行政人员都担心,日本对进口棉花的依赖可能危及其制造业的成长。他们特别希望摆脱大英帝国的束缚,因为到1909年,62%的日本棉花进口来自印度。[3]

从朝鲜和日本殖民统治下的中国东北和台湾进口棉花是一个潜在的解决办法。传统上,朝鲜农民在自己的小块土地上除了种植豆类和蔬菜,通常在同一块田地上还种植棉花。大部分棉花都用于在国内生产布料。日本殖民者希望改变这种本土棉花产业,就像英国同行在印度所做的那样:开垦新的土地,说服农民把更多的现有土地改为种植棉花,进行农业试验以提高产量和质量,并由国家对作物的销售进行监督。他们借鉴了其他竞争性棉花大国的经验:日本农商务省确实调查了德国人在多哥、法国人在法属苏丹(今马里)和英国人在苏丹的棉花种植经验。1904年成立的朝鲜棉花种植协会和1912年的棉花种植扩展计划(Cotton Cultivation Expansion Plan)都借鉴了这些外国模式的重要内容。[4]

这些努力取得了成果。朝鲜对日本的棉花出口从1904年至1908年的年均3700万磅增加到1916年至1920年的1.65亿磅。日本控制下的中国旅大地区的棉花出口又提供了410万磅。美国种子生产的棉花种植增长速度特别快。到1915年,263 069名朝鲜农民种植了3700万磅棉花。由于日本殖民主义国家的努力,日本棉花工业已经驯化了一个规模虽小但正在发展的殖民地棉花产业。[5]

类似的故事可以在世界许多地方讲述。1865年以后,随着各国在建立棉花种植农村的新劳动力体系方面发挥着越来越重要的作用,它们也获得了广阔的可以种植棉花的新领地,并在军事、政治和官僚方面对其进行统治。它们都明白,对劳动力的主权与对领土的控制息息相关。到19世纪末,同时代观察家认为,向为世界市场生产棉花的过渡,其最根本的基础是新近权力大增的帝国国家对领土的统治。棉产品制造商在经历了美国南方奴隶制的大失败，并在改造全球农村方面遇到了往往不可逾越的障碍之后，特别关注不断获得廉价棉花和进入新市场的问题，他们迫使其政府对越来越广泛的棉花种植土地施加更大的控制。

美国、埃及、奥斯曼帝国和其他地方国家机构力量的巩固，以及帝国对朝鲜、西非和中亚殖民领土的控制，在美国内战后的几十年里大大扩展了棉花帝国的势力范围。然而，征服和控制本身并不能生产棉花。扩张需要战略，国家官僚和资本家系统地运用美国在解放黑奴之后动员棉花种植工人的经验教训。在一些情况下，他们赶走当地人口，为棉花种植者提供土地，如在东非。但在美国内战之后更典型的情况是，他们通过建设基础设施、创建新的劳动制度和重塑当地社会结构，将新臣民纳入全球棉花种植联合体。这种情况发生在安纳托利亚西部、中亚、西部以及中部非洲。这种蜕变往往依赖胁迫和暴力，但不是奴隶制。其具体速度和程度因这些社会先前的具体组织方式和殖民国家的相对能力而异。事实上，当帝国臣民成功地保留了对土地和劳动力的控制权时，整合进全球经济的过程有时会失败或陷入困境。[6]

然而，这些例外情况恰恰证明了规则：在大多数情况下，解放奴隶和新帝国主义的出现是同时进行的。奴隶制变成了自由劳动力，地方主权让位给民族国家和帝国，骡子和骆驼让位给铁路，战争资本主义让位给科学农业改革，由积极的殖民代理人吸取工业资本主义的教训去推动执行。国家带来了军事统治和平定、基础设施和土地产权。这些国家组成了新的影响深远的全球网络，而全球网络反过来又促进加强了各国。

在19世纪为解放奴隶而爆发过大斗争之后，欧洲的棉花消费国、美国和日本果断地采取行动，控制和开发可以种植棉花的地区。这种"棉花潮"在19世纪与20世纪之交达到了顶峰，当时新的帝国主义列强拥抱它的热情丝毫不逊于美国内战期间的旧殖民国家。原因很简单，在19世纪70年代前，棉花资本家有能力将非裔美国工人送回棉花种植田里去为世界市场生产棉花，使世界农村受到的压力减少，但19世纪末，长期以来棉产品制造商和政治家对安全廉价的棉花供应的担忧大大加剧了。

随着棉花价格在25年来首次上涨,在1898年至1913年间上涨了121%,欧洲和日本制造商都担心,美国自己的工厂将消耗更大比例的国内生产的棉花,将会导致棉花短缺,价格更高。一些投机者通过操纵新成立的棉花交易所的期货和现货交易,暂时成功地"垄断"市场,迫使价格上涨,这进一步加剧了这些担忧。一旦这些炒作失败,一波"棉花民粹主义"席卷了美国南部农村,棉花种植者决心共同提高农作物的价格。1892年,美国棉花农场开始出现棉花象鼻虫病害,这是一种农业害虫,它似乎也威胁到棉花生产,而且由于世界其他地区出现了很多新的棉花工厂,对棉花的需求也大增。例如,英国制造商观察到,欧洲大陆现在消耗了美国棉花收成的三分之一,超过了英国工厂。英国作家埃德蒙·莫雷尔（Edmund D. Morel）警告说:"如果有什么事情再次阻止兰开夏郡获得足够的美国棉花,一想到这后果我们就不寒而栗。"德国一家工业家协会称,不断上涨的价格意味着德国棉花厂数十万工人面临着巨大牺牲。19与20世纪之交对世界棉花供应的关注如此之大,以至于一些现代学者称其为"第二次棉荒"。[7]

与此同时,一般性的"原材料独立"的概念日益成为欧洲和日本决策者和资本家的重要政治目标。人们开始支持在帝国控制的土地上获得棉花的想法。因此,全球棉花"商品边疆"被推向世界更多的地区,加剧了一位历史学家非常生动地描绘的"大土地潮"。[8]

我们知道,棉花帝国的扩张并不是一个新的发展。然而,考虑到棉花产业在跨越国家和帝国边界的全球贸易网络中的嵌入程度,以及其依赖商人建立的联系的程度,其更为"国家化"组织的出现是异于以往的。随着工业资本而不是商人资本对国家变得越来越重要,随着国家对民族资本家变得越来越重要,旧的商人主导的秩序变得不那么重要,而且政治家和制造商越来越认为这可能威胁到他们的权力、财富和维持社会稳定的能力。

也许最值得注意的是俄国试图确保"国内""白色黄金"的供应的努力。自19世纪初以来,一批有远见的政府官员连同一批商人和制造商,一直把外高加索和中亚看作原棉的来源,用制造商亚历山大·希普夫

（Aleksandr Shipov）的话来说，这是为了"防止由于工厂长期停工而可能产生的所有负面后果"。高加索地区的俄军总司令罗森男爵（Baron G. V. Rosen）早在1833年就设想那里的棉花种植者"将是我们的黑人奴隶"。然而，直到1857年，这种努力收效甚微，中亚只提供了俄国工业需求棉花的6.5%。[9]

然而，在19世纪60年代，促进中亚棉花增产的努力爆发了，中亚贸易协会（Central Asia Trading Association）的一小群棉纺厂主聚集在莫斯科，想方设法为俄国工厂种植更多的棉花。在美国内战期间棉花价格上涨两倍的鼓舞下，中亚出口到俄国的棉花在1861年到1864年间增长了近5倍，达到2400万磅。在1865年的关键时刻，俄国占领了塔什干和中亚浩罕汗国，这两个地区将成为未来重要的棉花种植区。制造商开始向俄国政府施压，要求其进一步获得中亚领土。1869年，汇集了众多企业家的俄国工业协会（Russian Industrial Society）发表了无数请愿书，呼吁俄国加大对中亚的干预，以创造俄国商品市场和棉花原材料来源。政府的反应相当积极，部分原因是政府在地缘战略上希望在中亚对抗英国，也是因为棉花进口对贸易平衡造成了很大影响。到1890年，原棉占俄国进口总值的20%。占领中亚领土只会激起俄国企业家的胃口。1904年，包括纺织品制造商安德烈·沃维奇·克诺普男爵（Baron Andrei L'vovich Knoop）在内的俄国实业家成立了俄国棉花种植发展委员会（Commission to Develop Russian Cotton Growing），以调查在中亚扩大棉花农业的进一步可能性。这位男爵就是我们之前提到的从不来梅移居到俄国的路德维希·克诺普的儿子。[10]

因此，中亚的棉花种植项目是在国家支持下的快速扩张的道路上启动的，和印度同时期的情况类似。19世纪60年代和70年代俄国巩固对中亚的统治后，帝国政府在俄国棉花资本家的敦促下，有系统地努力提高棉花产量。1871年，俄国殖民官僚什塔巴·科斯坦科（Shtaba L. Kostenko）说："我们所有努力的目标都是为了将美国棉花从国内市场上清除出去，代之以我们自己的中亚棉花。"为达成这个目标，殖民地政府进行了大规模的基建工程建设，包括兴建铁路。在偏远地区，用骆驼把棉花运到最近的火车站要花 6 个月的时间；而现在同样的旅程只用两天。政府赞助种子培育场，并派遣农学家帮助农民改进农业技术。此外，政府开始计划大规模的灌溉项目，并派遣官员到美国研究棉花种植。他们最终还采购了美国棉籽并分发给当地农民；到 19 世纪 80 年代末，中亚一半以上的棉花作物都是用这些种子种植的。与此同时，俄国大棉产品制造商在中亚建立了轧花厂，并派出代理人向当地种植者提供信贷，以保障其未来作物的安全。[11]

随着时间的推移，殖民国家和俄国资本家越来越多地参与生产过程本身，这是他们以前避免的。尽管致力于整合领土的国家与追求利润最大化的资本家之间一直存在着冲突，但这种努力导致棉花播种面积大幅度增加。例如，1870 年后的 50 年中，中亚棉花种植面积增加了大约 48 倍。早在 19 世纪 80 年代，中亚的种植者就生产了俄国棉花工厂所用棉花的四分之一，到 1909 年，这一比例已经超过一半，一位历史学家称中亚为"俄国资本主义的棉花殖民地"。国家通过对原棉进口征收关税来保护其殖民地棉花种植，到 1905 年，关税已上升到棉花价值的约 43%。1902 年，一位英国旅行者观察到，"棉花的种植……现在已经成为中亚所有汗国居民的主要职业"。到了 20 世纪 20 年代初，中亚棉花贸易中心浩罕被称为"棉城"。俄国已成为世界上最重要的棉花种植国之一，排名第五，仅次于美国、印度、中国和埃及。[12]

俄国国家和俄国及中亚资本家能够实现这样的激进变革，让其他人都艳羡他们的成功。1902 年，德国经济学家奥古斯特·艾蒂安（August Etienne）钦佩地指出，俄国"以迅速的步伐无情地实现其目标，使俄国棉花产业不再依附美国"。俄国值得赞扬，因为"它通过在亚洲种植棉花，向欧洲其他国家展示了，国家和私人力量可以通过积极意愿和精心合作来解决棉花问题"。新的棉花帝国主义已经开始形成。[13]

其他帝国也很快就开始了自己的冒险。它们与艾蒂安同样得出结论："在欧洲人民的海外项目中，鼓励棉花种植必须是主导作用，要以脱离美国而自主为明确目标。"[14] 艾蒂安援引美国内战的记忆，提出了国家支持民族资本家的论点，这些资本家像野火一样在欧洲各国首都蔓延。毕竟，国家可以以个别商人和主人无法企及的方式，加快世界上潜在棉花种植区的商业化进程。[15]

结果，棉花和殖民扩张齐头并进，不仅对拼命想赶上为国内工业获取原材料的大博弈的俄国和日本来说如此，对英国、法国和美国等扩张主义中坚分子，以及葡萄牙、德国、比利时和意大利等边缘帝国主义国家来说也是如此。[16]

在任何地方，欧洲制造商——有时得在纺织工人及其工会的支持下——都是这一改革的推动力，迫使其政府从亚洲和非洲的殖民地中获得更多棉花。在英国，这种帝国棉花项目有着最悠久的历史，我们可以想到曼彻斯特棉花供应协会开展的大量活动。美国内战结束后，帝国介入棉花项目仍在继续，尽管并不那么积极，因为随着美国棉花重返全球市场，这一项目已不再那么重要。但在19与20世纪之交，随着制造量增加，价格上涨以及新的竞争对手的出现，对殖民地棉花的渴望再次升温。1901年，奥尔德姆纺织业雇主协会（Oldham Master Cotton Spinners' Association）指出："在帝国范围内棉花产量增长……的重要性……再怎么估计也不过分。"一年后，英国棉产品制造商在棉花城市曼彻斯特成立了英国棉花种植协会（British Cotton Growing Association），由制造商和纺织工人工会共同出资。该协会认为："兰开夏郡所需的所有棉花都可以在大英帝国内种植。"奥尔德姆纺织业雇主协会认为："像我们这样一个重要的商业国家不应该依赖其他国家来供应棉花，因为棉花可以在帝国内部种植。"到1916年，帝国棉花种植协会（Empire Cotton Growing Association）加入了获得殖民地棉花的斗争，尽管与英国棉花种植协会不同，它是在政府的支持下进行的。这个政府机构致力于在殖民地种植棉花，因为"为了国家未来的繁荣和殖民地的福祉，必须在帝国内部所有适当的地区尽快发展棉花种植"。晚至1924年，英国及外国反奴隶制和原住民保护协会（British and Foreign Anti-Slavery and Aborigines Protection Society）的议员秘书约翰·哈里斯（John Harris）报告说，英国政府的一个委员会正在进行调查，以"看看可以采取什么步骤来鼓励大英帝国的黑人大量种植棉花，使我们逐渐摆脱供应不足的危险"。[17]

在法国，棉产品制造商也主导了在殖民地种植棉花的项目。与其他地方一样，这些努力始于美国内战时期，并延续到战后几十年。1867年，米卢斯棉产品制造商弗雷德里克·恩格尔-多尔富斯（Frédéric Engel-Dollfus）鼓动在殖民地种植棉花。1889年，在瓜德罗普、阿尔及利亚和塞内加尔有着丰富经验的法国殖民官员路易斯·费迪尔比（Louis Faidherbe）也发出同样的声音："棉花种植是殖民地成功的最重要的元素。"进入20世纪，法国殖民棉花项目变得越来越紧迫：1903年，法国纺织企业家成立了殖民地棉花协会（Association Cotonnière Coloniale），以鼓励殖民地棉花生产，促进"我国棉花产业的独立"。[18]

欧洲其他地区的棉产品制造商也纷纷效仿。1901年比利时制造商成立了比利时棉花协会（Association Cotonnière de Belgique），1903年该协会开始推动在比属刚果进行棉花种植，此后不久还将美国棉花种植者从得克萨斯州带到中部非洲。1904年，葡萄牙官僚和制造商按照英国棉花种植协会的方针建立了殖民棉花种植协会。在意大利殖民棉花协会（Italian Colonial Cotton Association）的制造商的敦促下，意大利殖民者把重点放在扩大意大利控制的厄立特里亚的棉花生产上。

尽管美国主宰了棉花出口市场，但即使在那里，棉产品制造商也施加压力，要求扩大棉花生产。这种鼓动由来已久，领土扩张与棉花种植之间的联系是美国内战前几十年北方经济精英之间讨论的一个重要话题。马萨诸塞州棉产品制造商爱德华·阿特金森是所谓的"自由劳动力棉花"的狂热信徒，他在19世纪60年代指出了得克萨斯州扩大棉花生产的巨大潜力，呼吁政府将原住民从可用于棉花农业的地区驱赶出去，并推动铁路建设将棉花运输到海岸。内战后，这些情绪变得越来越突出。1868年，包括阿特金森在内的新英格兰制造商与南方棉花种植者合作，成立了全国棉产品制造商和种植者协会（National Association of Cotton Manufacturers and Planters），旨在促进棉花农业的扩展，主要是在密西西比州和得克萨斯州，这一项目与欧洲帝国精英的项目极为相似。20世纪初，新英格兰棉产品制造商协会（New England Cotton Manufacturers' Association）继续要求扩大棉花农业的领土。[19]为了使这种扩大可行，他们寻求国家赞助基础设施项目，例如在密西西比河上修建堤坝以及"向各产棉州引进工作人口"。[20]

第一波合并着重于世界上已经向全球市场供应白色黄金的地区，寻求在这些地区扩大棉花种植的面积。正如我们所看到的，美国内战之后，英国稳步加强了对印度的殖民控制。很能说明问题的是，1876年海得拉巴的尼扎姆要求贝拉尔回归他的控制之时，英国拒绝了，尽管尼扎姆政府向曼彻斯特利益集团明确表示，它"明确地意识到在这些领地发展棉花种植的重要性，今后我将很乐意把注意力放在促进棉花产量的增长上"。1882年，深深卷入全球棉花经济的埃及变成了英国殖民地，减轻了制造商对"埃及不幸的局面"所导致的"最具破坏性影响"的担忧——即该国拖欠国际债务。对埃及的领土控制伴随着棉花农业的扩张。1861年，埃及棉花种植面积为259 513英亩，50年后种植面积达到1 767 678英亩。这种扩张的土地一部分来自于重新改造小麦田，另一部分则来自于灌溉以前的荒地，现在通过修建公路和铁路，这些土地可用于商业化农业生产。到1899年，埃及三角洲铁路公司（Egyptian Delta Railways Company）运输了2.45亿磅棉花，占全年收成的40%。到1902年，阿斯旺和阿苏特的水坝的建设使棉花种植区全年都可以得到灌溉。[21]

但到了20世纪初，世界上新的棉花种植区的产量也出现了巨大增长。例如，奥斯曼帝国的丘库洛瓦扩展了棉花农业，曾经被游牧部落用来放牧的土地越来越多地变成棉花农场。到1908年，四分之一的可耕地被用作棉花种植。在巴西，19世纪60年代棉花繁荣期间，棉花种植扩大到塞阿腊，自耕小农现在越来越多地为世界市场而生产。到1921年至1922年，巴西有140万英亩的土地在种植棉花，到20世纪30年代，巴西已成为世界第四大棉花种植国，这要归功于国家的基础设施建设和体制建设，例如创建了农业研究所（Instituto Agronômico de Campinas）。[22]

在其他古老的棉花种植区，商业生产也在扩大。在秘鲁，越来越多的土地重新用于棉花农业，因此棉花出口急剧增加，从1861年至1865年的年平均71万磅增加到1916年至1920年的年平均5900万磅。往南几千英里，在阿根廷，政府作出了巨大努力，使工业化国家能够在原棉方面自给自足,这是更大的进口替代增长方案的一部分。[23]

然而,就棉花的额外产出而言,最大规模的是美国棉花综合体的进一步扩展。它的扩张在某些方面与俄国类似,即国家人员和军事单位占领了毗连的领土,并赞助建造新的基础设施,使其交通畅通。就像在俄国一样,国家清理荒地,控制水道,并建立灌溉基础设施。然而,当俄国动员中亚耕种者并强迫游牧民族种植棉花(奥斯曼帝国的丘库洛瓦也是如此)时,美国将大部分原住民从种植棉花的土地上赶走,鼓励东岸人民迁入,正如历史学家约翰·韦弗所说,"挑衅性的私人倡议"与"国家支持下的有序的产权确定性"结合在一起。[24]

因此,占领并吸收新领地作为增加世界市场棉花产量的一项战略,不仅仅在欧洲殖民扩张中意义重大。美国棉花帝国迅速扩张,进入了全新的领域。在内战前的1860年,美国生产了5 386 897包棉花,但1920年产量增加到2.5倍,达到13 429 000包。棉花产地迅速扩大,新增耕地2200万英亩,略高于南卡罗来纳州或葡萄牙的面积。[25]

在美国,种植棉花的土地扩张有两种不同的方式。在此前就生产棉花的各州如佐治亚州、南卡罗来纳州和北卡罗来纳州,棉花种植扩展到了偏远腹地,现在可以通过铁路到达这些地区,那里的白人农民也开始大量种植棉花。例如,在南部的沿大西洋各州,1860年至1920年间年产量增加了3.1倍。相比之下,田纳西州、亚拉巴马州和密西西比州的棉花年产量一直保持在10世纪末的水平,而且由于棉田的地力耗竭和更西部棉花种植区的出现,1920年棉花年产量下降了约25%。然而,尽管土壤耗竭,一些地区的产量仍然急剧上升,如亚祖-密西西比河三角洲(那里有大量的非裔美国人种植棉花),这是在新的铁路、运河和堤坝的帮助下做到的。因此,到1900年,"世界上最为高度专业化的棉花产区之一"出现了。然而,棉花农业最引人注目的扩张发生在更远的西部。在阿肯色州、路易斯安那州、俄克拉荷马州和得克萨斯州,棉花产量从1860年的1 576 594包激增到1920年的7 283 000包,在美国内战后半个世纪里增长了4.6倍。到目前为止,最重要的扩张发生在得克萨斯州,该州的农民在1860年只生产了 431 463 包棉花，但在 1920 年生产了 4 345 000 包棉花，扩张到了 10 倍。事实上，1920 年仅得克萨斯的棉花产量就相当于 1860 年整个南方的 80%。到 20 世纪 10 年代末和 20 年代初，联邦政府对灌溉基础设施的大量投资使棉花种植进一步扩展到亚利桑那州和加利福尼亚州的干旱地区。[26]

因此，领土扩张（"大土地潮"）对美国在棉花帝国中的地位至关重要，这一发展与世界其他地区同步。这些新的棉花种植区大多是 1848 年从墨西哥夺取的，如果美国没有获得这些土地，可能到 20 世纪初，世界上最重要的棉花生产国是墨西哥，而不是美国。

这些领土的整合既依赖抢夺土地，也依赖基础设施的进步。与在印度和非洲的情形一样，棉花沿着铁路一路发展。19 世纪 80 年代中期以前俄克拉荷马还没有铁路，但到了 1919 年，该州共有 6534 英里的铁路纵横交错。在得克萨斯州，1870 年有 711 英里的铁路，1919 年则有 16 113 英里，其中包括进入黑土草原肥沃土地的铁路，这些铁路在 1872 年将休斯敦和得克萨斯中部还有达拉斯连接起来。铁路开通后，棉花产量激增：1870 年达拉斯县种植者种植了 3834 包棉花，1880 年种植了 21 649 包，仅在 10 年内就增加了 465%。[27]

棉花种植者的到来在大多数情况下使原住民流离失所。在战前的几十年里，居住在佐治亚州、亚拉巴马州和密西西比州棉花种植区的土著人民被推向了更远的西部。现在他们继续遭受了这种压力。1865 年 10 月，基奥瓦人（Kiowa）和科曼奇人（Comanche）被迫放弃得克萨斯州中部、堪萨斯州西部和新墨西哥州东部的土地——这些土地被转变成了棉花种植园和用作其他用途。此后不久，许多得克萨斯平原的印第安人被驱赶进俄克拉荷马的保留地，而后在 1874 年和 1875 年红河战争期间，最后一批西南印第安人也被驱赶进保留地，从而腾出更多土地种植棉花。[28]

然而俄克拉荷马最终也没有为这些北美土著提供什么保护。到了 19 世纪 80 年代，俄克拉荷马和印第安人的旧领地受到来自白人定居者的压力，这些人希望将土著从最肥沃的土地上赶走。1889 年，美国政府让步，向克里克人和塞米诺尔人（Seminoles）支付了款项，让他们放弃对俄克拉荷马中部土地的权利主张。在接下来的几年里，俄克拉荷马各地出现的

"争抢土地"给原住民带来了越来越大的压力。许多白人定居者开始种植棉花，因为俄克拉荷马有着肥沃的土地，而且由于铁路建设而连接到世界市场，现在这种扩张开始有利可图。到1907年俄克拉荷马成为州时，其棉花种植面积超过200万英亩，产量达到862 000包，而在1890年棉花种植面积仅为1109英亩，产量为425包。仅举一个例子，克利夫兰县在1890年生产了39包棉花，1909年生产了11 554包棉花，而这里曾经是夸帕人（Quapaw）的土地。克里克人和塞米诺尔人后来也曾住在那里，这些部落在19世纪20年代末和30年代被迫离开美国东南部，因为他们以前的土地都变成了棉花种植园。棉花种植者把美洲原住民赶出了他们自己的土地，尽管最终雇用了其中一些人在棉花种植园工作。在俄克拉荷马州，和其他地方一样，剥夺美国土著人民的权利和扩大棉花种植区是同时发生的——事实上，国家胁迫对棉花帝国的进一步扩张至关重要。[29]

棉花帝国在美国、中亚、埃及和朝鲜等地的领土扩张是巨大的。然而，政治家和资本家把棉花边疆推向更远的地方，而非洲成为欧洲努力的焦点。欧洲各国在这方面的努力和美国及俄国在各自棉花帝国的成功扩张直接相关，它们关注于把自己从对美国棉花供应的依赖中解放出来。换句话说，非洲将成为欧洲的"南方"和"西部"——一个原材料、劳动力和农产品的供应者，这些都被认为是应对全球挑战所必需的，它们要应对来自一个拥有看似无限工业原材料供应、正在崛起中的美国，以及一个其领土范围体现出日益严重"威胁"的俄国的挑战。[30]帝国国家在非洲种植棉花的努力是棉花帝国新的"国家"建设的前沿。

以德国为例。在19世纪的最后十年里，这位殖民主义的后来者疯狂地努力从其非洲殖民地获取棉花。这并不奇怪，因为到1900年，德国棉花产业是欧洲大陆最大的，世界第三大的棉花产业。尽管生产力显著提高，但直接从事棉纺织业的工人已增加到近40万人，据估计，到1913年，德国每8名产业工人中就有1名从事棉纺织业，这使"棉纺织业的健康发展成为我国国民经济的一个重要问题"。棉纺织业的产值是国内所有工业中最可观的，棉产品是国家最重要的出口产品。1897年，德国棉花工业生产了价值10亿马克的商品,比第二大工业煤炭业高出36%,比钢铁业高出45%,虽然男性主导的钢铁业象征了德国的经济奇迹,往往支配了我们的历史想象。德国没有哪一个工业在关键原材料上如此依赖其他国家,所有的原棉都来自国外,它是德国耗费最多的进口货物。1902年德国进口了整整10亿磅棉花。棉产品制造商卡尔·祖普夫(Karl E. Supf)说:"棉花大王已经成为最强大的统治者,他已经深深地影响了社会状况,甚至完全重新安排了社会状况。"[31]

考虑到德国棉花产业的规模,德国棉花工业家表示希望获得充足、定期和廉价的原棉供应,这是可以理解的。从德国机械化棉花工业的一开始,供应就主要来自美国。然而,19世纪60年代的棉花短缺已经在棉花工业家和政治家的脑海中刻下了依赖美国生产原棉过于危险的印象。印度和埃及的棉花在危机期间确实供给了部分德国市场,但到了19世纪80年代和90年代,美国再一次向德国工业供应了50%至90%的棉花,具体的比例根据具体的年份而有所不同。[32]这种压倒性的市场支配地位令棉花利益群体担忧。到了19世纪末,随着德国棉花进口商意识到日本、美国南部和墨西哥等地正在出现新的、有竞争力的、成本低廉的制造商,这些担忧变得更加尖锐。

在19世纪80年代德国建立一个殖民帝国之前,德国制造商和政治家几乎无法改变这种状况。然而,一旦德国在非洲和南太平洋获得了殖民地,就出现了解决"棉花问题"的新方法。世纪之交,当棉花工业家谈到全球"种植棉花之争"(Baumwollkulturkampf)时,人们对非洲棉花的兴趣达到了狂热的程度。出于这种关切,1896年这些制造商成立了殖民经济委员会(Kolonial-Wirtschaftliches Komitee),这是一个致力于利用殖民地为本国工业提供原料的组织。超过400名德国棉花工业家为其运作提供了资金。[33]

四个因素激发了棉花工业家对德国殖民地原棉生产的兴趣。他们对19世纪末棉花价格上涨深感忧虑,1898年至1904年棉花价格上涨了一倍多。德国工业家认为,美国和印度这两个主要产棉国家越来越多地自己消费棉花是棉花价格增长的根本原因,他们认为这种增长是永久性的。引人注目的是，在美国内战前，美国自己的工厂里只使用了 20% 的国产棉花，但到 19 世纪 70 年代，这一比例已经上升到 33% 左右，1900 年后又上升到近 50%。此外，与许多美国工业家和土地所有者一样，德国制造商担心美国缺乏足够的廉价劳动力来种植、修剪和收获全球市场现在需要的所有额外棉花。他们认为，劳动力短缺问题最终会限制美国棉花农业的发展。棉花市场仍然动荡不定，这些价格波动使从业者很难规划利润丰厚的生产。相比之下，殖民地则可以承诺提供价格稳定和低廉的棉花，也可以防止再次出现在 19 世纪 60 年代棉荒期间经历过的那种市场混乱。[34]

考虑到这种短缺，制造商担心新兴制造国（尤其是日本）对美国棉花的需求会进一步减少德国得到的棉花供应。棉产品制造商主张，繁荣的棉花产业对于抑制工人阶级的动乱至关重要，宣扬这样的观点是一项旨在确保其议程获得广泛政治支持的战略举措。卡尔·祖普夫举美国内战的可怕社会影响为例，得出结论说："很明显，棉花行业的危机……将导致社会性的危险，其后果是不可预测的。"即使是总体上反对殖民主义的社会民主党人也希望殖民地棉花能够打破美国的"棉花垄断"。这些棉花工业家的绝妙计划是，在德国控制的土地上，在德国的监督下，为德国制造商种植棉花。事实上，要变得更像他们的美国和俄国竞争对手。[35]

凭借着这些理论，德国棉花工业家大胆地进入了公共领域。他们的利益与强大的政治家和官僚的利益交织在一起，这些政治家和官僚认为，确保殖民地棉花的安全具有重大的地缘战略意义。学者、工程师和非洲专家恩斯特·亨里齐（Ernst K. Henrici）在 1899 年指出："在各国人民之间的巨大经济竞争中，大规模生产和大规模消费正成为其中心。我们的殖民地，如果要对母国真正有利，就必须提供大量的原料，以便能够反过来购买大量的母国工业产品。"经济学家卡尔·海尔弗里奇（Karl Helfferich）认为，只有殖民地的棉花生产才能打破"美国对欧洲棉花产业的经济统治"。简而言之，殖民地棉花是抵抗"美国强暴"的唯一途径。[36]

殖民地棉花象征着一个强大的民族国家与强大的民族工业的新的共生关系。这种共生关系实际上是一种新形式的全球资本主义的特征，其中心是在彼此竞争的资本主义国家中强化各自的国家资本。[37]

棉花种植从一开始就对欧洲在非洲的扩张至关重要，正如非洲自18世纪80年代以来提供了大量劳动力促成棉花产业工业化一样。例如，1888年，在非洲的探索开始仅四年之后，德国开始了其在非洲大陆为世界市场种植棉花的首次系统试验。1890年5月，萨摩亚棉花种植者费迪南德·戈德堡（Ferdinand Goldberg）抵达德国殖民地多哥，调查在那里种植棉花的可能性。虽然他的实验失败了，但1900年，正如我们将看到的那样，德国帝国政府做出了另一项努力，从亚拉巴马州招募棉农前往多哥并扩大其棉花农业。与此同时，殖民官僚和棉产品制造商在德属东非建立了巨大的棉花种植园。1907年，德国纺织工业家海因里希·奥托（Heinrich Otto）和弗里茨·奥托（Fritz Otto）兄弟在基洛萨建立了一个棉花农场；三年后，大约1000名工人在37 065英亩土地上种植棉花。不久，莱比锡纺纱厂（Leipziger Baumwollspinnerei）和来自萨克森的齐陶的制造商赫尔曼·舒伯特（Hermann Schubert）加入了奥托兄弟。[38]

法国棉产品制造商和殖民官僚也做出了类似的努力。在法属苏丹、科特迪瓦和法属赤道非洲，法国的殖民渗透与确保棉花安全的努力齐头并进——法国殖民地部长详细研究了殖民棉花的前景。非洲对法国的棉花出口起初只占法国棉花产业所用棉花的很小一部分，但比例迅速增加。例如，1912年科特迪瓦几乎没有棉花供应，但到1925年则超过440万磅。在其他殖民地也出现了类似的情况。1901年，葡萄牙殖民者在莫桑比克开始了首次棉花种植试验，到1928年，这里生产了600万磅。比利时人于1890年开始了在刚果领地上的第一次棉花种植尝试，但直到20世纪20年代，棉花生产才激增，而且是以巨大的暴力为代价的。1920年，比属刚果农民生产了340万磅棉花，1931年为9800万磅，1941年为3.12亿磅。这是一个可观的数字，相当于内战前棉花王统治时期美国棉花产量的15%。[39]

然而，英国在非洲种植棉花最为努力。到1913年，从非洲出口到欧洲的棉花中有74%来自英国殖民地。在英国棉花种植协会看来，世界上没有任何其他地区拥有"比我们西非领地有更大的潜在可能性"，那里有足够的土地和劳动力。由于无法再将非洲人贩卖到美洲做奴隶，欧洲人得出结论，认为鼓励或强迫他们在自己国内为世界市场种植农产品可能会有好处。1930 年，非洲总共出口了 23.15 亿磅棉花，比内战前一年的美国略多一点。[40]

1860 年至 1920 年间，非洲、亚洲和美洲总共有 5500 万英亩的土地上种植了棉花，用于出口世界市场——这个面积比马萨诸塞州、佛蒙特州、罗德岛、康涅狄格州、新罕布什尔州和纽约州的总和还要大。在所有新种植棉花的土地中，大约 80% 属于 1860 年没有种植棉花的地区，其中绝大多数土地只是在这些年才受到殖民国家的有效控制。事实上，据棉花专家估计，到 1905 年，全球有 1500 万人（约占世界人口的 1%）从事棉花种植。帝国扩张与为世界市场生产更多棉花的努力密不可分。[41]

随着棉花帝国的疆域随着强大帝国国家的扩张而扩张，动员劳动力的斗争也随之扩大。光是领土是不够的。事实上，这些国家持续面临的核心问题与 1865 年美国棉花工人解放时的问题相同：如何激励农村种植者为世界市场种植棉花，即如何实现农村的转型。正如法国殖民地棉花协会所说的，获得土地很容易，但土地"需要武器，即劳动力"。[42]

没有一个殖民统治者效仿美国，通过驱逐在这些土地上居住了几个世纪的原住民，腾出土地来种植棉花。丘库洛瓦、中亚、埃及和东非等地的原住民当然也被迫放弃使用土地，以为棉花种植腾出空间——这一波土地征用浪潮伴随着棉花农业的扩张，以及整个资本主义的扩张。然而，殖民政府和力量增强的民族国家通常试图将这些农村耕种者整合进棉花种植的综合体。殖民者不是取代他们，而是以三种不同的方式利用他们的劳动。在一些地方，如印度、中亚和西非，棉花继续由当地农民生产并出售给西方商人。在世界其他地方，动员劳动力是通过安置前游牧者来完成的。正如我们将看到的，中亚和丘库洛瓦就是这种情况，几个世纪以来在这些平原上放牧的游牧群体定居下来，以便为安纳托利亚最重要的棉花种植业腾出空间。在另一些地区，来自其他地方的定居者来组织原住民在种植园种植棉花，例如在阿尔及利亚和德属东非，但在墨西哥和阿根廷的部分地区也有这种情况。[43]

无论殖民官僚和资本家采用哪种策略，最终像我们在棉花农村的其他地方所看到的那样，向商业性棉花种植的转变永久地改变了社会结构。俄属中亚就是这种转变的一个例子。在俄国占领之前，中亚人民种植棉花，纺纱织布，有些用于满足自己的需求，其余的出口到遥远的市场。事实上，在整个中亚，棉花和棉产品是最重要的产业。多达五千头骆驼的商队载着棉布和纱线穿越中亚汗国和俄国之间的草原。这一繁荣产业所依赖的原棉是在小型家庭农场和其他作物一起种植的，通常与小麦共用一片田地。家庭劳力种植的棉花人部分用于家庭内的纺织品生产，而当地商人则购买少量棉花，在更遥远的市场上售卖。[44]

因此，中亚是俄国的棉纺织品的来源地。然而，在19世纪最后几十年，在俄国占领这些领上之后，正如我们所看到的，它成为莫斯科和圣彼得堡工厂的原棉供应者和俄国棉布市场。为了实现这一转变，俄国企业家和殖民官僚迅速而彻底地改造了棉花种植的农村。起初，像在棉花帝国的其他地方一样，大都市商人和俄国纺织公司的代理人来到这里，从小农手中购买棉花，并向他们提供信贷，使他们能够专门种植一种不可食用的作物。棉花出口扩大后，这些公司就越来越专门从事向俄国大都市出口棉花，并且出现了一个本土资产阶级来对付众多农民生产者，这一发展与美国南方和印度的情况大致相同。他们向小农提供必要的周转资金，通常每年收取40%至60%的利息，但100%以上的利率也曾出现过。这种过高的利率，加上一两次歉收或价格下跌，通常足以使农民完全依赖这些预支现金的商人，即使没有完全失去对土地的控制。[45]

到19世纪80年代，俄国企业家开始创建人型棉花种植园，作为对小农种植的棉花的补充。然而，由于劳动力短缺，这些种植园很快就倒闭了。与其他地方一样，农村耕种者不愿为工资而工作，而是宁愿在自己的或租用的土地上工作。一位德国观察家说："只有少数没有财产的人，可以考虑从事这种工作。没有土地的当地人宁愿自己耕种小块租来的土地。因此，大型棉花农场上棉花播种总是太迟……拥有大型种植园的企业家发现，他们不得不把这些种植园出租给当地人，条件是所有种出来的棉花都要交给地主。"[46]

由于无法为大型棉花种植园调动足够数量的工人以及地主/土地占有者自身的脆弱处境，一种类似美国南方盛行的分享作物的佃农耕作制度日益出现。1909年，德国驻圣彼得堡领事评论了这些不断变化的社会关系，指出"越来越多的长期定居的种植者的土地被资本丰富的商人所吸收；在许多情况下，以前的土地所有人继续以租户的身份为土地购买者工作"。由于地主/土地占有者遭遇的危机，中间人获得了大片土地，而没有土地的农村耕种者拒绝在种植园领工资工作，迫使土地所有者雇用他们为佃农。同其他地方一样，这一部分棉花地区的阶级结构在几十年中发生了重大变化，出现了一大批负债农民和无地农业工人。[47]

然而，分享作物的佃农制往往只是通往受薪劳动道路上的中途站。由于席卷棉花种植农村的大规模征用浪潮，越来越多的耕种者尽管本来有着自己的偏好，最终都成为雇佣劳动者。负债累累的小农失去了获得土地的机会，因此除了出卖劳动力之外别无选择。到1910年，费尔干纳棉花种植区大约有20万无地工人。1914年，25%到30%的费尔干纳人口没有土地，中亚农村由于俄国政府及其棉花资本家的坚定行动，变得与美国南方地区相似。此外，许多中亚游牧民族失去了土地，其牲畜也得不到饲料作物，他们现在被迫定居下来，成为农业劳动者。全球化再次将人们固定在特定的地方，特别是固定在那些不属于他们的地方，同时使他们丧失对农业资源的控制。[48]

中亚经济体的这种剧烈转型为俄国棉产品制造商创造了新的市场。1889年，一位英国旅行者观察到："金钱……被从孟买和曼彻斯特的口袋里拿走，转移到了诺夫哥罗德和莫斯科的口袋里。"与其他地方一样，日益重视棉花种植对粮食安全产生了严重影响。与世界其他棉花种植区一样，中亚现在依赖粮食进口，同时农民的收入"极易受到棉花市场波动的影响"。到第一次世界大战时，阶级结构的改变，加上当地农业转向经济作物导致粮食作物严重短缺，造成了可怕的饥荒，导致人口大量减少。例如在中亚，1914年至1921年间人口减少了130万，达18.5%。[49]

随着各国通过行政、基础设施建设、法律和军事手段控制领土的努力随着其能力和资源增加而增强了，究竟如何动员棉花种植劳动力的问题仍然突出。对专业人才的需求很大。一小群非洲裔美国人（奴隶的后代）在德国殖民者改造多哥棉花农业的过程中发挥了重要作用，这一令人惊讶，甚至不太可能发生的故事既说明了国家为了民族工业获取殖民棉花来源是如何努力，也说明了为寻找棉花种植劳动力正在进行的斗争是多么如火如荼。

1900年11月的一个风雨交加的早晨，瓦尔德塞伯爵号（*Graf Waldersee*）驶出纽约港，横渡大西洋到达德国汉堡。在最后一次瞥见正在后退的三一教堂尖塔、高耸的曼哈顿寿险大楼和自由女神像的两千多名游客中，有四名乘客最为突出，他们是詹姆斯·卡洛韦（James N. Calloway）、约翰·鲁滨逊（John Robinson）、艾伦·伯克（Allen Burks）和谢泼德·哈里斯（Shepard Harris）。他们都来自亚拉巴马州，都是奴隶后裔，与布克·华盛顿（Booker T. Washington）的塔斯基吉工业和师范学院（Tuskegee Industrial and Normal Institute）有联系。卡洛韦是一名教师，罗宾逊、伯克和哈里斯是学生或应届毕业生。也许他们的任务更为突出：那天早晨他们登上瓦尔德塞伯爵号，是他们要前往遥远的德国殖民地多哥找到新工作的旅程的一部分。多哥是1884年德国人在西非取得的一小块殖民地。这些非裔美国人要前往埃维人（Ewe）*古老的故乡，去指导德国殖民者及其臣民如何种植棉花用于出口，"确定本地合理地种植棉花的可能性，并……显示这种商品也可以用于德国的棉花工业"。[50]

在接下来的八年里，这些塔斯基吉专家给德国殖民者提出建议，关于如何从非洲农村种植者那里获得更多棉花用于出口。他们建立了棉花试验农场，引进了新品种的棉花，开办了一所"棉花学校"，扩大了当地的基础设施，并采取越来越具胁迫性的措施，迫使当地种植者种植棉花进入世界市场。事实上，1900年至1913年间，多哥的棉花出口增加了35倍。[51]

由于缺乏棉花种植方面的经验，德国殖民官僚和纺织工业家一直到美国去寻找这方面的专业人士，并立即决定招聘非洲裔美国人到他们的殖

---

* 埃维人是多哥的土著民族，现在主要分布在加纳和多哥。

民地棉花田，因为他们和大多数其他帝国主义者一样，认为"自古以来棉花就是黑人最喜爱种植的作物"。为此，1900年夏天，一位德国贵族，德国驻华盛顿大使馆的农业专员本诺·冯·赫尔曼·奥夫·韦恩（Beno von Herman auf Wain）前往马萨诸塞州罗斯林代尔，会见了非裔美国人社会活动家，塔斯基吉的校长布克·华盛顿，请他帮助招募棉花种植者和一名机械师去"教多哥的黑人如何以合理和科学的方式种植和收获棉花"。到9月下旬，华盛顿已经挑选了四名准备出发的人。40岁的詹姆斯·卡洛韦是塔斯基吉棉花部门的主任，将指导这次任务并监督其他年轻成员。他在塔斯基吉负责800英亩的农场，还会说一些德语。加入他的行列的还有下面这些：1897年塔斯基吉毕业生约翰·温弗瑞·鲁滨逊；艾伦·伯克，1900年的塔斯基吉毕业生；谢泼德·哈里斯，1886年进入塔斯基吉，在那里学习木工手艺。他们都是奴隶的儿子，据华盛顿说，其中两位专家的祖先"来自非洲的这一地区"。华盛顿坚持对冯·赫尔曼说："我非常希望贵公司不要重蹈美国南方对我们人民所犯的错误，即教他们只种棉花。我发现，在教授他们种植棉花的同时，还要种植一些其他可食用的作物，会使他们在经济上有更大的进步。"[52]

卡洛韦、鲁滨逊、伯克和哈里斯一到多哥，就浩浩荡荡地开展了他们的工作。在曾属于托弗（Tove）国王的土地上，他们建造了一个棉花农场，很像他们在美国的那种。在200名当地男子的帮助下，他们清理了高高的草地和树木，而当地妇女和儿童则收集了剩下的树根并焚烧了它们。在他们的努力之下，到5月，他们已经种植了大约25英亩的棉花，到7月，大约100英亩。卡洛韦和他的同事实际上无视了托弗人民积累的经验，他们从系统化的工作开始，在不同的时期种植不同种类的棉花，以调查什么棉花生长最好，并在什么时候播种。到了4月，卡洛韦自豪地向布克·华盛顿汇报说："我们的工作看起来很有希望……我们相信我们会产出棉花。"[53]

尽管有这些充满活力的开端，塔斯基吉的专家很快就遇到了许多困难。例如，对于这些非裔美国种植者来说，在没有耕畜的情况下成功经营一个棉花农场是不可想象的，但是约翰·鲁滨逊惊讶地报告道，托弗周围的农村种植者"就像普通美国青年害怕疯狗一样害怕一匹马或一头牛"。不仅他们不熟悉如何利用动物效力,而且这些动物本身在当地疾病横行的环境中也活不长。意料之外的降雨模式也造成了问题。当7月份开始下雨时,这些塔斯基吉专家刚到达就种下的棉花腐烂了。他们本可以从当地的耕种者那里学到很多东西,但他们坚信自己的方法是优越的,而且由于他们无法用当地语言交流,也无法学到这些东西。塔斯基吉专家还面临着一些几乎无法克服的问题,与缺乏基础设施有关。他们几个月前抵达时把轧花设备放在了洛美附近的海滩上,为了把设备从那里运到托弗,他们首先不得不拓宽道路,使其可供货车通行,然后需要雇用30人来拉车,但最终仍然用了两个多星期才把设备运回来。而且,对人力的依赖也阻碍了轧花过程。[54]

尽管有这些挫折,卡洛韦、鲁滨逊、伯克和哈里斯还是在初夏的试验农场收获了1包埃及棉花和4包美国棉花,在11月和12月又收获了5包美国棉花。考虑到劳动力、土地和专门知识的巨大投入,这份收获微不足道,但卡洛韦和殖民经济委员会都认为这是一个成功。委员会的结论是,当地气候确实如预期的那样有利于种植优质棉花,原住民愿意种植这种作物,而且有大量土地可以种植棉花,可能与埃及的情况一样多。卡洛韦同意这一观点,认为通过建立市场,土著人民可以将棉花出售,并通过教育农村生产者掌握农业技术,特别是使用犁头和耕畜,还可以进一步扩大生产。卡洛韦预计,如果接受这些改革,"再过几年,我们就能从这个殖民地出口成千上万包棉花。这不会对世界市场产生影响;然而,这对德国,以及对本殖民地的250万土著来说,将是非常有利的"。[55]

塔斯基吉专家在多哥的第一年种植的棉花数量可能非常少,但殖民经济委员会的目标也不是使卡洛韦及其同事成为主要棉花种植者。德国实业家原本希望的是向这些经验丰富的棉农学习,然后将这些知识传授给当地种植者。他们的目标从一开始就是使多哥的棉花生产成为"人民耕种"(*Volkskultur*),而不是像德国殖民帝国其他地方那样成为"种植园耕种"(*Plantagenkultur*)。[56]

这种选择部分是因为德国棉花利益集团在德属东非为其种植园动员劳

动力时遇到了巨大困难。这些种植园有许多是由德国纺织工业家经营的，很难保证有足够数量的非洲劳工，这些劳工基本上不愿意在那里工作。尽管德国当地种植者试图说服殖民当局提高税收，以迫使农村生产者为工资而工作，但殖民政府一直不愿这样做，担心会发生公开叛乱。[57]

德国的这种经历与其他殖民国家相似。在英属东非，专家清楚地认识到"劳动力短缺是最严重的困难……苦力必须从很远的地方来，因为当地居民不用费什么力气就能一年有四次收成，他们看不出有什么理由要去工作"。实际上，受薪劳动很难制度化。在英属乌干达，种植棉花"一直遭到农民种植者的反对，虽然他们是种植棉花的主要受益者"。因此，英国殖民主义者开始相信，"当本地人自己耕种时，效率会比在欧洲人的种植园里为工资而工作时更高"。[58]

德国的棉花政策同其他殖民列强的棉花政策一样，受到其与该地区居民埃维人及其古老而繁荣的本土棉花工业的接触的经验的影响。几个世纪以来，当地农村耕种者在田地里穿插种植棉花，当地妇女把棉花纺成纱线，男子把棉花织成布。在整个19世纪，这些棉花中的一些还被卖到了相当远的地方。在美国内战期间，一些棉花甚至进入了世界市场。当地统治者创建了棉花种植园，采用奴隶劳动力，据称每月向利物浦出口20至40包棉花。早在1908年，德国殖民政府就报告说，欧洲制造的纺织品尚未摧毁本土纺织工业。尽管从欧洲进口了很多布料，但在非洲大部分地区都能找到这种蓬勃发展的棉纺织业。[59]

19世纪90年代，德国殖民者在多哥腹地扩大影响力时，正是希望重新塑造这一蓬勃发展的国内产业。他们希望能够像英国在印度和俄国在中亚所做的那样，把它从内部导向转变为外部导向。由于"科学"农业的作用、基础设施的改善以及"自由"市场提供的激励，当地农民现在能种植更多质量统一的棉花，然后卖给德国商人——就像美国前奴隶所做的那样。这种本地耕种（*Eingeborenkultur*）是继分享作物的佃农制之后的又一次尝试，目的是解决自35年前美国解放奴隶以来一直困扰世界棉花产业的劳动力问题。[60]

德国棉花利益集团无法为殖民地棉花种植园调动劳动力，并受到美国采用"自由劳动力"扩大了棉花生产的经历、塔斯基吉专家成功向多哥人传播这些经验的启发，希望建立少数示范农场，为埃维人树立榜样。此外，德国殖民政府与塔斯基吉专家一起制定了一系列政策，以促进他们的共同目标：鼓励埃维人棉花种植者生产更多轧花得更好、包装更好的棉花，并将其迅速推向市场。首先，为了提高棉花质量，殖民经济委员会与德意志多哥协会（Deutsche Togogesellschaft）等德国私人投资者一起，在多哥棉花种植区设立了轧花厂。因此，耕种者不需要亲自轧花，也不需要长途运输重得多的原棉。购买者因此也可以在生产过程中更早地控制了棉花。其次，殖民政府试图通过向耕种者分发种子来使棉花的外观更加均匀。在这里，塔斯基吉专家的研究意义重大，因为他们试验了来自埃及、美国、秘鲁和巴西的种子，并对多哥现有的种子进行了整理分类。1911年以后，一种美国品种与多哥品种混合的种子，以"多哥海岛棉"的名义销售，是德国当局分发的唯一品种。第三，为了鼓励农村耕种者种植更多的棉花，殖民政府规定了购买棉花的最低价格，意图降低种植者种植棉花的风险。第四，为了出口这种棉花，塔斯基吉专家、殖民当局和委员会集中精力控制棉花市场，起初主要是派遣包括卡洛韦和鲁滨逊在内的棉花考察队成员到边远地区去购买棉花。事实上，到1902年，塔斯基吉专家已经走遍多哥人片地区，经营着各种试验农场，而且只要有机会就购买棉花。他们还参加许多城镇的棉花收集站的建设和监督。[61]

价格保证、轧花设施、种子选择和市场控制都是向德国商人提供更多棉花的关键措施，但更重要的是迅速建设将棉花运往海岸地区的基础设施。卡洛韦和他的同事第一次到达多哥时，花了15天的时间，坐着当地工人拉的拖车来到洛美，然后返回。到1907年，当一条铁路把最重要的棉花区与海岸地区连接起来时，运输时间缩短到几个小时。[62]

在所有这些措施中，殖民国家发挥了中心作用。事实上，价格、市场和基础设施是殖民政府创造的。而且，殖民国家的作用还有更多：通过向农村耕种者征税并规定可以以劳役形式付税款，国家迫使他们从事很多劳动，例如将棉花从托弗运到海岸，修建铁路，甚至为棉花开垦土地。[63] 通过改变农村耕种者作出决定的背景，国家希望改变他们的倾向，使得农民接受为世界市场生产棉花。

综合起来,塔斯基吉专家和殖民政府的努力非常有效。多哥的棉花出口从 1902 年的 31 863 磅增加到 1904 年的 238 472 磅,在 1909 年增加到 1 125 993 磅。这只是德国棉花进口的一小部分(事实上,德国从未从其殖民地获得超过一半的棉花供应),但扩张速度(在 7 年内增长了 35 倍)表明,殖民地棉花将有一个光明的未来。[64]

然而,尽管前途看起来一片光明,1909 年以后,塔斯基吉专家、殖民经济委员会和德国殖民政府未能进一步增加棉花出口。1913 年,也就是德国对多哥进行殖民统治的最后一整年,棉花出口略低于 1909 年。限制这种扩大的主要原因是棉花在当地生产者自己的农业计划中的地位。毕竟,埃维人对商品生产有自己的想法,这些想法不一定与塔斯基吉专家或德国殖民主义者的想法一致。

与全球农村的其他地方一样,耕种者希望自己能够控制工作、生计和生活的经济和社会模式。传统上,妇女在玉米地和番薯地里兼种棉花。这为她们提供了一种不需要太多额外劳动力的额外作物,因为土地本来就需要锄地和除草。起初,棉花的生产和最终出口并不一定破坏这些农业模式。然而,棉花在传统的工作模式和长期存在的性别分工中占有如此明确的地位,这一事实严重限制了棉花种植的扩展程度。令德国殖民当局懊恼的是,这意味着多哥农民拒绝从事单一棉花种植,根据德国的一份报告,这种生产很不受欢迎,因为它劳动密集得多,却不一定更有利可图。此外,无论棉花价格如何,玉米和番薯都可以为耕种者提供食物。德国殖民地行政人员和商人提供的原棉价格太低,无法说服农民冒着放弃生计作物的风险,只从事棉花单一种植的艰苦工作。事实上,即使是对殖民地棉花最为热心的奥古斯特·艾蒂安,也不得不干巴巴地承认,仅仅关注棉花的种植"会给农民经济带来一些风险"。[65]

此外,棉花出口也因为当地纺纱工激烈争夺白色黄金而受到限制。1901 年 12 月,德国行政据点米萨赫尔站(Misahöhe Station)站长汉斯·格鲁纳(Hans Gruner)报告说:"与其他事情一样,当地工匠破坏原材料的价格,因为他们的产品能以异常高的价格卖出去。"格鲁纳还说,这些纺纱工和织工,虽然数量很少,但愿意为一磅干净的棉花支付50芬尼,远远高于德国殖民者提供的25到30芬尼。[66]

这种价格差异表明棉花市场从未真正发展起来。事实上,想在多哥购买棉花的德国商人必须正式保证,他们支付的价格不会超过殖民政府规定的价格。在整个非洲,殖民当局建立了这种高度管制和监督的市场,这种市场变得越来越具有胁迫性,迫使农民放弃向利润更高的繁荣的当地棉花产业出售棉花。[67]

欧洲殖民主义者与非洲原棉购买者和实力不断增长的国内棉花工业展开竞争。他们清楚地认识到,正如英国经济学家威廉·艾伦·麦克菲(William Allan McPhee)1926年所说:"问题的一部分是将棉花供应从尼日利亚的手摇织布机转移到兰开夏郡的动力织布机上去。"目标是用进口布取代本土布,让农民自由地种植棉花出口到欧洲,这是欧洲棉花国王在印度首先学到的教训。尼日利亚的英国殖民官员弗雷德里克·约翰·卢格(Frederick John D. Lugard)指望非洲古老的纺织城市卡诺(被称为"非洲曼彻斯特")的棉纺织业衰落,以促成更多的出口,因为"扎里亚的棉花将不再进入卡诺的织机"。为了摧毁这一产业,需要"进口一种比现在更好的英国布,这种布将取代本土布,从而使得原棉能够卖到市场上去"。更棒的是,"纺纱、织造和染色等行业的成千上万人……可能会成为额外的原棉生产者"。在他看来,去工业化是将非洲土地及其人民纳入曼彻斯特轨道的先决条件。[68]

最后,大多数非洲耕种者仍然远离世界市场,他们的生活中几乎没有商业生活的经验,这意味着他们在生产经济作物方面没有什么经济压力,这与美国的内陆农民不同。因此,埃维人偏好混合农业,也有能力实现这种偏好。在前殖民时期的多哥,埃维人在市场上买卖一些商品,从事长途贸易。但是,即使在德国人到来之后,资本主义社会关系也只是勉强渗透到多哥;农村耕种者抵制长途市场的逻辑,而偏好长期以来建立已久的地方交易,维护自己的生计生产。德国殖民官员哀叹道:"与美国不同,这里的农民并不依赖棉花米维持温饱。他们总是有机会获得其他作物,而且需求非常低,可以在没有任何现金收入的情况下生活很久。"英国废奴主义者曾希望用"饥饿的恐惧"取代"鞭打的恐惧",作为刺激殖民地人民为世界市场生产作物的动力,但在多哥,由于存在大量的替代性生计办法,这种恐惧并没有起到作用。此外,这种对全球市场的抵制具有惊人的持续力,因为德国人无法建立剥削性的信贷关系制度。[69]

甚至在多哥棉花种植停滞之前,德国殖民当局就很了解这些力量。他们开始寻找其他地方的经验,以了解如何向农村生产者施加压力,迫使他们增加棉花产量。殖民经济委员会成员卡尔·祖普夫意识到维持生计的耕种与为世界市场生产之间的紧张关系,他建议殖民政策的目标应该是"使当地人在经济上依赖我们"。他建议,一种办法是增加地方税,让他们用棉花支付。另一方面,多哥总督在1903年12月建议向农民提供少量资金,以保证未来的棉花收成,使他们能够集中精力种植棉花,因为"政府机构至少在若干年内对当地人施加重大的压力是必不可少的"。他认为,政府应该明确地寻找方法来"对那些已经自愿接受种子、信贷、预付款或其他棉花种植所需要的支持的当地棉花种植者施加压力"。然而,尽管德国人愿意强迫耕种者,但他们发现很难打破旧习惯,特别是因为德国殖民国家机器的存在相对薄弱,农村生产者的弹性社会结构(以继续获得大量土地为前提)基本上没有受到影响。铁路、市场和价格保证都不足以说服种植者放弃自给农业。[70]

由于让农村耕种者负上债务的努力步履蹒跚,以及赤裸裸的土地征用超出了殖民当局的力量范围,其他形式的胁迫变得更具吸引力。虽然棉产品制造商卡尔·祖普夫推荐施加"轻微的压力",当地殖民行政长官格奥尔格·施密特(Georg A. Schmidt)建议施加"强大的压力",作为增加棉花产量的最佳方式。殖民主义者通过制定完全脱离世界市场价格的固定价格、迫使种植者以殖民政府严格规定的方式将棉花送往市场、消除中间人、强迫种植者接受某些棉花品种,以及最后但并非最不重要的,以武力从农民那里榨取劳动力,有计划地破坏市场。不仅仅道路、铁路和轧花厂是通过强迫劳动建造的,殖民当局还对棉花生产和原棉贸易的方式实行越来越严格的控制。当地政府官员监督棉花种植,努力确保定期除草,并确保及时收获。例如,到1911年,德国政府在整个棉花种植区设立了47个经批准的收购站，以确保棉花的销售仅在政府的监视下进行；有时，士兵承担起购买棉花的任务。一年后，1912年1月，政府进一步命令每家轧花厂或商业公司只能派遣政府许可的购买者到市场去。他们还规定，卖方在任何时候都必须把好的和差的棉花分开出售。到1914年，关于如何处理棉花的规则得到进一步完善，现在包括对违反这些规则的当地耕种者的体罚。随着时间的推移，武力、暴力和胁迫在德国的棉花政策中变得越来越重要。[71]

这种对胁迫的强调越来越引发了塔斯基吉教师和德国殖民者之间的冲突。最为尖锐的冲突是，鲁滨逊相信同时种植棉花和生计作物的重要性。他主张以一种"和谐的方式"共同种植棉花和粮食作物，他的教导反映了华盛顿的担忧，即非裔美国人过于关注棉花的种植，而太少关注自给自足。事实上，鲁滨逊还记得美国自由民的失败斗争。鲁滨逊在一封范围极为广泛的信中认为："所有政府的来源和生命都是人民，政府的首要责任是维持这种生命和来源。因此，人民是它的首要关切。出于同样原因，我们希望教授人们如何种植棉花，因为这对他们有好处，他们将因此获得财富，殖民地将变得更加富有。""但是，"鲁滨逊继续说，"人们不能光靠棉花生活。因此我们现在应该开始教他们。在他们只种植玉米的地方，我们会教他们种植更多和更好的玉米，还有如何种植棉花。在他们现在种植番薯和棉花的地方，必须教导他们如何种植更大的番薯和更优良的棉花。"鲁滨逊认为，要实现这样一个缓慢的转变，重要的是不要强迫农民，而是让他们"尽可能少地感到惊忧和不便"。然而，鲁滨逊和他来自亚拉巴马州的同事的意见却越来越被德国殖民政府忽视。[72]

事实上，在整个非洲，胁迫已成为获得棉花的越来越有力的手段。在科特迪瓦，农民被迫在当地殖民官员监督下在特别指定的田地种植棉花。在比属刚果，1917年棉花生产成为一种"义务"，农民被迫种植一定数量的棉花，并以低于市场价的价格出售。那些产量不足的人将受到惩罚。如果工作没有按预期进行，就会受到严厉的惩罚，包括鞭打。在法属苏丹，农民同样被迫种植棉花。莫桑比克农民面临"那些强迫人们生产棉花的政府代理人的……性虐待和殴打"。暴力压迫非常残酷，直到

20世纪70年代，根据两位历史学家的说法，棉花一词仍然"几乎会让人自动想到受苦"。[73]

然而，在多哥，所有这些努力收效甚微。1909年棉花产量达到顶峰后，多哥在德国统治下从未生产过更多的棉花。其他殖民列强在非洲许多其他地方的经验也类似。与此同时，德国殖民当局羡慕地注视着中亚和印度西部棉花生产的大规模扩张，在那里，俄国和英国殖民主义者几乎改变了当地的社会结构，使其有利于经济作物生产。在没有明确的经济诱因的情况下，要使经济调整为转向世界市场，就必须彻底改变农村的社会关系——这一过程通常要么需要几十年的时间，如在印度；要么需要严重的暴力，如在美国南部、西印度群岛和巴西的奴隶制社会。可以肯定的是，非洲人很快适应了一系列新的激励措施，正如（在一个截然不同的背景下）黄金海岸农民在1890年和1910年之间为世界市场生产可可所做的开拓性努力所表明的那样。但由于缺乏这种激励措施，多哥的德国人无法等待太长的时间，他们也没有行政、经济或军事能力来缩短这一进程。直到20世纪20年代，当法国统治多哥大部分地区时，用于世界市场的棉花产量才大幅增长——1913年至1938年间增长了3倍。但是，棉花生产在多哥独立后才真正起飞，今天多哥出口8400万磅棉花，是德国统治时期的75倍。多哥仍然是世界上最贫穷的国家之一。[74]

一小群塔斯基吉棉花专家在多哥的冒险经历讲述了一个极富意义的故事。摆脱奴隶制才刚刚一代人的非洲裔美国人、德国殖民当局和多哥农村耕种者之间的遭遇，说明了20世纪初棉花帝国（及全球资本主义）的巨大重塑。帝国国家在构建全球原棉市场方面有着前所未有的重要性，它们获得了大片可以种植棉花的土地，并利用其积累的官僚、基础设施建设和军事力量动员了棉花种植劳动力。这些行为只是众多政策的一个方面，其他政策还包括进口关税、帝国政策优惠和强有力的国家工业。在棉花帝国内部，全球网络已扩大其地理覆盖面，并得到显著加强。国家塑造了这些网络，表明国家形成和全球化是同一进程的不同方面。各国占领了领土，促进了基础设施的整合，并动员工人在这块新土地上劳动。无论在哪里，在殖民地世界，在俄国，还是在美国，对棉花种植农村的控制都越来越依赖强大的民族国家和帝国。

诚然，帝国主义列强在领土控制问题上相互竞争，但为了寻找使潜在的棉花种植土地为城市工业服务的方法，来自棉花帝国各地的人们也试图相互学习经验。例如，法国、日本和英国的棉花利益集团密切注意德国在多哥的活动，他们还派代表去会见约翰·鲁滨逊。英国棉花种植协会主席亚瑟·赫顿（J. Arthur Hutton）甚至认为德国在多哥的努力是非洲棉花种植的典范。法国政府现在在全球监视各地棉花收成，其驻圣彼得堡领事馆详细报告了中亚棉花的发展情况，德国领事馆也是如此。尽管所有这些努力从根本上说是要将国家工业与变幻莫测的世界市场隔离开来，但它们本身也构成了全球棉花问题新对话的一部分。棉产品制造商在全球农村转型中的共同利益超越了国界，导致在第一次世界大战之前形成了一个初具规模的跨国资产阶级，这些来自许多国家的制造商不仅开会讨论如何使埃及、印度或其他地方的农村种植者种植更多的棉花，而且还在尼罗河上坐渡轮游玩，在维也纳音乐厅举行舞会。[75]

从帝国主义对全球棉花种植农村的改造中吸取的教训最终在20世纪传播到最不可能的地方：苏联、独立的印度，然后传播到中华人民共和国。正是主要由印度人控制的印度中央棉花委员会（Indian Central Cotton Committee）最终成功地重新塑造了印度棉花农业，以更好地满足20世纪20年代及以后印度棉花工厂的需求。同样引人注目的是，1923年，德国殖民经济委员会的棉花专家在德国一些主要银行和棉花工业家的支持下，介入苏联在中亚的棉花工业。他们在第一次世界大战中失去了原先工作的对象德国殖民帝国之后，希望为德国棉花工业找到另一个棉花来源，而他们的苏联伙伴则急切地阅读德国人在战前出版的关于殖民地棉花的出版物，并希望利用德国的专门知识。1923年苏联棉花委员会从莫斯科的劳动国防委员会收到的命令几乎与殖民时期棉花官僚在非洲、亚洲等地提出的很多文件如出一辙。[76]

力量得到增强的帝国主义民族国家的新政治经济的影响之一是，曾经是区域甚至是全球交换和权力网络中心的地区被边缘化。[77]现在，世界各地的民族国家都把注意力集中在工业核心和相关政治经济上，几乎没有任何空间满足农业生产者（例如1865年以前的南方种植者）的政治需求。事实上，在美国内战之后，世界各地的棉花种植者在政治上和经济上都已经边缘化——出现了一个新的全球外围势力，数百万农民、佃农、小农和农业劳动者辛勤劳动，以保持工业资本主义令人敬畏的进步，而他们自己却没有分享这些进步的成果。区域、国家，甚至整个大陆融入这种新的工业资本主义的特殊方式极大地加剧了全球不平等，并在20世纪的大部分时间里巩固了这些不平等。

然而，尽管民族国家和帝国扮演着极其重要的角色——这是战胜战争资本主义的直接结果——棉花帝国仍然一如既往地全球化。例如，到1910年，它包括了向日本出售乌干达棉花的印度商人。前美国奴隶在多哥为德国殖民者提供建议。马德拉斯的一名印度人曾在一家德国纺织厂当学徒，现在指导德属东非的一个棉花种植园。得克萨斯州的农民和埃及农业专家并肩走在比属刚果农村，向比利时东道主提出如何扩大棉花生产的建议。俄国农业专家考察了印度、埃及和美国的农村，研究灌溉计划。日本农业官员仔细考察了德属西非的棉花农业。1913年，来自英国棉花制造城市奥尔德姆的议员巴特利·丹尼丝（Bartley Denniss）颇有见地地得出结论，棉花供应问题已成为"一个世界性问题。世界棉花产业比任何其他行业都更使各国相互依赖"。[78]

具有讽刺意味的是，这种由欧洲和北美国家及资本家如此果断地建立起来的全球资本主义新地理格局，也将终结欧洲和北美这双重枢纽在棉花帝国中长达一百多年的统治地位。随着棉花农业的大规模扩张，工厂开始遍布世界各地，散布在全球农村的纱锭数量激增。1865年，全球有5700万锭子转动。到1920年，这一数字增加到1.55亿。[79]然而，这些纱锭和织机并不在西欧和美国北部的城市和农村纺纱织布，而是在全球南部纺纱织布。

第 13 章

重回全球南方

艾哈迈达巴德位于萨巴玛蒂河边，靠近印度西海岸，是一座拥有600万人口的繁华都市。它是古吉拉特邦最重要的城市。但就在一个半世纪前，它基本上还是一个中世纪城镇，其"古老的制度……依然繁荣昌盛；汇兑者和放贷者……支配着贸易和工业；古老的手工业……是其繁荣基础；进出口商品由役畜载着，穿行在两边是高高的未上漆的房子的狭窄车道上，通过有人守卫的城门进出"。然而，随着印度棉花制造业新一波空前的利润和生产力的到来，所有这些都发生了变化。1861年5月30日，兰彻拉尔·奇霍塔拉尔（Ranchhodlal Chhotalal）启动了蒸汽纺纱机，这是该市历史上的第一次。几年前，年轻的奇霍塔拉尔在担任政府办公室职员时提出了创建纺纱厂的想法。受孟买棉纺厂开业的启发，他明白这项新技术可能会彻底改变印度的棉花产业。虽然艾哈迈达巴德的商业阶层普遍缺乏热情，他也并不因此而气馁，最终找到了一些商人和银行家来支持他的冒险。这台新机器是从英国订购的，配有一个英国机械队；几个月后，奇霍塔拉尔的纺纱机由牛车拉着颠簸进城。[1]

1861年5月，沙普尔纺纱厂的65名工人开动了2500个纱锭。虽然即使以当时孟买的标准，这也只是一家小工厂，但有一个事实使它成为未来投资的灯塔：这家工厂从一开始就赢利。到1865年初，奇霍塔拉尔又雇用了235名工人，把工厂规模扩大到1万支纱锭，还添置了100

台动力织布机。[2]

艾哈迈达巴德惊人地崛起为世界棉花制造业重镇之一，部分原因在于这些先进的英国机器。这些新企业也得益于艾哈迈达巴德在棉花产业方面的悠久历史。许多世纪以来，当地商人以行会的方式组织起来，从事棉花长途贸易。一些商人在这一过程中积累了大量资本，在1818年英国人从马拉塔人手中接管这座城市后，这些商人继续在当地和长途贸易中发挥着突出的作用。即使在19世纪30年代英国棉纱开始大量抵达，取代了当地手工制造业者之后，许多商人仍将外国纱线纳入其业务范围，继续为国内纺织部门提供资金。[3]

尽管奇霍塔拉尔取得了早期的成功，而且该地区有着历史悠久的棉花产业，但艾哈迈达巴德的大多数商人和传统商业阶层仍然不愿投资兴建更多的工厂，而只满足于当下贷款的高回报率。直到19世纪70年代，棉纺厂建设的变革浪潮才冲击到这些海岸地区。到那时，依赖出口的农村地区危机加深，使得放贷变得不那么确定，资本丰富的艾哈迈达巴德人开始转向棉花制造业。耆那教商人玛苏哈拜·巴古拜（Mansukhbhai Bhagubhai）和贾姆纳拜·巴古拜（Jamnabhai Bhagubhai）是艾哈迈达巴德商人阶层中最早冒险的人。1877年，他们创建了古吉拉特纺织公司，拥有11 561个纱锭和209台织布机。很快，其他商人因为在跨洋贸易中日益失利，也纷纷效仿。就像几十年前在欧洲一样，旧的商业资本现在被重新投资于纺织制造业，很快就占投资的绝大多数。就像在阿尔萨斯的米卢斯和其他地方一样，这些投资者彼此之间有着密切关系。毗湿奴派商人和耆那教徒主宰了这个行业。这些种姓的成员通过耆那教大会（Jain Conference）和古吉拉特吠舍会议（Gujarat Vaishya Sabha）等组织将其社会联系制度化，其中的领导人是该市的工厂主。[4] 由于艾哈迈达巴德商人的创业资本，到1918年，有51家棉纺厂散布在萨巴玛蒂河两岸，每天早晨有3.5万名工人涌入它们的大门，辛勤工作，将这些投资转化为利润。

不久，随着棉花帝国的不断发展，全世界到处都是曼彻斯特。全球棉花产业的空间安排——以及资本主义——一直在变化。棉花不仅在世界的新地方种植，而且也越来越在世界的新地方被纺织和加工。北大西洋国家独霸棉花帝国的日子已经屈指可数了。

最急剧的是英国棉花制造业重要性的下降。1860年，世界上61%的机械纱锭都位于英国，但到1900年，这一比例下降到43%，到1930年下降到34%。由于工人为改善工作条件而奋斗，英国机器的运作时间也比其他地方的机器少。一般来说，这些机器也比较老旧，因此它们在全球产出中所占的份额甚至更小，到1932年仅为11%。尤其是在两次世界大战之间的那几年，英国工业遭受了"一场几乎无法减轻的灾难"。英国曾是世界工厂，棉花纺织品是其主要出口产品。第一次世界大战后，英国对亚洲最重要的市场的出口暴跌，对印度的出口比战前下降了46%，对荷属东印度群岛下降了55%，对中国的出口下降了59%。结果，英国工业开始痛苦地解体，不仅仅是在相对增长的世界经济中，最终也在实际损失中：1919年至1939年间，43%的英国织布机消失了，1926年至1938年间，41%的纱锭消失了，1920年至1939年间，棉花工人人数下降了45%。[5]

在英国的棉花产业开始失去其全球优势时，欧洲大陆和美国直到1930年还能分别保持其棉花锭子的全球份额，分别为30%和20%。然而，这些北大西洋国家在棉花帝国的统治地位最终将被广阔的全球南方机械化棉花产业缓慢但不可阻挡的崛起所侵蚀。事实上，到了20世纪20年代，新英格兰的棉花工厂"经历了崩溃……甚至比旧英格兰的工厂更彻底"。在篡位者中，日本是最令人印象深刻的。1880年，这个国家只有8000个纱锭在纺织棉花。到1930年，日本共有700万个纱锭在运作，在全球纱锭中所占份额为4.3%，仅随德国（6.7%）、法国（6.2%）和俄国（4.6%）之后。到1920年，日本的纱锭数只有英国的6.7%，但到1937年，这个数字飙升至32%。它还是中国棉花产业的最大投资者，中国棉花产业从1908年的不到100万锭迅速发展到1930年的近400万锭。印度处于类似的地位，尽管它的基础稍强，印度从1877年的160万锭上升到1930年的近900万锭。到了20世纪，亚洲棉花工业已成为世界上增长最快的产业，世界棉花工业回到了它主要起源的地方。[6]

在一个大型钢铁厂、化工厂和电力机械业的时代，棉花在全球经济中所占的重要性明显降低，但它经历了重大的地理变化，就像一个世纪以前一样,预示着全球资本主义的下一个阶段。虽然许多 19 世纪中叶的欧洲人已经说服自己相信,现代工业的奇迹之所以只属于他们,是由于欧洲的地方气候和地理、他们优越的宗教信仰和"文化",甚至是由于他们的"种族"特征等不可改变的因素,但世界上第一个现代工业的地理上的变迁向任何不愿自欺欺人的人表明,把资本主义历史上某个特定时刻的特定全球地理状况当成本质的,只不过是在为全球不平等所做的自圆其说的辩护罢了。事实上,棉花帝国的历史证明他们错了。

全球南方棉产品制造商的崛起是由于工业资本主义中心地带及其周边地区社会力量平衡的转变。工业资本主义不仅改变了欧洲和北美的阶级结构,而且也改变了全球南方的阶级结构,这些国家的实力和财富出现了新的不平等。在这长达一个世纪的历史中,有两个集团扮演了决定性的角色:欧洲和美国东北部的工人以及全球南方雄心勃勃的棉花资本家。他们彼此独立地对一对相辅相成的进程——社会冲突国家化和加强国家——作出了贡献。随着美国和欧洲的工人组织起来,他们的集体行动增加了劳动力成本。这使得其他地方的低工资生产者在全球市场上具有竞争力,尽管这些作业往往效率较低。与此同时,全球南方的资本家支持有利于本国工业化项目的国家政策。他们还有一大批低工资工人可供利用,其中许多人因农村地区的快速转型而流离失所。这种巨大的工资差异和积极采取行动的国家的建立相结合,使全球棉花制造业的地理改变比大多数观察家想象得更快。简而言之,固执的北方工人和政治上老练的南方资本家改变了棉花帝国的形态,预示着今天我们非常熟悉的新的全球分工。[7]

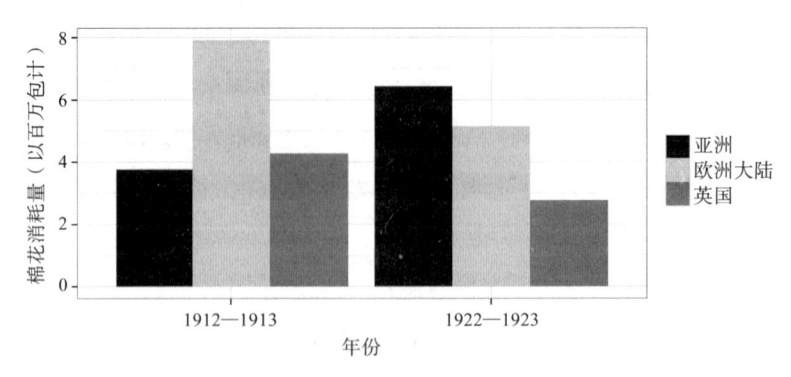

工厂消耗的各种棉花,以百万包计。

随着欧洲和新英格兰棉花工人的集体行动开始影响全球棉花生产地理，他们的努力与19世纪另一个同样深刻的变化非常相似：奴隶和自由民的个人和集体行动，他们的斗争改变了棉花种植地理。当然，棉花生产工人在19世纪60年代以前就集体行动了。但在19世纪末及此后，罢工、工会和工人阶级政党在民族国家所提供的日益有利的条件下如雨后春笋般涌现，并成功地大为改善了工人的工作条件。

美国最重要的棉花制造业中心之一，马萨诸塞州的福尔里弗市只是众多例子之一。19世纪初，该地区由于容易获得水力吸引了企业家的注意。1813年，德克斯特·惠勒（Dexter Wheeler）和他的表亲大卫·安东尼（David Anthony）创办了福尔里弗制造公司（Fall River Manufatory），许多类似的企业也纷纷建立。1837年，这个城市有10家棉纺厂，工人是来自当地农村的农民儿女。得益于有着方便的航运可以进入纽约市场，福尔里弗很快就崛起成为美国领先的印花棉布生产者。1865—1880年，福尔里弗的工厂数量增为五倍；1920年左右，该市纺织行业达到顶峰，全市有111家纺织厂，占美国纺纱总产能的八分之一，纺织工人约3万人，几乎相当于艾哈迈达巴德的人数。[8]

福尔里弗的工人不断组织起来改善他们的工资和工作条件。1848年至1904年间发生了13次大罢工。有些罢工只涉及一个行业为了提高工资的斗争，如1865年的骡机纺纱工人罢工；其他的，如1904年的罢工，几乎导致城市的所有工厂都关门长达数月。事实上，福尔里弗工人越来越激进，最终促使马萨诸塞州劳工统计局对1881年马萨诸塞州一位州代表的封信中提出的问题展开了正式调查："为什么福尔里弗的劳动人民一直不停地骚动？"[9]

工人的战斗精神部分是由他们工作和生活的条件所导致的。棉纺工厂就像一个世纪前埃伦·胡顿时代一样，仍然是嘈杂、充满污染和危险的地方。现在，工厂往往由蒸汽机而不是水力提供动力，工厂的规模有所扩大，往往将纺纱和织布业务结合起来。线轴、梭子、传动皮带和金属部件运动的噪音冲击着男女工人及童工的耳朵，棉花尘土充满了空气和他们的肺，衣服、头发或四肢常常卡在机器里，使工人受到严重的伤害。工作日是严格规定的，似乎没有尽头，这些纺织工人只有很少的休息时间。这种工作制度有着非常严重的影响，例如，在德国亚琛市的纺织工人中，估计有一半的儿童在一岁之前死亡，这是一个异常高的儿童死亡率。即使在相对繁荣的时期，工人也只能接受勉强维持生计的工资和糟糕、拥挤的住房条件。例如，1875年马萨诸塞州劳工统计局的一项调查发现，在福尔里弗，一名非技术工人一家七口，年薪395.2美元，低于维持生计的水平，只能依靠他12岁女儿的工资补贴家用，她在工厂里与他并肩工作。他的家人住在"这座城市最糟糕的地区"一个"失修"的五室公寓里。他们负债累累，唯一的希望是明年夏天能有另一个孩子和爸爸姐姐一起进入工厂。[10]

作为回应，福尔里弗的棉花工人组织起来了。在大西洋彼岸带来的工人阶级团结和抗争文化的鼓舞下，他们常常非常激进的罢工使他们取得了一些开创性的胜利。1866年，纺纱工工会在全市范围内成功地领导了罢工，争取到了每天工作10小时的条件。1886年，同一工会争取到了一项范围广泛的协议，让新贝德福德、福尔里弗和劳伦斯的纺纱工工资根据棉花价格与成品印花布销售价格的比率，有一个"浮动比例"。1904年全市罢工的余波中，福尔里弗的纺纱厂也接受了纺织工会提出的关于签订一份浮动工资协议的要求。早在19世纪90年代，福尔里弗的熟练纺织工人就开始对全国性工会组织产生兴趣，在接下来的半个世纪里，福尔里弗工人加入或创建了各种地区性劳动组织。[11]

此外，福尔里弗的棉花工人和其新英格兰同行一起，能够成功地改善了自己的工资和工作条件，至少部分是因为他们作为美国公民享有的政治影响力。最重要的是，他们将自己的投票权转化为工作场所条件的改善。在福尔里弗和其他地方，工会和罢工成为政治中的因素，因为政府几乎不可能无视拥有选举权而且动员起来的工人的要求。

福尔里弗的故事不是独一无二的。20世纪初，法国大约16.5万名棉花工人举行罢工的次数迅速增加。例如，1909年是罢工频繁的一年，有198次这样的罢工，参加者超过3万人。工会也成为法国政治中日益增长的力量。[12]

德国棉纺织业的工人早在19世纪40年代就集体组织起来了。到

20世纪初，大约25%的人加入了工会，在萨克森等地区，这个比例甚至更高。这些工人具有不同寻常的政治性，例如，在萨克森的棉花行业，"社会主义者的统治几乎没有受到挑战"。德国社会民主运动最伟大的人物之一奥古斯特·倍倍尔（August Bebel），他在格劳豪-梅拉讷区的织工的投票中当选为国会议员，而1869年成立的德意志社会民主工党（Sozialdemokratische Arbeiterpartei）在萨克森和图林根纺织区获得了有力的支持。[13]

在俄国，近50万棉纺织工人也开始发挥关键的政治作用，特别是在1905年和1918—1919年的革命动荡期间，他们借助几十年工会活动和罢工的经验，发挥了重要的作用。1870年5月，俄国棉花业发生了第一次大罢工，当时圣彼得堡的涅夫斯基有800名工人离开了他们的机器。两年后，5000名工人走出科林霍姆棉纺厂。1870年至1894年期间，棉纺织业共发生85次罢工，有53 341名工人参加；1895年至1900年，139 154名工人参加了188次此类罢工。1905年的大罢工浪潮中，工人参加了1008次罢工，成功地改善了工作条件，缩短了工作日，提高了工资。一系列棉花工人罢工浪潮打击了俄国工业，1912年有13.5万名棉花工人参加罢工，1913年有18万名工人参加，1914年有23.3万名工人参加，其中一些罢工带有明显的政治色彩。1917年，棉花工人的罢工再次爆发，成为当年革命动乱的中心。[14]

19世纪末，在瑞士，棉花工人动员起来，尽管不如俄国那么引人注目。1908年，他们创立了全国性的瑞士纺织工人联合会（Schweizerische Textilarbeiterverband），为改善工作条件和提高工资而奋斗，并接受社会主义思想。在加泰罗尼亚，社会主义者和无政府主义者控制了许多棉纺厂，棉花产业由于棉厂主与组织严密的工人之间的频繁对抗而受到冲击，在1890年为了要求更短工时的大规模罢工中，工厂主的房屋遭到爆炸，1909年悲剧周（Setmana Tràgica）期间，巴塞罗那发生暴力起义。在荷兰棉纺织业，19世纪与20世纪之交发生了很多罢工。在荷兰纺织业中心特温特，到1929年，60%的棉花工人加入了工会。[15]

兰开夏郡是全球棉花产业的中心地带，它比其他任何地方都更早地见证了全国性工会的影响,也是世界其他地区(包括福尔里弗)棉花工人的灵感来源,也提供了很多组织者。工会在 1870 年成立了纺纱工的全国性组织,纺纱工人工会联合会(Amalgamated Spinners Association),在 1884 年成立了织工全国性组织:织布工人工会联合会(Amalgamated Weavers Association)。工会大会(Trade Union Congress)是此前两年成立的,它将英国所有经济部门的工会结合在一起。纺纱工人工会组织了纺纱厂中最熟练的工人,到 19 世纪 80 年代,它组织了几乎 90% 的工人,使其成为"世界上最强大的工会"。他们成功地提高了工资,改善了工作条件,设法做到了技术发展。纺纱工人工会是"英国组织最完善、资金最充足的工人组织"之一,他们从 19 世纪 80 年代到 20 世纪 20 年代为自己争取到了高额工资,并掌握了行业生产力增长的很大一部分。梳棉工和纺织工工会(Cardroom Workers and Weaver)要更大也更分散,不那么集中于单一行业,但也为工人赢得了巨大的收益。根据 1890 年的一项数据研究,棉纺织品工会为熟练工人、半熟练工人和非熟练工人争取到了约 12% 的工资溢价,这是一个很大的差额,为棉花生产地区加入工会的工人提供了相当大的物质改善。尽管工作条件仍然湿热,工作时间又长,工作又艰苦,但棉花工人采取激进、大规模和有纪律的集体行动,迫使雇主让出部分产业生产力提高时所获得的利润。[16]

动员棉花工人并不是在所有情况下都成功地改善了当地的工作和生活条件,但总体而言,这些北大西洋国家的工人减少了工作时间,改善了工作条件,提高了工资,并赢得了政治影响力——通常是在日益强大的国家的默许下,这些国家首先关心社会稳定,并受到在政治上动员起来、有时还获得了选举权的工人的压力。工资在国民经济中大致趋同的倾向使这一趋势更为严重,这使得组织较差的棉花工人能够受益于其他工人群体的集体动员行动。[17]

因此,西欧、北欧和美国东北部的工人工作时间越来越少。1903 年,萨克森克里米茨肖镇的棉花工人要求:"再给我们一个小时!再给我们家庭一小时!再给我们生活一小时!"即使他们的要求往往并不成功,多年来,他们还是设法把工作时间从 1865 年的平均每年 3190 小时减少到

1913年的2475小时。在法国，1892年的劳动立法将妇女每天工作时间限制在11小时以内，随后几年将进一步减少。1919年1月，西班牙政府规定棉花工人每天工作8小时。[18]

工作时间减少的同时，工资也增加了。在德国，1865年纺纱工人每年平均得到390马克的报酬。1913年，他们每年赚860马克，按实际价值计算的话，增加了53%。在阿尔萨斯，1870年至1913年间工资也有"显著"的增长。1870年，米卢斯的纺纱工每两周赚40到48法郎，1910年赚65到75法郎，按实际价值算，相当于他们工资增长了一倍。在罗德岛，男性织工每小时的工资从1890年的13.5美分上升到1920年的59.8美分；织机调整工人的工资从1890年的每小时18.4美分上升到1920年的79.1美分。即使是一般被排除在正规劳动组织之外，属于非熟练工种的落纱工，他们的工资也有所提高。1890年，男性落纱工的平均日工资为135美分；到1920年，他们的日工资已经飙升到484美分，计算通货膨胀率后则上升了50%，而更需要技术的织机调整员的实际工资几乎翻了一番。[19]

工人不仅通过在工作场所组织的集体行动改善了工资和工作条件，而且还成功地使新得到加强的民族国家通过了改善其福利的立法。德国颁布了一系列有利于工人的立法：1871年以后开始实行义务教育制，12岁以下的儿童不能再在工厂工作，而14岁以下儿童的有效工作时间受到限制。1910年的法律规定，妇女工作日的工作时间不得超过10小时，星期六不得超过8小时，而13岁以下的儿童现在根本不允许工作。马萨诸塞州于1836年通过了第一部劳动法，1877年通过了工厂安全条例，1898年禁止妇女和未成年人夜间工作，可以说实际上禁止工厂夜间开工。瑞士和其他地方一样，劳动法增加了劳动力成本，而早在1877年纺织工人的最长工作时间限制为11小时，禁止妇女上夜班，并宣布雇佣14岁以下的童工为非法。[20]

第一次世界大战后，对雇主征收的税收也激增，这表明对工业资本主义至关重要的国家行政、司法和军事能力的成本在不断上升。事实上，导致战争的紧张局势首先是国家资本、民族国家和国家领土之间日益紧密的联系造成的。越来越强大的国家之间的竞争取决于国家动员其公民组成大规模军队并筹集税收为这些军队提供资金和生产战争物资的能力。国家由于面临获得金钱的压力和来自人民的压力，被迫以民主方式使自己合法化。

对欧洲和北美资本家来说，这种对强大的国家——其实力的主要来源——的依赖现在也是他们最大的弱点，因为国家实际上赋予了工人阶级在工厂车间和政治中的权力。事实上，从资本家的角度来看，国家既是友也是敌。它促成了工业资本主义的兴起，在全球农村动员了劳动力，但也"困住"了资本家，因为工人可以利用进入国家政治的机会，来改善自己的工作条件和工资。因此，曾经主要是全球性的社会冲突（如在圣多明各动员奴隶影响到英国棉产品制造商的利益）或地方性的社会冲突（如印度农民拒绝在英国棉花种植园劳动）现在越来越成为国家性的冲突。

在英国、欧洲大陆和北美工业革命的核心地区，生产成本不断上升，加之残酷的价格竞争，反过来又削弱了棉花制造业一度惊人的赢利能力。从1890年起，美国北方制造商抱怨利润下降。一位作者报告说，1900年至1911年间，德国棉纺公司的分红仅在4%至6%之间徘徊，与英国企业家一个世纪前所获得的利润相差甚远。位于兰开夏郡中心的奥尔德姆和罗奇代尔的纺织工业，资本平均回报率很低：1886年至1892年为3.85%，1893年至1903年为3.92%，1904年至1910年上升至7.89%。英国棉花资本家被此前数十年的巨额利润宠坏了，在20世纪20年代经历了"纺纱业利润率的迅速下降"。[21]

在世界一些地区，制造商通过投资改进生产技术来应对工资上涨。新的纺纱机和织布机提高了每名工人的产量，例如在德国，1865年至1913年间纺纱的生产率增加了两倍多，织布的生产率提高了六倍。这种生产率的提高意味着工资在总生产成本中所占的比例在下降。在德国，纺纱业工资占总成本的比例从1800年的78%下降到1913年的39%，而在织布业，工资所占的比例下降没那么惊人，从77%下降到57%。

但是，面对制造商无法控制其他投入特别是原棉价格的问题，工资成本仍然很重要，因此对赢利能力产生了重大影响。毕竟，到1910年，中国工人的工资只有英国工人的10.8%，美国工人的6.1%，而中国工人的工作时间几乎是新英格兰工人的两倍——两者分别为5302小时和3000小时。更多地方都出现了这种低工资竞争，而且这影响深远。例如，到了20世纪20年代，来自捷克和俄国生产商的竞争被证明是对德国棉花产业的威胁。从长远来看，棉花制造业成了一场"竞相探底"的竞赛。[22]

制造商试图对这种压力作出反应，求助于他们越来越强大的政府，使本国工业与全球竞争隔绝开来。德国的棉花工业依赖一个复杂的关税制度，以满足其棉花工业具体部门的具体需要。制造商也组织起来，例如1870年，他们建立了南德棉花工业家俱乐部（Verein Süddeutscher Baumwollindustrieller），他们还成功地游说国家支持自己的利益要求，《德意志经济通讯》（Deutsche Volkswirthschaftliche Correspondenz）便认为关税保护是让德国工业能够承受进口压力的唯一手段，而印度、中国或埃及制造商就无法获得这种好处。这种关税保护在其他地方也很重要。意大利通过1878年和1888年的棉花关税有效地保护了本国市场。在法国，应其棉产品制造商的要求，自19世纪80年代以来，越来越保护主义的关税提高了棉花产业的利润，尤其是自1892年通过了《梅利纳关税法》（Méline Tariff）以来。[23] 19世纪后半叶，美国的保护主义制度也在加强。1861年的《莫里尔关税法》（Morrill Tariff）提高了对进口棉花的关税，1883年的关税法降低了对廉价棉产品（美国制造商容易生产的种类）的关税，却提高了对更高品质棉花的关税，这一趋势延续到1890年的关税法。

从19世纪"第二次奴隶制"的灰烬中产生的新帝国主义现在给一些人带来了红利，帝国主义市场也变得越来越重要。在一段时间内，它给加泰罗尼亚制造商带来了利润，19世纪80年代，加泰罗尼亚制造商获得了在西班牙剩余的殖民地中的保护性经营权，包括垄断了古巴市场。它也让进入中亚地区的俄国棉花工业家获利甚多。它保护英国制造商免受印度竞争。即使在美国，在爱德华·阿特金森等棉产品制造商的要求下，政府也积极帮助制造商进入国外市场，特别是拉丁美洲，因为拉丁美洲是美国一半棉花出口的目的地。[24]

尽管欧洲和新英格兰的棉产品制造商拼命地努力保住他们在全球棉花帝国中的崇高地位，但不断上升的劳动力成本是一股强大的反作用力量。

由于劳动力和资本的国家化带来的机会和限制，劳动力成本上升，这为世界上劳动力成本较低、受国家管制较少的地区的制造业开辟了新的可能性。

因此，20世纪全球南方欢迎世界棉花工业回归，扭转了长达一个世纪的背离的势头。起初，这一回归的态势几乎是不可见的，直到1900年，它只是地平线上的一个闪烁，但到了20世纪20年代，它已成为广泛辩论的对象，尤其是在英国和新英格兰，这些言论往往带有危言耸听的意味。[25] 举一个例子，伦敦《泰晤士报》1927年报道：

> 自从60年代美国内战造成的骇人听闻的棉荒以来，[兰开夏郡的从业者]遭遇了最糟糕的境况。造成这种惊人下降的主要因素是远东各大市场——印度、中国等——的衰落。1913年远东地区吸收了我国出口总额的61.6%，1925年这一比例下降到41.8%。在印度和中国，国内生产都有很大的增长。在这两个国家，迅速扩张的日本棉花产业正在逐步取代英国进口产品。迄今为止，日本工业实行两班制，每周工作120小时，而兰开夏郡的最高工作时间为48小时。[26]

大约在同一时间，马萨诸塞州州长詹姆斯·迈克尔·柯利（James Michael Curley）准确预测到，如果没有联邦大规模干预，新英格兰棉花将面临产业的彻底毁灭。1935年，当地工业代表策划了一场"购买美国产品"的运动，以削弱日本进口的威胁。柯利会见了棉产品制造商，他们提出了削减马萨诸塞州工资的计划，以缩小美国南方和北方之间巨大的工资差距。尽管有这些抗议，北大西洋棉花的时代也已经结束，它自诩的生产力和国家赞助都无法与巨大的工资差距和全球南方新兴民族国家相提并论。[27]

棉花制造业向全球南方转移的过程和许多产业的中断一样，都是始于美国。与欧洲不同，它的工人阶级从来没有这样地国家化。美国的劳动力市场高度隔离，在本国领土上工资差别很大。由于内战后失去奴隶的奴隶主与工业资本主义之间的特殊和解方案，美国在自己的领土上创造了一个全球南方。美国也有自己的全球南方资本家阶层，他们和印度资本家一样，在原棉贸易中积累了财富，准备将其中一些投资到制造业企业。美国有着广阔的领土，同时南北之间政治、经济和社会的整合非常有限，这两者不寻常的结合是欧洲资本家羡慕的对象，也是欧洲棉产品制造商全球命运的第一个预兆。[28]

到1910年，美国南方的棉花制造业已位居世界第三，仅次于英国和美国北方各州。这是一个惊人的现象。内战结束时，前邦联各州几乎没有任何重要的棉花制造业，直到1879年，北方的纱锭数量还是南方的17倍。然而，在19世纪80年代，南方的经济增长率飙升至每年17.6%，19世纪90年代达到19.1%，20世纪前十年达到14.3%。可以肯定的是，北方各州的棉花产业也在继续增长，但增长速度明显放缓，每年增长4%左右。到20世纪20年代，北方工业首次出现萎缩，1925年，美国南方的纱锭比北方多。到1965年，南方与北方的纱绽量比率为24比1，彻底扭转了命运。[29]

棉花工业大规模迁往美国南方始于数十年前，以1881年亚特兰大国际棉花博览会（International Cotton Exposition）为起点。在那里，棉花机械被卖给了"博览会棉纺厂"（Exposition Cotton Mills），而这些博览会棉纺厂后来实际上成了运转正常的棉纺厂。由于拥有大量廉价劳动力和地方及地区政府的支持，新兴的地方制造商在短期内又开设了更多的工厂。根据一份行业出版物的说法，宽松的劳动法、低税收、低工资以及没有工会，使得美国南方对棉产品制造商来说很有吸引力，"在那里，劳动鼓动者没有这样的权力，制造商也不会被新的烦人的限制措施所骚扰"。因此，1922年至1933年期间，马萨诸塞州有大约93家棉纺厂关门；仅1922年之后的六年里，马萨诸塞州的棉纺织业从业者就减少了40%。在福尔里弗，1920年后的十年里，该市一半的棉纺厂消失了。[30]

美国南方棉花生产的突然扩张并不能完全由那里邻近棉花种植地来解释。事实上，获得棉花的成本略有降低，但因为制成品要运往北方市场，这些成本差别会被抵消掉。美国南方成功的秘诀是大量廉价的劳动力。奴隶制的破坏和随之而来的农村转型为棉花厂创造了一个庞大的、顺从的低工资工人群体，最初主要是白人农村工人，他们曾经是佃农，后来是非裔美国工人，其中大多数以前是收益分成的佃农。正如一位同时代人所观察到的，南方棉花种植者离开农场就像"就像老鼠逃离下沉的船一样"。因此，1922年马萨诸塞州劳动和工业部的一项研究显示，马萨诸塞州棉纺厂工人的平均小时工资为41美分，而北卡罗来纳州为29美分，佐治亚州为24美分，南卡罗来纳州为23美分，亚拉巴马州仅为21美分。[31]

　　支付给这些工人的低工资甚至还可以更低，因为棉纺厂可以吸引大量非常年轻和非常廉价的工人，这是美国工人阶级全国整合程度较低的直接结果。1905年，南方棉纺厂23%的工人年龄在16岁以下，而北方各州只有6%。由于没有国家标准，人们在南方的工作时间也更长，每周工作64小时，甚至75小时都不少见。事实上，棉花实业家对南方各州政府的影响力，以及19世纪80年代开始的对当地大部分工人阶级投票权的剥夺，使得劳动法比联邦其他州要宽松得多，而这也正是全球南方新兴棉花产业的一个显著特征。此外，棉花工业化得到各州政府的有力支持，各州的议员和州长都易于向组织起来的工业家的巨大影响力和权力屈服。[32]

　　由于意识到成本上升和利润下降，欧洲的棉花资本家也寻求转移到工资成本较低的地方。但是，没有一个国家能够直接效仿美国的模式，因为其他工业国家的内部都没有这种不均衡的地区状况，也没有奴隶制的遗留问题。不过，英国也有一些试探性的投资，比如在印度。其他英国公司则在奥斯曼帝国投资制造业，特别是在伊兹密尔和伊斯坦布尔周围，以及葡萄牙和俄国。在中国，外资企业变得很重要，尤其是日资企业，但也有少数企业由英国和德国投资者经营。在埃及，英国企业家于1894年创建了埃及棉花制造公司（Egyptian Cotton Manufacturing Company），1899年又建立了亚历山大港英埃纺织公司（Alexandria Anglo-Egyptian Spinning and Weaving Company），一年之后接着创建了开罗埃及棉纺有限公司（Cairo Egyptian Cotton Mills Limited）。法国投资在墨西哥棉花业占有重要地位。20世纪前几十年，英国、比利时和荷兰的企业家在巴西开办了工厂。德国纺织品制造商也在工资较低的地区投资。德国棉花资本的主要出口地之一是波兰，尤其是罗兹周边地区，萨克森莱比锡市商会称之为"我们德国,特别是萨克森纺织工业的分支"。这个"东方曼彻斯特"在1870年到1914年间经历了一个繁荣的时期,出现了大型工厂,如卡尔·沙伊布勒工厂(Carl Scheibler's),有7500名工人在那里工作。[33]

欧洲和北美前核心制造业地区的棉花工业家在动员起来的工人和民主国家的双重压力下,先是摇摇欲坠,最终完全倒下。作为资本家,他们也感受到了新兴产业中新的投资机会的吸引力。反之,全球南方的资本所有者意识到工业资本主义的利润潜力,并在自己的后院发现了机会,即低成本劳动力。这些企业家往往周围有很多纺织生产经验丰富的工人,能够获得现代纺织技术,并且是本国市场的主要操纵者,几十年来常常出售进口棉花制品。与艾哈迈达巴德的企业家一样,他们明白,工业资本主义要想赢利,就需要强大的国家来建设基础设施、保护市场、实施产权法和维持有利的劳动力市场。他们在建设国家机构的过程中,遇到了越来越多的活动家,随着民族独立运动的兴起,这些活动家也意识到了充满活力的工业经济中蕴藏的力量。19世纪头几十年在欧洲和北美如此成功地建立起来的工业资本主义模式现在在全球南方生根发芽,激发了资本家和国家建设者的想象力,并重塑了全球经济的地理格局。[34]

在英国的榜样的启发下,关于工业资本主义的思想早在19世纪初就传到了世界的各个角落。在德国、埃及、美国和墨西哥的棉花革命期间,每个国家的政治家和资本家,例如弗里德里希·利斯特、穆罕默德·阿里、坦奇·考克斯和埃斯特万·德·安图尼亚诺,都曾参与这些讨论并从中得出一些政治结论。到了19世纪末,欧洲以外的其他国家也注意到了这一点。面对进口棉纺织品对国内手工业的压力,并且有着建立工业经济的愿望,巴西、日本、中国和其他国家的政治家和资本家寻求用国内生产取代进口的办法,他们这次以一种独特的方式把国家建设和资本积累的努力结合起来。

世界各地到处都有关于如何抵御欧洲帝国主义,以及如何通过建立制造业来获取利润的辩论。早在1862年,中国商人郑观应就出版了《盛世危言》,提倡工业化。35年后,企业家张謇追随了他的脚步。张謇对大量棉纱和棉布进口表示关切，特别在1895年《马关条约》允许建立外商独资棉纺厂的规定之后，他主张国内工业化，并且付诸实际行动，在自己的故乡南通建立了纺纱厂。他说："世人皆言外洋以商务立国，此皮毛之论也。不知外洋富民强国之本实在于工……故尤宜专意为之……但能于工艺一端，蒸蒸日上，何至有忧贫之事哉！"[35]

张謇是全球南方诸多思想家的一员，其他的还有中国的陈炽和薛福成，他们都试图重新审视自己的国家在全球经济中的角色。他们专注于恢复国内市场，抵消去工业化进程，引进西方技术，以及像利斯特、阿里、考克斯和安图尼亚诺一样，诱使国家支持工业化。他们认为工业进步等于国家进步，因此希望保护地方工业不受进口的影响。1881年巴西工业协会（Brazilian Associação Industrial）观察到："本地生产的粗棉受到外国竞争者的挑战，如果不能通过立法措施帮助该行业，迄今为止投入的所有努力和资本都将付诸流水。"他们明确提到德国和美国的保护主义，呼吁国家支持这块"年轻土地"上的制造业。他们认为，建立棉纺厂不折不扣地就是"一项爱国事业"。[36] 同样，日本内务省劝业寮的井上省三在1870年考察德国时得出的结论是：

> 我想让我国和欧美国家平等……在研究今天西方各国之所以国富兵强、文明昌盛的缘由，研究世界历史和地理的过程中，我意识到财富的来源必然是技术、工业、商业和外贸。要运用这些认识使国家富强，我们必须首先教导人民从事工业。然后我们可以生产各种各样的商品用以出口，然后进口我们缺少的商品，从国外积累财富。[37]

从日本到印度，从西非到东南亚，这种思想成了反帝国主义言论的支柱。这些思想家希望，强大的民族国家有朝一日能保护国内制造商，建设基础设施，动员劳动力，帮助制造商占领出口市场。有点讽刺的是，反殖民主义的民族主义常常要从殖民主义吸取教训。[38]

然而，将这些想法付诸实践仍然困难重重。首先，初露头角的实业家必须牢牢控制国家权力的杠杆，战胜与之竞争的精英阶层。例如，在美国南方，棉产品制造商只是因为蓄奴精英失去权力才能支配州政府。在巴西、日本和其他地方，与对立的农业精英阶级的斗争要旷日持久得多。

例如，与该地区的明星产业墨西哥的棉产业不同，尽管有着庞大的棉产品市场，当地资本积累丰富，而且外国进口量很大，巴西的棉花产业在19世纪90年代之前一直很虚弱。1866年，巴西只有9家纺纱厂，15 000个纱锭，大多数纺织品要么是进口的，要么是在种植园生产的。在接下来的几十年里，工厂的数量增长非常缓慢，但随后可以说是爆炸式发展。到1921年，该行业有242家棉纺厂，1 521 300支纱锭，57 208台织布机，雇用工人108 960人。棉花业继续发展，到1927年大萧条前夕，它有354家工厂。[39]

1892年后的30年被称作巴西棉花制造业的黄金时代。1888年巴西废除奴隶制之后，制造业精英对政府产生了更大的影响，并设法制定了有利于他们的政策，特别是关税政策。1860年，棉花的关税一直处于进口价值的30%以下，1880年关税增加了一倍，达到60%左右，经过长期的斗争，1885年又增加到100%。1886年、1889年和1900年，关税进一步上升。1900年的保护主义关税维持了近30年，为制造商创造了一个利润丰厚的受保护市场。因此，到1920年，巴西使用的所有棉产品中有75%至85%是在国内纺制和织造的。正如一个英国人在1921年遗憾地说的那样："25年前，巴西是曼彻斯特的一个极好的市场。先是走私货退出了，现在所有这些商品都是在这个国家内生产的，只有最好品质的产品才需要进口。"[40]

到19世纪90年代，巴西制造商以符合自身利益的方式帮助塑造了国家。与此同时，与欧洲和新英格兰的竞争对手不同，他们依然能够获得极其廉价的劳动力。绝大多数工人来自"当地孤儿院、育婴室和救济院，以及城市中失业的城市阶层"。工厂中充满了低至10岁的儿童以及妇女。直到1920年，当工厂的最低法定就业年龄提高到14岁时，工厂里依然还有年龄小得多的儿童在工作，有时妇女和儿童每天工作14小时甚至17小时。一位讽刺的同时代观察家是这样评论的，巴西儿童"在形成性格的关键时期，去从事儿童的辛苦工作，甚至还能帮助他们养成良好的勤奋习惯"。[41]

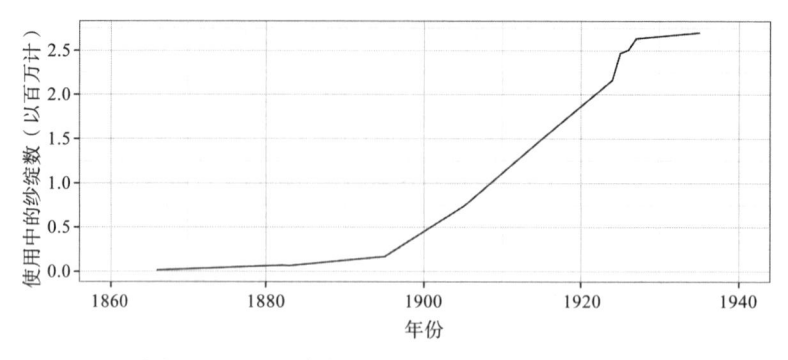

奴隶解放后，巴西棉花产业腾飞：1866—1934年纱锭数。

廉价的劳动力和关税还和更具活力的市场结合起来。早先的奴隶制抑制了国内市场，因为许多种植园本身会生产粗制纺织品，而自由劳工移民则由于来自奴隶劳工的竞争而停滞不前。现在，大量移民涌入巴西，他们与刚刚获得解放的农业工人一起，开始在国内市场上购买纺织品。因此，巴西最终和该区域领先的棉花生产国墨西哥一起，走向了棉花产业工业化的道路。（由于国家保护主义政策，墨西哥的工业继续扩大。）这种模式从巴西传到了邻国阿根廷，1906年阿根廷开设了第一家棉纺织厂。在那里，促进棉花工业化也成了一个国家努力的项目。[42]

日本棉花制造业经历了更大的繁荣。事实上，日本在短短几十年的时间内就成为世界上主要的棉产品生产国之一。[43]日本与巴西的历史在19世纪后期有一些共同的特点：这两个国家都没有受到直接殖民统治，但都受到外国的重大影响。它们面临着巨大的棉花纺织品进口的压力。它们的经济精英原来所根植的政治经济条件与国内工业化经济完全不同，但这些精英能够看到新的因素正在出现，这改变了他们的收入来源和他们阶级的政策偏好。在19世纪与20世纪之交，他们准备好对国家进行革命性的变革，这种变革由于结果的巨大差异而同样具有革命性。

日本从事机械化棉花生产的历史比巴西晚，但是开端同样不利。1867年，九州鹿儿岛的萨摩藩领主从英国进口了6000个纱锭。另外两个小工厂同时开业，一个在堺市，另一个在东京附近。由于1858年的《日美友好通商条约》（Treaty of Amity and Commerce）强行开放日本市场，面对大量进口纱线，这些开拓性项目均未取得商业成功。[44]

面对这些失败，以及进口棉花产品日益高涨的浪潮占据了日本三分之一市场的现实，日本政府开始在促进棉花工业化方面发挥更积极的作用。1868年明治维新使日本政权更加集中和现代化，将德川幕府一度分散在各封建领主的权力集中；德川幕府在日本已经有270年的历史。从19世纪70年代起，这个新的民族国家开始推行一项更为积极的促进工业发展的政策，而棉花在新统治者的心目中占据首要地位。日本国会议员解释说："因为日本人聪明，而且肯为低廉的工资工作，他们必须从国外购买简单的物品，进行加工之后，然后把它们运到国外。"而棉花非常适合这个项目。同其他地方一样，来自西方帝国主义的压力促使制造业成为一个民族主义项目。[45]

1879年至19世纪80年代中期，内务省大臣伊藤博文组织了10家纺纱厂，每家配有2000个纱锭，都是从英国进口的，并且还给予当地企业家以优惠条件，从而扩大了国内纺纱能力。这些工厂作为商业企业都很失败，因为它们生产规模太小，无法赢利。但与其前辈不同的是，这些工厂采取了新政策，这些政策成为日本工业化成功的关键因素：转而采用更便宜的中国棉花（取代国产棉花）；试验性劳动制度，这将长期影响日本纺织工业的未来的结构（如昼夜轮班制，这使成本优于印度等竞争对手）；鼓励政府管理人员自己成为企业家。此外，这些工厂创造了低工资、苛刻劳动制度的"意识形态根源"，吸收工资还不足以维持生计的妇女，口头上承诺非常诱人的家长式的照顾，以及将权力从武士和商人转移到管理人员和工厂主身上。[46]

日本有着悠久的棉纺织业的历史，可以缓解这样的迅速工业化所带来的冲击。几个世纪以来，日本农民在家庭中种植棉花，纺纱织布，用于国内消费和当地市场。到19世纪，农村出现了蓬勃发展的外包制产业，在日本被迫开放通商之后，这一产业最初因廉价的进口纱线而得到巨大的推动。[47]

到1880年，政府组建的棉纺厂证明了机械化纺织是可行的，在致力国内工业化的国家的支持下，商人创建了更多更为实质性的工厂。那一年，私有的第一国立银行的负责人涩泽荣一支持大阪纺纱会社（Osaka Spinning Co.）成立，该公司将于1883年开始运营，配备有10 500个纱锭。它从一开始就赢利。受到鼓舞，其他人也纷纷效仿，开设了几个规模相近的工厂。这些工厂聘用的都是英国培训的日本工程师，都是以公司制设立，并从贵族和富有的商人那里获得资本。这些新工厂的产品在价格和质量上都超过了英国的进口货。事实上，早在1890年，日本的纺织厂主就能够主宰本国市场，到1895年，手工纺纱几乎完全消失。这种成功的纺纱工业化反过来又允许农村的织布业进一步扩张。[48]

然而，在日本形成的这种工业资本主义并不仅仅是民族主义政治家的产物：新兴工业利益集团对国家施加了巨大压力，并很早就组织起来协调政治助力。1882年，日本纺纱工会（Spinners' Association）成为一个主要游说团体，向政府施压，要求其采取有利于棉花工业化的政策，最重要的是停止对原棉征收进口税（该税是为了保护日本棉农），并停止对纱线征收出口费。1888年，大日本棉纺工会（Greater Japan Cotton Spinners' Association）也宣告成立。事实上，工业家帮助建立了支持他们利益的国家。资本家和统治者之所以能够实施这些经验，是因为他们战胜了敌对的精英，同时没有任何重大的民主群众运动来挑战他们对国家的控制。[49]

一个致力于国内政治经济中实现工业化的强大国家对日本而言至关重要，但重要的方式与巴西截然不同。关税起初在日本工业化进程中没有发挥作用，因为西方列强强加给日本的国际条约排除了保护主义，1911年以前确实没有关税保护。然而，国家在引进新技术方面发挥了关键作用，或许更重要的是，帮助日本资本家进入外国市场，因为日本的劳动力成本极低，他们在这些市场非常有竞争力。各县政府建立了"工业实验室"，调查外国市场的特殊需求，并向纺织公司提供蓝图，说明哪种布料将在哪里销售——就像法国和英国政府在18世纪所做的那样。日本政府还收集了市场信息，包括领事官提供商业报告、参加工业展览、派遣贸易代表团、"派遣特定学生到外国研究特定行业，观摩国外商品展览中心……1906年起派出出口同业联盟，1910年起设置贸易专员，并且鼓励出口商出国考察"。此外，政府还充当对工业成功至关重要的各种债务的最终担保人。[50]

日本政府获得了支持当地棉花工业家的能力，部分原因是它从战争中获得了战利品。事实上，日本的故事再次证明了殖民扩张和工业资本主义之间的紧密联系，可以说这两者是相辅相成的。日本在1894—1895年中日甲午战争中获得的赔偿（主要是土地掠夺）被用来补贴国家的航运业，从而帮助棉花出口，增强了政府向国家贸易公司提供信贷的能力，并使得国家可以放弃原棉进口关税的收入，原棉进口关税在1896年被取消，使行业的基本原材料价格下降。[51]

中日甲午战争最具决定性的影响之一是它还使得日本获得了新市场，这些市场不久将对日本的工业化至关重要。在1929年中国获得征收关税的能力之前，中国一直都是日本最重要的纱线和布料买家。到1894年，中国消费了日本全部出口产品的92%，到1897—1898年，棉纱出口，特别是对中国的出口，占日本纺纱总产量的28%。在第一次世界大战期间，由于英国制造商被排斥在中国市场之外，日本对中国市场的渗透加深。当纱线出口下降时，棉布出口扩大。事实上，1903年至1929年间，日本棉布出口的一半以上流向了中国。[52]

20世纪20年代，日本出口到印度的棉布所占比例也从1926年的约12%增加到1932年的约50%。同样，一个致力于工业化的国家至关重要：日本政府对印度的英国殖民政府施加政治压力，以便利他们进入印度市场。随着印度棉花种植者开始依赖日本出口市场，尽管兰开夏郡制造商反对，但日本政府还是能够谈判成功，使得印度降低进口制成品的关税壁垒。1930年，由于兰开夏郡的压力，印度政府开始对从日本进口的棉产品实施差别待遇，日本棉产品制造商决定抵制从印度进口的原棉。这给印度带来了麻烦，因为上交伦敦的款项是由这些出口所得支付的。在1933年的印日贸易谈判中，这些分歧得到了调和，允许货物从日本更自由地流入印度，反之亦然。1913—1914年间，日本向印度出口了700万码棉布；1933年，日本出口了5.79亿码。[53]

对于日本的成功来说，低成本劳动力与国家的支持同样重要。日本棉产品制造商和其他地方的制造商一样，花了很多时间思考"劳动力问题"。日本工厂的劳动力成本甚至低于印度，大约是兰开夏郡工厂的八分之一。

最初，工厂从附近招聘工人，但随着时间的推移，它们越来越依赖从更远的地方招聘工人的招聘人员，这些人实际上是在农村到处寻找贫苦的农村家庭。[54]

妇女尤其被赶出农村，进入工厂工作。1897年，日本棉花厂中79%的工人是女性。这些妇女大多年龄很小，在15至25岁之间，还有15%不到14岁。她们通常从13岁开始工作，工作到20岁，因为结婚而退出。对这些女工本身而言，在工厂就业是她们生命中的一个特殊时刻，这既与她们在前工业时代在家庭内部纺纱织布的角色有关，也往往是为了积累嫁妆储蓄。日本制造商早期采用环锭纺纱技术，这种技术主要需要非熟练劳动力，这也大大促成了大批年轻妇女进入工厂。[55]

这些年轻妇女受到极端的剥削。除了她们的家人可能提供的保护，大多数人都住在工厂旁边的宿舍里，公司宿舍是监视和纪律处分的地方。（这种情况与近一个世纪前马萨诸塞州洛厄尔的情况十分相似。）1911年的一项研究发现，工人经常共用床铺，每人的面积只有27平方英尺。为了遏制高劳动力流失率，企业采用了家长式的花言巧语，有时还采取了更为实质性的家长式政策。对公司来说，上下班时间短与对劳动力的全面控制可以使自己能够最大限度地利用自己的劳动力，它们实行两班制，每班工作12小时，通过让机器连续运行来充分利用资本开支。[56]

国家通过不给棉花行业工人任何保护性立法，使这种来自低工资的竞争力成为可能。1911年的《工厂法》在1920年才扩大到纺织工业中的妇女和儿童。日本工厂主的集体行动将保护性劳动立法推迟了40年——毫无疑问，这也是由于投票权仅限于有资产者。[57]

妇女抵抗这种状况的主要策略是潜逃，这与埃伦·胡顿一个世纪前在兰开夏郡埃克尔斯纺纱厂采用的策略一样。实际上，离职率非常之高，1897年，40%的工人在就业后6个月内离开工厂。1900年，关西地区只有不到一半的纺纱工人为雇主工作了一年多。雇主的反应是在夜间关闭寄宿处，禁止妇女在空闲时间离开寄宿处，并扣留部分工资，直到合同期满才清算工资。[58]

由于这种极其廉价且无投票权的劳动力的供应，日本棉花工业继续迅速扩张。[59] 到 1902 年，国内生产基本上取代了进口。到 1909 年，日本纺纱厂已成为世界第五大原棉消费者。纺纱集中在大型工厂，而包括手摇织布机织造在内的织布则继续在农村蓬勃发展。有多个小企业家开始组织劳动力，到 20 世纪 10 年代和 20 年代，他们通常非常小的工厂里开始引进动力织布机。此后，棉花产业的产值继续增加，从 1903 年的 1900 万日元增加到 1919 年的 4.05 亿日元。1920 年至 1937 年是日本棉花产业的黄金时期。1933 年，日本的棉布出口首次超过英国、法国和德国，成为仅次于英国和美国的世界第二大棉花强国。到 1937 年，日本已经占领了 37% 的全球棉布交易市场，而英国只有 27%。由于日本棉花生产的激增，亚洲作为一个整体，在中断约一个半世纪后，再次成为棉花净出口方。[60]

美国南部、巴西和日本初露头角的制造商在面临相当大困难的情况下，战胜了竞争的精英阶层，赢得了国家对国内工业化的支持。然而，与全球南方遭遇强大殖民统治者的国家相比，他们所遇到的困难只能是相形见绌。那里的资本家不仅需要与国内的竞争精英或其他社会团体作战，而且还需要与强大的帝国及其经济精英作战，这些帝国及其经济精英决心维持其对殖民市场的控制，反对替代性工业化项目。为了维持这场斗争，全球南方的资本家被迫比其他棉花新贵走得更远，培养民族主义的大众意识形态，并与其他社会团体合作。对他们来说，殖民主义对全球舞台的依赖往往转化为国内毁灭性的弱点。

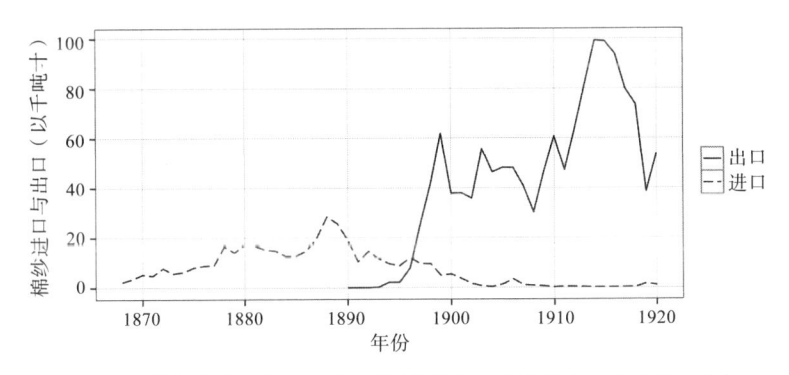

亚洲实业家扭转了局面：1868—1918 年日本棉纱进出口（以千吨计）。

以埃及为例。作为世界上最主要的棉花种植国之一，也是最早推动棉花工业化的国家之一，埃及在20世纪30年代之前一直没能建立起繁荣的家庭手工业。失败并不是因为缺乏尝试。1895年，一些资本家在开罗成立了埃及纺织有限公司（Société Anonyme Egyptienne pour la Filature et le Tissage du Cotton），4年后又有两家工厂开业。这些纺织厂的利润从来都不是很高，它们生产的纱线和布料都被征收了8%的税，而且还需要与进口纺织品竞争，特别是在埃及基本上成为大英帝国的自由贸易附庸之后。1880年至1914年间，埃及四分之一至三分之一的进口商品是棉纺织品，都是在英国纺织而成，英国人获利丰厚。在埃及和其他地方，殖民国家将地方工业化项目放在次要地位，一心只想为欧洲制造商争取出口市场。[61]

第一次世界大战期间，情况开始缓慢变化，新成立的埃及国家纺纱厂（Filature Nationale d'Egypte）短暂繁荣了一段时间。由于预期1930年会有关税改革，工厂进一步扩张，这一改革得到了越来越激烈的民族主义运动的推动。关税改革大大增加了进口税，很快使国内工业化成为可能，特别是在棉花方面。最引人注目的是，热切的民族主义经济学家和企业家塔尔亚特·哈布（Tal'at Harb）先是在1920年利用富有地主的资本创建了埃及银行（Bank Misr），又在30年代初创建了埃及纺织公司（Misr Spinning and Weaving Company），公司资本充足，发展迅速。到1945年，117 272名埃及纺织工人中有25 000人在这家纺织厂纺织棉花。实质上，关税是国家送给"新兴资产阶级"的礼物。[62]

埃及的故事向全球南方的资本所有者表明，他们需要建立一个支持其国内工业化项目的国家，在殖民主义条件下，这种国家是无法建立的。印度比任何其他国家都更能说明这点。表面上看来，印度享有棉花工业化成功的所有先决条件——市场、技术获得、熟练劳动力、低工资和资本丰富的商人。甚至有一个强大的国家统治着印度。战胜相互竞争的精英也证明并不十分困难。尽管如此，在外国殖民势力的主导下，印度实业家在塑造他们如此迫切需要的国家时，面临了不可逾越的障碍。这些障碍最终将使他们陷入反殖民斗争，尽管斗争取得了成功，但也将削弱他们对工人和农民的主宰优势。

正如我们所看到的，印度的棉花产业是在美国内战后出现的，主要集中在孟买和艾哈迈达巴德。事实上，孟买纺织公司（Bombay Spinning and Weaving Company）早在1854年就开始生产，而且到1861年，印度有12家纺织厂。然而，真正的扩张发生在1865年之后，其利用了印度商人在棉花原料价格高涨的年代积累的利润。越来越多的印度资本家被福尔卡特兄弟公司等欧洲经销商挤出了原棉贸易市场，他们转而将资本投向棉纺厂。到1875年，他们已经开了27家工厂。1897年，仅孟买一地就有102家工厂。纱锭的数量也激增，从1879年的150万支增至1929年的近900万支。棉花制造业将主宰印度制造业经济。[63]

印度充满活力的企业家阶层尽其所能利用了英国殖民政府。例如，殖民帝国内部的出口市场受到高度重视，棉花工业的大部分市场位于英国势力范围内——到19世纪90年代，从孟买出口的纱线中有80%流向了中国。[64] 殖民政府还建立了基础设施、法律、规章和经济生活日益融入其中的规则。随着殖民政府推动农村大规模商业化，更具活力的制成品市场出现了，使印度棉产品制造商受益。

印度棉花工业家最初也利用殖民政府来动员劳动力——毕竟，农村内部的变化驱使大量工人进入城市和棉纺厂。1896年间，估计有14.6万名工人在印度棉纺厂工作，1940年则有62.5万名工人在印度棉纺厂工作，对于一个几乎没有其他工厂生产部门的国家来说，这个数字相当大。和其他地方一样，第一代工厂工人仍然与他们所居住的村庄保持联系。对许多家庭来说，派一名家庭成员进城到工厂工作，是保留土地使用权的一项策略。但与棉花帝国的其他地方不同，这些工人大多是男性。印度无产阶级同资产阶级一样，其根源都位于棉花工业。事实上，一般认为"廉价劳动力"是印度最独特的竞争优势，而印度无产阶级是由一个强大的殖民政府的决定性行动创造的。[65]

但是，尽管印度殖民政府毫无疑问对棉花工业化的许多方面至关重要，但殖民政府非常特别，它常常破坏当地的工业梦想 毕竟，它受到的是来自英国政治家和资本家的压力，而不是来自印度的压力。这一特点表现在劳动力方面。和其他地方一样,印度棉纺织厂的工作条件也很糟糕。夏天的工作日持续13到14个小时,冬天持续10到12个小时。工厂的温度通常超过32摄氏度。工厂主为这样的工作条件辩护,用1910年孟买棉纺纱厂主协会(Bombay Millowners' Association)的话来说,他们的工人只是"盲目的工业机器,没有自己的主动性,对未来也没有太大的考虑",这番话和一个世纪前欧洲制造商的辩护词出奇地相似。然而,与日本不同的是,由于政府的干预,工作条件最终得到改善,劳动力成本上升,这表明印度资本家对国家的影响力明显不如日本资本家。1891年的《印度工厂法》(Indian Factory Act)是应兰开夏郡棉产品制造商的要求通过的,该法关注印度的竞争,限制了儿童在工厂工作的时间。1891年和1911年的劳动立法进一步规范了童工和妇女的工作和工时。虽然工作条件和工资仍然糟糕透顶,但印度工厂主仍然反对这些行为,抱怨工人生产力低下,并声称"任何在兰开夏郡朋友的坚持下试图强加给我们的限制性立法都必须受到严厉抵制"。然而,面对英国纺织业者基于自身利益对"孟买工厂工作时间过长和雇用儿童"的抗议,以及兰开夏郡工厂主对出口市场的担忧,他们失败了。在殖民主义条件下驾驭劳动力证明是困难的。[66]

然而,最引人注目的是印度殖民政府在市场准入问题上的特殊性质。以许多方面来看,印度殖民政府取得的最大成功是促进了英国棉花商品的大量涌入,使印度成为兰开夏郡最重要的市场,并严重损害了印度的手工业。[67]因此,工业化和去工业化在印度次大陆相交——正是印度国家的两面性,强有力但受制于外国利益,延误和阻碍了印度棉花工业化。印度资本家不得不与一群强大的外国资本家和政治家分享英国发起的次大陆改革的成果。[68]

从艾哈迈达巴德到北卡罗来纳州罗文县,从彼得罗波利斯到大阪,从大迈哈莱到韦拉克鲁斯,全球南方资本丰富的精英都在试图赶上棉花工业化的潮流,在这样做的过程中,他们了解到了强大的国家对工业化的重要性。如果他们异常敏锐的话,他们会意识到欧洲和北美棉花资本正在呈现的弱点,这些弱点同样植根于后者与民族国家的紧密联系。这些全球南方的资本家的经历完全不同。在巴西、美国南部和日本,他们成功地战胜了竞争的精英，然后建立了一个对他们的需要作出反应的国家，而在埃及和印度，国内工业化项目遇到了一个强大的障碍——殖民政府本身。但是，无论全球南方的资本家在全球棉花工业中成功地为自己找到了一个怎样的生态位，他们能够这样做是因为两个进程同时出现：第一次工业革命核心国家中的社会冲突的国家化，这增加了劳动力成本；在全球南方建设有利于国内工业化项目并降低劳动力成本的国家。在中国，这些故事汇集在一起。

棉花工业化进入中国的时间比美国、日本、印度或巴西晚。这并不是因为中国缺乏棉花制造经验、难以获得原棉、缺乏市场或资本，或无法获得现代制造技术。我们知道，中国拥有世界上最古老和最大的棉花生产复合体之一，事实上，直到19世纪中叶，中国农民才是全球最重要的棉花种植者，而且几乎所有棉花都在国内制成纱线和布料。相应地，棉花纺织是中国最重要的生产活动。[69]

尽管棉花工业化有这样理想的先决条件，机械化只是在19世纪末才开始。在某种程度上，中国充满活力的传统棉花制造业使工业化变得更加困难。就像19世纪以前的大部分棉花地带一样，中国农村的数百万农民生产棉花供自己或附近的市场使用，没有什么压力去做别的事情。直到19世纪中叶，有45%的农户生产棉布。此外，西方帝国主义开始对中国的条约口岸施加压力，在19世纪下半叶用棉纱和棉布淹没了中国。欧洲商人和欧洲政府（以及美国的）对中国施加压力，要求其进入市场。例如，1877年的《芝罘条约》规定了进一步开放沿海和沿江港口城市，并废除了厘金。1877年，一位西方商人说："外国商人已经耐心地等待着达成这些目标好久了。""在他看来，这对他与中国贸易的成功发展至关重要。"事实上，市场渗透是所有帝国主义国家明确表达的政治目标。结果，中国的棉花进口量大幅度增加，在19世纪80年代至20世纪10年代期间，纱线进口量增加了24倍，布料进口量翻了一番。1916年，美国商务部称中国为"世界上最大的棉纱市场"，包括对美国制造商而言。起初，中国进口的棉纱和棉布绝大多数来自英国和美国。1900年以后，进口主要来自日本制造商。[70]

中国市场开放是因为帝国主义列强的压力，即北大西洋列强致力于为本国工业家打开市场而施加的压力。例如1882年，美国向上海派遣了一艘炮舰来支持其棉花利益。4年前，彭汝琮创办了上海机器织布局，并于1882年获得了10年的垄断地位。当美国商人，弗雷泽公司（Frazer and Co.）的负责人威廉·韦特莫尔（William S. Wetmore）打算找中国投资者另外开一家竞争工厂时，上海机器织布局立即请求中国政府捍卫自己的利益。有人对这家美国公司的两名主要中国投资者发出了伪造的逮捕令，两人都吓得躲藏了起来。新上任的美国驻华公使决定，现在是时候"向中国人表明，我们是一个有力量维护我们的条约权利的政府"。根据切斯特·阿瑟（Chester A. Arthur）总统本人批准的命令，美国炮艇"阿舒洛特号"迅速进驻上海过冬。[71]

中国国家官僚机构和资本家面临大量进口，面临从机械化棉花生产中获利的诱人前景，有着在西方帝国主义列强之前加强国家实力的愿望，这些现代化的精英开始支持国内工业化项目。作为这个项目中不太可能的盟友，他们与外国企业家合作，特别是日本的企业家合作，后者在寻找越来越便宜的劳动力的过程中，对中国棉花产业投入了大量资金。他们共同创造了世界上发展最快的棉花产业之一。

正如我们所见，中国第一家现代化的棉纺织厂上海机器织布局于19世纪80年代初开始运营。起初，这个行业发展缓慢。到1896年，全国只有12家工厂，拥有41.2万支纱锭。20年后，这一数字上升到31家工厂，纱锭略多于100万支。接下来是第一次世界大战，它对中国棉花产业化起到了类似于拿破仑战争125年前对欧洲大陆所产生的那样的作用，对整个亚洲棉花业也是如此。它所造成的保护主义影响创造了一个工厂建设热潮，到1925年，全国有118家工厂，配备有300多万支纱锭，雇用了252 031名工人，其中一半集中在上海。1914年以后中国棉花生产的增长确实是世界上最快的。从全球来看，1913年到1931年间，锭子数量增长了14%，但在中国，锭子数量激增了297%，是同期全球增速的20倍。以1913年为基准年，到1931年，中国的锭子数增加到397%，日本增加到313%，印度增加到150%，美国增加到106%，而俄国下降为99%，英国下降到99%，德国下降到97%。机械化织机的情况也是如此，1913年至1925年间，中国的机械织机数量增加到了3倍多，日本增加到了近3倍，但英国略有下降。[72]

到20世纪20年代初，中国棉纱制造业在国内市场上占据了主导地位，到1925年，中国棉花出口量超过了进口量。1937年，中国在棉纱和棉纺织品上再一次自给自足：1875年，中国98.1%的纱线仍然是手工纺纱的，但到1931年，只有16.3%的纱线是手工纺纱的，而几乎所有的纱线都来自国内工厂。棉花已成为中国最重要的工业；作家施宗树说："上海正在迅速成为远东的曼彻斯特。"[73]

中国的棉花工业和其他地方一样，也是利用了廉价劳动力；事实上，中国的劳动力比包括日本在内的世界上其他地方都便宜。1916年，当美国商务部报告中国棉纺厂的情况时，发现成千上万的工人昼夜轮班工作，周日只有12小时的休息时间。他们的工资约为每天10美分。中国的工作时间"比世界上任何其他国家都长"，而且没有童工法，是世界上成本最低的棉花生产国。甚至孟买的棉纺厂主也害怕中国的竞争，这主要是因为，与他们不同的是，中国的棉花工业"完全不受工厂限制性法规的约束"。[74]

即使是在低成本劳动力的情况下，中国的棉产品制造商也明显偏好最便宜的工人，即妇女和儿童。到1897年，这些纺纱厂79%的工人是女性，15%的工人是14岁以下的男孩和女孩。如前所述，虽然在19世纪初妇女还不能进入工厂，但是到了19世纪90年代，农村发生了很大变化，再加上廉价进口棉纱的变化，妇女开始成为劳动力。无论是女是男，农村移民都是劳动力的核心，他们往往是直接从农村雇来的，还往往面临着重大胁迫。工厂里大权在握的男性工人，也就是所谓的"拿摩温"，收取"礼物"才肯雇佣他们。工人，特别是妇女，往往是卖身的，因为非常贫穷的家庭会把女儿卖到工厂做工，她们的工资至少部分由他人控制，其地位与卖身劳动非常相似，而且很难逃脱。[75]

中国棉花产业崛起的另一个决定性因素是政府的支持。政府认为，中国需要棉纺厂来抵抗外国压力，他们利用有限的国家能力为这些企业提供战略支持。就像在日本和其他地方一样，政府这样做是因为受到来自越来越有组织、已经动员起来的城市经济精英的压力。中国政府通过在棉纺厂派驻强有力的警察部队甚至军队来镇压工人的集体行动，帮助降低了劳动力成本。20世纪20年代，上海棉纺工厂主在国民党领袖蒋介石的支持下，谋杀了数以千计的左翼劳工领袖。但国家在其他方面也很重要。它有时授予某些企业垄断权以吸引资本，有时国家也会提供一位作者所说的"官僚资本"，使工厂得以开办。省政府承诺低税收和其他支持，还会提供贷款，有时甚至还提供机器。但是，政府的财政能力还有力量都相当有限，尤其是因为1895年中日甲午战争失败后，中国背负了赔偿的重担。直到20世纪20年代和30年代，中国民族主义者呼吁抵制日货，然后在1929年后，中国恢复了1842年即失去的关税自主权，中国的工业家才开始有效地竞争。[76]

与日本或世界其他地区的情况不同，中国对棉纺厂的投资很快就与国际投资结合，最终被国际投资所取代。外国资本如此不寻常地深入渗透的原因是中国国家的弱点：如前所述，甲午战争之后的1895年《马关条约》明确允许外资在中国建立工厂。条约签订两年后，第一家外资工厂开业，到1898年，上海已经有4家这样的工厂。许多人纷纷相仿。其中一些工厂利用了英国和德国的资本和专业知识，但绝大多数属于日资企业。

最终，日本棉花产业跨越了东海，在中国建立了自己的低工资生产基地，就像德国人在波兰和新英格兰的制造商在美国南方所做的一样。1902年，第一家日资工厂在上海开业，其劳动力成本仅为日本的一半。中国工人缺乏日本工人逐渐开始拥有的家长式福利。这种投资使日资棉纺厂成为中国棉花行业增长最快的部分，到1925年，中国纺纱业的近一半生产能力来自外资工厂，其中绝大多数是日资工厂。[77]

考虑到国家对工业资本主义政治经济的重要性，以及美国和德国等越来越多的帝国主义强国带来的冲击，毫不奇怪的是，全球南方的经济精英也渴望建立这样的国家。然而，欧洲和北美的政治家和资本家在这一项目中抵制这些南方经济精英，反过来又变得更加依赖他们各自的国家，这些国家得到殖民项目的加强，其任务现在包括遏制日益活跃的反殖民运动。随后的斗争激烈且暴力，为全球南方的新兴制造商创造了与西欧和美国100年前的竞争对手截然不同的条件。因为他们的对手——与富有的资本家有着密切联系的强大的北大西洋国家——是如此强大，这些新企业家被迫在他们自己的社会中与日益动员起来且国家化的工人和农民群体建立联盟。由于他们无法同时在与外国与民众的两条战线上作战，他们在国家制定工业化道路的过程中依赖从属社会群体，这使他们的工业化道路与欧洲或北美的截然不同。即使去殖民化可能成为20世纪资本主义历史上最重要的事件，殖民主义的遗产在殖民地独立很久之后仍将保持强大的影响。

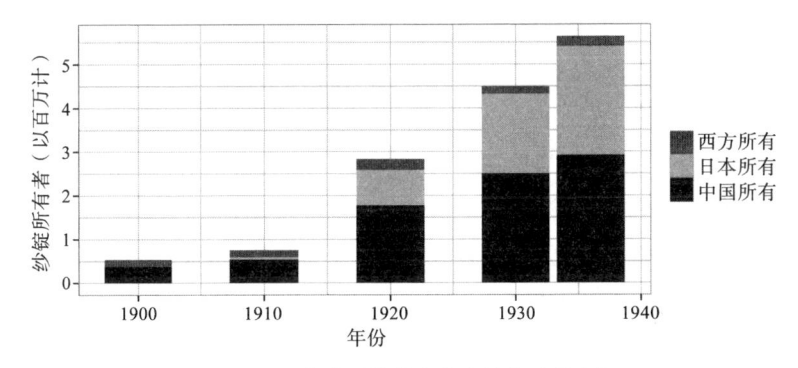

1900—1936年中国棉花生产中纱锭的所有权。

随着资本丰富的商人和银行家及其全球南方统治者努力创造有利于棉花工业化（以及更广泛的工业化）的条件，他们对殖民主义进行了最严峻的批评。上海、大迈哈莱、艾哈迈达巴德等地的企业家迫切需要一个能对他们的利益作出反应的国家，而这一目标使他们公开反对外国势力。[78] 印度棉花资本家在其中声音最为激烈，他们直言不讳地指责殖民政府服从兰开夏郡的利益。他们认为，英国殖民主义使得印度资本家无法享受一个受保护的市场带来的好处，因为殖民政府的关税政策是以允许大量进口英国纱线和布为前提的。

针对这种歧视，印度资本家进行了政治动员。在孟买，他们成立了棉纺纱厂主协会来阐明他们的要求。古吉拉特邦的资本家在艾哈迈达巴德也效仿，组织了古吉拉特邦工业协会（Gujarat Industrial Association），鼓吹保护主义。他们的第一次斗争始于 19 世纪 90 年代,当时他们被迫为自己的产品缴纳消费税,以弥补适度的进口税,他们认为这种税"在任何原则上都不公平"——这是"对兰开夏郡的一种完全不必要的,也完全站不住脚的贿赂"。这场斗争进入了新世纪,棉纺纱厂主和活动家安巴拉·萨卡尔·德赛(Ambalal Sakarlal Desai)在 1902 年艾哈迈达巴德举行的印度全国代表大会上抱怨"艾哈迈达巴德的每一位住户都在不公正地承担着对纺织业征收的重税"。[79]

在这场冲突中,棉纺纱厂主遇到了印度民族主义者,后者的煽动相当一部分集中在反对英国殖民主义对印度棉花工业化的不良影响上。由激进民族主义者巴尔·甘加达尔·蒂拉克(Bal Gangadhar Tilak)在蒲那出版的《马赫拉塔报》(The Mahratta)一贯表示反对殖民关税政策。它支持反对棉花关税法案的大规模抗议,并指责殖民政府通过"棉花税的罪行"为兰开夏郡"牺牲"印度。一年后,殖民政府以煽动叛乱罪将蒂拉克送进监狱。甚至印度公仆社(Servants of India Society)的创始人、印度国民大会党领袖戈帕尔·克里希纳·戈卡莱(Gopal Krishna Gokhale),尽管和蒂拉克意见不一,也反对英国的棉花关税政策。1911 年帝国立法委员会(Imperial Legislative Council)在印度扩大时,棉纺厂主拉坦吉·达达博伊·塔塔(Ratanji Dadabhoy Tata)要求取消消费税,得到了 16 名印度议员中 15 名议员的支持。对于自由战士圣雄甘地来说,这些税收是"财政不公的一个例子……在现代任何文明国家都没有的"。事实上,反对棉产品消费税的斗争是反殖民斗争的第一次大爆发,棉产品制造商的政治利益成为印度更广泛的反殖民主义的一个重要环节。[80]

棉花资本家不仅寻求减免消费税和要求保护,他们还希望国家在他们占领出口市场的过程中给予更多支持。印度棉纺纱厂主和他们的英国同行一样,认识到遥远市场——例如非洲——的前景,甚至生产专门为东非人设计的布料。但他们哀叹"没有一个官方机构可以向印度商人和制造商提供企业所不可缺少的贸易情报,而伦敦外交部和贸易局向英国商人提供这种情报"。政府收集的这种市场信息对制造商越来越重要。要进入外国市场,他们需要国家的支持,而殖民政府不可能像当时的日本政府那样提供这种支持。[81]

印度民族主义者反对英国在印度的殖民统治，他们越来越多地提倡的一种战略是鼓励消费国内制造的纺织品。1905年召开的第一次印度工业会议（Indian Industrial Conference）聚集了来自印度各地的工业家，会议决定"鼓励和扩大使用印度产品，而不是外国产品"。这一要求与新兴的斯瓦德什运动（Swadeshi movement）相交叉，斯瓦德什运动主张印度自给自足，特别是棉花自给自足，象征着棉花企业家和新兴的民族主义政治精英的合流。蒂拉克"很高兴地发现，各个地方都成立了协会和联盟，倡导使用土布的必要性，从而将兰开夏郡和曼彻斯特从印度市场上赶出去"。1885年成立的越来越有影响力的印度国民大会党也支持斯瓦德什运动。印度企业家也对此表示了同意：艾哈迈达巴德纺织先驱兰彻拉尔·奇霍塔拉尔与其他人一起创建了本土工业促进组织（Swadeshi Udhyam Vardhak Mandli）；贾姆舍吉·努瑟万吉·塔塔（Jamsetji Nusserwanji Tata）将他的一家工厂命名为斯瓦德什工厂；艾哈迈达巴德商人纺纱公司（Ahmedabad Merchants Spinning Company）的安巴拉·萨卡尔·德赛强烈支持斯瓦德什运动。孟买棉纺纱厂主协会主席维达达斯·达莫达尔·萨克尔西（Vithaldas Damodar Thackersey）在1907年年会上说，他"高兴地看到……在斯瓦德什运动的推动下，公众对本土工业的兴趣越来越大"。人们对国内工业化寄予厚望，认为这将恢复印度以前在全球经济中的重要性。几年后，甘地不仅写了一部印度棉花史，而且还在纺车上公开纺纱，象征着棉花对民族主义和反殖民主义的重大意义。1930年，印度国民大会党选择了纺车作为其党旗中心图案。[82]

甘地本人怀念土布棉花，但印度实业家对去殖民化有着现实的政治认识。他们同意甘地的看法，即19世纪全球棉花工业的彻底空间重组是殖民主义最具破坏性的影响之一，但他们也对推进将农村纺织者转变为商品生产者和消费者的殖民项目非常有兴趣，棉纺纱厂主、东印度棉花协会（East India Cotton Association）主席普尔肖坦达斯·撒克达斯爵士（Sir Purshotamdas Thakurdas）在1919年敦促"必须采取措施保护印度棉花的质量"。印度的棉纺纱厂主和英国的棉纺纱厂主一样，为改造印度农村而奋力拼搏。塔塔本人建议在印度种植长绒棉，以帮助国内制造商。1919年4月，苏拉特的一批棉花商人集会，讨论了保持当地棉花质量的措施。普尔肖坦达斯·撒克达斯认为迫切需要改进印度棉花，否则它将"对印度纺织业造成相当大的不利影响"。印度资本家现在极为关注棉花供应的问题：孟买棉纺纱厂主协会的维达达斯·达莫达尔·萨克尔西要求政府支持种植长绒棉，以"彻底改革整个行业"。到1910年，协会甚至称赞英国棉花种植协会为改善印度棉花种植所做的努力："我们不能不为印度没有禁止棉花掺假的行为的法律感到遗憾。"[83] 最终，棉花民族主义并没有导致回归以甘地的纺车为标志的前工业化棉花世界，而是导致了国家发起的大规模工业化浪潮，这一浪潮再次从根本上重塑了棉花帝国，将数百万流离失所的农村耕种者吸引到棉花工厂，而他们的工资仅为兰开夏郡、洛厄尔或黑森林河谷地区工资的一小部分。[84]

在印度，棉花和民族主义交织在一起，也许比世界上任何其他地方都交织得更深。纺织工业家成为印度独立运动的支持者，而独立运动的领导人又把国内棉花工业化作为首要目标。正如与艾哈迈达巴德棉纺纱厂主关系密切的甘地在1930年所说："棉纺织业是一项宝贵的国家资产，为许多人提供就业机会，影响印度人民的繁荣，其安全和进步必须继续得到其资本家、劳工领袖、政治家和经济学家的关注。"1934年，学者和工程师莫克夏贡达姆·维斯瓦拉亚（Mokshaguandam Visvesvaraya）在一本书中写道，对许多印度民族主义者来说，独立的作用之一是将使国内市场的发展和进口替代工业化成为可能，即"重建印度的整个政治和经济生活"。印度棉花工业家致力于建立一个有利于国内工业化的国家，这使得他们像埃及、中国，最终还有非洲和东南亚的工业家一样，与殖民政府发生了小规模冲突；全球社会冲突越来越集中在对国家的控制上。[85]

尽管财富和国家实力有着前所未有的差异，尽管种族主义的壁垒使许多人处于从属地位，但在20世纪下半叶，在全球范围内打破帝国主义体制的斗争取得了成功。有时甚至在去殖民化大潮之前就取得了一些小的胜利，例如在印度，关税开始保护印度工业免受来自日本的竞争，1926

年废除了人们痛恨的消费税。[86] 这种胜利——更确切地说，去殖民化本身——并不仅仅是由于全球南方资本家的政治力量，而是因为民族主义运动能够利用大量新动员起来的农民和工人的力量。事实上，去殖民化几乎总是依赖大规模动员，因此，前殖民世界的民族国家的建设与一个半世纪前欧洲和北美民族国家的建设过程大为不同。

但是，资本家在创造有利于民族资本利益的国家的斗争中一直依赖工人和农民，这从长远来看削弱了这些资本家。因此毫不奇怪的是，全球南方棉花资本家对民众反殖民动员的态度仍然相当矛盾。事实上，有时恐惧甚至驱使他们投入殖民国家的怀抱。在朝鲜，1919 年日本殖民主义者观察到："富有的朝鲜人最近极其害怕民众情绪的激化。"印度工业家一般也采取温和的立场，这主要是因为他们害怕工人的好斗性；孟买棉纺纱厂主协会在 1909 年的一轮骚乱后报告说："工厂工人的好斗性需要及时得到遏制。"工业家拉坦吉·塔塔出于同样的原因支持印度公仆社，支持民族主义者提出的"国家工业发展"计划，但也希望印度公仆社保持温和立场。制造商普尔肖坦达斯·撒克达斯坦强烈反对甘地和不合作运动，并试图争取印度资本家支持他的立场。在印度这样的殖民环境中，建立一个致力于民族资本利益的国家的需求实际上使民族资本家与政治上动员起来的工人和农民结成了不稳定的联盟。1929 年大萧条之后，印度工业家别无选择，只能把自己的政治命运捆绑在国民大会党身上，而国民大会党的群众基础越来越倾向于印度农民。当他们开始规划印度独立后的经济时，他们在 1944 年孟买计划（Bombay Plan）中承认了政府计划的中心地位，一个"最高经济委员会"协调了大多数经济部门，为印度 1950 年的第一个五年计划奠定了基础。一个世纪前的兰开夏郡、阿尔萨斯或新英格兰的制造商根本没有想到这种从俄国到中国再到印度的五年计划。[87]

事实上，在整个全球南方，除了加入工会和参加大规模罢工运动之外，棉花工人在争取民族独立的斗争中发挥了关键作用。社会斗争和国家斗争往往合并在一起。例如，埃及大迈哈莱巨大的埃及纺织公司的 2.5 万名工人中的一些在争取埃及独立的斗争中发挥了关键作用。1946 年和 1947 年，成千上万的棉花工人在各地举行罢工，要求改善就业条件，并要求英国军队撤出埃及。[88]

中国纺织工人也同样积极动员了起来，最终将在反对西方列强的斗争以及1949年的革命中发挥重要作用。1918年至1929年间，他们频繁罢工了209次。1925年5月，上海日商内外棉株式会社（Naigai Wata Kaisha）工厂的工人罢工，13名中国抗议者被巡捕杀害，酿成了著名的"五卅惨案"。这一事件引发了民众的不满浪潮和中国工会运动的发展。棉花工人有时也加入共产党，在1946年至1949年的革命斗争中发挥了重要作用。[89]

在印度，争取更高工资和更好工作条件的斗争也与反殖民斗争相结合。19世纪末以来，印度棉花工人集体动员起来；第一次罢工发生在1874年，19世纪80年代又发生了很多次罢工。1895年，工人为了改善工作条件而暴动；1918年甘地本人在艾哈迈达巴德纺织工人罢工中发挥了主导的作用，但是最终采取了和解姿态。纳拉扬·马尔哈·乔希（Narayan Malhar Joshi）的孟买纺织工会（Bombay Textile Labor Union）成立于1925年，当时正值反对工厂主削减10%工资的大罢工。到1927年，工会成员约有10万人，1938年有40万人，成了一个与雇主作斗争的强大工人团体，也是争取国家独立斗争的重要支柱。[90]

随着棉花工人在反殖民斗争中发挥重要作用，他们最终将把自己的作用转化为进一步的社会和经济收益。在中国，革命仅仅几年之后，棉花产业就被国有化了，并走上了一条高速扩张的轨道（尽管这没给中国农村群众带来好处）。在印度，保护主义和五年计划所带来的国家投资促进了棉花产业的增长，而独立后的劳工运动则导致了工资的大幅上涨。1950年至1963年间，印度棉花工人的工资增长了65%，尽管产出价格仅上涨了18%。在埃及，独立最初带来了重要的新的保护性劳动立法，特别让国家在调解劳动冲突中起到了重要作用。最终，独立给埃及经济带来了重大变化，因为随着越来越多的棉花用于国内制造业，原棉出口停滞不前，而原棉曾是埃及一百多年来的主要出口商品。"阿拉伯社会主义"给工人带来了进步，也压制了独立工会的活动。20世纪60年代，在贾迈勒·阿卜杜勒·纳赛尔（Gamal Abdel Nasser）领导下，棉花产业被国有化。当地棉花资本家的产业被征用，是因为工人阶级的力量和政治上的重要性，也因为人们相信工业化对于维护国家本身是必要的。资本家在反对殖民国家的斗争中曾经依赖工人（和农民），现在已导致他们自己权力的削弱。[91]

在这些后殖民社会中，现在不仅工人和资本家之间的社会权力平衡不同，国家与社会的关系也不同。由于这些棉花工业化的后来者所面临的世界与英国、欧洲大陆和北美在第一波工业化浪潮时所面临的世界不同，他们认为自己需要更快地向工业资本主义过渡，包括动员劳动力、领土、市场和原材料。由于工业资本主义依赖国家，这种"大跃进"往往导致后殖民世界的极端国家主义结果——后殖民甚至后资本主义政权现在使用殖民主义的工具来整合领土、资源，特别是劳动力，而且要激进得多。[92]工业资本主义已成为关乎国家本身生存的重中之重，而国家现在往往优先考虑工业资本主义中工业的一面。事实上，资本主义有时似乎阻碍了工业化。

然而，尽管苏联、共产主义中国、独立的印度和埃及代表了国家和资本、工业化和政治最激进的合并形式，但到了20世纪50年代，资本才被更广泛的民族国家限制住。正如我们将看到的那样，直到20世纪70年代之后，工业家才开始摆脱对特定国家的长期依赖。资本家长期依赖强大的国家来推行自己的工业资本主义计划，现在开始克服他们最大的弱点——资本的属地化。正是在这个时候，棉花帝国形成了今天的样子。

第 14 章

结语：经线和纬线

欧洲对棉花帝国的统治就这么不声不响结束了。那是1963年，利物浦最著名的乐队披头士在美国首次亮相，小马丁·路德·金（Martin Luther King Jr.）牧师"梦想有一天，甚至密西西比州……也会被改造成自由和正义的绿洲"，同一年，巨大的巴克拉水坝在印度落成，为280万英亩的土地提供灌溉，其中大部分是棉花田。那年12月的一个寒冷的雨天早晨，一群利物浦人在老霍尔街的棉花交易所大楼里集会。他们在那里不是为了统治他们的帝国，而是为了拆解它。这一天的任务是拍卖19世纪曾装点过利物浦棉花协会办公室的"贵重俱乐部家具"。与会者购买了近100件物品，包括"桃花心木交易员办公桌""桃花心木报价板框""桃花心木框美国天气图"和霍比（S. A. Hobby）的绘画《棉花厂》。而棉花交易所大楼本身在一年前就因为生意不景气被卖掉了。[1]

利物浦棉花协会成立于1841年，一个多世纪以来一直在规范全球棉花贸易方面发挥着重要作用。当这些椅子、书桌、灯具、架子、沙发和绘画的买家在这个日益没落的城市的街道上运送他们的战利品时，他们大概很难想象仅仅100年前，利物浦还是世界上最繁华的城市之一，是连接美洲、非洲和亚洲棉花种植者与欧洲制造商以及全球消费者的重要枢纽。

但是到1963年，欧洲对棉花帝国的统治结束了。到20世纪60年代末，英国只能占全球棉布出口的2.8%，而在过去一个半世纪以来英国一直占据着决定性的主导地位。英国纺纱厂曾经有60多万工人在工作，现只剩下3万人。以前的棉花城镇崩溃了，好几代靠纺纱和织布维持家庭生计的工人失业。1958年，长久以来一直坚定拥护自由贸易的曼彻斯特商会改变了自己的路线，宣布英国棉花产业需要保护，这明显是在宣告失败，虽然只是无心之举。然而，尽管欧洲（美国也越来越）在这一有着惊人的生产力和可怕的暴力的生产体系中已经边缘化，但帝国本身仍然存在。事实上，19世纪利物浦棉花协会或曼彻斯特商会的成员几乎无法想象今天的棉花产业，而今天的世界创造和消费的棉花比以往任何时候都多。[2]

当你读到这本书时，你穿的衬衫、裤子或袜子很可能是用棉花做的。多亏了地球上相隔遥远、居住在彼此截然不同的世界里的种植者、纺织者、裁缝和商人的努力，棉花产品通过各种途径来到你的身边，就像棉花曾经给你的父母、祖父母和曾祖父母披上了衣服一样。然而，一个世纪前，你的衬衫很可能是在纽约或芝加哥的一家商店里缝制的，用的是在新英格兰纺成的织物，采用的来自美国南方的棉铃，如今它可能是由中国、印度、乌兹别克斯坦或塞内加尔的棉花制成，在中国、土耳其或巴基斯坦纺织，然后在孟加拉国或越南等地制造。如果说这本书所描绘的棉花帝国还能有一部分都与你的衬衫有关的话，那这个不大可能的部分大概就是美国种植的棉花了。美国仍有2.5万名高度资本化的棉农，大部分在亚利桑那州和得克萨斯州。他们种植的棉花在世界市场上没有竞争力，因此他们必须获得数额巨大的联邦补贴才能继续种植，这些补贴在某些年份相当于贝宁（巧合的是这是另一个重要的棉花种植国）的国内生产总值。[3]

虽然一小群美国棉农还在坚持，但那些曾经对欧洲和北美经济都非常重要的棉纺厂却几乎消失了。这些笨重的建筑不是被拆除，就是被改造成了购物中心、艺术家工作室、工业风格的公寓或博物馆。事实上，全球北方棉花产业的衰落已经掀起了一股纺织博物馆热潮。你可以参观马萨诸塞州洛厄尔的布特棉纺厂博物馆（Boott Cotton Mills Museum）、曼彻斯特附近的阔里班克纺纱厂、米卢斯郊外的前韦塞林棉纺厂（Wesserling mill）改造的博物馆、坐落在前孟菲斯棉花交易所的孟菲斯棉花博物馆、黑森林的维瑟河谷棉纺织博物馆、南卡罗来纳州詹姆斯·亨利·哈蒙德留下的雷德克里夫种植园（Redcliffe Plantation）、西班牙加泰罗尼亚略布雷加特河沿线长达 20 英里的殖民地小径（Ruta de les Colònies）的徒步旅行路线以及 18 家废弃的棉纺厂，还有数十个，或许数百个其他类似地点。棉花帝国在一个半世纪的时间里塑造和重塑了全球资本主义的形象，而现在成了一般家庭出游的去处。父母和他们的孩子在通常田园诗般的环境中漫步于古旧的工厂里；他们看着穿着古老的服装的纺纱工和织工演示古老的机器，还要不时掩耳来阻挡动力织布机的噪音，他们看着照片上的孩子，这些孩子过早地变老了，仿佛来自另一个星球，然而不太久之前，他们还在这同一台机器上一周工作 60 个小时。棉花种植园也改造成了旅游场所。然而，在这里，奴隶劳动的恐怖往往被淡化或是被隐藏起来——往往被宏伟的大厦、美丽的景色和精心照料的花园刻意掩盖起来。但这些历史古迹都无法展示棉花帝国最伟大的发明：一个连接种植者、制造商和消费者的全球网络，这个网络虽然发生了根本性的变化，远离这些博物馆，却一直持续到今天。

随着欧洲和北美游客注视着棉花帝国的残余，以及从福尔里弗到奥尔德姆的社区和工人与后工业破坏的后果作斗争的同时，数百万工人涌入中国、印度、巴基斯坦等地的纺织厂，而非洲、亚洲和美洲还有数百万农民在种植棉花。多亏了他们的努力，今天在美国销售的所有服装中，大约 98% 是在国外生产的。仅中国就为美国提供了 40% 的服装，其次是越南、孟加拉国、印度尼西亚、洪都拉斯、柬埔寨、墨西哥、印度、萨尔瓦多和巴基斯坦。织物和纱线不再主要来自英国，甚至也不再来自美国南方，中国、印度、巴基斯坦和土耳其纺织了全球大部分棉花。今天，中国的工厂拥有世界上近一半的纱锭和织机，消耗世界原棉产量的 43%（亚洲占 82.2%），而北美和西欧仅分别使用全球棉花产量的 4.2% 和 0.7%。200 多年后，全球棉花的大部分使用再次集中在 1780 年以前的棉花产业中心地带。纽约纺织公司欧拉公司（Olah Inc.）的董事总经理说："中国的工业在全球市场中占有如此大的份额，坦白地说，全球工业在向中国倾斜。"此外，你身上的衬衫完全由棉花制成的可能性也越来越小：从 20 世纪 90 年代中期开始，合成纤维的生产开始超过棉纺织业的生产。今天，每年大约生产5200万吨的石油基合成纤维，用来制作你可能正在穿着的仿羊毛夹克，其数量几乎是全球棉花数量的两倍。[4]

随着制造业的转移，种植中心也随之转移。1860年，美国几乎垄断了棉花出口，而今天，全世界只有14%的棉花是在北美种植的。中国和印度居于前列，每年生产3400万包棉花和2600万包棉花，而美国为1700万包。自1920年以来，全球产量增加了7倍，棉花种植对许多国家，特别是亚洲和西非国家的经济变得极为重要。据估计，仅中非和西非就有1000万农民依赖棉花。至于在全世界范围参与棉花种植和制造的人，有人估计约有1.1亿个家庭参与棉花种植，9000万个家庭参与棉花运输、轧花和仓储，另有6000万工人操作纺织机械和缝合服装，还有人估计这一行业所有部门的总人数为3.5亿人，这一数字占世界人口的3%至4%，过去从未有行业有这么多从业人员。全球共有超过3500万公顷的土地专门用于种植棉花，这相当于德国的表面积。[5]

一些国家就像一个世纪前在非洲的欧洲殖民国家一样，制定政策强迫农民生产棉花，尽管这种政策往往会造成破坏性的环境和财政后果。例如，乌兹别克斯坦是全球前十大棉花出口国之一，它继续迫使农业人口种植棉花，尽管为了灌溉其干旱的土地，咸海已经基本被排干，使该国大部分地区几乎成了盐滩。正如一位乌兹别克棉农告诉记者的那样："我们正在毁灭我们自己……为什么我们要种植棉花，我们从棉花中得到了什么？"此外，新的转基因棉花作物的出现，成倍加重了许多农民的负担。这些植物的种子购买和维护成本更高，但它们的产量也高得多，从而在推高成本的同时压低棉花价格。例如，许多塔吉克棉农陷入债务循环，被迫生产棉花，就像一个世纪前印度和美国南方的棉农一样。事实上，棉花种植者仍然处在相对弱势的地位。2005年，在印度，在经历了一个雨水不足和作物歉收的季节之后，数以百计种植转基因棉花而负债累累的农民喝下杀虫剂自杀，这一趋势一直持续到今天。棉花生产仍然是一个往往很残酷的考验。对于大多数农民和工人来说，棉花远非美国棉花行业营销人员所吹捧的可爱的"生命的质料"。[6]

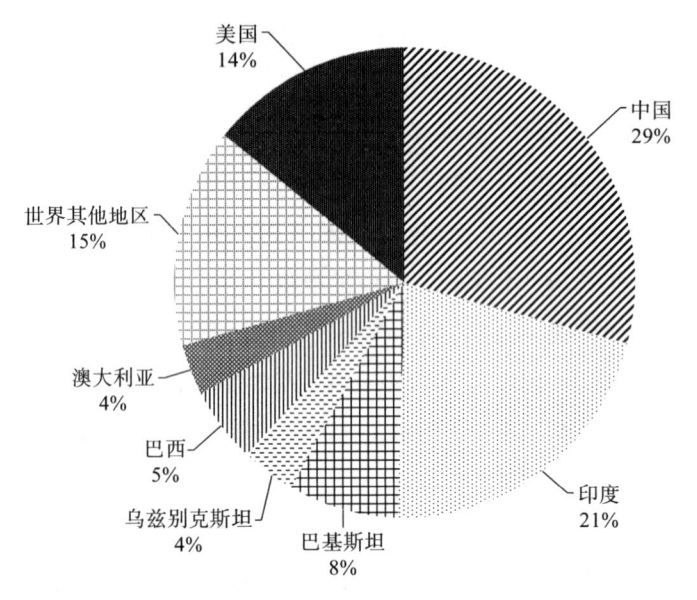

亚洲作为世界棉花种植中心：2012年全球棉花产量。

21世纪初的世界和18世纪80年代工业革命前的世界为数不多在地理上一致的地方是亚洲在棉花世界的重新崛起。棉花的种植以及纱线和布料的生产继续向亚洲转移，这一过程始于20世纪20年代。我们已经看到，新兴的亚洲资本家和试图建设国家的民族主义者是如何研究欧洲人对领土的渗透和对劳动力的掌握，并将这些技术应用于他们自己的后殖民国家，最终甚至应用于后资本主义腹地的。这些国家找到了将工业资本主义的方法与民族主义发展项目结合起来的新方法，各种官僚和政治家都梦想着"大跃进"。一个世纪以来，这些国家重新划定了棉花帝国的地理边界；低工资和强大国家的结合，使得棉花种植和制造再度在5000年前世界上最早种植棉花的地区蓬勃发展。亚洲的崛起非常强劲，亚洲国家（中国位居前列）越来越渴望制定全球棉花贸易规则，这是利物浦商人以及后来的美国政府曾经享有的特权。[7]

在这种回归亚洲的过程中，种植者、制造商、商人和政治家之间的权力平衡从20世纪70年代开始再次发生变化。今天，棉花种植在乌兹别克斯坦、多哥或印度，通过香港的纺织厂，然后运到越南的缝纫店，最后来到堪萨斯城的服装架上，这是司空见惯的事。这种距离并不是什么新鲜事，新鲜的是这些运输棉花的复杂网络维系在一起的方式。沃尔玛、麦德龙和家乐福等大型零售商取代了制造商或棉花商或布商，开始主导连接承包商、分包商、农民、工厂和血汗工厂的商品链。制造商不再把他们的产品"推向"消费者；相反，产品被零售商"拉"过大洋，并使制造商、承包商和工人相互竞争，来保证最快的速度和最低的成本。[8]

商人的再次崛起，尤其是从20世纪90年代起，以零售商和品牌服装销售商的形式再次扮演关键角色，是个令人惊讶的现象。当然，在某些方面，他们的权力让人想起19世纪上半叶商人的重要性。然而，正如我们所看到的，自19世纪60年代以来，棉花帝国的核心角色一直是与制造商联合起来的国家。各国在改造全球棉花种植农村的大项目中走在前列，并在这一过程中为民族制造商，以及在谨慎的限度内为组织起来的纺织工人发挥了中心作用。这些趋势在20世纪进一步加速。举一个最突出的例子，英国政府在1941年为了应对战争条件，接管了整个棉花市场，包括原棉的采购和分销。战后，政府继续控制棉花，令利物浦棉花协会深感遗憾的是，政府原棉委员会（Raw Cotton Commision）仍然是英国棉花的唯一购买者和分销商。这些建立了一个覆盖全球的网络的商人沦落到乞求政府考虑他们的利益的地步。1946年《纽约时报》说："很难想象对整个自由世界市场体系还有更直接的打击。"然而，《纽约时报》的编辑们也准确地指出："这一针对棉花的行动似乎说明了当下全世界官僚对自由市场的不信任……以及他们对政府'规划'的魔力的无限信任。"直到保守党政府上台，并于1953年通过《棉花法案》，利物浦市场才重新开放，但即便如此，它仍继续保持了"补贴、关税和汇率失衡"组成的结构。利物浦棉花协会正是为了应对"商人因素在市场中的收缩"，最终在1963年重组自己，并出售其家具。[9]

在大西洋彼岸，政府在棉花产业中也发挥着越来越重要的作用。为了应对20世纪20年代毁灭性的农业危机和随后的大萧条，罗斯福新政成立了农业调整管理局（Agricultural Adjustment Administration），负责监管生产以满足需求，并向棉农提供补贴，这些作用一直持续到今天，争议也越来越大。棉花种植者和制造商认识到政府日益重要，于1939年成立了国家棉花委员会（National Cotton Council），游说华盛顿促进棉花市场和科学研究的发展。美国农业部的对外农业服务局（Foreign Agricultural Service）成立于1953年，目的是为美国棉花在世界各地打开市场。它的使命一直维持到今天，而且作用有增无减。在这一时期，关税和其他保护主义措施试图让美国日益困顿的棉纺织业维持下去。然而，1965年，即使在福尔里弗的棉花中心，最后一家棉纺厂也关门了。[10]到了70年代，美国的棉花工厂以及英国棉花工厂的残余部分完全依赖政府政策。

尽管19世纪棉花商人促进了棉花帝国的崛起，但到了20世纪中叶，他们只能眼睁睁地看着国家的崛起。以最极端的例子来说，西班牙的弗朗西斯科·佛朗哥（Francisco Franco）和阿根廷的胡安·庇隆（Juan Perón）等人推动国内棉花种植，以使国家与世界市场隔绝。然而，政府在后殖民国家和后资本主义国家发挥了最大的作用，中国的"大跃进"和印度的五年计划就是最好的例证。在共产主义的中国和独立的印度，国家计划官员设想了经济增长和制造业的大规模扩张；产量会猛增。在中国，种子、化肥和农产补给品价格低廉，农业信贷丰厚，加之鼓励在国有土地上使用化肥和杀虫剂，并对高产棉花品种实行优惠待遇，棉花产量大幅度增加。棉花制造业也开始腾飞，1952年，中华人民共和国生产了65.6万吨棉线，比前几十年有了显著增长，但仍大幅落后于世界领先水平。而到1957年，中国已成为世界第三大棉纱生产国，产量是英国的2.5倍。1983年，有327万吨棉产品从大型国有棉纺织厂流出。[11]印度工业的增长也是突飞猛进。[12]

中国这样一个工农国家能在棉花产业占据支配地位，对19世纪初的棉花国王——例如南卡罗来纳州的哈蒙德家族、曼彻斯特的赖兰兹家族、米卢斯的多尔富斯、利物浦的巴林家族以及温特图尔的福尔卡特家族——来说，一定觉得不可思议。他们无法想象到2008年，中国的新疆生产建设兵团将种植出130万吨棉花，占世界棉花总量的5%。然而，国家建设与工业化的结合是常态。这种婚姻在世界其他地区也取得了成功，例如苏联进一步改造了中亚的棉花农业，以促进原棉产量的真正惊人增长。1980年，苏联生产了近60亿磅棉花，使其成为仅次于中国的世界第二大棉花生产国。仅1950年至1966年间棉花产量就增长了约70%，这样的大幅增长，只有在国家对灌溉、化肥和机械的大量投资下才有可能实现。[13]

在后殖民社会和后资本主义社会中，这种求助于国家的做法并不是回到18世纪和19世纪初的战争资本主义，而是加强工业资本主义的工具和强化工业资本主义的方法。尽管武力在动员劳动力方面继续发挥着重要作用，但赤裸裸的人身胁迫现在已成为工业资本主义最极端的方法。虽然全球南方与欧洲和北美之间的差异很大，但从长期来看，最显著的是20世纪棉花帝国的发展轨迹越来越与国家主导的发展目标相吻合。[14] 国家主导的经济规划在欧洲分散的帝国属地首次取得了重大成功，到20世纪50年代，它已成为全球最为高效且似乎不可避免的常态。

然而，20世纪国家统治的特殊形式将与19世纪商人的统治一样短暂。如上所述，到20世纪70年代，随着欧洲和美国棉花制造业的衰退——以及制造商与国家之间联盟的缓慢解体，棉花帝国出现了一种新的商人，不是走在利物浦街头检查棉花包、有着良好社会关系的商人，而是从全球采购其品牌商品并向全球消费者销售的大型公司。这一新群体的增长，得益于两个与他们无关的更广泛的转变。由于制造业，特别是棉纺织业对欧洲和北美经济的重要性大大降低，北大西洋国家塑造棉纺织业的能力也相应下降。但由于国家取得了重大的成功，这些商人也变得更加强大。到20世纪中叶，各国政府已经改变了全球农村；日常生活的资本化达到了前所未有的程度。世界上大多数人现在都与商品生产和消费密不可分。因此，资本家不再需要国家将农村种植者变成棉花种植者、工厂劳动力的储备和纺织品的消费者。这一过程已经取得了很大进展，这意味着这些新的商人现在可以从比人类历史上任何时候都更大的消费者市场和更大的劳动力储备中获利。

但他们的成功也要归功于他们在全球范围内组织生产的能力，以及创造品牌产品和销售渠道以在全球范围内购买这些产品的能力。与19世纪不同的是，这些现代商人并不专注于原棉、纱线和布料的贸易，而是专注于服装生意。他们从自己能找到的最便宜的供应商那里采购棉花、纱线、布料和服装，而不是自己从事生产。然后，他们将精力集中在开发销售这些商品的渠道上，并加以品牌包装，如美国盖璞公司（"聚在一起"）、中国美特斯邦威公司（"不走寻常路"）和德国阿迪达斯公司（"阿迪达斯全力以赴"），同时还开发了新的零售形式，如美国沃尔玛公司、巴西的洛雅美洲公司和法国家乐福公司。要主宰这个全球棉花供应链，这些商人仍然依赖国家权力，但他们对任何一个特定国家的依赖已大大减少。因此，他们不仅促进制造商和种植者之间的竞争，而且还促进国家之间的竞争。在今天的棉花帝国，商人终于摆脱了以前对特定国家的依赖。因此，在20世纪的至少一部分时间里，强大的民族国家向其至少一些工人提供的保护逐渐受到侵蚀。如今，工人越来越受公司的支配，这些公司可以很容易地将各种生产转移到全球各地。全球化在棉花帝国中并不是什么新鲜事，但资本家利用一系列国家，从而不受所有国家约束的能力是新的。最初国家是促进资本家致富和掌权的机构，现在越来越迫切地需要他们的投资。

然而，当今服装巨头和零售商的突出地位不应使我们忽视正在进行的模式；这些棉花资本家继续依赖国家，有时关系很微妙，有时则很赤裸裸。如前所述，在美国，巨额补贴使棉农继续经营：2001年，美国政府向棉农支付了创纪录的40亿美元补贴，这一成本超过了这些棉花市场价值的30%。换句话说，这些补贴相当于美国国际开发署（USAID）当年支付给整个非洲的款项的3倍，而非洲的棉花生产成本仅为美国的三分之一左右。事实上，巴西在2002年通过世界贸易组织对美国提起诉讼，指控政府的棉花补贴违反了其以前的贸易承诺。作为和解协议的一部分，美国政府现在每年花费1.473亿美元支持巴西棉花经济。欧盟也以类似的方式在西班牙和希腊生产自己的少部分棉花，补贴相当于世界棉花价格的160%到189%。因此，这些得到高度补贴的棉花被倾销到世界市场，降低了非洲和其他地方竞争更激烈的棉花种植者的价格。[15]

在其他方面，各国继续在劳动力动员方面发挥积极作用，为零售商提供更多的棉花，使其能够制成更便宜的衣服。在乌兹别克斯坦，政府强迫儿童帮助收割棉花（据估计，多达200万15岁以下的儿童被派到棉田），国际危机组织（International Crisis Group）报告说，这是一个"只有在政治压迫的情况下才能维持的制度"。¹⁶ 因此，资本家并没有完全从国家手中解放出来，国家仍然非常重要。但由于棉花资本本身已经流动性很强，不再与特定领土挂钩，特定民族国家的重要性就小得多。不仅棉花帝国的地理形态再次发生了变化，而且种植者、商人、制造商和国家之间的权力平衡也发生了变化。资本主义无休止的革命仍在继续。

今天的棉花帝国依然和过去 250 年一样，跨越巨大的地理距离，将种植者、贸易商、纺织商、制造商和消费者在不断变化的空间安排中联系在一起。这种根本性的创新，即跨越空间的联系，最初是在战争资本主义的罪恶的熔炉中将奴隶制和雇佣劳动联系起来而形成的，此后一直是棉花帝国的核心。然而，这些联系的地理位置发生了根本变化。曾经是棉花帝国中心的节点（例如兰开夏郡）已经被边缘化，而以前不重要的节点，特别是中国，已经成了它的核心。

经济关系的地理重新安排不仅是资本主义的一个值得注意的因素，也不仅仅是其历史的一个有趣方面；资本主义的本质是各种劳动制度、各种资本和政体的不断转换重组。随着资本家寻找越来越便宜的劳动力、更好的基础设施和更大的市场，他们以越来越新的方式结合和重组世界上的工人和消费者、世界上的土地及原材料。¹⁷ 在这个过程中，工人的集体行动（或缺乏集体行动）以及国家的政策（或缺乏政策）都非常重要。我们已经看到，只有考虑到许多不同地方和人群的历史，才能理解资本和棉花的历史。仅仅看帝国的一部分就会导致巨大的误解，例如过去 50 年常常被一些欧洲和北美社会科学家描述为去工业化的过程，而事实恰恰相反，最大的工业化浪潮已经席卷了全球。

从 18 世纪的巴林家族到当今全球零售商的巨头，资本家建立了许多联系，创造了我们今天所认识的世界。然而，对这一历史的探索表明，资本家和国家是齐头并进的，各自促进了对方的崛起。在我们这个充斥着各种商标的世界里，很容易假定今天的公司完全依靠自己生存。然而，这种简化忽视了这样一个现实，即在历史上，资本家最大的力量来源是他们依赖异常强大的国家的能力——同时，在资本主义历史的大部分时间里，这些资本家最大的弱点也是对国家的依赖。正是这种依赖使得工人有机会改善自己的劳动条件。我们现在知道，资本日益从特定民族国家中解放出来对世界范围的工人产生了巨大的后果。工人在改善条件方面的成功几乎总是导致资本的重新分配。在过去的几十年里，沃尔玛和其他零售巨头不断地将生产从一个贫穷国家转移到一个更贫穷的国家，只因为这些工人更勤奋、更廉价。即使是中国的生产现在也受到更低工资生产者的威胁。[18] 棉花帝国继续推动着一场巨大的探底竞争，唯一的限制是地球空间的局限。

棉花帝国的不断改组，从地理位置到劳动制度，都指向资本主义的一个基本要素：不断适应的能力。一次又一次，帝国的一部分似乎无法克服的危机在其他地方产生了反应；资本主义既要求也创造了一种永久的革命状态。

这种永久革命之所以可能，是因为很多地方的人民生活可以被翻转和颠覆。资本主义的这些边疆领域经常出现在世界农村，而穿越棉花帝国的旅程表明，在思考现代世界起源时，全球农村应该是我们思考的中心。尽管我们的历史想象力通常被城市、工厂和产业工人所支配，但我们已经看到，现代世界的出现大多发生在农村，农村人口往往以暴力方式被转变为其他地区商品的生产者和消费者。

这种对农村的强调引申出另一个同样重要的重点，即胁迫和暴力对资本主义历史的重要性。奴隶制、殖民主义和强迫劳动以及其他形式的暴力不是资本主义历史上的反常现象，而是其核心。在棉花帝国的整个历史中，市场制造的暴力一直在持续，一直迫使人们在特定地方以特定方式劳动。

这种强调也让我们对现代世界历史的一些深入人心的见解产生疑问——例如，像人们经常做的那样，将19世纪概念化为"资产阶级文明"时代，而历史学家埃里克·霍布斯鲍姆将20世纪称为"灾难的时代"。[19] 这样的评价只能出自一种把道德判断集中在欧洲的世界观。从亚洲、非洲和美洲的大部分地区来看，人们可以说恰恰相反——19世纪是野蛮和灾难的时代，奴隶制和帝国主义蹂躏了世界一个又一个角落。相反，正是在20世纪，帝国主义列强削弱，从而使世界上更多的人民能够决定自己的未来，摆脱殖民统治的桎梏。如果不是从欧洲中心主义出发，非殖民化将是20世纪故事的中心——而这种重新讲述将使我们看到，当今全球资本主义在最根本上是由争取独立的斗争塑造的。无论哪种方式，我们穿越棉花帝国的旅程都表明，在世界第一个全球工业的演变过程中，以及在许多模仿它的其他工业中，文明和野蛮都是紧密相连的。

反过来，暴力和胁迫与它们所支持的资本主义一样具有适应性，而且直到今天，它们在棉花帝国中仍然发挥着重要作用。棉花种植者仍然被迫种植棉花；工人在工厂中仍然形同囚犯。此外，他们的活动成果继续以极其不平等的方式分配，例如，贝宁的棉花种植者每天挣1美元或更少，而美国棉花种植业者在1995年至2010年期间一共获得了350多亿美元的政府补贴。[20]孟加拉国的工人在极其危险的条件下以极低的工资缝制衣服，而美国和欧洲的消费者则可以以低得不可思议的价格随意购买这些衣服。

然而，在这个统治和剥削的大故事中，还有一个并行的关于解放和创造力的故事。全球资本主义的发展及其在过去250年中惊人的适应，导致生产力的巨大进步。直到20世纪50年代，中国北方一个五口之家需要60天艰苦的纺织劳动才能生产出足够的衣服来满足最基本的生存需要。如今，美国家庭（平均2.5人，比20世纪50年代的中国家庭要小得多）只有3.4%的家庭收入花在更充裕的衣服上——也就是说，相当于大约8天的劳动力。农业和工业实际上已经爆炸式发展了，因为资本主义的社会关系促进了商品生产爆炸式增长，其他任何生产系统都无法与之相匹配。值得一提的是，今天人们预计到2050年棉花产量将再增加到3倍或4倍。我们应该对人类以更加富有成效的方式组织我们的劳动力的能力抱有希望，希望我们前所未有地对自然的支配能力也将使我们有智慧、能力和力量来创造一个满足全世界人民需要的社会，创造一个不仅富有成效而且公正的棉花帝国。考虑到棉花故事的核心是长期的力量冲突，这样一个公正的世界可能看起来像是一个遥不可及的梦想。然而，正如我们在前面几页中所看到的那样，棉花帝国中一些最不强大的成员一直在努力创造这样一个世界，有时还成功地实现了巨大的变化，在某个时刻看起来似乎永久稳定的世界在下一个时刻可以发生根本的变化。资本主义革命毕竟永久地重建了我们的世界，就像世界上的织机永久地制造出新材料一样。[21]

注 释

绪 论

1 *The Thirty-Ninth Annual Report of the Board of Directors of the Manchester Chamber of Commerce for the Year 1859* (Manchester: Cave & Sever, 1860), 18, 19, 22, 23, 33, 34, 38, 39, 45.
2 "Liverpool. By Order of the Liverpool Cotton Association Ltd., Catalogue of the Valuable Club Furnishings etc. to be Sold by Auction by Marsh Lyons & Co., Tuesday, 17th December 1963," Greater Manchester County Record Office, Manchester, UK.
3 "Monthly Economic Letter: U.S. and Global Market Fundamentals," *Cotton Incorporated*, accessed January 23, 2013, http://www.cottoninc.com/corporate/Market-Data/MonthlyEconomicLetter/; "The Fabric of Our Lives," accessed July 1, 2012, http://www.thefabricofourlives.com/.
4 在美国，绵羊平均提供的羊毛是7.3磅。"Fast Facts…About American Wool," American Sheep Industry Association, accessed March 10, 2013, www.sheepusa.org. 世界棉花作物的总重量除以这个数字，得出生产同样重量羊毛需要多少只羊。Government of South Australia, "Grazing livestock—a sustainable and productive approach," Adelaide & Mt Lofty Ranges Natural Resource Management Board, accessed March 10, 2013, www.amlrnrm.sa.gov.au/Portals/2/landholders_info/grazing_web.pdf; "European Union," CIA—The World Factbook, accessed March 16, 2013, https://www.cia.gov/library/publications/the-world-factbook/geos/ee.html. 根据第一个来源，假设一公顷土地可以养活十只成年羊，如果一年中有十二个月可以放牧的话。这是用来计算养 70 亿只羊所需的土地面积，然后与欧盟的面积进行比较。根据《中央情报局世界实况手册》（CIA World Factbook），欧盟的面积为4324782平方公里。
5 Edward Baines, *History of the Cotton Manufacture in Great Britain* (London: H. Fisher, R. Fisher, and P. Jackson, 1835), 5–6; see Kenneth Pomeranz, *The Great Divergence: China, Europe, and the Making of the Modern World Economy* (Princeton, NJ: Princeton University Press, 2000).
6 Jared Diamond, *Guns, Germs, and Steel: The Fates of Human Societies* (New York: Norton, 1998); David Landes, *The Wealth and Poverty of Nations: Why Some Are So Rich and Some So Poor* (New York: Norton, 1998); Niall Ferguson, *The West and the Rest* (New York: Allen Lane, 2011); Robert Brenner, "Agrarian Class Structure and Economic Development in Pre-industrial Europe," *Past and Present* no. 70 (February 1976): 30–75; Robert Brenner, "The Agrarian Roots of European Capitalism," *Past and Present*, no. 97 (November 1982): 16–113; E. P. Thompson, *The Making of the English Working Class* (New York: Pantheon, 1963).
7 有关于奴隶制和资本主义的活跃文献，包括 Eric Williams, *Capitalism and Slavery* (New York: Russell & Russell, 1961); Rafael de Bivar Marquese, "As desventuras de um conceito: Capitalismo histórico e a historiografia sobre escravidão brasileira," *Revista de Historia* 169 (July/December 2013), 223–53; Philip McMichael, "Slavery in the Regime of Wage Labor: Beyond Paternalism in the U.S. Cotton Culture," *Social Concept* 6 (1991): 10–28; Barbara L. Solow and Stanley L. Engerman, *British Capitalism and Caribbean Slavery: The Legacy of Eric Williams* (New York:

Cambridge University Press, 1987); Gavin Wright, *The Political Economy of the Cotton South: Households, Markets, and Wealth in the Nineteenth Century* (New York: Norton, 1978); Joseph E. Inikori, *Africans and the Industrial Revolution in England: A Study in International Trade and Development* (New York: Cambridge University Press, 2002); Dale Tomich, "The Second Slavery: Mass Slavery, World-Economy, and Comparative Microhistories," *Review: A Journal of the Fernand Braudel Center* 31, no. 3 (2008); Robin Blackburn, *The American Crucible: Slavery, Emancipation and Human Rights* (London: Verso, 2011).

8　*Cotton Supply Reporter*, no. 37 (March 1, 1860): 33.

9　Andrew Ure, *The Cotton Manufacture of Great Britain Systematically Investigated, and Illustrated by 150 Original Figures*, vol. 1 (London: Charles Knight, 1836), 67–68.

10　Bruno Biedermann, "Die Versorgung der russischen Baumwollindustrie mit Baumwolle eigener Produktion" (PhD dissertation, University of Heidelberg, 1907), 4; Edward Atkinson, *Cotton: Articles from the New York Herald* (Boston: Albert J. Wright, 1877), 4.

11　E. J. Donnell, *Chronological and Statistical History of Cotton* (New York: James Sutton & Co., 1872), v.

12　关于这一主题有大量文献，包括 Immanuel Wallerstein, *The Modern World-System*, vol. 3, *The Second Great Expansion of the Capitalist World-Economy, 1730–1840s* (San Diego: Academic Press, 1989); Dale W. Tomich, *Slavery in the Circuit of Sugar: Martinique and the World Economy, 1830–1848* (Baltimore: Johns Hopkins University Press, 1990); Andre Gunder Frank, *ReOrient: Global Economy in the Asian Age* (Berkeley: University of California Press, 1998); Abdoulaye Ly, *La théorisation de la connexion capitaliste des continents* (Dakar: IFAAN, 1994); John Gallagher and Ronald Robinson, "The Imperialism of Free Trade," *Economic History Review*, Second Series, 51 (1953): 1–15; Patrick Wolfe, "History and Imperialism: A Century of Theory," *American Historical Review* 102 (April 1997): 388–420.

13　Baines, *History of the Cotton Manufacture*, 530–31.

14　例如，见 Gene Dattel, *Cotton and Race in the Making of America: The Human Costs of Economic Power* (Chicago: Ivan Dee, 2009); Morris de Camp Crawford, *The Heritage of Cotton: The Fibre of Two Worlds and Many Ages* (New York: G. P. Putnam's Sons, 1924).

15　全球史文献正在蓬勃发展。然而，这并不是一项新发明。只要回忆一下早期的贡献，比如 Abdoulaye Ly, *La Compagnie du Sénégal* (Paris: Présence Africaine, 1958); Marc Bloch, "Toward a Comparative History of European Societies," in Frederic Chapin Lane and Jelle C. Riemersma, eds., *Enterprise and Secular Change: Readings in Economic History* (Homewood, IL: R. D. Irwin, 1953); Williams, *Capitalism and Slavery*; C. L. R. James, *The Black Jacobins* (London: Secker & Warburg, 1938). See also C. A. Bayly, *The Birth of the Modern World, 1780–1914: Global Connections and Comparisons* (Malden, MA: Blackwell, 2004); Jürgen Osterhammel, *The Transformation of the World: A Global History of the Nineteenth Century* (Princeton, NJ: Princeton University Press, 2014). For overviews of the literature see Sebastian Conrad, *Globalgeschichte: Eine Einführung* (Munich: Beck, 2013); Dominic Sachsenmaier, *Global Perspectives in Global History: Theories and Approaches in a Connected World* (New York: Cambridge University Press, 2011); Sven Beckert and Dominic Sachsenmaier, *Global History Globally* (forthcoming); Bruce Mazlich and Ralph Buultjens, *Conceptualizing Global History* (Boulder, CO: Westview Press, 1993); Jerry Bentley, "The Task of World History" (unpublished paper, in author's possession). See also Robert C. Allen, *The British Industrial Revolution in Global Perspective* (Cambridge: Cambridge University Press, 2009); Jan Luiten van Zanden, *The Long Road to Industrial Revolution. The European Economy in a Global Perspective, 1000–1800* (Amsterdam: Brill, 2009) and the excellent work of Patrick O'Brien, for example, "European Economic Development: The Contribution of the

Periphery," *Economic History Review*, Second Series, 35 (February 1982): 1–18.

16 近年来对商品的研究很多。尤见 Sydney Mintz, *Sweetness and Power: The Place of Sugar in Modern History* (New York: Viking, 1985); Mark Kurlansky, *Salt: A World History* (New York: Walker and Co., 2002); Barbara Freese, *Coal: A Human History* (Cambridge, MA: Perseus, 2003); Pietra Rivoli, *The Travels of a Tshirt in the Global Economy: An Economist Examines the Markets, Power and Politics of World Trade* (Hoboken, NJ: John Wiley & Sons, 2005); Larry Zuckerman, *The Potato: How the Humble Spud Rescued the Western World* (Boston: Faber & Faber, 1998); Wolfgang Mönninghoff, *King Cotton: Kulturgeschichte der Baumwolle* (Düsseldorf: Artemis & Winkler, 2006); Mark Kurlansky, *Cod: A Biography of the Fish That Changed the World* (New York: Walker & Co., 1997); Allan Macfarlane and Gerry Martin, *Glass: A World History* (Chicago: University of Chicago Press, 2002); Stephen Yaffa, *Big Cotton: How a Humble Fiber Created Fortunes, Wrecked Civilizations, and Put America on the Map* (New York: Penguin, 2005); Erik Orsenna, *Voyage aux pays du coton: Petit précis de mondialisation* (Paris: Fayard, 2006); Iain Gateley, *Tobacco: A Cultural History of How an Exotic Plant Seduced Civilization* (New York: Grove, 2001); Heinrich Eduard Jacob, *Kaffee: Die Biographie eines weltwirtschaftlichen Stoffes* (Munich: Oekom Verlag, 2006). A beautiful discussion of the "biography of things" can be found in the 1929 discussion of Sergej Tretjakow, "Die Biographie des Dings," in Heiner Boehnke, ed., *Die Arbeit des Schriftstellers* (Reinbek: Ro-wolt, 1972), 81–86; more generally on commodities, see Jens Soentgen, "Geschichten über Stoffe," *Arbeitsblätter für die Sachbuchforschung* (October 2005): 1–25; Jennifer Bair, "Global Capitalism and Commodity Chains: Looking Back, Going Forward," *Competition and Change* 9 (June 2005): 153–80; Immanuel Wallerstein, *Commodity Chains in the World-Economy, 1590–1790* (Binghamton, NY: Fernand Braudel Center, 2000). A good example for a successfully recast economic history is William Cronon, *Nature's Metropolis: Chicago and the Great West* (New York: Norton, 1991). Good discussions on the rich historiography on the Industrial Revolution can be found in Inikori, *Africans and the Industrial Revolution in England*, chapter 2; William J. Ashworth, "The Ghost of Rostow: Science, Culture and the British Industrial Revolution," *Historical Science* 46 (2008): 249–74. For an emphasis on the importance of the spatial aspects of capitalism see David Harvey, *Spaces of Capital: Towards a Critical Geography* (New York: Routledge, 2001).

第 1 章 一种全球性商品的兴起

1 这些小镇种植的棉花很可能是帕美里陆地棉（*G. hirsutum Palmeri*），这种棉花生长在今天的墨西哥瓦哈卡州和格雷罗州。植物的描述来自 C. Wayne Smith and J. Tom Cothren, eds., *Cotton: Origin, History, Technology, and Production* (New York: John Wiley & Sons, 1999), 11; Angus Maddison, *The World Economy: A Millennial Perspective* (Paris: Development Centre of the Organisation for Economic Co-operation and Development, 2001), 263; Frances F. Berdan, "Cotton in Aztec Mexico: Production, Distribution and Uses," *Mexican Studies* 3 (1987): 241ff.; Joseph B. Mountjoy, "Prehispanic Cultural Development Along the Southern Coast of West Mexico," in Shirley Goren-stein, ed., *Greater Mesoamerica: The Archeology of West and Northwest Mexico* (Salt Lake City: University of Utah Press, 2000), 106; Donald D. Brandt, "The Primitive and Modern Economy of the Middle Rio Balsas, Guerrero and Michoacan," Eighth American Scientific Congress, Section 8, History and Geography (Washington, DC, 1940), Abstract; 16 世纪墨西哥一包棉花的重量见 José Rodríguez Vallejo, *Ixcatl, el algodón mexicano* (Mexico: Fondo de Cultura Económica, 1976), 64.

2 K. D. Hake and T. A. Kerby, "Cotton and the Environment," *Cotton Production Manual*

(UCANR Publications, 1996), 324–27; Frederick Wilkinson, *The Story of the Cotton Plant* (New York: D. Appleton & Company, 1899), 39.

3   下面两个说法之间有轻微的不同：Gavin Wright, *The Political Economy of the Cotton South: Households, Markets, and Wealth in the Nineteenth Century* (New York: Norton, 1978), 14–15, and Jason Clay, *World Agriculture and the Environment: A Commodity-by-Commodity Guide to Impacts and Practices* (Washington, DC: Island Press, 2004), 284–87.

4   Ralf Kittler, Manfred Kaysar, and Mark Stoneking, "Molecular Evolution of *Pediculus humanus* and the Origin of Clothing," *Current Biology* 13 (August 19, 2003): 1414–15; 关于对纺织的更早的日期界定，请参见 Eliso Kvabadze et al., "30,000 Year-Old Wild Flax Fibres," *Science* 11 (September 2009): 1359.

5   Almut Bohnsack, *Spinnen und Weben: Entwicklung von Technik und Arbeit im Textilgewerbe* (Reinbek: Rowohlt, 1981), 31–32; "Kleidung," in Johannes Hoops, *Reallexikon der Germanischen Altertumskunde*, vol. 16 (Berlin: Walter de Gruyter, 2000), 603–25; Mary Schoeser, *World Textiles: A Concise History* (New York: Thames & Hudson World of Art, 2003), 20; "Kleidung," in Max Ebert, ed., *Reallexikon der Vorgeschichte*, vol. 6 (Berlin: Walter de Gruyter, 1926), 380–94; Harry Bates Brown, *Cotton: History, Species, Varieties, Morphology, Breeding, Culture, Diseases, Marketing, and Uses* (New York: McGraw-Hill, 1938), 1.

6   例如参见 T. W. Rhys Davids, trans., *Vinaya Texts* (Oxford: Clarendon Press, 1885), 168; Georg Buehler, trans., *The Sacred Laws of the Âryas* (Oxford: Clarendon Press, 1882), 165, 169, 170; Vijaya Ramaswamy, *Textiles and Weavers in South India* (New York: Oxford University Press, 2006), 1, 57; Doran Ross, ed., *Wrapped in Pride: Ghanaian Kente and African American Identity* (Los Angeles: UCLA Fowler Museum of Cultural History, 1998), 77; Frank Goldtooth, as recorded by Stanley A. Fishler, *In the Beginning: A Navajo Creation Myth* (Salt Lake City: University of Utah Press, 1953), 16; Aileen O'Bryan, *The Dîné: Origin Myths of the Navajo Indians*, Smithsonian Institution, Bureau of American Ethnology, Bulletin 163 (Washington, DC: Government Printing Office, 1956), 38; Francesca Bray, "Textile Production and Gender Roles in China, 1000–1700," *Chinese Science* 12 (1995): 116; Anthony Winterbourne, *When the Norns Have Spoken: Fate in Germanic Paganism* (Madison, NJ: Fairleigh Dickinson University Press, 2004), 96.

7   C. L. Brubaker et al., "The Origin and Domestication of Cotton," in C. Wayne Smith and J. Tom Cothren, eds., *Cotton: Origin, History, Technology, and Production* (New York: John Wiley & Sons, 1999), 4, 5–6, 12, 17, 22; Wafaa M. Amer and Osama A. Momtaz, "Historic Background of Egyptian Cotton (2600 BC–AD 1910)," *Archives of Natural History* 26 (1999): 219.

8   Thomas Robson Hay and Hal R. Taylor, "Cotton," in William Darrach Halsey and Emanuel Friedman, eds., *Collier's Encyclopedia, with Bibliography and Index* (New York: Macmillan Educational Co., 1981), 387; A. Lucas, *Ancient Egyptian Materials and Industries*, 4th ed., revised by J. R. Harris (London: Edward Arnold, 1962), 147; Richard H. Meadow, "The Origins and Spread of Agriculture and Pastoralism in Northwestern South Asia," in David R. Harris, ed., *The Origins and Spread of Agriculture and Pastoralism in Eurasia* (London: UCL Press, 1996), 396; for a traditional Indian account of these classics, see S. V. Puntambekar and N. S. Varadachari, *Hand-Spinning and Hand-Weaving: An Essay* (Ahmedabad: All India Spinners' Association, 1926), 1–9; James Mann, *The Cotton Trade of Great Britain* (London: Simpkin, Marshall & Co., 1860), 1, 2–3; Brown, *Cotton*, 2; see Herodotus, *The Histories*, ed. A. R. Burn, trans. Aubrey de Sélincourt, rev. ed., Penguin Classics (Harmondsworth, UK: Penguin, 1972), 245; Arno S. Pearse, *The Cotton Industry of India, Being the Report of the Journey to India* (Manchester: Taylor, Garnett, Evans, 1930), 15; J. Forbes Royle, *On the Culture and Commerce of Cotton in India and Elsewhere: With an Account of the Experiments Made by the Hon. East India Company up to the Present Time* (London: Smith, Elder & Co., 1851), 116ff.

9   Brown, *Cotton*, 5; Edward Baines, *History of the Cotton Manufacture in Great Britain* (London: H. Fisher, R. Fisher, and P. Jackson, 1835), 65–70; Prasannan Parthasarathi, "Cotton Textiles in the Indian Subcontinent, 1200–1800," in Giorgio Riello and Prasannan Parthasarathi, eds., *The Spinning World: A Global History of Cotton Textiles, 1200–1850* (New York: Oxford University Press, 2009), 23–25.
10 H. Wescher, "Die Baumwolle im Altertum," in *Ciba-Rundschau* 45 (June 1940): 1635; Alwin Oppel, *Die Baumwolle* (Leipzig: Duncker & Humblot, 1902), 206–7; Clinton G. Gilroy, *The History of Silk, Cotton, Linen, Wool, and Other Fibrous Substances* (New York: Harper & Brothers, 1845), 334; Marco Polo, *Travels of Marco Polo* (Westminster, MD: Modern Library, 2001), 174; Baines, *History of the Cotton Manufacture*, 56, 58.
11 A. G. Hopkins, *An Economic History of West Africa* (New York: Columbia University Press, 1973), 48; M. D. C. Crawford, *The Heritage of Cotton: The Fibre of Two Worlds and Many Ages* (New York: G. P. Putnam's Sons, 1924), 46; Amer and Momtaz, "Historic Background," 212; Oppel, *Die Baumwolle*, 209; William H. Prescott, *History of the Conquest of Peru* (Westminster, MD: Modern Library, 2000), 51, 108, 300.
12 Gilroy, *History of Silk*, 331–32; Smith and Hirth, "Development of Prehispanic Cotton-Spinning," 353; Barbara L. Stark, Lynette Heller, and Michael A. Ohnersorgen, "People with Cloth: Mesoamerican Economic Change from the Perspective of Cotton in South-Central Veracruz," *Latin American Antiquity* 9 (March 1978): 9, 25, 27; Crawford, *Heritage*, 32, 35; Smith and Hirth, "Development of Prehispanic Cotton-Spinning," 355; Barbara Ann Hall, "Spindle Whorls and Cotton Production at Middle Classic Matacapan and in the Gulf Lowlands," in Barbara L. Stark and Philip J. Arnold III, eds., *Olmec to Aztec: Settlement Patterns in the Ancient Gulf Lowlands* (Tucson: University of Arizona Press, 1997), 117, 133, 134.
13 Juan de Villagutierre Soto-Mayor, *History of the Conquest of the Province of the Itza*, 1st English edition, translated from the 2nd Spanish edition by Robert D. Wood (Culver City, CA: Labyrinthos, 1983), 197; Berdan, "Cotton in Aztec Mexico," 235–38, 239; Smith and Hirth, "Development of Prehispanic Cotton-Spinning," 356; R. B. Handy, "History and General Statistics of Cotton," in *The Cotton Plant: Its History, Botany, Chemistry, Culture, Enemies, and Uses*, prepared under the supervision of A. C. True, United States Department of Agriculture, Office of Experiment Stations, Bulletin 33 (Washington, DC: Government Printing Office, 1896), 63; United States, *Historical Statistics of the United States, Colonial Times to 1970*, vol. 1 (Washington, DC: U.S. Dept. of Commerce, Bureau of the Census, 1975), Series K-550–563, "Hay, Cotton, Cottonseed, Shorn Wool, and Tobacco—Acreage, Production, and Price: 1790 to 1970," 518; Hall, "Spindle Whorls," 118; Stark, Heller, and Ohnersorgen, "People with Cloth," 14, 29.
14 Brown, *Cotton*, 14; Kate Peck Kent, *Prehistoric Textiles of the Southwest* (Santa Fe, NM: School of American Research Press, 1983), 9, 27, 28, 29; the quote about blankets is from Ward Alan Minge, "Effectos del Pais: A History of Weaving Along the Rio Grande," in Nora Fisher, ed., *Rio Grande Textiles* (Santa Fe: Museum of New Mexico Press, 1994), 6; Kate Peck Kent, *Pueblo Indian Textiles: A Living Tradition* (Santa Fe, NM: School of American Research Press, 1983), 26; Crawford, *Heritage*, 37; David Watts, *The West Indies: Patterns of Development, Culture and Environmental Change Since 1492* (Cambridge: Cambridge University Press, 1990), 65, 89, 174; Mann, *Cotton Trade*, 4; Christopher Columbus, *The Diario of Christopher Columbus's first voyage to America: 1492–1493*, abstracted by Fray Bartolomé de las Casas, transcribed and translated into English, with notes and a concordance of the Spanish, by Oliver Dunn and James E. Kelley Jr. (Norman: University of Oklahoma Press, 1989), 131–35; see entries of October 16, November 3, and November 5, 1492, 85–91, 131, 135.
15 Pliny the Elder, *The Natural History of Pliny*, vol. 4, trans. John Bostock and H. T.

Riley (London: Henry G. Bohn, 1856), 134–35; Mann, *Cotton Trade*, 3; Christopher Ehret, *The Civilizations of Africa: A History to 1800* (Charlottesville: University Press of Virginia, 2002), 67–68; Ross, *Wrapped in Pride*, 75; Lars Sundström, *The Trade of Guinea* (Lund: Hakan Ohlssons Boktryckeri, 1965), 148; F. L. Griffith and G. M. Crowfoot, "On the Early Use of Cotton in the Nile Valley," *Journal of Egyptian Archeology* 20 (1934): 7; Amer and Momtaz, "Historic Background," 212, 214, 215, 217.

16 M. Kouame Aka, "Production et circulation des cotonnades en Afrique de l'Ouest du XIème siècle a la fin de la conquette coloniale (1921)" (PhD dissertation, Université de Cocody-Abidjan, 2013), 18, 41; Marion Johnson, "Technology, Competition, and African Crafts," in Clive Dewey and A. G. Hopkins, eds., *The Imperial Impact: Studies in the Economic History of Africa and India* (London: Athlone Press, 1978), 176, 195, 201; Venice Lamb and Judy Holmes, *Nigerian Weaving*(Roxford: H. A. & V. M. Lamb, 1980), 15, 16; Marion Johnson, "Cloth Strips and History," *West African Journal of Archaeology* 7 (1977): 169; Philip D. Curtin, *Economic Change in Precolonial Africa: Senegambia in the Era of the Slave Trade*(Madison: University of Wisconsin Press, 1975), 48; Marion Johnson, "Cloth as Money: The Cloth Strip Currencies of Africa," in Dale Idiens and K. G. Pointing, *Textiles of Africa* (Bath: Pasold Research Fund, 1980), 201. Patricia Davison and Patrick Harries, "Cotton Weaving in South-east Africa: Its History and Technology," in Idiens and Pointing, *Textiles of Africa*, 177, 179, 180; Marie Philiponeau, *Le coton et l'Islam: Fil d'une histoire africaine* (Algiers: Casbah Editions, 2009), 15, 17; Ross, *Wrapped in Pride*, 75; Rita Bolland, *Tellem Textiles: Archaeological Finds from Burial Caves in Mali's Bandiagara Cliff* (Leiden: Rijksmuseum voor Volkenkunde, 1991); Leo Africanus, *The History and Description of Africa and of the Notable Things Therein Contained, Done in the English in the Year 1600 by John Pory*, vol. 3 (London: Hakluyt Society, 1896), 823, 824.

17 关于棉花有多个起源及其演化，见 Meadow, "Origins," 397.

18 Brown, *Cotton*, 8; Maureen Fennell Mazzaoui, *The Italian Cotton Industry in the Later Middle Ages, 1100–1600* (Cambridge: Cambridge University Press, 1981), 11, 15, 17–18; Lucas, *Ancient Egyptian Materials*, 148; Hartmut Schmoekel, *Ur, Assur und Babylon: Drei Jahrtausende im Zweistromland* (Stuttgart: Gustav Klipper Verlag, 1958), 131; Baines, *History of the Cotton Manufacture*, 27; Richard W. Bulliet, *Cotton, Climate, and Camels in Early Islamic Iran: A Moment in World History* (New York: Columbia University Press, 2009), 1, 8, 46; Marco Polo, *Travels*, 22, 26, 36, 54, 58, 59, 60, 174, 247, 253, 255.

19 Chao Kuo-Chun, *Agrarian Policy of the Chinese Communist Party, 1921–1959* (Westport, CT: Greenwood Press, 1977), 5, 8ff.

20 Craig Dietrich, "Cotton Culture and Manufacture in Early Ch'ing China," in W. E. Willmott, ed., *Economic Organization in Chinese Society* (Stanford, CA: Stanford University Press, 1972), 111ff.; Mi Chü Wiens, "Cotton Textile Production and Rural Social Transformation in Early Modern China," *Journal of the Institute of Chinese Studies of the Chinese University of Hong Kong* 7 (December 1974): 516–19; Frederick W. Mote and Denis Twitchett, eds., *The Cambridge History of China*, vol. 7, *The Ming Dynasty, 1368–1644*, part 1 (New York: Cambridge University Press, 1998), 256, 507; Kenneth Pomeranz, "Beyond the East-West Binary: Resituating Development Paths in the Eighteenth-Century World," *Journal of Asian Studies* 61 (May 2002): 569; United States, *Historical Statistics*, 518.

21 Anthony Reid, *Southeast Asia in the Age of Commerce, 1450–1680*, vol. 1, *The Lands Below the Winds* (New Haven, CT: Yale University Press, 1988), 90; Crawford, *Heritage*, 7; William B. Hauser, *Economic Institutional Change in Tokugawa Japan: Osaka and the Kinai Cotton Trade* (Cambridge: Cambridge University Press, 1974), 117–20; Mikio Sumiya and Koji Taira, eds., *An Outline of Japanese Economic History, 1603–1940: Major Works and Research Findings* (Tokyo: University of Tokyo Press, 1979), 99–100.

22　Stark, Heller, and Ohnersorgen, "People with Cloth," 10, 29; Howard F. Cline, "The Spirit of Enterprise in Yucatan," in Lewis Hanke, ed., *History of Latin American Civilization*, vol. 2 (London: Methuen, 1969), 137; Johnson, "Technology," 259; Thomas J. Bassett, *The Peasant Cotton Revolution in West Africa: Côte d'Ivoire, 1880–1995* (New York: Cambridge University Press, 2001), 33; James Forbes, *Oriental Memoirs: A Narrative of Seventeen Years Residence in India*, vol. 2 (London: Richard Bentley, 1834), 34; Moritz Schanz, "Die Baumwolle in Russisch-Asien," *Beihefte zum Tropenpflanzer* 15 (1914): 2; on Korea see Tozaburo Tsukida, *Kankoku ni okeru mensaku chosa* (Tokyo: No-shomu sho noji shikenjyo, 1905), 1–3, 76–83.

23　Oppel, *Die Baumwolle*, 201; Berdan, "Cotton in Aztec Mexico," 241; Hall, "Spindle Whorls," 120; Sundström, *Trade of Guinea*, 147; Curtin, *Economic Change*, 50, 212; Brown, *Cotton*, 8; Reid, *Southeast Asia*, 93; Gilroy, *History of Silk*, 339; Carla M. Sinopoli, *The Political Economy of Craft Production: Crafting Empire in South India, c. 1350–1650* (Cambridge: Cambridge University Press, 2003), 185; A. Campbell, "Notes on the State of the Arts of Cotton Spinning, Weaving, Printing and Dyeing in Nepal," *Journal of the Asiatic Society of Bengal* (Calcutta) 5 (January to December 1836): 222.

24　Hall, "Spindle Whorls," 115, 116, 120, 122, 124; Davison and Harries, "Cotton Weaving," 182; Oppel, *Die Baumwolle*, 209; Prescott, *Conquest of Peru*, 51; Gilroy, *History of Silk*, 339, 343; Curtin, *Economic Change*, 213; Kent, *Prehistoric Textiles*, 35; Kent, *Pueblo Indian*, 28; Reid, *Southeast Asia*, 93; Sundström, *Trade of Guinea*, 148–49; Lamb and Holmes, *Nigerian Weaving*, 10–11; Johnson, "Technology," 261.

25　Reid, *Southeast Asia*, 94.

26　Berdan, "Cotton in Aztec Mexico," 242, 259; Mote and Twitchett, *Ming Dynasty*, 507, 690ff.; K. N. Chaudhuri, "The Organisation and Structure of Textile Production in India," in Tirthankar Roy, ed., *Cloth and Commerce: Textiles in Colonial India* (Walnut Creek, CA: AltaMira Press, 1996), 71; Wiens, "Cotton Textile," 520; Sinopoli, *Political Economy*, 177.

27　Berdan, "Cotton in Aztec Mexico," 242; Bray, "Textile Production," 119; Sundström, *Trade of Guinea*, 162; Curtin, *Economic Change*, 212; Davison and Harries, "Cotton Weaving," 187; Johnson, "Cloth as Money," 193–202; Reid, *Southeast Asia*, 90; Sundström, *Trade of Guinea*, 164; Stark, Heller, and Ohnersorgen, "People with Cloth," 9.

28　Smith and Hirth, "Development of Prehispanic Cotton-Spinning," 356; Bulliet, *Cotton, Climate, and Camels*, 46, 59; Philiponeau, *Coton et l'Islam*, 25; Pedro Machado, "Awash in a Sea of Cloth: Gujarat, Africa and the Western Indian Ocean Trade, 1300–1800," in Riello and Parthasarathi, eds., *The Spinning World*, 161–79; the importance of traders' distance from the polities they originated from is also emphasized by Gil J. Stein, *Rethinking World-Systems: Diasporas, Colonies, and Interaction in Uruk Mesopotamia* (Tucson: University of Arizona Press, 1999), 173.

29　See Hall, "Spindle Whorls," 115; Stark, Heller, and Ohnersorgen, "People with Cloth," 9; Berdan, "Cotton in Aztec Mexico," 247ff., 258; Kent, *Prehistoric Textiles*, 28; Volney H. Jones, "A Summary of Data on Aboriginal Cotton of the Southwest," *University of New Mexico Bulletin, Symposium on Prehistoric Agriculture*, vol. 296 (October 15, 1936), 60; Reid, *Southeast Asia*, 91; Sundström, *Trade of Guinea*, 147; Bassett, *Peasant Cotton*, 34; Curtin, *Economic Change*, 212–13; Halil Inalcik, "The Ottoman State: Economy and Society, 1300–1600," in Halil Inalcik and Donald Quataert, eds., *An Economic and Social History of the Ottoman Empire, 1300–1914* (Cambridge: Cambridge University Press, 1994), 296; Hauser, *Economic Institutional Change*, 59.

30　Sundström, *Trade of Guinea*, 156, 157; Ramaswamy, *Textiles*, 25, 70–72; Chaudhuri, "Organisation," 55; Inalcik, "Ottoman State," 352; Mann, *Cotton Trade*, 2–3, 23; Smith and Cothren, *Cotton*, 68–69; Baines, *History of the Cotton Manufacture*, 24, 76; Wescher, "Die Baumwolle," 1639; Gilroy, *History of Silk*, 321; John Peter Wild and Felicity Wild, "Rome and India: Early Indian Cotton Textiles from Berenike, Red Sea Coast of Egypt," in Ruth Barnes, ed., *Textiles in Indian Ocean Societies* (New York: Routledge, 2005), 11–16; Surendra Gopal, *Commerce and Crafts in Gujarat, 16th and 17th Centuries: A Study in the Impact of European Expansion on Precapitalist Economy* (New Delhi: People's Publishing House, 1975), 3; the quote on the Indo-Levant trade is in Inalcik, "Ottoman State," 355, see also 350, 354, 355; Eliyahu Ashtor, "The Venetian Cotton Trade in Syria in the Later Middle Ages," *Studi Medievali*, ser. 3, vol. 17 (1976): 690; Suraiya Faroqhi, "Crisis and Change, 1590–1699," in Inalcik and Quataert, eds., *An Economic and Social History of the Ottoman Empire*, 524; Eugen Wirt, "Aleppo im 19. Jahrhundert," in Hans Geord Majer, ed., *Osmanische Studien zur Wirtschafts- und Sozialgeschichte*(Wiesbaden: Otto Harrassowitz, 1986), 186–205; Sinopoli, *Political Economy*, 179.

31 Crawford, *Heritage*, 6, 69; Reid, *Southeast Asia*, 90, 95; in Sinnappah Arasaratnam and Aniruddha Ray, *Masulipatnam and Cambay: A History of Two Port-Towns, 1500–1800* (New Delhi: Munshiram Manoharlal Publishers, 1994), 121; 有关这一时期古吉拉特邦海外贸易和国内贸易的一些信息地图，见 Gopal, *Commerce and Crafts*, 16, 80, 160; Mazzaoui, *Italian Cotton*, 9–11; Beverly Lemire, "Revising the Historical Narrative: India, Europe, and the Cotton Trade, c. 1300–1800," in Riello and Parthasarathi, eds., *The Spinning World*, 226.

32 B. C. Allen, *Eastern Bengal District Gazetteers: Dacca* (Allahabad: Pioneer Press, 1912), 106; Sinopoli, *Political Economy*, 186; Baines, *History of the Cotton Manufacture*, 75; Ramaswamy, *Textiles*, 44, 53, 55; Wiens, "Cotton Textile," 522, 528; Yueksel Duman, "Notables, Textiles and Copper in Ottoman Tokat, 1750–1840" (PhD dissertation, State University of New York at Binghamton, 1998); Mazzaoui, *Italian Cotton*, 22; Max Freiherr von Oppenheim, *Der Tell Halaf: Eine neue Kultur im ältesten Mesopotamien* (Leipzig: Brockhaus, 1931), 70; Sundström, *Trade of Guinea*, 147; Lamb and Holmes, *Nigerian Weaving*, 10; Curtin, *Economic Change*, 48; Aka, *Production*, 69; Youssoupha Mbargane Guissé, "Ecrire l'histoire économique des artisans et créateurs de l'Afrique de l'Ouest" (presentation, Université Cheikh Anta Diop, Dakar, Senegal, December 2011); Hauser, *Economic Institutional Change*, 20–30.

33 Chaudhuri, "Organisation," 49, 51, 53; Hameeda Hossain, "The Alienation of Weavers: Impact of the Conflict Between the Revenue and Commercial Interests of the East India Company, 1750–1800," in Roy, ed., *Cloth and Commerce*, 117; Suraiya Faroqhi, "Notes on the Production of Cotton and Cotton Cloth in Sixteenth- and Seventeenth-Century Anatolia," in Huri Islamoglu-Inan, ed., *The Ottoman Empire and the World-Economy* (New York: Cambridge University Press, 1987), 267, 268; Inalcik, "Ottoman State"; Huri Islamoglu-Inan, *State and Peasant in the Ottoman Empire: Agrarian Power Relations and Regional Economic Development in Ottoman Anatolia During the Sixteenth Century* (Leiden: E. J. Brill, 1994), 223, 235; Socrates D. Petmezas, "Patterns of Protoindustrialization in the Ottoman Empire: The Case of Eastern Thessaly, ca. 1750–1860," *Journal of European Economic History* (1991): 589; Prasannan Parthasarathi, "Merchants and the Rise of Colonialism," in Burton Stein and Sanjay Subrahmanyam, eds., *Institutions and Economic Change in South Asia* (Delhi: Oxford University Press, 1996), 96, 98; S. Arasaratnam, "Weavers, Merchants and Company: The Handloom Industry in Southeastern India, 1750–90," in Roy, ed., *Cloth and Commerce*, 87; Bray, "Textile Production," 127.

34 Smith and Hirth, "Development of Prehispanic Cotton-Spinning," 349; Angela Lakwete, *Inventing the Cotton Gin: Machine and Myth in Antebellum America* (Baltimore: John Hopkins University Press, 2005), 11–12; Mazzaoui, *Italian Cotton*, 74–82, 89; Smith and Hirth, "Development of Prehispanic Cotton-Spinning," 354–55; John H. A. Munro, *Textiles, Towns and Trade: Essays in the Economic History of Late-Medieval England and the Low Countries* (Brookfield, VT: Variorum, 1994), 8, 15; Maureen Fennell Mazzaoui, "The Cotton Industry of Northern Italy in the Late

Middle Ages, 1150–1450," *Journal of Economic History* 32 (1972): 274.
35 Alan L. Olmstead and Paul W. Rhode, *Creating Abundance: Biological Innovation and American Agricultural Development* (New York: Cambridge University Press, 2008), 108–9; John Hebron Moore, "Cotton Breeding in the Old South," *Agricultural History* 30, no. 3 (July 1956): 95–104; John Hebron Moore, *Agriculture in Ante-Bellum Mississippi* (New York: Bookman Associates, 1958), 13–36, 97; Lewis Cecil Gray, *History of Agriculture in the Southern United States to 1860*, vol. 2 (Washington, DC: Carnegie Institution of Washington, 1933), 689–90; James Lawrence Watkins, *King Cotton: A Historical and Statistical Review, 1790 to 1908* (New York: J. L. Watkins, 1908), 13; Bassett, *Peasant Cotton*, 33; Mazzaoui, *Italian Cotton*, 20–21; Bulliet, *Cotton, Climate, and Camels*, 40; Chaudhuri, "Organisation," 75.
36 Mahatma Gandhi, *The Indian Cotton Textile Industry: Its Past, Present and Future* (Calcutta: G. N. Mitra, 1930), 6.
37 As quoted in Henry Lee, *The Vegetable Lamb of Tartary: A Curious Fable of the Cotton Plant* (London: Sampson Low, Marston, Searle, & Rivington, 1887), 5.
38 Mann, *Cotton Trade*, 5; Oppel, *Die Baumwolle*, 39; see also exhibits at Museu Tèxtil i d'Indumentària, Barcelona, Spain.
39 十字军东征对棉纺织业传入欧洲至关重要，见 "Baumwolle," entry in *Lexikon des Mittelalters*, vol. 1 (Munich: Artemis Verlag, 1980), 1670.
40 Alfred P. Wadsworth and Julia De Lacy Mann, *The Cotton Trade and Industrial Lancashire, 1600–1780* (Manchester: Manchester University Press, 1931), 15; Mazzaoui, "Cotton Industry," 263; Ashtor, "Venetian Cotton," 677.
41 在12世纪，棉花生产出现在法国南部、加泰罗尼亚，最重要的是意大利北部。参见 Mazzaoui, "Cotton Industry," 268; Wescher, "Die Baumwolle," 1643, 1644; Mazzaoui, *Italian Cotton*, 114.
42 Mazzaoui, *Italian Cotton*, 64, 66, 69; Mazzaoui, "Cotton Industry," 271, 273, 276; Wescher, "Die Baumwolle," 1643.
43 Mazzaoui, *Italian Cotton*, 7, 29, 63; Mazzaoui, "Cotton Industry," 265.
44 Mazzaoui, *Italian Cotton*, 53; Ashtor, "Venetian Cotton," 675, 676, 697; Mazzaoui, *Italian Cotton*, 35.
45 Mazzaoui, *Italian Cotton*, 65–66, 74–82, 89; Lakwete, *Inventing the Cotton Gin*, 11–12; Mazzaoui, "Cotton Industry," 274, 275; Bohnsack, *Spinnen und Weben*, 65–66, 37, 63, 67, 114, 115; Karl-Heinz Ludwig, "Spinnen im Mittelalter unter besonderer Berücksichtigung der Arbeiten, cum rota," *Technikgeschichte* 57 (1990): 78; Eric Broudy, *The Book of Looms: A History of the Handloom from Ancient Times to the Present* (Hanover, NH: Brown University Press, 1979), 102; Munro, *Textiles*, 8, 15.
46 Mazzaoui, *Italian Cotton*, xi, 29.
47 Mazzaoui, *Italian Cotton*, 139, 144, 150, 152; Mazzaoui, "Cotton Industry," 282, 284; Wolfgang von Stromer, *Die Gründung der Baumwollindustrie in Mitteleuropa* (Stuttgart: Hiersemann, 1978), 84–86; Eugen Nübling, *Ulms Baumwollweberei im Mittelalter* (Leipzig: Duncker & Humblot, 1890), 146.
48 Von Stromer, *Die Gründung*, 32; Götz Freiherr von Poelnitz, *Die Fugger* (Tübingen: J. C. B. Mohr, 1981); Richard Ehrenberg, *Capital and Finance in the Age of the Renaissance: A Study of the Fuggers and Their Connections*, trans. H. M. Lucas (New York: Harcourt, 1928).
49 Von Stromer, *Die Gründung*, 1, 2, 8, 21, 128, 139, 148; Nübling, *Ulms Baumwollweberei*, 141; Bohnsack, *Spinnen und Weben*, 152.
50 Mazzaoui, *Italian Cotton*, 141; Von Stromer, *Die Gründung*, 88.
51 Mazzaoui, *Italian Cotton*, 55, 54, 154; Wadsworth and Mann, *Cotton Trade*, 23; Inalcik, "Ottoman State," 365; Daniel Goffman, "Izmir: From Village to Colonial Port City," in Edhem Eldem, Daniel Goffman, and Bruce Masters, eds., *The Ottoman City Between East and West: Aleppo, Izmir, and Istanbul* (Cambridge: Cambridge University Press, 1999), 79–134.
52 Nübling, *Ulms Baumwollweberei*, 166.

第 2 章　缔造战争资本主义

1 我在这里使用"网络"一词，而不是"系统"或"世界系统"，因为我想强调地方社会、经济和政治权力分配对塑造世界各地之间联系性质的持续重要性。在这方面我受到下文的启发：Gil J. Stein, *Rethinking World-Systems: Diasporas, Colonies, and Interaction in Uruk Mesopotamia* (Tucson: University of Arizona Press, 1999), especially 171.
2 Om Prakash, *The New Cambridge History of India*, vol. 2, *European Commercial Enterprise in Pre-Colonial India* (Cambridge: Cambridge University Press, 1998), 23; Surendra Gopal, *Commerce and Crafts in Gujarat, 16th and 17th Centuries: A Study in the Impact of European Expansion on Precapitalist Economy* (New Delhi: People's Publishing House, 1975), 10–11, 18, 26, 28, 58.
3 Céline Cousquer, *Nantes: Une capitale française des Indiennes au XVIIIe siècle* (Nantes: Coiffard Editions, 2002), 17.
4 Sinnappah Arasaratnam, "Weavers, Merchants and Company: The Handloom Industry in Southeastern India, 1750–90," in Tirthankar Roy, ed., *Cloth and Commerce: Textiles in Colonial India* (Walnut Creek, CA: AltaMira Press, 1996), 90; James Mann, *The Cotton Trade of Great Britain* (London: Simpkin, Marshall & Co., 1860), 2; Walter R. Cassels, *Cotton: An Account of Its Culture in the Bombay Presidency* (Bombay: Bombay Education Society's Press, 1862), 77; Beverly Lemire, *Fashion's Favourite: The Cotton Trade and the Consumer in Britain, 1660–1800* (Oxford: Pasold Research Fund, 1991), 15; Hameeda Hossain, *The Company Weavers of Bengal: The East India Company and the Organization of Textile Production in Bengal, 1750–1813* (Delhi: Oxford University Press, 1988), 65; Proceeding, Bombay Castle, November 10, 1776, in Bombay Commercial Proceedings, P/414, 47, Oriental and India Office Collections, British Library, London; Stephen Broadberry and Bishnupriya Gupta, "Cotton Textiles and the Great Divergence: Lancashire, India and Shifting Competitive Advantage, 1600–1850," CEPR Discussion Paper No. 5183, London, Centre for Economic Policy Research, August 2005, Table 3, p. 32; Daniel Defoe and John McVeagh, *A Review of the State of the British Nation*, vol. 4, *1707–08* (London: Pickering & Chatto, 2006), 606.
5 See for example Factory Records, Dacca, 1779, Record Group G 15, col. 21 (1779), in Oriental and India Office Collections, British Library, London; John Irwin and P. R. Schwartz, *Studies in Indo-European Textile History* (Ahmedabad: Calico Museum of Textiles, 1966).
6 K. N. Chaudhuri, "European Trade with India," in *The Cambridge Economic History of India*, vol. 1, *c. 1200–c. 1750* (Cambridge: Cambridge University Press, 1982), 405–6; Arasaratnam, "Weavers, Merchants and Company," 92, 94; Copy of the Petition of Dadabo Monackjee, Contractor for the Investment anno 1779, in Factory Records, G 36 (Surat), 58, Oriental and India Office Collections, British Library, London; Cousquer, *Nantes*, 31.
7 Hameeda Hossain, "The Alienation of Weavers: Impact of the Conflict Between the Revenue and Commercial Interests of the East India Company, 1750–1800," in Roy, ed., *Cloth and Commerce*, 119, 117; Atul Chandra Pradhan, "British Trade in Cotton Goods and the Decline of the Cotton Industry in Orissa," in Nihar Ranjan Patnaik, ed., *Economic History of Orissa* (New Delhi: Indus Publishing Co., 1997), 244; Arasaratnam, "Weavers, Merchants and Company," 90; Shantha Hariharan, *Cotton Textiles and Corporate Buyers in Cottonopolis: A Study of Purchases and Prices in Gujarat, 1600–1800* (Delhi: Manak Publications, 2002), 49.
8 Memorandum of the Method of Providing Cloth at Dacca, 1676, in Factory Records, Miscellaneous, vol. 26, Oriental and India Office Collections, British Library, London.
9 Minutes of the Commercial Proceedings at Bombay Castle, April 15, 1800, in Minutes of Commercial Proceedings at Bombay Castle from April 15, 1800, to December 31,

1800, in Bombay Commercial Proceedings, P/414, Box 66, Oriental and India Office Collections, British Library, London; Copy of the Petition of Dadabo Monackjee, 1779, Factory Records Surat, 1780, Box 58, record G 36 (Surat), Oriental and India Office Collections, British Library; Report of John Taylor on the Cotton Textiles of Dacca, Home Miscellaneous Series, 456, p. 91, Oriental and India Office Collections, British Library; Lakshmi Subramanian, *Indigenous Capital and Imperial Expansion: Bombay, Surat and the West Coast* (Delhi: Oxford University Press, 1996), 15.

10 John Styles, "What Were Cottons for in the Early Industrial Revolution?" in Giorgio Riello and Prasannan Parthasarathi, eds., *The Spinning World: A Global History of Cotton Textiles, 1200–1850* (New York: Oxford University Press, 2009), 307–26; Halil Inalcik, "The Ottoman State: Economy and Society, 1300–1600," in Halil Inalcik and Donald Quataert, eds., *An Economic and Social History of the Ottoman Empire, 1300–1914* (Cambridge: Cambridge University Press, 1994), 354; Pedro Machado, "Awash in a Sea of Cloth: Gujarat, Africa and the Western Indian Ocean Trade, 1300–1800," in Riello and Parthasarasi, *The Spinning World*, 169; Subramanian, *Indigenous Capital*, 4.

11 Maureen Fennell Mazzaoui, *The Italian Cotton Industry in the Later Middle Ages, 1100–1600* (Cambridge: Cambridge University Press, 1981), 157.

12 "Assessing the Slave Trade," The Trans-Atlantic Slave Trade Database, accessed April 5, 2013, http://www.slavevoyages.org/tast/assessment/estimates.faces.

13 David Richardson, "West African Consumption Patterns and Their Influence on the Eighteenth-Century English Slave Trade," in Henry A. Gemery and Jan S. Hogendorn, eds., *The Uncommon Market: Essays in the Economic History of the Atlantic Slave Trade* (New York: Academic Press, 1979), 304; Joseph C. Miller, "Imports at Luanda, Angola 1785–1823," in G. Liesegang, H. Pasch, and A. Jones, eds., *Figuring African Trade: Proceedings of the Symposium on the Quantification and Structure of the Import and Export and Long-Distance Trade in Africa 1800–1913* (Berlin: Reimer, 1986), 164, 192; George Metcalf, "A Microcosm of Why Africans Sold Slaves: Akan Consumption Patterns in the 1770s," *Journal of African History* 28, no. 3 (January 1, 1987): 378–80.

14 Harry Hamilton Johnston, *The Kilima-Njaro Expedition: A Record of Scientific Exploration in Eastern Equatorial Africa* (London: Kegan, Paul, Trench & Co., 1886), 45; the European traveler is quoted in Jeremy Prestholdt, "On the Global Repercussions of East African Consumerism," *American Historical Review* 109, no. 3 (June 1, 2004): 761, 765; Robert Harms, *The Diligent: A Voyage Through the Worlds of the Slave Trade* (New York: Basic Books, 2002), 81; Miles to Shoolbred, 25 July 1779, T70/1483, National Archives of the UK, Kew, as quoted in Metcalf, "A Microcosm of Why Africans Sold Slaves," 388.

15 另参见 Carl Wennerlind, *Casualties of Credit: The English Financial Revolution, 1620–1720* (Cambridge, MA: Harvard University Press, 2011); Adam Smith, *An Inquiry into the Nature and Causes of the Wealth of Nations*, bk. IV, ch. VII, pt. II, vol. II, Edwin Cannan, ed. (Chicago: University of Chicago Press, 1976), 75.

16 Mazzaoui, *Italian Cotton*, 162; Alfred P. Wadsworth and Julia De Lacy Mann, *The Cotton Trade and Industrial Lancashire, 1600–1780* (Manchester: Manchester University Press, 1931), 116; Mann, *The Cotton Trade of Great Britain*, 5; Wolfgang von Stromer, *Die Gründung der Baumwollindustrie in Mitteleuropa* (Stuttgart: Hiersemann, 1978), 28; H. Wescher, "Die Baumwolle im Altertum," in *Ciba-Rundschau* 45 (June 1940): 1644–45.

17 Wadsworth and Mann, *The Cotton Trade*, 11, 15, 19, 21, 72.

18 Ibid., 4, 5, 27, 29, 42, 55, 73. 羊毛制造业率先将这一举动带到欧洲农村。见 Herman van der Wee, "The Western European Woolen Industries, 1500–1750," in David Jenkins, *The Cambridge History of Western Textiles* (Cambridge: Cambridge University Press, 2003), 399.

19 Wadsworth and Mann, *The Cotton Trade*, 36.

20 Mann, *The Cotton Trade of Great Britain*, 6; Edward Baines, *History of the Cotton Manufacture in Great Britain* (London: Fisher, Fisher and Jackson, 1835), 109; Bernard Lepetit, "Frankreich, 1750–1850," in Wolfram Fischer et al., eds, *Handbuch der Europäischen Wirtschafts- und Sozialgeschichte*, vol. 4 (Stuttgart: Klett-Verlag für Wissen und Bildung, 1993), 487.
21 Wadsworth and Mann, *The Cotton Trade*, 187.
22 For an overview of that trade see Elena Frangakis-Syrett, "Trade Between the Ottoman Empire and Western Europe: The Case of Izmir in the Eighteenth Century," *New Perspectives on Turkey* 2 (1988): 1–18; Baines, *History of the Cotton Manufacture*, 304; Mann, *The Cotton Trade of Great Britain*, 23. Ellison 错误地断言"直到上个世纪结束前大约二十年，进口到英国的棉花几乎完全来自地中海，主要来自士麦那"; see Thomas Ellison, *The Cotton Trade of Great Britain: Including a History of the Liverpool Cotton Market* (London and Liverpool: Effingham Wilson, 1886), 81. On Thessaloniki see Nicolas Svoronos, *Le commerce de Salonique au XVIIIe siècle* (Paris: Presses Universitaires de France, 1956); Manchester Cotton Supply Association, *Cotton Culture in New or Partially Developed Sources of Supply: Report of Proceedings* (Manchester: Cotton Supply Association, 1862), 30, as quoted in Oran Kurmus, "The Cotton Famine and Its Effects on the Ottoman Empire," in Huri Islamoglu-Inan, ed., *The Ottoman Empire and the World-Economy* (Cambridge: Cambridge University Press, 1987), 161; Resat Kasaba, *The Ottoman Empire and the World Economy: The Nineteenth Century* (Albany: State University of New York Press, 1988), 21. 关于一般背景，见 Bruce McGowan, *Economic Life in Ottoman Europe: Taxation, Trade and the Struggle for Land, 1600–1800* (Cambridge: Cambridge University Press, 1981).
23 Wadsworth and Mann, *The Cotton Trade*, 183; "Allotment of goods to be sold by the Royal African Company of England," Treasury Department, T 70/1515, National Archives of the UK, Kew.
24 Wadsworth and Mann, *The Cotton Trade*, 186; Lowell Joseph Ragatz, *Statistics for the Study of British Caribbean Economic History, 1763–1833* (London: Bryan Edwards Press, 1927), 22; Lowell Joseph Ragatz, *The Fall of the Planter Class in the British Caribbean* (New York: Century Co., 1928), 39.
25 关于奥斯曼帝国清楚的讨论，见 Elena Frangakis-Syrett, *The Commerce of Smyrna in the Eighteenth Century (1700–1820)* (Athens: Centre for Asia Minor Studies, 1992), 14; Svoronos, *Le commerce de Salonique au XVIIIe siècle*, 246.
26 Joseph E. Inikori, *Africans and the Industrial Revolution in England: A Study in International Trade and Economic Development* (New York: Cambridge University Press, 2002), 429–31.
27 Arasaratnam, "Weavers, Merchants and Company," 100; K. N. Chaudhuri, *The Trading World of Asia and the English East India Company, 1660–1760* (Cambridge: Cambridge University Press, 1978), 259; Debendra Bijoy Mitra, *The Cotton Weavers of Bengal, 1757–1833* (Calcutta: Firma KLM Private Limited, 1978), 5; Prasannan Parthasarathi, "Merchants and the Rise of Colonialism," in Burton Stein and Sanjay Subrahmanyam, eds., *Institutions and Economic Change in South Asia*(Delhi: Oxford University Press, 1996), 89.
28 Arasaratnam, "Weavers, Merchants and Company," 85; Diary, Consultation, 18 January 1796, in Surat Factory Diary No. 53, part 1, 1795–1796, Maharashtra State Archives, Mumbai; 同样强调经济和政治力量的重要性 Mitra, *The Cotton Weavers of Bengal*, 4; B. C. Allen, *Eastern Bengal District Gazetteers: Dacca* (Allahabad: Pioneer Press, 1912), 38–39; Subramanian, *Indigenous Capital*, 202–3, 332.
29 K. N. Chaudhuri, "The Organisation and Structure of Textile Production in India," in Roy, *Cloth and Commerce*, 59.
30 Commercial Board Minute laid before the Board, Surat, September 12, 1795, in Surat Factory Diary No. 53, part 1, 1795–1796, Maharashtra State Archives, Mumbai.
31 Copy of Letter from Gamut Farmer, President, Surat, to Mr. John Griffith, Esq.,

Governor in Council Bombay, December 12, 1795, in Surat Factory Diary No. 53, part 1, 1795–1796, Maharashtra State Archives, Mumbai; Arasaratnam, "Weavers, Merchants and Company," 86; Board of Trade, Report of Commercial Occurrences, September 12, 1787, in Reports to the Governor General from the Board of Trade, RG 172, Box 393, Home Miscellaneous, Oriental and India Office Collections, British Library, London; Letter from John Griffith, Bombay Castle to William [illegible], Esq., Chief President, October 27, 1795, in Surat Factory Diary No. 53, part 1, 1795–1796, Maharashtra State Archives; Hossain, "The Alienation of Weavers," 121, 125; Mitra, *The Cotton Weavers of Bengal*, 9; Dispatch, London, May 29, 1799, in Bombay Dispatches, E/4, 1014, Oriental and India Office Collections, British Library, London.

32 Parthasarathi, "Merchants and the Rise of Colonialism," 99–100; Arasaratnam, "Weavers, Merchants and Company," 107, 109; Chaudhuri, "The Organisation and Structure of Textile Production in India," 58–59; Chaudhuri, *The Trading World of Asia and the English East India Company*, 261.

33 Arasaratnam, "Weavers, Merchants and Company," 102, 107; Mitra, *The Cotton Weavers of Bengal*, 48; Hossain, "The Alienation of Weavers," 124–25.

34 Bowanny Sankar Mukherjee as quoted in Hossain, "The Alienation of Weavers," 129; Om Prakah, "Textile Manufacturing and Trade Without and with Coercion: The Indian Experience in the Eighteenth Century" (unpublished paper, Global Economic History Network Conference Osaka, December 2004), 26, accessed July 3, 2013, http://www.lse.ac.uk/economicHistory/Research/GEHN/GEHNPDF/PrakashGEHN5.pdf; Hossain, *The Company Weavers of Bengal*, 52; Vijaya Ramaswamy, *Textiles and Weavers in South India* (New York: Oxford University Press, 2006), xiii, 170; Copy of Letter from Board of Directors, London, April 20, 1795, to our President in Council at Bombay, in Surat Factory Diary No. 53, part 1, 1795–1796, in Maharashtra State Archives, Mumbai.

35 同样强调抗拒的重要性：Mitra, *The Cotton Weavers of Bengal*, 7; the importance of mobility is stressed by Chaudhuri, *The Trading World of Asia and the English East India Company*, 252; Arasaratnam, "Weavers, Merchants and Company," 103; see also Details Regarding Weaving in Bengal, Home Miscellaneous Series, 795, pp. 18–22, Oriental and India Office Collections, British Library, London.

36 Commercial Board Minute laid before the Board, Surat, September 12, 1795, in Surat Factory Diary No. 53, part 1, 1795–1796, Maharashtra State Archives, Mumbai; Homes Miscellaneous Series, 795, pp. 18–22, Oriental and India Office Collections, British Library, London. See also Parthasarathi, "Merchants and the Rise of Colonialism," 94.

37 Amalendu Guha, "The Decline of India's Cotton Handicrafts, 1800–1905: A Quantitative Macro-study," *Calcutta Historical Journal* 17 (1989): 41–42; Chaudhuri, "The Organisation and Structure of Textile Production in India," 60; in 1786–87 it was estimated that 16,403 weavers were active in and around Dhaka. Homes Miscellaneous Series, 795, pp. 18–22, Oriental and India Office Collections, British Library, London; Diary, Consultation, January 18, 1796, in Surat Factory Diary No. 53, part 1, 1795–1796, Maharashtra State Archives, Mumbai.

38 Dispatch from East India Company, London to Bombay, March 22, 1765, in Dispatches to Bombay, E/4, 997, Oriental and India Office Collections, British Library, London, p. 611.

39 Report of the Select Committee of the Court of Directors of the East India Company, Upon the Subject of the Cotton Manufacture of this Country, 1793, Home Miscellaneous Series, 401, p. 1, Oriental and India Office Collections, British Library, London.

40 Inikori, *Africans and the Industrial Revolution in England*, 430; Inalcik, "The Ottoman State," 355.

41 M. D. C. Crawford, *The Heritage of Cotton: The Fibre of Two Worlds and Many Ages* (New York: G. P. Putnam's Sons, 1924), xvii; the parliamentary debate is

quoted in Cassels, *Cotton*, 1; the pamphlet is quoted in Baines, *History of the Cotton Manufacture*, 75; Defoe and McVeagh, *A Review of the State of the British Nation*, vol. 4, 605–6; Copy of Memorial of the Callicoe Printers to the Lords of the Treasury, Received, May 4, 1779, Treasury Department, T 1, 552, National Archives of the UK, Kew. See, along very similar lines, "The Memorial of the Several Persons whose Names are herunto subscribed on behalf of themselves and other Callico Printers of Great Britain," received July 1, 1780, at the Lords Commissioners of His Majesty's Treasury, Treasury Department, T1, 563/72–78, National Archives of the UK, Kew.

42 As quoted in S. V. Puntambekar and N. S. Varadachari, *Hand-Spinning and Hand-Weaving: An Essay* (Ahmedabad: All India Spinners' Association, 1926), 49, 51ff., 58; Inikori, *Africans and the Industrial Revolution in England*, 431–32; Crawford, *The Heritage of Cotton*, xvii; Baines, *History of the Cotton Manufacture*, 79; Wadsworth and Mann, *The Cotton Trade*, 132; Crawford, *The Heritage of Cotton*, xvii; Lemire, *Fashion's Favourite*, 42; Petition to the Treasury by Robert Gardiner, in Treasury Department, T1, 517/ 100–101, National Archives of the UK, Kew; Wadsworth and Mann, *The Cotton Trade*, 128; Letter of Vincent Mathias to the Treasury, July 24, 1767, Treasury Department, T 1, 457, National Archives of the UK, Kew.

43 Cousquer, *Nantes*, 12, 23, 43, *Arrêt du conseil d'état du roi, 10 juillet 1785* (Paris: L'Imprimerie Royale, 1785); André Zysberg, *Les Galériens: Vies et destiny de 60,000 porçats sur les galeres de France, 1680–1748* (Paris: Sevid, 1987); Marc Vigié, *Les Galériens du Roi, 1661–1715* (Paris: Fayard, 1985).

44 Wadsworth and Mann, *The Cotton Trade*, 118–19; *Examen des effets que doivent produire dans le commerce de France, l'usage et la fabrication des toiles peintes* (Paris: Chez la Veuve Delaguette, 1759); Friedrich Wilhelm, King of Prussia, *Edict dass von Dato an zu rechnen nach Ablauf acht Monathen in der Chur-Marck Magdeburgischen, Halberstadtschem und Pommern niemand einigen gedruckten oder gemahlten Zitz oder Cattun weiter tragen soll* (Berlin: G. Schlechtiger, 1721); Yuksel Duman, "Notables, Textiles and Copper in Ottoman Tokat, 1750–1840" (PhD dissertation, State University of New York at Binghamton, 1998), 144–45.

45 François-Xavier Legoux de Flaix, *Essai historique, géographique et politique sur l'Indoustan, avec le tableau de son commerce*, vol. 2 (Paris: Pougin, 1807), 326; Lemire, *Fashion's Favourite*, 3–42.

46 See also George Bryan Souza, "Convergence Before Divergence: Global Maritime Economic History and Material Culture," *International Journal of Maritime History* 17, no. 1 (2005): 17–27; Georges Roques, "La manière de négocier dans les Indes Orientales," Fonds Français 14614, Bibliothèque National, Paris; Paul R. Schwartz, "L'impression sur coton à Ahmedabad (Inde) en 1678," *Bulletin de la Société Industrielle de Mulhouse*, no. 1 (1967): 9–25; Cousquer, *Nantes*, 18–20; Jean Ryhiner, *Traité sur la fabrication et le commerce des toiles peintes, commencés en 1766*, Archive du Musée de l'Impression sur Étoffes, Mulhouse, France. See also the 1758 *Réflexions sur les avantages de la libre fabrication et de l'usage des toiles peintes en France* (Geneva: n.p., 1758), Archive du Musée de l'Impression sur Étoffes, Mulhouse, France; M. Delormois, *L'art de faire l'indienne à l'instar d'Angleterre, et de composer toutes les couleurs, bon teint, propres à l'indienne* (Paris: Charles-Antoine Jambert, 1770); Legoux de Flaix, *Essai historique*, vol. 2, 165, 331, as quoted in Florence d'Souza, "Legoux de Flaix's Observations on Indian Technologies Unknown in Europe," in K. S. Mathew, ed., *French in India and Indian Nationalism*, vol. 1 (Delhi: B.R. Publishing Corporation, 1999), 323–24.

47 Dorte Raaschou, "Un document Danois sur la fabrication des toiles Peintes à Tranquebar, aux Indes, à la fin du XVIII siècle," in *Bulletin de la Société Industrielle de Mulhouse*, no. 4 (1967): 9–21; Wadsworth and Mann, *The Cotton Trade*, 119; Inikori, *Africans and the Industrial Revolution in England*, 432; *Philosophical Magazine* 30 (1808): 259; *Philosophical Magazine* 1 (1798): 4. See also S. D. Chapman, *The Cotton Industry in the Industrial Revolution* (London: Macmillan,

1972), 12; *Philosophical Magazine* 1 (1798): 126.
48 Cotton Goods Manufacturers, Petition to the Lords Commissioner of His Majesty's Treasury, Treasury Department, T 1, 676/30, National Archives of the UK, Kew; Dispatch, November 21, 1787, Bombay Dispatches, E/4, 1004, Oriental and India Office Collections, British Library, London.
49 Chapman, *The Cotton Industry in the Industrial Revolution*, 16.
50 Marion Johnson, "Technology, Competition, and African Crafts," in Clive Dewey and A. G. Hopkins, eds., *The Imperial Impact: Studies in the Economic History of Africa and India* (London: Athlone Press, 1978), 262; Irwin and Schwartz, *Studies in Indo-European Textile History*, 12. 我们知道，在整个18世纪，奴隶是非洲最重要的"出口品"，占贸易总额的80%至90%。J. S. Hogendorn and H. A. Gemery, "The 'Hidden Half' of the Anglo-African Trade in the Eighteenth Century: The Significance of Marion Johnson's Statistical Research," in David Henige and T. C. McCaskie, eds., *West African Economic and Social History: Studies in Memory of Marion Johnson* (Madison: African Studies Program, University of Wisconsin Press, 1990), 90; Extract Letter, East India Company, Commercial Department, London, to Bombay, May 4, 1791, in Home Miss. 374, Oriental and India Office Collections, British Library, London; Cousquer, *Nantes*, 32; de Flaix is quoted in Richard Roberts, "West Africa and the Pondicherry Textile Industry," in Roy, ed., *Cloth and Commerce*, 142.
51 Wadsworth and Mann, *The Cotton Trade*, 116, 127, 147; Inikori, *Africans and the Industrial Revolution in England*, 434–35, 448; Smith, *An Inquiry into the Nature and Causes of the Wealth of Nations*, bk. IV, ch. I, vol. I, 470.
52 Wadsworth and Mann, *The Cotton Trade*, 122, 131, 151, 154; Extract Letter to Bombay, Commercial Department, May 4, 1791, in Home Miscellaneous 374, Oriental and India Office Collections, British Library, London.
53 Maurice Dobb, *Studies in the Development of Capitalism* (New York: International Publishers, 1947), 277; George Unwin, in introduction to George W. Daniels, *The Early English Cotton Industry* (Manchester: Manchester University Press, 1920), xxx. This is brilliantly shown by Daron Acemoglu, Simon Johnson, and James Robinson, "The Rise of Europe: Atlantic Trade, Institutional Change and Economic Growth," National Bureau of Economic Research Working Paper No. 9378, December 2002. 然而，他们所缺少的是战争资本主义制度在欧洲核心之外的世界其他地区的持续重要性。
54 See here the important work of Wennerlind, *Casualties of Credit*, esp. 223–25; Inikori, *Africans and the Industrial Revolution in England*, 478–79; P. K. O'Brien and S. L. Engerman, "Exports and the Growth of the British Economy from the Glorious Revolution to the Peace of Amiens," in Barbara Solow, ed., *Slavery and the Rise of the Atlantic System* (New York: Cambridge University Press, 1991), 191.
55 Cited in Peter Spencer, *Samuel Greg, 1758–1834* (Styal, Cheshire, UK: Quarry Bank Mill, 1989).
56 See for example Kevin H. O'Rourke and Jeffrey G. Williamson, "After Columbus: Explaining Europe's Overseas Trade Boom, 1500–1800," *Journal of Economic History* 62 (2002): 417–56; Dennis O. Flynn and Arturo Giraldez, "Path Dependence, Time Lags and the Birth of Globalization: A Critique of O'Rourke and Williamson," *European Review of Economic History* 8 (2004): 81–108; Janet Abu-Lughod, *The World System in the Thirteenth Century: Dead-End or Precursor?*(Washington, DC: American Historical Association, 1993); Andre Gunder Frank, *ReOrient: Global Economy in the Asian Age* (Berkeley: University of California Press, 1988). 我同意Joseph E. Inikori 的观点，他主张"全球商品生产综合进程"对全球化历史的重要性。见 Joseph E. Inikori, "Africa and the Globalization Process: Western Africa, 1450–1850," *Journal of Global History* (2007): 63–86.
57 Mann, *The Cotton Trade of Great Britain*, 20.

第3章 战争资本主义的收益

1. Anthony Howe, *The Cotton Masters, 1830–1860* (Oxford: Clarendon Press, 1984), 41; Michael James, *From Smuggling to Cotton Kings: The Greg Story* (Cirencester, UK: Memoirs, 2010), 4, 8–9, 37–40; Mary B. Rose, *The Gregs of Quarry Bank Mill: The Rise and Decline of a Family Firm, 1750–1914* (Cambridge: Cambridge University Press, 1986), 5.
2. Caitlin C. Rosenthal, "Slavery's Scientific Management: Accounting for Mastery," in Sven Beckert and Seth Rockman, eds., *Slavery's Capitalism: A New History of American Economic Development* (Philadelphia: University of Pennsylvania Press, forthcoming, 2015). A good discussion of the importance of slavery to industrialization can also be found in Robin Blackburn, *The American Crucible: Slavery, Emancipation and Human Rights* (London: Verso, 2011), 104–7.
3. The importance of the Atlantic trade in the great divergence is also emphasized by Daron Acemoglu, Simon Johnson, and James Robinson, "The Rise of Europe: Atlantic Trade, Institutional Change and Economic Growth," National Bureau of Economic Research Working Paper No. 9378, December 2002, esp. 4; 英国社会参与奴隶制的深度及其从中获得的重大物质利益体现, 参见 Nicholas Draper, *The Price of Emancipation: Slave-Ownership, Compensation and British Society at the End of Slavery* (Cambridge: Cambridge University Press, 2010).
4. Rose, *The Gregs of Quarry Bank Mill*, 15–16, 20. He was, in fact, as his biographer Mary B. Rose argued, "responding to the growing demand for cloth" —a demand that he knew of firsthand. See Mary B. Rose, "The Role of the Family in Providing Capital and Managerial Talent in Samuel Greg and Company, 1784–1840," *Business History* 19, no. 1 (1977): 37–53.
5. James, *From Smuggling to Cotton Kings*, 21. For the conversion: Eric Nye, "Pounds Sterling to Dollars: Historical Conversion of Currency," University of Wyoming, accessed January 9, 2013, http://www.uwyo.edu/numimage/currency.htm. 事实上, 在 1801 到 1804 年之间, 格雷格 59% 的产品销往美国; 见 Rose, *The Gregs of Quarry Bank Mill*, 24, 28, 30 33. For interest rates on bonds see David Stasavage, *Public Debt and the Birth of the Democratic State: France and Great Britain, 1688–1789* (Cambridge: Cambridge University Press, 2003), 96.
6. See David Landes, *The Unbound Prometheus: Technical Change and Industrial Development in Western Europe from 1750 to the Present*, 2nd ed. (New York: Cambridge University Press, 2003); David Landes, *The Wealth and Poverty of Nations: Why Some Are So Rich and Some So Poor* (New York: Norton, 1998); Niall Ferguson, *Civilization: The West and the Rest* (New York: Penguin, 2011); Jared Diamond, *Guns, Germs, and Steel: The Fates of Human Societies* (New York: Norton, 1998). For an overview see also Joseph E. Inikori, *Africans and the Industrial Revolution in England: A Study in International Trade and Economic Development* (New York: Cambridge University Press, 2002), chapter 2.
7. M. D. C. Crawford, *The Heritage of Cotton: The Fibre of Two Worlds and Many Ages* (New York: G. P. Putnam's Sons, 1924), v; Angus Maddison, *The World Economy: A Millennial Perspective* (Paris: Development Centre of the Organisation for Economic Co-operation and Development, 2001), 27. 即使有人强调工业革命加大经济增长的速度并不快, 比如 Nicholas Crafts, 仍然认为这是 "加快全要素生产率增长" 的分水岭。见 Nicholas Crafts, "The First Industrial Revolution: Resolving the Slow Growth/Rapid Industrialization Paradox," *Journal of the European Economic Association* 3, no. 2/3 (May 2005): 525–39, here 533. But see Peter Temin, "Two Views of the Industrial Revolution," *Journal of Economic History* 57 (March 1997): 63–82, 以重申工业革命对整个英国经济的影响。关于工业革命的解释几乎和关于它的书一样多。有关详细概述, 请参阅 Inikori, *Africans and the Industrial Revolution in England*, chapter 2. 但长期而缓慢的文化或体制变革并不能解释英国与世界其他地区的迅速

分化。
8   Peter Spencer, *Samuel Greg, 1758–1834* (Styal: Quarry Bank Mill, 1989), 6.
9   Maurice Dobb, *Studies in the Development of Capitalism* (New York: International Publishers, 1964), 294; Eric Hobsbawm, *The Age of Revolution, 1789–1848* (London: Abacus, 1977), 49; Rose, *The Gregs of Quarry Bank Mill*, 7; Stephen Broadberry and Bishnupriya Gupta, "Cotton Textiles and the Great Divergence: Lancashire, India and Shifting Competitive Advantage, 1600–1850," CEPR Discussion Paper No. 5183, London, Centre for Economic Policy Research, August 2005, 7.
10 Broadberry and Gupta, "Cotton Textiles and the Great Divergence," 27. Robert C. Allen 正确地强调了对作为工业革命核心驱动力的更高效机械的需求的重要性。然而，对机器需求最终来自于棉花商品巨大市场的存在和英国资本家为其服务的能力。见 Robert C. Allen, *The British Industrial Revolution in Global Perspective* (New York: Cambridge University Press, 2009), for example p. 137.
11 关于对这一论据最好的解说，见 Allen, *The British Industrial Revolution*; See also Broadberry and Gupta, "Cotton Textiles and the Great Divergence"; K. N. Chaudhuri, "The Organisation and Structure of Textile Production in India," in Tirthankar Roy, ed., *Cloth and Commerce: Textiles in Colonial India* (Walnut Creek, CA: AltaMira Press, 1996), 74; Friedrich Hassler, *Vom Spinnen und Weben* (Munich: R. Oldenbourg, 1952), 7.
12 Almut Bohnsack, *Spinnen und Weben: Entwicklung von Technik und Arbeit im Textilgewerbe* (Reinbeck: Rowohlt, 1981), 25, 201.
13 Mike Williams and D. A. Farnie, *Cotton Mills in Greater Manchester* (Preston, UK: Carnegie, 1992), 9.
14 S. & W. Salte to Samuel Oldknow, November 5, 1787, Record Group SO/1,265, Oldknow Papers, John Rylands Library, Manchester.
15 S. D. Chapman, *The Cotton Industry in the Industrial Revolution* (London: Macmillan, 1972), 20; Broadberry and Gupta, "Cotton Textiles and the Great Divergence," 23.
16 Edward Baines, *History of the Cotton Manufacture in Great Britain* (London; H. Fisher, R. Fisher, and P. Jackson, 1835) 353; Price of Mule Yarn from 1796 to 1843 sold by McConnel & Kennedy, Manchester, in McConnel & Kennedy Papers, record group MCK, file 3/3/8, John Rylands Library, Manchester; C. Knick Harley, "Cotton Textile Prices and the Industrial Revolution," *Economic History Review*, New Series, 51, no. 1 (February 1998): 59.
17 这些数字只是估计数字。See Broadberry and Gupta, "Cotton Textiles and the Great Divergence," 8, 26; Chapman, *The Cotton Industry in the Industrial Revolution*, 22, 29; Howe, *The Cotton Masters*, 6.
18 Hobsbawm, *The Age of Revolution*, 46; Allen, *The British Industrial Revolution*, 191; Dobb, *Studies in the Development of Capitalism*, 269; Salvin Brothers of Castle Eden Co., Durham, to McConnel & Kennedy, Castle Eden, July 22, 1795, Letters, 1795, record group MCK, box 2/1/1, in McConnel & Kennedy Papers, John Rylands Library, Manchester.
19 Patrick O'Brien, "The Geopolitics of a Global Industry: Eurasian Divergence and the Mechanization of Cotton Textile Production in England," in Giorgio Riello and Prasannan Parthasarathi, eds., *The Spinning World: A Global History of Cotton Textiles, 1200–1850* (New York: Oxford University Press, 2009), 360. See also, Dobb, *Studies in the Development of Capitalism*, 258.
20 例如，大曼彻斯特地区的第一家"大型专用棉纺厂"就是1782年左右建造的舒德尔棉纺厂。它有两百英尺长，三十英尺宽，五层楼高。See Williams and Farnie, *Cotton Mills in Greater Manchester*, 50; Stanley D. Chapman, *The Early Factory Masters: The Transition to the Factory System in the Midlands Textile Industry* (Newton Abbot, Devon, UK: David & Charles, 1967), 65.
21 Williams and Farnie, *Cotton Mills in Greater Manchester*, 4–9; Harold Catling, *The Spinning Mule* (Newton Abbot, Devon, UK: David & Charles, 1970), 150.
22 Charles Tilly, "Social Change in Modern Europe: The Big Picture," in Lenard R.

Berlanstein, ed., *The Industrial Revolution and Work in Nineteenth-Century Europe* (London and New York: Routledge, 1992), 53.

23 M. Elvin, "The High-Level Equilibrium Trap: The Causes of the Decline of Invention in the Traditional Chinese Textile Industries," in W. E. Willmott, ed., *Economic Organization in Chinese Society* (Stanford, CA: Stanford University Press, 1972), 137ff. See also Sucheta Mazumdar, *Sugar and Society in China: Peasants, Technology and the World Market* (Cambridge, MA: Harvard University Press, 1998), 183; Philip C. C. Huang, *The Peasant Family and Rural Development in the Yangzi Delta, 1350–1988* (Stanford, CA: Stanford University Press, 1990), 44.

24 For this argument see Roy Bin Wong, *China Transformed: Historical Change and the Limits of European Experience* (Ithaca, NY: Cornell University Press, 1997); Chaudhuri, "The Organisation and Structure of Textile Production in India," 57.

25 Rose, *The Gregs of Quarry Bank Mill*, 39–40; Chapman, *The Cotton Industry in the Industrial Revolution*, 29; William Emerson to McConnel & Kennedy, Belfast, December 8, 1795, in John Rylands Library, Manchester.

26 Chapman, *The Cotton Industry in the Industrial Revolution*, 29, 32; Howe, *The Cotton Masters*, 9, 11–12.

27 A. C. Howe, "Oldknow, Samuel (1756–1828)," in H. C. G. Matthew and Brian Harrison, eds., *Oxford Dictionary of National Biography* (Oxford: Oxford University Press, 2004); George Unwin, *Samuel Oldknow and the Arkwrights: The Industrial Revolution at Stockport and Marple* (New York: A. M. Kelley, 1968), 2, 6, 45, 107, 123, 127, 135, 140.

28 Chapman, *The Cotton Industry in the Industrial Revolution*, 31, 37–41; Howe, *The Cotton Masters*, 24, 27; M. J. Daunton, *Progress and Poverty: An Economic and Social History of Britain, 1700–1850* (New York: Oxford University Press, 1995), 199; Dobb, *Studies in the Development of Capitalism*, 268.

29 Partnership Agreement Between Benjamin Sanford, William Sanford, John Kennedy, and James McConnel, 1791: 1/2; Personal Ledger, 1795–1801: 3/1/1, Papers of McConnel & Kennedy, John Rylands Library, Manchester.

30 N. F. R. Crafts, *British Economic Growth During the Industrial Revolution* (New York: Oxford University Press, 1985), 22; Bohnsack, *Spinnen und Weben*, 26; Allen, *The British Industrial Revolution*, 182; Howe, *The Cotton Masters*, 1, 51.

31 Fernand Braudel, *Afterthoughts on Material Civilization and Capitalism* (Baltimore: Johns Hopkins University Press, 1977), 109.

32 Beverly Lemire, *Fashion's Favourite: The Cotton Trade and the Consumer in Britain, 1660–1800* (Oxford: Oxford University Press, 1991).

33 Baines, *History of the Cotton Manufacture in Great Britain*, 335; R. C. Allen and J. L. Weisdorf, "Was There an 'Industrious Revolution' Before the Industrial Revolution? An Empirical Exercise for England, c. 1300–1830," *Economic History Review* 64, no. 3 (2011): 715–29; P. K. O'Brien and S. L. Engerman, "Exports and the Growth of the British Economy from the Glorious Revolution to the Peace of Amiens," in Barbara Solow, ed., *Slavery and the Rise of the Atlantic System* (New York: Cambridge University Press, 1991), 184, 188, 200; Broadberry and Gupta, "Cotton Textiles and the Great Divergence," 5; Baines, *History of the Cotton Manufacture in Great Britain*, 349–50; For the general point see Inikori, *Africans and the Industrial Revolution in England*, 436, 450; Hobsbawm, *The Age of Revolution*, 49. The table on page 74 is based on figures in Tables X and XI in Elizabeth Boody Schumpeter and T. S. Ashton, *English Overseas Trade Statistics, 1697–1808* (Oxford: Clarendon Press, 1960), 29–34. Table X provides values of the principal English exports of textile goods, excluding woolens, for the years 1697 to 1771, 1775, and 1780 in pounds sterling. Table XI provides quantities and values of the principal British exports of textile goods, excluding woolens, for 1772–1807 in pounds sterling, with the years 1772–91 including England and Wales and 1792–1807 including all of Great Britain.

34 O'Brien and Engerman, "Exports and the Growth of the British Economy," 185;

Baines, *History of the Cotton Manufacture in Great Britain*, 349.

35 Debendra Bijoy Mitra, *The Cotton Weavers of Bengal, 1757–1833* (Calcutta: Firm KLM Private Ltd., 1978), 25; John Taylor, *Account of the District of Dacca by the Commercial Resident Mr. John Taylor in a Letter to the Board of Trade at Calcutta dated 30th November 1800 with P.S. 2 November 1801 and Inclosures, In Reply to a Letter from the Board dated 6th February 1798 transmitting Copy of the 115th Paragraph of the General Letter from the Court of Directors dated 9th May 1797 Inviting the Collection of Materials for the use of the Company's Historiographer*, Home Miscellaneous Series, 456, Box F, pp. 111–12, Oriental and India Office Collections, British Library, London; *The Principal Heads of the History and Statistics of the Dacca Division* (Calcutta: E. M. Lewis, 1868), 129; Shantha Harihara, *Cotton Textiles and Corporate Buyers in Cottonopolis: A Study of Purchases and Prices in Gujarat, 1600–1800* (Delhi: Manak, 2002), 75; "Extracts from the Reports of the Reporter of External Commerce in Bengal; from the year 1795 to the latest Period for which the same can be made up," in *House of Commons Papers*, vol. 8 (1812–13), 23. See also Konrad Specker, "Madras Handlooms in the Nineteenth Century," in Roy, ed., *Cloth and Commerce*, 179; G. A. Prinsep, *Remarks on the External Commerce and Exchanges of Bengal* (London: Kingsbury, Parbury, and Allen, 1823), 28; "The East-India and China Trade," *Asiatic Journal and Monthly Register for British India and Its Dependencies* 28, no. 164 (August 1829): 150.

36 O'Brien and Engerman, "Exports and the Growth of the British Economy," 177–209; Inikori, *Africans and the Industrial Revolution in England*, 445, 447–48; Kenneth Pomeranz, *The Great Divergence: China, Europe, and the Making of the Modern World Economy* (Princeton, NJ: Princeton University Press, 2000), 266; Marion Johnson, "Technology, Competition, and African Crafts," in Clive Dewey and A. G. Hopkins, eds., *The Imperial Impact: Studies in the Economic History of Africa and India* (London: Athlone Press, 1978), 263.

37 我们进一步阐释：正如许多观察家所言，机构非常重要。然而，问题是如何界定这些机构，并将其产生植根于特定的历史进程。机构不是历史行为者"意志"的问题；相反，它们是若干因素汇合的结果，而且最重要的是，是社会力量特别平衡的结果。正如我们将在后面几章中看到的那样，世界许多地区的社会和政治结构并不适合接受工业资本主义或通常与之相适应的机构。The report of the French commission is cited in Henry Brooke Parnell, *On Financial Reform*, 3rd ed. (London: John Murray, 1832), 84; William J. Ashworth, "The Ghost of Rostow: Science, Culture and the British Industrial Revolution," *History of Science* 156 (2008): 261.

38 On the Royal Navy, see O'Brien and Engerman, "Exports and the Growth of the British Economy," 189–90. 在此，我同意最近强调机构至关重要的文献。The argument has been made most persuasively by Daron Acemoglu and James A. Robinson, *Why Nations Fail: The Origins of Power, Prosperity, and Poverty* (New York: Crown Business, 2012). 然而，根据 Acemouglu 和 Robinson 的说法，这些机构仍然有些不确定，它们自己的历史（以及它们的战争资本主义起源）仍然不明。关于坚持机构的重要性，另见 Niall Ferguson, *Civilization: The Six Killer Apps of Western Power* (London: Penguin, 2012).

39 See here also the intriguing argument by Acemoglu et al., "The Rise of Europe."

40 Howe, *The Cotton Masters*, 90, 94.

41 Petition of manufacturers of calicoes, muslins and other cotton goods in Glasgow asking for extension of exemption for Auction Duty Act, July 1, 1789 (received), Treasury Department, record group T 1, 676/30, National Archives of the UK, Kew.

42 See Allen, *The British Industrial Revolution*, 5.

43 Baines, *History of the Cotton Manufacture in Great Britain*, 321–29.

44 Ibid., 503–4; William J. Ashworth, *Customs and Excise Trade, Production, and Consumption in England, 1640–1845* (Oxford: Oxford University Press, 2003), 4, 8; O'Brien and Engerman, "Exports and the Growth of the British Economy," 206; *Edinburgh Review, or Critical Journal* 61 (July 1835): 455.

45 利用 Kenneth Pomeranz 提供的数字（只能视为粗略估计），精确倍数为 417。Pomeranz, *The Great Divergence*, 139, 337; Kenneth Pomeranz, "Beyond the East-West Binary: Resituating Development Paths in the Eighteenth-Century World," *Journal of Asian Studies* 61, no. 2 (May 1, 2002): 569; Baines, *History of the Cotton Manufacture in Great Britain*, 215.

46 Hobsbawm, *The Age of Revolution*, 44; Thomas Ashton to William Rathbone VI, Flowery Fields, January 17, 1837, Record Group RP.IX.1.48–63, Rathbone Papers, University of Liverpool, Special Collections and Archives, Liverpool; the English visitor is quoted in Asa Briggs, *Victorian Cities* (Berkeley and Los Angeles: University of California Press, 1970), 89; Alexis de Tocqueville, *Journeys to England and Ireland*, trans. George Lawrence and K. P. Mayer, ed. K. P. Mayer (London: Transaction Publishers, 2003), 107–8; Thomas Jefferson, *Notes on the State of Virginia*, Query XIX.

47 Dale Tomich and Michael Zeuske, "The Second Slavery: Mass Slavery, World-Economy, and Comparative Microhistories," *Review: A Journal of the Fernand Braudel Center* 31, no. 3 (2008), 91–100; Michael Zeuske, "The Second Slavery: Modernity, Mobility, and Identity of Captives in Nineteenth-Century Cuba and the Atlantic World," in Javier Lavina and Michael Zeuske, eds., *The Second Slavery: Mass Slaveries and Modernity in the Americas and in the Atlantic Basin* (Berlin, Münster, and New York: LIT Verlag, 2013); Dale Tomich, Rafael Marquese, and Ricardo Salles, eds., *Frontiers of Slavery* (Binghamton: State University of New York Press, forthcoming).

48 J. De Cordova, *The Cultivation of Cotton in Texas: The Advantages of Free Labour, A Lecture Delivered at the Town Hall, Manchester, on Tuesday, the 28th day of September, 1858, before the Cotton Supply Association* (London: J. King & Co., 1858), 70–71.

第 4 章　攫取劳动力和土地

1 A. Moreau de Jonnes, "Travels of a Pound of Cotton," *Asiatic Journal and Monthly Register for British India and Its Dependencies* 21 (January–June 1826) (London: Kingsbury, Parbury & Allen, 1826), 23.

2 J. T. Danson, "On the Existing Connection Between American Slavery and the British Cotton Manufacture," *Journal of the Statistical Society of London* 20 (March 1857): 6, 7, 19. For a similar argument see also Elisée Reclus, "Le coton et la crise Américaine," *Revue des Deux Mondes* 37 (1862): 176, 187. 关于资本主义和奴隶制之间关系，以下作品也有讨论：Philip McMichael, "Slavery in Capitalism. The Rise and Demise of the U.S. Ante-Bellum Cotton Culture," *Theory and Society* 20 (June 1991): 321–49; Joseph E. Inikori, *Africans and the Industrial Revolution in England: A Study in International Trade and Economic Development* (New York: Cambridge University Press, 2003); and Eric Williams, *Capitalism and Slavery* (Chapel Hill: University of North Carolina Press, 1994).

3 "Cotton, Raw, Quantity Consumed and Manufactured," in Levi Woodbury, United States Deptartment of the Treasury, *Letter from the Secretary of the Treasury transmitting Tables and Notes on the Cultivation, Manufacture, and Foreign Trade of Cotton* (1836), 40.

4 关于"第二次奴隶制"的概念，见 Dale Tomich, "The Second Slavery: Mass Slavery, World-Economy, and Comparative Histories," *Review: A Journal of the Fernand Braudel Center* 31, no. 3 (2008). For the commodity frontier see Jason W. Moore, "Sugar and the Expansion of the Early Modern World-Economy: Commodity Frontiers, Ecological Transformation, and Industrialization," *Review: A Journal of the Fernand Braudel Center* 23, no. 3 (2000): 409–33. See also Robin Blackburn, *The American Crucible:*

Slavery, Emancipation and Human Rights (London: Verso, 2011), 22.
5   On cotton growing in France see C. P. De Lasteyrie, *Du cotonnier et de sa culture* (Paris: Bertrand, 1808); *Notice sur le coton, sa culture, et sur la posibilité de le cultiver dans le département de la Gironde*, 3rd ed. (Bordeaux: L'Imprimerie de Brossier, 1823); on this effort see also Morris R. Chew, *History of the Kingdom of Cotton and Cotton Statistics of the World* (New Orleans: W. B. Stansbury & Co., 1884), 48. On efforts to grow cotton in Lancashire see John Holt, *General View of the Agriculture of the County of Lancaster* (London: G. Nicol, 1795), 207.
6   N. G. Svoronos, *Le commerce de Salonique au XVIIIe siècle* (Paris: Presses Universitaires de France, 1956), 67; Bombay Dispatches, IO/E/4, 996, pp. 351, 657; British Library, Oriental and India Office Collections, British Library, London; Eliyahu Ashtor, "The Venetian Cotton Trade in Syria in the Later Middle Ages," *Studi Medievali*, ser. 3, vol. 17 (1976): 676, 682, 686.
7   In 1790, the cotton consumption of Great Britain amounted to 30.6 million pounds. Edward Baines, *History of the Cotton Manufacture in Great Britain* (London: H. Fisher, R. Fisher, and P. Jackson, 1835), 215, 347, 348; Thomas Ellison, *The Cotton Trade of Great Britain* (London: Effingham Wilson, Royal Exchange, 1886), 49; Joel Mokyr, *The Lever of Riches: Technological Creativity and Economic Progress* (New York: Oxford University Press, 1990), 99; Bernard Lepetit, "Frankreich, 1750–1850," in Wolfram Fischer et al., eds, *Handbuch der Europäischen Wirtschafts- und Sozialgeschichte*, vol. 4 (Stuttgart: Klett-Cotta, 1993), 487; *Bremer Handelsblatt* 2 (1851): 4.
8   Ellison, *The Cotton Trade*, 82–83; Michael M. Edwards, *The Growth of the British Cotton Trade, 1780–1815* (Manchester: Manchester University Press, 1967), 75.
9   William Edensor, *An Address to the Spinners and Manufacturers of Cotton Wool, Upon the Present Situation of the Market* (London: The Author, 1792), 15. There was always a shortage of labor, which meant that production on plantations was unimaginable. Huri Islamoglu-Inan, "State and Peasants in the Ottoman Empire: A Study of Peasant Economy in North-Central Anatolia During the Sixteenth Century," in Huri Islamoglu-Inan, ed., *The Ottoman Empire and the World Economy*(New York: Cambridge University Press, 1987), 126; Elena Frangakis-Syrett, *The Commerce of Smyrna in the Eighteenth Century (1700–1820)* (Athens: Centre for Asia Minor Studies, 1992), 11, 236; Resat Kasaba, *The Ottoman Empire and the World Economy: The Nineteenth Century* (Albany: State University of New York Press, 1988), 25–27. On the capital shortage see Donald Quataert, "The Commercialization of Agriculture in Ottoman Turkey, 1800–1914," *International Journal of Turkish Studies* 1 (1980): 44–45. On the importance of political independence see Sevket Pamuk, *The Ottoman Empire and European Capitalism, 1820–1913* (Cambridge: Cambridge University Press, 1987), 53; Ellison, *The Cotton Trade*, 82–83; Edwards, *The Growth of the British Cotton Trade*, 86.
10 Report of the Select Committee of the Court of Directors of the East India Company, Upon the Subject of the Cotton Manufacture of this Country, 1793, Home Miscellaneous Series, 401, Oriental and India Office Collections, British Library, London.
11 "Objections to the Annexed Plan," November 10, 1790, Home Miscellaneous Series, 434, Oriental and India Office Collections, British Library, London.
12 See for example Edwards, *The Growth of the British Cotton Trade*, 75, 82–83; Ellison, *The Cotton Trade*, 28, 84; East-India Company, Reports and Documents Connected with the Proceedings of the East-India Company in Regard to the Culture and Manufacture of Cotton-Wool, Raw Silk, and Indigo in India (London: East-India Company, 1836); Copy of letter by George Smith to Charles Earl Cornwallis, Calcutta, October 26, 1789, in Home Miscellaneous Series, 434, Oriental and India Office Collections, British Library, London; Various Copies of Letters Copied into a Book relating to Cotton, 729–54, in Home Miscellaneous Series, 374, Oriental and

India Office Collections, British Library.
13 On the long history of cotton in the Caribbean see David Watts, *The West Indies: Patterns of Development, Culture and Environmental Change Since 1492* (Cambridge: Cambridge University Press, 1987), 158–59, 183, 194, 296; Charles Mackenzie, *Facts, Relative to the Present State of the British Cotton Colonies and to the Connection of their Interests* (Edinburgh: James Clarke, 1811); Daniel McKinnen, *A Tour Through the British West Indies, in the Years 1802 and 1803: Giving a Particular Account of the Bahama Islands* (London: White, 1804); George F. Tyson Jr., "On the Periphery of the Peripheries: The Cotton Plantations of St. Croix, Danish West Indies, 1735–1815," *Journal of Caribbean History* 26, no. 1 (1992): 3, 6–8; "Tableau de Commerce, &c. de St. Domingue," in Bryan Edwards, *An Historical Survey of the Island of Saint Domingo* (London: Printed for John Stockdale, 1801), 230–31.
14 "Report from the Select Committee on the Commercial State of the West India Colonies," in Great Britain, House of Commons, Sessional Papers, 1807, III (65), pp. 73–78, as quoted in Ragatz, *Statistics*, 22; Edwards, *The Growth of the British Cotton Trade*, 250; Selwyn H. H. Carrington, *The British West Indies During the American Revolution* (Dordrecht: Foris, 1988), 31; "An Account of all Cotton Wool of the Growth of the British Empire Imported annually into that part of Great Britain Called England," National Archives of the UK, Kew, Treasury Department, T 64/275, in the chart on page 90. The numbers (totals, and details for 1786) in the chart on page 90 are from Baines, *History of the Cotton Manufacture*, 347.
15 "Report from the Select Committee on the Commercial State of the West India Colonies," in Great Britain, House of Commons, Sessional Papers, 1807, III (65), pp. 73–78, as quoted in Lowell J. Ragatz, *Statistics for the Study of British Caribbean Economic History, 1763–1833* (London: Bryan Edwards Press, 1928), 22; Lowell J. Ragatz, *The Fall of the Planter Class in the British Caribbean, 1763–1833: A Study in Social and Economic History* (New York: Century Co., 1928), 38; M. Placide-Justin, *Histoire politique et statistique de l'île d'Hayti, Saint-Domingue; écrite sur des documents officiels et des notes communiquées par Sir James Barskett, agent du gouvernement britannique dans les Antilles* (Paris: Brière, 1826), 501. On "coton des isles" see Robert Lévy, *Histoire économique de l'industrie cotonnière en Alsace* (Paris: F. Alcan, 1912), 56; Nathan Hall to John King, Nassau, May 27, 1800, Box 15, CO 23, National Archives of the UK, Kew.
16 Robert H. Schomburgk, *The History of Barbados: Comprising a Geographical and Statistical Description of the Island; a Sketch of the Historical Events Since the Settlement; and an Account of Its Geology and Natural Productions* (London: Longman, Brown, Green and Longmans, 1848), 640; Edwards, *The Growth of the British Cotton Trade*, 79; Selwyn Carrington, "The American Revolution and the British West Indies Economy," *Journal of Interdisciplinary History* 17 (1987): 841–42; Edward N. Rappaport and José Fernandez-Partagas, "The Deadliest Atlantic Tropical Cyclones, 1492–1996," National Hurricane Center, National Weather Service, May 28, 1995, accessed August 6, 2010, http://www.nhc.noaa.gov/pastdeadly.shtml; Ragatz, *Statistics*, 15; S. G. Stephens, "Cotton Growing in the West Indies During the Eighteenth and Nineteenth Centuries," *Tropical Agriculture* 21 (February 1944): 23–29; Wallace Brown, *The Good Americans: The Loyalists in the American Revolution* (New York: Morrow, 1969), 2; Gail Saunders, *Bahamian Loyalists and Their Slaves* (London: Macmillan Caribbean, 1983), 37.
17 David Eltis, "The Slave Economies of the Caribbean: Structure, Performance, Evolution and Significance," in Franklin W. Knight, ed., *General History of the Caribbean*, vol. 3, *The Slave Societies of the Caribbean* (London: Unesco Publishing, 1997), 113, Table 3:1. On production see Edwards, *The Growth of the British Cotton Trade*, 79. On French demand and reexports from European French ports see Jean Tarrade, *Le commerce colonial de la France à la fin de l'Ancien Régime* (Paris: Presses Universitaires de France, 1972), 748–49, 753. I assumed that most of the

colonial cotton reexported from France went to Great Britain.
18 In 1790, there were 705 cotton plantations on the island, compared to 792 sugar plantations. Edwards, *An Historical Survey*, 163–65, 230, 231. On Saint-Domingue cotton production see also Schomburgk, *The History of Barbados*, 150; Ragatz, *The Fall of the Planter Class*, 39, 125; David Eltis et al., *The Trans-Atlantic Slave Trade: A Database on CD-Rom* (Cambridge: Cambridge University Press, 1999); Tarrade, *Le commerce colonial*, 759.
19 Stefano Fenoaltea, "Slavery and Supervision in Comparative Perspective: A Model," *Journal of Economic History* 44 (September 1984): 635–68.
20 Moore, "Sugar," 412, 428.
21 Resat Kasaba, "Incorporation of the Ottoman Empire," *Review* 10, Supplement (Summer/Fall 1987): 827.
22 *Transactions of the Society Instituted at London for the Encouragement of Arts, Manufactures, and Commerce* 1 (London: Dodsley, 1783), 254; Ellison, *The Cotton Trade*, 28; Edwards, *The Growth of the British Cotton Trade*, 77; Governor Orde to Lord Sydney, Roseau, Dominica, June 13, 1786, in Colonial Office, 71/10, National Archives of the UK; President Lucas to Lord Sydney, Granada, June 9, 1786, Dispatches Granada, Colonial Office, 101/26; Governor D. Parry to Lord Sydney, Barbados, May 31, 1786, Dispatches Barbados, Colonial Office, 28/60, National Archives of the UK; President Brown to Sydney, New Providence, 23 February 1786, in Dispatches Bahamas, Colonial Office 23/15, National Archives of the UK. On the pressure by manufacturers see also Edwards, *The Growth of the British Cotton Trade*, 75–76; Governor Orde to Lord Sydney, Rouseau, Dominica, March 30, 1788, National Archives of the UK.
23 关于奴隶在资本主义史上的角色已经有很多讨论以它为主题，相当完善的摘要有 Robin Blackburn, *The Making of New World Slavery: From the Baroque to the Modern, 1492–1800* (New York: Verso, 1997), 509–80. See also the important article by Ronald Bailey, "The Other Side of Slavery: Black Labor, Cotton, and Textile Industrialization in Great Britain and the United States," *Agricultural History* 68 (Spring 1994): 35–50; Seymour Drescher, *Capitalism and Antislavery: British Mobilization in Comparative Perspective* (New York: Oxford University Press, 1987), 9. The notion of "second slavery" is from Dale Tomich and Michael Zeuske, "The Second Slavery: Mass Slavery, World-Economy, and Comparative Microhistories," *Review: A Journal of the Fernand Braudel Center* 31, no. 3 (2008). Catherine Coquery-Vidrovitch argues that this expansion of slavery in the Americas also led to a "second slavery" in Africa. See Catherine Coquery-Vidrovitch, "African Slaves and Atlantic Metissage: A Periodization 1400–1880," paper presented at "2nd Slaveries and the Atlantization of the Americas" colloquium, University of Cologne, July 2012; Voyages: The Trans-Atlantic Slave Trade Database, http://www.slavevoyages.org, accessed January 31, 2013.
24 Alan H. Adamson, *Sugar Without Slaves: The Political Economy of British Guiana, 1838–1904* (New Haven: Yale University Press, 1972), 24; Johannes Postma, *The Dutch in the Atlantic Slave Trade, 1600–1815* (Cambridge: Cambridge University Press, 1990), 288.
25 See for example, Roger Hunt, *Observations Upon Brazilian Cotton Wool, for the Information of the Planter and With a View to Its Improvement* (London: Steel, 1808), 3; Morris R. Chew, *History of the Kingdom of Cotton and Cotton Statistics of the World* (New Orleans: W. B. Stansbury & Co., 1889), 28; John C. Branner, *Cotton in the Empire of Brazil: The Antiquity, Methods and Extent of Its Cultivation; Together with Statistics of Exportation and Home Consumption* (Washington, DC: Government Printing Office, 1885), 9, 46; Celso Furtado, *The Economic Growth of Brazil: A Survey from Colonial to Modern Times* (Berkeley and Los Angeles: University of California Press, 1965), 97; Caio Prado, *The Colonial Background of Modern Brazil* (Berkeley and Los Angeles: University of California Press, 1969), 171–73, cited

on 458; Luiz Cordelio Barbosa, "Cotton in 19th Century Brazil: Dependency and Development" (PhD dissertation, University of Washington, 1989), 31; Francisco de Assis Leal Mesquita, "Vida e morte da economia algodoeira do Maranhão, uma análise das relações de produção na cultura do algodão, 1850–1890" (PhD dissertation, Universidade Federal do Maranhão, 1987), 50.

26 Beshara Doumani, *Rediscovering Palestine: Merchants and Peasants in Jabal Nablus, 1700–1900* (Berkeley and Los Angeles: University of California Press, 1995), 99; William Milburn, *Oriental Commerce: Containing a Geographical Description of the Principal Places in the East Indies, China, and Japan, With Their Produce, Manufactures, and Trade* (London: Black, Parry & Co., 1813), 281; Mesquita, "Vida e morte," 63; Edwards, *The Growth of the British Cotton Trade*, 83.

27 John Tarleton to Clayton Tarleton, St. James's Hotel, February 5, 1788, 920 TAR, Box 4, Letter 5, Tarleton Papers, Liverpool Records Office, Liverpool. For cotton merchants owning a plantation see Sandbach, Tinne & Co. Papers, Merseyside Maritime Museum, Liverpool. For cotton merchants trading in slaves see John Tarleton to Clayton Tarleton, April 29, 1790, letter 8, 4, 920 TAR, Tarleton Papers, Liverpool Records Office; Annual Profit and Loss Accounts of John Tarleton, 920 TAR, Box 2 and Box 5, Liverpool Records Office.

28 1820年，种植英国工业消耗的棉花需要873312英亩的土地，这将占英国可耕地的7.8%，并雇198738名农业工人。1840年棉花消费量需要3273414英亩土地，这将占英国可耕地的29%，需要544066名农业劳动者。Cotton consumption in 1820 (152,829,633 pounds according to Mann, *The Cotton Trade of Great Britain*, 93–4) divided by 1820 yield per acre (175 pounds according to Whartenby, "Land and Labor Productivity," 54); 1820 required cotton acreage (873,312 acres) as a share of 1827 arable land (11,143,370 acres). Figure for arable land taken from Rowland E. Prothero, *English Farming Past and Present* (New York: Benjamin Blom, Inc., 1972 [1st ed. London, 1917]), [("Table 2.–1827") and Select Committee on Emigration, 1827. Evidence of Mr. W. Couling. *Sessional Papers*, 1827, vol. v., p. 361]. 1840 cotton consumption (592,488,010 pounds according to Mann, *The Cotton Trade of Great Britain*, 94) divided by 1840 yield per acre (181 pounds according to Whartenby, "Land and Labor Productivity," 54). Cotton consumption in 1860 (1,140,599,712 pounds) divided by 1840 yield of cotton per acre in the United States (181 pounds). And 1860 cotton consumption divided by 1840 yield per worker (1,089 pounds) in the United States. See also Kenneth Pomeranz, *The Great Divergence: China, Europe, and the Making of the Modern World Economy* (Princeton, NJ: Princeton University Press, 2000), 276, 315. Edwards, *The Growth of the British Cotton Trade*, 75. The resistance to change in the European agricultural system is also emphasized by Philip McMichael, "Slavery in Capitalism: The Rise and Demise of the U.S. Ante-Bellum Cotton Culture," *Theory and Society* 20 (June 1991): 326. For discussion of the great divergence see also David Landes, *The Unbound Prometheus: Technical Change and Industrial Development in Western Europe from 1750 to the Present*, 2nd ed. (New York: Cambridge University Press, 2003); David Landes, *The Wealth and Poverty of Nations: Why Some Are So Rich and Some So Poor* (New York: Norton, 1998); Niall Ferguson, *Civilization: The West and the Rest* (New York: Penguin, 2011); Jared Diamond, *Guns, Germs, and Steel: The Fates of Human Societies* (New York: Norton, 1998). For an overview see also Inikori, *Africans and the Industrial Revolution in England*, chapter 2.

29 This is also argued for the West Indies by Ragatz, *Statistics*, 10, 370. On the importance of sugar as a competitor to cotton see Imperial Department of Agriculture for the West Indies, *Information Relating to Cotton Cultivation in the West Indies*(Barbados: Commissioner of Agriculture for the West Indies, 1903). Edwards, *The Growth of the British Cotton Trade*, 79, 250. Luiz Cordelio Barbosa, "Cotton in 19th Century Brazil: Dependency and Development" (PhD dissertation, University of Washington, 1989), 170; James Mann, *The Cotton Trade of Great Britain* (London:

Simpkin, Marshall & Co., 1860), 79, 80, 86; DB 176, Sandbach, Tinne & Co. Papers, Merseyside Maritime Museum, Liverpool.

30 Edensor, *An Address to the Spinners and Manufacturers of Cotton Wool*, 14, 21–3; Franklin, *The Present State of Hayti (St. Domingo), with Remarks on Its Agriculture, Commerce, Laws, Religion, Finances, and Population, etc.* (London: J. Murray, 1828), 123; *Pennsylvania Gazette*, June 13, 1792.
31 John Tarleton to Clayton Tarleton, September 27, 1792, letter 33, February 4, 1795, letter 75, 920 TAR, Tarleton Papers, Liverpool Records Office, Liverpool. See also Orhan Kurmus, "The Cotton Famine and Its Effects on the Ottoman Empire," Huri Islamoglu-Inan, ed., *The Ottoman Empire and the World Economy* (New York: Cambridge University Press, 1987), 16; Brian R. Mitchell, *Abstract of British Historical Statistics* (Cambridge: Cambridge University Press, 1962), 490. On rising prices see also Stanley Dumbell, "Early Liverpool Cotton Imports and the Organisation of the Cotton Market in the Eighteenth Century," *Economic Journal* 33 (September 1923): 370; Emily A. Rathbone, ed., *Records of the Rathbone Family* (Edinburgh: R. & R. Clark, 1913), 47; Edwards, *The Growth of the British Cotton Trade*, 88.
32 Tench Coxe, *A Memoir of February, 1817, Upon the Subject of the Cotton Wool Cultivation, the Cotton Trade and the Cotton Manufactories of the United States of America* (Philadelphia: Philadelphia Society for the Promotion of American Manufactures, 1817).

第 5 章　奴隶制盛行

1 Petition, To the Right Honorable the Lords of His Majesty's Privy Council for Trade and Foreign Plantations, December 8, 1785, in Board of Trade, National Archives of the UK, Kew. Other sources speak of a similar incident in 1784. See for example Morris R. Chew, *History of the Kingdom of Cotton and Cotton Statistics of the World* (New Orleans: W. B. Stansbury & Co., 1884), 37.
2 See, for example, Ernst von Halle, *Baumwollproduktion und Pflanzungswirtschaft in den Nordamerikanischen Südstaaten, part 1, Die Sklavenzeit* (Leipzig: Verlag von Duncker & Humblot, 1897), 16–17; Jay Treaty, Article XII; Thomas Ellison, *The Cotton Trade of Great Britain* (London: Effingham Wilson, Royal Exchange, 1886), 85; Chew, *History of the Kingdom of Cotton*, 45.
3 Gavin Wright, *The Political Economy of the Cotton South: Households, Markets, and Wealth in the Nineteenth Century* (New York: Norton, 1978), 14; Chew, *History of the Kingdom of Cotton*, 39; George Washington to Thomas Jefferson, February 13, 1789, reprinted in Jared Sparks, *The Writings of George Washington*, vol. 9 (Boston: Russell, Odiorne, and Metcalf & Hilliard, Gray, and Co., 1835), 470; Tench Coxe, *A Memoir of February 1817, Upon the Subject of the Cotton Wool Cultivation, the Cotton Trade, and the Cotton Manufactories of the United States of America* (Philadelphia: Philadelphia Society for the Promotion of American Manufactures, 1817), 2; on Coxe in general see James A. B. Scherer, *Cotton as a World Power: A Study in the Economic Interpretation of History* (New York: F. A. Stokes Co., 1916), 122–23; Tench Coxe, *View of the United States of America* (Philadelphia: William Hall, 1794), 20; Michael M. Edwards, *The Growth of the British Cotton Trade, 1780–1815* (Manchester: Manchester University Press, 1967), 87; Tench Coxe to Robert Livingston, June 10, 1802, in Papers of Tench Coxe, Correspondence and General Papers, June 1802, Film A 201, reel 74, Historical Society of Pennsylvania.
4 "Cotton. Cultivation, manufacture, and foreign trade of. Letter from the Secretary of the Treasury," March 4, 1836 (Washington, DC: Blair & Rives, 1836), 8, accessed July 29, 2013, http://catalog.hathitrust.org/Record/011159609.

5 Joyce Chaplin, "Creating a Cotton South in Georgia and South Carolina, 1760–1815," *Journal of Southern History* 57 (May 1991): 178; Lewis Cecil Gray, *History of Agriculture in the Southern United States to 1860*, vol. 2 (Washington, DC: Carnegie Institution of Washington, 1933), 673; Chew, *History of the Kingdom of Cotton*, 36, 41; on the household production of cotton and cotton cloth see also Scherer, *Cotton as a World Power*, 124–25; Ralph Izard to Henry Laurens, Bath, December 20, 1775, as reprinted in *Correspondence of Mr. Ralph Izard of South Carolina, From the Year 1774 to 1804; With a Short Memoir* (New York: Charles S. Francis & Co., 1844), 174, see also 16, 82, 246, 296, 300, 370, 386, 390.

6 John Hebron Moore, *The Emergence of the Cotton Kingdom in the Old Southwest: Mississippi, 1770–1860* (Baton Rouge: Louisiana State University Press, 1988), 77; Chaplin, "Creating a Cotton South," 177, 188, 193.

7 Edwards, *The Growth of the British Cotton Trade*, 80, 85; Chew, *History of the Kingdom of Cotton*, 40. However, there was and continues to be substantial controversy as to who planted the first cotton. See Nichol Turnbull, "The Beginning of Cotton Cultivation in Georgia," *Georgia Historical Quarterly* 2, no. 1 (March 1917): 39–45; Gray, *History of Agriculture*, 675–79; S. G. Stephen, "The Origins of Sea Island Cotton," *Agricultural History* 50 (1976): 391–99; Trapman, Schmidt & Co. to McConnel & Kennedy, Charleston, January 3, 1824, record group MCK, Box 2/1/30, Letters Received by McConnel & Kennedy, Papers of McConnel & Kennedy, John Rylands Library, Manchester.

8 "La Rapida Transformacion del Paisaje Viorgen de Guantanamo por los immigrantes Franceses (1802–1809)," in Levi Marrero, *Cuba: Economía y sociedad*, vol. 11, *Azúcar, ilustración y conciencia, 1763–1868* (Madrid: Editorial Playor, 1983), 148; Moore, *The Emergence of the Cotton Kingdom*, 4; Edwards, *The Growth of the British Cotton Trade*, 92; Brian Schoen, *The Fragile Fabric of Union: Cotton, Federal Politics, and the Global Origins of the Civil War* (Baltimore: Johns Hopkins University Press, 2009), 12.

9 Wright, *The Political Economy of the Cotton South*, 13; Gray, *History of Agriculture*, 735.

10 Wright, *The Political Economy of the Cotton South*, 13; on Whitney see Scherer, *Cotton as a World Power*, 155–67; Stuart W. Bruchey, *Cotton and the Growth of the American Economy, 1790–1860: Sources and Readings* (New York: Harcourt, Brace & World, 1967), 45; Angela Lakwete, *Inventing the Cotton Gin: Machine and Myth in Antebellum America* (Baltimore: Johns Hopkins University Press, 2003) disagrees, in my eyes unpersuasively, with this account; David Ramsay, *Ramsay's History of South Carolina, From Its First Settlement in 1670 to the Year 1808*, vol. 2 (Newberry, SC: W. J. Duffie, 1858), 121.

11 Stanley Dumbell, "Early Liverpool Cotton Imports and the Organisation of the Cotton Market in the Eighteenth Century," *Economic Journal* 33 (September 1923): 370; Chaplin, "Creating a Cotton South," 187; here she summarizes one such story; Gray, *History of Agriculture*, 685; Lacy K. Ford, "Self-Sufficiency, Cotton, and Economic Development in the South Carolina Upcountry, 1800–1860," *Journal of Economic History* 45 (June 1985): 261–67.

12 The numbers are from Adam Rothman, "The Expansion of Slavery in the Deep South, 1790–1820" (PhD dissertation, Columbia University, 2000), 20; Allan Kulikoff, "Uprooted People: Black Migrants in the Age of the American Revolution, 1790–1820," in Ira Berlin and Ronald Hoffman, eds., *Slavery and Freedom in the Age of the American Revolution* (Charlottesville: University Press of Virginia, 1983), 149; Peter A. Coclanis and Lacy K. Ford, "The South Carolina Economy Reconstructed and Reconsidered: Structure, Output, and Performance, 1670–1985," in Winfred B. Moore Jr. et al., *Developing Dixie: Modernization in a Traditional Society* (New York: Greenwood Press, 1988), 97; Allan Kulikoff, "Uprooted People," 149; Gray, *History of Agriculture*, 685.

13 *Farmer's Register*, vol. 1, 490, as quoted in William Chandler Bagley, *Soil Exhaustion and the Civil War* (Washington, DC: American Council on Public Affairs, 1942), 18–19; Bruchey, *Cotton and the Growth of the American Economy*, 80–81.

14 United States, Department of Commerce and Bureau of the Census, *Historical Statistics of the United States, Colonial Times to 1970*, Part 1 (Washington, DC: Government Printing Office, 1975), 518; Edward Baines, *History of the Cotton Manufacture in Great Britain* (London: H. Fisher, R. Fisher, and P. Jackson, 1835), 302; Edwards, *The Growth of the British Cotton Trade*, 89, 95; Ramsay, *Ramsay's History of South Carolina*, 121.

15 Coxe, *A Memoir of February 1817*, 3.

16 For a most interesting discussion on frontier spaces see John C. Weaver, *The Great Land Rush and the Making of the Modern World, 1650–1900* (Montreal: McGill-Queen's University Press, 2003), 72–76.

17 Note by Thomas Baring, Sunday, June 19, in NP 1. A. 4. 13, Northbrook Papers, Baring Brothers, ING Baring Archive, London.

18 Gray, *History of Agriculture*, 686, 901; the story is summarized in Rothman, "The Expansion of Slavery in the Deep South," 155–69; see also Daniel H. Usner Jr., *American Indians in the Lower Mississippi Valley: Social and Economic Histories*(Lincoln: University of Nebraska Press, 1998), 83–89; James C. Cobb, *The Most Southern Place on Earth: The Mississippi Delta and the Roots of Regional Identity* (New York: Oxford University Press, 1992), 7; Lawrence G. Gundersen Jr., "West Tennessee and the Cotton Frontier, 1818–1840," *West Tennessee Historical Society Papers* 52 (1998): 25–43; David Hubbard to J. D. Beers, March 7, 1835, in New York and Mississippi Land Company Records, 1835–1889, State Historical Society of Wisconsin, Madison. Thanks to Richard Rabinowitz for bringing this source to my attention.

19 Dewi Ioan Ball and Joy Porter, eds., *Competing Voices from Native America* (Santa Barbara, CA: Greenwood Press, 2009), 85–87.

20 This story is related in fascinating detail in Rothman, "The Expansion of Slavery in the Deep South," 20ff.; Gray, *History of Agriculture*, 709; Moore, *The Emergence of the Cotton Kingdom*, 6; John F. Stover, *The Routledge Historical Atlas of the American Railroads* (New York: Routledge, 1999), 15.

21 *American Cotton Planter* 1 (1853): 152; *De Bow's Review* 11 (September 1851): 308; see also James Mann, *The Cotton Trade of Great Britain* (London: Simpkin, Marshall & Co., 1860), 53; Elena Frangakis-Syrett, *The Commerce of Smyrna in the Eighteenth Century (1700–1820)* (Athens: Centre for Asia Minor Studies, 1992), 237.

22 Charles Mackenzie, *Facts, Relative to the Present State of the British Cotton Colonies and to the Connection of Their Interests* (Edinburgh: James Clarke, 1811), 35; "Cotton. Cultivation, manufacture, and foreign trade of. Letter from the Secretary of the Treasury," March 4, 1836 (Washington, DC: Blair & Rives, 1836), 16, accessed July 29, 2013, http://catalog.hathitrust.org/Record/011159609.

23 Allan Kulikoff, "Uprooted People," 143–52; James McMillan, "The Final Victims: The Demography, Atlantic Origins, Merchants, and Nature of the Post-Revolutionary Foreign Slave Trade to North America, 1783–1810" (PhD dissertation, Duke University, 1999), 40–98; Walter Johnson, "Introduction," in Walter Johnson, ed., *The Chattel Principle: Internal Slave Trades in the Americas* (New Haven, CT: Yale University Press, 2004), 6; Walter Johnson, *Soul by Soul: Life Inside the Antebellum Slave Market* (Cambridge, MA: Harvard University Press, 2001); Rothman, "The Expansion of Slavery in the Deep South," 59, 84, 314; Scherer, *Cotton as a World Power*, 151; Michael Tadman, *Speculators and Slaves: Masters, Traders, and Slaves in the Old South* (Madison: University of Wisconsin Press, 1989), 12.

24 See John H. Moore, "Two Cotton Kingdoms," *Agricultural History* 60, no. 4 (Fall 1986): 1–16; numbers are from Wright, *The Political Economy of the Cotton South*, 27–28; Ronald Bailey, "The Other Side of Slavery: Black Labor, Cotton, and Textile

Industrialization in Great Britain and the United States," *Agricultural History* 68 (Spring 1994): 38.
25 John Brown, *Slave Life in Georgia: A Narrative of the Life, Sufferings, and Escape of John Brown, a Fugitive Slave, Now in England: Electronic Edition*, ed. Louis Alexis Chamerovzow (Chapel Hill: University of North Carolina, 2001), 11, 27, 171–72, http://docsouth.unc.edu/neh/jbrown/jbrown.html, originally published in 1854; Henry Bibb, *Narrative of the Life and Adventures of Henry Bibb, an American Slave, Written by Himself: Electronic Edition* (Chapel Hill: University of North Carolina, 2000), 132, http://docsouth.unc.edu/neh/bibb/bibb.html, originally published in 1815.
26 William Rathbone VI to Rathbone Brothers, February 2, 1849, RP/ XXIV.2.4, File of Correspondence, Letters from William Rathbone VI while in America, Rathbone Papers, Special Collections and Archives, University of Liverpool, Liverpool; *The Liverpool Chronicle* is quoted in *Bremer Handelsblatt* 93 (1853): 6.
27 This whole story is developed in John Casper Branner, *Cotton in the Empire of Brazil: The Antiquity, Methods and Extent of Its Cultivation, Together with Statistics of Exportation and Home Consumption* (Washington, DC: Goverment Printing Office, 1885), 25–27, and Luiz Cordelio Barbosa, "Cotton in 19th Century Brazil: Dependency and Development" (PhD dissertation, University of Washington, 1989), 7, 9, 65; Eugene W. Ridings Jr., "The Merchant Elite and the Development of Brazil: The Case of Bahia During the Empire," *Journal of Interamerican Studies and World Affairs* 15, no. 3 (August 1973): 343; Gray, *History of Agriculture*, 694; see also Rothman, "The Expansion of Slavery in the Deep South," 55; Chaplin, "Creating a Cotton South," 193.
28 At 400 pounds to the bale. The numbers are from Moore, *The Emergence of the Cotton Kingdom*, 129.
29 Cobb, *The Most Southern Place on Earth*, 7–10.
30 Bonnie Martin, "Slavery's Invisible Engine: Mortgaging Human Property," *Journal of Southern History* 76, no. 4 (November 2010): 840–41.
31 C. Wayne Smith and J. Tom Cothren, eds., *Cotton: Origin, History, Technology, and Production* (New York: John Wiley & Sons, 1999), 103, 122; on the various origins of American cotton see also Whitemarsh B. Seabrook, *A Memoir of the Origin, Cultivation and Uses of Cotton* (Charleston, SC: Miller & Browne, 1844), 15; John H. Moore, "Cotton Breeding in the Old South," *Agricultural History* 30 (1956): 97; Moore, *The Emergence of the Cotton Kingdom*, 35; Gray, *History of Agriculture*, 691.
32 *American Cotton Planter* 2 (May 1854): 160.
33 W. E. B. DuBois, *The Suppression of the African Slave-Trade to the United States of America* (New York: General Books LLC, 2009), 140; Edgar T. Thompson, *Plantation Societies, Race Relations, and the South: The Regimentation of Population: Selected Papers of Edgar T. Thompson* (Durham, NC: Duke University Press, 1975), 217; Alan L. Olmstead and Paul W. Rhode, "Slave Productivity on Cotton Production by Gender, Age, Season, and Scale," accessed June 11, 2012, www.iga.ucdavis.edu/Research/all-uc/conferences/spring-2010; Bailey, "The Other Side of Slavery," 36.
34 Caitlin C. Rosenthal, "Slavery's Scientific Management: Accounting for Mastery," in Sven Beckert and Seth Rockman, eds., *Slavery's Capitalism: A New History of American Economic Development* (Philadelphia: University of Pennsylvania Press, forthcoming, 2015); Frederick Law Olmstead, *A Journey in the Back Country* (Williamstown, MA: Corner House, 1972), 153–54, originally published in 1860; Bill Cooke, "The Denial of Slavery in Management Studies," *Journal of Management Studies* 40 (December 2003): 1913. The importance of "biological innovation" has been shown most recently by Alan L. Olmstead and Paul W. Rhode, "Biological Innovation and Productivity Growth in the Antebellum Cotton Economy," National Bureau of Economic Research Working Paper No. 14142, June 2008, Alan L. Olmstead and Paul W. Rhode, *Biological Innovation and American Agricultural Development* (New York: Cambridge University Press, 2008). It has also been effectively critiqued

by Edward Baptist, "The Whipping-Machine" (unpublished paper, Conference on Slavery and Capitalism, Brown and Harvard Universities, March 10, 2011, in author's possession). For the importance of falling prices to gaining dominance in markets, see Stephen Broadberry and Bishnupriya Gupta, "Cotton Textiles and the Great Divergence: Lancashire, India and Shifting Competitive Advantage, 1600–1850," Center for Economic Policy Research (April 12, 2005), accessed December 12, 2012, www.cepr.org/meets/wkcn/1/1626/papers/Broadberry.pdf.

35 See for this argument Philip McMichael, "Slavery in Capitalism: The Rise and Demise of the U.S. Ante-Bellum Cotton Culture," *Theory and Society* 20 (June 1991): 335; for the concept of social metabolism see the work of Juan Martinez Alier, for example Juan Martinez Alier and Inge Ropke, eds., *Recent Developments in Ecological Economics* (Northampton, MA: Edward Elgar Publishing, 2008); see also Dale W. Tomich, *Through the Prism of Slavery* (Lanham, MD: Rowman & Littlefield, 2004), 61.

36 Gray, *History of Agriculture*, 688; Eugene Genovese, "Cotton, Slavery and Soil Exhaustion in the Old South," *Cotton History Review* 2 (1961): 3–17; on the prices of slaves see Adam Rothman, "The Domestic Slave Trade in America: The Lifeblood of the Southern Slave System," in Johnson, ed., *The Chattel Principle*, 95; on Clay see Savannah Unit Georgia Writers' Project, Work Projects Administration in Georgia, "The Plantation of the Royal Vale," *Georgia Historical Quarterly* 27 (March 1943): 97–99.

37 Samuel Dubose and Frederick A. Porcher, *A Contribution to the History of the Huguenots of South Carolina* (New York: Knickerbocker Press, 1887), 19, 21; Edwards, *The Growth of the British Cotton Trade*, 91; Coclanis and Ford, "The South Carolina Economy Reconstructed and Reconsidered," 97; Cobb, *The Most Southern Place on Earth*, 10; Daniel W. Jordan to Emily Jordan, Plymouth, August 3, 1833, in Daniel W. Jordan Papers, Special Collections Department, Perkins Library, Duke University.

38 Philo-Colonus, *A Letter to S. Perceval on the Expediency of Imposing a Duty on Cotton Wool of Foreign Growth, Imported into Great Britain* (London: J. Cawthorn, 1812), 9; Lowell Joseph Ragatz, *Statistics for the Study of British Caribbean Economic History, 1763–1833* (London: Bryan Edwards Press, 1927), 16; Planters' and Merchants' Resolution Concerning Import of Cotton Wool from the United States, 1813, in Official Papers of First Earl of Liverpool, Add. Mss. 38252, f. 78, Liverpool Papers, Manuscript Collections, British Library; John Gladstone, *Letters Addressed to the Right Honourable The Earl of Clancarty, President of the Board of Trade, on the Inexpediency of Permitting the Importation of Cotton Wool from the United States During the Present War* (London: J. M. Richardson, 1813), 7. 仅在印度西部，1850年就有400万英亩的土地用于种植棉花，而在印度其他地区，种植棉花的土地还要更多。1850年，美国大约有700万英亩的土地用于种植棉花。Amalendu Guha, "Raw Cotton of Western India: 1750–1850," *Indian Economic and Social History Review* 9 (January 1972): 25.

39 U.S. Treasury Department Report, 1836, p. 16, as quoted in Barbosa, "Cotton in 19th Century Brazil," 150; see also Rothman, "The Expansion of Slavery in the Deep South," 15. For the importance of the Industrial Revolution to slavery's dynamic in the United States, see also Barbara Jeanne Fields, "The Advent of Capitalist Agriculture: The New South in a Bourgeois World," in Thavolia Glymph, ed., *Essays on the Postbellum Southern Economy* (Arlington: Texas A&M University Press, 1985), 77; Wright, *The Political Economy of the Cotton South*, 13; Scherer, *Cotton as a World Power*, 150; *The Proceedings of the Agricultural Convention of the State Agricultural Society of South Carolina: From 1839 to 1845—Inclusive* (Columbia, SC: Summer & Carroll, 1846), 322; Rohit T. Aggarwala, "Domestic Networks as a Basis for New York City's Rise to Pre-eminence, 1780–1812" (unpublished paper presented at the Business History Conference, Le Creusot, France, June 19, 2004), 21; Michael

Hovland, "The Cotton Ginnings Reports Program at the Bureau of the Census," *Agricultural History* 68 (Spring 1994): 147; Bruchey, *Cotton and the Growth of the American Economy*, 2.

40 Halle, *Baumwollproduktion und Pflanzungswirtschaft*, viii; *Organization of the Cotton Power: Communication of the President* (Macon, GA: Lewis B. Andrews Book and Job Printer, 1858), 7; *American Cotton Planter* 1 (January 1853): 11.

41 在研究美国南方的历史学家中，南方种植园经济在全球经济中的重要性往往被忽视。See Immanuel Wallerstein, "American Slavery and the Capitalist World-Economy," *American Journal of Sociology* 81 (March 1976): 1208; Francis Carnac Brown, *Free Trade and the Cotton Question with Reference to India* (London: Effingham Wilson, 1848), 43; Copy of a Memorial Respecting the Levant Trade to the Right Honourable the Board of Privy Council for Trade and Foreign Plantations, as copied in Proceedings of the Manchester Chamber of Commerce, meeting of February 9, 1825, in M8/2/1, Proceedings of the Manchester Chamber of Commerce, 1821–27, Archives of the Manchester Chamber of Commerce, Manchester Archives and Local Studies, Manchester; *The Proceedings of the Agricultural Convention of the State Agricultural Society of South Carolina*, 323.

42 Letter by [illegible] to "My Dear Sir" (a former president of the Board of Trade), Liverpool, June 16, 1828, in Document f255, Huskisson Papers, Manuscript Collections, British Library, London; "Memorial of the Directors of the Chamber of Commerce and Manufactures Established by Royal Charter in the City of Glasgow, 15 December 1838," in *Official Papers Connected with the Improved Cultivation of Cotton* (Calcutta: G. H. Huttmann, 1839), 6, 8; A Cotton Spinner, *India Our Hope; Or, Remarks Upon our Supply of Cotton* (Manchester: J. Clarke, 1844), 13; Mann, *The Cotton Trade of Great Britain*, 56; Mac Culloch, as quoted in *Bremer Handelsblatt* 1 (1851): 5.

43 A Cotton Spinner, *India Our Hope*, 5; J. G. Collins, *An Essay in Favour of the Colonialization of the North and North-West Provinces of India, with Regard to the Question of Increased Cotton Supply and Its Bearing on the Slave Trade* (London: W. H. Allen & Co., n.d., c. 1859), 35; John Gunn Collins, *Scinde & The Punjab: The Gems of India in Respect to Their Past and Unparalleled Capabilities of Supplanting the Slave States of America in the Cotton Markets of the World, or, An Appeal to the English Nation on Behalf of Its Great Cotton Interest, Threatened with Inadequate Supplies of the Raw Material* (Manchester: A. Ireland, 1858), 10; these arguments are also summarized in *Bremer Handelsblatt*, August 8, 1857, 281.

44 Baring Brothers Liverpool to Baring Brothers London, Liverpool, October 22, 1835, in HC3.35,2, House Correspondence, ING Baring Archive, London; for that issue see also Schoen, *The Fragile Fabric of Union*, 1–10.

45 A Cotton Spinner, *The Safety of Britain and the Suppression of Slavery: A Letter to the Right Hon. Sir Robert Peel on the Importance of an Improved Supply of Cotton from India* (London: Simpkin, Marshall, 1845), 3, 4; A Cotton Spinner, *India Our Hope*, 6; Brown, *Free Trade and the Cotton Question*, 44; Collins, *Scinde & The Punjab*, 5; Anonymous, *The Cotton Trade of India: Quaere: Can India Not Supply England with Cotton?* (London: Spottiswoode, 1839); Committee of Commerce and Agriculture of the Royal Asiatic Society, *On the Cultivation of Cotton in India* (London: Harrison & Co., 1840); John Forbes Royle, *Essay on the Productive Resources of India* (London: Wm. H. Allen, 1840); Tench Coxe to Robert Livingston, June 10, 1802, in Papers of Tench Coxe, Correspondence and General Papers, June 1802, Film A 201, reel 74, Historical Society of Pennsylvania.

46 See, for example, Ministère de la Marine et des Colonies to the Secrétaire d'État de l'Intérieur, Paris, January 27, 1819; Société d'Encouragement pour l'Industrie Nationale to Secrétaire d'État de l'Intérieur, Paris, October 17, 1821, in F12 2196, "Machine à égrainer le coton," Archives Nationales, Paris; A Cotton Spinner, *India Our Hope*, 15; An Indian Civil Servant, *Usurers and Ryots, Being an Answer to*

the Question "Why Does Not India Produce More Cotton?" (London: Smith, Elder & Co, 1856); Collins, *Scinde & The Punjab*, 5; Anonymous, *The Cotton Trade of India*; Committee of Commerce and Agriculture of the Royal Asiatic Society, *On the Cultivation of Cotton in India*; Royle, *Essay on the Productive Resources of India*, 314; J. Chapman, *The Cotton and Commerce of India* (London: John Chapman, 1851).

47 See, for example, *Report from the Select Committee on the Growth of Cotton in India*, House of Commons, Parliamentary Papers, 1847–48, vol. IX; *The Sixteenth Annual Report of the Board of Directors of the Chamber of Commerce and Manufactures at Manchester for the Year 1836* (Manchester: Henry Smith, 1837), 13; *The Thirty-Sixth Annual Report of the Board of Directors of the Chamber of Commerce and Manufactures at Manchester for the Year 1856* (Manchester: James Collins, 1857), 34; *The Seventeenth Annual Report of the Board of Directors of the Chamber of Commerce and Manufactures at Manchester for the Year 1836* (Manchester: Henry Smith, 1838), 17; Resolution Passed at the Meeting of the Board of Directors, Manchester Commercial Association, November 13, 1845, M8, 7/1, Manchester Commercial Association Papers, Manchester Archives and Local Studies, Manchester. For further pressure see Copy of Letter of John Peel, Manchester Commercial Association, to the Chairman of the Court of Directors of the Honourable East India Company, Manchester, March 1, 1848, in Home Department, Revenue Branch, October 28, 1849, Nos. 3/4, in National Archives of India, New Delhi; Thomas Bazley to Thomas Baring, Manchester, September 9, 1857, in House Correspondence, NP 6.3.1., Thomas Bazley, ING Baring Archive, London.

48 Arthur W. Silver, *Manchester Men and Indian Cotton, 1847–1872* (Manchester: Manchester University Press, 1966), 58; "Memorial of the Manchester Chamber of Commerce, dated December 1838," and "Memorial of the Directors of the Chamber of Commerce and Manufactures Established by Royal Charter in the City of Glasgow, 15 December 1838," in *Official Papers Connected with the Improved Cultivation of Cotton*, 6, 8, 10; Mann, *The Cotton Trade of Great Britain*, 62; Karl Marx, *Karl Marx on Colonialism and Modernization* (Garden City, NJ: Doubleday, 1968), 100–101.

49 Silver, *Manchester Men and Indian Cotton*, 61.

50 *The Thirty-Sixth Annual Report of the Board of Directors*, 13, 31–45; *The Thirty-Eighth Annual Report of the Board of Directors of the Chamber of Commerce and Manufactures at Manchester for the Year 1858* (Manchester: James Collins, 1859), 14–43; *The Thirty-Seventh Annual Report of the Board of Directors of the Chamber of Commerce and Manufactures at Manchester for the Year 1857* (Manchester: James Collins, 1858), 11–12. For the Manchester Cotton Supply Association see Cotton Supply Association, *Report of an Important Meeting Held at Manchester May 21, 1857* (Manchester: Galt, Kerruish, & Kirby, 1857), 2.

51 See for example *Report from the Select Committee on the Growth of Cotton in India*, House of Commons, iii; *Asiatic Journal and Monthly Register*, New Series, 30 (September–December 1839): 304; Mann, *The Cotton Trade of Great Britain*, 65; Committee of Commerce and Agriculture of the Royal Asiatic Society, *On the Cultivation of Cotton in India*, 17; Guha, "Raw Cotton of Western India," 2.

52 Silver, *Manchester Men and Indian Cotton*, 31, 34; Guha, "Raw Cotton of Western India," 5, 33; Frederic Wakeman Jr., "The Canton Trade and the Opium War," in John K. Fairbank, ed., *The Cambridge History of China*, vol. 10, part 1 (Cambridge: Cambridge University Press, 1978), 171. In the mid-1840s exports from Bombay to China amounted to about 40 million pounds; *De Bow's Review* 1 (April 1846), pp. 295–96. See also Sucheta Mazumdar, *Sugar and Society in China: Peasants, Technology and the World Market* (Cambridge, MA: Harvard University Press, 1998), 105–6.

53 See the assessment of the *Calcutta Review*: "Bombay Cottons and Indian Railways," *Calcutta Review* 26 (June 1850): 331; M. L. Dantwala, *A Hundred Years of Indian Cotton* (Bombay: East India Cotton Association, 1947), 45–46; see also K. L.

Tuteja, "Agricultural Technology in Gujarat: A Study of Exotic Seed and Saw Gins, 1800–50," *Indian Historical Review* 17, nos. 1–3 (1990–91): 136–51; J. G. Medicott, *Cotton Hand-Book for Bengal* (Calcutta: Savielle & Cranenburgh, 1862), 296; "Cotton in Southern Mahratta Country, Agency for the Purchase of Cotton Established," Compilations Vol. 27/355, 1831, Compilation No. 395, Revenue Department, Maharashtra State Archives, Mumbai; Minute by the Vice President, Metcalfe, March 3, 1831, in Revenue Department, Revenue Branch, "A," July 1831, No. 69/74, Part B, in National Archives of India, New Delhi; Home Department, Revenue Branch, G.G., August 1839, No. 1/4, in National Archives of India; Silver, *Manchester Men and Indian Cotton*, 74; on various other measures taken by the company to improve and increase Indian cotton exports see J. Forbes Royle, *On the Culture and Commerce of Cotton in India and Elsewhere: With an Account of the Experiments Made by the Hon. East India Company Up to the Present Time* (London: Smith, Elder, & Co., 1851), 86–90.

54   See for example Territorial Department, Revenue—Cotton to Thomas Williamson, Secretary to Government, June 21, 1830, in 43/324/1830, Compilations, Revenue Department, Maharashtra State Archives, Mumbai; "Abstract of the Replies of Local Authorities to the Board's Circular of 21st February 1848 Calling for Certain Information Relative to the Cultivation of Cotton in India and Required by the Honourable Court of Directors," in Home Department, Revenue Branch, December 2, 1848, Nos. 10–18, in National Archives of India, New Delhi; see also "Prospects of Cotton Cultivation in the Saugor and Narbadda Territories in the Nizam's Dominions," August 12, 1848, No. 3–11, National Archives of India; "Capabilities of the Bombay Presidency for Supplying Cotton in the Event of an Increased Demand from Europe," March 1, 1850, Revenue Branch, Home Department, National Archives of India; Revenue Department, Compilations Vol. 6/413, 1832, Compilation No. 62, Cotton Experimental Farm, Guzerat, Maharashtra State Archives; Compilations Vol. 10/478, 1833, Compilation No. 5, Cotton Experimental Farm, Guzerat, Revenue Department, Maharashtra State Archives; *Asiatic Journal and Monthly Register*, New Series, 21 (September–December 1836): 220, 22 (January–April 1837): 234, and 38 (1842): 371; Tuteja, "Agricultural Technology in Gujarat" : 137; Committee of Commerce and Agriculture of the Royal Asiatic Society, *On the Cultivation of Cotton in India*, 15.

55   See for example "Cotton Cultivation Under the Superintendence of the American Cotton Planters in N.W. Provinces, Bombay and Madras," January 17, 1842, No. 13–17, Revenue Department, Home Department, National Archives of India, New Delhi; John MacFarquhar to East India Company, New Orleans, January 13, 1842, W. W. Wood to East India Company, New Orleans, June 10, 1842, Two Letters dated 13 January and 10 June to the Directors of the East India Company, MSS EUR C157, in Oriental and India Office Collections, British Library, London; Home Department, Revenue Branch, G.G., August 1839, No. 1/4, in National Archives of India; see also Resolution dated September 21, 1841, by the Revenue Branch of the Government of India, Revenue Department, Revenue Branch, 21st September 1840, No. 1/3, National Archives of India; Letter by [illegible] to T. H. Maddok, Territorial Department Revenue, Bombay, 10 February 1842, in Revenue and Agriculture Department, Revenue Branch, February 28, 1842, Nos. 2–5, National Archives of India; Medicott, *Cotton Hand-Book for Bengal*, 305; *Asiatic Journal and Monthly Register*, New Series, 36 (September–December 1841): 343.

56   Silver, *Manchester Men and Indian Cotton*, 37–39; *Asiatic Journal and Monthly Register*, New Series, 35 (May–August 1841): 502; copy of letter from C. W. Martin, Superintendent Cotton Farm in Gujerat, Broach, November 1830 to William Stubbs, Esq., Principal Collector, Surat, in Compilations Vol. 22/350, 1831, Revenue Department, Maharashtra State Archives, Mumbai; Gibbs, Broach, October 5, 1831, to Thomas Williamson, Esq., secretary of Government, in Compilations Vol. 22/350, 1831, Revenue Department, Maharashtra State Archives; *Asiatic Journal and Monthly*

Register, New Series, 39 (1842): 106; letter by [illegible] to T. H. Maddok, Territorial Department Revenue, Bombay, 10 February 1842, in Revenue and Agriculture Department, Revenue Branch, February 28, 1842, Nos. 2–5, National Archives of India, New Delhi; *Report of the Bombay Chamber of Commerce for the Year 1846–47* (Bombay: American Mission Press, 1847), 5.

57 Medicott, *Cotton Hand-Book for Bengal*, 320, 322, 323, 331, 340, 352, 366.
58 *Annual Report of the Transactions of the Bombay Chamber of Commerce for the Official Year 1840–41* (Bombay: Bombay Times and Journal of Commerce Press, 1841), 112–19; copy of a letter of John Peel, Manchester Commercial Association, to the Chairman of the Court of Directors of the Honourable East India Company, London, March 1, 1848, in Manchester Commercial Association, October 18, 1848, No. 3–4, Revenue Branch, Home Department, National Archives of India, New Delhi; Committee of Commerce and Agriculture of the Royal Asiatic Society, *On the Cultivation of Cotton in India*, 4.
59 East-India Company, *Reports and Documents Connected with the Proceedings of the East-India Company in Regard to the Culture and Manufacture of Cotton-Wool, Raw Silk, and Indigo in India* (London: East-India Company, 1836); reprinted letter of W. W. Bell, Collector's Office, Dharwar, 10 January 1850 to H. E. Goldsmid, Secretary of Government, Bombay, reprinted in *Report of the Bombay Chamber of Commerce for the Year 1849–50* (Bombay: American Mission Press, 1850), 26; Bombay Chamber of Commerce, *Annual Report of the Bombay Chamber of Commerce for the Official Year 1840–41*, 104.
60 Ellison, *The Cotton Trade*, 99; Revenue Department No. 4 of 1839, Reprinted in *Official Papers Connected with the Improved Cultivation of Cotton*, 1, consulted in Asiatic Society of Bombay Library, Mumbai; *Annual Report of the Bombay Chamber of Commerce for the Year 1859/60* (Bombay: Bombay Gazette Press, 1860), xxviii.
61 Mann, *The Cotton Trade of Great Britain*, 70; C. W. Grant, *Bombay Cotton and Indian Railways* (London: Longman, Brown, Green and Longman, 1850), 9.
62 Tuteja, "Agricultural Technology in Gujarat" ; "Replies to the Queries Proposed by the Government of India, given by [illegible] Viccajee, Regarding the Cotton Trade in the Nizam's Country," Home Department, Revenue Branch, August 12, 1848, No. 3–11, p. 167, in National Archives of India, New Delhi; Report from Kaira Collector to Revenue Department, Neriad, March 22, 1823, Compilations Vol. 8/60, 1823, in Revenue Department, Maharashtra State Archives, Mumbai.
63 Tuteja, "Agricultural Technology in Gujarat," 147, 151; Letter of Chartles Lurh (?), in charge of experimental cotton farm in Dharwar, February 21, 1831, to Thomas Williamson, Esq., Secretary to Government, Bombay, Compilations Vol. 22/350, 1831, in Revenue Department, Maharashtra State Archives, Mumbai; *Report from the Select Committee on the Growth of Cotton in India*, House of Commons, 5; Tuteja, "Agricultural Technology in Gujarat" ; Letter by J. P. Simson, Secretary to Government, The Warehousekeeper and Commercial Account, Bombay Castle, 18 May 1820, Compilations Vol. 4, 1821, Commercial Department, in Maharashtra State Archives, Mumbai.
64 关于本地商人如何把棉花从种植者那里运到市场上的详情，见：Cotton Trade in Bombay, 1811, in Despatches to Bombay, E4/1027, pp. 135–47, Oriental and India Office Collections, British Library, London. See also Marika Vicziany, "Bombay Merchants and Structural Changes in the Export Community, 1850 to 1880," in *Economy and Society: Essays in Indian Economic and Social History* (Delhi: Oxford University Press, 1979), 63–196; Marika Vicziany, *The Cotton Trade and the Commercial Development of Bombay, 1855–75* (London: University of London Press, 1975), especially 170–71; Dantwala, *A Hundred Years of Indian Cotton*, 37; Bombay Chamber of Commerce, *Annual Report of the Bombay Chamber of Commerce for the Official Year 1840–41*, 111; Letter from [illegible], Commercial Resident Office, Broach, January 6, 1825, to Gilbert More, Acting Secretary of Government, Bombay,

in Compilations Vol. 26, 1825, "Consultation Cotton Investment," Commercial Department, in Maharashtra State Archives, Mumbai; Report from Kaira Collector to Revenue Department, Neriad, March 22, 1823, in Compilations Vol. 8/60, 1823, Revenue Department, Maharashtra State Archives.

65　Annual Report of the Bombay Chamber of Commerce for the Year 1846–47 (Bombay: American Mission Press, 1847), 7; Committee of Commerce and Agriculture of the Royal Asiatic Society, On the Cultivation of Cotton in India, 4; Annual Report of the Bombay Chamber of Commerce for the Year 1849–50 (Bombay: American Mission Press, 1850), 7; Bombay Chamber of Commerce, Annual Report of the Bombay Chamber of Commerce for the Official Year 1840–41, 110–11; Captain M. Taylor to Colonel Low, Reports on District of Sharapoor, Sharapoor, June 23, 1848, in "Prospects of Cotton Cultivation in the Saugor and Narbadda Territories in the Nizam's Dominions," August 12, 1848, No. 3–11, Revenue Branch, Home Department, National Archives of India, New Delhi; Report from the Select Committee on the Growth of Cotton in India, House of Commons, v.

66　Bombay Chamber of Commerce, Annual Report of the Bombay Chamber of Commerce for the Official Year 1840–41, 104, 107; Copy of letter from C. W. Martin, Superintendent Cotton Farm in Gujerat, Broach, November 1830 to William Stubbs, Esq., Principal Collector, Surat, Compilations Vol. 22/350, 1831, Revenue Department, in Maharahstra State Archives, Mumbai. See also Martin to Stubbs, 1st October 1831, Compilations Vol. 22/350, 1831, Revenue Department, in Maharashtra State Archives, Mumbai.

67　Peely, Acting Commercial Resident, Northern Factories, July 21, 1831, to Charles Norris, Esq., Civil Secretary to Government, Bombay, Compilations Vol. 22/350, 1831, Revenue Department, in Maharashtra State Archives, Mumbai; Committee of Commerce and Agriculture of the Royal Asiatic Society, On the Cultivation of Cotton in India, 13; Letter by H. A. Harrison, 1st Assistant Collector, Ootacmund, October 14, 1832, to L. R. Reid, Esq., Secretary to Government, Bombay, Compilations Vol. 7/412, 1832, in Maharashtra State Archives, Mumbai; "Cotton Farms, Proceedings respecting the formation of _____ in the Vicinity of Jails," Compilation No. 118, in Maharashtra State Archives, Mumbai; copy of letter of T. H. Balier (?), Collector, Dharwar, 19th August 1825 to William Chaplin, Esq., Commissioner, Poona, in Compilations Vol. 26, 1835, "Consultation Cotton Investment," in Commercial Department, Maharashtra State Archives, Mumbai; long discussions on slavery in India can be found in Asiatic Journal and Monthly Register, New Series, 15 (September–December 1834): 81–90. See also Factory Records, Dacca, G 15, 21 (1779), Oriental and India Office Collections, British Library, London.

68　Copy of letter from J. Dunbar, Commissioner of Dacca, to Sudder, Board of Revenue, September 27, 1848, in Home Department, Revenue Branch, December 2, 1848, Nos. 10–18, in National Archives of India, New Delhi.

69　E. R. J. Owen, Cotton and the Egyptian Economy, 1820–1914: A Study in Trade and Development (Oxford: Clarendon Press, 1969), 12; George R. Gliddon, A Memoir on the Cotton of Egypt (London: James Madden & Co., 1841), 11.

70　Owen, Cotton and the Egyptian Economy, 28–29, 32, 47; Gliddon, A Memoir on the Cotton of Egypt; "Commerce of Egypt," in Hunt's Merchants' Magazine and Commercial Review 8 (January 1843): 17; John Bowring, "Report on Egypt and Candia," in Great Britain, Parliamentary Papers, 1840, vol. XXI, 19; Christos Hadziiossifm, "La Colonie Grecque en Egypte, 1833–1836" (PhD dissertation, Sorbonne, 1980), 111; John Bowring, "Report on Egypt and Candia (1840)," cited in Owen, Cotton and the Egyptian Economy, 318.

71　Owen, Cotton and the Egyptian Economy, 36–37, 40.

72　The graph on page 133 is based on information from "Commerce of Egypt," 22; Owen, Cotton and the Egyptian Economy, 34; Table 1, "Volume, Value, and Price of Egyptian Cotton Exports, 1821–1837," 45; Table 5, "Volume, Value, and Price of

Egyptian Cotton Exports, 1838–1859," 73.
73 From about 1823 to 1840. Robert Lévy, *Histoire économique de l'industrie cotonnière en Alsace: Étude de sociologie descriptive* (Paris: F. Alcan, 1912), 58; copy of a Memorial Respecting the Levant Trade to the Right Honourable The Board of Privy Council for Trade and Foreign Plantations, as copied in Proceedings of the Manchester Chamber of Commerce, meeting of February 9, 1825, in M8/2/1, Proceedings of the Manchester Chamber of Commerce, 1821–27, Archives of the Manchester Chamber of Commerce, Manchester Archives and Local Studies, Manchester.
74 *Bremer Handelsblatt* (1853), as quoted in Ludwig Beutin, *Von 3 Ballen zum Weltmarkt: Kleine Bremer Baumwollchronik, 1788–1872* (Bremen: Verlag Franz Leuwer, 1934), 25; Philip McMichael, "Slavery in Capitalism," 327.
75 Ellison, *The Cotton Trade*, 96.
76 Albert Feuerwerker, "Handicraft and Manufactured Cotton Textiles in China, 1871–1910," *Journal of Economic History* 30 (June 1970): 340; Kang Chao, *The Development of Cotton Textile Production in China* (Cambridge, MA: Harvard University Press, 1977), 4–13; Robert Fortune, *Three Years' Wanderings in the Northern Provinces of China, Including a Visit to the Tea, Silk, and Cotton Countries, With an Account of the Agriculture and Horticulture of the Chinese, New Plants, etc.* (London: John Murray, 1847), 272–73; Koh Sung Jae, *Stages of Industrial Development in Asia: A Comparative History of the Cotton Industry in Japan, India, China and Korea* (Philadelphia: University of Pennsylvania Press, 1966), 28, 38, 45; William B. Hauser, *Economic Institutional Change in Tokugawa Japan: Osaka and the Kinai Cotton Trade* (Cambridge: Cambridge University Press, 1974), 59, 117–20; Hameeda Hossain, *The Company of Weavers of Bengal: The East India Company and the Organization of Textile Production in Bengal, 1750–1813* (Delhi: Oxford University Press, 1988), 28.
77 Kären Wigen, *The Making of a Japanese Periphery, 1750–1920* (Berkeley: University of California Press, 1995); Tench Coxe, *An Addition, of December 1818, to the Memoir, of February and August 1817, on the Subject of the Cotton Culture, the Cotton Commerce, and the Cotton Manufacture of the United States, etc.* (Philadelphia: n.p., 1818), 3; "Extracts and Abstract of a letter from W. Dunbar, Officiating Commissioner of Revenue in the Dacca Division, to Lord B. of [illegible], dated Dacca, May 2, 1844," in MSS EUR F 78, 44, Wood Papers, Oriental and India Office Collections, British Library, London.

第6章 工业资本主义起飞

1 For biographical information on Burke see *National Cyclopaedia of American Biography*, vol. 20 (New York: James T. White, 1929), 79. For Baranda see "Pedro Sainz de Baranda," in *Enciclopedia Yucatanense*, vol. 7 (Ciudad de Mexico, D.F.: Edición oficial del Gobierno de Yucatan, 1977), 51–67; John L. Stevens, *Incidents of Travel in Yucatan*, vol. 2 (New York: Harper & Brothers, 1843), 329.
2 Stevens, *Incidents*, 330; Howard F. Cline, "The 'Aurora Yucateca' and the Spirit of Enterprise in Yucatan, 1821–1847," *Hispanic American Historical Review* 27, no. 1 (February 1947): 39–44; *Enciclopedia Yucatanense*, vol. 7, 61–62. See also Othón Baños Ramírez, *Sociedad, estructura agraria, estado en Yucatán* (Mérida: Universidad Autónoma de Yucatán, 1990), 24.
3 Gisela Müller, "Die Entstehung und Entwicklung der Wiesentäler Textilindustrie bis zum Jahre 1945" (PhD dissertation, University of Basel, 1965), 35, 36; Richard Dietsche, "Die industrielle Entwicklung des Wiesentales bis zum Jahre 1870" (PhD dissertation, University of Basel, 1937), 16, 18, 30, 34, 37; Walter Bodmer, *Die Entwicklung der schweizerischen Textilwirtschaft im Rahmen der übrigen Industrien*

und Wirtschaftszweige (Zürich: Verlag Berichthaus, 1960), 226.

4 Dietsche, "Die industrielle Entwicklung," 18, 20, 21, 34, 47, 48, 61, 76; Friedrich Deher, *Staufen und der obere Breisgau: Chronik einer Landschaft* (Karlsruhe: Verlag G. Braun, 1967), 191–92; Eberhard Gothein, *Wirtschaftsgeschichte des Schwarzwaldes und der angrenzenden Landschaften* (Strassburg: Karl J. Truebner, 1892), 754; Müller, "Die Entstehung und Entwicklung," 33, 47; Hugo Ott, "Der Schwarzwald: Die wirtschaftliche Entwicklung seit dem ausgehenden 18. Jahrhundert," in Franz Quarthal, ed., *Zwischen Schwarzwald und Schwäbischer Alb: Das Land am oberen Neckar* (Sigmaringen: Thorbecke, 1984), 399.

5 Arthur L. Dunham, "The Development of the Cotton Industry in France and the Anglo-French Treaty of Commerce of 1860," *Economic History Review* 1, no. 2 (January 1928): 282; Gerhard Adelmann, *Die Baumwollgewerbe Nordwestdeutschlands und der westlichen Nachbarländer beim Übergang von der vorindustriellen zur frühindustriellen Zeit, 1750–1815* (Stuttgart: Franz Steiner Verlag, 2001), 76; R. M. R. Dehn, *The German Cotton Industry* (Manchester: Manchester University Press, 1913), 3; J. K. J. Thomson, *A Distinctive Industrialization: Cotton in Barcelona, 1728–1832* (Cambridge: Cambridge University Press, 1992), 248; J. Dhondt, "The Cotton Industry at Ghent During the French Regime," in F. Crouzet, W. H. Chaloner, and W. M. Stern, eds., *Essays in European Economic History, 1789–1914* (London: Edward Arnold, 1969), 18; Georg Meerwein, "Die Entwicklung der Chemnitzer bezw. sächsischen Baumwollspinnerei von 1789–1879" (PhD dissertation, University of Heidelberg, 1914), 19; Rudolf Forberger, *Die industrielle Revolution in Sachsen 1800–1861, Bd. 1, zweiter Halbband: Die Revolution der Produktivkräfte in Sachsen 1800–1830. Übersichten zur Fabrikentwicklung*(Berlin: Akademie-Verlag, 1982), 14; Albert Tanner, "The Cotton Industry of Eastern Switzerland, 1750–1914: From Proto-industry to Factory and Cottage Industry," *Textile History* 23, no. 2 (1992): 139; Wolfgang Müller, "Die Textilindustrie des Raumes Puebla (Mexiko) im 19. Jahrhundert" (PhD dissertation, University of Bonn, 1977), 144; E. R. J. Owen, *Cotton and the Egyptian Economy, 1820–1914: A Study in Trade and Development* (Oxford: Clarendon Press, 1969), 23–24.

6 On concerns among British manufacturers about this spread, see *The Sixteenth Annual Report of the Board of Directors of the Chamber of Commerce and Manufactures at Manchester for the Year 1836 Made to the Annual General Meeting of the Members, held February 13th 1837* (Manchester: Henry Smith, 1837), 13.

7 Sydney Pollard 正确地强调工业化在这一点时（在铁路之前）不是国家发展，而是区域发展；欧洲有工业化地区（例如加泰罗尼亚）。Sydney Pollard, *Peaceful Conquest: The Industrialization of Europe, 1760–1970* (New York: Oxford University Press, 1981); see also Joel Mokyr, *Industrialization in the Low Countries, 1795–1850* (New Haven, CT: Yale University Press, 1976), 26, 28.

8 Günter Kirchhain, "Das Wachstum der deutschen Baumwollindustrie im 19. Jahrhundert: Eine historische Modellstudie zur empirischen Wachstumsforschung" (PhD dissertation, University of Münster, 1973), 30, 41; Francisco Mariano Nipho, *Estafeta de Londres* (Madrid: n.p., 1770), 44, as quoted in Pierre Vilar, *La Catalogne dans l'Espagne moderne: Recherches sur le fondements économiques des structures nationales*, vol. 2 (Paris: S.E.V.P.E.N., 1962), 10; Pavel A. Khromov, *Ékonomika Rossii Perioda Promyshlennogo Kapitalizma* (Moscow: 1963), 80; Howard F. Cline, "Spirit of Enterprise in Yucatan," in Lewis Hanke, ed., *History of Latin American Civilization*, vol. 2 (London: Methuen, 1969), 133; Adelmann, *Die Baumwollgewerbe Nordwestdeutschlands*, 153; Dunham, "The Development of the Cotton Industry," 288; B. M. Biucchi, "Switzerland, 1700–1914," in Carlo M. Cipolla, ed., *The Fontana Economic History of Europe*, vol. 4, part 2 (Glasgow: Collins, 1977), 634; Robert Lévy, *Histoire économique de l'industrie cotonnière en Alsace* (Paris: Felix Alcan, 1912), 87, 89; United States Census Bureau, *Manufactures of the United States in 1860; Compiled from the Original Returns of the Eighth Census under the Direction*

of the Secretary of the Interior (Washington, DC: Government Printing Office, 1865), xvii; Ronald Bailey, "The Slave(ry) Trade and the Development of Capitalism in the United States: The Textile Industry in New England," in Joseph E. Inikori and Stanley L. Engerman, eds., *The Atlantic Slave Trade: Effects on Economies, Societies, and Peoples in Africa, the Americas, and Europe* (Durham, NC: Duke University Press, 1992), 221.

9 Bodmer, *Die Entwicklung der schweizerischen Textilwirtschaft*, 281.
10 Dhondt, "The Cotton Industry at Ghent," 15; Müller, "Die Textilindustrie des Raumes," 33; Max Hamburger, "Standortgeschichte der deutschen Baumwoll-Industrie" (PhD dissertation, University of Heidelberg, 1911), 19; Wallace Daniel, "Entrepreneurship and the Russian Textile Industry: From Peter the Great to Catherine the Great," *Russian Review* 54, no. 1 (January 1995): 1–25; Lévy, *Histoire économique*, 1ff.; Bodmer, *Die Entwicklung der schweizerischen Textilwirtschaft*, 181–203.
11 Adelmann, *Die Baumwollgewerbe Nordwestdeutschlands*, 16, 54; Maurice Lévy Leboyer, *Les banques européennes et l'industrialisation internationale dans la première moitié du XIXe siècle* (Paris: [Faculté des Lettres et Sciences Humaines de Paris], 1964); Dhondt, "The Cotton Industry at Ghent," 16; William L. Blackwell, *The Beginnings of Russian Industrialization, 1800–1860* (Princeton, NJ: Princeton University Press, 1968), 44; M. V. Konotopov et al. *Istoriia otechestvennoĭ tekstil' noi promyshlennosti* (Moscow, 1992), 94, 96. This process is also detailed for Alsace in Raymond Oberlé, "La siècle des lumières et les débuts de l'industrialisation," in George Livet and Raymond Oberlé, eds., *Histoire de Mulhouse des origines à nos jours* (Strasbourg: Istra, 1977), 127; Paul Leuilliot, "L'essor économique du XIXe siècle et les transformations de la cité," in Livet and Oberlé, eds., *Histoire de Mulhouse*, 182.
12 For the concept of proto-industrialization see P. Kriedte, H. Medick, and J. Schlumbohm, *Industrialization Before Industrialization: Rural Industry in the Genesis of Capitalism* (New York: Cambridge University Press, 1981); Meerwein, "Die Entwicklung der Chemnitzer," 17–18; Thomson, *A Distinctive Industrialization*, 13.
13 Albert Tanner, *Spulen, Weben, Sticken: Die Industrialisierung in Appenzell Ausserrhoden* (Zürich: Juris Druck, 1982), 8, 19; Bodmer, *Die Entwicklung der schweizer-ischen Textilwirtschaft*, 231; John Bowring, *Bericht an das Englische Parlament über den Handel, die Fabriken und Gewerbe der Schweiz* (Zürich: Orell, Fuessli und Compa-gnie, 1837), 37.
14 Shepard B. Clough, *The Economic History of Modern Italy* (New York: Columbia University Press, 1964), 62; Thomson, *A Distinctive Industrialization*, 12; Adelmann, *Die Baumwollgewerbe Nordwestdeutschlands*, 49. On the *obrajes* see the important work by Richard J. Salvucci, *Textiles and Capitalism in Mexico: An Economic History of the Obrajes, 1539–1840* (Princeton, NJ: Princeton University Press, 1987); Müller, "Die Textilindustrie des Raumes Puebla," 34.
15 Meerwein, "Die Entwicklung der Chemnitzer," 18.
16 Bodmer, *Die Entwicklung der schweizerischen Textilwirtschaft*, 279, 339; Thomson, *A Distinctive Industrialization*, 208; Lévy, *Histoire économique*, 1ff., 14–52; Roger Portal, "Muscovite Industrialists: The Cotton Sector, 1861–1914," in Blackwell, ed., *Russian Economic Development*, 174.
17 Barbara M. Tucker, *Samuel Slater and the Origins of the American Textile Industry, 1790–1860* (Ithaca, NY: Cornell University Press, 1984), 52, 97.
18 William Holmes to James Holmes, Kingston, March 10, 1813, in Folder 49, John Holmes Papers, Manuscripts and Archives Division, New York Public Library, New York.
19 Meerwein, "Die Entwicklung der Chemnitzer," 32; *Enciclopedia Yucatanense*, vol. 7, 62. On the annual wages of skilled workers see Michael P. Costeloe, *The Central Republic in Mexico, 1835–1846: Hombres de Bien in the Age of Santa Anna* (New

York: Cambridge University Press, 1993), 108. Hau, *L'industrialisation de l'Alsace*, 328, 330, 340.

20 Robert F. Dalzell, *Enterprising Elite: The Boston Associates and the World They Made* (Cambridge, MA: Harvard University Press, 1987), 27. The exchange rate is taken from Patrick Kelly, *The Universal Cambist and Commercial Instructor: Being a General Treatise on Exchange, Including Monies, Coins, Weights and Measures of All Trading Nations and Their Colonies*, vol. 1 (London: Lackington, Allen, and Co. [et al.], 1811), 12; Thomas Dublin, "Rural Putting-Out Work in Early Nineteenth-Century New England: Women and the Transition to Capitalism in the Countryside," *New England Quarterly* 64, no. 4 (December 1, 1991): 536–37. See the analysis of ex-slaves' narratives at "Ex-Slave Narratives: Lowell Cloth," accessed August 12, 2013, http://library.uml.edu/clh/All/Lowcl.htm; Pierre Gervais, "The Cotton 'Factory' in a Pre-industrial Economy: An Exploration of the Boston Manufacturing Company, 1815–1820" (unpublished paper, in author's possession, 2003), 3; Peter Temin, "Product Quality and Vertical Integration in the Early Cotton Textile Industry," *Journal of Economic History* 48, no. 4 (December 1988): 897; Ronald Bailey, "The Other Side of Slavery: Black Labor, Cotton, and Textile Industrialization in Great Britain and the United States," *Agricultural History* 68, no. 2 (Spring 1994): 45, 49.

21 Hau, *L'industrialisation de l'Alsace*, 335–38; Heinrich Herkner, *Die oberelsäss-ische Baumwollindustrie und ihre Arbeiter* (Strassburg: K. J. Trübner, 1887), 92; Pierre-Alain Wavre, "Swiss Investments in Italy from the XVIIIth to the XXth Century," *Journal of European Economic History* 17, no. 1 (Spring 1988), 86–87; Thomson, *A Distinctive Industrialization*, 7, 117; Müller, "Die Textilindustrie des Raumes Puebla," 225, 244.

22 M. L. Gavlin, *Iz istorii rossiĭskogo predprinimatel'stva: dinastiia Knopov: nauchno-analiticheskiĭ obzor* (Moscow: INION AN SSSR, 1995), 12, 14, 16, 19, 21, 29ff., 36; Blackwell, *The Beginnings*, 241.

23 Hau, *L'industrialisation de l'Alsace*, 388; Paulette Teissonniere-Jestin, "Itinéraire social d'une grande famille mulhousienne: Les Schlumberger de 1830 à 1930" (PhD dissertation, University of Limoges, 1982), 129, 149; *Bulletin de la Société Industrielle de Mulhouse* 1 (1828); *Bulletin de la Société Industrielle de Mulhouse* 2 (1829); *Bulletin de la Société Industrielle de Mulhouse* 22 (1832): 113–36; David Allen Harvey, *Constructing Class and Nationality in Alsace, 1830–1945* (Dekalb: Northern Illinois University Press, 2001), 49.

24 Adelmann, *Die Baumwollgewerbe Nordwestdeutschlands*, 67.

25 Wright Armitage to Enoch Armitage, Dukinfield, April 16, 1817, in Armitage Papers, Manuscripts and Archives Division, New York Public Library, New York; see also the letters in the Papers of McConnel & Kennedy, record group MCK, box 2/1/1; Letterbook, 1805–1810, box 2/2/3; Letterbook, May 1814 to September 1816, box 2/2/5; Consignments Book, 1809–1829, box 3/3/11; Buchanan, Mann & Co. to McConnel & Kennedy, Calcutta, November 3, 1824, box 2/1/30, all in Papers of McConnel & Kennedy, John Rylands Library, Manchester; William Radcliffe, *Origin of the New System of Manufacture Commonly Called "Power-loom Weaving" and the Purposes for which this System was Invented and Brought into Use* (Stockport: J. Lomax, 1828), 131. Analysis of all correspondence of McConnel & Kennedy for the year 1825 in McConnel & Kennedy Papers, Record Group MCK/2, John Rylands Library, Manchester; D. A. Farnie, *John Rylands of Manchester* (Manchester: John Rylands University Library of Manchester, 1993), 5, 10, 13. See also Memorial Book for John Rylands, 1888, Manchester, Record Group JRL/2/2, Archive of Rylands & Sons Ltd, John Rylands Library, Manchester.

26 Yarn Delivery Book, 1836–38, record group MCK, box 3/3/12, Papers of McConnel & Kennedy, John Rylands Library, Manchester; Stanley Chapman, *Merchant Enterprise in Britain: From the Industrial Revolution to World War I* (Cambridge: Cambridge University Press, 1992), 62, 69ff., 92, 109, 113, 133, 136, 139, 164, 168, 173, 176;

Bill Williams, *The Making of Manchester Jewry, 1740–1875* (Manchester: Manchester University Press, 1976), 81. Farnie, *John Rylands*, 4; *British Packet and Argentine News*, February 9, 1850, August 3, 1850; Vera Blinn Reber, *British Mercantile Houses in Buenos Aires, 1810–1880* (Cambridge, MA: Harvard University Press, 1979), 58, 59; Carlos Newland, "Exports and Terms of Trade in Argentina, 1811–1870," *Bulletin of Latin American Research* 17, no. 3 (1998): 409–16; D. C. M. Platt, *Latin America and British Trade, 1806–1914* (London: Adam & Charles Black, 1972), 15, 39; H. S. Ferns, "Investment and Trade Between Britain and Argentina in the Nineteenth Century," *Economic History Review*, New Series, 3, no. 2 (1950): 207, 210; Blankenhagen & Gethen to Hugh Dallas, London, November 18, 1818, file 003/1–1/24, Dallas Papers, in Banco de la Provincia de Buenos Aires, Archivo y Museo Históricos, Buenos Aires. See also R. F. Alexander to Hugh Dallas, Glasgow, March 19, 1819, in ibid. Some merchants also wrote to Dallas and asked him if he would accept consignments from them; see for example Baggott y Par to Hugh Dallas, Liverpool, April 2, 1821, in ibid., file 003/1–1/13; King & Morrison to Hugh Dallas, Glasgow, April 25, 1819, in Blankenhagen & Gethen to Hugh Dallas, London, November 18, 1818, in ibid.

27 D. C. M. Platt, *Latin America and British Trade*, 39, 42, 51; Eugene W. Ridings, "Business Associationalism, the Legitimation of Enterprise, and the Emergence of a Business Elite in Nineteenth-Century Brazil," *Business History Review* 63, no. 4 (Winter 1989): 758; Stanley J. Stein, *The Brazilian Cotton Manufacture: Textile Enterprise in an Underdeveloped Area, 1850–1950* (Cambridge, MA: Harvard University Press, 1957), 8–9, 14.

28 Bodmer, *Die Entwicklung der schweizerischen Textilwirtschaft*, 231, 276, 281; Adelmann, *Die Baumwollgewerbe Nordwestdeutschlands*, 58; Dehn, *The German Cotton Industry*, 3.

29 See Warren C. Scoville, "Spread of Techniques: Minority Migrations and the Diffusion of Technology," *Journal of Economic History* 11, no. 4 (1951): 347–60; Adelmann, *Die Baumwollgewerbe Nordwestdeutschlands*, 72; Dunham, "The Development of the Cotton Industry," 283; Jack A. Goldstone, "Gender, Work, and Culture: Why the Industrial Revolution Came Early to England but Late to China," *Sociological Perspectives* 39, no. 1 (Spring 1996): 2.

30 W. O. Henderson, *Britain and Industrial Europe, 1750–1870: Studies in British Influence on the Industrial Revolution in Western Europe* (Liverpool: Liverpool University Press, 1954), 4, 7, 102, 267; Kristine Bruland, *British Technology and European Industrialization: The Norwegian Textile Industry in the Mid-Nineteenth Century* (New York: Cambridge University Press, 1989), 3, 14; David J. Jeremy, *Damming the Flood: British Government Efforts to Check the Outflow of Technicians and Machinery, 1780–1843* (Boston: Harvard Business School Press, 1977), 32–33; Jan Dhont and Marinette Bruwier, "The Low Countries, 1700–1914," in Cipolla, ed., *The Fontana Economic History of Europe*, vol. 4, part 1, 348; Adelmann, *Die Baumwollgewerbe Nordwestdeutschlands*, 77, 127; David J. Jeremy, *Transatlantic Industrial Revolution: The Diffusion of Textile Technology Between Britain and America, 1790–1830* (North Andover and Cambridge, MA: Merrimack Valley Textile Museum/MIT Press, 1981), 17; David Landes, *The Unbound Prometheus: Technological Change and Industrial Development in Western Europe from 1750 to the Present* (Cambridge: Cambridge University Press, 1969), 148; Rondo Cameron, "The Diffusion of Technology as a Problem in Economic History," *Economic Geography* 51, no. 3 (July 1975): 221; John Macgregor, *The Commercial and Financial Legislation of Europe and North America* (London: Henry Hooper, 1841), 290.

31 Dominique Barjot, "Les entrepreneurs de Normandie, du Maine et de l'Anjou à l'époque du Second Empire," *Annales de Normandie* 38, no. 2–3 (May–July 1988): 99–103; Henderson, *Britain and Industrial Europe*, 12, 28; Paul Leuilliot, "L'essor

économique du XIXe siècle et les transformations de la cité," in Livet and Oberlé, eds., *Histoire de Mulhouse*, 184. See Camille Koechlin, Cahier des notes faites en Angleterre 1831, 667 Ko 22 I, Collection Koechlin, Bibliothèque, Musée de l'Impression sur Etoffes, Mulhouse, France.

32 Bodmer, *Die Entwicklung der schweizerischen Textilwirtschaft*, 276–77; Thomson, *A Distinctive Industrialization*, 249; Henderson, *Britain and Industrial Europe*, 142, 194–95; Andrea Komlosy, "Austria and Czechoslovakia: The Habsburg Monarchy and Its Successor States," in Lex Heerma van Voss, Els Hiemstra-Kuperus, and Elise van Nederveen Meerkerk, eds., *The Ashgate Companion to the History of Textile Workers, 1650–2000* (Burlington, VT: Ashgate, 2010), 53.

33 Müller, "Die Textilindustrie des Raumes Puebla," 108, 109, 237; Jeremy, *Transatlantic Industrial Revolution*, 5, 6, 77, 78; Dalzell, *Enterprising Elite*; Jeremy, *Transatlantic Industrial Revolution*, 41; Bruland, *British Technology*, 18.

34 Bodmer, *Die Entwicklung der schweizerischen Textilwirtschaft*, 278; Meerwein, "Die Entwicklung," 25; Cameron, "The Diffusion of Technology," 220; Hau, *L'industrialisation de l'Alsace*, 366–70, 403ff.; Bernard Volger and Michel Hau, *Historie économique de l'Alsace: Croissance, crises, innovations: Vingt siècles de développement régional* (Strasbourg. Éditions la nuée bleue, 1997), 146ff., Dave Pretty, "The Cotton Textile Industry in Russia and the Soviet Union," in Van Voss et al., eds., *The Ashgate Companion to the History of Textile Workers*, 424, J. K. J. Thomson, "Explaining the 'Take-off' of the Catalan Cotton Industry," *Economic History Review* 58, no. 4 (November 2005): 727; Letter of Delegates of the Junta de Comercio, legajo 23, no. 21, fos. 6–11, Biblioteca de Catalunya, Barcelona; Herkner, *Die oberelsässische Baumwollindustrie*, 72ff.; Melvin T. Copeland, *The Cotton Manufacturing Industry of the United States* (Cambridge, MA: Harvard University Press, 1917), 9, 69, 70.

35 Mokyr, *Industrialization in the Low Countries*, 39; Adelmann, *Die Baumwollgewerbe Nordwestdeutschlands*, 89–90; Meerwein, "Die Entwicklung," 21; Konotopov et al., *Istoriia*, 79, 92; Lars K. Christensen, "Denmark: The Textile Industry and the Forming of Modern Industry," in Van Voss et al., eds., *The Ashgate Companion to the History of Textile Workers*, 144; Alexander Hamilton, "Report on the Subject of Manufactures, December 5, 1971," in Alexander Hamilton, *Writings* (New York: Library of America, 2001), 647–734; Samuel Rezneck, "The Rise and Early Development of Industrial Consciousness in the United States, 1760–1830," *Journal of Economic and Business History* 4 (1932): 784–811; Müller, "Die Textilindustrie des Raumes Puebla," 41.

36 Adelmann, *Die Baumwollgewerbe Nordwestdeutschlands*, 67; Herkner, *Die oberelsässische Baumwollindustrie*, 92, 95; Hau, *L'industrialisation de l'Alsace*, 209ff.; Oberlé, "La siècle des lumières," 164; Meerwein, "Die Entwicklung," 23, 28, 37, 68.

37 Bodmer, *Die Entwicklung der schweizerischen Textilwirtschaft*, 278; Tanner, *Spulen, Weben, Sticken*, 24, 33, 44.

38 Douglas A. Irwin and Peter Temin, "The Antebellum Tariff on Cotton Textiles Revisited," *Journal of Economic History* 61, no. 3 (September 2001): 795; U. S. Department of the Treasury, Letter from the Secretary of the Treasury, "Cultivation, Manufacture and Foreign Trade of Cotton," March 4, 1836, Doc. No. 146, Treasury Department, House of Representatives, 24th Congress, 1st Session (Washington, DC: Blaire & Rives, Printers, 1836); Jeremy, *Transatlantic Industrial Revolution*, 96; Mary B. Rose, *The Gregs of Quarry Bank Mill: The Rise and Decline of a Family Firm, 1750–1914* (New York: Cambridge University Press, 1986), 46.

39 Wright Armitage to Rev. Benjamin Goodier, Dunkinfield, March 2, 1817, in Box 1, Armitage Family Papers, Special Collections, New York Public Library, New York.

40 Temin, "Product Quality," 898; Dunham, "The Development of the Cotton Industry," 281; Meerwein, "Die Entwicklung," 43; United States Department of State, *Report in the Commercial Relations of the United States with Foreign Nations: Comparative*

Tariffs; Tabular Statements of the Domestic Exports of the United States; Duties on Importation of the Staple or Principal Production of the United States into Foreign Countries (Washington, DC: Gales and Seaton, 1842), 534–35.

41 Paul Leuilliot, "L'essor économique du XIXe siècle et les transformations de la cité," in Livet and Oberlé, eds., *Histoire de Mulhouse*, 190; Dietsche, "Die industrielle Entwicklung," 56–57; Meerwein, "Die Entwicklung," 47, 51–52. For the importance of tariffs see also R. Dehn, *The German Cotton Industry*, 4; Kirchhain, "Das Wachstum," 185; Friedrich List, *National System of Political Economy* (New York: Longmans, Green, and Co., 1904), 169; Angel Smith et al., "Spain," in Van Voss et al., *The Ashgate Companion to the History of Textile Workers*, 455. 还有许多其他国家征收高额进口税; for a survey see United States Department of State, *Report in the Commercial Relations of the United States with Foreign Nations*, 534–35.

42 Temin, "Product Quality," 897, 898; Irwin and Temin, "The Antebellum Tariff," 780–89, 796. The 84 percent number (which is probably not entirely accurate) is taken from Hannah Josephson, *The Golden Threads: New England Mill Girls and Magnates* (New York: Russell & Russell, 1949), 30. For the role of the "Boston Associates" in the import of Indian cottons, see James Fichter, "Indian Textiles and American Industrialization, 1790–1820" (unpublished paper, GEHN Conference, University of Padua, November 17–19, 2005, in author's possession).

43 Müller, "Die Textilindustrie des Raumes Puebla," 14, 16, 31, 35, 39, 43, 45, 48, 55; Rafael Dobado Gonzáles, Aurora Gómez Galvarriato, and Jefferey G. Williamson, "Globalization, De-industrialization and Mexican Exceptionalism, 1750–1879," National Bureau of Economic Research Working Paper No. 12316, June 2006, 5, 12, 13, 15, 35, 36, 40; see also Colin M. Lewis, "Cotton Textiles and Labour-Intensive Industrialization Since 1825" (unpublished paper, Global Economic History Network Conference, Osaka, December 16–18, 2004, in author's possession); Esteban de Antuñano, *Memoria breve de la industria manufacturera de México, desde el año de 1821 hasta el presente* (Puebla: Oficina del Hospital de S. Pedro, 1835); Esteban de Antuñano to Señor D. Carlos Bustamente, Puebla, December 4, 1836, as reprinted in Esteban de Antuñano, *Breve memoria del estado que guarda la fabrica de hildaos de algodon Constancia Mexicana y la industria de este ramo*(Puebla: Oficinia des Hospital de San Pedro, 1837), 4; David W. Walker, *Kinship, Business, and Politics: The Martinez del Rio Family in Mexico, 1824–1867* (Austin: University of Texas Press, 1986), 138; Camera de Disputados, *Dictamen de la Comisión de Industria, sobre la prohibición de hilaza y ejidos de algodón* (1835).

44 David W. Walker, *Kinship, Business, and Politics: The Martinez del Rio Family in Mexico, 1824–1867* (Austin: University of Texas Press, 1986), 149, 151, 162; Gonzáles, Galvarriato, and Williamson, "Globalization," 41. The number for India refers to the year 1887.

45 J. Thomson, *A Distinctive Industrialization*, 204; Daniel, "Entrepreneurship and the Russian Textile Industry," 8; W. Lochmueller, *Zur Entwicklung der Baumwollindustrie in Deutschland* (Jena: Gustav Fischer, 1906), 17; Hans-Werner Hahn, *Die industrielle Revolution in Deutschland* (Munich: R. Oldenbourg, 1998), 27. For a survey on the impact of states on European industrialization see Barry Supple, "The State and the Industrial Revolution, 1700–1914," in Carlo M. Cipolla, ed., *The Fontana Economic History of Europe*, vol. 3 (Glasgow: Collins, 1977), 301–57.

46 J. Thomson, *A Distinctive Industrialization*, 270; Jordi Nadal, "Spain, 1830–1914," in Carlo M. Cipolla, ed., *The Fontana Economic History of Europe*, vol. 4, part 2, 607; Smith et al., "Spain," in Van Voss et al., *The Ashgate Companion to the History of Textile Workers*, 453.

47 Thomson, "Explaining," 711–17.

48 Thomson, *A Distinctive Industrialization*, 274–75, 299. 1793 年，西班牙生产者使用的原棉量是英国的 16.06%，到 1808 年，这一比例下降到 6 - 7.25%，到 1816 年下降到 2.2%; James Clayburn La Force Jr., *The Development of the Spanish Textile*

Industry, 1750–1800 (Berkeley: University of California Press, 1965), 16; Jordi Nadal, "Spain, 1830–1914," in Cipolla, *The Fontana Economic History of Europe*, vol. 4, part 2, 608.

49 Edward Baines, *History of the Cotton Manufacture in Great Britain* (London: H. Fisher, R. Fisher, and P. Jackson, 1835), 525; Wilma Pugh, "Calonne's 'New Deal,'" *Journal of Modern History* 11, no. 3 (1939): 289–312; François-Joseph Ruggiu, "India and the Reshaping of the French Colonial Policy, 1759–1789," in *Itinerario* 35, no. 2 (August 2011): 25–43; Alfons van der Kraan, "The Birth of the Dutch Cotton Industry, 1830–1840," in Douglas A. Farnie and David J. Jeremy, eds., *The Fibre that Changed the World: The Cotton Industry in International Perspective, 1600–1990s* (Oxford: Oxford University Press, 2004), 285; Jan Luiten van Zanden and Arthur van Riel, *The Strictures of Inheritance: The Dutch Economy in the Nineteenth Century* (Princeton, NJ: Princeton University Press, 2004), 39–40; Mokyr, *Industry* 32, 103, 105, 107, 108.

50 Mokyr, *Industry*, 31, 34–35; Dhont and Bruwier, "The Low Countries, 1700–1914," 358–59.

51 Bodmer, *Die Entwicklung der schweizerischen Textilwirtschaft*, 290, 344–46; Bowring, *Bericht an das Englische Parlament*, 4. Tanner, "The Cotton Industry of Eastern Switzerland," 150. 德意志地区棉花工业在很大程度上也以类似的方式依赖其出口能力，特别是对北美的出口能力；Dehn, *The German Cotton Industry*, 18; Dietrich Ebeling et al., "The German Wool and Cotton Industry from the Sixteenth to the Twentieth Century," in Van Voss et al., *The Ashgate Companion to the History of Textile Workers*, 208.

52 Mary Jo Maynes, "Gender, Labor, and Globalization in Historical Perspective: European Spinsters in the International Textile Industry, 1750–1900," *Journal of Women's History* 15, no. 4 (Winter 2004): 48.

53 Chapman, *The Cotton Industry*, 22; C. H. Lee, "The Cotton Textile Industry," in Roy Church, ed., *The Dynamics of Victorian Business: Problems and Perspectives to the 1870s* (London: George Allen & Unwin, 1980), 161; Adelmann, *Die Baumwollgewerbe Nordwestdeutschlands*, 153; Dunham, "The Development of the Cotton Industry," 288; Richard Leslie Hills, *Power from Steam: A History of the Stationary Steam Engine* (New York: Cambridge University Press, 1989), 117. These numbers are notoriously inaccurate and are just approximations. Chapman, *The Cotton Industry*, 29; Anthony Howe, *The Cotton Masters, 1830–1860* (New York: Clarendon Press, 1984), 6; *The Thirty-Fifth Annual Report of the Board of Directors of the Chamber of Commerce and Manufactures at Manchester, for the Year 1855* (Manchester: James Collins, 1856), 15.

54 Joseph E. Inikori, *Africans and the Industrial Revolution in England: A Study in International Trade and Economic Development* (New York: Cambridge University Press, 2002), 436; P. K. O'Brien and S. L. Engerman, "Exports and the Growth of the British Economy from the Glorious Revolution to the Peace of Amiens," in Barbara Solow, ed., *Slavery and the Rise of the Atlantic System* (New York: Cambridge University Press, 1991), 184, 188; Lee, "The Cotton Textile Industry," 165; Lars G. Sandberg, "Movements in the Quality of British Cotton Textile Exports," *Journal of Economic History* 28, no. 1 (March 1968): 15–19; Manchester Commercial Association Minutes, 1845–1858, record group M8/7/1, Manchester Archives and Library, Manchester.

55 For this argument, see also Jeremy Adelman, "Non-European Origins of European Revolutions" (unpublished paper, Making Europe: The Global Origins of the Old World Conference, Freiburg, 2010), 25.

56 Afaf Lutfi Al-Sayyid Marsot, *Egypt in the Reign of Muhammad Ali* (Cambridge: Cambridge University Press, 1984), 162; Robert L. Tignor, *Egyptian Textiles and British Capital, 1930–1956* (Cairo: American University in Cairo Press, 1989), 9; Joel Beinin, "Egyptian Textile Workers: From Craft Artisans Facing European Competition to Proletarians Contending with the State," in Van Voss et al., *The Ashgate Companion*

to the History of Textile Workers, 174.
57 Tignor, *Egyptian Textiles*, 9; Marsot, *Egypt*, 166; Owen, *Cotton and the Egyptian Economy*, 23–24.
58 Jean Batou, "Muhammad-Ali's Egypt, 1805–1848: A Command Economy in the 19th Century?," in Jean Batou, ed., *Between Development and Underdevelopment: The Precocious Attempts at Industrialization of the Periphery, 1800–1870* (Geneva: Librairie Droz, 1991), 187; Owen, *Cotton and the Egyptian Economy*, 44.
59 Marsot, *Egypt*, 171, 181. By 1838, as many as thirty thousand workers might have labored in Egypt's cotton spinning mills. Colonel Campbell, Her Britannic Majesty's Agent and Consul-General in Egypt to John Bowring, Cairo, January 18, 1838, as reprinted in John Bowring, *Report on Egypt and Candia* (London: Her Majesty's Stationery Office, 1840), 186; Batou, "Muhammad-Ali's Egypt," 181, 185, 199; *Ausland* (1831), 1016.
60 Marsot, *Egypt*, 171; Colonel Campbell, Her Britannic Majesty's Agent and Consul-General in Egypt to John Bowring, Cairo, January 18, 1838, as reprinted in Bowring, *Report on Egypt*, 35; *Asiatic Journal and Monthly Register for British and Foreign India, China, and Australia*, New Series, 4 (March 1831): 133.
61 *Asiatic Journal and Monthly Register for British and Foreign India, China, and Australia*, New Series, 5 (May–August 1831): 62; *Asiatic Journal and Monthly Register for British and Foreign India, China, and Australia*, New Series, 4 (April 1831): 179, quoting an article from the *Indian Gazette*, October 5, 1830.
62 Rapport à Son Altesse Mehemet Ali, Vice Roi d'Égypt, sur la Filature et le Tissage du Cotton, par Jules Poulain, f78, Add. Mss. 37466, Egyptian State Papers, 1838–1849, Manuscript Division, British Library, London.
63 Marsot, *Egypt*, 169, 184; Beinin, "Egyptian Textile Workers," 177.
64 Batou, "Muhammad-Ali's Egypt," 182, 201–2; *Historical Dictionary of Egypt*, 3rd ed. (Lanham, MD: Scarecrow Press, 2003), 388; Marsot, *Egypt*, 177; Tignor, *Egyptian Textiles*, 8; Beinin, "Egyptian Textile Workers," 178; Joel Beinin, "Egyptian Textile Workers: From Craft Artisans Facing European Competition to Proletarians Contending with the State" (unpublished paper, Textile Conference IISH, November 2004), 6.
65 The existence of a vibrant proto-industry is rightly emphasized in John Dickinson and Robert Delson, "Enterprise Under Colonialism: A Study of Pioneer Industrialization in Brazil, 1700–1830" (working paper, Institute of Latin American Studies, University of Liverpool, 1991), esp. 52; see also Herculano Gomes Mathias, *Algodão no Brasil* (Rio de Janeiro: Index Editoria, 1988), 67, 83; Maria Regina and Ciparrone Mello, *A industrialização do algodão em São Paulo* (São Paulo: Editoria Perspectiva, 1983), 23; Stein, *The Brazilian Cotton Manufacture*, 2, 4, 20–21; Roberta Marx Delson, "Brazil: The Origin of the Textile Industry," in Van Voss et al., *The Ashgate Companion to the History of Textile Workers*, 75, 77, 934; Gonzáles, Galvarriato, and Williamson, "Globalization," 17.
66 Stein, *The Brazilian Cotton Manufacture*, 15.
67 Ibid., 7, 13; Eugene W. Ridings Jr., "The Merchant Elite and the Development of Brazil: The Case of Bahia During the Empire," *Journal of Interamerican Studies and World Affairs* 15, no. 3 (August 1973): 336, 337, 342–45.
68 Stein, *The Brazilian Cotton Manufacture*, 5–6, 51–52; Ridings Jr., "The Merchant Elite and the Development of Brazil," 344.
69 W. A. Graham Clark, *Cotton Goods in Latin America: Part 1, Cuba, Mexico, and Central America: Transmitted to Congress in Compliance with the Act of March 4, 1909 Authorizing Investigations of Trade Conditions Abroad* (Washington, DC: Government Printing Office, 1909), 9.
70 即使有一位作者试图证明"南方工业化"重要性，他最终还是提供了这些努力的软弱无力的充分的证据。See Michael Gagnon, *Transition to an Industrial South: Athens, Georgia, 1830–1870* (Baton Rouge: Lousiana State University Press, 2012); Broadus

Mitchell, *The Rise of Cotton Mills in the South* (Baltimore: Johns Hopkins University Press, 1921), 21. In 1831, cloth output in the North was seventeen times as large as that in the slave states. See Friends of Domestic Industry, Reports of the Committees of the Friends of Domestic Industry, assembled at New York, Octber 31, 1831 (1831), 9–47. 这些工厂与后来的南方工业化之间也存在着根本的不连续性。

71 Richard Roberts, "West Africa and the Pondicherry Textile Industry," *Indian Economic and Social History Review* 31, no. 2 (June 1994): 142–45, 151, 153, 158; Tirthankar Roy, "The Long Globalization and Textile Producers in India," in Van Voss et al., *The Ashgate Companion to the History of Textile Workers*, 266; Dwijendra Tripathi, *Historical Roots of Industrial Entrepreneurship in India and Japan: A Comparative Interpretation* (New Delhi: Manohar, 1997), 104, 105.

72 Howard F. Cline, "The Spirit of Enterprise in Yucatan," 138; Jorge Munoz Gonzalez, *Valladolid: 450 Años de Luz* (Valladolid: Ayuntamiento de Valladolid, 1993), 40; Ramírez, *Sociedad, Estructura Agraria*, 35.

73 Dale W. Tomich, *Through the Prism of Slavery* (Lanham, MD: Rowman & Littlefield, 2004), 70.

74 Rosa Luxemburg, *The Accumulation of Capital* (New Haven, CT: Yale University Press, 1951), chapter 26.

第 7 章 动员劳动力

1 "Fragen eines lesenden Arbeiters," translated by M. Hamburger, *Bertolt Brecht: Poems, 1913–1956*, (New York and London: Methuen, 1976).

2 For the quotation, see forum post by "The Longford," March 9, 2009, http://www.skyscrapercity.com/showthread.php?t=823790, accessed March 8, 2013; Ellen Hootton's case is documented in House of Commons Parliamentary Papers, First Report of the Central Board of His Majesty's Commissioners for Inquiring into the Employment of Children in Factories, 1833, xx, D.i, 103–15. Her history has also been beautifully analyzed by Douglas A. Galbi, "Through the Eyes in the Storm: Aspects of the Personal History of Women Workers in the Industrial Revolution," *Social History* 21, no. 2 (1996): 142–59.

3 Maurice Dobb, *Studies in the Development of Capitalism* (New York: International Publishers, 1964), 272–73.

4 Mike Williams and Douglas A. Farnie, *Cotton Mills in Greater Manchester* (Preston, UK: Carnegie, 1992), 236; Stanley D. Chapman, *The Early Factory Masters: The Transition to the Factory System in the Midlands Textile Industry* (Newton Abbot, Devon, UK: David & Charles, 1967), 170.

5 Leone Levi, "On the Cotton Trade and Manufacture, as Affected by the Civil War in America," *Journal of the Statistical Society of London* 26, no. 8 (March 1863): 26.

6 Mary B. Rose, *Networks and Business Values: The British and American Cotton Industries Since 1750* (Cambridge: Cambridge University Press, 2000), 30; Günter Kirchhain, "Das Wachstum der Deutschen Baumwollindustrie im 19. Jahrhundert: Eine Historische Modellstudie zur Empirischen Wachstumsforschung" (PhD dissertation, University of Münster, 1973), 73; Gerhard Adelmann, "Zur regionalen Differenzierung der Baumwoll- und Seidenverarbeitung und der Textilen Spezialfertigungen Deutschlands, 1846–1907," in Hans Pohl, ed., *Gewerbe und Industrielandschaften vom Spätmittelalter bis ins 20. Jahrhundert* (Stuttgart: Franz Steiner, 1986), 293; Hans-Ulrich Wehler, *Deutsche Gesellschaftsgeschichte*, vol. 2 (Munich: Verlag C. H. Beck, 1987), 92; Michel Hau, *L'industrialisation de l'Alsace, 1803–1939* (Strasbourg: Association des Publications près les Universités de Strasbourg, 1987), 89; Jean-François Bergier, *Histoire économique de la Suisse* (Lausanne: Payot, 1984), 192. Another source estimated the number of cotton workers in the United States in 1830

as 179,000. See Letter from the Secretary of the Treasury, Cultivation, Manufacture and Foreign Trade of Cotton, March 4, 1836, Doc. No. 146, Treasury Department, House of Representatives, 24th Congress, 1st Session, in Levi Woodbury, *Woodbury's Tables and Notes on the Cultivation, Manufacture, and Foreign Trade of Cotton* (Washington, DC: Printed by Blaire & Rives, 1836), 51. On Russia, see A. Khromov, *Ekonomicheskoe razvitie Rossii v XIX-XX Vekah: 1800–1917* (Moscow: Gos. Izd. Politicheskoi Literatury, 1950), 32; Dave Pretty, "The Cotton Textile Industry in Russia and the Soviet Union," in Lex Heerma van Voss, Els Hiemstra-Kuperus, and Elise van Nederveen Meerkerk, eds., *The Ashgate Companion to the History of Textile Workers, 1650–2000* (Burlington, VT: Ashgate, 2010), 425, 428; Michael Jansen, *De industriële ontwikkeling in Nederland 1800–1850* (Amsterdam: NEHA, 1999), 149, 333–36; CBS, *Volkstelling 1849*, estimates by Elise van Nederveen Meerkerk, correspondence with the author, October 29, 2013. For Spain see Angel Smith et al., "Spain," in Van Voss et al., eds., *The Ashgate Companion to the History of Textile Workers*, 456; more than 90 percent of Spain's cotton industry was located in Catalonia. J. K. J. Thomson, *A Distinctive Industrialization: Cotton in Barcelona, 1728–1832* (Cambridge: Cambridge University Press, 1992), 262.

7   See Karl Polanyi, *The Great Transformation: The Political and Economic Origins of Our Time* (Boston: Beacon Press, 1957), 72; in chapter 6 Polanyi writes about land, labor, and money as fictitious commodities.

8   As cited in E. P. Thompson, *The Making of the English Working Class* (New York: Vintage, 1966), 190; see also S. D. Chapman, *The Cotton Industry in the Industrial Revolution* (London: Macmillan, 1972), 53.

9   Charles Tilly, "Did the Cake of Custom Break?" in John M. Merriman, ed., *Consciousness and Class Experience in Nineteenth-Century Europe* (New York: Holmes & Meier Publishers, 1979); Eugen Weber, *Peasants into Frenchmen: The Modernization of Rural France, 1870–1914* (Stanford, CA: Stanford University Press, 1976).

10 Robert J. Steinfeld, *Coercion, Contract, and Free Labor in the Nineteenth Century* (Cambridge: Cambridge University Press, 2001), 20.

11 Ibid., 47, 74–75, 317; "Gesetzesammlung für die Königlichen Preussischen Staaten, 1845," as cited in ibid., 245.

12 Marta Vicente, "Artisans and Work in a Barcelona Cotton Factory, 1770–1816," *International Review of Social History* 45 (2000): 3, 4, 12, 13, 18.

13 Employment Ledger for Dover Manufacturing Company, 1823–4 (Dover, NH), Dover-Cocheco Collection, Baker Library, Harvard Business School, Cambridge, MA.

14 Benjamin Martin, *The Agony of Modernization: Labor and Industrialization in Spain* (Ithaca, NY: ILR Press, 1990), 21; Georg Meerwein, *Die Entwicklung der Chemnitzer bezw. Sächsischen Baumwollspinnerei von 1789–1879* (PhD dissertation, University of Heidelberg, 1914), 21; Walter Bodmer, *Die Entwicklung der Schweizerischen Textilwirtschaft im Rahmen der übrigen Industrien und Wirtschaftszweige* (Zürich: Verlag Berichthaus, 1960), 220, 224, 227; L. Dunham, "The Development of the Cotton Industry in France and the Anglo-French Treaty of Commerce of 1860," *Economic History Review* 1, no. 2 (January 1928): 286; Robert Lévy, *Histoire économique de l'industrie cotonnière en Alsace* (Paris: F. Alcan, 1912), 1ff.; David Allen Harvey, *Constructing Class and Nationality in Alsace, 1830–1945* (Dekalb: Northern Illinois University Press, 2001), 56; Thomson, *A Distinctive Industrialization*, 259.

15 Robert Marx Delson, "How Will We Get Our Workers? Ethnicity and Migration of Global Textile Workers," in Van Voss et al., eds., *The Ashgate Companion to the History of Textile Workers*, 662, 665; G. Bischoff, "Guebwiller vers 1830: La vie économique et sociale d'une petite ville industrielle à la fin de la Restauration," *Annuaire de la Société d'Histoire des Régions de Thann–Guebwiller* 7 (1965–1967): 64–74; Elise van Nederveen Meerkerk et al., "The Netherlands," in Van Voss et al.,

eds., *The Ashgate Companion to the History of Textile Workers*, 383; Joel Mokyr, *Industrialization in the Low Countries, 1795–1850* (New Haven, CT: Yale University Press, 1976), 38.

16 Bodmer, *Die Entwicklung der Schweizerischen Textilwirtschaft*, 295, 298; Delson, "How Will We Get Our Workers?" 652–53, 666–67; Erik Amburger, *Die Anwerbung ausländischer Fachkräfte für die Wirtschaft Russlands vom 15. bis ins 19. Jahrhundert* (Wiesbaden: Otto Harrassowitz, 1968), 147.

17 Meeting of the Manchester Chamber of Commerce, 1st February 1826, Proceedings of the Manchester Chamber of Commerce, 1821–1827, Record Group M8, Box 2/1, Archives of the Manchester Chamber of Commerce, Manchester Archives and Local Studies, Manchester; Gary Saxonhouse and Gavin Wright, "Two Forms of Cheap Labor in Textile History," in Gary Saxonhouse and Gavin Wright, eds., *Technique, Spirit and Form in the Making of the Modern Economies: Essays in Honor of William N. Parker* (Greenwich, CT: JAI Press, 1984), 7; Robert F. Dalzell, *Enterprising Elite: The Boston Associates and the World They Made* (Cambridge, MA: Harvard University Press, 1987), 33.

18 For the information relating to the Dover Manufacturing Company see Payroll Account Books, 1823–1824, Dover Manufacturing Company, Dover, New Hampshire, in Cocheco Manufacturing Company Papers, Baker Library, Harvard Business School, Cambridge, MA; Barbara M. Tucker, *Samuel Slater and the Origins of the American Textile Industry, 1790–1860* (Ithaca, NY: Cornell University Press, 1984), 139.

19 Carolyn Tuttle and Simone Wegge, "The Role of Child Labor in Industrialization" (presentation, Economic History Seminar, Harvard University, April 2004), 21, 49; McConnel & Kennedy Papers, MCK/4/51, John Rylands Library, Manchester.

20 Terry Wyke, "Quarry Bank Mill, Styal, Cheschire," Revealing Histories, Remembering Slavery, accessed July 21, 2012, http://www.revealinghistories.org.uk/how-did-money-from-slavery-help-develop-greater-manchester/places/quarry-bank-mill-styal-cheshire.html; Mary B. Rose, *The Gregs of Quarry Bank Mill: The Rise and Decline of a Family Firm, 1750–1914* (Cambridge: Cambridge University Press, 1986), 28, 31, 109–10; George Unwin, *Samuel Oldknow and the Arkwrights: The Industrial Revolution at Stockport and Marple* (Manchester: Manchester University Press, 1924), 170–71; *Edinburgh Review, or Critical Journal* 61, no. 124 (July 1835): 464.

21 Tuttle and Wegge, "The Role of Child Labor in Industrialization," Table 1A, Table 2, Table 3a; Gerhard Adelmann, *Die Baumwollgewerbe Nordwestdeutschlands und der westlichen Nachbarländer beim Übergang von der vorindustriellen zur frühindustriellen Zeit, 1750–1815* (Stuttgart: Franz Steiner Verlag, 2001), 96; M. V. Konotopov et al., *Istoriia otechestvennoi tekstil'noi promyshlennosti* (Moscow: Legprombytizdat, 1992), 97; Meerwein, *Die Entwicklung der Chemnitzer*, 35; M. M. Gutiérrez, *Comercio libre o funesta teoría de la libertad económica absoluta* (Madrid: M. Calero, 1834); Wolfgang Müller, "Die Textilindustrie des Raumes Puebla (Mexiko) im 19. Jahrhundert" (PhD dissertation, University of Bonn, 1977), 279, 281; "Rapport de la commission chargée d'examiner la question relative à l'emploi des enfants dans les filatures de coton," in *Bulletin de la Société Industrielle de Mulhouse* (1837), 482, 493; Harvey, *Constructing Class and Nationality in Alsace*, 54; Marjatta Rahikainen, *Centuries of Child Labour: European Experiences from the Seventeenth to the Twentieth Century* (Hampshire, UK: Ashgate 2004), 133.

22 Maxine Berg, "What Difference Did Women's Work Make to the Industrial Revolution?" in Pamela Sharpe, ed., *Women's Work: The English Experience, 1650–1914* (London: Arnold, 1998), 154, 158; Mary Jo Maynes, "Gender, Labor, and Globalization in Historical Perspective: European Spinsters in the International Textile Industry, 1750–1900," *Journal of Women's History* 15, no. 4 (Winter 2004): 56; Payroll Account Books, 1823–1824, Dover Manufacturing Company, Dover, New Hampshire, Cocheco Manufacturing Company Papers, Baker Library, Harvard

Business School, Cambridge, MA; Janet Hunter and Helen Macnaughtan, "Gender and the Global Textile Industry," in Van Voss et al., eds., *The Ashgate Companion to the History of Textile Workers*, 705.

23 Hunter and Macnaughtan, "Gender and the Global Textile Industry," 705; Maynes, "Gender, Labor, and Globalization in Historical Perspective," 51, 54; William Rathbone VI to William Rathbone V, Baltimore, May 13, 1841, in Box IX.3.53–82, RP, Rathbone Papers, Special Collections and Archives, University of Liverpool; William Rathbone VI to William Rathbone V, Boston, June 18, 1841, in ibid.

24 Hunter and Macnaughtan, "Gender and the Global Textile Industry," 710, 715; Berg, "What Difference Did Women's Work Make to the Industrial Revolution?" 154, 158, 168.

25 Maynes, "Gender, Labor, and Globalization in Historical Perspective," 55; Kenneth Pomeranz, "Cotton Textiles, Division of Labor and the Economic and Social Conditions of Women: A Preliminary Survey" (presentation, Conference 5: Cotton Textiles, Global Economic History Network, Osaka, December 2004), 20; Jack A. Goldstone, "Gender, Work, and Culture: Why the Industrial Revolution Came Early to England but Late to China," *Sociological Perspectives* 39, no. 1 (Spring 1996): 1–21; Philip C. C. Huang, *The Peasant Family and Rural Development in the Yangzi Delta, 1350–1988* (Stanford, CA: Stanford University Press, 1990), 91 and 110ff.

26 J. Dhondt, "The Cotton Industry at Ghent During the French Regime," in F. Crouzet, W. H. Chaloner, and W. M. Stern, eds., *Essays in European Economic History, 1789–1914* (London: Edward Arnold, 1969), 21; Wallace Daniel, "Entrepreneurship and the Russian Textile Industry: From Peter the Great to Catherine the Great," *Russian Review* 54 (January 1995): 7; I. D. Maulsby, Maryland General Assembly, Joint Committee on the Penitentiary, *Testimony Taken Before the Joint Committee of the Legislature of Maryland, on the Penitentiary* (Annapolis, 1837), 31; Rebecca McLennan, *The Crisis of Imprisonment: Protest, Politics, and the Making of the American Penal State, 1776–1941* (New York: Cambridge University Press, 2008), 66; Dave Pretty, "The Cotton Textile Industry in Russia and the Soviet Union" (presentation, Textile Conference, International Institute of Social History, Amsterdam, November 2004), 7; M. L. Gavlin, *Iz istorii rossiiskogo predprinimatel'stva: dinastiia Knopov: nauchno-analiticheskii obzor* (Moscow: INION AN SSSR, 1995), 34–35; Wolfgang Müller, "Die Textilindustrie des Raumes Puebla (Mexiko) im 19. Jahrhundert," 298–99; Max Hamburger, "Standortgeschichte der Deutschen Baumwoll-Industrie" (PhD dissertation, University of Heidelberg, 1911); Andrea Komlosy, "Austria and Czechoslavakia: The Habsburg Monarchy and Its Successor States," in Van Voss et al., eds., *The Ashgate Companion to the History of Textile Workers*, 57.

27 Delson, "How Will We Get Our Workers?" 657–58, 660; "In our country" cited in Stanley J. Stein, *The Brazilian Cotton Manufacture: Textile Enterprise in an Underdeveloped Area, 1850–1950* (Cambridge, MA: Harvard University Press, 1957), 51; Jacqueline Jones, *Labor of Love, Labor of Sorrow: Black Women, Work, and the Family from Slavery to the Present* (New York: Basic Books, 1985), 30–31.

28 Delson, "How Will We Get Our Workers?" 655; Aleksei Viktorovich Koval'chuk, *Manufakturnaia promyshlennost' Moskvy vo vtoroi polovine XVIII veka: Tekstil'noe proizvodstvo* (Moscow: Editorial URSS, 1999), 311. The general story of disciplining workers to factory labor is told most powerfully by E. P. Thompson, "Time, Work-Discipline and Industrial Capitalism," *Past and Present* 38 (1967): 56–97; Time Book, Oldknow Papers, Record Group SO, Box 12/16, John Rylands Library, Manchester; Chapman, *The Cotton Industry in the Industrial Revolution*, 56.

29 Dietrich Ebeling et al., Die deutsche Woll- und Baumwollindustrie presented at the International Textile History Conference, November 2004, 32. Harvey, *Constructing Class and Nationality in Alsace*, 59; Angel Smith et al., "Spain," 460; Van Nederveen Meerkerk et al., "The Netherlands," in Van Voss et al., eds., *The Ashgate Companion*

to the History of Textile Workers, 385; see also the brilliant article by Marcel van der Linden, "Re-constructing the Origins of Modern Labor Management," Labor History 51 (November 2010): 509–22.

30 Ebeling et al., "The German Wool and Cotton Industry from the Sixteenth to the Twentieth Century," 227; J. Norris to Robert Peel, Secretary of State, April 28, 1826, Manchester, Public Record Office, Home Office, Introduction of Power Looms: J. Norris, Manchester, enclosing a hand bill addressed to the COTTON SPINNERS of Manchester, 1826, May 6, HO 44/16, National Archives of the UK, Kew; Paul Huck, "Infant Mortality and Living Standards of English Workers During the Industrial Revolution," Journal of Economic History 55, no. 3 (September 1995): 547. See also Simon Szreter and Graham Mooney, "Urbanization, Mortality, and the Standard of Living Debate: New Estimates of the Expectation of Life at Birth in Nineteenth-Century British Cities," Economic History Review, New Series, 51, no. 1 (February 1998): 84–112; Hans-Joachim Voth, "The Longest Years: New Estimates of Labor Input in England, 1760–1830," Journal of Economic History 61, no. 4 (December 2001): 1065–82, quote on 1065; Proceedings of 24 April 1822, 30 January 1823, 23 April 1825, Proceedings of the Manchester Chamber of Commerce, 1821–1827, Record Group M8/2/1, Manchester Archives and Local Studies, Manchester; Seth Luther, Address to the Working Men of New England, on the State of Education, and on the Condition of the Producing Classes in Europe and America (New York: George H. Evans, 1833), 11.

31 Jeff Horn, The Path Not Taken: French Industrialization in the Age of Revolution, 1750–1830 (Cambridge, MA: MIT Press, 2006), 107, 109–10, 116, 120.

32 H. A. Turner, Trade Union Growth Structure and Policy: A Comparative Study of the Cotton Unions (London: George Allen & Unwin, 1962), 385–86; Andrew Charlesworth et al., Atlas of Industrial Protest in Britain, 1750–1985 (Basingstoke: Macmillan, 1996), 42–46.

33 Howard F. Cline, "The Aurora Yucateca and the Spirit of Enterprise in Yucatan, 1821–1847," Hispanic American Historical Review 27, no. 1 (1947): 30; Max Lemmenmeier, "Heimgewerbliche Bevoölkerung und Fabrikarbeiterschaft in einem laöndlichen Industriegebiet der Ostschweiz (Oberes Glattal) 1750–1910," in Karl Ditt and Sidney Pollard, eds., Von der Heimarbeit in die Fabrik: Industrialisierung und Arbeiterschaft in Leinen- und Baumwollregionen Westeuropas während des 18. und 19. Jahrhunderts (Paderborn: F. Schöningh, 1992), 410, 428ff.; Bodmer, Die Entwicklung der Schweizerischen Textilwirtschaft, 295–96; Van Nederveen Meerkerk et al., "The Netherlands," 386.

34 John Holt, General View of the Agriculture of the County of Lancashire (Dublin: John Archer, 1795), 208.

35 Thompson, The Making of the English Working Class; Horn, The Path Not Taken, 91, 95, 97–98. In France, one thousand out of twenty-five thousand water frames were destroyed; John Brown, A Memoir of Robert Blincoe, an Orphan Boy; Sent from the Workhouse of St. Pancras, London at Seven Years of Age to Endure the Horrors of a Cotton-Mill, Through His Infancy and Youth, with a Minute Detail of His Sufferings, Being the First Memoir of the Kind Published (Manchester: Printed for and Published by J. Doherty, 1832), 2.

36 Turner, Trade Union Growth Structure and Policy, 382–85; W. Foster to Robert Peel, July 13, 1826, Manchester, Home Office, Introduction of Power Looms: J. Norris, Manchester, enclosing a hand bill addressed to the COTTON SPINNERS of Manchester, 1826, May 6, HO 44/16, National Archives of the UK, Kew; Aaron Brenner et al., eds., The Encyclopedia of Strikes in American History (Armonk, NY: M. E. Sharpe, 2011), xvii; Mary H. Blewett, "USA: Shifting Landscapes of Class, Culture, Gender, Race and Protest in the American Northeast and South," in Van Voss et al., eds., The Ashgate Companion to the History of Textile Workers, 536; Angel Smith et al., "Spain," 457; Edward Shorter and Charles Tilly, Strikes in France, 1830–

1968 (New York: Cambridge University Press, 1974), 195; Hunter and Macnaughtan, "Gender and the Global Textile Industry," 721.
37 Steinfeld, *Coercion, Contract, and Free Labor*, 245, 319.

第 8 章　棉花全球化

1 Beiblatt zu No. 6 of the *Neue Bremer Zeitung*, January 6, 1850, 1.
2 Henry S. Young, *Bygone Liverpool: Illustrated by Ninety-Seven Plates Reproduced from Original Paintings, Drawings, Manuscripts and Prints* (Liverpool: H. Young, 1913), 36; James Stonehouse, *Pictorial Liverpool: Its Annals, Commerce, Shipping, Institutions, Buildings, Sights, Excursions, &c. &c.: A New and Complete Hand-book for Resident, Visitor and Tourist* (England: H. Lacey, 1844?), 143. In 1821, 3,381 ships arrived in the port. *The Picture of Liverpool, or, Stranger's Guide* (Liverpool: Thomas Taylor, 1832), 31, 75. For a history of waterfront working-class activities, see Harold R. Hikins, *Building the Union: Studies on the Growth of the Workers' Movement, Merseyside, 1756–1967* (Liverpool: Toulouse Press for Liverpool Trades Council, 1973).
3 Graeme J. Milne, *Trade and Traders in Mid-Victorian Liverpool: Mercantile Business and the Making of a World Port* (Liverpool: Liverpool University Press, 2000), 29; Captain James Brown to James Croft, New Orleans, March 16, 1844, in record group 387 MD, Letter book of Captain James Brown, 1843–1852, item 48, Shipping Records of the Brown Family, Liverpool Records Office, Liverpool; Captain James Brown to James Croft, New Orleans, October 18, 1844, in ibid.; Captain James Brown to James Croft, New Orleans, March 16, 1844, in ibid.
4 Thomas Ellison, *The Cotton Trade of Great Britain: Including a History of the Liverpool Cotton Market and of the Liverpool Cotton Brokers' Association* (London: Effingham Wilson, 1886), 168–70, 172; Samuel Smith, *My Life-Work* (London: Hodder and Stoughton, 1902), 16; Henry Smithers, *Liverpool, Its Commerce, Statistics, and Institutions: With a History of the Cotton Trade* (Liverpool: Thomas Kaye, 1825), 140; High Gawthrop, *Fraser's Guide to Liverpool* (London: W. Kent and Co., 1855), 212.
5 The art on page 202 is from Franklin Elmore Papers, Library of Congress (RASP Ser. C, Pt. 2, reel 3). Thanks to Susan O'Donovan for this source.
6 Vincent Nolte, *Fifty Years in Both Hemispheres or, Reminiscences of the Life of a Former Merchant* (New York: Redfield, 1854), 278; *De Bow's Review* 12 (February 1852): 123; *Merchants' Magazine and Commercial Review* 15 (1846): 537.
7 John R. Killic 认为相对于棉花种植史，棉花的国际贸易方面几乎完全被无视. John R. Killick, "The Cotton Operations of Alexander Brown and Sons in the Deep South, 1820–1860," *Journal of Southern History* 43 (May 1977): 169.
8 See Robin Pearson and David Richardson, "Networks, Institutional Innovation and Atlantic Trade before 1800," *Business History* 50, no. 6 (November 2008): 765; Annual Profit and Loss Accounts of John Tarleton, 920 TAR, Box 2, Liverpool Records Office, Liverpool; Annual Profit and Loss Accounts of Messrs. Tarleton and Backhouse, 920 TAR, Box 5, in ibid.; Earle Collection, D/Earle/5/9, Merseyside Maritime Museum, Liverpool; Milne, *Trade and Traders in Mid-Victorian Liverpool*, 48.
9 Edward Roger John Owen, *Cotton and the Egyptian Economy, 1820–1914: A Study in Trade and Development* (Oxford: Clarendon Press, 1969), 34, 90; J. Forbes Royle, *On the Culture and Commerce of Cotton in India and Elsewhere: With an Account of the Experiments Made by the Hon. East India Company up to the Present Time* (London: Smith, Elder & Co., 1851), 80–81; Great Britain Board of Trade, *Statistical Abstract for the United Kingdom*, 1856–1870, 18th no. (London: Her Majesty's Stationery

Office, 1871), 58–59; Jean Legoy, *Le peuple du Havre et son histoire: Du négoce à l'industrie, 1800–1914, le cadre de vie* (Saint-Etienne du Rouvray: EDIP, 1982), 256; Ellison, *The Cotton Trade of Great Britain*, Appendix: Table 2; 350,448 pounds is converted from 3,129 cwt (1 pound is equal to 112 cwt according to Elizabeth Boody Schumpeter, *English Overseas Trade Statistics, 1697–1808* (Oxford: Clarendon Press, 1968), 34. Also, to cite another example, the import of British-manufactured yarn and cloth into Calcutta increased by a factor of four in the seventeen years after 1834. See Imports of Cotton, Piece Goods, Twist and Yarn in Calcutta 1833/34 to 1850/51, in MSS Eur F 78/44, Wood Papers, Oriental and India Office Collections, British Library, London; Werner Baer, *The Brazilian Economy: Growth and Development* (Westport, CT: Praeger, 2001), 17; Patrick Verley, "Exportations et croissance économique dans la France des Années 1860," *Annales* 43 (1988): 80; Leone Levi, "On the Cotton Trade and Manufacture, as Affected by the Civil War in America," *Journal of the Statistical Society of London* 26, no. 8 (March 1863): 32; Stanley Chapman, *Merchant Enterprise in Britain: From the Industrial Revolution to World War I* (Cambridge: Cambridge University Press, 1992), 6; Douglas A. Irwin, "Exports of Selected Commodities: 1790–1989," Table Ee569–589, in Susan B. Carter et al., eds., *Historical Statistics of the United States, Earliest Times to the Present: Millennial Edition* (New York: Cambridge University Press, 2006); Douglas A. Irwin, "Exports and Imports of Merchandise, Gold, and Silver: 1790–2002," Table Ee362–375, in Carter et al., eds., *Historical Statistics of the United States*.

10   Verley, "Exportations et croissance économique dans la France des Années 1860," 80.
11   Stanley Dumbell, "Early Liverpool Cotton Imports and the Organisation of the Cotton Market in the Eighteenth Century," *Economic Journal* 33 (September 1923): 367; Stanley Dumbell, "The Cotton Market in 1799," *Economic Journal* (January 1926): 141.
12   Dumbell, "Early Liverpool Cotton Imports and the Organisation of the Cotton Market in the Eighteenth Century," 369–70; Nigel Hall, "The Business Interests of Liverpool's Cotton Brokers, c. 1800–1914," *Northern History* 41 (September 2004): 339; Nigel Hall, "The Emergence of the Liverpool Raw Cotton Market, 1800–1850," *Northern History* 38 (March 2001): 74, 75, 77; *The Liverpool Trade Review* 53 (October 1954), 318–19; Francis E. Hyde, Bradbury B. Parkinson, and Sheila Marriner, "The Cotton Broker and the Rise of the Liverpool Cotton Market," *Economic History Review* 8 (1955): 76.
13   Hall, "The Business Interests of Liverpool's Cotton Brokers," 339–43; Milne, *Trade and Traders in Mid-Victorian Liverpool*, 124, 150; Ellison, *The Cotton Trade of Great Britain*, 166–67, 171, 176, 200, 236, 257; Hyde et. al, "The Cotton Broker and the Rise of the Liverpool Cotton Market," 76; Ellison, *The Cotton Trade of Great Britain*, 175; Hall, "The Business Interests of Liverpool's Cotton Brokers," 340.
14   Daily Purchases and Sales Book, 1814–1815, George Holt & Co., in Papers of John Aiton Todd, Record group MD 230:4, Liverpool Records Office, Liverpool; Ellison, *The Cotton Trade of Great Britain*, 206.
15   Ellison, *The Cotton Trade of Great Britain*, 206.
16   Allston Hill Garside, *Cotton Goes to Market: A Graphic Description of a Great Industry* (New York: Stokes, 1935), 47, 51, 58; Dumbell, "The Cotton Market in 1799," 147; Jacques Peuchet, *Dictionnaire universel de la géographie commerçante, contenant tout ce qui a raport à la situation et à l'étendue de chaque état commerçant; aux productions de l'agriculture, et au commerce qui s'en fait, aux manufactures, pêches, mines, et au commerce qui se fait de leurs produits; aux lois, usages, tribunaux et administrations du commerce*, vols. 1–5 (Paris: Chez Blanchon, 1799); for example see separate entries on Benin (vol. 2, p. 800), the United States (vol. 4, p. 16), and Saint Vincent (vol. 5, pp. 726–27). Even though Harold Woodman suggests that standards only came about after the 1870s, in the wake of the creation of cotton exchanges, such standards have a much longer history. Harold D. Woodman,

King Cotton and His Retainers: Financing and Marketing the Cotton Crop of the South, 1800–1925 (Columbus: University of South Carolina Press, 1990), xvii; Dumbell, "The Cotton Market in 1799," 147. For the emergence of these categories in various markets see Arthur Harrison Cole, *Wholesale Commodity Prices in the United States, 1700–1861* (Cambridge, MA: Harvard University Press, 1938), 110–343; *The Tradesman*, vol. 2, 182; *The Colonial Journal* 3, no. 5 (1817): 549; *The London Magazine* 1 (1820): 593; see also the important article by Philippe Minard, "Facing Uncertainty: Markets, Norms and Conventions in the Eighteenth Century," in Perry Gauci, ed., *Regulating the British Economy, 1660–1850* (Burlington, VT: Ashgate, 2011), 189–90.

17 Carl Johannes Fuchs, "Die Organisation des Liverpoolers Baumwollhandels," in Gustav Schmoller, ed., *Jahrbuch für Gesetzgebung, Verwaltung und Volkswirtschaft im deutschen Reich* 14 (Leipzig: Duncker & Humblot, 1890), 111; Ellison, *The Cotton Trade of Great Britain*, 272; Stephen M. Stigler, *Statistics on the Table: The History of Statistical Concepts and Methods* (Cambridge, MA: Harvard University Press, 1999), 364; Minute Book of Weekly Meetings, Liverpool Cotton Brokers' Association, April 3, 1842, in record 380 COT, file 1/1, Papers of the Liverpool Cotton Association, Liverpool Records Office, Liverpool; Minute Book of Weekly Meetings, Liverpool Cotton Brokers' Association, February 18, 1842, in ibid.; Minute Book of Weekly Meetings, Liverpool Cotton Brokers' Association, August 13, 1844, in ibid.; Minute Book of Weekly Meetings, Liverpool Cotton Brokers' Association, October 23, 1846, in ibid. In 1857, the Bombay Cotton Dealers' Managing Committee similarly distributed uniform, printed contracts, demanding the uniform packing of cotton bales, and settling conflicts by arbitration. The Bombay Cotton Dealers Managing Committee is cited in M. L. Dantwala, *A Hundred Years of Indian Cotton* (Bombay: East India Cotton Association, 1947), 63.

18 Minutes of the meeting of the American Chamber of Commerce, Liverpool, October 14, 1848, in record 380 AME, vol. 2, American Chamber of Commerce Records, Liverpool Records Office, Liverpool; Woodman, *King Cotton and His Retainers*, xvii.

19 Stanley Dumbell, "The Origin of Cotton Futures," *Economic Journal*, Supplement (May 1827): 259–67; Fuchs, "Die Organisation des Liverpooles Baumwollhandels," 115; Hall, "The Liverpool Cotton Market: Britain's First Futures Market," 102; Daily Purchases and Sales Book, 1814–1815, George Holt & Co., in Papers of John Aiton Todd, Record group MD 230:4, Liverpool Records Office, Liverpool; Milne, *Trade and Traders in Mid-Victorian Liverpool*, 114, 260; "List of Liverpool cotton importers and brokers," April 20, 1860, in Correspondence sent to Baring in London by the Baring firm in Liverpool, House Correspondence, 1 Jan.–19 Apr. 1860, ING Baring Archives, London; Kenneth J. Lipartito, "The New York Cotton Exchange and the Development of the Cotton Futures Market," *Business History Review* 57 (Spring 1983): 51; Robert Lacombe, *La Bourse de Commerce du Havre* (Paris: Recueil Sirey, 1939), 3; Claudie Reinhart, "Les Reinhart: Une famille de négociants en coton et café au Havre, 1856–1963" (PhD dissertation, Sorbonne, 2005), 304; Smith, *My Life-Work*, 17.

20 Dumbell, "The Origin of Cotton Futures," 261.

21 D. M. Williams, "Liverpool Merchants and the Cotton Trade, 1820–1850," in J. R. Harris, ed., *Liverpool and Merseyside: Essays in the Economic and Social History of the Port and Its Hinterland* (London: Frank Cass & Co., 1969), 192.

22 Hall, "The Business Interests of Liverpool's Cotton Brokers," 339; Dumbell, "Early Liverpool Cotton Imports and the Organisation of the Cotton Market," 362–63; Hall, "The Emergence of the Liverpool Raw Cotton Market," 69, 71; Williams, "Liverpool Merchants and the Cotton Trade," 183; *Universal British Directory of Trade, Commerce, and Manufacture*, vol. 3 (London: n.p., 1790–94), 646; Francois Vigier, *Change and Apathy: Liverpool and Manchester During the Industrial Revolution* (Cambridge, MA: MIT Press, 1970), 64; Chapman, *Merchant Enterprise in Britain*,

83; Thomas Kaye, *The Stranger in Liverpool: Or, an Historical and Descriptive View of the Town of Liverpool and Its Environs* (Liverpool: T. Kaye, 1820), 33.

23 Nigel Hall, "A 'Quaker Confederation'? The Great Liverpool Cotton Speculation of 1825 Reconsidered," *Transactions of the Historical Society of Lancashire and Cheshire* 151 (2002): 2; Williams, "Liverpool Merchants and the Cotton Trade," 187–90; "Materials Concerning the Business Interests of James Stitt, Samuel Stitt and John J. Stitt," folder 1, record D/B/115/1–4, Stitt Brothers Papers, Merseyside Maritime Museum, Liverpool; Killick, "The Cotton Operations of Alexander Brown," 171; Chapman, *Merchant Enterprise in Britain*, 86.

24 Williams, "Liverpool Merchants and the Cotton Trade," 195; Sheila Marriner, *Rathbones of Liverpool, 1845–1873* (Liverpool: Liverpool University Press, 1961), xi, 14, 228–29. 有时候经纪人也会在卖方和买方之间调停；see Woodman, *King Cotton and His Retainers*, 26. For the doctor's income, see R. V. Jackson, "The Structure of Pay in Nineteenth-Century Britain," *Economic History Review*, New Series, 40 (November 1987): 563; for the value of the profits in contemporary pounds, see Lawrence H. Officer and Samuel H. Williamson, "Five Ways to Compute the Relative Value of a U.K. Pound Amount, 1270 to Present," Measuring Worth, http://www.measuringworth.com/ukcompare/, accessed August 9, 2012; R. G. Wilson and A. L. Mackley, "How Much Did the English Country House Cost to Build, 1660–1880?," *Economic History Review*, New Series, 52 (August 1999): 446.

25 Nolte, *Fifty Years in Both Hemispheres*, 275, 281; Ralph W. Hidy, *The House of Baring in American Trade and Finance: English Merchant Bankers at Work, 1763–1861* (Cambridge, MA: Harvard University Press, 1949), 77, 89.

26 Philip Ziegler, *The Sixth Great Power: Baring, 1762–1929* (London: Collins, 1988), 130, 145; Hidy, *The House of Baring*, 107, 359, 361.

27 Ziegler, *The Sixth Great Power*, 131; Hidy, *The House of Baring*, 3, 185, 298. For the quote see Baring Brothers Liverpool to Francis Baring, Liverpool, July 21, 1833, House Correspondence, record group HC3, file 35,1, in ING Baring Archive, London. For the importance of the Baring cotton operations see other letters in the same folder. For output per cotton plantation worker see David Elits, *Economic Growth and the Ending of the Transatlantic Slave Trade* (Oxford University Press, 1987), 287.

28 Sam A. Mustafa, *Merchants and Migrations: Germans and Americans in Connection, 1776–1835* (Aldershot: Ashgate, 2001), 118; Ludwig Beutin, *Von 3 Ballen zum Weltmarkt: Kleine Bremer Baumwollchronik 1788–1872* (Bremen: Verlag Franz Leuwer, 1934), 11, 16; Karl-Heinz Schildknecht, *Bremer Baumwollbörse: Bremen und Baumwolle im Wandel der Zeiten* (Bremen: Bremer Baumwollbörse, 1999), 8, 9; Friedrich Rauers, *Bremer Handelsgeschichte im 19. Jahrhundert* (Bremen: Franz Leuwer, 1913), 35–39.

29 Beutin, *Von 3 Ballen zum Weltmarkt*, 20; Schiffsbuch "Albers," in D. H. Wätjen & Co. Papers, record group 7, 2092, box 19, Staatsarchiv Bremen, Germany. See also records of the Ship Magdalena, from January 1, 1859, to Dec. 31, 1861, D. H. Wätjen & Co. Papers, record group 7,2092, box 20, Staatsarchiv Bremen.

30 G. Weulersse, *Le port du Havre* (Paris: Dunod, 1921), 67; Legoy, *Le peuple du Havre et son histoire*, 217, 255, 257; *Revue du Havre*, 1850.

31 *New York Times*, April 17, 1901; Legoy, *Le peuple du Havre et son histoire*, 217, 257; Reinhart, "Les Reinhart," 26, 39, 41.

32 Claude Malon, *Jules Le Cesne: Député du Havre, 1818–1878* (Luneray: Editions Bertout, 1995), 11–12, 15, 24; Beutin, *Von 3 Ballen zum Weltmarkt*, 21.

33 Alfred D. Chandler Jr., *The Visible Hand: The Managerial Revolution in American Business* (Cambridge, MA: Harvard University Press, 1977), 29; Chapman, *Merchant Enterprise in Britain*, 150; John Crosby Brown, *A Hundred Years of Merchant Banking* (New York: privately printed, 1909), 64, 184; Circular, Brown Brothers & Company, October 1825, as reprinted in Brown, *A Hundred Years of Merchant Banking*, 190; Circular by Brown Brothers, October 31, 1815, as reprinted in ibid., 191; John Killick,

"Risk, Specialization, and Profit in the Mercantile Sector of the Nineteenth Century Cotton Trade: Alexander Brown and Sons, 1820–80," *Business History Review* 16 (January 1974): 13.

34 John A. Kouwenhoven, *Partners in Banking: An Historical Portrait of a Great Private Bank, Brown Brothers Harriman & Co., 1818–1968* (Garden City. NY: Doubleday, 1967), 39, 43, 63, 70; Killick, "The Cotton Operations of Alexander Brown," 173, 176–77, 179–80, 185; Brown, *A Hundred Years of Merchant Banking*, 255; Chandler, *The Visible Hand*, 29; Tim Schenk, "Business Is International: The Rise of the House of Brown, 1800–1866" (BA thesis, Columbia University, 1997), 30; Killick, "Risk, Specialization, and Profit," 15. That $400,000 figure equals about $8.3 million in 2011. The prices for yachts and carriages in the 1830s are from Scott Derks and Tony Smith, *The Value of a Dollar: Colonial Era to the Civil War, 1600–1865* (Millerton, NY: Grey House Publishing, 2005).

35 Killick, "The Cotton Operations of Alexander Brown," 183; Sven Beckert, *The Monied Metropolis: New York City and the Consolidation of the American Bourgeoisie, 1850–1896* (New York: Cambridge University Press, 2001), 271.

36 Philip McMichael, "Slavery in Capitalism: The Rise and Demise of the U.S. Antebellum Cotton Culture," *Theory and Society* 20 (June 1991): 325–28; W. Nott & Co., New Orleans, November 26, 1829, to Thomas Baring, House Correspondence, HCV 5.7.17, ING Baring Archive, London. See also W. Nott to Thomas Baring, Private, New Orleans, August 25, 1830, ibid.; W. Nott to Thomas Baring, Private, New Orleans, August 25, 1830, in ibid.

37 Woodman, *King Cotton and His Retainers*, 99; Ziegler, *The Sixth Great Power*, 76, 150. Forstall was also the principal supporter of the journal *The Southerner*. E. J. Forstall to Baring Brothers London, New Orleans, February 19, 1848, House Correspondence, HC 5, 7.5, ING Baring Archive, London; Hidy, *The House of Baring*, 95–96; President of the Consolidated Association of Planters, April 7, 1829, New Orleans to Messrs Baring Brothers and Company, House Correspondence, HCV 5.7.17, ING Baring Archive, London; Edmond Forstall to Baring Brothers London, Liverpool, July 29, 1830, House Correspondence, HC 5, 7.5, ING Baring Archive, London.

38 Woodman, *King Cotton and His Retainers*, 8, 12, 13, 30; Chandler, *The Visible Hand*, 21; Joseph Holt Ingraham, *The South-west: By a Yankee*, vol. 2 (New York: Harper & Brothers 1835), 91.

39 Woodman, *King Cotton and His Retainers*, 34, 41, 53, 160; Chandler, *The Visible Hand*, 23.

40 Smith, *My Life-Work*, 25; Killick, "The Cotton Operations of Alexander Brown," 176; Jerrell H. Shofner, *Daniel Ladd: Merchant Prince of Frontier Florida* (Gainesville: University Presses of Florida, 1978), 2, 24, 35, 38, 44, 45, 53, 91, 88.

41 Salomon Volkart to J. M. Grob, Winterthur, July 3, 1851, copy book, letters, vol. 1, Volkart Archive, Winterthur, Switzerland; record group 920 TAR, file 4, letters, Tarleton Papers, Liverpool Records Office, Liverpool; Milne, *Trade and Traders in Mid-Victorian Liverpool*, 51; for Le Havre see Legoy, *Le peuple du Havre et son histoire*, 228; Weulersse, *Le port du Havre*, 86.

42 Killick, "The Cotton Operations of Alexander Brown," 186; Schenk, "Business Is International," 31.

43 Minutes of the meeting of the American Chamber of Commerce, Liverpool, August 9, 1843, in record 380 AME, vol. 2, American Chamber of Commerce Records, Liverpool Records Office, Liverpool.

44 Ibid.; Bonnie Martin, "Neighbor to Neighbor Capitalism: Local Credit Networks & the Mortgaging of Slaves," in Sven Beckert and Seth Rockman, eds., *Slavery's Capitalism: A New History of American Economic Development* (Philadelphia: University of Pennsylvania Press, forthcoming).

45 Milne, *Trade and Traders in Mid-Victorian Liverpool*, 116; Chapman, *Merchant Enterprise in Britain*, 101; Hamlin and Van Vechten, to Messrs. G. V. Robinson, New

York, March 8, 1820, in Hamlin and Van Vechten Papers, Manuscript Division, New York Public Library, New York.
46 Marika Vicziany, "Bombay Merchants and Structural Changes in the Export Community, 1850–1880," in Clive Dewey and K. N. Chaudhuri, eds., *Economy and Society: Essays in Indian Economic and Social History* (New York: Oxford University Press, 1979), 163–64; Jonathan Duncan to Earl of Worrington, Bombay, March 22, 1800, in Home Miscellaneous, vol. 471, Oriental and India Office Collections, British Library, London; Letter to the Agricultural Horticultural Society of Bombay, as quoted in Dantwala, *A Hundred Years of Indian Cotton*, 33; Dantwala, *A Hundred Years of Indian Cotton*, 32.
47 "Report on the Private trade between Europe, America and Bengal from 1st June 1776 to 31st May 1802, General Remarks," in Bengal Commercial Reports, External, 1795–1802, record group P/174, vol. 13, Oriental and India Office Collections, British Library, London; "Report of Commercial Occurrences," March 6, 1788, in Reports to the Governor General from the Board of Trade, 1789, in Home Misc, vol. 393, Oriental and India Office Collections, British Library; "Minutes of Proceedings, April 15, 1800," in Minutes of Commercial Proceedings at Bombay Castle from April 15, 1800, to 31st December, 1800, Bombay Commercial Proceedings, record group P/414, vol. 66, Oriental and India Office Collections, British Library; B. K. Karanjia, *Give Me a Bombay Merchant-Anytime: The Life of Sir Jamsetjee Jejeebhoy, Bt., 1783, 1859* (Mumbai: University of Mumbai, 1998); List of Members, *Report of the Bombay Chamber of Commerce for the Year 1861–62* (Bombay: Chesson & Woodhall, 1862), 10–12; *Report of the Bombay Chamber of Commerce for the Year 1846–47* (Bombay: American Mission Press, 1847), 7.
48 Walter R. Cassel, *Cotton: An Account of Its Culture in the Bombay Presidency* (Bombay: Bombay Education Society's Press, 1862), 289, 292; Christof Dejung, "Netzwerke im Welthandel am Beispiel der Schweizer Handelsfirma Gebrüder Volkart, 1851–1930" (unpublished paper, in author's possession), 5; John Richards to Baring Brothers London, Bombay, October 24, 1832, House Correspondence, HC 6.3, India and Indian Ocean, vol. 5, ING Baring Archive, London.
49 H. V. Bowen, "British Exports of Raw Cotton from India to China During the Late Eighteenth and Early Nineteenth Centuries," in Giorgio Riello and Tirthankar Roy, eds., *How India Clothed the World: The World of South Asian Textiles, 1500–1850* (Boston: Brill, 2009), 130; Elena Frangakis, "The Ottoman Port of Izmir in the Eighteenth and Early Nineteenth Centuries, 1695–1820," *Revue de L'Occident Musulman et de la Méditerranée* 39 (1985): 149–62; Wolfgang Müller, "Die Textilindustrie des Raumes Puebla (Mexiko) im 19. Jahrhundert" (PhD dissertation, University of Bonn, 1977), 99–102.
50 Johannes Niederer to Salomon Volkart, Batavia, December 20, 1854, typed copy in copy book, letters, vol. 1, Volkart Archive, Winterthur, Switzerland; Chapman, *Merchant Enterprise in Britain*, 181, 185; Hall, "The Emergence of the Liverpool Raw Cotton Market," 80; Milne, *Trade and Traders in Mid-Victorian Liverpool*, 100; Alexander Brown to William Brown, October 27, 1819, reprinted in Brown, *A Hundred Years of Merchant Banking*, 68.
51 Chapman, *Merchant Enterprise in Britain*, 181, 183.
52 See letters in RPXXIV.2.6., machine copies of William Rathone VI Correspondence in America, Rathbone Papers, Special Collections and Archives, University of Liverpool, Liverpool; Adam Hodgson to Rathbone, Hodgson, New York, November 2, 1819, in record group RP.XXIII.3.1–25, ibid.; Adam Hodgson to Messrs. Rathbone, Hodgson, & Co., New York, January 11, 1821, in record group XIII 3.20, ibid.; William Rathbone VI to William Rathbone V, New York, April 26, 1841, in record group RP.IX.3.53–82, ibid.; William Rathbone VI to William Rathbone V, Baltimore, May 13, 1841, in record group RP.IX.3.53–82, ibid.; machine copies of William Rathbone VI Correspondence in America, in record group RP.XXIV.2.6., ibid.; William

Rathbone VI to Messrs. Hicks, New York, November 10, 1848, in record group RP.XXIV.2.4., ibid.; William Rathbone VI to Messrs. Rathbone, Baltimore, December 2, 1848, in record group RP.XXIV.2.4., ibid.

53 Hidy, *The House of Baring*, 95, 174; House Correspondence, HC3.35,1, ING Baring Archive, London; Ziegler, *The Sixth Great Power*, 144; Malon, *Jules Le Cesne*, 17–18; William Rathbone to William Rathbone Jr., Liverpool, December 11, 1850, in record group RP.IX.4.1–22, Rathbone Papers, Special Collections and Archives, University of Liverpool, Liverpool; Adam Hodgson to Rathbone, Hodgson, & Co., September 27, 1820, in record group RP.XXIII.3.1–15, in ibid.; William Rathbone VI to Messrs. Rathbone, New York, March 3, 1849, in record group RP.XXIV.2.4, ibid.; Adam Hodgson to Messrs. Rathbone, Hodgson, & Co., New York, January 10, 1821, in record group XIII 3.18, in ibid.

54 Milne, *Trade and Traders in Mid-Victorian Liverpool*, 154–55.

55 Menge & Niemann, Hamburg, to Phelps, Dodge, Hamburg, July 14, 1841, in Phelps, Dodge Papers, Box 4, Folder July 1841, New York Public Library, Manuscripts and Archives Division, New York.

56 Smith, *My Life-Work*, 30; Gisborne to Baring Brothers, Calcutta, August 7, 1846, House Correspondence, record group HC 6, file 3, ING Baring Archive, London; Shofner, *Daniel Ladd*, 37; Nolte, *Fifty Years in Both Hemispheres*, 275. See also one of Nolte's circulars, for example dated New Orleans, March 23, 1839, in Brown Family Business Records, B 40 f5, John Carter Brown Library, Providence, Rhode Island. Thanks to Seth Rockman for bringing this document to my attention.

57 Shofner, *Daniel Ladd*, 37; on the general question of how agricultural statistics came into being see Conrad Taeuber, "Internationally Comparable Statistics on Food and Agriculture," *Milbank Memorial Fund Quarterly* 27 (July 1949): 299–313; see also Lettres des Indes etc. de 1844/45 écrites par F. C. Dollfus, à Jean Dollfus président du Comité pour l'Export des Tissus Imprimés d'Alsace, no call number, Archives du Musée de l'Impression sur Étoffes, Mulhouse, France.

58 See for example sample books, vol. 1247 (1825) and 1239 (1819), in Archives du Musée de l'Impression sur Étoffes, Mulhouse, France.

59 William Rathbone VI to Messrs. Rathbone, New York, January 8, 1849, in record group RP.XXIV.2.4., Rathbone Papers, Special Collections and Archives, University of Liverpool, Liverpool.

60 *British Packet and Argentine News*, August 4, 1826, and thereafter, in National Library of Argentina, Buenos Aires; Reinhart, "Les Reinhart," 27; *Bremer Handelsblatt*, every issue; *Hunt's Merchants' Magazine and Commercial Review* 12 (February 1845): 195; *Hunt's Merchants' Magazine and Commercial Review* 14 (April 1846): 380.

61 *Asiatic Journal and Monthly Miscellany*, Third Series, 2 (London: Wm. H. Allen & Co., 1844), 148, 156.

62 Carl Johannes Fuchs, "Die Organisation des Liverpoolers Baumwollhandels," in Gustav Schmoller, ed., *Jahrbuch fuer Gesetzgebung, Verwaltung und Volkswirtschaft im deutschen Reich* 14 (Leipzig: Duncker & Humblot, 1890), 112; Ellison, *The Cotton Trade of Great Britain*, 180–81; Minute Book of Weekly Meetings, Liverpool Cotton Brokers' Association, January 28, 1842, in record 380 COT, file 1/1, Papers of the Liverpool Cotton Association, Liverpool Records Office, Liverpool; R. Robson, "Raw Cotton Statistics," *Incorporated Statistician: The Journal of the Association of Incoroporated Statisticians* 5 (April 1955): 191; André Corvisier, *Histoire du Havre et de l'estuaire de la Seine* (Toulouse: Privat, 1983), 164; Eugene W. Ridings, "Business Associationalism, the Legitimation of Enterprise, and the Emergence of a Business Elite in Nineteenth-Century Brazil," *Business History Review* 63 (Winter 1989): 766–67; List of Members, *Report of the Bombay Chamber of Commerce for the Year 1861–62* (Bombay: Chesson & Woodhall, 1862), 10–12. For a detailed history of the political activities of Manchester merchants see Arthur Redford, *Manchester Merchants and Foreign Trade, 1794–1858*, vol. 1 (Manchester: Manchester University

Press, 1934).
63 Trust as a core prerequisite for the emergence of markets, and thus the dependence of markets on relationships not generated in the market itself, is also emphasized by Hartmut Berghoff, "Vertrauen als Ökonomische Schlüsselvariable: Zur Theorie des Vertrauens und der Geschichte seiner Privatwirtschaflichen Produktion," in Karl-Peter Ellerbrook and Clemens Wischermann, eds., *Die Wirtschaftsgeschichte vor der Herausforderung durch die New Institutional Economics* (Dortmund: Gesellschaft für Westfälische Wirtschaftsgeschichte, 2004), 58–71; M. C. Casson, "An Economic Approach to Regional Business Networks," in John F. Wilson and Andrew Popp, eds., *Industrial Clusters and Regional Business Networks in England, 1750–1970* (Aldershot, UK: Ashgate, 2003), 28; Olivier Pétré-Grenouilleau, "Les négoces Atlantique français: Anatomie d' un capitalisme relationnel," *Dix-huitième Siècle* 33 (2001): 38. See also Geoffrey Jones, "Multinational Trading Companies in History and Theory," in Geoffrey Jones, ed., *The Multinational Traders* (London: Routledge, 1998), 5. For an important case study of Boston's Perkins family see Rachel Van, "Free Trade and Family Values: Free Trade and the Development of American Capitalism in the 19th Century" (PhD dissertation, Columbia University, 2011).
64 Edward Baines, *History of the Cotton Manufacture in Great Britain* (London: H. Fisher, R. Fisher, and P. Jackson, 1835), 319; Milne, *Trade and Traders in Mid-Victorian Liverpool*, 151.
65 William Rathbone VI to William Rathbone V, New York, April 26, 1841, in record group RP.IX.3.53–82, Rathbone Papers, Special Collections and Archives, University of Liverpool, Liverpool; Adam Hodgson to Messrs. Rathbone, Hodgson & Co., New York, January 9, 1821, in record group XXIII 3/19, ibid.; Adam Hodgson to Messrs. Rathbone, Hodgson, & Co., New York, January 2, 1821, in record group XIII 3.17, ibid.; J. Anderegg, "Volkart Brothers, 1851–1976" (unpublished manuscript, Volkart Brothers Archives, Winterthur, Switzerland), vol. 1, 42; Salomon Volkart to "Freund Heitz," Winterthur, February 3, 1851, Copy book, letters, vol. 1, in ibid.; John Richards to Baring Brothers London, Bombay October 24, 1832, House Correspondence, HC 6.3, India and Indian Ocean, vol. 5, in ING Baring Archive, London.
66 William Rathbone IV to Joseph Reynolds Rathbone, June 25, 1805, in record group RP. IV.1.112–151, Rathbone Papers, University of Liverpool, Special Collections and Archives, Liverpool; William Rathbone IV to Joseph Reynolds Rathbone, Greenbank, December 3, 1807, in record group RP. IV.1.112–151, in ibid.; Brown, *A Hundred Years of Merchant Banking*, 262, 265; Milne, *Trade and Traders in Mid-Victorian Liverpool*, 152; Reinhart, "Les Reinhart," 27, 30.
67 Leoni M. Calvocoressi, "The House of Ralli Brothers," handwritten manuscript, dated Chios 1852, in record group MS 23836, Guildhall Library, London.
68 See *Ralli Brothers Limited* (n.p.: n.p., 1951), in Ralli Papers, Historical Materials of the Firm, record group MS 23836, Guildhall Library, London. On the Rallis see also Chapman, *Merchant Enterprise in Britain*, 155.
69 Ressat Kasaba, *The Ottoman Empire and the World Economy: The Nineteenth Century* (Albany: State University of New York Press, 1988), 21; Alexander Kitroeff, *The Greeks in Egypt, 1919–1937* (London: Ithaca Press, 1989), 1, 76, 82, 88; Christos Hadziiossif, "La colonie grecque en Égypte, 1833–1856" (PhD dissertation, Sorbonne, 1980), 118, 119.
70 John Foster, "The Jewish Entrepreneur and the Family," in Konrad Kwiet, ed., *From the Emancipation to the Holocaust: Essays on Jewish Literature and History in Central Europe* (Kensington: University of New South Wales, 1987), 25; Bill Williams, *The Making of Manchester Jewry, 1740–1875* (Manchester: Manchester University Press, 1976), 17–19, 22, 34; Thomas Fowell Buxton recounts a story told to him by Nathan Rothschild in a letter to Miss Buxton, February 14, 1834, reprinted in Charles Buxton, ed., *Memoirs of Sir Thomas Fowell Buxton* (London: John

Murray, 1952), 289; S. D. Chapman, "The Foundation of the English Rothschilds: N. M. Rothschild as a Textile Merchant," *Textile History* 8 (1977): 101–2, 113; Niall Ferguson, *The House of Rothschild: Money's Prophets, 1798–1848* (New York: Viking, 1999), 53; Alexander Dietz, *Frankfurter Handelsgeschichte* (Glasshütten: Verlag Detlev Auvermann, 1970), 330–34.

71 Anderegg, "Volkart Brothers, 1851–1976," vol. 1, 23; Walter H. Rambousek, Armin Vogt, and Hans R. Volkart, *Volkart: The History of a World Trading Company* (Frankfurt: Insel Verlag, 1991), 41, 69, 72; on this point, see the excellent work by Christof Dejung, for example, Dejung, "Hierarchie und Netzwerk: Steuerungsformen im Welthandel am Beispiel der Schweizer Handelsfirma Gebrueder Volkart, " in Hartmut Berghoof and Jörg Sydow, eds., *Unternehmerische Netzwerke: Eine Historische Organisationsform mit Zukunft?* (Stuttgart: Kohlhammer, 2007), 71–96.

72 E. Rathbone to William Rathbone Jr., Greenbank, 1850 (no date given), in record group RP.IX.4.1–22, Rathbone Papers, Special Collections and Archives, University of Liverpool, Liverpool; Reinhart, "Les Reinhart," 43; Weulersse, *Le port du Havre*, 88.

73 Smith, *My Life-Work*, 16.

74 See also Charles Tilly, *Coercion, Capital, and European States, AD 990–1990* (Cambridge, MA: Basil Blackwell, 1990).

75 Milne, *Trade and Traders in Mid-Victorian Liverpool*, 66, 82; Chapman, *Merchant Enterprise in Britain*, 103; *Bremer Handelsblatt*, 1851, 6, 7; Minutes of the Meeting of the American Chamber of Commerce, Liverpool, October 29, 1824, in record 380 AME, vol. 1, American Chamber of Commerce Records, Liverpool Records Office, Liverpool; Dantwala, *A Hundred Years of Indian Cotton*, 31, 39; Woodman, *King Cotton and His Retainers*, 188; Legoy, *Le peuple du Havre et son histoire*, 226; Daniel Lord Jr., "Popular Principles Relating to the Law of Agency," *Hunt's Merchants' Magazine* 1, no. 4 (October 1839): 338.

76 Lord, "Popular Principles Relating to the Law of Agency," 338.

77 Dantwala, *A Hundred Years of Indian Cotton*, 43–46; *Report of the Bombay Chamber of Commerce for the Year 1850–51* (Bombay: American Mission Press, 1851), 9. 将市场定义为机构有着悠久的历史; Gustav Schmoller and Werner Sombart said as much in the nineteenth century, as summarized in Geoffrey M. Hodgson, *How Economics Forgot History: The Problem of Historical Specificity in Social Science* (New York: Routledge, 2001), as did John A. Hobson, *The Social Problem: Life and Work* (New York: J. Pott and Company, 1902), 144; see also Douglass North, "Markets and Other Allocations Systems in History: The Challenge of Karl Polanyi," *Journal of European Economic History* 6, no. 3 (1977): 710. Michel Callon has also argued that the state does not intervene in the market, but constitutes it; see "Introduction: The Embeddedness of Economic Markets in Economics," in Michel Callon, ed., *The Laws of the Markets* (Malden, MA: Blackwell Publishers/Sociological Review, 1998), 40.

78 Arthur Redford, *Manchester Merchants and Foreign Trade, 1850–1939*, vol. 2 (Manchester: Manchester University Press, 1956), 3–11; Minutes of the Meeting of October 22, 1821, Proceedings of the Manchester Chamber of Commerce, record group M8, box 2/1, Manchester Archives and Local Studies, Manchester; Minutes of the Meeting of February, 27, 1822, ibid.; Minutes of the Meeting of April 24, 1822, ibid.; *Fifth Annual Report of the Board of Directors of the Chamber of Commerce and Manufactures, Manchester, for the Year 1825* (Manchester: Robinson and Bent, 1825), 8; *Tenth Annual Report of the Board of Directors of the Chamber of Commerce and Manufactures, Manchester, for the Year 1830* (Manchester: Robinson and Bent, 1831), 4; *Fifteenth Annual Report of the Board of Directors of the Chamber of Commerce and Manufactures, Manchester, for the Year 1835* (Manchester: Henry Smith, 1836), 1; *The Thirty-Sixth Annual Report of the Board of Directors of the Chamber of Commerce and Manufactures at Manchester, for the Year 1856* (Manchester: James Collins, 1857), 10, 15; Legoy, *Le peuple du Havre et son histoire*, 226; John Benjamin

Smith, "Reminiscences," typescript, dated August 1913, in John Benjamin Smith Papers, record group MS Q, box 923.2.S 33, Manchester Archives and Local Studies, Manchester.

79 Minutes of the Meeting of the Society of Merchants, August 19, 1794, in Papers of the Society of Merchants, record group M8, box 1/1, Manchester Archives and Local Studies, Manchester; Copy of the Minutes of the Deputation from the Manchester of Commerce, 1841, in John Benjamin Smith Papers, record group MS f, box 932.2.S338, Manchester Archives and Local Studies; Minutes of the Meeting of March 15, 1824, Proceedings of the Manchester Chamber of Commerce, record group M8, box 2/1, Manchester Archives and Local Studies; *Fifth Annual Report of the Board of Directors⋯for the Year 1825*, 5, 22. See also *Seventh Annual Report of the Board of Directors of the Chamber of Commerce and Manufactures, Manchester, for the Year 1827* (Manchester: Robinson and Bent, 1827), 3; *Eighth Annual Report of the Board of Directors of the Chamber of Commerce and Manufactures, Manchester, for the Year 1828* (Manchester: Robinson and Bent, 1829), 2; Proceedings of the Manchester Chamber of Commerce, 1821–1827, Record group M8, Box 2/1, Manchester Archives and Local Studies.

80 Minutes of the Meeting of the Society of Merchants, February 27, 1794, in Papers of the Society of Merchants, record group M8, box 1/1, Manchester Archives and Local Studies, Manchester; Minutes of the Meeting of the Society of Merchants, March 5, 1795, in ibid.; *Eighth Annual Report of the Board of Directors⋯for the Year 1828*, 4; Address, London March 5, 1803, in Scrapbook of William Rathbone IV, in record group RP.4.17, Rathbone Papers, Special Collections and Archives, University of Liverpool, Liverpool.

81 *Report of the Proceeding of the Board of Directors of the Manchester Chamber of Commerce from the Time of Its Institution in the Year 1820 to the End of 1821* (Manchester: C. Wheeler and Son, 1821), 6, 9; *Ninth Annual Report of the Board of Directors of the Chamber of Commerce and Manufactures, Manchester, for the Year 1829* (Manchester: Robinson and Bent, 1830), 5; *The Thirty-Ninth Annual Report of the Board of Directors of the Chamber of Commerce and Manufactures at Manchester, for the Year 1859* (Manchester: Cave and Sever, 1860), 19, 35; 关于经济思想会影响经济这一点比较相近的叙述, see Michel Callon, "Introduction: The Embeddedness of Economic Markets in Economics," in Callon, ed., *The Laws of the Markets*, 2.

82 Martin Murray to Baring Brothers London, Bombay, September 15, 1846, House Correspondence, HC 6.3, 9, in ING Baring Archive, London; Martin Murray to Baring Brothers London, Bombay, March 2, 1847, HC 6.3, 9, in ibid.; Hadziiossif, "La colonie grecque en Egypte," 113; Ahmed Abdel-Rahim Mustafa, "The Breakdown of the Monopoly System in Egypt After 1840," in Peter Malcom Holt, *Political and Social Change in Modern Egypt: Historical Studies from the Ottoman Conquest to the United Arab Republic* (London: Oxford University Press, 1968), 291, 293, 296; Kenneth Cuno, *The Pasha's Peasants: Land, Society, and Economy in Lower Egypt, 1740–1858* (Cambridge: Cambridge University Press, 1992), 125; Owen, *Cotton and the Egyptian Economy*, 37, 57, 65–66, 67, 77; Vicziany, "Bombay Merchants and Structural Changes in the Export Community," 168, 170.

83 This has been very well argued for the Italian case. See Enrico Dal Lago, *Agrarian Elites: American Slaveholders and Southern Italian Landowners, 1815–1861* (Baton Rouge: Louisiana State University Press, 2005).

84 Beckert, *The Monied Metropolis*, 26.

85 John R. Killick, "Atlantic and Far Eastern Models in the Cotton Trade, 1818–1980," University of Leeds School of Business and Economic Studies, Discussion Paper Series, June 1994, 1, 16; Killick, "The Cotton Operations of Alexander Brown," 189, 191.

86 Eugene W. Ridings Jr., "The Merchant Elite and the Development of Brazil: The Case of Bahia During the Empire," *Journal of Interamerican Studies and World Affairs*

15 (August 1973): 336, 348; Stanley J. Stein, *The Brazilian Cotton Manufacture: Textile Enterprise in an Underdeveloped Area, 1850–1950* (Cambridge, MA: Harvard University Press, 1957), 6. The uniqueness of the United States in this regard is often overlooked, but emphasized to good effect by Robin Einhorn, "Slavery," in *Enterprise and Society* 9 (September 2008): 498.

第 9 章　一场震荡世界的战争

1　本章取材自 Sven Beckert, "Emancipation and Empire: Reconstructing the Worldwide Web of Cotton Production in the Age of the American Civil War," *American Historical Review* 109 (Dec. 2004), 1405–38. J. B. Smith (Stockport) in *Hansard's Parliamentary Debates*, Third Series, vol. 167, June 19, 1862 (London: Cornelius Buck, 1862), 754; Élisée Reclus, "Le coton et la crise américaine," *La Revue des Deux Mondes* 37 (January 1865): 176. The global population estimate is for the year 1850 and from Part 1, Population Division, Department of Economic and Social Affairs, United Nations Secretariat, *The World at Six Billion* (New York, 1999), 5, accessed February 14, 2013, http://www.un.org/esa/population/publications/sixbillion/sixbilpart1.pdf; Dwijendra Tripathi, "A Shot from Afar: India and the Failure of Confederate Diplomacy," *Indian Journal of American Studies* 10, no. 2 (1980): 75; D. A. Farnie, *The English Cotton Industry and the World Market, 1815–1896* (Oxford: Clarendon Press, 1979), 180; *Merchants' Magazine and Commercial Review* 45, no. 5 (November 1861): 481; *Merchants' Magazine and Commercial Review* 44, no. 6 (June 1861): 676; Leone Levi, "On the Cotton Trade and Manufacture, as Affected by the Civil War in America," *Journal of the Statistical Society of London* 26, no. 8 (March 1863): 32; Elijah Helm, "The Cotton Trade of the United Kingdom, During the Seven Years, 1862–1868, as Compared with the Seven Years, 1855–1861; With Remarks on the Return of Factories Existing in 1868," *Journal of the Statistical Society of London* 32, no. 4 (December 1869): 429.

2　*Merchants' Magazine and Commercial Review* 45, no. 5 (November 1861), 480; Douglass C. North, *The Economic Growth of the United States* (Englewood Cliffs, NJ: Prentice Hall, 1961), 40. The value of all exports of "U.S. merchandise" in 1860 was $316 million, while raw cotton exports amounted to $192 million. See U.S. Department of Commerce, Bureau of the Census, *Historical Statistics of the United States* (Washington, DC: Government Printing Office, 1975), 885, 899; *The Economist*, January 19, 1861, 58; M. K. Rozhkova, *Ekonomicheskiie sviazi Rossii so Srednei Aziei: 40–60-e gody XIX veka* (Moscow: Izd. Akademii Nauk SSSR, 1963), 61; "Vliyanie Amerikanskoi Voiny na Khlopchatobumazhnoe delo v Rossii" (The Effect of the American War on the Cotton Business in Russia), *Moskva* 25 (1867), January 25, 1867; Kaiserliches Statistisches Amt, *Statistisches Jahrbuch für das Deutsche Reich, Erster Jahrgang, 1880* (Berlin: Puttkammer & Mühlbrecht, 1880), 87; U.S. Bureau of Statistics, Treasury Department, *Cotton in Commerce, Statistics of United States, United Kingdom, France, Germany, Egypt and British India* (Washington, DC: Government Printing Office, 1895), 29; the French numbers are for 1859, see Claude Fohlen, *L'industrie textile au temps du Second Empire* (Paris: Librairie Plon, 1956), 284, 514; M. Gately, *The Development of the Russian Cotton Textile Industry in the Pre-revolutionary Years, 1861–1913* (Ann Arbor, MI: Xerox University Microfilms, 1968), 45; on the importance of the United States to world cotton markets see Gavin Wright, "Cotton Competition and the Post-Bellum Recovery of the American South," *Journal of Economic History* 34, no. 3 (1974): 610–35; Gavin Wright, *Old South, New South: Revolutions in the Southern Economy Since the Civil War* (New York: Basic Books, 1986).

3　*The Economist*, February 2, 1861, 117.

4   John Greenleaf Whittier, "The Haschish," *John Greenleaf Whittier: Selected Poems*, Brenda Wineapple, ed. (New York: Library of America, 2004), 43–44. Thanks to George Blaustein for bringing this poem to my attention.

5   Herman Merivale, *Lectures on Colonization and Colonies, Delivered Before the University of Oxford in 1839, 1840 & 1841* (London: Humphrey Milford, 1928), 301–2, 304–5; for a fascinating discussion of Merivale see Daniel Rood, "Herman Merivale's Black Legend: Rethinking the Intellectual History of Free Trade Imperialism," *New West Indian Guide* 80, no. 3–4 (2006): 163–89; see also Edward Atkinson, *Cheap Cotton by Free Labor* (Boston: A. Williams & Co., 1861), 4.

6   This point is also made by Sugata Bose, "Introduction: Beyond the General and the Particular," in Sugata Bose, ed., *South Asia and World Capitalism* (New Delhi: Oxford University Press, 1990), 1–13; Karl Marx and Friedrich Engels, *Aufstand in Indien* (Berlin: Dietz Verlag, 1978), 270, originally published in 1853; Reclus, "Le coton," 176, 187; Frank Lawrence Owsley and Harriet Chappell Owsley, *King Cotton Diplomacy: Foreign Relations of the Confederate States of America* (Chicago: University of Chicago Press, 1959), 19; *De Bow's Review* 30, no. 1 (January 1861): 75–76; James Henry Hammond, "Speech on the Admission of Kansas, under the Lecompton Constitution, Delivered in the Senate of the United States, March 4, 1858," in James Henry Hammond, *Selections from the Letters and Speeches of the Hon. James H. Hammond of South Carolina* (New York: n.p., 1866), 317.

7   Leone Levi, "On the Cotton Trade and Manufacture, as Affected by the Civil War in America," *Journal of the Statistical Society of London* 26, no. 8 (March 1863): 37ff.; J. E. Horn, *La crise cotonnière et les textiles indigènes* (Paris: Dentu, 1863), 10.

8   For "treacherous foundations" see *Fifth Annual Report of the Cotton Supply Association* (Manchester: John J. Sale, 1862), 5; for "not to be safely trusted," see *Cotton Supply Reporter* (May 15, 1861): 497; see also *Cotton Supply Reporter* (January 2, 1860): 7; John Gunn Collins, *Scinde & The Punjab: The Gems of India in Respect to Their Vast and Unparalleled Capabilities of Supplanting the Slave States of America in the Cotton Markets of the World, or, An Appeal to the English Nation on Behalf of Its Great Cotton Interest, Threatened with Inadequate Supplies of the Raw Material* (Manchester: A. Ireland, 1858), 5; Louis Reybaud, *Le coton: Son régime, ses problèmes, son influence en Europe* (Paris: Michel Levy Frères, 1863), 383; for similar concerns see "Cotton Cultivation in India," *Calcutta Review* 37, no. 73 (September 1861): 87; Jay Sexton, *Debtor Diplomacy: Finance and American Foreign Relations in the Civil War Era, 1837–1873* (New York: Oxford University Press, 2005), 75; *Westminster and Foreign Quarterly Review: October, 1849–January, 1850* 52 (London: George Luxford, 1852), 214.

9   For this argument see chapters 3 and 4 in Sven Beckert, *The Monied Metropolis: New York City and the Consolidation of the American Bourgeoisie, 1850–1896* (Cambridge: Cambridge University Press, 2001).

10 Quoted in *Times of India*, Overland Summary, March 12, 1863.

11 *Merchants' Magazine and Commercial Review* 44, no. 6 (June 1861): 675; for Lieber see *Merchants' Magazine and Commercial Review* 45, no. 5 (November 1861): 514; Allen Isaacman and Richard Roberts, "Cotton, Colonialism, and Social History in Sub-Saharan Africa: Introduction," in Allen Isaacman and Richard Roberts, eds., *Cotton, Colonialism, and Social History in Sub-Saharan Africa* (Portsmouth, NH: Heinemann, 1995), 7.

12 Neil Ashcroft, "British Trade with the Confederacy and the Effectiveness of Union Maritime Strategy During the Civil War," *International Journal of Maritime History* 10, no. 2 (December 1998), 155–76; Sam Negus, "'The Once Proud Boast of the Englishman': British Neutrality and the Civil War Blockade" (unpublished paper, Massachusetts School of Law, 2007, in author's possession); on the "cotton famine" see also, among others, William Otto Henderson, *The Lancashire Cotton Famine, 1861–65* (Manchester: Manchester University Press, 1934); *Jahresbericht*

der Handelsund Gewerbekammer Chemnitz (1865), 6, as quoted in Michael Löffler, *Preussens und Sachsens Beziehungen zu den USA während des Sezessionskrieges 1860–1865* (Münster: LIT, 1999), 302; Matthew B. Hammond, *The Cotton Industry: An Essay in American Economic History* (New York: Macmillan, 1897), Appendix. Even the Bradford worsted industry discontinued the use of now much more expensive cotton warp. See Mary H. Blewett, "The Dynamics of Labor Migration and Raw Material Acquisition in the Transatlantic Worsted Trade, 1830–1930," in Donna R. Gabaccia and Dirk Hoerder, eds., *Connecting Seas and Connected Ocean Rims: Indian, Atlantic, and Pacific Oceans and China Seas Migrations from the 1830s to the 1930s* (Boston: Brill, 2011), 138–70.

13 *Liverpool Mercury*, January 14, 1861, 2; *Liverpool Mercury*, July 1862; Löffler, *Preussens*, 194–255.

14 尽管许多文献都强调1861年市场上棉花过剩，但 David g. Surdham 已经表明，欧洲的原棉库存并不特别大。1861年12月31日持有的存量相当于13.4周的工厂消耗量。See David G. Surdham, "King Cotton: Monarch or Pretender? The State of the Market for Raw Cotton on the Eve of the American Civil War," *Economic History Review* 51 (1998): 113–32, esp. 119; on the glutted markets as a sign of crisis see for example *Liverpool Mercury*, October 6, 1863, 6; Farnie, *English Cotton*, 141–43; *Moskva*, February 1, 1867, the "organ of Moscow capitalists," in V. Ya. Laverychev, *Krupnaya Burzhuaziia V Poreformennoi Rossii: 1861–1900* (Moscow: Izd. Mysl', 1974).

15 Charles Francis Adams Jr. to Henry Adams, Quincy, Massachusetts, August 25, 1861, in Worthington Chauncey Ford, ed., *A Cycle of Adams Letters, 1861–1865*, vol. 1 (Boston: Houghton Mifflin, 1920), 33; Nigel Hall, "The Liverpool Cotton Market and the American Civil War," *Northern History* 34, no. 1 (1998): 154; *Merchants' Magazine and Commercial Review* 49, no. 6 (December 1863): 411; for the statistics see Thomas Ellison, *The Cotton Trade of Great Britain, Including a History of the Liverpool Cotton Market and of the Liverpool Cotton Brokers' Association* (London: Effingham Wilson, 1886), Appendix, Table 1; for the numbers see *Liverpool Mercury*, November 11, 1861, 3; *Liverpool Mercury*, February 22, 1864, 6; on the relief efforts in Lancashire see John Watts, *The Facts of the Cotton Famine* (London: Simpkin, Marshall & Co., 1866); *Liverpool Mercury*, February 22, 1864, 6; Manchester Chamber of Commerce, *The Forty-First Annual Report of the Board of Directors for the Year 1861* (Manchester: Cave & Server, 1862), 20; John O'Neil, diary entry, April 10, 1864, as cited in Rosalind Hall, "A Poor Cotton Weyver: Poverty and the Cotton Famine in Clitheroe," *Social History* 28, no. 2 (May 2003): 243; "Memorial of the Unemployed Operatives of Stalybridge," received February 23, 1863, in Various documents relating to the distress in the cotton manufacturing districts during the American Civil War, HO 45: 7523, Home Office, National Archives of the UK, Kew; "Facilities Required for Public Workers for the Employment of able-bodied Cotton Workmen at Ordinary Wages," Minutes of the Central Executive Committee, May 25, 1863, in ibid.

16 See *Liverpool Mercury, March 25, 1863*, 7; undated report, in various documents relating to the distress in the cotton manufacturing districts during the American Civil War, HO 45: 7523, Home Office, National Archives of the UK, Kew; William Rathbone to William Rathbone Jr., Green Bank, March 5, 1862, in letters of William Rathbone, RP.IX.4.1–22, Rathbone Papers, University of Liverpool, Special Collections and Archives, Liverpool; *Times of India*, Overland Summary, June 12, 1862, 2; see also *Times of India*, Overland Summary, September 27, 1862, 3, October 17, 1862, 3, October 27, 1862, 2. Indeed, by far the largest international contributions to the relief of the suffering of Lancashire workers came from Calcutta and Bombay respectively. See Watts, *Facts*, 164; Charles Wood to James Bruce, Earl of Elgin, May 2, 1863, in MSS EUR F 78, LB 13, Wood Papers, Oriental and India Office Collections, British Library, London; M. J. Mathieu, *De la culture du coton dans la*

Guyane française (Epinal: Alexis Cabasse, 1861), 47.
17 Arthur L. Dunham, "The Development of the Cotton Industry in France and the Anglo-French Treaty of Commerce of 1860," *Economic History Review* 1, no. 2 (January 1928): 292–94; Lynn M. Case, ed., *French Opinion on the United States and Mexico, 1860–1867: Extracts from the Reports of the Procureurs Généraux* (New York: D. Appleton-Century Company, 1936), 123–25; Thomas A. Sancton, "The Myth of French Worker Support for the North in the American Civil War," *French Historical Studies* 11, no. 1 (1979): 59, 66; Claude Fohlen, "La guerre de sécession et le commerce franco-américain," *Revue d'Histoire Moderne et Contemporaine* 8, no. 4 (October–December 1961), 259–70; Alphonse Cordier, *La crise cotonnière dans la Seine-Inférieur, ses causes et ses effets* (Rouen, 1864), 8; Claude Fohlen, *L'industrie textile au temps du Second Empire* (Paris: Librairie Plon, 1956), 257–62; Stephen McQueen Huntley, *Les rapports de la France et la Confédération pendant la guerre de sécession* (Toulouse: Imprimerie Regionale, 1932), 222; Mathieu, *De la culture*, 1; Harold Hyman, ed., *Heard Round the World: The Impact Abroad of the Civil War* (New York: Alfred A. Knopf, 1969), 132; on the social impact of the crisis in France see A. S. Ménier, *Au profit des ouvriers cotoniers: Pétition au Sénat sur la détresse cotonnière* (Paris: F. Dentu, 1863).
18 Löffler, *Preussens*, 126, 147; Emerson David Fite, *Social and Industrial Conditions in the North During the Civil War* (New York: Macmillan, 1910), 84, 86; Gately, *Development*, 47. 进口到欧洲的棉花，其中大部分是从美国进口的，已经从将近250万磅下降到不到50万磅。Mariya Konstantinovna Rozhkova, *Ekonomicheskiie sviazzi Rossii so Srednei Aziei, 40–60-e gody XIX veka* (Moscow: Izd-vo Akademii nauk SSSR, 1963), 61–62; 据我所知，没有统计数字可以让我们确定美国棉花在这些出口中的确切百分比。然而，当时观察家们都同意，其中大部分来自美国——一个合理的估计是在80%到90%之间。Charles J. Sundell to William H. Seward, Stettin, May 15, 1863, Despatches from United States Consuls in Stettin, as quoted in Löffler, *Preussens*, 110.
19 John Rankin, *A History of Our Firm: Being Some Account of the Firm of Pollock, Gilmour and Co. and Its Offshoots and Connections, 1804–1920* (Liverpool: Henry Young & Sons, Limited, 1921), 157; Baring Brothers Liverpool to Baring Brothers London, August 24, 1863, in HC 3:35, Part 23, House Correspondence, Baring Brothers, ING Baring Archive, London. Baring Brothers & Co. was also the banker of the United States in London; see letter of Frederick William Seward to Thomas Haines Dudley, Washington, March 26, 1864, in Seward Papers, Library of Congress, Manuscript Division, Washington, DC; *Merchants' Magazine and Commercial Review* 49, no. 5 (November 1863): 350; Liverpool Chamber of Commerce, *Report of the Council, 1863* (Liverpool: Benson and Holmes, 1863), 18; John D. Pelzer, "Liverpool and the American Civil War," *History Today* 40, no. 3 (1990): 49; Hall, "Liverpool Cotton," 161; Samuel Smith, *My Life-Work* (London: Hodder and Stoughton, 1902), 34; *Liverpool Mercury*, January 6, 1862, 6; *Lowell Daily Citizen and News*, January 9, 1862.
20 Quote from *Times of India*, October 6, 1863, 1; see also *Times of India*, Overland Summary, September 8, 1864, 2–3; *Times of India* Overland Summary reported negatively on the practice on September 29, 1863, 5–6; Pelzer, "Liverpool," 52.
21 Chamber de Commerce de Rouen, *Délibération de la chambre sur la formation de la Compagnie française des cotons Algériens* (Rouen: Ch.-F. Lapierre et Cie, 1862), 5, in F/80/737, Fonds Ministériels, Archives d'outre-mer, Aix-en-Provence, France; *Pétition à Sa Majesté l'Empereur Napoléon III, au sujet de la culture du coton en Algérie*, Senones, February 13, 1862, in ibid.; *Bulletin de la Société industrielle de Mulhouse* 32 (1862), 347, as quoted in Fohlen, *L'industrie textile*, 347–48; the Mulhouse Chamber of Commerce even created a commission to look into the possibility of growing cotton in Algeria; see *Bulletin de la Société Industrielle de Mulhouse*, vol. 32 (1862), 346; Antoine Herzog, *L'Algérie et la crise cotonnière*

(Colmar: Ch. M. Hoffmann, 1864); letter to the editor in *L'Industriel Alsacien*, December 25, 1862; Antoine Herzog to La Majesté, l'Empereur des Française, January 6, 1863, in F/80/737, Fonds Ministériels, Archives d'outre-mer, Aix-en-Provence, France; p 来自许多其他棉花种植地区的陈情也纷纷上交到皇帝处 ; Pétition à Sa Majesté l'Empereur Napoléon III, au sujet de la culture du coton en Algérie, Senones, February 13, 1862, in F/80/737, Fonds Ministériels, Archives d'outre mer, Aix-en-Provence, France, contained in 15 *cahiers*, signed by manufacturers from all regions of France. For evidence on this pressure, see also at the same location letter of F. Engel-Dollfus, président de la commission d'encouragement à la culture du coton en Algérie, to Monsieur le Marechal Comte Randon Senateur, Ministre Secrétaire d'État au Departement de la Guerre, Mulhouse, April 8, 1862.

22 *Liverpool Mercury*, August 12, 1862, 7. 人们普遍都非常关注这个问题；例如，1862 年 Gladstone 收到 E. Tennyson 夫人的一封信，信中她叙述了一个精心设计的计划，在这个计划中，一个专门设立的基金将向制造商偿还不断上涨的原棉成本，以便他们能够继续雇用工人 ; see "Memorandum by Mrs. E. Tennyson to Gladstone related to the cotton famine," in Add. 44399 f. 188, vol. 314, Gladstone Papers, British Library, London; *Liverpool Mercury*, January 22, 1861, 2; William Thayer to William H. Seward, London, July 11, 1862, private letter, U.S. Consulate, Alexandria, Despatches from U.S. Consuls in Alexandria, National Archives, Washington, DC; Löffler, *Preussens*, 111; see *Hansard's Parliamentary Debates*, Third Series, vol. 171 (London: Cornelius Buck, 1863), 1771–840; Hansard's Parliamentary Debates, Third Series, vol. 165 (London: Cornelius Buck, 1862), 1155–230.

23 Karl Polanyi, *The Great Transformation: The Political and Economic Origins of Our Time* (Boston: Beacon Press, 1957), 78; Henry John Temple, Lord Palmerston to John Russell, Broadlands, October 6, 1861, Box 21, 30/22, Lord John Russell Papers, National Archives of the UK, Kew; see the notes and reports, including report by unknown author, "Le coton à la côte occidentale d'Afrique," n.d.; Note on Siam, n.d.; draft article, n.a., n.d., on "La culture du coton à la Guyana" ; all in GEN 56/Folder 547, in Fonds Ministériels, Archives d'outre-mer, Aix-en-Provence, France.

24 Manchester, *Forty-First Annual Report*, 21; for evidence of this pressure see also Manchester Chamber of Commerce, *The Forty-Third Annual Report of the Board of Directors for the Year 1863* (Manchester: Cave & Server, 1866), 6; Proceedings of the Manchester Chamber of Commerce, 1858–1867, M8/2/6, Archives of the Manchester Chamber of Commerce, Manchester Archives and Local Studies, Manchester; Bombay Chamber of Commerce, *Report of the Bombay Chamber of Commerce for the Year 1859–60* (Bombay: Chesson & Woodhall, 1860), xxxiii; for earlier efforts to increase cotton production in India see Anti-Cant, *India v. America: A Letter to the Chairman of the Hon. East India Company, On Cotton* (London: Aylott & Jones, 1850); John Briggs, *The Cotton Trade of India with a Map of India, Coloured to Indicate the Different Spots Whereon all the Varieties of Cotton which are Brought into the British Market have been Successfully Cultivated* (London: John W. Parker, 1840); Chapman, *The Cotton and Commerce of India; The Cotton Trade of India* (London, 1839); Thomas Williamson, *Two Letters on the Advantages of Railway Communication in Western India, Addressed to the Right Hon. Lord Wharncliffe, Chairman of the Great Indian Peninsula Railway Company* (London: Richard & John E. Taylor, 1846); John Briggs, *The Cotton Trade of India: Part I. Its Past and Present Condition; Part II. Its Future Prospects: with a Map of India*(London: John W. Parkter, 1840); Walter R. Cassels, *Cotton: An Account of Its Culture in the Bombay Presidency* (Bombay: Bombay Education Society's Press, 1862), 16–237; *The Economist*, February 2, 1861, 117.

25 Potter is quoted in Manchester, *Forty-First Annual Report*, 21; for evidence of this pressure see also Manchester, *Forty-Third Annual Report*, 6; Proceedings of the Manchester Chamber of Commerce, 1858–1867, M8/2/6, Archives of the Manchester Chamber of Commerce, Manchester Archives and Local Studies, Manchester; Reclus,

"Le coton," 202; the British East Indies took a full 30.83 percent of all piece goods exported from the United Kingdom in 1860; see Ellison, *Cotton Trade*, 64; James A. Mann, *The Cotton Trade of Great Britain: Its Rise, Progress and Present Extent* (London: Frank Cass & Co., 1968), 112; for the quote from Nagpore see anonymous letter to the editor of the *Englishman*, Nagpore, July 31, 1861, reprinted in *Times of India*, August 21, 1861, 3; Charles Wood to Sir Frere, October 30, 1862, Letterbook, July 3 to December 31, 1862, MSS EUR LB 11, F 78, Wood Papers, Oriental and India Office Collections, British Library, London.

26 *Cotton Supply Reporter* (June 15, 1861): 532; Arthur W. Silver, *Manchester Men and Indian Cotton, 1847–1872* (Manchester: Manchester University Press, 1966), 187.

27 For an account of the meeting see *Liverpool Mercury*, September 20, 1861, 7; see also *Liverpool Mercury*, September 23, 1861, 2; Charles Wood to Sir George Clerk, March 18, 1861, in MSS EUR F 78, LB 7, Wood Papers, Oriental and India Office Collections, British Library, London; Major F. K. Elliot, "Report Regarding the Cultivation of Cotton in Nagpore," reprinted in *Times of India*, July 30, 1861, 3–4; "Cotton Cultivation in India," *Calcutta Review* 37, no. 73 (September 1861): 89.

28 论印度法律基础设施建设的总体思路, see the important work by Ritu Birla, *Stages of Capital: Law, Culture, and Market Governance in Late Colonial India* (Durham, NC: Duke University Press, 2009); on the contested history of law in colonial situations see the fabulous book by Lauren Benton, *Law and Colonial Cultures: Legal Regimes in World History, 1400–1900* (New York: Cambridge University Press, 2002); as to crop liens see Charles Wood to William Maine, October 9, 1862, Letterbook, July 3 to December 31, 1862, MSS EUR LB 11, F 78, Wood Papers, Oriental and India Office Collections, British Library, London; Charles Wood to William Maine, October 9, 1862, in ibid.; Proceedings of the Manchester Chamber of Commerce, September 23, 1861, Archives of the Manchester Chamber of Commerce, Record Group M8, folder 2/6, in Manchester Archives and Local Studies, Manchester; for the quote "making penal" see Charles Wood to W. J. P. Grant, May 9, 1861, in MSS EUR F 78, LB 7, Wood Papers, Oriental and India Office Collections, British Library; for the efforts by manufacturers see Charles Wood to William Reeves, March 18, 1861, Letterbook, 18 March to 25 May, in ibid.; Charles Wood to James Bruce, Earl of Elgin, October 25, 1862, Letterbook, 3 July to 31 December 1862, in MSS EUR LB 11, F 78, Wood Papers, Oriental and India Office Collections, British Library; Letter from Messrs. Mosley and Hurst, Agents to the Cotton Supply Association, to W. Greq, Esq, Secretary to the Government of India, June 20, 1861, reprinted in *Times of India*, July 18, 1861, 3; Charles Wood to W. J. Grant, May 9, 1861, in MSS EUR LB 7, F 78, Oriental and India Office Collections, British Library, London. On the debates on the passage of a law that made the adulteration of cotton a crime, see the *Times of India* reporting in 1863, for example on Overland Summary, February 12, 1863, 6–7; also *Times of India*, Overland Summary, March 27 1863, 1; for pressures to change Indian contract law see Manchester Chamber of Commerce, *The Forty-Second Annual Report of the Board of Directors for the Year 1862* (Manchester: Cave & Server, 1863), 13, 37; see Charles Wood to William Maine, October 9, 1862, Letterbook, July 3 to December 31, 1862, in MSS EUR LB 11, F 78, Wood Papers, Oriental and India Office Collections, British Library; reprint of a resolution of the Home Department, February 28, 1861, Supplement to the *Calcutta Gazette*, March 2, 1861, in Papers relating to Cotton Cultivation in India, 106, Wood Papers, MSS EUR F 78, Oriental and India Office Collections, British Library; some of the mechanisms are related well in John Henry Rivett-Carnac, *Many Memories of Life in India, At Home, and Abroad* (London: W. Blackwood and Sons, 1910), 165–93; for the debate during the war between manufacturers and government officials see also Charles Wood to James Bruce, Earl of Elgin, October 25, 1862, in MSS EUR LB 11, F 78, Wood Papers, Oriental and India Office Collections, British Library; Charles Wood to William Maine, October 9, 1862, Letterbook, July 3 to December 31, 1862,

in ibid.; *Hansard's Parliamentary Debates*, Third Series, vol. 167, June 19, 1862 (London: Cornelius Buck, 1862), 767; Manchester, *Forty-Third Annual Report*, 26; Manchester, *Forty-First Annual Report; Liverpool Mercury*, September 24, 1862, 6; Charles Wood to Sir George Clerk, March 18, 1861, in MSS EUR LB 7, March 18 to May 25, 1861, in F78, Oriental and India Office Collections, British Library; Peter Harnetty, "The Imperialism of Free Trade: Lancashire, India, and the Cotton Supply Question, 1861–1865," *Journal of British Studies* 6, no. 1 (1966): 75–76; Dwijendra Tripathi, "Opportunism of Free Trade: Lancashire Cotton Famine and Indian Cotton Cultivation," *Indian Economic and Social History Review* 4, no. 3 (1967): 255–63; Liverpool Chamber of Commerce, *Twelfth Annual Report of the Liverpool Chamber of Commerce* (Liverpool: Neson & Mallett, 1862), 6; M. L. Dantwala, *A Hundred Years of Indian Cotton*(Bombay: East India Cotton Association, 1947), 46–47; reprint of a resolution of the Home Department, February 28, 1861, Supplement to the *Calcutta Gazette*, March 2, 1861, in Papers relating to Cotton Cultivation in India, 106, Wood Papers, MSS EUR F 78, Oriental and India Office Collections, British Library.

29 Charles Wood to James Bruce, Earl of Elgin, October 25, 1862, in MSS EUR LB 11, F 78, Wood Papers, Oriental and India Office Collections, British Library, London; *Times of India*, Overland Summary, January 14, 1864, 3; Charles Wood to Sir Charles Trevelyan, March 9, 1863, in MSS EUR F 78, LB 12, Wood Papers, Oriental and India Office Collections, British Library; Manchester, *Forty-First Annual Report*, 24 明确指出了降低关税、增加兰开夏郡商品进口与提供更多原棉之间的联系；它还预计印度将成为英国制造的棉花产品的一个越来越重要的市场，而原棉的出口将支付这些进口的费用。

30 *Hansard's Parliamentary Debates*, Third Series, vol. 167, June 19, 1862 (London: Cornelius Buck, 1862), 767; on Wood's "incompetence" see Manchester, *Forty-Third Annual Report*, 26; Manchester, *Forty-First Annual Report; Liverpool Mercury*, September 24, 1862, 6; Charles Wood to James Bruce, Earl of Elgin, January 10, 1863, in MSS EUR 78, LB 12, January 1 to April 27, 1863, Wood Collection, Oriental and India Office Collections, British Library, London; Charles Wood to Viceroy Earl Canning, February 18, 1861, in MSS Eur F 78, LB 6, Wood Papers, British Library, Oriental and India Office Collections, British Library; Charles Wood to Sir George Clerk, March 18, 1861, in LB 7, March 18 to May 25, 1861, F 78, MSS EUR, Oriental and India Office Collections, British Library; Peter Harnetty, "The Imperialism of Free Trade: Lancashire and the Indian Cotton Duties, 1859–1862," *Economic History Review* 18, no. 2 (1965): 75–76; for debate as whole see Tripathi, "Opportunism," 255–63.

31 *The Economist*, October 4, 1862, 1093–94.

32 Harnetty, "Imperialism, 1859–1862," 333–49; Manchester, *Forty-Second Annual Report*, 11, 22; the superintendent is quoted in *Times of India*, February 12, 1863, 3; Silver, *Manchester Men*, 254.

33 U.S. Consulate General Calcutta to William H. Seward, Calcutta, October 28, 1864, in Despatches of the U.S. Consul in Calcutta to U.S. Secretary of State, National Archives, Washington, DC; *Times of India*, Overland Summary, February 12, 1862, 1, cites the following numbers of cotton exports from Bombay: In 1860 India exported 497,649 bales of cotton to Europe and 205,161 bales to China; in 1861 it shipped 955,030 bales to Europe and only 67,209 to China. See *Times of India*, October 3, 1862, 2; Harnetty, "Imperialism, 1861–1865," 92; Mann, *The Cotton Trade*, 103, 112; *Statistical Abstracts for the United Kingdom in Each of the Last Fifteen Years from 1857 to 1871* (London: George E. Eyre and William Spottiswoode, 1872), 48–49; Fohlen, *L'industrie textile*, 287, 514.

34 对将"腹地"纳入全球经济的重要性以及这一进程的相对"滞后"的强调，见David Ludden, "World Economy and Village India, 1600–1900," in Sugata Bose, ed., *South Asia and World Capitalism* (New Delhi: Oxford University Press, 1990), 159–77; see Register of Invoices from the Consulate by Sundry Vessels bound for

"Le coton," 202; the British East Indies took a full 30.83 percent of all piece goods exported from the United Kingdom in 1860; see Ellison, *Cotton Trade*, 64; James A. Mann, *The Cotton Trade of Great Britain: Its Rise, Progress and Present Extent* (London: Frank Cass & Co., 1968), 112; for the quote from Nagpore see anonymous letter to the editor of the *Englishman*, Nagpore, July 31, 1861, reprinted in *Times of India*, August 21, 1861, 3; Charles Wood to Sir Frere, October 30, 1862, Letterbook, July 3 to December 31, 1862, MSS EUR LB 11, F 78, Wood Papers, Oriental and India Office Collections, British Library, London.

26 *Cotton Supply Reporter* (June 15, 1861): 532; Arthur W. Silver, *Manchester Men and Indian Cotton, 1847–1872* (Manchester: Manchester University Press, 1966), 187.

27 For an account of the meeting see *Liverpool Mercury*, September 20, 1861, 7; see also *Liverpool Mercury*, September 23, 1861, 2; Charles Wood to Sir George Clerk, March 18, 1861, in MSS EUR F 78, LB 7, Wood Papers, Oriental and India Office Collections, British Library, London; Major E. K. Elliot, "Report Regarding the Cultivation of Cotton in Nagpore," reprinted in *Times of India*, July 30, 1861, 3–4; "Cotton Cultivation in India," *Calcutta Review* 37, no. 73 (September 1861): 89.

28 论印度法律基础设施建设的总体思路, see the important work by Ritu Birla, *Stages of Capital: Law, Culture, and Market Governance in Late Colonial India* (Durham, NC: Duke University Press, 2009); on the contested history of law in colonial situations see the fabulous book by Lauren Benton, *Law and Colonial Cultures: Legal Regimes in World History, 1400–1900* (New York: Cambridge University Press, 2002); as to crop liens see Charles Wood to William Maine, October 9, 1862, Letterbook, July 3 to December 31, 1862, MSS EUR LB 11, F 78, Wood Papers, Oriental and India Office Collections, British Library, London; Charles Wood to William Maine, October 9, 1862, in ibid.; Proceedings of the Manchester Chamber of Commerce, September 23, 1861, Archives of the Manchester Chamber of Commerce, Record Group M8, folder 2/6, in Manchester Archives and Local Studies, Manchester; for the quote "making penal" see Charles Wood to W. J. P. Grant, May 9, 1861, in MSS EUR F 78, LB 7, Wood Papers, Oriental and India Office Collections, British Library; for the efforts by manufacturers see Charles Wood to William Reeves, March 18, 1861, Letterbook, 18 March to 25 May, in ibid.; Charles Wood to James Bruce, Earl of Elgin, October 25, 1862, Letterbook, 3 July to 31 December 1862, in MSS EUR LB 11, F 78, Wood Papers, Oriental and India Office Collections, British Library; Letter from Messrs. Mosley and Hurst, Agents to the Cotton Supply Association, to W. Greq, Esq, Secretary to the Government of India, June 20, 1861, reprinted in *Times of India*, July 18, 1861, 3; Charles Wood to W. J. Grant, May 9, 1861, in MSS EUR LB 7, F 78, Oriental and India Office Collections, British Library, London. On the debates on the passage of a law that made the adulteration of cotton a crime, see the *Times of India* reporting in 1863, for example on Overland Summary, February 12, 1863, 6–7; also *Times of India*, Overland Summary, March 27 1863, 1; for pressures to change Indian contract law see Manchester Chamber of Commerce, *The Forty-Second Annual Report of the Board of Directors for the Year 1862* (Manchester: Cave & Server, 1863), 13, 37; see Charles Wood to William Maine, October 9, 1862, Letterbook, July 3 to December 31, 1862, in MSS EUR LB 11, F 78, Wood Papers, Oriental and India Office Collections, British Library; reprint of a resolution of the Home Department, February 28, 1861, Supplement to the *Calcutta Gazette*, March 2, 1861, in Papers relating to Cotton Cultivation in India, 106, Wood Papers, MSS EUR F 78, Oriental and India Office Collections, British Library; some of the mechanisms are related well in John Henry Rivett-Carnac, *Many Memories of Life in India, At Home, and Abroad* (London: W. Blackwood and Sons, 1910), 165–93; for the debate during the war between manufacturers and government officials see also Charles Wood to James Bruce, Earl of Elgin, October 25, 1862, in MSS EUR LB 11, F 78, Wood Papers, Oriental and India Office Collections, British Library; Charles Wood to William Maine, October 9, 1862, Letterbook, July 3 to December 31, 1862,

434　棉花帝国

in ibid.; *Hansard's Parliamentary Debates*, Third Series, vol. 167, June 19, 1862 (London: Cornelius Buck, 1862), 767; Manchester, *Forty-Third Annual Report*, 26; Manchester, *Forty-First Annual Report; Liverpool Mercury*, September 24, 1862, 6; Charles Wood to Sir George Clerk, March 18, 1861, in MSS EUR LB 7, March 18 to May 25, 1861, in F78, Oriental and India Office Collections, British Library; Peter Harnetty, "The Imperialism of Free Trade: Lancashire, India, and the Cotton Supply Question, 1861–1865," *Journal of British Studies* 6, no. 1 (1966): 75–76; Dwijendra Tripathi, "Opportunism of Free Trade: Lancashire Cotton Famine and Indian Cotton Cultivation," *Indian Economic and Social History Review* 4, no. 3 (1967): 255–63; Liverpool Chamber of Commerce, *Twelfth Annual Report of the Liverpool Chamber of Commerce* (Liverpool: Neson & Mallett, 1862), 6; M. L. Dantwala, *A Hundred Years of Indian Cotton*(Bombay: East India Cotton Association, 1947), 46–47; reprint of a resolution of the Home Department, February 28, 1861, Supplement to the *Calcutta Gazette*, March 2, 1861, in Papers relating to Cotton Cultivation in India, 106, Wood Papers, MSS EUR F 78, Oriental and India Office Collections, British Library.

29　Charles Wood to James Bruce, Earl of Elgin, October 25, 1862, in MSS EUR LB 11, F 78, Wood Papers, Oriental and India Office Collections, British Library, London; *Times of India*, Overland Summary, January 14, 1864, 3; Charles Wood to Sir Charles Trevelyan, March 9, 1863, in MSS EUR F 78, LB 12, Wood Papers, Oriental and India Office Collections, British Library; Manchester, *Forty-First Annual Report*, 24 明确指出了降低关税、增加兰开夏郡商品进口与提供更多原棉之间的联系；它还预计印度将成为英国制造的棉花产品的一个越来越重要的市场，而原棉的出口将支付这些进口的费用。

30　*Hansard's Parliamentary Debates*, Third Series, vol. 167, June 19, 1862 (London: Cornelius Buck, 1862), 767; on Wood's "incompetence" see Manchester, *Forty-Third Annual Report*, 26; Manchester, *Forty-First Annual Report; Liverpool Mercury*, September 24, 1862, 6; Charles Wood to James Bruce, Earl of Elgin, January 10, 1863, in MSS EUR 78, LB 12, January 1 to April 27, 1863, Wood Collection, Oriental and India Office Collections, British Library, London; Charles Wood to Viceroy Earl Canning, February 18, 1861, in MSS Eur F 78, LB 6, Wood Papers, British Library, Oriental and India Office Collections, British Library; Charles Wood to Sir George Clerk, March 18, 1861, in LB 7, March 18 to May 25, 1861, F 78, MSS EUR, Oriental and India Office Collections, British Library; Peter Harnetty, "The Imperialism of Free Trade: Lancashire and the Indian Cotton Duties, 1859–1862," *Economic History Review* 18, no. 2 (1965): 75–76; for debate as whole see Tripathi, "Opportunism," 255–63.

31　*The Economist*, October 4, 1862, 1093–94.

32　Harnetty, "Imperialism, 1859–1862," 333–49; Manchester, *Forty-Second Annual Report*, 11, 22; the superintendent is quoted in *Times of India*, February 12, 1863, 3; Silver, *Manchester Men*, 254.

33　U.S. Consulate General Calcutta to William H. Seward, Calcutta, October 28, 1864, in Despatches of the U.S. Consul in Calcutta to U.S. Secretary of State, National Archives, Washington, DC; *Times of India*, Overland Summary, February 12, 1862, 1, cites the following numbers of cotton exports from Bombay: In 1860 India exported 497,649 bales of cotton to Europe and 205,161 bales to China; in 1861 it shipped 955,030 bales to Europe and only 67,209 to China. See *Times of India*, October 3, 1862, 2; Harnetty, "Imperialism, 1861–1865," 92; Mann, *The Cotton Trade*, 103, 112; *Statistical Abstracts for the United Kingdom in Each of the Last Fifteen Years from 1857 to 1871* (London: George E. Eyre and William Spottiswoode, 1872), 48–49; Fohlen, *L'industrie textile*, 287, 514.

34　对将"腹地"纳入全球经济的重要性以及这一进程的相对"滞后"的强调，见David Ludden, "World Economy and Village India, 1600–1900," in Sugata Bose, ed., *South Asia and World Capitalism* (New Delhi: Oxford University Press, 1990), 159–77; see Register of Invoices from the Consulate by Sundry Vessels bound for

Ports in the United States, September 1863, in S 1040 (m168) reel 2, Despatches from United States Consulate General, Bombay, 1838–1906, National Archives, Washington DC; on the adjustment of machines, see letter from Mr. Baker, Inspector of Factories, to the Secretary of State for the Home Department, on the Present State of the Cotton Districts, in various documents relating to the distress in the cotton manufacturing districts during the American Civil War, in HO 45: 7523, Home Office, National Archives of the UK, Kew; Neil Charlesworth, *Peasants and Imperial Rule: Agriculture and Agrarian Society in the Bombay Presidency, 1850–1935* (Cambridge: Cambridge University Press, 1985), 135; *Statistical Abstracts for the United Kingdom* (London: George E. Eyre and William Spottiswoode, 1872), 48–49; Reichsenquete für die Baumwollen und Leinen-Industrie, *Statistische Ermittelungen*, Heft 1, 56–58; Mann, *The Cotton Trade*, 103, 112, 132; *Times of India*, Overland Summary, February 12, 1862, 1; *Times of India*, October 3, 1862, 2; Harnetty, "Imperialism, 1861–1865," 287, 514; Bombay Chamber of Commerce, *Report of the Bombay Chamber of Commerce for the Year 1863–64* (Bombay: Pearse and Sorabjeem 1865), 1; Frenise A. Logan, "India: Britain's Substitute for American Cotton, 1861–1865," *Journal of Southern History* 24, no. 4 (1958): 476; see also Manchester Chamber of Commerce, *The Forty-Fourth Annual Report of the Board of Directors for the Year 1864* (Manchester: Cave & Server, 1865), 18; B. R. Mitchell, *European Historical Statistics, 1750–1970* (New York: Columbia University Press, 1976), E14; Frenise A. Logan, "India's Loss of the British Cotton Market After 1865," *Journal of Southern History* 31, no. 1 (1965): 40–50; *Cotton Supply Reporter* (April 15, 1861): 473, reprint of article from *The Standard*, Agra, March 6, 1861.

35 *Merchants' Magazine and Commercial Review* 46, no. 2 (February 1862): 166; Edward Atkinson, "The Future Supply of Cotton," *North American Review* 98, no. 203 (April 1864): 481. Atkinson 没有被确定为作者，但他的作者身份从他与 Charles E. Norton 的通信中可以明确看出来。See N 297, Letters, 1861–1864, Edward A. Atkinson Papers, Massachusetts Historical Society, Boston.

36 一位观察家认为，如果没有战争，埃及棉花产量的快速增长将需要半个世纪的时间；see Edward Mead Earle, "Egyptian Cotton and the American Civil War," *Political Science Quarterly* 41, no. 4 (1926), 520–45, 522; for the conversion of cantars into pounds see E. R. J. Owen, *Cotton and the Egyptian Economy* (Oxford: Clarendon Press, 1969), 89, 382–83; I assumed here that one cantar equaled 100 pounds; see Atkinson, "Future Supply," 481.

37 *Estatísticas históricas do Brasil: Séries econômicas, demográficas e sociais de 1550 a 1988* (Rio de Janeiro: Fundação Instituto Brasileiro de Geografia e Estatística, 1990), 346; they were urged on by the Manchester Chamber of Commerce and Lord Russell himself; see Manchester, *Forty-First Annual Report*, 8; Stanley S. Stein, *The Brazilian Cotton Manufacture* (Cambridge, MA: Harvard University Press, 1957), 43. The table on page 257 is based on information from Government of India, *Annual Statement of the Trade and Navigation of British India and Foreign Countries and of the Coasting Trade between the Several Presidencies and Provinces*, vol. 5 (Calcutta: Office of Superintendent of Government Printing, 1872); Government of India, *Annual Statement of the Trade and Navigation of British India and Foreign Countries and of the Coasting Trade between the Several Presidencies and Provinces*, vol. 9 (Calcutta: Office of Superintendent of Government Printing, 1876); Owen, *Cotton*, 90; *Estatísticas históricas do Brasil*, 346.

38 Orhan Kurmus, "The Cotton Famine and its Effects on the Ottoman Empire," in Huri Islamoglu-Inan, *The Ottoman Empire and the World-Economy* (Cambridge: Cambridge University Press, 1987), 162, 164, 165, 169; "Note of the Ministère de l'Algérie et des colonies," Paris, December 23, 1857; Société anonyme, "Compagnie française des cotons algeriens" (Paris: Imprimé du corps legislatif, 1863), in F/80/737, Fonds Ministériels, Archives d'outre-mer, Aix-en-Provence, France; see also Ministère de l'Algérie et des colonies, Direction de l'Administration de l'Algérie,

2ème bureau, Paris Décret, 1859, in Colonisation L/61, 2, Gouvernement Général de l'Algérie, Centre des Archives d'outre-mer, Aix-en-Provence; "Culture du Coton," by [illegible], Paris, July 19, 1859, in ibid.; Alejandro E. Bunge, *Las industrias del norte: Contribucion al estudio de una nueva política economia Argentina* (Buenos Aires: n.p., 1922), 209–10; *Liverpool Mercury*, November 9, 1863, 6; Thomas Schoonover, "Mexican Cotton and the American Civil War," *Americas* 30, no. 4 (April 1974): 430, 435; William S. Bell, *An Essay on the Peruvian Cotton Industry, 1825–1920* (Liverpool: University of Liverpool, Centre for Latin American Studies, 1985), 80; *Liverpool Mercury*, January 3, 1865, 6; for the importance of Chinese raw cotton imports see also Manchester, *Forty-Fourth Annual Report*, 16; "Der Baumwollbau in Togo, Seine Bisherige Entwicklung, und sein jetziger Stand," draft article in R 1001/8224, Bundesarchiv, Berlin.

39 *Manchester Guardian*, May 13, 1861, 4; May 16, 1861, 3; May 17, 1861, 4; May 25, 1861, 5; Céleste Duval, *Question cotonnière: La France peut s'emparer du monopole du coton par l'Afrique, elle peut rendre l'Angleterre, l'Europe, ses tributaires: L'Afrique est le vrai pays du coton* (Paris: Cosson, 1864), 7; *Queensland Guardian*, April 3, 1861, as cited in *Cotton Supply Reporter* (July 1, 1861): 554; Bunge, *Las industrias*, 209–10; *Liverpool Mercury*, November 9, 1863, 6, January 3, 1865, 6; Manchester, *Forty-Fourth Annual Report*, 16; Donna J. E. Maier, "Persistence of Precolonial Patterns of Production: Cotton in German Togoland, 1800–1914," in Allen F. Isaacman and Richard Roberts, eds., *Cotton, Colonialism, and Social History in Sub-Saharan Africa* (Portsmouth, NH: Heinemann, 1995), 75; Peter Sebald, *Togo 1884–1914: Eine Geschichte der deutschen "Musterkolonie" auf der Grundlage amtlicher Quellen* (Berlin: Akademie-Verlag, 1988), 30; O. F. Metzger, *Unsere alte Kolonie Togo* (Neudamm: J. Neumann, 1941), 242; "Der Baumwollbau in Togo."

40 Samuel Ruggles, in front of the New York Chamber of Commerce, reprinted in *Merchants' Magazine and Commercial Review* 45, no. 1 (July 1861): 83.

41 关于这些讨论，见 Henry Blumenthal, "Confederate Diplomacy, Popular Notions and International Realities," *Journal of Southern History* 32, no. 2 (1966): 151–71; Carl N. Degler, *One Among Many: The Civil War in Comparative Perspective* (Gettysburg, PA: Gettysburg College, 1990); Hyman, ed., *Heard Round the World*; Owsley and Owsley, *King Cotton*; Bernarr Cresap, "Frank L. Owsley and King Cotton Diplomacy," *Alabama Review* 26, no. 4 (1973); Charles M. Hubbard, *The Burden of Confederate Diplomacy* (Knoxville: University of Tennessee Press, 1998); D. P. Crook, *Diplomacy During the American Civil War* (New York: Wiley, 1975); Howard Jones, *Union in Peril: The Crisis over British Intervention in the Civil War* (Chapel Hill: University of North Carolina Press, 1992); Lynn M. Case and Warren F. Spencer, *The United States and France: Civil War Diplomacy* (Philadelphia: University of Pennsylvania Press, 1970), 79; Löffler, *Preussens*; 关于亲南方邦联的情感，见 *Liverpool Mercury*, June 24, 1861, 3, August 12, 1861, 2, September 20, 1861, 6, October 8, 1861, 5, October 15, 1861, 5, December 18, 1861, 6, April 18, 1862, 6; 关于施加压力要求承认南方邦联政府，见 *Liverpool Mercury*, July 16, 1862, 5, November 19, 1862, 3. For a controversial debate on slavery see the letters to the editor to the *Liverpool Mercury* printed on February 7 and 9, 1863, both on page 3; *Liverpool Mercury*, May 21, 1863, 7; Pelzer, "Liverpool," 46; for material support for the Confederacy see copy of letter from Thomas Haines Dudley, U.S. Consulate Liverpool, to Charles Francis Adams, Liverpool, May 4, 1864, in Seward Papers, Library of Congress, Washington, DC; Thomas Haines Dudley to William H. Seward, Liverpool, September 3, 1864, in ibid.; *Liverpool Mercury*, May 3, 1864, 6. Fraser, Trenholm & Company, 离开利物浦，为南方邦联筹集资金，建造战舰，参加封锁行动，见 the Fraser, Trenholm & Company Papers, Merseyside Maritime Museum, Liverpool; 关于利物浦上任突破北方的封锁和南方邦联代理人做生意，购买棉花，见 Letter by W. Fernie, Liverpool, to Fraser, Trenholm & Co, B/FT 1/13, Fraser, Trenholm & Company Papers, Merseyside Maritime Museum, Liverpool. Also see

Liverpool Mercury, February 4, 1863, 3; 关于曼彻斯特的情形 see *Liverpool Mercury*, May 23, 1863, 6; October 6, 1863, 6; October 17, 1863, 3; February 1, 1864, 7; 关于工人阶级的支持，见 *Liverpool Mercury*, May 2, 1862, 7; August 9, 1862, 5. See also Manchester, *Forty-First Annual Report*, 21–22; Rapport de Bigorie de Laschamps, Procureur Général de Colmar, April 7, 1862, as cited in Case, ed., *French Opinion*, 258; Dunham, "Development," 294; 关于棉花在法国民意和官方意见形成上的重要性 Case, ed., *French Opinion*, 257; Rapport de Bigorie de Laschamps, Procureur Général de Colmar, July 14, 1862, cited in Case, ed., *French Opinion*, 260; George M. Blackbourn, *French Newspaper Opinion on the American Civil War* (Westport, CT: Greenwood Press, 1997), 114; Donald Bellows, "A Study of British Conservative Reaction to the American Civil War," *Journal of Southern History* 51, no. 4 (November 1985): 505–26; *Hansard's Parliamentary Debates*, Third Series, vol. 171 (1863), 1774; *The Porcupine*, November 9, 1861, 61; 更重要的是，*Money Market Review* 1861 年 5 月声称邦联 "得到联合王国商人的同情"；quoted in *Liverpool Mercury*, May 17, 1861; in December 1862, 利物浦商会经过长时间的激烈辩论后，通过了一项决议，要求修改国际法，保护公海上中立者的私有财产，实际上破坏了对南部港口的封锁；*Liverpool Mercury*, December 4, 1862, 5, December 11, 1862, 3; Tony Barley, *Myths of the Slave Power: Confederate Slavery, Lancashire Workers and the Alabama* (Liverpool: Coach House Press, 1992), 49, *Liverpool Mercury*, May 23, 1863, 6, October 6, 1863, 6, October 17, 1863, 3, February 1, 1864, 7; Liverpool Chamber of Commerce, *Report of the Council, 1862* (Liverpool: Benson and Mallett, 1862), 20; Brown Brothers and Company, *Experiences of a Century, 1818–1918: Brown Brothers and Company* (Philadelphia: n.p., 1919), 47.

42　然而，英国工人，特别是兰开夏郡的棉花工人，基本上不同意一些商人和制造商对南部邦联的同情，他们经常发言支持北方联盟，尤其是在林肯宣布解放黑奴的可能性之后。林肯本人在 1863 年初表达了他对兰开夏郡工人的支持的感激之情。有人对此有强烈的争论，见 Barley, *Myths*, 67–71; Philip S. Foner, *British Labor and the American Civil War* (New York: Holmes & Meier, 1981), and Jones, *Union in Peril*, 225; against this view, but now largely refuted, Mary Ellison, *Support for Secession: Lancashire and the American Civil War* (Chicago: University of Chicago Press, 1972).

43　Jones, *Union in Peril*; Owsley and Owsley, *King Cotton*; for the Confederacy, see W. L. Trenholm to Charles Kuhn Prioleau (Liverpool), New York, June 21, 1865, B/FT 1/137, Fraser, Trenholm & Company Papers, Merseyside Maritime Museum, Liverpool; on the importance of wheat imports to Britain, see for example William Thayer to William H. Seward, London, July 19, 1862, Seward Papers, Library of Congress, Washington, DC; *Hansard's Parliamentary Debates*, Third Series, vol. 171, June 30, 1863, 1795. For a far-flung debate on why not to recognize the Confederacy, see ibid., 1771–1842; *Hansard's Parliamentary Debates*, Third Series, vol. 167, June 13, 1862, 543; George Campbell, Duke of Argyll, to Lord John Russell, October 11, 1862, Box 25, 30/22, Lord John Russell Papers, National Archives of the UK, Kew; on the Prussian desire for a strong United States to counterbalance British influence, see Löffler, *Preussens*, 59; see also Martin T. Tupper to Abraham Lincoln, May 13, 1861 (support from England), in Series 1, General Correspondence, 1833–1916, Abraham Lincoln Papers, Library of Congress, Washington, DC; for European pressures on Lincoln, see Lord John Russell Papers, National Archives of the UK, Kew; Lord Richard Lyons to Lord John Russell, Washington, 28 July 1863, in United States, Washington Legislation, Private Correspondence, Box 37, 30/22, Lord John Russell Papers, National Archives of the UK, Kew; Charles Wood to James Bruce, Earl of Elgin, August 9, 1862, LB 11, Letterbook, July 3 to December 31, 1862, MSS EUR F 78, Wood Papers, Oriental and India Office Collections, British Library, London American diplomats too were frequently reminded of Europe's urgent need for cotton; Henry S. Sanford to William H. Seward, April 10, 1862, Seward Papers, Manuscripts Division, Library of Congress, Washington, DC, quoted in Case and Spencer, *United States and France*, 290; William Thayer to William H. Seward, London, July 19,

1862, Seward Papers; William L. Dayton to Charles Francis Adams, Paris, November 21, 1862, AM 15236, Correspondence, Letters Sent A-C, Box I, Dayton Papers, as quoted in Case and Spencer, *United States and France*, 371.

44 Sancton, "Myth of French Worker," 58–80; for concerns about social upheaval and plans to improve the situation of unemployed cotton workers, see Ménier, *Au profit*; on British workers' collective action see Hall, "Poor Cotton Weyver," 227–50; Jones, *Union in Peril*, 55, argues that both Gladstone and Lyons cited fears of social upheaval among textile workers as reasons to intervene in the American conflict; Address by William E. Gladstone on the Cotton Famine, 1862, Add. 44690, f. 55, vol. 605, Gladstone Papers, British Library, London; William E. Gladstone, Speech on the American Civil War, Town Hall, Newcastle upon Tyne, October 7, 1862, as quoted in Jones, *Union in Peril*, 182.

45 Jones, *Union in Peril*, 114, 123, 129, 130, 133; Lord Richard Lyons to Lord John Russell, Washington, July 28, 1863, in United States, Washington Legislation, Private Correspondence, Box 37, 30/22, Lord John Russell Papers, National Archives of the UK, Kew; Charles Wood to James Bruce, Earl of Elgin, August 9, 1862, in LB 11, Letterbook, July 3 to December 31, 1862, MSS EUR F 78, Wood Papers, Oriental and India Office Collections, British Library, London; Glyndon G. Van Deusen, *William Henry Seward* (New York: Oxford University Press, 1967), 330–31, Abraham Lincoln, "Annual Message to Congress," December 3, 1861, in John George Nicolay and John Hay, eds., *Abraham Lincoln: Complete Works, Compromising His Speeches, Letters, State Papers, and Miscellaneous Writings*, vol. 2 (New York: Century Co., 1894), 94; "The Cabinet on Emancipation," MSS, July 22, 1862, reel 3, Edwin M. Stanton Papers, Library of Congress, Washington, DC. Thanks to Eric Foner for bringing this source to my attention.

46 William Thayer to William H. Seward, London, July 19, 1862, Seward Papers, Manuscript Division, Library of Congress, Washington, DC; Henry S. Sanford to William H. Seward, April 10, 1862, Seward Papers; William L. Dayton to William H. Seward, Paris, March 25, 1862, Despatches, France, State Department Correspondence, National Archives, Washington, DC. 拿破仑认为如果不能得到棉花，即将出现社会动荡。Thurlow Weed to William H. Seward, Paris, April 4, 1862, in ibid.; Imbert-Koechlim is quoted in *Industrial Alsacien*, February 2, 1862, as cited in Sancton, "Myth of French Worker," 76; William L. Dayton to Charles Francis Adams, Paris, November 21, 1862, in AM 15236, Correspondence, Letters Sent A-C, Box I, Dayton Papers, quoted in Case and Spencer, *United States and France*, 371, also see 374; Owsley and Owsley, *King Cotton*, 16–17.

47 Charles Francis Adams Jr. to Henry Adams, Quincy, Massachusetts, August 25, 1861, in Ford, ed., *A Cycle of Adams Letters*, 34–35, 36.

48 关于这个有趣的故事，见 Ricky-Dale Calhoun, "Seeds of Destruction: The Globalization of Cotton as a Result of the American Civil War" (PhD dissertation, Kansas State University, 2012), 99ff., 150ff.; William Thayer to William Seward, March 5, 1863, Alexandria, in Despatches of the U.S. Consul in Alexandria to Seward, National Archives, Washington DC. See also David R. Serpell, "American Consular Activities in Egypt, 1849–1863," *Journal of Modern History* 10, no. 3 (1938): 344–63; William Thayer to William H. Seward, Despatch number 23, Alexandria, November 5, 1862, in Despatches of the U.S. Consul in Alexandria to Seward, National Archives, Washington DC; William H. Seward to William Thayer, Washington, December 15, 1862, Seward Papers, Library of Congress, Washington, DC; Ayoub Bey Trabulsi to William H. Seward, Alexandria, August 12, 1862, in Despatches of the U.S. Consul in Alexandria to Seward, National Archives, Washington, DC; William Thayer to William H. Seward, April 1, 1862, in ibid.; for the dispatches to Seward on cotton see for example William Thayer to William H. Seward, Alexandria, July 20, 1861, in ibid.; William Thayer to William H. Seward, Despatch number 23, Alexandria, November 5, 1862, in ibid.

68 Berlin et al., *Slaves No More*, 1–76.
69 Reclus, "Le coton," 208.
70 Baring Brothers Liverpool to Baring Brothers London, February 4, 1865, in House Correspondence, HC 3 (1865), folder 35 (Correspondence from Liverpool House), ING Baring Archive, London; *Gore's General Advertiser*, January 19, 1865, as cited in Hall, "Liverpool Cotton," 163; *Indian Daily News*, Extraordinary, March 8, 1865, clipping included in U.S. Consulate General Calcutta to William H. Seward, Calcutta, March 8, 1864, in Despatches of the U.S. Consul in Calcutta to U.S. Secretary of State, National Archives, Washington, DC; Letter from Calvin W. Smith to "Dear Friends at home," Bombay, April 23, 1865, in folder 13, Ms. N-937, Calvin W. Smith Papers, Massachusetts Historical Society, Boston; Samuel Smith, *My Life-Work* (London: Hodder and Stoughton, 1902), 35; Brown Brothers, *Experiences*, 49–50.
71 William B. Forwood, "The Influence of Price upon the Cultivation and Consumption of Cotton During the Ten Years 1860–1870," *Journal of the Statistical Society of London* 33, no. 3 (September 1870): 371.
72 Horn, *La crise*, 46.

第 10 章 全球重建

1 Frederick W. A. Bruce to Earl of Clarendon, British Secretary of State, Washington, DC, December 18, 1865, reprinted in *Cotton Supply Reporter* (February 1, 1866): 1795; Memorandum, W. Hickens, Royal Engineers, to Secretary of State, Washington, DC, December 18, 1865, in ibid.
2 Edmund Ashworth, as cited in *Cotton Supply Reporter* (July 1, 1865): 1675; Maurice Williams, "The Cotton Trade of 1865," *Seven Year History of the Cotton Trade of Europe, 1861 to 1868* (Liverpool: William Potter, 1868), 19. For more on Williams see Thomas Ellison, *The Cotton Trade of Great Britain: Including a History of the Liverpool Cotton Market and of the Liverpool Cotton Brokers' Association* (London: Effingham Wilson, 1886), 255.
3 Robert Ed. Bühler, "Die Unabhängigkeitsbestrebungen Englands, Frankreichs und Deutschlands in ihrer Baumwollversorgung" (PhD dissertation, University of Zürich, 1929), 3; *Cotton Supply Reporter* (June 1, 1865): 1658.
4 B. R. Mitchell, *International Historical Statistics: The Americas, 1750–2005* (New York: Palgrave Macmillan, 2007), 391, 467, 547–49; Elijah Helm, "An International Survey of the Cotton Industry," *Quarterly Journal of Economics* 17, no. 3 (May 1903): 417; Gavin Wright, "Cotton Competition and the Post-bellum Recovery of the American South," *Journal of Economic History* 34, no. 3 (September 1974): 632–33. Douglas A. Farnie and David J. Jeremy, *The Fibre That Changed the World: The Cotton Industry in International Perspective, 1600–1990s* (Oxford: Oxford University Press, 2004), 23, 25.
5 279页的图表是根据作者对19个国家（奥地利、比利时、巴西、加拿大、中国、法国、德国、印度、意大利、日本、墨西哥、荷兰、葡萄牙、俄国、西班牙、瑞典、瑞士、联合王国和美国）棉花锭子数据的分析得出的。由于来源的分散性和不一致性，这只是一个估计。有些数字是推断出来的。有关数字，请参阅 Louis Bader, *World Developments in the Cotton Industry, with Special Reference to the Cotton Piece Goods Industry in the United States* (New York: New York University Press, 1925), 33; Amiya Kumar Bagchi, *Private Investment in India, 1900–1939*, Cambridge South Asian Studies 10 (Cambridge: Cambridge University Press, 1972), 234; Javier Barajas Manzano, *Aspectos de la industria textil de algodón en México* (Mexico: Instituto Mexicano de Investigaciones Económicas, 1959), 43–44, 280; Belgium, Ministère de l'Intérieur, *Statistique de la Belgique, Industrie* (Brussels: Impr. de T. Lesigne, 1851), 471; Pierre Benaerts, *Les origines de la grande industrie*

allemande (Paris: F. H. Turot, 1933), 486; Sabbato Louis Besso, *The Cotton Industry in Switzerland, Vorarlberg, and Italy; A Report to the Electors of the Gartside Scholarships* (Manchester: Manchester University Press, 1910); George Bigwood, *Cotton* (New York: Holt, 1919), 61; H. J. Habakkuk and M. Postan, eds., *The Cambridge Economic History of Europe*, vol. 6 (Cambridge: Cambridge University Press, 1965), 443; Kang Chao, *The Development of Cotton Textile Production in China* (Cambridge, MA: Harvard University Press, 1977), 301–7; Stanley D. Chapman, "Fixed Capital Formation in the British Cotton Industry, 1770–1815," *Economic History Review*, New Series, 23, no. 2 (August 1970): 235–66, 252; Louis Bergeron and Jean-Antoine-Claude Chaptal, *De l'industrie française: Acteurs de l'histoire* (Paris: Impr. nationale éditions, 1993), 326; Melvin Thomas Copeland, *The Cotton Manufacturing Industry of the United States* (New York: A. M. Kelley, 1966), 19; see years 1878–1920 in *Cotton Facts: A Compilation from Official and Reliable Sources* (New York: A. B. Shepperson, 1878); Richard Dehn and Martin Rudolph, *The German Cotton Industry; A Report to the Electors of the Gartside Scholarships* (Manchester: Manchester University Press, 1913); Thomas Ellison, *A Hand-book of the Cotton Trade, or, A glance at the Past History, Present Condition, and the Future Prospects of the Cotton Commerce of the World* (London: Longman Brown Green Longmans and Roberts, 1858), 146–67; Ellison, *The Cotton Trade of Great Britain*, 72–3; D. A. Farnie, *The English Cotton Industry and the World Market, 1815–1896* (New York: Oxford University Press, 1979), 180; Mimerel Fils, "Filature du Cotton," in Michel Chevalier, ed., *Rapports du Jury international: Exposition universelle de 1867 à Paris*, vol. 4 (Paris: P. Dupont, 1868), 20; R. B. Forrester, *The Cotton Industry in France; A Report to the Electors of the Gartside Scholarships* (London: Longman, Green and Co., 1921), 5; "Industrie textile," *Annuaire statistique de la France* (Paris, 1877–1890, 1894); Michael Owen Gately, "The Development of the Russian Cotton Textile Industry in the Pre-revolutionary Years, 1861–1913" (PhD dissertation, University of Kansas, 1968), 134; Statistisches Reichsamt, *Statistisches Jahrbuch für das Deutsche Reich*, vol. 24 (1913), 107; Aurora Gómez Galvarriato, "The Impact of Revolution: Business and Labor in the Mexican Textile Industry, Orizaba, Veracruz, 1900–1930" (PhD dissertation, Harvard University, 2000), 23, 45; Great Britain, Committee on Industry, and Trade, *Survey of Textile Industries: Cotton, Wool, Artificial Silk* (London: Her Majesty's Stationery Office, 1928), 142; International Federation of Master Cotton Spinners' and Manufacturers' Associations, *International Cotton Statistics*, Arno S. Pearse, ed. (Manchester: Thiel & Tangye, 1921), 1–32; International Federation of Master Cotton Spinners' and Manufacturers' Associations and Arno S. Pearse, *The Cotton Industry of India, Being the Report of the Journey to India* (Manchester: Taylor, Garnett, Evans, 1930), 22; International Federation of Master Cotton Spinners' and Manufacturers' Associations and Arno S. Pearse, *The Cotton Industry of Japan and China, Being the Report of the Journey to Japan and China* (Manchester: Taylor Garnett Evans & Co. Ltd., 1929), 18–19, 154; Italy, Ministero di Agricoltura, Industria e Commercio, "L'industria del cotone in Italia," *Annali di Statistica*, series 4, no. 100 (Rome: Tipografia Nazionale di G. Bertero E.C., 1902), 12–13; Italy, Ministero di Agricoltura, Industria e Commercio, *Annuario statistico italiano* (Roma: Tip. Elzeviriana), see years 1878, 1881, 1886, 1892, 1900, 1904, and 1905–6; S. T. King and Ta-chün Liu, *China's Cotton Industry: A Statistical Study of Ownership of Capital, Output, and Labor Conditions* (n.p.: n.p., 1929), 4; Sung Jae Koh, *Stages of Industrial Development in Asia: A Comparative History of the Cotton Industry in Japan, India, China, and Korea* (Philadelphia: University of Pennsylvania Press, 1966), 324–66; Richard A. Kraus, *Cotton and Cotton Goods in China, 1918–1936* (New York: Garland, 1980), 57, 99; John C. Latham and H. E. Alexander, *Cotton Movement and Fluctuations* (New York: Latham Alexander & Co., 1894–1910); Maurice Lévy-Leboyer, *Les banques européennes et l'industrialisation internationale dans la première moitié du XIXe siècle* (Paris: Presses Universitaires de France, 1964), 29; S. D. Mehta, *The Indian Cotton Textile Industry, an Economic Analysis* (Bombay: Published by G. K. Ved for the Textile Association of India, 1953), 139; B. R. Mitchell, *Abstract of British Historical Statistics* (Cambridge: Cambridge University Press, 1971) 185; B. R. Mitchell, *International Historical Statistics: Europe, 1750–1993* (New York: Stockton Press, 1998), 511; Charles Kroth Moser, *The Cotton Textile Industry of Far Eastern Countries* (Boston: Pepperell Manufacturing Company, 1930), 50; National Association of Cotton Manufacturers, *Standard Cotton Mill Practice and Equipment, with Classified Buyer's Index* (Boston: National Association of Cotton Manufacturers, 1919), 37; Keijiro Otsuka, Gustav Ranis, and Gary R. Saxonhouse, *Comparative Technology Choice in Development: The Indian and Japanese Cotton Textile Industries* (Houndmills, Basingstoke, UK: Macmillan, 1988), 6; Alexander Redgrave, "Report of Factory Inspectors," *Parliamentary Papers* (Great Britain: Parliament, House of Commons, 1855), 69; J. H. Schnitzler, *De la création de la richesse, ou, des intérêts matériels en France*, vol. 1 (Paris: H. Lebrun, 1842), 228; Stanley J. Stein, *The Brazilian Cotton Manufacture: Textile Enterprise in an Underdeveloped Area, 1850–1950* (Cambridge, MA: Harvard University Press, 1957), 191; Guy Thomson, "Continuity and Change in Mexican Manufacturing," in Jean Batou, ed., *Between Development and Underdevelopment: The Precocious Attempts at Industrialization of the Periphery, 1800–1870* (Geneva: Librairie Droz, 1991), 280; John A. Todd, *The World's Cotton Crops* (London: A. & C. Black, 1915), 411; Ugo Tombesi, *L'industria cotoniera italiana alla fine del secolo XIX* (Pesaro: G. Frederici, 1901), 66; United States, Bureau of Manufactures, *Cotton Fabrics in Middle Europe: Germany, Austria-Hungary, and Switzerland* (Washington, DC: Government Printing Office, 1908), 23, 125, 162; United States, Bureau of Manufactures, *Cotton Goods in Canada* (Washington, DC: Government Printing Office, 1913), 33; United States, Bureau of Manufactures, *Cotton Goods in Italy* (Washington, DC: Government Printing Office, 1912), 6; United States, Bureau of Manufactures, *Cotton Goods in Russia* (Washington, DC: Government Printing Office, 1912), 9–11; United States, Bureau of the Census, *Cotton Production and Distribution: Season of 1916–1917* (Washington, DC: Government Printing Office, 1918), 88; United States, Bureau of the Census, *Cotton Production in the United States* (Washington, DC: Government Printing Office, 1915), 56.

6 The general point is also made by Herbert S. Klein and Stanley Engerman, "The Transition from Slave to Free Labor: Notes on a Comparative Economic Model," in Manuel Moreno Fraginals, Frank Moya Pons, and Stanley L. Engerman, *Between Slavery and Free Labor: The Spanish-Speaking Caribbean in the Nineteenth Century* (Baltimore: Johns Hopkins University Press, 1985), 260.

7 Commission Coloniale, Rapport à M. le Ministre de la Marine et des Colonies sur l'Organisation du Travail Libre, p. 61, in Record Group Gen 40, box 472, Fonds Ministérielles, Archives d'outre-mer, Aix-en-Provence, France.

8 胁迫的持续存在在下列著作中也有讨论：Lutz Raphael, "Krieg, Diktatur und Imperiale Erschliessung: Arbeitszwang und Zwangsarbeit 1880 bis 1960," in Elisabeth Herrmann-Ott, ed., *Sklaverei, Knechtschaft, Zwangsarbeit: Untersuchungen zur Sozial-, Rechts- und Kulturgeschichte.* (Hildesheim: Olms, 2005), 256–80; Robert Steinfeld, *Coercion, Contract, and Free Labor in the Nineteenth Century* (New York: Cambridge University Press, 2001); Eric Foner, *Nothing But Freedom: Emancipation and Its Legacy* (Baton Rouge: Louisiana State University Press, 1983); Nan Elizabeth Woodruff, *American Congo: The African American Freedom Struggle in the Delta* (Cambridge, MA: Harvard University Press, 2003); Donald Holley, *The Second Great Emancipation: The Mechanical Cotton Picker, Black Migration, and How They Shaped the Modern South* (Fayetteville: University of Arkansas Press, 2000), 104–5; Charles S. Aiken, *The Cotton Plantation South Since the Civil War* (Baltimore: Johns Hopkins University Press, 1998), 101.

9 Barbara Fields, "The Advent of Capitalist Agriculture: The New South in a Bourgeois

World," in Thavolia Glymph et al., eds., *Essays on the Postbellum Southern Economy* (College Station: Texas A&M University Press, 1985), 74; *Southern Cultivator*, February 26, 1868, 61.

10 Edward Atkinson, *Cheap Cotton by Free Labor* (Boston: A. Williams & Co., 1861); *Commercial and Financial Chronicle* (November 11, 1865): 611–12.

11 *Southern Cultivator*, January 24, 1866, 5; W. A. Bruce to Earl Russell, Washington, May 10, 1865, in Letters from Washington Minister of Great Britain top Foreign Office, Earl Russell, 1865 (Private Correspondence), 30/22/38, National Archives of the UK, Kew; J. R. Busk to Messrs. Rathbone Brothers and Co., New York, April 24, 1865, in Rathbone Papers, Record number XXIV.2.22, RP, Rathbone Papers, Special Collections and Archives, University of Liverpool; *Commercial and Financial Chronicle* (August 26, 1865): 258ff.; George McHenry, *The Cotton Supply of the United States of America* (London: Spottiswoode & Co., 1865), 25ff.; Bengal Chamber of Commerce, Reports, 1864–1866, 809, as cited in Frenise A. Logan, "India's Loss of the British Cotton Market After 1865," *Journal of Southern History* 31, no. 1 (1965): 47; G. F. Forbes to Under Secretary of State for India, August 16, 1866, Secretariat Records Office, as quoted in Logan, "India's Loss of the British Cotton Market," 49.

12 Bliss Perry, *Life and Letters of Henry Lee Higginson*, vol. 1 (Boston: Atlantic Monthly Press, 1921), 247, *Southern Cultivator*, May 26, 1868, 133, 135. For examples of this discussion see *Southern Cultivator*, February 25, 1867, 42; August 25, 1867, 258; October 25, 1867, 308; January 26, 1868, 12; May 26, 1868, 135; Joseph P. Reidy, *From Slavery to Agrarian Capitalism in the Cotton Plantation South: Central Georgia, 1800–1880* (Chapel Hill: University of North Carolina Press, 1992), 137; *Southern Cultivator*, February 27, 1869, 51; *Macon Telegraph*, May 31, 1865.

13 Contract dated Boston, December 23, 1863, in various letters and notes, file 298, Edward A. Atkinson Papers, Massachusetts Historical Society, Boston; Eric Foner, *Reconstruction: America's Unfinished Revolution, 1863–1877* (New York: Harper & Row, 1988), 53, 54, 58; Edward Atkinson to his mother, Washington, July 5, 1864, in various letters and notes, file 298, Edward A. Atkinson Papers, Massachusetts Historical Society.

14 *Macon Daily Telegraph*, May 31, 1865, 1; Joseph D. Reid Jr., "Sharecropping as an Understandable Market Response: The Post-bellum South," *Journal of Economic History* 33, no. 1 (March 1973): 107.

15 Contract of January 29, 1866, in Alonzo T. and Millard Mial Papers, North Carolina Department of Archives and History, as cited in Reid, "Sharecropping as an Understandable Market Response," 108; Susan Eva O'Donovan, *Becoming Free in the Cotton South* (Cambridge, MA: Harvard University Press, 2007), 127, 129, 131; James C. Cobb, *The Most Southern Place on Earth: The Mississippi Delta and the Roots of Regional Identity* (New York: Oxford University Press, 1992), 48–50.

16 Foner, *Reconstruction*, 103, 104. 有人认为，在整个美洲，前奴隶希望"控制自己的劳动和进入自己的土地"。见 Klein and Engerman, "The Transition from Slave to Free Labor," 256; "A Freedman's Speech," *Pennsylvania Freedmen's Bulletin* (January 1867): 16.

17 Reidy, *From Slavery to Agrarian Capitalism*, 144.

18 Foner, *Reconstruction*, 108, 134; Reidy, *From Slavery to Agrarian Capitalism*, 125, 150, 152; Amy Dru Stanley, "Beggars Can't Be Choosers: Compulsion and Contract in Postbellum America," *Journal of American History* 78, no. 4 (March 1992): 1274, 1285; Cobb, *The Most Southern Place*, 51; U.S. Congress, House, Orders Issue by the Commissioner and Assistant Commissioners of the Freedmen's Bureau, 65, as cited in Stanley, "Beggars Can't Be Choosers," 1284.

19 *Commercial and Financial Chronicle* (November 11, 1865): 611–12; "A Freedman's Speech," *Pennsylvania Freedmen's Bulletin* (January 1867): 115.

20 O'Donovan, *Becoming Free*, 162, 189, 224, 227, 240; Foner, *Reconstruction*, 138, 140; Cobb, *The Most Southern Place*, 51; James C. Scott, *Weapons of the Weak:*

Liverpool Mercury, February 4, 1863, 3; 关于曼彻斯特的情形 see *Liverpool Mercury*, May 23, 1863, 6; October 6, 1863, 6; October 17, 1863, 3; February 1, 1864, 7; 关于工人阶级的支持，见 *Liverpool Mercury*, May 2, 1862, 7; August 9, 1862, 5. See also Manchester, *Forty-First Annual Report*, 21–22; Rapport de Bigorie de Laschamps, Procureur Général de Colmar, April 7, 1862, as cited in Case, ed., *French Opinion*, 258; Dunham, "Development," 294; 关于棉花在法国民意和官方意见形成上的重要性 Case, ed., *French Opinion*, 257; Rapport de Bigorie de Laschamps, Procureur Général de Colmar, July 14, 1862, cited in Case, ed., *French Opinion*, 260; George M. Blackbourn, *French Newspaper Opinion on the American Civil War* (Westport, CT: Greenwood Press, 1997), 114; Donald Bellows, "A Study of British Conservative Reaction to the American Civil War," *Journal of Southern History* 51, no. 4 (November 1985): 505–26; *Hansard's Parliamentary Debates*, Third Series, vol. 171 (1863), 1774; *The Porcupine*, November 9, 1861, 61; 更重要的是，*Money Market Review* 1861 年 5 月声称邦联"得到联合王国商人的同情"; quoted in *Liverpool Mercury*, May 17, 1861; in December 1862, 利物浦商会经过长时间的激烈辩论后，通过了一项决议，要求修改国际法，保护公海上中立者的私有财产，实际上破坏了对南部港口的封锁; *Liverpool Mercury*, December 4, 1862, 5, December 11, 1862, 3; Tony Barley, *Myths of the Slave Power: Confederate Slavery, Lancashire Workers and the Alabama* (Liverpool: Coach House Press, 1992), 49; *Liverpool Mercury*, May 23, 1863, 6, October 6, 1863, 6, October 17, 1863, 3, February 1, 1864, 7; Liverpool Chamber of Commerce, *Report of the Council, 1862* (Liverpool: Benson and Mallett, 1862), 20; Brown Brothers and Company, *Experiences of a Century, 1818–1918: Brown Brothers and Company* (Philadelphia: n.p., 1919), 47.

42 然而，英国工人，特别是兰开夏郡的棉花工人，基本上不同意一些商人和制造商对南部邦联的同情，他们经常发言支持北方联盟，尤其是在林肯宣布解放黑奴的可能性之后。林肯本人在 1863 年初表达了他对兰开夏郡工人的支持的感激之情。有人对此有强烈的争论，见 Barley, *Myths*, 67–71; Philip S. Foner, *British Labor and the American Civil War* (New York: Holmes & Meier, 1981), and Jones, *Union in Peril*, 225; against this view, but now largely refuted, Mary Ellison, *Support for Secession: Lancashire and the American Civil War* (Chicago: University of Chicago Press, 1972).

43 Jones, *Union in Peril*; Owsley and Owsley, *King Cotton*; for the Confederacy, see W. L. Trenholm to Charles Kuhn Prioleau (Liverpool), New York, June 21, 1865, D/TT 1/137, Fraser, Trenholm & Company Papers, Merseyside Maritime Museum, Liverpool; on the importance of wheat imports to Britain, see for example William Thayer to William H. Seward, London, July 19, 1862, Seward Papers, Library of Congress, Washington, DC; *Hansard's Parliamentary Debates*, Third Series, vol. 171, June 30, 1863, 1795. For a far-flung debate on why not to recognize the Confederacy, see ibid., 1771–1842; *Hansard's Parliamentary Debates*, Third Series, vol. 167, June 13, 1862, 543; George Campbell, Duke of Argyll, to Lord John Russell, October 11, 1862, Box 25, 30/22, Lord John Russell Papers, National Archives of the UK, Kew; on the Prussian desire for a strong United States to counterbalance British influence, see Löffler, *Preussens*, 59; see also Martin T. Tupper to Abraham Lincoln, May 13, 1861 (support from England), in Series 1, General Correspondence, 1833–1916, Abraham Lincoln Papers, Library of Congress, Washington, DC; for European pressures on Lincoln, see Lord John Russell Papers, National Archives of the UK, Kew; Lord Richard Lyons to Lord John Russell, Washington, 28 July 1863, in United States, Washington Legislation, Private Correspondence, Box 37, 30/22, Lord John Russell Papers, National Archives of the UK, Kew; Charles Wood to James Bruce, Earl of Elgin, August 9, 1862, LB 11, Letterbook, July 3 to December 31, 1862, MSS EUR F 78, Wood Papers, Oriental and India Office Collections, British Library, London. American diplomats too were frequently reminded of Europe's urgent need for cotton; Henry S. Sanford to William H. Seward, April 10, 1862, Seward Papers, Manuscripts Division, Library of Congress, Washington, DC, quoted in Case and Spencer, *United States and France*, 290; William Thayer to William H. Seward, London, July 19,

1862, Seward Papers; William L. Dayton to Charles Francis Adams, Paris, November 21, 1862, AM 15236, Correspondence, Letters Sent A-C, Box I, Dayton Papers, as quoted in Case and Spencer, *United States and France*, 371.

44 Sancton, "Myth of French Worker," 58–80; for concerns about social upheaval and plans to improve the situation of unemployed cotton workers, see Ménier, *Au profit*; on British workers' collective action see Hall, "Poor Cotton Weyver," 227–50; Jones, *Union in Peril*, 55, argues that both Gladstone and Lyons cited fears of social upheaval among textile workers as reasons to intervene in the American conflict; Address by William E. Gladstone on the Cotton Famine, 1862, Add. 44690, f. 55, vol. 605, Gladstone Papers, British Library, London; William E. Gladstone, Speech on the American Civil War, Town Hall, Newcastle upon Tyne, October 7, 1862, as quoted in Jones, *Union in Peril*, 182.

45 Jones, *Union in Peril*, 114, 123, 129, 130, 133; Lord Richard Lyons to Lord John Russell, Washington, July 28, 1863, in United States, Washington Legislation, Private Correspondence, Box 37, 30/22, Lord John Russell Papers, National Archives of the UK, Kew; Charles Wood to James Bruce, Earl of Elgin, August 9, 1862, in LB 11, Letterbook, July 3 to December 31, 1862, MSS EUR F 78, Wood Papers, Oriental and India Office Collections, British Library, London; Glyndon G. Van Deusen, *William Henry Seward* (New York: Oxford University Press, 1967), 330–31; Abraham Lincoln, "Annual Message to Congress," December 3, 1861, in John George Nicolay and John Hay, eds., *Abraham Lincoln: Complete Works, Compromising His Speeches, Letters, State Papers, and Miscellaneous Writings*, vol. 2 (New York: Century Co., 1894), 94; "The Cabinet on Emancipation," MSS, July 22, 1862, reel 3, Edwin M. Stanton Papers, Library of Congress, Washington, DC. Thanks to Eric Foner for bringing this source to my attention.

46 William Thayer to William H. Seward, London, July 19, 1862, Seward Papers, Manuscript Division, Library of Congress, Washington, DC; Henry S. Sanford to William H. Seward, April 10, 1862, Seward Papers; William L. Dayton to William H. Seward, Paris, March 25, 1862, Despatches, France, State Department Correspondence, National Archives, Washington, DC. 拿破仑认为如果不能得到棉花，即将出现社会动荡。Thurlow Weed to William H. Seward, Paris, April 4, 1862, in ibid.; Imbert-Koechlim is quoted in *Industrial Alsacien*, February 2, 1862, as cited in Sancton, "Myth of French Worker," 76; William L. Dayton to Charles Francis Adams, Paris, November 21, 1862, in AM 15236, Correspondence, Letters Sent A-C, Box I, Dayton Papers, quoted in Case and Spencer, *United States and France*, 371, also see 374; Owsley and Owsley, *King Cotton*, 16–17.

47 Charles Francis Adams Jr. to Henry Adams, Quincy, Massachusetts, August 25, 1861, in Ford, ed., *A Cycle of Adams Letters*, 34–35, 36.

48 关于这个有趣的故事，见 Ricky-Dale Calhoun, "Seeds of Destruction: The Globalization of Cotton as a Result of the American Civil War" (PhD dissertation, Kansas State University, 2012), 99ff., 150ff.; William Thayer to William Seward, March 5, 1863, Alexandria, in Despatches of the U.S. Consul in Alexandria to Seward, National Archives, Washington DC. See also David R. Serpell, "American Consular Activities in Egypt, 1849–1863," *Journal of Modern History* 10, no. 3 (1938): 344–63; William Thayer to William H. Seward, Despatch number 23, Alexandria, November 5, 1862, in Despatches of the U.S. Consul in Alexandria to Seward, National Archives, Washington DC; William H. Seward to William Thayer, Washington, December 15, 1862, Seward Papers, Library of Congress, Washington, DC; Ayoub Bey Trabulsi to William H. Seward, Alexandria, August 12, 1862, in Despatches of the U.S. Consul in Alexandria to Seward, National Archives, Washington, DC; William Thayer to William H. Seward, April 1, 1862, in ibid.; for the dispatches to Seward on cotton see for example William Thayer to William H. Seward, Alexandria, July 20, 1861, in ibid.; William Thayer to William H. Seward, Despatch number 23, Alexandria, November 5, 1862, in ibid.

49 William H. Seward to William Thayer, Washington, December 15, 1862, Seward Papers, Manuscript Division, Library of Congress, Washington, DC. See also Ayoub Bey Trabulsi to William H. Seward, Alexandria, August 12, 1862, in Despatches of the U.S. Consul in Alexandria to Seward, National Archives, Washington, DC; William Thayer to William H. Seward, April 1, 1862, in ibid.

50 Baring Brothers Liverpool to Joshua Bates, Liverpool, February 12, 1862, in HC 35: 1862, House Correspondence, Baring Brothers, ING Baring Archive, London; Charles Wood to James Bruce, Earl of Elgin, August 9, 1862, in MSS EUR F 78, LB 11, Wood Papers, Oriental and India Office Collections, British Library, London; Dunham, "Development," 295; Rapport de Neveu-Lemaire, procureur général de Nancy, January 5, 1864, as cited in Case, ed., *French Opinion*, 285–86; 其他地区也送回类似的报告。

51 *Liverpool Mercury*, January 4, 1864, 8; the general argument is also made by Tripathi, "A Shot," 74–89; William H. Seward, March 25, 1871, in Olive Risely Seward, ed., *William H. Seward's Travels Around the World* (New York: D. Appleton & Co, 1873), 401.

52 这是从阅读曼彻斯特商会的年度报告中得到的印象；对于棉花利益松了一口气的感觉，见 Manchester, *Forty-Third Annual Report*, 17, 25; *Liverpool Mercury*, August 8, 1864, 7, August 9, 1864, 7, August 10, 1864, 3, August 31, 1864, 7, September 22, 1864, 7, October 31, 1864, 7. See also Owsley and Owsley, *King Cotton*, 137, 143; Atkinson, "Future Supply," 485–86; John Bright to Edward A. Atkinson, London, May 29, 1862, Box N 298, Edward A. Atkinson Papers, Massachusetts Historical Society, Boston.

53 *Bremer Handelsblatt* 12 (1862), 335.

54 *The Economist*, September 21, 1861, 1042; J. E. Horn, *La crise cotonnière et les textiles indigènes* (Paris: Dentu, 1863), 14; Leone Levi, "On the Cotton Trade and Manufacture, as Affected by the Civil War in America," *Journal of the Statistical Society of London* 26, no. 8 (March 1863): 42; Stephen S. Remak, *La paix en Amérique* (Paris: Henri Plon, 1865), 25–26; *Bremer Handelsblatt*, April 22, 1865, 142.

55 奴隶对解放斗争的重要性已经被许多历史学家很好地分析了；尤见 Ira Berlin et al., *Slaves No More: Three Essays on Emancipation and the Civil War* (New York: Cambridge University Press, 1992); Eric Foner, *Reconstruction: America's Unfinished Revolution, 1863–1877* (New York: HarperCollins, 2002); Steven Hahn, *A Nation Under Our Feet: Black Political Struggles in the Rural South from Slavery to the Great Migration* (Cambridge, MA: Belknap Press of Harvard University, 2003); Steven Hahn, *The Political Worlds of Slavery and Freedom* (Cambridge, MA: Harvard University Press, 2009); on the contradictions of southern state formation and the weaknesses it wrought in war see also Stephanie McCurry, *Confederate Reckoning: Power and Politics in the Civil War South* (Cambridge, MA: Harvard University Press, 2010).

56 *London Mercury*, September 22, 1863, 7; Ravinder Kumar, *Western India in the Nineteenth Century: A Study in the Social History of Maharashtra* (London: Routledge & K. Paul, 1968), 35, 59, 151, 161; Maurus Staubli, *Reich und arm mit Baumwolle: Export orientierte Landwirtschaft und soziale Stratifikation am Beispiel des Baumwollanbaus im indischen Distrikt Khandesh (Dekkan) 1850–1914* (Stuttgart: F. Steiner, 1994), 58, 68, 114–15, 187; Alan Richards, *Egypt's Agricultural Development, 1800–1980: Technical and Social Change* (Boulder, CO: Westview Press, 1982), 55, 61; 在中亚，在很多年后，情况类似; John Whitman, "Turkestan Cotton in Imperial Russia," *American Slavic and East European Review* 15, no. 2 (1956): 190–205; 关于战后南方经济的改变，见 Foner, *Reconstruction*, 392–411; Gavin Wright, *The Political Economy of the Cotton South: Households, Markets, and Wealth in the Nineteenth Century* (New York: Norton, 1978), 166–76; Wright, *Old South*, 34, 107; Steven Hahn, *The Roots of Southern Populism: Yeoman Farmers and the Transformation of the Georgia Upcountry, 1850–1890* (New York: Oxford

University Press, 1983).
57 W. H. Holmes, *Free Cotton: How and Where to Grow It* (London: Chapman and Hall, 1862), 18; Merivale, *Lectures*, 315; Report of the Select Committee of the House of Commons, dated July 25, 1842, as cited in Alleyne Ireland, *Demerariana: Essays, Historical, Critical, and Descriptive* (New York: Macmillan, 1899), 150; *The Economist*, December 9, 1865, 1487, emphasis in original.
58 Holmes, *Free Cotton*, 16, 18, 22; Commission Coloniale, Rapport à M. le Ministre de la Marine et des Colonies sur l'Organisation du Travail Libre, Record Group Gen 40, box 317, Fonds Ministérielles, Archives d'outre-mer, Aix-en-Provence, France; *Cotton Supply Reporter* (December 16, 1861): 722.
59 Holmes, *Free Cotton*; Auteur de la paix en Europe par l'Alliance anglo-française, *Les blancs et les noirs en Amérique et le coton dans les deux mondes* (Paris: Dentu, 1862).
60 "为了重建而排演"这个主题取材自 Willie Lee Nichols Rose, *Rehearsal for Reconstruction: The Port Royal Experiment* (Indianapolis: Bobbs-Merrill, 1964); *Liverpool Mercury*, September 23, 1863, 6; 这也是利物浦越来越多的人的结论，到1863年，他们给 *Liverpool Mercury* 的编辑写了越来越多的信，让人们听到他们反对奴隶制的声音；见 *Liverpool Mercury*, January 19, 1863, 6, January 24, 1863, 7; Edward Atkinson, *Cheap Cotton by Free Labor* (Boston: A. Williams & Co., 1861); Atkinson Papers, Massachusetts Historical Society, Boston; Manchester, *Forty-First Annual Report*, 33; Atkinson, "Future Supply," 485–86.
61 早在1862年，Caird 先生就在众议院指出："南方各州迄今为止从奴隶种植中获得的好处在很大程度上将会结束。" *Hansard's Parliamentary Debates*, Third Series, vol. 167 (1862), 791; see *Liverpool Mercury*, January 3, 1865, 6, April 25, 1865, 6, May 13, 1865, 6; for prices, see John A. Todd, *World's Cotton Crops* (London: A. & C. Black, 1915 (1924), 429–32; XXIV.2.22, RP, Rathbone Papers, Special Collections and Archives, University of Liverpool; Baring Brothers Liverpool to Baring Brothers London, July 19, 1865, in House Correspondence, HC 3 (1865), folder 35 (Correspondence from Liverpool House), ING Baring Archive, London.
62 *Bremer Handelsblatt*, June 17, 1865, 234–35; W. A. Bruce to Lord John Russell, May 10, 1865, in Letters from Washington Minister of Great Britain to Foreign Office, Earl Russell, 1865, in 30: 22/38, Lord John Russell Papers, National Archives of the UK, Kew; W. A. Bruce to Lord John Russell, May 22, 1865, in ibid.
63 August Etienne, *Die Baumwollzucht im Wirtschaftsprogramm der deutschen Übersee-Politik* (Berlin: Verlag von Hermann Paetel, 1902), 28; 美国内战时期印度棉花生产扩张的一个重要议题是劳动力短缺问题；见 *Times of India*, October 18, 1861, 3, February 27, 1863, 6; *Zeitfragen*, May 1, 1911, 1; Protocol of the Annual Meeting of the Manchester Cotton Supply Association, June 11, 1861, reprinted in "The Cotton Question," *Merchants' Magazine and Commercial Review* 45 (October 1861): 379; *Liverpool Mercury*, June 12, 1861, 3; Dharwar collecterate 轧花厂负责人于1862年5月报告说，"虽然本地棉花的种植可以扩展到相当大程度，但可用的劳动力数量不足以清理现在生产的棉花数量。" quoted in *Times of India*, February 12, 1863, 3; *Bengal Hurkaru*, May 11, 1861, as reprinted in *Bombay Times and Standard*, May 17, 1861, 3.
64 *Cotton Supply Reporter* (June 15, 1861): 530; Supplement to *The Economist*, Commercial History and Review of 1865, March 10, 1866, 3; *Bremer Handelsblatt*, April 22, 1865, 142; 当然，奴隶制本身在古巴、巴西和非洲等地繁荣了几十年；然而，总的来说，棉花不再由奴隶生产；见 Suzanne Miers and Richard Roberts, *The End of Slavery in Africa* (Madison: University of Wisconsin Press, 1988).
65 Timothy Mitchell, *Rule of Experts: Egypt, Techno-Politics, Modernity* (Berkeley: University of California Press, 2002), 59–60; Mathieu, *De la culture*, 25.
66 *Bremer Handelsblatt*, October 14, 1865, 372.
67 *The Economist*, December 9, 1865, 1488; Eric Foner, *Nothing but Freedom: Emancipation and Its Legacy* (Baton Rouge: Louisiana State University Press, 1983), 27–28.

Everyday Forms of Peasant Resistance (New Haven, CT: Yale University Press, 1985), xv.

21 Gavin Wright, "The Strange Career of the New Southern Economic History," *Reviews in American History* 10, no. 4 (December 1982): 171; Foner, *Reconstruction*, 174; Fields, "The Advent of Capitalist Agriculture," 84; Reidy, *From Slavery to Agrarian Capitalism*, 159; *Southern Cultivator* 25, no. 11 (November 1867): 358; Aiken, *The Cotton Plantation South*, 34ff. Cobb, *The Most Southern Place*, 55, 70; W. E. B. DuBois, "Die Negerfrage in den Vereinigten Staaten," *Archiv für Sozialwissenschaft* 22 (1906): 52.

22 Reid, "Sharecropping as an Understandable Market Response," 114, 116, 118; Grimes Family Papers, #3357, Southern Historical Collection, as cited in Reid, "Sharecropping as an Understandable Market Response," 128–29.

23 Wright, "The Strange Career," 172, 176. Cobb, *The Most Southern Place*, 102; Harold D. Woodman, "Economic Reconstruction and the Rise of the New South, 1865–1900," in John B. Boles and Evelyn Thomas Nolan, eds., *Interpreting Southern History: Historiographical Essays in Honor of Sanford W. Higginbotham* (Baton Rouge: Louisiana State University Press, 1987), 268; DuBois, "Die Negerfrage," 41; C. L. Hardeman to John C. Burns, December 11, 1875, John C. Burrus Papers, Mississippi Department of Archives and History, as cited in Cobb, *The Most Southern Place*, 63; Eric Hobsbawm, *The Age of Empire, 1875–1914* (London: Weidenfeld and Nicolson, 1987), 36.

24 Wright, "The Strange Career," 170, 172; John R. Hanson II, "World Demand for Cotton During the Nineteenth Century: Wright's Estimates Re-examined," *Journal of Economic History* 39, no. 4 (December 1979): 1015, 1016, 1018, 1019.

25 *Southern Cultivator*, January 26, 1868, 13; Telegram, Forstall and Sons to Baring Brothers, London, September 16, 1874, in record group HC 5.2.6.142, ING Baring Archive, London; O'Donovan, *Becoming Free*, 117; Cobb, *The Most Southern Place*, 91, 104, 114; Woodman, "Economic Reconstruction," 173; Reidy, *From Slavery to Agrarian Capitalism*, 222, 225; Aiken, *The Cotton Plantation South*, 23.

26 Steven Hahn, "Class and State in Postemancipation Societies: Southern Planters in Comparative Perspective," *American Historical Review* 95, no. 1 (February 1990): 83, 84, 96.

27 David F. Weiman, "The Economic Emancipation of the Non-slaveholding Class: Upcountry Farmers in the Georgia Cotton Economy," *Journal of Economic History* 45, no. 1 (1985): 72, 76, 78.

28 Weiman, "The Economic Emancipation of the Non-slaveholding Class," 84; DuBois, "Die Negerfrage," 38; Ernst von Halle, *Baumwollproduktion und Pflanzungswirtschaft in den Nordamerikanischen Südstaaten, Zweiter Teil, Sezessionskrieg und Rekonstruktion* (Leipzig: Dunker & Humboldt, 1906), 518, 661ff.; Foner, *Reconstruction*, 394.

29 *Southern Cultivator*, June 29, 1871, 221; Cobb, *The Most Southern Place*, 110; Jerre Mangione and Ben Morreale, *La Storia: Five Centuries of the Italian American Experience* (New York: Harper Perennial, 1992), 185; Aiken, *The Cotton Plantation South*, 61; E. Merton Coulter, *James Monroe Smith: Georgia Planter* (Athens: University of Georgia Press, 1961), 9, 14, 17, 35, 37, 67–69, 84, 90.

30 Julia Seibert, "Travail Libre ou Travail Forcé?: Die 'Arbeiterfrage' im belgischen Kongo 1908–1930," *Journal of Modern European History* 7, no. 1 (March 2009): 95–110; DuBois, "Die Negerfrage," 44.

31 United States Department of Commerce, Bureau of the Census, *Historical Statistics of the United States, Colonial Times to the Present* (New York: Basic Books, 1976), 518, 899; United States Bureau of Statistics, Department of the Treasury, *Cotton in Commerce: Statistics of United States, United Kingdom, France, Germany, Egypt, and British India* (Washington. DC: Government Printing Office, 1895), 29; France, Direction Générale des Douanes, *Tableau décennal du commerce de la France avec*

ses colonies et les puissances étrangères, 1887–96 (Paris, 1896), 2, 108; Kaiserliches Statistisches Amt, *Statistisches Jahrbuch für das Deutsche Reich*, vol. 13 (Berlin: Kaiserliches Statistisches Amt, 1892), 82–83; *Statistical Abstracts for the United Kingdom in Each of the Last Fifteen Years from 1886 to 1900* (London: Wyman and Sons, 1901), 92–93.

32 Bombay Chamber of Commerce, *Report of the Bombay Chamber of Commerce for the Year 1865–66* (Bombay: Education Society's Press, 1867), 213; B. R. Mitchell, *International Historical Statistics: Africa, Asia and Oceania, 1750–2005*(Basingstoke, UK: Palgrave Macmillan, 2007), 354; F. M. W. Schofield, Department of Revenue and Agriculture, Simla, September 15, 1888, 10, in Proceedings, Part B, Nos 6–8, April 1889, Fibres and Silk Branch, Department of Revenue and Agriculture, National Archives of India, New Delhi; *Statistical Abstract Relating to British India from 1903–04 to 1912–13* (London: His Majesty's Stationery Office, 1915), 188; *Statistical Tables Relating to Indian Cotton: Indian Spinning and Weaving Mills* (Bombay: Times of India Steam Press, 1889), 59; Toyo Menka Kaisha, *The Indian Cotton Facts 1930* (Bombay: Toyo Menka Kaisha Ltd., 1930), 54; Dwijendra Tripathi, "India's Challenge to America in European Markets, 1876–1900," *Indian Journal of American Studies* 1, no. 1 (1969): 58; *Bericht der Handelskammer Bremen über das Jahr 1913* (Bremen: Hauschild, 1914), 38; Bombay Chamber of Commerce, *Report of the Bombay Chamber of Commerce for the Year 1865–66* (Bombay: Education Society's Press, 1867), 213. The permanence of this change is also emphasized by Maurus Staubli, *Reich und Arm mit Baumwolle: Exportorientierte Landwirtschaft am Beispiel des Baumwollanbaus im Indischen Distrikt Khandesh (Dekkan), 1850–1914* (Stuttgart: Franz Steiner Verlag, 1994), 66; James A. Mann, *The Cotton Trade of Great Britain: Its Rise, Progress, and Present Extent* (London: Simpkin, Marshall, 1860), 132; *Statistical Abstracts for British India from 1911–12 to 1920–21* (London: His Majesty's Stationery Office, 1924), 476–77. 关于内战对印度的影响的许多文献中有一种不幸的倾向，把人们的观点局限于印度和英国之间的关系，完全忽略了印度和欧洲大陆以及日本之间更重要的原棉贸易。有关"帝国中心论"的观点，请参见例如 Logan, "India's Loss of the British Cotton Market," and also Wright, "Cotton Competition." 关于欧洲大陆市场的重要性，见 John Henry Rivett-Carnac, *Report of the Cotton Department for the Year 1868–69* (Bombay: Printed at the Education Society's Press, 1869), 139; C. B. Pritchard, *Annual Report on Cotton for the Bombay Presidency for the Year 1882–83* (Bombay: Cotton Department, Bombay Presidency, 1883), 2. 关于日本市场的重要性，见 S. V. Fitzgerald and A. E. Nelson, *Central Provinces District Gazetteers, Amraoti District*, vol. A (Bombay: Claridge, 1911), 192, in record group V/27/65/6, Oriental and India Office Collections, British Library, London. 关于欧洲进口印度棉花日益增多，见 Tripathi, "India's Challenge to America in European Markets, 1876–1900," 57–65; *Statistical Abstracts for the United Kingdom for Each of the Fifteen Years from 1910 to 1924* (London: S. King & Son Ltd, 1926), 114–15; John A. Todd, *World's Cotton Crops* (London: A. & C. Black, 1915), 45; 关于印度棉花在欧洲大陆普遍受欢迎的原因，见 "Report by F. M. W. Schofield, Department of Revenue and Agriculture, Simla, 15 Sept. 1888," in Department of Revenue and Agriculture, Fibres and Silk Branch, April 1889, Nos. 6–8, Part B, National Archives of India, New Delhi; A. J. Dunlop to the Secretary of the Chamber of Commerce, Bombay, Alkolale, June 11, 1874, Proceedings, Part B, June 1874, No. 41/42, Fibres and Silk Branch, Agriculture and Commerce Department, Revenue, National Archives of India; "Statement Exhibiting the Moral and Material Progress and Condition of India, 1895–96," 109, Oriental and India Office Collections, British Library.

33 Mitchell, *International Historical Statistics: The Americas*, 227, 316.

34 International Federation of Master Cotton Spinners' and Manufacturers' Associations, *Official Report of the International Congress, Held in Egypt, 1927* (Manchester: International Federation of Master Cotton Spinners' and Manufacturers' Associations, 1927), 28, 49; Arnold Wright, ed., *Twentieth Century Impressions of Egypt: Its*

History, People, Commerce, Industries, and Resources (London: Lloyd's Greater Britain Publishing Company, 1909), 280; B. R. Mitchell, *International Historical Statistics: Africa, Asia and Oceania, 1750–2005* (Basingstoke, UK: Palgrave Macmillan, 2007), 265.

35 1866 至 1905 年间，巴西的纱锭数量增加到了 53 倍。关于巴西的讨论根据 *Estatísticas históricas do Brasil: Séries econômicas, demográficas e sociais de 1550 a 1988* (Rio de Janeiro: Fundação Instituto Brasileiro de Geogralica e Estatística, 1990), 346; on the number of spindles see Stanley J. Stein, *The Brazilian Cotton Manufacture: Textile Enterprise in an Underdeveloped Area, 1850–1950* (Cambridge, MA: Harvard University Press, 1957), 191; E. R. J. Owen, *Cotton and the Egyptian Economy, 1820–1914: A Study in Trade and Development* (Oxford: Clarendon Press, 1969), 90, 123, 124, 197; the permanence of this change is also emphasized by Alan Richards, *Egypt's Agricultural Development, 1800–1980: Technical and Social Change* (Boulder, CO: Westview Press, 1982), 31; Ellison, *The Cotton Trade of Great Britain*, 91; International Federation of Master Cotton Spinners' and Manufacturers' Associations, *Official Report of the International Congress, Held in Egypt*, 125.

36 Rivett-Carnac, *Report of the Cotton Department for the Year 1868–69*, 13, 114, 131; Alfred Comyn Lyall, ed., *Gazetteer for the Haiderábád Assigned Districts Commonly called Barár* (Bombay: Education Society's Press, 1870), 161; Charles B. Saunders, *Administration Report by the Resident at Hyderabad; including a Report on the Administration of the Hyderabad Assigned Districts for the year 1872–73* (Hyderabad: Residency Press, 1872), 12.

37 关于电报，见 Laxman D. Satya, *Cotton and Famine in Berar, 1850–1900* (New Delhi: Manohar, 1997), 142, 152. India and Bengal Despatches, vol. 82, August 17, 1853, pp. 1140–42, from Board of Directors, EIC London, to Financial/Railway Department, Government of India, quoted in Satya, *Cotton and Famine in Berar*, 142. 关于经费来源，见 Aruna Awasthi, *History and Development of Railways in India* (New Delhi: Deep & Deep Publications, 1994), 92; General Balfour is quoted in Rivett-Carnac, *Report of the Cotton Department for the Year 1868–69*, 114. 关于铁路和曼彻斯特商品之间的关系，见 ibid., 155; Nelson, *Central Provinces District Gazetteers*, 248; Report on the Trade of the Hyderabad Assigned Districts for the Year 1883–84, p. 2, in record group V/24, in Hyderabad Assigned Districts, India, Department of Land Records and Agriculture Reports, Oriental and India Office Collections, British Library, London; Jürgen Osterhammel, *Kolonialismus: Geschichte, Formen, Folgen*, 6th ed. (Munich: Beck, 2006), 10. The quote characterizing Khamgaon is from Satya, *Cotton and Famine in Berar*, 173. The information on merchants is from John Henry Rivett-Carnac, *Many Memories of Life in India, At Home, and Abroad* (London: W. Blackwood and Sons, 1910), 166, 169; *Times of India*, March 11, 1870, 193, 199; "Report on the Cotton Trading Season in CP and Berar," June 1874, record group Fibres and Silk Branch, No 41/42, Part B, Revenue, Agriculture and Commerce Department, National Archives of India, New Delhi.

38 *Journal of the Society of Arts* 24 (February 25, 1876): 260; Rivett-Carnac, *Report of the Cotton Department for the Year 1868–69*, 100; Satya, *Cotton and Famine in Berar*, 153.

39 Rivett-Carnac, *Report of the Cotton Department for the Year 1868–69*, 115.

40 Formation of a Special Department of Agriculture, Commerce a Separate Branch of the Home Department, April 9, 1870, 91–102, Public Branch, Home Department, National Archives of India, New Delhi; Douglas E. Haynes, "Market Formation in Khandeshh, 1820–1930," *Indian Economic and Social History Review* 36, no. 3 (1999): 294; *Asiatic Review* (October 1, 1914): 298–364; report by E. A. Hobson, 11, in Department of Revenue and Agriculture, Fibres and Silk Branch, November 1887, Nos. 22–23, Part B, in National Archives of Inda, New Delhi. And indeed, by 1863 Charles Wood could observe that "the present state of things is diminishing the home spinning"; in Charles Wood to James Bruce, Earl of Elgin, June 16, 1863 in MSS

EUR F 78, LB 13, Wood Papers, Oriental and India Office Collections, British Library, London; letter from A. J. Dunlop, Assistant Commissioner in Charge of Cotton, to the Secretary of the Chamber of Commerce, Bombay, dated Camp Oomraoti, November 6, 1874, in Revenue, Agricultural and Commerce Department, Fibres and Silk Branch, Proceedings, Part B, November 1874, No. 5, National Archives of India, New Delhi; Satya, *Cotton and Famine in Berar*, 146, 183; Nelson, *Central Provinces District Gazetteers*, 248; printed letter from A. J. Dunlop to the Secretary of the Government of India, Revenue, Agriculture and Commerce, Hyderabad, April 2, 1878, in Report on the Trade of the Hyderabad Assigned Districts for the Year 1877–78, p. 6, in record group V/24, in Hyderabad Assigned Districts, India, Department of Land Records and Agriculture, Reports, Oriental and India Office Collections, British Library.

41 Rivett-Carnac, *Report of the Cotton Department for the Year 1868–69*, 91; Charles Wood to Sir Charles Trevelyan, April 9, 1863, MSS EUR F 78, LB 12, Wood Papers, Oriental and India Office Collections, British Library, London.

42 Satya, *Cotton and Famine in Berar*, 136–37, 180; *Asiatic*, June 11, 1872, in MS. f923.2.S330, Newspaper clippings, Benjamin John Smith Papers, Manchester Archives and Local Studies, Manchester. 同样在西北各省，棉花总种植面积从 1861 年的 953076 公顷增加到 1864 年的 1730634 公顷。见 Logan, "India's Loss of the British Cotton Market," 46; George Watt, *The Commercial Products of India* (London: John Murray, 1908), 600; *Times of India*, December 10, 1867, as quoted in Moulvie Syed Mahdi Ali, *Hyderabad Affairs*, vol. 5 (Bombay: Printed at the Times of India Steam Press, 1883), 260.

43 Timothy Mitchell, *Rule of Experts: Egypt, Techno-Politics, Modernity* (Berkeley: University of California Press, 2002), 57.

44 Ibid., 66–71.

45 Ibid., 70.

46 Ibid., 62–63, 67, 71, 73; Great Britain, High Commissioner for Egypt and the Sudan, *Reports by His Majesty's Agent and Consul-General on the Finances, Administration, and Condition of Egypt and the Soudan* (London: His Majesty's Stationery Office, 1902), 24; International Federation of Master Cotton Spinners' and Manufacturers' Associations, *Official Report: Egypt and Anglo-Egyptian Soudan* (Manchester: n.p., 1921), 66.

47 Mitchell, *Rule of Experts*, 55, 63, 66, 72, 73, 76.

48 Satya, *Cotton and Famine in Berar*, 85, 169; Nelson, *Central Provinces District Gazetteers*, 150. On the wastelands see Satya, *Cotton and Famine in Berar*, 78. 卡尔·马克思已经明白，工厂主的核心需求是改善印度的基础设施，把棉花运到海岸。见 Karl Marx and Friedrich Engels, *Aufstand in Indien* (Berlin: Dietz Verlag, 1978 [1853]), 264; Sandip Hazareesingh, "Cotton, Climate and Colonialism in Dharwar, Western India, 1840–1880," *Journal of Historical Geography* 38, no. 1 (2012): 14.

49 *How to Make India Take the Place of America as Our Cotton Field* (London: J. E. Taylor, n.d., probably 1863), 7.

50 Thomas Bazley, as quoted in *Merchants' Magazine and Commercial Review* 45, no. 5 (November 1861): 483; Satya, *Cotton and Famine in Berar*, 34, 47, 59, 62, 87, 91, 95; Nelson, *Central Provinces District Gazetteers*, 147, 226; A. C. Lydall, *Gazetteer for the Haidarabad Assigned Districts, Commonly Called Berar* (Bombay: Education Society's Press, 1870), 96, in record group V/27/65/112, Oriental and India Office Collections, British Library, London; Hazareesingh, "Cotton, Climate and Colonialism in Dharwar, Western India, 1840–1880," 12; Arno Schmidt, *Cotton Growing in India* (Manchester: International Federation of Master Cotton Spinners; and Manufacturers' Associations, 1912), 22.

51 David Hall-Matthews, "Colonial Ideologies of the Market and Famine Policy in Ahmednagar District, Bombay Presidency, c. 1870–1884," *Indian Economic and Social History Review* 36, no. 3 (1999): 307; Satya, *Cotton and Famine in Berar*, 80–81; Meltem Toksöz, "The Çukurova: From Nomadic Life to Commercial Agriculture,

1800–1908" (PhD dissertation, State University of New York at Binghamton, 2000), 75; Francis Turner, "Administration Report of the Cotton Department for the Year 1876–77," in record group V/24/434, Cotton Department, Bombay Presidency, Oriental and India Office Collections, British Library, London.

52 Satya, *Cotton and Famine in Berar*, 80, 161; *Times of India*, Overland Summary, January 14, 1864, 3.
53 Christof Dejung, "The Boundaries of Western Power: The Colonial Cotton Economy in India and the Problem of Quality," in Christof Dejung and Niels P. Petersson, eds., *The Foundations of Worldwide Economic Integration: Power, Institutions, and Global Markets, 1850–1930* (Cambridge: Cambridge University Press, 2012), 149–50.
54 International Federation of Master Cotton Spinners' and Manufacturers' Associations, *Official Report of the International Congress, Held in Egypt*, 64; E. B. Francis, "Report on the Cotton Cultivation in the Punjab for 1882–1883," Lahore, 1882, in record group V/24/441, Financial Commission, Oriental and India Office Collections, British Library, London.
55 F. M. W. Schofield, Department of Revenue and Agriculture, Simla, September 15, 1888, in Proceedings, Part B, Nos. 6–8, April 1889, Fibres and Silk Branch, Department of Revenue and Agriculture, National Archives of India, New Delhi; Samuel Ruggles, in front of the New York Chamber of Commerce, reprinted in *Merchants' Magazine and Commercial Review* 45, no. 1 (July 1861): 83; Rivett-Carnac, *Many Memories*, 166, 168; Peter Harnetty, "The Cotton Improvement Program in India, 1865–1875," *Agricultural History* 44, no. 4 (October 1970): 389; Satya, *Cotton and Famine in Berar*, 156ff.
56 Alfred Charles True, *A History of Agricultural Experimentation and Research in the United States, 1607–1925* (Washington, DC: Government Printing Office, 1937): 41–42; 64, 184, 199, 218, 221, 251, 256; I. Newton Hoffmann, "The Cotton Futures Act," *Journal of Political Economy* 23, no. 5 (May 1915): 482; Julia Obertreis, *Imperial Desert Dreams: Irrigation and Cotton Growing in Southern Central Asia, 1860s to 1991* (unpublished manuscript, 2009), chapter 1, 66. 自1899年以来，埃及农业学校出版了一本《农业学会杂志》，以阿拉伯文提供这方面的资料。见 *Magazine of the Society of Agriculture and Agricultural School* 1 (1899), in National Library, Cairo. See also *L'Agriculture: Journal Agricole, Industrial, Commercial et Economique*, published since 1891, mostly in Arabic, in National Library, Cairo; International Federation of Master Cotton Spinners' and Manufacturers' Associations, *Official Report of the International Congress, Held in Egypt*, 54.
57 F. M. W. Schofield, "Note on Indian Cotton," 12, Department of Revenue and Agriculture, Simla, December 15, 1888, in April 1889, Nos. 6–8, Part B, Fibres and Silk Branch, National Archive of India, New Delhi; Satya, *Cotton and Famine in Berar*, 155; C. N. Livanos, *John Sakellaridis and Egyptian Cotton* (Alexandria. A. Procaccia, 1939), 79; Harnetty, "The Cotton Improvement," 383.
58 Hazareesingh, "Cotton, Climate and Colonialism in Dharwar, Western India, 1840–1880," 7.
59 *Bremer Handelsblatt*, June 28, 1873, 229; W. F. Bruck, *Türkische Baumwollwirtschaft: Eine Kolonialwirtschaftliche und -politische Untersuchung* (Jena: Gustav Fischer, 1919), 99; E. S. Symes, "Report on the Cultivation of Cotton in British Burma for the Year 1880–81," Rangoon, Revenue Department, record group V/24/446, in Oriental and India Office Collections, British Library, London.
60 关于美国内战后的棉花出口情况，见"Cotton Production in Queensland from 1866 to 1917," in A 8510–12/11, Advisory Council of Science and Industry Executive Committee, Cotton Growing, Correspondence with Commonwealth Board of Trade, National Archives of Australia; *Adelaide Advertiser*, January 11, 1904; Memorandum from Advisory Council to Commonwealth Board of Trade, September 13, 1918, in A 8510, 12/11, Advisory Council of Science and Industry Executive Committee, Cotton Growing, Correspondence with Commonwealth Board of Trade, National Archives

of Australia; Theo Price, President, Price-Campbell Cotton Picker Corporation, New York to Advisory Council of Science and Industry, May 15, 1917, in NAA-A 8510–12/33, Advisory Council of Science and Industry Executive Committee, Cotton, Cotton Picker, National Archives of Australia; *Sydney Evening News*, March 17, 1920. 关于一般的论述，另见 Buehler, "Die Unabhängigkeitsbestrebungen Englands," 111.
61 See for example Rudolf Fitzner, "Einiges über den Baumwollbau in Kleinasien," *Der Tropenpflanzer* 5 (1901), 530–36; Bruck, *Türkische Baumwollwirtschaft*, 3.
62 See also Marc Bloch, "Pour une histoire comparée des sociétés européennes," *Revue de Synthèse Historique* 46 (1928): 15–50.
63 Michael Mann, "Die Mär von der freien Lohnarbeit: Menschenhandel und erzwungene Arbeit in der Neuzeit," in Michael Mann, ed., *Menschenhandel und unfreie Arbeit* (Leipzig: Leipziger Universitätsverlag, 2003), 19; Marcel van der Linden, *Workers of the World: Essays Toward a Global Labor History* (Boston: Brill, 2008), 18–32, 52–54.
64 Fields, "The Advent of Capitalist Agriculture," 74; Satya, *Cotton and Famine in Berar*, 95; Arnold Wright, ed., *Twentieth Century Impressions of Egypt: Its History, People, Commerce, Industries, and Resources* (London: Lloyd's Greater Britain Publishing Company, 1909), 281, 284; International Federation of Master Cotton Spinners' and Manufacturers' Associations, *Official Report of the International Congress, Held in Egypt*, 95; Arno S. Pearse, *Brazilian Cotton* (Manchester: Printed by Taylor, Garnett, Evans & Co., 1921), 75, 81; Michael J. Gonzales, "The Rise of Cotton Tenant Farming in Peru, 1890–1920: The Condor Valley," in *Agricultural History* 65, no. 1 (Winter 1991): 53, 58; George McCutcheon McBride, "Cotton Growing in South America," *Geographical Review* 9, no. 1 (January 1920): 42; Toksöz, "The Çukurova," 203, 246; *Levant Trade Review* 1, no. 1 (June 1911): as quoted in Toksöz, "The Çukurova," 182.
65 A. T. Moore, Inspector in Chief, Cotton Department, Report, in Proceedings, Part B, March 1875, No. 1/2, Fibres and Silk Branch, Agriculture and Commerce Department, Revenue, National Archives of India, New Delhi; David Hall-Matthews, "Colonial Ideologies of the Market and Famine Policy in Ahmednagar District, Bombay Presidency, c. 1870–1884," *Indian Economic and Social History Review* 36, no. 3 (1999): 307; A. E. Nelson, *Central Provinces Gazetteers, Buldana District*(Calcutta: Baptist Mission Press, 1910), 228; Toksöz, "The Çukurova," 272; Bruck, *Türkische Baumwollwirtschaft*, 41, 67.
66 Klein and Engerman, "The Transition from Slave to Free Labor," 255–70. This was a different system of labor than the one that emerged in the global sugar industry after emancipation. There, indentured workers took on a prominent role. The difference is probably related to the fact that sugar production is much more capital-intensive than the growing of cotton, and, moreover, because there are efficiencies of scale in sugar that do not exist in cotton. For the effects of emancipation on sugar, see especially Rebecca J. Scott, *Slave Emancipation in Cuba: The Transition to Free Labor, 1860–1899* (Princeton, NJ: Princeton University Press, 1985); David Northrup, *Indentured Labor in the Age of Imperialism, 1834–1922* (New York: Cambridge University Press, 1995); Frederick Cooper, Thomas C. Holt, and Rebecca J. Scott, *Beyond Slavery: Explorations of Race, Labor, and Citizenship in Postemancipation Societies* (Chapel Hill: University of North Carolina Press, 2000).
67 *Cotton Supply Reporter* (June 15, 1861): 530; M. J. Mathieu, *De la culture du coton dans la Guyane française* (Épinal: Alexis Cabasse, 1861); *Le Courier du Havre*, September 19, 1862, in Gen/56, Fonds Ministériels, Archives d'outre-mer, Aix-en-Provence. See also *Cotton Supply Reporter* (July 1, 1861): 554; Stephen S. Remak, *La paix en Amérique* (Paris: Henri Plon, 1865), 25–26. 关于苦力劳动力的问题，另见 Black Ball Line, Liverpool to Messrs. Sandbach, Tinne and Co., January 1, 1864, in Record Group D 176, folder A (various), Sandbach, Tinne & Co, Papers, Merseyside Maritime Museum, Liverpool; Klein and Engerman, "The Transition from Slave to

Free Labor," 255–70; Alan Richards, *Egypt's Agricultural Development, 1800–1980: Technical and Social Change* (Boulder, CO: Westview Press, 1981), 55, 61.
68 William K. Meyers, *Forge of Progress, Crucible of Revolt: Origins of the Mexican Revolution in La Comarca Lagunera, 1880–1911* (Albuquerque: University of New Mexico Press, 1994), 4, 6, 33–34, 48, 51.
69 Ibid., 40, 116–17, 120, 346; Werner Tobler, *Die mexikanische Revolution: Gesellschaft-licher Wandel und politischer Umbruch, 1876–1940* (Frankfurt am Main: Suhrkamp, 1984), 70ff.
70 Meyers, *Forge of Progress*, 123–25, 131; for Peru, see Michael J. Gonzales, "The Rise of Cotton Tenant Farming in Peru, 1890–1920: The Condor Valley," *Agricultural History* 65, no. 1 (Winter 1991): 71; for Egypt, see Mitchell, *Rule of Experts*.
71 Toksöz, "The Çukurova," 99.
72 Manchester Chamber of Commerce, *The Forty-Second Annual Report of the Board of Directors for the Year 1862* (Manchester: Cave & Server, 1863), 22; Rosa Luxemburg, "Die Akkumulation des Kapitals," in Rosa Luxemburg, *Gesammelte Werke*, Band 5 (Berlin: Dietz Verlag, 1981), 311–12, 317; Karl Polanyi, *The Great Transformation* (Boston: Beacon Press, 1968), 72–75.
73 Jürgen Osterhammel and Niels P. Petersson, *Geschichte der Globalisierung: Dimensionen, Prozesse, Epochen* (Munich: C. H. Beck, 2003), 70.
74 Eric Hobsbawm, *The Age of Empire, 1875–1914* (London: Weidenfeld and Nicolson, 1987), 40, 42, 45, 54, 59, 62, 66, 67, 69; Osterhammel and Petersson, *Geschichte der Globalisierung*, 69. See also Sven Beckert, "Space Matters: Eurafrica, the American Empire, and the Territorial Reorganization of European Capitalism, 1870–1960" (article in progress); Charles S. Maier, "Consigning the Twentieth Century to History: Alternative Narratives for the Modern Era," *American Historical Review* 105, no. 3 (June 2000): 807–31; Oldham Master Cotton Spinners' Association, *Report of the Committee, for Year Ending December 31, 1901* (Oldham: Dornan, 1902), 5, in record group 6/2/1–61m, Papers of the Oldham Master Cotton Spinners' Association, John Rylands Library, Manchester; Giovanni Arrighi, *The Long Twentieth Century: Money, Power, and the Origins of Our Times* (New York: Verso, 1994), 11; Jan-Frederik Abbeloos, "Belgium's Expansionist History Between 1870 and 1930: Imperialism and the Globalisation of Belgian Business," Munich Personal RePEc Archive Paper No. 11295 (posted October 30, 2008), accessed July 9, 2009, http://mpra.ub.uni-muenchen.de/11295/.
75 International Federation of Master Cotton Spinners' and Manufacturers' Associations, *Official Report of the International Congress, Held in Egypt*, 31; Commission Coloniale, "Rapport sur l'organisation du travail libre," in 317/Gen 40/472, Fonds Ministérielle, Centre des archives d'outre-mer; Procès verbaux des séances de la commission du travail aux colonies, 1873–1874, 1105/Gen 127/473, Fonds Ministérielle, Centre des archives d'outre-mer, "Régime du travail dans les colonies, rapport, 1875," in 1152/Gen 135/475, Fonds Ministérielle, Archives d'outre-mer; *Liverpool Mercury*, September 23, 1863, 6; Edward Atkinson, *Cheap Cotton by Free Labor: By a Cotton Manufacturer* (Boston: A. Williams & Co, 1861), 478. See also John Bright to Edward Atkinson, London, May 29, 1862, Box N 298, ibid. Note from the Ambassade d'Espagne à Paris, no date, 994/Gen 117/474, Fonds Ministérielle, Archives d'outre-mer; copy of a report by R. B. D. Morier to the Secretary of State, The Marquis of Salisbury, October 12, 1889, Compilations, Vol. 51, 1890, Compilation No. 476, "Establishment by the Russian Government of a Model Cotton Plantation in the Merva Oasis," Revenue Department, Maharashtra State Archive, Mumbai; Rinji Sangyo Chosa Kyoku [Special Department of Research on Industries], *Chosen ni Okeru Menka ni Kansuru Chosa Seiseki* [The Research on Cotton in Korea] (August 1918); No-Shomu Sho Nomu Kyoku [Ministry of Agriculture and Commerce, Department of Agriculture], *Menka ni Kansuru Chosa* [The Research on Cotton] (March 1913).

76 许多其他国家也是如此。例如，在秘鲁，在内战和由此产生的产量大幅度扩大之后，佃农耕作和共享种植成为棉花生产的主要形式。见 Vincent Peloso, *Peasants on Plantations: Subaltern Strategies of Labor and Resistance in the Pisco Valley, Peru* (Durham, NC: Duke University Press, 1999); Michael R. Haines, "Wholesale Prices of Selected Commodities: 1784–1998," Table Cc205–266, in Susan B. Carter, Scott Sigmund Gartner, Michael R. Haines, Alan L. Olmstead, Richard Sutch, and Gavin Wright, eds., *Historical Statistics of the United States, Earliest Times to the Present: Millennial Edition* (New York: Cambridge University Press, 2006); Peter Harnetty, *Imperialism and Free Trade: Lancashire and India in the Mid-Nineteenth Century* (Vancouver: University of British Columbia Press, 1972), 99.

第 11 章　大破坏

1　John R. Killick, "Atlantic and Far Eastern Models in the Cotton Trade, 1818–1980," University of Leeds School of Business and Economic Studies, Discussion Paper Series, June 1994, 1; Toyo Menka Kaisha, *The Indian Cotton Facts 1930*(Bombay: Toyo Menka Kaisha Ltd., 1930), n.p.

2　在这条线开通之际，英国总督本人把新的事态明确地与美国内战联系起来。"Opening of the Khamgaon Railway," *Times of India*, March 11, 1870, reprinted in Moulvie Syed Mahdi Ali, *Hyderabad Affairs*, vol. 4 (Bombay: Printed at the Times of India Steam Press, 1883), 199. On Khamgaon see also John Henry Rivett-Carnac, *Report of the Cotton Department for the Year 1868–69* (Bombay: Printed at the Education Society's Press, 1869), 98ff., 131; A. C. Lydall, *Gazetteer for the Haidarabad Assigned Districts, Commonly Called Berar* (Bombay: Education Society's Press, 1870), 230, in record group V/27/65/112, Oriental and India Office Collections, British Library, London.

3　Haywood to Messers. Mosley and Hurst, Manchester, May 15, 1861, as reprinted in *Times of India*, July 18, 1861, 3. Very similar also *Cotton Supply Reporter* (June 15, 1861): 530; "Cotton Districts of Berar and Raichove Doab," India Office, London, to Governor in Council Bombay, December 17, 1862, Compilation No. 119, Compilations, Vol. 26, 1862–1864, Revenue Department, Maharashtra State Archives, Mumbai; J. B. Smith (Stockport) in *Hansard's Parliamentary Debates*, Third Series, vol. 167, June 19, 1862 (London: Cornelius Buck, 1862), 761; *Cotton Supply Reporter* (January 2, 1865); Arthur W. Silver, *Manchester Men and Indian Cotton, 1847–1872* (Manchester: Manchester University Press, 1966), 179; printed letter from A. J. Dunlop to the Secretary of the Government of India, Revenue, Agriculture and Commerce, Hyderabad, April 2, 1878, Hyderabad Assigned Districts, India, Department of Land Records and Agriculture, Reports, 1876–1891, record group V/24, file 4266, Oriental and India Office Collections, British Library, London.

4　George Reinhart, *Volkart Brothers: In Commemoration of the Seventy-Fifth Anniversary of the Foundation* (Winterthur: n.p., 1926); The Volkart's United Press Company Limited, Dossier 10, Volkart Archives, Winterthur, Switzerland. 关于从福尔卡特兄弟公司角度看印度棉花贸易的发展情况，见 Jakob Brack-Liechti, "Einige Betrachtungen über den indischen Baumwollmarkt aus älterer Zeit, 23.2.1918," Volkart Archives; Salomon Volkart to "Bombay," Winterthur, March 17, 1870, and Salomon Volkart to "Bombay," Winterthur, May 27, 1870, in Correspondence of Salomon Volkart, second copy book, Winterthur, 1865–1867, Volkart Archives.

5　Hyderabad Assigned Districts, Land Records and Agriculture Department, *Report on the Rail and Road-borne Trade in the Hyderabad Assigned Districts for the Year 1894–95* (Hyderabad: Residency Government Press, 1895), Appendix B; Laxman D. Satya, *Cotton and Famine in Berar, 1850–1900* (New Delhi: Manohar, 1997), 168; Hyderabad Assigned Districts, Land Records and Agriculture Department, *Report on the Trade of the Hyderabad Assigned Districts for the Year 1882–83*(Hyderabad: Residency Government Press, 1883), 4, record group V/24, Reports, Oriental and India Office Collections, British Library, London; Correspondence of Salomon Volkart, second copy book, Winterthur, 1865–1867, in Volkart Archives, Winterthur, Switzerland; The Volkart's United Press Company Limited, Dossier 10, Volkart Archives; "Chronology of Events in Bombay," in Dossier 3, Bombay 1:4, Volkart Archives; Walter H. Rambousek et al., *Volkart: The History of a World Trading Company* (Frankfurt am Main: Insel Verlag, 1991), 72; Kaisha, *The Indian Cotton Facts 1930*, 50–51; printed letter from A. J. Dunlop to the Secretary of the Government of India, Revenue, Agriculture and Commerce, Hyderabad, April 2, 1878, in Hyderabad Assigned Districts, Land Records and Agriculture Department, *Report on the Trade of the Hyderabad Assigned Districts for the Year 1877–78* (Hyderabad: Residency Government Press, 1878), 4, in record group V/24, Reports, Oriental and India Office Collections, British Library, London; Kagotani Naoto, "Up-Country Purchase Activities of Indian Raw Cotton by Tōyō Menka's Bombay Branch, 1896–1935," in S. Sugiyama and Linda Grove, *Commercial Networks in Modern Asia* (Curzon: Richmond, 2001), 199, 200.

6   Christof Dejung, "The Boundaries of Western Power: The Colonial Cotton Economy in India and the Problem of Quality," in Christof Dejung and Niels P. Petersson, eds., *The Foundations of Worldwide Economic Integration: Power, Institutions, and Global Markets, 1850–1930* (Cambridge: Cambridge University Press, 2012), 148.

7   Douglas E. Haynes, "Market Formation in Khandeshh, 1820–1930," *Indian Economic and Social History Review* 36, no. 3 (1999): 294; *Asiatic Review* (October 1, 1914): 294; C. A. Bayly, *The Birth of the Modern World, 1780–1914* (Oxford: Blackwell, 2004), 138; Dwijendra Tripathi, "An Echo Beyond the Horizon: The Effect of American Civil War on India," in T. K. Ravindran, ed., *Journal of Indian History: Golden Jubilee Volume* (Trivandrum: University of Kerala, 1973), 660; Marika Vicziany, "Bombay Merchants and Structural Changes in the Export Community 1850 to 1880," in K. N. Chaudhuri and Clive Dewey, eds., *Economy and Society: Essays in Indian Economic and Social History* (Delhi: Oxford University Press, 1979), 163–96; Marika Vicziany, "The Cotton Trade and the Commercial Development of Bombay, 1855–75" (PhD dissertation, University of London, 1975), 170–71.

8   Arnold Wright, ed., *Twentieth Century Impressions of Egypt: Its History, People, Commerce, Industries, and Resources* (London: Lloyd's Greater Britain Publishing Company, 1909), 285; Alexander Kitroeff, *The Greeks in Egypt, 1919–1937* (Oxford: Middle East Centre, Oxford University, 1989), 76, 86; *Cinquante ans de labeur: The Kafr-El-Zayat Cotton Company Ltd., 1894–1944*, in Rare Books and Special Collections Library, American University in Cairo; *Ekthesis tou en Alexandria Gentkou Proxenlou tls Egyptou 1883–1913* (Athens: n.p., 1915), 169–70.

9   Meltem Toksöz, "The Çukurova: From Nomadic Life to Commercial Agriculture, 1800–1908" (PhD dissertation, State University of New York at Binghamton, 2000), 103, 106, 120, 125, 137, 174, 191, 193, 245; W. F. Bruck, *Türkische Baumwollwirtschaft: Eine Kolonialwirtschaftliche und -politische Untersuchung* (Jena: Gustav Fischer, 1919), 9; William K. Meyers, *Forge of Progress, Crucible of Revolt: Origins of the Mexican Revolution in La Comarca Lagunera, 1880–1911*(Albuquerque: University of New Mexico Press, 1994), 48; Charles S. Aiken, *The Cotton Plantation South Since the Civil War* (Baltimore: Johns Hopkins University Press, 1998), 60.

10 L. Tuffly Ellis, "The Revolutionizing of the Texas Cotton Trade, 1865–1885," *Southwestern Historical Quarterly* 73, no. 4 (1970): 479.

11 Harold D. Woodman, "The Decline of Cotton Factorage after the Civil War," *American Historical Review* 71, no. 4 (1966): 1220ff., 1236; Ellis, "The Revolutionizing of the Texas Cotton Trade," 505.

12 Woodman, "The Decline of Cotton Factorage after the Civil War," 1223, 1228, 1231, 1239; *Bradstreet's: A Journal of Trade, Finance and Public Economy* 11 (February 14,

1885): 99–100; John R. Killick, "The Transformation of Cotton Marketing in the Late Nineteenth Century: Alexander Sprunt and Son of Wilmington, N.C., 1884–1956," *Business History Review* 55, no. 2 (Summer 1981): 162, 168.

13 Killick, "Atlantic and Far Eastern Models in the Cotton Trade," 17; Thomas Ellison, *The Cotton Trade of Great Britain* (London: Effingham Wilson, 1886), 280.

14 See, for example, Albert C. Stevens, "'Futures' in the Wheat Market," *Quarterly Journal of Economics* 2, no. 1 (October 1887): 37–63; Jonathan Ira Levy, "Contemplating Delivery: Futures Trading and the Problem of Commodity Exchange in the United States, 1875–1905," *American Historical Review* 111, no. 2 (April 2006): 314; Alston Hill Garside, *Cotton Goes to Market: A Graphic Description of a Great Industry* (New York: Stokes, 1935), 166. 关于不来梅导入期货贸易的讨论，见 W II, 3, Baumwollterminhandel, Archive of the Handelskammer Bremen, Bremen, Germany; *Frankfurter Zeitung*, February 4, 1914.

15 Alfred Chandler, *The Visible Hand* (Cambridge, MA: Harvard University Press, 1977), 214; Kenneth J. Lipartito, "The New York Cotton Exchange and the Development of the Cotton Futures Market," *Business History Review* 57 (Spring 1983): 54.

16 Lipartito, "The New York Cotton Exchange," 53; Garside, *Cotton Goes to Market*, 133, 166.

17 Garside, *Cotton Goes to Market*, 54–55, 68, 145.

18 Jamie L. Pietruska, "'Cotton Guessers': Crop Forecasters and the Rationalizing of Uncertainty in American Cotton Markets, 1890–1905," in Hartmut Berghoff, Philip Scranton, and Uwe Spiekermann, eds., *The Rise of Marketing and Market Research* (New York: Palgrave Macmillan, 2012), 49–72; Michael Hovland, "The Cotton Ginnings Reports Program at the Bureau of the Census," *Agricultural History* 68, no. 2 (Spring 1994): 147; N. Jasny, "Proposal for Revision of Agricultural Statistics," *Journal of Farm Economics* 24, no. 2 (May 1942): 402; H. Parker Willis, "Cotton and Crop Reporting," *Journal of Political Economy* 13, no. 4 (September 1905): 507; International Institute of Agriculture, Bureau of Statistics, *The Cotton-Growing Countries; Production and Trade* (Rome: International Institute of Agriculture, 1922).

19 Sources for the data in the graph for the years 1820–1850 are: 1820—*Tables of Revenue, Population, Commerce, &c. of the United Kingdom and Its Dependencies, Part I, from 1820 to 1831, Both Inclusive* (London: William Clowes, 1833), 65, 67, 70; Richard Burn, *Statistics of the Cotton Trade: Arranged in a Tabular Form: Also a Chronological History of Its Various Inventions, Improvements, etc., etc.* (London: Simpkin, Marshall 1847), 1; Ellison, *The Cotton Trade of Great Britain*, 63–64; T. Bazley, "Cotton Manufacture," *Encyclopaedia Britannica*, 8th ed., vol. 7 (Edinburgh: Black, 1854), 453; Lars G. Sandberg, *Lancashire in Decline: A Study in Entrepreneurship, Technology, and International Trade* (Columbus: Ohio State University Press, 1974), 142, 145, 254–62; Andrew Ure, *The Cotton Manufacture of Great Britain; Systematically Investigated···with an Introductory View of Its Comparative State in Foreign Countries*, vol. 1 (New York: Johnson Reprint Corp., 1970), 65–70, 328; Andrew Ure, *The Cotton Manufacture of Great Britain; Systematically Investigated···with an Introductory View of Its Comparative State in Foreign Countries*, vol. 2 (New York: Johnson Reprint Corp., 1970), 328; I. Watts, "Cotton," *Encyclopaedia Britannica*, 9th ed., vol. 6 (Edinburgh: Black, 1877), 503–4.

20 Amalendu Guha, "The Decline of India's Cotton Handicrafts, 1800–1905: A Quantitative Macro-Study," *Calcutta Historical Journal* 17 (1995): 44; Table No. 29, "Value of the Principal Articles of Merchandise and Treasure Imported into British India, by Sea, from Foreign Countries, in each of the Years ended 30th April," in *Statistical Abstracts Relating to British India from 1840 to 1865* (London: Her Majesty's Stationery Office, 1867); Douglas A. Farnie, *The English Cotton Industry and the World Market* (New York: Oxford University Press, 1979), 101; Lars G. Sandberg, "Movements in the Quality of British Cotton Textile Exports, 1815–1913," *Journal of Economic History* 28, no. 1 (March 1968): 1–27.

21 Diary of Voyage to Calcutta, Record Group MSS EUR F 349, box 1, Richard Kay Papers, Oriental and India Office Collections, British Library, London; Diary and notebook, Allahabad, 1820, in Record Group MSS EUR F 349, box 3, Richard Kay Papers, Oriental and India Office Collections, British Library; *Asiatic Journal and Monthly Register*, New Series, 16 (January–April 1835): 125; *Report of the Bombay Chamber of Commerce for the Year 1852–53* (Bombay: Bombay Gazette Press, 1853), 23.

22 Elena Frangakis, "The Ottoman Port of Izmir in the Eighteenth and Early Nineteenth Centuries, 1695–1820," *Revue de l'Occident musulman et de la Méditerranée* 39, no. 1 (1985): 150; Joel Beinin, "Egyptian Textile Workers: From Craft Artisans Facing European Competition to Proletarians Contending with the State," in Lex Heerma van Voss, Els Hiemstra-Kuperus, and Elise van Nederveen Meerkerk, eds., *The Ashgate Companion to the History of Textile Workers, 1650–2000*(Burlington, VT: Ashgate, 2010), 176; Patricia Davison and Patrick Harries, "Cotton Weaving in South-East Africa: Its History and Technology," in Dale Idiens and K. G. Ponting, eds., *Textiles of Africa* (Bath: Pasold Research Fund, 1980), 189; G. P. C. Thomson, "Continuity and Change in Mexican Manufacturing," in I. J. Baou, ed., *Between Development and Underdevelopment* (Geneva: Librairie Droz, 1991), 275; Robert A. Potash, *Mexican Government and Industrial Development in the Early Republic: The Banco de Avio* (Amherst: University of Massachusetts Press, 1983), 27; H. G. Ward, *Mexico* (London: H. Colburn, 1829), 60; Robert Cliver as cited by Prasannan Parthasarathi, "Global Trade and Textile Workers," in Van Voss et al., eds., *The Ashgate Companion to the History of Textile Workers*, 570.

23 Gisborne to Joshua Bates, Walton, October 15, 1832, House Correspondence, HC 6.3, India and Indian Ocean, 1, ING Baring Archive, London; Ralph W. Hidy, *The House of Baring in American Trade and Finance: English Merchant Bankers at Work, 1763–1861* (Cambridge, MA: Harvard University Press, 1949), 104; Baring Brothers Liverpool to Baring Brothers London, August 1, 1836, House Correspondence, HC 3.35, 2, ING Baring Archive. The Brown Brothers engaged in the export of manufactured goods as well. D. M. Williams, "Liverpool Merchants and the Cotton Trade, 1820–1850" in J. R. Harris, ed., *Liverpool and Merseyside: Essays in the Economic and Social History of the Port and Its Hinterland* (London: Frank Cass & Co, 1969), 197; John A. Kouwenhoven, *Partners in Banking: An Historical Portrait of a Great Private Bank, Brown Brothers Harriman & Co., 1818–1968* (Garden City: Doubleday & Co., 1967), 41; see also *Report of the Bombay Chamber of Commerce for the Year 1852–53*, 24; Letterbook, 1868–1869, in Papers of McConnel & Kennedy, record group MCK, box 2/2/23, John Rylands Library, Manchester; Letterbook, May 1814 to September 1816, in Papers of McConnel & Kennedy, record group MCK, box 2/2/5, John Rylands Library; Dotter to Fielden Brothers, Calcutta, October 17, 1840, in Correspondence Related to Commercial Activities, May 1812–April 1850, in Record Group FDN, box 1/15, papers of Fielden Brothers, John Rylands Library.

24 Stephen Broadberry and Dishnupriya Gupta, "Cotton Textiles and the Great Divergence: Lancashire, India and Shifting Competitive Advantage, 1600–1850: The Neglected Role of Factor Prices," *Economic History Review* 62, no. 2 (May 2009): 285; Jim Matson, "Deindustrialization or Peripheralization? The Case of Cotton Textiles in India, 1750–1950," in Sugata Bose, ed., *South Asia and World Capitalism* (New York: Oxford University Press, 1990), 215.

25 Bombay Chamber of Commerce, *Report of the Bombay Chamber of Commerce for the Year 1852–53*, 23; J. Forbes Watson, *Collection of Specimens and Illustrations of the Textile Manufacturers of India (Second Series)* (London: India Museum, 1873), in Library of the Royal Asiatic Society Library of Bombay, Mumbai; Part A, No. 1, November 1906, 1, Industries Branch, Department of Commerce and Industry, National Archives of India, New Delhi. Very similar also R. E. Enthoven, *The Cotton Fabrics of the Bombay Presidency* (Bombay: n.p., 1897).

26 "Report on the Native Cotton Manufacturers of the District of Ning-Po" (China), in

Compilations Vol. 75, 1887, Compilation No. 919, Revenue Department, Maharashtra State Archives, Mumbai; *The Thirty-Fifth Annual Report of the Board of Directors of the Chamber of Commerce and Manufactures at Manchester, for the Year 1855* (Manchester: James Collins, 1856), 10–11; Contract Book, George Robinson & Co. Papers, record group MSf 382.2.R1, in Manchester Archives and Local Studies, Manchester; Broadberry and Gupta, "Cotton Textiles and the Great Divergence," 285; Matson, "Deindustrialization or Peripherialization?" 215; Karl Marx and Friedrich Engels, *Aufstand in Indien* (Berlin: Dietz Verlag, 1978 [1853]), 2; Konrad Specker, "Madras Handlooms in the Nineteenth Century," in Tirthankar Roy, ed., *Cloth and Commerce: Textiles in Colonial India* (Walnut Creek, CA: AltaMira Press, 1996), 216; T.G.T., "Letters on the Trade with India," in *Asiatic Journal*(September–December 1832): 256, as quoted in Edward Baines, *History of the Cotton Manufacture in Great Britain* (London: H. Fisher, R. Fisher, and P. Jackson, 1835), 81–82. 有趣的是，Baines 赞许地引用了这些孟加拉商人的话。他没有提供这封信的任何来源，也没有提供这 117 个商人的任何名字。另见 Arno S. Pearse, *The Cotton Industry of India, Being the Report of the Journey to India* (Manchester: Taylor, Garnett, Evans, 1930), 20.

27 Guha, "The Decline of India's Cotton Handicrafts," 56; quoted in *Times of India*, Overland Summary, July 8, 1864, 4; *Times of India*, Overland Summary, October 29, 1863, 1; see also J. Talboys Wheeler, Assistant Secretary to the Government of India, "Memorandum on the Effect of the Rise in Cotton upon the Manufactured Article," December 15, 1864, as reprinted in *Times of India*, Overland Summary, January 13, 1865, 3.

28 A. J. Dunlop to the Secretary of the Chamber of Commerce, Bombay, Camp Oomraoti, November 6, 1874, 4, Proceedings, Part B, November 1874, No. 5, Fibres and Silk Branch, Agriculture and Commerce Department, Revenue, National Archives of India, New Delhi; V. Garrett, *Monograph on Cotton Fabrics in the Hyderabad Assigned Districts* (New Delhi: Residency Government Press, 1897), 3; Report by E. A. Hobson, in Proceedings, Part B, Nos. 22–23, November 1887, Fibres and Silk Branch, Department of Revenue and Agriculture, National Archives of India; Rivett-Carnac, *Report of the Cotton Department for the Year 1868–69*, 35.

29 *The Thirty-Ninth Annual Report of the Board of Directors of the Chamber of Commerce and Manufactures at Manchester, for the Year 1859* (Manchester: Cave and Sever, 1860), 22–23.

30 Nitya Naraven Banerjei, *Monograph on the Cotton Fabrics of Bengal* (Calcutta: Bengal Secretariat Press, 1898), 2, 8; "Final Report on the Famine of 1896/97 in the Bombay Presidency," in 1898, Compilations Vol. 8, Revenue Department, Maharashtra State Archives, Mumbai.

31 Donald Quataert, "The Ottoman Empire, 1650–1922," in Van Voss et al., eds., *The Ashgate Companion to the History of Textile Workers*, 480; on China see the brilliant piece by Jacob Eyferth, "Women's Work and the Politics of Homespun in Socialist China, 1949–1980," in *International Review of Social History* (2012): 9–10; D. C. M. Platt, *Latin America and British Trade, 1806–1914* (London: Adam & Charles Black, 1972), 16; Lars Sundström, *The Trade of Guinea* (Lund: Håkan Ohlssons Boktryckerei, 1965), 160; Part A, No. 1, November 1906, 1, Industries Branch, Department of Commerce and Industry, National Archives of India, New Delhi.

32 Specker, "Madras Handlooms in the Nineteenth Century," 185; Bombay Chamber of Commerce, *Report of the Bombay Chamber of Commerce for the Year 1852–53*, 27; Report, Part C, No. 1, March 1906, Industries Branch, Commerce and Industry Department, National Archives of India, New Delhi; Tirthankar Roy, "The Long Globalization and Textile Producers in India," in Van Voss et al., eds., *The Ashgate Companion to the History of Textile Workers*, 266; M. P. Gandhi, *The Indian Cotton Textile Industry: Its Past, Present and Future* (Calcutta: G. N. Mitra, 1930), 82.

33 Beinin, "Egyptian Textile Workers," 181; Quataert, "The Ottoman Empire, 1650–

1922," 479–80; for Africa, see Marion Johnson, "Technology, Competition, and African Crafts," in Clive Dewey and A. G. Hopkins, eds., *The Imperial Impact: Studies in the Economic History of Africa and India* (London: Athlone Press, 1978), 267; Part A, No. 1, November 1906, 3, Industries Branch, Department of Commerce and Industry, National Archives of India, New Delhi.

34 Robert Cliver, "China," in Van Voss et al., eds., *The Ashgate Companion to the History of Textile Workers*, 111.

35 Letter to the Secretary of the Revenue Department, Fort St. George, November 21, 1843, Revenue Branch, Revenue Department, National Archives of India, New Delhi.

36 Petition of the Weavers of the Chingleput District Complaining against the Loom Tax in the Madras Presidency, June 8, 1844, Revenue Branch, Revenue Department, National Archives of India, New Delhi.

37 Roy, "The Long Globalization and Textile Producers in India," 259; Guha, "The Decline of India's Cotton Handicrafts," 55; Matson, "Deindustrialization or Peripheralization?" 215.

38 Papers relating to Cotton Cultivation in India, MSS EUR F 78, 106, Wood Collection, Oriental and India Office Collections, British Library, London. A similar story can also be found in *Times of India*, Overland Summary, August 24, 1863, 1. See also Memorandum by the Department of Agriculture, Revenue and Commerce, Fibres and Silk Branch, to the Home Department, Calcutta, June 24, 1874, in Revenue, Agriculture and Commerce Department, Fibres and Silk Branch, June 1874, No. 41/42, Part B, National Archives of India, New Delhi; *Times of India*, Overland Summary, April 27, 1864, 5, November 13, 1864, 3, and November 28, 1864, 1; Peter Harnetty, "The Imperialism of Free Trade: Lancashire, India, and the Cotton Supply Question, 1861–1865," *Journal of British Studies* 6, no. 1 (November 1966): 92; *Times of India*, July 5, 1861, 3; Edward Mead Earle, "Egyptian Cotton and the American Civil War," *Political Science Quarterly* 41, no. 4 (1926): 521; Timothy Mitchell, *Rule of Experts: Egypt, Techno-Politics, Modernity* (Berkeley: University of California Press, 2002), 66.

39 Orhan Kurmus, "The Cotton Famine and Its Effects on the Ottoman Empire," in Huri Islamoglu-Inan, *The Ottoman Empire and the World-Economy* (Cambridge: Cambridge University Press, 1987), 165, 166, 168; Alan Richards, *Egypt's Agricultural Development, 1800–1980: Technical and Social Change* (Boulder, CO: Westview Press, 1982), 55; Mitchell, *Rule of Experts*, 60–64.

40 Rivett-Carnac, *Report of the Cotton Department for the Year 1868–69*, 132; John Aiton Todd, *The World's Cotton Crops* (London: A. & C. Black, 1915), 429–32. David Hall-Matthews, "Colonial Ideologies of the Market and Famine Policy in Ahmednagar District, Bombay Presidency, c. 1870–1884," *Indian Economic and Social History Review* 36, no. 3 (1999): 303–33; Samuel Smith, *The Cotton Trade of England, Being a Series of Letters Written from Bombay in the Spring of 1863* (London: Effingham, Wilson, 1863), 12–13; Allen Isaacman and Richard Roberts, "Cotton, Colonialism, and Social History in Sub-Saharan Africa," in Allen Isaacman and Richard Roberts, eds., *Cotton, Colonialism, and Social History in Sub-Saharan Africa* (Portsmouth, NH: Heinemann, 1995), 32, 34; Meyers, *Forge of Progress*, 126; Jorge Raul Colva, *El "Oro Blanco" en la Argentina* (Buenos Aires: Editorial Calidad, 1946), 15.

41 Data taken from "Index Numbers of Indian Prices 1861–1926," No. 2121, Calcutta: Government of India Central Publication Branch, 1928, Summary Tables III and VI, Oriental and India Office Collections, British Library, London. 关于世界市场整合引起的新不确定性，另见 A. E. Nelson, *Central Provinces District Gazetteers, Amraoti District*, vol. A (Bombay: Claridge, 1911), 226, in record group V/27/65/6, Oriental and India Office Collections, British Library, London; Hall-Matthews, "Colonial Ideologies of the Market and Famine," 307, 313; Memo by the Department of Agriculture, Revenue and Commerce, Fibres and Silk Branch, to the Home Department, Calcutta, June 24, 1874, Proceedings, Part B, June 1874, No. 41/42,

Fibres and Silk Branch, Agriculture and Commerce Department, Revenue, National Archives of India, New Delhi; Frenise A. Logan, "India's Loss of the British Cotton Market after 1865," *Journal of Southern History* 31, no. 1 (1965): 46; 世卫组织援引 Sir Trevelyan 在 1863 年预算报表中的话说,"只有将以前用于粮食种植的大部分土地转用于出口产品的生产,才能满足出口产品的需求" cited in Iltudus Thomas Prichard, *The Administration of India, From 1859–1868*, vol. 1 (London: Macmillan, 1869), 9; for Egypt see E. R. J. Owen, *Cotton and the Egyptian Economy, 1820–1914: A Study in Trade and Development* (Oxford: Clarendon Press, 1969), 159; for Brazil see Luis Cordelio Barbosa, "Cotton in 19th Century Brazil: Dependency and Development" (PhD dissertation, University of Washington, 1989), 31, 95–102, 105–8, 142; see also International Federation of Master Cotton Spinners' and Manufacturers' Associations, *Official Report of the International Congress, Held in Egypt, 1927* (Manchester: International Federation of Master Cotton Spinners' and Manufacturers' Associations, 1927), 99.

42 Rivett-Carnac, *Report of the Cotton Department for the Year 1868–69*, 52.

43 Barbosa, "Cotton in 19th Century Brazil," 105. 饥荒和棉花农业扩展之间的关系见 Sandip Hazareesingh, "Cotton, Climate and Colonialism in Dharwar, Western India, 1840–1880," *Journal of Historical Geography* 38, no. 1 (2012): 16. 关于 19 世纪末的饥荒的一般情况,见 Mike Davis, *Late Victorian Holocausts: El Niño Famines and the Making of the Third World* (New York: Verso, 2001), 7; Nelson, *Central Provinces District Gazetteers, Amraoti District*, vol. A. "The scarcity of 1896–97 was caused by high prices and not by failure of crops," reported the deputy commissioner of the Akola District (in Berar) to the Indian Famine Commission. See Indian Famine Commission, "Appendix, Evidence of Witnesses, Berar," *Report of the Indian Famine Commission* (Calcutta: n.p., 1901), 43, 53. For the mortality figures see Indian Famine Commission, "Appendix, Evidence of Witnesses, Berar," *Report of the Indian Famine Commission*, 54, 213. Total mortality between December 1899 and November 1900 was 84.7 per 1,000; see also Sugata Bose, "Pondering Poverty, Fighting Famines: Towards a New History of Economic Ideas," in Kaushik Basu, ed., *Arguments for a Better World: Essays in Honor of Amartya Sen* (New York: Oxford University Press, 2009), 428.

44 Mitchell, *Rule of Experts*, 63–64; on the riots see Neil Charlesworth, "The Myth of the Deccan Riots of 1875," *Modern Asian Studies* 6, no. 4 (1972): 401–21; Deccan Riots Commission, *Papers Relating to the Indebtedness of the Agricultural Classes in Bombay and Other Parts of India* (Bombay: Deccan Riots Commission, 1876); *Report of the Committee on the Riots in Poona and Ahmednagar, 1875* (Bombay: Government Central Press, 1876); Roderick J. Barman, "The Brazilian Peasantry Reexamined: The Implications of the Quebra-Quilo Revolt, 1874–1875," *Hispanic American Historical Review* 57, no. 3 (1977): 401–24; Armando Souto Maior, *Quebra-Quilos: Lutas sociais no outono do império* (São Paulo: Companhia Editora Nacional, 1978). 埃及农民也感受到了加税的压力,他们在这个过程中损失了他们在内战期间积累的大部分利润。See Owen, *Cotton and the Egyptian Economy*, 144; W. H. Wyllie, Agent of the Governor General in Central India, to the Revenue and Agriculture Department, September 9, 1899, in Proceedings, Part B, Nos. 14–54, November 1899, Famine Branch, Department of Revenue and Agriculture, National Archives of India, New Delhi; Wady E. Medawar, *Études sur la question cotonnière et l'organisation agricole en Égypte* (Cairo: A. Gherson, 1900), 16, 20–21; William K. Meyers, "Seasons of Rebellion: Nature, Organisation of Cotton Production and the Dynamics of Revolution in La Laguna, Mexico, 1910–1816," *Journal of Latin American Studies* 30, no. 1 (February 1998): 63; Meyers, *Forge of Progress*, 132–34.

45 棉花问题对反殖民政治的重要性也可以追溯到 File 4, Correspondence, G. K. Gokhale, 1890–1911, in Servants of India Society Papers, Nehru Memorial Library, New Delhi; Correspondence, Sir Pherozeshah Mehta Papers, Nehru Memorial Library.

第 12 章　新棉花帝国主义

1 Department of Finance, *1895, Annual Return of the Foreign Trade of the Empire of Japan* (Tokyo: Koide, n.d.), 310; Department of Finance, *1902, Annual Return of the Foreign Trade of the Empire of Japan* (Tokyo: Koide, n.d.), 397; Department of Finance, *1920, Annual Return of the Foreign Trade of the Empire of Japan*, Part I (Tokyo: n.p., n.d.), 397; Tohei Sawamura, *Kindai chosen no mensaku mengyo* (Tokyo: Miraisha, 1985), 112; Chosen ni okeru menka saibai no genzai to shorai, n.d., mimeograph, Asian Reading Room, Library of Congress, Washington, DC; 关于日本开始在殖民时期的朝鲜增加棉花种植的原因略有不同的说法可参见 Carter J. Eckert, *Offspring of Empire: The Koch and Kims and the Colonial Origins of Korean Capitalism, 1876–1945* (Seattle: University of Washington Press, 1991), 134.
2 *Dai-Nihon boseki rengokai geppo* 173 (January 25, 1906): 1–2; *Annual Report for 1907 on Reforms and Progress in Korea* (Seoul: H.I.J.M.'s Residency General, 1908), 84; Eckert, *Offspring of Empire*, 134–5.
3 Eckert, *Offspring of Empire*, 134; *Annual Report for 1912–13 on Reforms and Progress in Chosen* (Keijo: Government General of Chosen, 1914), 153; Department of Finance, *1909, Annual Return of the Foreign Trade of the Empire of Japan* (Tokyo: Koide, n.d.), 629; Cotton Department, Toyo Menka Kaisha Lts., *The Indian Cotton Facts* (Bombay: n.p., n.d.), Japanese Cotton Spinners Association Library, University of Osaka.
4 Rinji Sangyo Chosa Kyoku [Special Department of Research on Industries], *Chosen ni Okeru Menka ni Kansuru Chosa Soiseki* [The Research on Cotton in Korea] (August 1918), 1; Eckert, *Offspring of Empire*, 134; No-Shomu Sho Nomu Kyoku [Ministry of Agriculture and Commerce, Department of Agriculture], *Menka ni Kansuru Chosa* [The Research on Cotton] (Tokyo: No-shomu sho noji shikenjyo, 1905), 1–3, 76–83, chapter 2; Chosen sotokufu norinkyoku, *Chosen no nogyo* (Keijyo: Chosen sotokufu norinkyoku, 1934), 66–73.
5 Nihon mengyo kurabu, *Naigai mengyo nenkan* (Osaka: Nihon mengyo kurabu, 1931), 231, 233; *Annual Report for 1912–13*, 145, 153; *Annual Report for 1915–16*, 107; *Annual Report for 1921–22*, 263; Department of Finance of Japan, *Monthly Trade Return of Japan Proper and Karafuto (Sagalien) with Chosen (Korea)* (Tokyo: n.p., 1915), 24–25.
6 For this shift of conceptions of sovereignty see Henry Sumner Maine, *Ancient Law: Its Connection with the Early History of Society, and Its Relation to Modern Ideas* (New York: Henry Holt and Company, 1864); for a very interesting discussion on these issues see also Doreen Lustig, "Tracing the Origins of the Responsibility Gap of Businesses in International Law, 1870–1919" (unpublished paper, Tel Aviv University Law School, May 2012, in author's possession). Resolution passed by the Manchester Cotton Supply Association, reprinted in *Merchants' Magazine and Commercial Review* 44, no. 6 (June 1861): 678; Arthur Redford, *Manchester Merchants and Foreign Trade, 1794–1858* (Manchester: Manchester University Press, 1934), 217, 227; Kolonial-Wirtschaftliches Komitee, *Baumwoll-Expedition*; New England Cotton Manufacturers' Association, *Transactions of the New England Cotton Manufacturers' Association*, vol. 73 (Waltham, MA: n.p., 1902), 182.
7 For the price increase and a very good exploration of these events and their import see Jonathan Robbins, "The Cotton Crisis: Globalization and Empire in the Atlantic World, 1901–1920" (PhD dissertation, University of Rochester, 2010), 41–54; see also Edmund D. Morel, *Affairs of West Africa* (London: William Heinemann, 1902), 191; Kolonial-Wirtschaftliches Komitee, "Unsere Kolonialwirtschaft in ihrer Bedeutung für Industrie, Handel und Landwirtschaft," Manuscript, R 8024/37, Kolonial-Wirtschaftliches Komitee, Various Letters, 1914, Bundesarchiv, Berlin; for the notion of a "second cotton famine" see Christian Brannstrom, "Forest for Cotton: Institutions

and Organizations in Brazil's Mid-Twentieth-Century Cotton Boom," *Journal of Historical Geography* 36, no. 2 (April 2010): 169.

8 Morel, *Affairs*, 191; Edward B. Barbier, *Scarcity and Frontiers: How Economies Have Developed Through Natural Resource Exploitation* (New York: Cambridge University Press, 2011); John C. Weaver, *The Great Land Rush and the Making of the Modern World, 1850–1900* (Montreal: McGill–Queen's University Press, 2003).

9 Muriel Joffe, "Autocracy, Capitalism and Empire: The Politics of Irrigation," *Russian Review* 54, no. 3 (July 1995): 367; Rosen is quoted in Mariya Konstantinovna Rozhkova, *Ekonomich eskaia politika tsarskogo pravitel'stva na Srednem Vostoke vo vtoroi chetverti XIX veka i russkaya burzhuaziya* (Moscow: Izd. Akademii Nauk SSSR, 1949), 100; 关于早先希望中亚能够为俄国提供棉花，见 Pavel Nebol'sin, *Ocherki torgovli Rossii s Srednei Aziei* (Saint Petersburg: Tipografia Imperatorskoi Akademii Nauk, 1855), 18, 22, 25, 27; 纺织品制造商 Aleksandr Shipov 早在 1857 年就强调取得中亚棉花的重要性；见 Aleksandr Shipov, *Khlopchatobumazhnaia promyshlennost' i vazhnost' eco znacheniia v Rossii*, otd I (Moscow: T.T. Volkov & Co., 1857), 49–50; see Charles William Maynes, "America Discovers Central Asia," *Foreign Affairs* 82, no. 2 (March/April 2003): 120; Mariya Konstantinovna Rozhkova, *Ekonomiceskie svyazi Rossii so Srednei Aziei, 40–60-e gody XIX veka* (Moscow: Izd-vo Akademii nauk SSSR, 1963), 54–55, tables 9–10.

10 Quote in Rozhkova, *Ekonomicheskiie*, 64–65, 150–52; a pood (or 35.24 pounds) of Asian cotton was sold for 7.75 rubles in 1861, but by 1863 the price had increased to more than 22 rubles; P. A. Khromov, *Ekonomicheskoe razvitie Rossii v XIX-XX vekakh: 1800–1917* (Moscow: Gos. Izd. Politicheskoi Literatury, 1950), 183; 在一些地区，例如在 Erivan gubernia（高加索），内战期间棉花产量增加了近十倍，从 1861 年的 30000 poods 增加到 1870 年的 273000 poods; K. A. Pazhitnov, *Ocherki istorii tesktil' noi promyshlennosti dorrevolyutsionnoi Rossii: Khlopchato-Bumazhnaya l'no-pen' kovaya i shelkovaya promyshlennost* (Moscow: Izd. Akademii Nauk SSR, 1958), 98; Rozhkova, *Ekonomiceskie*, 55–61; see, 关于俄国中亚地区棉花农业的扩张，见, Joffe, "Autocracy," 365–88; Julia Obertreis, *Imperial Desert Dreams: Irrigation and Cotton Growing in Southern Central Asia, 1860s to 1991*(unpublished manuscript, 2009), chapter 1, 23; *Moskva*, February 1, 1867; 1866 年 1 月 8 日，沙皇亚历山大二世收到了财政部长写的一份支持对中亚施加更大影响的备忘录，其中列出了一批俄国资本家的名字，包括一些著名的棉花业主，例如 Ivan Khludov & Sons, Savva Morozov & Sons, Vl. Tertyakov, and D. I. Romanovskii; see N. A. Khalfin, *Prisoedinenie Srednei Azii k Rossii: 60–90 gody XIX v* (Moscow: Nauka, 1965), 211; 关于对俄国帝国主义的一般讨论，见 Andreas Kappeler, *The Russian Empire: A Multiethnic Empire* (Harlow: Longman, 2001), 175, 193; Dietrich Geyer, *Der russische Imperialismus: Studien über den Zusammenhang von innerer und auswärtiger Politik, 1860–1914* (Göttingen: Vandenhoeck & Ruprecht, 1977); Thomas C. Owen, "The Russian Industrial Society and Tsarist Economic Policy," *Journal of Economic History* 45, no. 3 (September 1985): 598; Brigitte Loehr, *Die Zukunft Russlands* (Wiesbaden: Franz Steiner Verlag, 1985), 73; Joffe, "Autocracy," 372; Bruno Biedermann, "Die Versorgung der russischen Baumwollindustrie mit Baumwolle eigener Produktion" (PhD dissertation, University of Heidelberg, 1907), 106.

11 Shtaba L. Kostenko, *Sredni aia Aziia i Vodvorenie v nei Russkoi Grazgdanstvennosti* (Saint Petersburg: Bezobrazova i kom, 1871), 221; Thomas Martin, *Baumwollindustrie in Sankt Petersburg und Moskau und die russische Zolltarifpolitik, 1850–1891: Eine vergleichende Regionalstudie* (Giessen: Fachverlag Koehler, 1998), 213, 215; Scott C. Levi, *The Indian Diaspora in Central Asia and Its Trade, 1550–1900* (Leiden: Brill, 2002), 249; Jeff Sahadeo, "Cultures of Cotton and Colonialism: Politics, Society, and the Environment in Central Asia, 1865–1923" (presentation, American Association for the Advancement of Slavic Studies Annual Convention, Toronto, November 2003), 5; George N. Curzon, *Russia in Central Asia in 1889 and the Anglo-Russian Question*

(London: Cass, 1967), 405–7; Biedermann, "Die Versorgung," 40–44; on irrigation see also Obertreis, *Imperial Desert Dreams*; John Whitman, "Turkestan Cotton in Imperial Russia," *American Slavic and East European Review* 15, no. 2 (April 1956): 194–95, 199; Moritz Schanz, "Die Baumwolle in Russisch-Asien," *Beihefte zum Tropenpflanzer* 15 (1914): 8.

12 Obertreis, *Imperial Desert Dreams*, Chapter 1, 74ff.; 这些冲突最好在灌溉问题上加以讨论; 见 Joffe, "Autocracy," 369, 387; Whitman, "Turkestan Cotton," 194, 198, 201; 1887 年至 1899 年期间, 俄国中亚、布哈拉和希亚省专门从事棉花农业的领土增加了五倍; Anlage zum Bericht des Kaiserlichen Generalkonsulats in St. Petersburg, December 26, 1913, R 150F, FA 1, 360, Bundesarchiv, Berlin; the "cotton colony" quote can be found in I. Liashchenko, *Istoriia Narodnogo Khoziaistva SSSR*, vol. 2 (Moscow: Gos. Izd. Polit. Literatury, 1956), 542; "Handelsbericht des Kaiserlichen Konsulats für das Jahr 1909," in *Deutsches Handels-Archiv*, Zweiter Teil: Berichte über das Ausland, 1911 (Berlin: Ernst Siegfried Mittler und Sohn, 1911), 168; Schanz, "Die Baumwolle," 11; Annette M. B. Meakin, *In Russian Turkestan: A Garden of Asia and Its People* (New York: Charles Scribner's Sons, 1915), v; Ella R. Christie, *Through Kiva to Golden Samarkand* (London: Seeley, Service & Co., 1925), 204; Karl Supf, "Zur Baumwollfrage," in Kolonial-Wirtschaftliches Komitee, *Baumwoll-Expedition nach Togo* (no date, but probably 1900), 4–6, file 332, record group R 150F, Fonds Allemand 1, Papers of the Administration of the German Protectorate Togo (L'Administration du Protectorat Allemand du Togo), Archives Nationales du Togo, Lomé, microfilm copy in Bundesarchiv, Berlin; Michael Owen Gately, "The Development of the Russian Cotton Textile Industry in the Pre-revolutionary Years, 1861–1913" (PhD dissertation, University of Kansas, 1968), 169.

13 August Etienne, *Die Baumwollzucht im Wirtschaftsprogramm der deutschen Übersee-Politik* (Berlin: H. Paetal, 1902), 35, 36, 37, 41; *Harper's Weekly* 报道称, "乌兹别克斯坦可以感谢美国内战", 因为它对棉花的强烈依赖; 见 *Harper's Weekly*, April 2002, 42.

14 Etienne, *Die Baumwollzucht*, 28.

15 Ibid., 13.

16 Biedermann, "Die Versorgung," 12; "Cotton in British East Africa," *Imperial and Asiatic Quarterly Review*, Third Series, 24 (July–October 1907): 84; Robert Ed. Buehler, "Die Unabhängigkeitsbestrebungen Englands, Frankreichs und Deutschlands in ihrer Baumwollversorgung" (PhD dissertation, University of Zürich, 1929), 57.

17 Oldham Master Cotton Spinners' Association, *Report of the Committee, for Year Ending December 31, 1901* (Oldham: Dornan, 1902), 4, in Record group 6/2/1–61m, Papers of the Oldham Master Cotton Spinners' Association, John Rylands Library, Manchester; Buehler, "Die Unabhängigkeitsbestrebungen," 68; British Cotton Growing Association, *Second Annual Report, for the Year Ending August 31st, 1906* (Manchester: Head Office, 1906), 8, 10; Correspondence, File 1, Files Relating to the Cotton Industry, British Cotton Growing Association, 2/5, OLD, Papers of the Oldham Textile Employers' Association, 1870–1960, John Rylands Library, Manchester; Morel, *Affairs*; for an excellent review of the activities of the British Cotton Growing Association, see Jonathan Robins, "'The Black Man's Crop': Cotton, Imperialism and Public-Private Development in Britain's African Colonies, 1900–1918," Commodities of Empire Working Paper 11, The Open University and London Metropolitan University, September 2009; Oldham Master Cotton Spinners' Association, *Report of the Committee, for the Year Ending December 31, 1901* (Oldham: Thomas Dornan, 1902), 4, John Rylands Library, Manchester; File Empire Cotton Growing Association, 2/6, OLD, Papers of the Oldham Textile Employers' Association, 1870–1960, John Rylands Library, Manchester; N. M. Penzer, Federation of British Industries, Intelligence Department, *Cotton in British West Africa* (London: Federation of British Industries, 1920); John Harris, Parliamentary Secretary of the Society, to E. Sedgwick, Boston, November 10, 1924, Papers of the British and

Foreign Anti-Slavery and Aborigines Protection Society, MSS. British Empire S22, G143, Bodleian Library of Commonwealth & African Studies, University of Oxford; John Harris to Maxwell Garnett, January 20, 1925, MSS. British Empire 522, G446, Papers of the British and Foreign Anti-Slavery and Aborigines Protection Society, Rhodes House Library, Oxford; D. Edwards-Radclyffe, "Ramie, The Textile of the Future," *Imperial and Asiatic Quarterly Review*, Third Series, 20 (July–October 1905): 47.

18 Frédéric Engel-Dollfus, *Production du coton* (Paris: Paul Dupont, 1867); Faidherbe 将军在1889年曾说: "种植棉花是殖民地成功最有力的因素。", 见 General Faidherbe, *Le Sénégal: La France dans l'Afrique occidentale* (Paris: Librairie Hachette, 1889), 102; Association Cotonnière Coloniale, *Annexe au Bulletin No 3: Les coton indigènes du Dahomey et du Soudan à la filature et au tisage* (Paris: Jean Ganiche, 1904); Charles Brunel, *Le coton en Algérie* (Alger: Imprimierie Agricole, 1910); 关于法国对殖民地棉花的兴趣, 另见 Ed. C. Achard, "Le coton en Cilivie et en Syrie," in *L'Asie Française* (June 1922), Supplement; Documents Économiques, Politiques & Scientifiques, 19–64; *Bulletin de l'Union des Agriculteurs d'Égypte* 159 (March 1925): 73–85; Catalogue of the Library of the Société Industrielle de Mulhouse, Mulhouse, France; *Zeitfragen: Wochenschrift für deutsches Leben*, May 1, 1911, 1.

19 Sven Beckert, *The Monied Metropolis: New York City and the Consolidation of the American Bourgeoisie, 1850–1896* (Cambridge: Cambridge University Press, 2001), 87–89; J. De Cordova, *The Cultivation of Cotton in Texas* (London: J. King & Co., 1858), 3, 9, 24; National Association of Cotton Manufacturers and Planters, *Proceedings of a Convention Held in the City of New York, Wednesday, April 29, 1868, for the Purpose of Organizing the National Association of Cotton Manufacturers and Planters* (Boston: Prentiss & Deland, 1868); New England Cotton Manufacturers' Association, *Transactions of the New England Cotton Manufacturers' Association*, vol. 73 (Waltham, MA: n.p., 1902), 187; New England Cotton Manufacturers' Association, *Transactions of the New England Cotton Manufacturers' Association*, vol. 75 (1903), 191; New England Cotton Manufacturers' Association, *Transactions of the New England Cotton Manufacturers' Association*, vol. 79 (1905), 159.

20 See also Henry L. Abbott, "The Lowlands of the Mississippi," *The Galaxy* 5 (April 1868): 452; National Association of Cotton Manufacturers and Planters, *Articles of Association and By-Laws Adopted by the National Association of Cotton Manufacturers and Planters, April 29, 1868* (Boston: Prentiss & Deland, 1968); National Association of Cotton Manufacturers and Planters, *Proceedings of the First Annual Meeting of the National Association of Cotton Manufacturers and Planters, Held in the City of New York, Wednesday, June 30, 1869* (Boston: W. L. Deland & Co., 1869), 17; F. W. Loring and C. F. Atkinson, *Cotton Culture and the South Considered with Reference to Emigration* (Boston: A. Williams & Co., 1869), 3; New England Cotton Manufacturers' Association, *Transactions of the New England Cotton Manufacturers' Association*, vol. 76 (1904), 104. On Africa see Allen Isaacman and Richard Roberts, "Cotton, Colonialism, and Social History in Sub-Saharan Africa," in Allen Isaacman and Richard Roberts, eds., *Cotton, Colonialism, and Social History in Sub-Saharan Africa* (Portsmouth, NH: Heinemann, 1995), 1; Records of the Togo Baumwollgesellschaft mbh, Record Group 7, 2016, Staatsarchiv Bremen, Bremen, Germany; Laxman D. Satya, *Cotton and Famine in Berar* (New Delhi: Manohar, 1997), 55; Thaddeus Raymond Sunseri, *Vilimani: Labor Migration and Rural Change in Early Colonial Tanzania* (Portsmouth, NH: Heinemann, 2002); Sven Beckert, "From Tuskegee to Togo: The Problem of Freedom in the Empire of Cotton," *Journal of American History* 92, no. 2 (September 2005): 498–526; Edward Mead Earle, "Egyptian Cotton and the American Civil War," *Political Science Quarterly* 41, no. 4 (1926): 520; *Westminster Review* 84, American Edition (1865): 228; *Zeitfragen: Wochenschrift für deutsches Leben*, May 1, 1911, 1; Kolonial-Wirtschaftliches

Komitee, *Deutsch-Koloniale Baumwoll-Unternehmungen 1902/1903* (Berlin: Kolonial-Wirtschaftliches Komitee, 1903), 5.

21 Moulvi Syed Mahdi Ali, ed., *Hyderabad Affairs*, vol. 3 (Bombay: n.p., 1883), 112, 404, 451; *Manchester Guardian*, June 30, 1882, 4; Earle, "Egyptian Cotton," 544; Edward Roger John Owen, *Cotton and the Egyptian Economy, 1820–1914: A Study in Trade and Development* (Oxford: Clarendon Press, 1969), 89, 130, 141, 213ff., 247.

22 Meltem Toksöz, "The Çukurova: From Nomadic Life to Commercial Agriculture, 1800–1908" (PhD dissertation, State University of New York at Binghamton, 2000), 204, 206, 228; Anthony Hall, *Drought and Irrigation in North-East Brazil* (Cambridge: Cambridge University Press, 1978), 4; Roger L. Cunniff, "The Great Drought: Northeast Brazil, 1877–1880" (PhD dissertation, University of Texas at Austin, 1970), 79, 83, 87, 88, 89, 91–95; International Institute of Agriculture, Statistical Bureau, *The Cotton-Growing Countries: Production and Trade* (Rome: International Institute of Agriculture, 1922), 125.

23 Michael J. Gonzales, "The Rise of Cotton Tenant Farming in Peru, 1890–1920: The Condor Valley," *Agricultural History* 65, no. 1 (Winter 1991): 53, 55; Oficina Nacional de Agricultura, *El algodón, instrucciones agrícolas* (Buenos Aires: Penitenciaria Nacional, 1897), 1; Alejandro E. Bunge, *Las industrias del Norte: Contribución al estudio de una nueva política económia Argentina* (Buenos Aires: n.p., 1922), 212ff.; Heinz E. Platte, "Baumwollanbau in Argentinien," *Argentinisches Tagblatt* 20, no. 1 (January 1924): 19.

24 Toksöz, "Çukurova," 99; Weaver, *Great Land Rush*, 4.

25 See in general, Jürgen Osterhammel, *Kolonialismus: Geschichte, Formen, Folgen*, 6th ed. (Munich: Beck, 2009), 10–11; on the specifics see Secretary of the Interior, *Agriculture of the United States in 1860: Compiled from the Original Returns of the Eighth Census* (Washington, DC: Government Printing Office, 1864), 185, accessed May 25, 2009, http://www.agcensus.usda.gov/Publications/Historical_Publications/1860/1860b-08.pdf; United States Department of Agriculture, National Agricultural Statistics Service, accessed April 28, 2009, http://quickstats.nass.usda.gov; 由于没有关于1860年种植棉花的确切领土范围的数字，我假定生产力不变，以估计种植额外棉花所需的额外土地。南卡罗来纳州面积为20484000英亩。

26 Gavin Wright, *Old South, New South: Revolutions in the Southern Economy Since the Civil War* (Baton Rouge: Louisiana State University Press, 1996), 34ff., 57; Secretary of the Interior, *Agriculture of the United States in 1860: Compiled from the Original Returns of the Eighth Census* (Washington, DC: Government Printing Office, 1864), 185, accessed May 25, 2009, http://www.agcensus.usda.gov/Publications/Historical_Publications/1860/1860b-08.pdf; United States Department of Agriculture, National Agricultural Statistics Service, accessed April 28, 2009, http://quickstats.nass.usda.gov; Charles S. Aiken, *The Cotton Plantation South Since the Civil War* (Baltimore: Johns Hopkins University Press, 1998), 59; James C. Cobb, *The Most Southern Place on Earth: The Mississippi Delta and the Roots of Regional Identity* (New York: Oxford University Press, 1992), viii, 95, 99, 100; Gavin Wright, "Agriculture in the South," in Glenn Porter, ed., *Encyclopedia of American Economic History: Studies of the Principal Movements and Ideas*, vol. 1 (New York: Charles Schribner's Sons, 1980), 382; Devra Weber, *Dark Sweat, White Gold: California Farm Workers, Cotton, and the New Deal* (Berkeley: University of California Press, 1994), 17–21.

27 U.S. Department of Commerce, U.S. Census Bureau, *Statistical Abstracts of the United States, 1921* (Washington, DC: Government Printing Office, 1922), 315; Randolph B. Campbell, *Gone to Texas: A History of the Lone Star State* (New York: Oxford University Press, 2003), 306, 308, 311.

28 Ray Allen Billington, *Westward Expansion: A History of the American Frontier* (New York: Macmillan, 1967), 659, 666.

29 Howard Wayne Morgan, *Oklahoma: A Bicentennial History* (New York: Norton, 1977), 42, 81, 91, 48, 49, 58, 147; United States Department of Agriculture, National

Agricultural Statistics Service, accessed April 28, 2009, http://quickstats.nass.usda.gov; U.S. Department of Commerce, U.S. Census Bureau, "Agriculture, 1909 and 1910, Reports by States, with Statistics for Counties, Nebraska-Wyoming," *Thirteenth Census of the United States Taken in the Year 1910*, vol. 7 (Washington, DC: Government Printing Office, 1913), 381; Eric V. Meeks, "The Tohono O'Odham, Wage Labor, and Resistant Adaptation," *Western Historical Quarterly* 34, no. 4 (Winter 2003): 480; Daniel H. Usner, *Indian Work: Language and Livelihood in Native American History* (Cambridge, MA: Harvard University Press, 2009), 55.

30 关于这个问题的讨论，见 Sven Beckert, "Space Matters: Eurafrica, the American Empire, and the Territorialization of European Capitalism, 1870–1940" (article in progress).

31 Günter Kirchhain, "Das Wachstum der deutschen Baumwollindustrie im 19. Jahrhundert: Eine historische Modellstudie zur empirischen Wachstumsforschung" (PhD dissertation, University of Münster, 1973), 29–30, 73; Wilhelm Rieger, *Verzeichnis der im Deutschen Reiche auf Baumwolle laufenden Spindeln und Webstühle* (Stuttgart: Wilhelm Rieger, 1909), 72; for different and slightly lower numbers, see Wolfram Fischer, *Statistik der Bergbauproduktion Deutschland 1850–1914*(St. Kathatinen: Scripta Mercaturae Verlag, 1989), 403; *Handbuch der Wirtschaftskunde Deutschlands*, vol. 3 (Leipzig: Teubner, 1904), 602; 确实令人着迷的是，在许多方面，更重要的棉花产业在我们对19世纪末德国的历史记忆中所起的作用要小得多。另见 Karl Supf, "Zur Baumwollfrage," in Kolonial-Wirtschaftliches Komitee, *Baumwoll-Expedition nach Togo* (no date, but probably 1900), 4–6, file 332, record group R 150F, Fonds Allemand 1, Papers of the Administration of the German Protectorate Togo (L'Administration du Protectorat Allemand du Togo), Archives Nationales du Togo, Lomé, microfilm copy in Bundesarchiv, Berlin; Kaiserliches Statistisches Amt, *Statistisches Jahrbuch für das Deutsche Reich*, vol. 23 (Berlin: Puttkammer & Mühlbrecht, 1902), 24; 1903年，殖民地经济委员会报告，德国有100万工人依赖棉花产业；看见 Kolonial-Wirtschaftliches Komitee, *Deutsch-Koloniale*, 5; 棉花产业的产值1913年达到22亿马克，成为德国最重要的产业之一。见 Andor Kertész, *Die Textilindustrie Deutschlands im Welthandel* (Braunschweig: F. Vieweg, 1915), 13. See also Kaiserliches Statistisches Amt, *Statistisches Jahrbuch für das Deutsche Reich*, vol. 22 (Berlin: n.p., 1901), 135; Thaddeus Sunseri, "The Baumwollfrage: Cotton Colonialism in German East Africa," *Central European History* 34, no. 1 (March 2001): 35; for import statistics see Reichs-Enquete für die Baumwollen- und Leinen-Industrie, Statistische Ermittelungen I, Heft 1, 56–58; Kaiserliches Statistisches Amt, *Statistisches Jahrbuch für das Deutsche Reich*, vol. 1 (Berlin: n.p., 1880), 87; Kaiserliches Statistisches Amt, *Statistisches Jahrbuch für das Deutsche Reich*, vol. 20 (Berlin: n.p., 1899), 91.

32 See, for example, Ernst Henrici, "Die wirtschaftliche Nutzbarmachung des Togogebietes," *Der Tropenpflanzer: Zeitschrift für tropische Landwirtschaft* 3 (July 1899): 320; Sven Beckert, "Emancipation and Empire: Reconstructing the Worldwide Web of Cotton Production in the Age of the American Civil War," *American Historical Review* 109, no. 5 (December 2004): 1427; C. A. Bayly, *The Birth of the Modern World, 1780–1914: Global Connections and Comparisons* (Malden, MA: Blackwell, 2004), 161–65; Kaiserliches Statistisches Amt, *Statistisches Jahrbuch für das Deutsche Reich*, vol. 15 (Berlin: n.p., 1894), 45; Kaiserliches Statistisches Amt, *Statistisches Jahrbuch für das Deutsche Reich*, vol. 20 (Berlin: n.p., 1899), 91.

33 R. Hennings, "Der Baumwollkulturkampf," in *Zeitschrift für Kolonialpolitik, Kolonialrecht und Kolonialwirtschaft*, vol. 7 (1905), 906–14; Sunseri, "Baumwollfrage," 32; "Die Arbeit des Kolonial-Wirtschaftlichen Komitees, 1896–1914," file 579, record group R 150F, Fonds Allemand 1, Papers of the Administration of the German Protectorate Togo (L'Administration du Protectorat Allemand du Togo), Archives Nationales du Togo, Lomé, microfilm copy in Bundesarchiv, Berlin; Sunseri, "Baumwollfrage," 49; on German demand for colonial cotton see also

Verband Deutscher Baumwollgarn-Verbraucher an v. Lindequist, Reichskolonialamt, Dresden, October 22, 1910, file 8224, record group R 1001, Papers of the Deutsche Kolonialgesellschaft, Bundesarchiv, Berlin.

34 Buehler, "Die Unabhälgigkeitsbestrebungen," 23, 39; Biedermann, "Die Versorgung," 9; *Bericht der Handelskammer in Bremen für das Jahr 1904 an den Kaufmannskonvent* (Bremen: H. M. Hausschild, 1905), 30.

35 Department of Finance, *1920, Annual Return of the Foreign Trade of the Empire of Japan*, Part I (Tokyo: n.p., n.d.), 397; Buehler, "Die Unabhängigkeitsbestrebungen," 31; Supf, "Zur Baumwollfrage," 8.

36 Supf, "Zur Baumwollfrage," 4–6, 8; E. Henrici, "Der Baumwollbau in den deutschen Kolonien," *Der Tropenpflanzer: Zeitschrift für tropische Landwirtschaft* 3 (November 1899): 535–36. On Henrici see Herrmann A. L. Degener, *Unsere Zeitgenossen, Wer Ist's?: Biographien nebst Bibliographien* (Leipzig: n.p., 1911); calls for economic autarky are also reflected in "Einleitung," *Beihefte Zum Tropenpflanzer* 16, no. 1/2 (February 1916): 1–3, 71–73, 175–77; Karl Helfferich, "Die Baumwollfrage: Ein Weltwirtschaftliches Problem," *Marine-Rundschau* 15 (1904): 652; Karl Supf, "Bericht IV, Deutsch-Koloniale Baumwoll-Unternehmungen, 1903–1904" (1904), reprinted in *Der Tropenpflanzer: Zeitschrift für tropische Landwirtschaft* 8 (December 1904): 615; "Die Arbeit des Kolonial-Wirtschaftlichen Komitees, 1896–1914."

37 Sunseri, "Baumwollfrage," 33; O. F. Metzger, *Unsere Alte Kolonie Togo* (Neudamm: Neumann, 1941), 242; "Bericht über den Baumwollbau in Togo," enclosure in Kaiserliches Gouvernement Togo, Gouverneur Zech to Reichskolonialamt Berlin, November 23, 1909, 1, 8223, record group R 1001, Papers of the Deutsche Kolonialgesellschaft, Bundesarchiv, Berlin; "Der Baumwollbau in Togo, Seine Bisherige Entwicklung, und sein jetziger Stand," undated draft of an article, 8224, record group R 1001, Papers of the Deutsche Kolonialgesellschaft, Bundesarchiv, Berlin, [illegible] to von Bismark, March 26, 1890, file 8220, record group R 1001, Papers of the Deutsche Kolonialgesellschaft, Bundesarchiv, Berlin; Tony Smith, *Pattern of Imperialism: The United States, Great Britain, and the Late-Industrializing World Since 1815* (New York: Cambridge University Press, 1981), 15, 35; Eric Hobsbawm, *The Age of Empire, 1875–1914* (New York: Pantheon, 1987), 34–55; Isaacman and Roberts, "Cotton, Colonialism," in Isaacman and Roberts, eds., *Cotton, Colonialism*, 8–9; Leroy Vail and Landeg White, " 'Tawani, Machambero!' : Forced Cotton and Rice Growing on the Zambezi," *Journal of African History* 19, no. 2 (1978): 244.

38 Kendahl Radcliffe, "The Tuskegee-Togo Cotton Scheme, 1900–1909" (PhD dissertation, University of California, Los Angeles, 1998), 16; on Ferdinand Goldberg see "Baumwollen- und sonstige Kulturen im Togo-Gebiet," *Deutsches Kolonialblatt* 2 (1891): 320–21; more generally on German interests in colonial cotton see Donna J. E. Maier, "Persistence of Precolonial Patterns of Production: Cotton in German Togoland, 1800–1914," in Isaacman and Roberts, eds., *Cotton, Colonialism*, 81; Peter Sebald, *Togo 1884–1914: Eine Geschichte der deutschen "Musterkolonie" auf der Grundlage amtlicher Quellen* (Berlin: Akademie-Verlag, 1988), 433; for a more complete rendering of this story see Sven Beckert, "From Tuskegee to Togo: The Problem of Freedom in the Empire of Cotton, *Journal of American History* 92 (September 2005)," 498–526; for a list of these plantations see Kolonial-Wirtschaftliches Komitee to Handelskammer Bremen, Berlin, July 23, 1913, in "Baumwollterminhandel," record group W II, 3, Handelskammer Bremen, Bremen, Germany; Sunseri, *Vilimani*, 1–25; Gerhard Bleifuss and Gerhard Hergenröder, *Die "Otto-Plantage Kilossa" (1907–1914): Aufbau und Ende eines kolonialen Unternehmens in Deutsch-Ostafrika* (Wendlingen: Schriftenreihe zur Stadtgeschichte, 1993), 43, 59.

39 "Encouragement pour la Culture aux colonies, du cotton etc. (1906–1908)," 9 AFFECO, Affairs Économique, Archives d'outre-mer, Aix-en-Provence; for the quote, see Reseignements sur la Culture du Coton, 1917, in 9 AFFECO, Affairs

Économique, Archives d'outre-mer; Marie Philiponeau, *Le coton et l'Islam: Fil d'une histoire africaine* (Algiers: Casbah Editions, 2009), 114; Thomas J. Bassett, *The Peasant Cotton Revolution in West Africa: Côte d'Ivoire, 1880–1995* (Cambridge: Cambridge University Press, 2001), 51, 52; Richard Roberts, "The Coercion of Free Markets: Cotton, Peasants, and the Colonial State in the French Soudan, 1924–1932," in Isaacman and Roberts, eds., *Cotton, Colonialism*, 222; Vail and White, "Tawani, Machambero," 241; League of Nations, Economic Intelligence Service, *Statistical Year-book of the League of Nations 1930/31* (Geneva: Series of League of Nations Publications, 1931), 108, accessed August 3, 2009, http://digital.library.northwestern.edu/league/le0267ag.pdf; A. Brixhe, *Le coton au Congo Belge* (Bruxelles: Direction de l'agriculture, des forêts et de l'élevage du Ministère des colonies, 1953), 13, 15, 19; Secretary of the Interior, *Agriculture of the United States in 1860: Compiled from the Original Returns of the Eighth Census* (Washington, DC: Government Printing Office, 1864), 185, accessed May 25, 2009, http://www.agcensus.usda.gov/Publications/Historical_Publications/1860/1860b-08.pdf.

40 Hutton, as quoted in Robins, "The Black Man's Crop," 15; Cyril Ehrlich, "The Marketing of Cotton in Uganda, 1900–1950: A Case Study of Colonial Government Economic Policy" (PhD dissertation, University of London, 1958), 12, 13; Buehler, "Die Unabhängigkeitsbestrebungen," 122; British Cotton Growing Association, *Second Annual Report, for the Year Ending August 31st, 1906* (Manchester: Head Office, 1906), 23; on the British Cotton Growing Association see Robins, "The Black Man's Crop"; British Cotton Growing Association, *Second Annual Report, for the Year Ending August 31st, 1906*, 32; League of Nations, Economic Intelligence Service, *Statistical Year-book of the League of Nations 1930/31* (Geneva: Series of League of Nations Publications, 1931), 108; Secretary of the Interior, *Agriculture of the United States in 1860: Compiled from the Original Returns of the Eighth Census* (Washington, DC: Government Printing Office, 1864), 185, accessed May 25, 2009, http://www.agcensus.usda.gov/Publications/Historical_Publications/1860/1860b-08.pdf.

41 Josef Partsch, ed., *Geographie des Welthandels* (Breslau: Hirt, 1927), 209; B. R. Mitchell, *International Historical Statistics: The Americas, 1750–1993* (Basingstoke, UK: Macmillan, 2007), 222, 224, 227, 228; John A. Todd, *The World's Cotton Crops* (London: A. & C. Black, 1915), 395ff. 421; Heinrich Kuhn, *Die Baumwolle: Ihre Cultur, Structur und Verbreitung* (Wien: Hartleben, 1892), 69; John C. Branner, *Cotton in the Empire of Brazil; The Antiquity, Methods and Extent of Its Cultivation; Together with Statistics of Exportation and Home Consumption* (Washington, DC: Government Printing Office, 1885), 23–27; National Association of Cotton Manufacturers, *The Year Book of the National Association of Cotton Manufacturers and Cotton Manufacturers Manual* (1922), 83, accessed August 3, 2009, http://ia311228.us.archive.org/1/items/yearbookofnation1922nati/yearbookofnation1922nati.pdf; International Institute of Agriculture, Statistical Bureau, *The Cotton-Growing Countries: Production and Trade* (Rome: International Institute of Agriculture, 1922), 127; League of Nations, Economic Intelligence Service, *Statistical Year-book of the League of Nations 1939/40* (Geneva: Series of League of Nations Publications, 1940), 122; United Nations, Department for Economic and Social Affairs, Statistics Division, *Statistical Yearbook*, vol. 4 (New York: Department of Economic and Social Affairs, Statistical Office, United Nations, 1952), 72; United States Department of Agriculture, Foreign Agricultural Service, Table 04 Cotton Area, Yield, and Production, accessed August 3, 2009, http://www.fas.usda.gov/psdonline/psdReport.aspx?hidReportRetrievalName=Table+04+Cotton+Area%2c+Yield%2c+and+Production&hidReportRetrievalID=851&hidReportRetrievalTemplateID=1; Biedermann, "Die Versorgung," 3.

42 *Revue des cultures coloniales* 12–13 (1903): 302.

43 关于中亚，见 Richard A. Pierce, *Russian Central Asia, 1867–1917: A Study in Colonial Rule* (Berkeley: University of California Press, 1960), 135–36; Toksöz, "Çukurova," 1, 13, 37, 79; Osterhammel, *Kolonialismus*, 17ff.

44 Nebol'sin, *Ocherki torgovli Rossii*, 25; Kostenko, *Sredniaia Aziia*, 213.
45 Nebol'sin, *Ocherki torgovli Rossii*, 25; Rozhkova, *Ekonomicheskiie*, 68; Whitman, "Turkestan Cotton," 199, 200; Schanz, "Die Baumwolle," 88, 368; Biedermann, "Die Versorgung," 72; Sahadeo, "Cultures," 3.
46 Biedermann, "Die Versorgung," 45, 46, 59.
47 Handelsbericht des Kaiserlichen Konsulats für das Jahr 1909, in Deutsches Handels-Archiv, *Zweiter Teil: Berichte über das Ausland, Jahrgang 1911* (Berlin: Ernst Siegfried Mittler und Sohn, 1911), 168; Whitman, "Turkestan Cotton," 200; Biedermann, "Die Versorgung," 70; Schanz, "Die Baumwolle," 10, 50.
48 Whitman, "Turkestan Cotton," 200, 203; Schanz, "Die Baumwolle," 131.
49 "British and Russian Commercial Competition in Central Asia," *Asiatic Quarterly Review* (London) 7 (January–April 1889): 439; Whitman, "Turkestan Cotton," 202; E. Z. Volkov, *Dinamika narodonaselenija SSSR za vosem'desjat let* (Moscow: Gos. izd., 1930), 40, 198 99, 208.
50 Kolonial-Wirtschaftliches Komitee, *Baumwoll-Expedition*, 4; the following pages are based on and make extensive use of materials in Beckert, "From Tuskegee to Togo." See also James N. Calloway to Booker T. Washington, November 20, 1900, Booker T. Washington Papers, Manuscripts Division, Library of Congress, Washington, DC; Kolonial-Wirtschaftliches Komitee to Washington, October 10, 1900, and December 11, 1900, Booker T. Washington Papers. On the plans for the "Baumwoll-Expedition," see also Kolonial-Wirtschaftliches Komitee, Antrag des Kolonialwirtschaftlichen Komitees auf Bewilligung eines Betrages von M 10,000.- zur Ausführung einer Baumwollexpedition nach Togo, Berlin, May 14, 1900, Oktober 1898–Oktober 1900, Band 2, Kolonial-Wirtschaftliches Komitee, File 594/K81, record group R 8023, Papers of the Deutsche Kolonialgesellschaft, Bundesarchiv, Berlin; on the episode see also Booker T. Washington, *Workings with the Hands* (New York: Doubleday, Page & Company, 1904), 226–30; Louis R. Harlan, "Booker T. Washington and the White Man's Burden," *American Historical Review* 71, no. 2 (January 1966): 441–67, 266–95; Edward Berman, "Tuskegee-in-Africa," *Journal of Negro Education* 41, no. 2 (Spring 1972): 99–112; W. Manning Marable, "Booker T. Washington and African Nationalism," *Phylon* 35, no. 4 (December 1974), 398–406; Michael O. West, "The Tuskegee Model of Development in Africa: Another Dimension of the African/African-American Connection," *Diplomatic History* 16, no. 3 (Summer 1992): 371–87; Milfred C. Fierce, *The Pan-African Idea in the United States, 1900–1919: African-American Interest in Africa and Interaction with West Africa* (New York: Garland, 1993), 171–97; Maier, "Persistence," 71–95; Radcliffe, "Tuskegee-Togo" ; Andrew Zimmermann, *Alabama in Africa: Booker T. Washington, the German Empire, and the Globalization of the New South* (Princeton, NJ: Princeton University Press, 2012).
51 For an account of this change see Beckert, "Emancipation," 1405–38.
52 Supf, "Zur Baumwollfrage," 8; Kolonial-Wirtschaftliches Komitee, *Baumwoll-Expedition*, 3; see for a similar assessment Hutton, as quoted in Robins, "The Black Man's Crop," 4; see, for other examples of African Americans traveling to colonial cotton projects, Jonathan Robbins, "The Cotton Crisis: Globalization and Empire in the Atlantic World, 1901–1920" (PhD dissertation, University of Rochester, 2010), 220; Booker T. Washington to Beno von Herman auf Wain, September 20, 1900, Booker T. Washington Papers, Manuscripts Division, Library of Congress, Washington, DC.
53 For the Calloway quote see James N. Calloway to Washington, April 30, 1901, Booker T. Washington Papers, Manuscripts Division, Library of Congress, Washington, DC. See also James N. Calloway to Kolonial-Wirtschaftliches Komitee, 12 March 1901, file 8221, record group R 1001, Papers of the Deutsche Kolonialgesellschaft, Bundesarchiv, Berlin; M. B. K. Darkoh, "Togoland under the Germans: Thirty Years of Economic Development (1884–1914)," *Nigerian Geographic Journal* 10, no. 2 (1968): 112; James N. Calloway to Kolonial-Wirtschaftliches Komitee, February 3,

1901, file 8221, record group R 1001, Papers of the Deutsche Kolonialgesellschaft; James N. Calloway to Washington, February 3, 1901, Booker T. Washington Papers; James N. Calloway to Kolonial-Wirtschaftliches Komitee, May 14, 1901, file 8221, record group R 1001, Papers of the Deutsche Kolonialgesellschaft; this general point, in different contexts, is also made by Melissa Leach and James Fairhead, *Misreading the African Landscape: Society and Ecology in a Forest-Savanna Mosaic* (Cambridge: Cambridge University Press, 1996); Kojo Sebastian Amanor, *The New Frontier: Farmer Responses to Land Degradation: A West African Study* (Geneva: UNRISD, 1994).

54 John Robinson to Booker T. Washington, May 26, 1901, Booker T. Washington Papers, Manuscripts Division, Library of Congress, Washington, DC; James N. Calloway to Kolonial-Wirtschaftliches Komitee, June 13, 1901, file 8221, record group R 1001, Papers of the Deutsche Kolonialgesellschaft, Bundesarchiv, Berlin; James N. Calloway to Mr. Schmidt, November 11, 1901, file 1008, record group R 150F, Fonds Allemand 3, Papers of the Administration of the German Protectorate Togo (L'Administration du Protectorat Allemand du Togo), Archives Nationales du Togo, Lomé, microfilm copy in Bundesarchiv, Berlin; James N. Calloway to Mr. Schmidt, November 11, 1901, file 1008, record group R 150F, Fonds Allemand 3, Papers of the Administration of the German Protectorate Togo; James N. Calloway to Kolonial-Wirtschaftliches Komitee, September 2, 1901, file 8221, record group R 1001, Papers of the Deutsche Kolonialgesellschaft; John Robinson to Booker T. Washington, May 26, 1901, Booker T. Washington Papers; James N. Calloway to Kolonial-Wirtschaftliches Komitee, March 12, 1901, file 8221, record group R 1001, Papers of the Deutsche Kolonialgesellschaft; 有一个来源说，最后足足动用了105人才把篷车弄到了农场去; see Kolonial-Wirtschaftliches Komitee, *Baumwoll-Expedition*, 24.

55 Kolonial-Wirtschaftliches Komitee, *Baumwoll-Expedition*, 4–5, 26, for the Calloway quote see 28–36; F. Wohltmann, "Neujahrsgedanken 1905," *Der Tropenpflanzer: Zeitschrift für tropische Landwirtschaft* 9 (January 1905): 5; Karl Supf, Kolonial-Wirtschaftliches Komitee, to Kolonial-Abteilung des Auswärtigen Amtes, Berlin, August 15, 1902, file 8221, record group R 1001, Papers of the Deutsche Kolonialgesellschaft, Bundesarchiv, Berlin.

56 *Der Tropenpflanzer: Zeitschrift für tropische Landwirtschaft* 7 (January 1903): 9.

57 Isaacman and Roberts, "Cotton, Colonialism," 25; Kolonial-Wirtschaftliches Komitee, *Deutsch-Koloniale Baumwoll-Unternehmungen, Bericht XI* (Frühjahr 1909), 28, file 8224, record group R 1001, Papers of the Deutsche Kolonialgesellschaft, Bundesarchiv, Berlin; Sunseri, "Baumwollfrage," 46, 48; Kolonial-Wirtschaftliches Komitee, "Verhandlungen der Baumwoll-Kommission des Kolonial-Wirtschaftlichen Komitees vom 25. April 1912," 169; 农民抗拒殖民地棉花计划的情形，见 Allen Isaacman et al., "'Cotton Is the Mother of Poverty': Peasant Resistance to Forced Cotton Production in Mozambique, 1938–1961," *International Journal of African Historical Studies* 13, no. 4 (1980): 581–615.

58 Thomas Ellison, *The Cotton Trade of Great Britain* (New York: A. M. Kelley, 1968), 95; "Cotton in British East Africa," *Imperial and Asiatic Quarterly Review*, Third Series, 24 (July–October 1907): 85; Ehrlich, "Marketing," 1; British Cotton Growing Association, *Second Annual Report, for the Year Ending August 31st, 1906* (Manchester: Head Office, 1906), 23.

59 Kolonial-Wirtschaftliches Komitee, "Verhandlungen," 169; Doran H. Ross, ed., *Wrapped in Pride: Ghanaian Kente and African American Identity* (Los Angeles: UCLA Fowler Museum of Cultural History, 1998), 126–49; Agbenyega Adedze, "Cotton in Eweland: Historical Perspectives," in Ross, ed., *Wrapped in Pride*, 132; the numbers are from Maier, "Persistence," 75; see also Sebald, *Togo 1884–1914*, 30; Metzger, *Unsere*, 242; "Der Baumwollbau in Togo, Seine Bisherige Entwicklung, und sein jetziger Stand," undated draft of an article, file 8224, record group R 1001, Papers of the Deutsche Kolonialgesellschaft, Bundesarchiv, Berlin; Freiherr

von Danckelman, *Mittheilungen von Forschungsreisenden und Gelehrten aus den Deutschen Schutzgebieten* 3 (1890): 140–41; "Bericht über den Baumwollbau in Togo," Enclosure in Kaiserliches Gouvernment Togo, Gouverneur Zech, to Reichskolonialamt, Berlin, November 23, 1909, 1, file 8223, record group R 1001, Papers of the Deutsche Kolonialgesellschaft; Isaacman and Roberts, "Cotton, Colonialism," 12.

60 John Robinson quoted in Kolonial-Wirtschaftliches Komitee, *Deutsch-Koloniale Baumwoll-Unternehmungen*, 1902, 1903 (Berlin, 1903), 18; *Zeitfragen: Wochenschrift für deutsches Leben*, May 1, 1911, 1.

61 特别是德国的棉花商在塔斯克基专家的帮助下，积极创造这些轧花和压平业务，早在1902年，德意志多哥协会就在柏林成立了，以民间组织身份在多哥建立轧花和棉花收购机构。见 "Prospekt der Deutschen Togogesellschaft," Berlin, April 1902, private archive, Freiherr von Herman auf Wain, Schloss Wain, Wain, Germany; Karl Supf, *Deutsch Koloniale Baumwoll-Unternehmungen, Bericht IX* (Berlin: Mittler, 1907), 304. See also G. H. Pape to Bezirksamt Atakpame, April 5, 1909, file 1009, record group R 150F, Fonds Allemand 3 Papers of the Administration of the German Protectorate Togo (L'Administration du Protectorat Allemand du Togo), Archives Nationales du Togo, Lomé, microfilm copy in Bundesarchiv, Berlin. 1908—1909年，他们规定在海岸交货的轧棉最低价格为每磅30便士。见 Verhandlungen des Kolonial-Wirtschaftlichen Komitees und der Baumwoll-Komission, November 11, 1908, file 8223, record group R 1001, Papers of the Deutsche Kolonialgesellschaft, Bundesarchiv, Berlin; Kolonial-Wirtschaftliches Komitee, *Deutsch-Koloniale Baumwoll-Unternehmungen*, 1902, 1903 (Berlin, 1903), 17; Radcliffe, "Tuskegee-Togo," 103.

62 James N. Calloway to Kolonial-Wirtschaftliches Komitee, June 13, 1901, file 8221, record group R 1001, Papers of the Deutsche Kolonialgesellschaft, Bundes-archiv, Berlin. 1903年，John Robinson 报道说，把棉花从 Tove 运到 Lomé 需要10至20天的时间；Kolonial-Wirtschaftliches Komitee, *Deutsch-Koloniale*, 21; Karl Supf, Kolonial-Wirtschaftliches Komitee, to Auswärtiges Amt, Kolonial-Abteilung, May 10, 1902, file 8221, record group R 1001, Papers of the Deutsche Kolonialgesellschaft.

63 德国的棉花利益集团向外交部殖民事务部门陈情，认为应当强迫劳动者将棉花从 Tove 运到海岸，而不付工资。见 Karl Supf, Kolonial-Wirtschaftliches Komitee, to Auswärtiges Amt, Kolonial-Abteilung, Nov. 15, 1901, 8221, record group R 1001, Papers of the Deutsche Kolonialgesellschaft, Bundesarchiv, Berlin. See also note "Station Mangu No. 170/11, May 8, 1911, file 4047, record group R 150F, Fonds Allemand 3, Papers of the Administration of the German Protectorate Togo (L'Administration du Protectorat Allemand du Togo), Archives Nationales du Togo, Lomé, microfilm copy in Bundesarchiv, Berlin; Supf, "Zur Baumwollfrage," 12.

64 Radcliffe, "Tuskegee-Togo," 107; Verhandlungen des Kolonial-Wirtschaftlichen Komitees und der Baumwoll-Komission, November 11, 1908, file 8223, record group R 1001, Papers of the Deutsche Kolonialgesellschaft, Bundesarchiv, Berlin, Metzger, *Unsere Alte Kolonie*, 245, 252. 关于第一次世界大战后多哥棉花出口的进一步统计数字，见 "Togo: La production du Coton," in *Agence Extérieure et Coloniale*, 棉花生产在整个20世纪继续扩大，2002—2003年，多哥生产了8 000万公斤棉花，大约是1938年的19倍，1913年的160倍。See Reinhart, "Cotton Market Report 44" (January 23, 2004), accessed January 30, 2004, http://www.reinhart.ch/pdf_files/marketreportch.pdf.

65 Maier, "Persistence," 77. 此外，多哥大部分地区也人烟稀少，缺乏棉花生产的剩余劳动力。见 G. H. Pape, "Eine Berichtigung zu dem von Prof. Dr. A. Oppel verfassten Aufsatz 'Der Baumwollanbau in den deutschen Kolonien und seine Aussichten,' " file 3092, record group R 150F, Fonds Allemand 3, Papers of the Administration of the German Protectorate Togo (L'Administration du Protectorat Allemand du Togo), Archives Nationales du Togo, Lomé, microfilm copy in Bundesarchiv, Berlin. On intercropping see also Bassett, *Peasant Cotton*, 57; "Bericht über den

Baumwollbau in Togo," Enclosure in Kaiserliches Gouvernement Togo, Gouverneur Zech to Reichskolonialamt Berlin, November 23, 1909, 2, file 8223, record group R 1001, Papers of the Deutsche Kolonialgesellschaft, Bundesarchiv, Berlin; Beckert, "Emancipation"; Etienne, *Die Baumwollzucht*, 39.

66　The Dutch merchant is quoted in Adedze, "Cotton in Eweland," 132; "Der Baumwollbau in Togo, Seine Bisherige Entwicklung, und sein jetziger Stand," undated draft of an article, 8224, record group R 1001, Papers of the Deutsche Kolonialgesellschaft, Bundesarchiv, Berlin.

67　Kolonial-Wirtschaftliches Komitee, *Baumwoll-Expedition*, 44; signed Agreement between Graf Zech and Freese (for the Vietor company), March 1, 1904, file 332, record group R 150F, Fonds Allemand 1, Papers of the Administration of the German Protectorate Togo (L'Administration du Protectorat Allemand du Togo), Archives Nationales du Togo, Lomé, microfilm copy in Bundesarchiv, Berlin; Vail and White, "Tawani, Machambero," 241; Roberts, "Coercion," 223, 231, 236; Bassett, *Peasant Cotton*, 66; Isaacman and Roberts, "Cotton, Colonialism," 16.

68　This was also a point made by Morel, *Affairs*, 192; see also A. McPhee, *The Economic Revolution in West Africa* (London: Cass, 1926), 49; Marion Johnson, "Cotton Imperialism in West Africa," *African Affairs* 73, no. 291 (April 1974): 182, 183.

69　*Deutsch-Koloniale Baumwoll-Unternehmungen, Bericht XI* (Frühjahr 1909), file 3092, record group R 150F, Fonds Allemand 3, Papers of the Administration of the German Protectorate Togo (L'Administration du Protectorat Allemand du Togo), Archives Nationales du Togo, Lomé, microfilm copy in Bundesarchiv, Berlin; James Stephen as quoted in David Brion Davis, *Slavery and Human Progress* (New York: Oxford University Press, 1984), 218.

70　Supf, "Zur Baumwollfrage," 9, 12; Gouverneur of Togo to Herrn Bezirksamts- leiter von Atakpame, December 9 (no year), file 1008, record group R 150F, Fonds Allemand 3, Papers of the Administration of the German Protectorate Togo; "Massnahmen zur Hebung der Baumwollkultur im Bezirk Atakpakme unter Mitwirkung des Kolonialwirtschaftlichen Komitees," Verwaltung des deutschen Schutz-gebietes Togo, file 1008, record group R 150F, Fonds Allemand 3, Papers of the Administration of the German Protectorate Togo; for the Governor of Togo see Kolonial-Wirtschaftliches Komitee, *Deutsch-Koloniale Baumwoll-Unternehmungen*, 57–59; "Baumwollinspektion für Togo," file 1008, record group R 150F, Fonds Allemand 3, Papers of the Administration of the German Protectorate Togo. John Robinson 早在1904年曾说过："多哥人民的习惯无法在一天之内改变"；见 "Baumwollanbau im Schutzgebiet Togo, Darlegungen des Pflanzers John W. Robinson vom 26. 4. 1904 betr. die Vorausetzungen, Boden- und Klimaverhältnisse, Methoden und Arbeitsverbesserung, Bewässerung," Fragment, file 89, record group R 150F, Fonds Allemand 1, Papers of the Administration of the German Protectorate Togo.

71　Paul Friebel to Togo Baumwollgesellschaft, Atakpame, April 7, 1911, File 7,2016, 1, Papers of the Togo Baumwollgesellschaft mbH, Staatsarchiv Bremen, Bremen, Germany; 英国棉花种植协会在非洲的经验在许多方面与德国的经验相似；其历史见 Robins, "The Black Man's Crop."

72　See "Baumwollanbau im Schutzgebiet Togo, Darlegungen des Pflanzers John W. Robinson vom 26. 4. 1904 betr. die Voraussetzungen, Boden- und Klimaverhältnisse, Methoden und Arbeitsverbesserung, Bewässerung," Fragment, 13 and 49, file 89, record group R 150F, Fonds Allemand 1, Papers of the Administration of the German Protectorate Togo (L'Administration du Protectorat Allemand du Togo), Archives Nationales du Togo, Lomé, microfilm copy in Bundesarchiv, Berlin; Anson Phelps Stokes, *A Brief Biography of Booker Washington* (Hampton, VA: Hampton Institute Press, 1936), 13; John Robinson to Graf Zech, January 12, 1904, file 332, record group R 150F, Fonds Allemand 1, Papers of the Administration of the German Protectorate Togo.

73　Bassett, *Peasant Cotton*, 55, 59; Julia Seibert, "Arbeit und Gewalt: Die langsame

Durchsetzung der Lohnarbeit im kolonialen Kongo, 1885–1960" (PhD dissertation, University of Trier, 2012), 186–206; Isaacman and Roberts, "Cotton, Colonialism," 27; Vail and White, "Tawani, Machambero," 252, 253.

74 For an excellent survey see Isaacman and Roberts, eds., *Cotton, Colonialism*. German cotton experts were still envious of British successes in Africa; see O. Warburg, "Zum Neuen Jahr 1914," *Der Tropenpflanzer: Zeitschrift für tropische Landwirtschaft* 18 (January 1914): 9; Polly Hill, *The Migrant Cocoa-Farmers of Southern Ghana: A Study in Rural Capitalism* (Cambridge: Cambridge University Press, 1963); League of Nations, Economic and Financial Section, International Statistical Yearbook 1926 (Geneva: Publications of League of Nations, 1927), 72; League of Nations, Economic Intelligence Service, *Statistical Year-book of the League of Nations 1939/40* (Geneva: Series of League of Nations Publications, 1940), 122; National Cotton Council of America, accessed April 10, 2013, http://www.cotton.org/econ/cropinfo/cropdata/country-statistics.cfm; Etonam Digo, "Togo Expects to Meet Cotton Production Targets as Harvest Avoids Flooding," Bloomberg, October 29, 2010, accessed April 10, 2013, http://www.bloomberg.com/news/2010-10-29/togo-expects-to-meet-cotton-production-targets-as-harvest-avoids-flooding.html.

75 Isaacman and Roberts, eds., *Cotton, Colonialism*, Bassett, *Peasant Cotton*; Ehrlich, "Marketing," 28–33; on the Association Cotonnière Coloniale see Kolonial-Wirtschaftliches Komitee, *Deutsch-Koloniale Baumwoll-Unternehmungen*, 66–68, 69–71; as to the Sudan, see Booker T. Washington to Gladwin Bouton, May 6, 1915, and Leigh Hart to Booker T. Washington, February 3, 1904, Booker T. Washington Papers, Library of Congress, Washington, DC; Radcliffe, "Tuskegee-Togo," 3, 133, 135; Karl Supf, *Deutsch-Koloniale Baumwoll-Unternehmungen*, 295, 297; 德国殖民者棉花业者也经常提到法国、英国和俄国的经验，例如参见 Kolonial-Wirtschaftliches Komitee, *Deutsch-Koloniale Baumwoll-Unternehmungen*, 66–71; "Anlage zum Bericht des Kaiserlichen Generalkonsulats in Saint Petersburg," December 26, 1913, sent to Reichs-Kolonialamt and the Governor of Togo, 360, record group R 150F, Fonds Allemand 1, Papers of the Administration of the German Protectorate Togo (L'Administration du Protectorat Allemand du Togo), Archives Nationales du Togo, Lomé, microfilm copy in Bundes-archiv, Berlin; copy of a report by R. B. D. Morier to the Secretary of State, The Marquis of Salisbury, October 12, 1889, Compilations Vol. 51, 1890, Compilation No. 476, "Establishment by the Russian Government of a Model Cotton Plantation in the Merva Oasis," Revenue Department, Maharashtra State Archives, Mumbai; Robins, "The Black Man's Crop," 16; Ministère des Affaires étrangères, Direction des Affaires politiques et commerciales, No. 88, Copie M, Verchere de Reffye, Consul de France à Alexandrie à M. Pincarem Alexandrie, August 30, 1912, and Dépêche de Consulat de France, Saint Petersburg, June 15, 1912, in 9 AFFECO, Affairs économqie, Fonds Ministeriels, Archives d'outre-mer, Aix-en-Provence; *The Fourth International Congress of Delegated Representatives of Master Spinners' and Manufacturers' Associations, Held in Musikvereinsgebäude, Vienna, May 27th to 29th, 1907* (Manchester: Taylor, Garnett, Evans, & Co., 1907), 306; International Cotton Congress, *Official Report of the International Cotton Congress, Held in Egypt, 1927* (Manchester: Taylor Garnett Evans & Co. Ltd., 1927), 179–89.

76 关于苏联增产棉花的努力，见 Obertreis, *Imperial Desert Dreams*; Maya Peterson, "Technologies of Rule: Empire, Water, and the Modernization of Central Asia, 1867–1941" (PhD dissertation, Harvard University, 2011); Christof Dejung, "The Boundaries of Western Power: The Colonial Cotton Economy in India and the Problem of Quality," in Christof Dejung and Niels P. Petersson, eds., *The Foundations of Worldwide Economic Integration: Power, Institutions, and Global Markets, 1850–1930* (Cambridge: Cambridge University Press, 2012), 156; Rudolf Asmis and Dr. Zeller, Taschkent, April 10, 1923, mailing of colonial cotton brochures, Berlin, May 7, 1923; memo, Der heutige Stand der Baumwollkultur in Turkestan und das Problem einer deutschen Mitarbeit an ihrem Wiederaufbau; minutes of the meeting of the Baumwoll-

Kommission des Kolonial-Wirtschaftlichen Komitees, June 28, 1923; minutes of the meeting of the Baumwollbau-Kommission, Diskonto Gesellschaft, Berlin, July 12, 1923, all in Kolonial-Wirtschaftliches Komitee, R 8024/25, Bundesarchiv, Berlin; *Ekonomitsceskaja Shisnj*, July 12, 1923, translated by the German embassy in Moscow, in Kolonialwirtschaftliches Komitee, R 8024/25, Bundesarchiv, Berlin; there are also documents in the file testifying to the execution of cotton experts in Central Asia who did not do enough to fight a locus plague.

77 在一个非常不同的场景下，Kären Wigen 也讲述了日本特定地区并入全国及全球经济的故事；见 Kären Wigen, *The Making of a Japanese Periphery, 1750–1920* (Berkeley: University of California Press, 1995).

78 Buehler, "Die Unabhängigkeitsbestrebungen," 91; Bleifuss and Hergenröder, *Die "Otto-Plantage Kilossa,"* 39; Pierre de Smet, *Les origins et l'organisation de la filature de coton en Belgique. Notice publiée à l'occasion du 25ème anniversaire de l'Association Cotonnière de Belgique* (Brüssels, 1926), 1; Obertreis, *Imperial Desert Dreams*, chapter 1, 67; E. R. B. Denniss, "Government of the Soudan Loan Guarantee," *Parliamentary Debates*, Fifth Series, vol. 52, col. 428, April 23, 1913.

79 See chapter 10, note 5.

第 13 章　重回全球南方

1 Kenneth L. Gillion, *Ahmedabad: A Study in Indian Urban History* (Berkeley: University of California Press, 1968), 69; Makrand Mehta, *The Ahmedabad Cotton Textile Industry: Genesis and Growth* (Ahmedabad: New Order Book Co., 1982), viii, 33–34, 43, 50, 53; Dwijendra Tripathi, *Historical Roots of Industrial Entrepreneurship in India and Japan: A Comparative Interpretation* (New Delhi: Manohar, 1997), 108; Sujata Patel, *The Making of Industrial Relations: The Ahmedabad Textile Industry, 1918–1939* (Oxford: Oxford University Press, 1987), 21–22.

2 Mehta, *The Ahmedabad Cotton Textile Industry*, 54, 57; *Times of India*, June 12, 1861.

3 Mehta, *The Ahmedabad Cotton Textile Industry*, 6, 8–9, 14, 20.

4 Ibid., 66, 67, 77ff., 80, 85–87, 96–102; Salim Lakha, *Capitalism and Class in Colonial India: The Case of Ahmedabad* (New Delhi: Sterling Publishers, 1988), 64–66; Patel, *The Making of Industrial Relations*, 13, 21, 22, 23, 24; Tripathi, *Historical Roots of Industrial Entrepreneurship in India and Japan*, 107; Irina Spector-Marks, "Mr. Ghandi Visits Lancashire: A Study in Imperial Miscommunication" (Honors Thesis, Macalester College, 2008), 23.

5 Stephan H. Lindner, "Technology and Textiles Globalization," *History and Technology* 18 (2002), 3; Douglas A. Farnie and David J. Jeremy, *The Fibre that Changed the World: The Cotton Industry in International Perspective, 1600–1990s* (Oxford: Oxford University Press, 2004), 23; Lindner, "Technology and Textiles Globalization," 4; John Singleton, *Lancashire on the Scrapheap: The Cotton Industry, 1945–1970* (Oxford: Oxford University Press, 1991), 11; Douglas A. Farnie and Takeshi Abe, "Japan, Lancashire and the Asian Market for Cotton Manufactures, 1890–1990," in Douglas Farnie et al., eds., *Region and Strategy in Britain and Japan, Business in Lancashire and Kansai, 1890–1990* (London: Routledge, 2000), 140, 147.

6 Farnie and Jeremy, *The Fibre That Changed the World*, 23; David L. Carlton and Peter A. Coclanis, "Southern Textiles in Global Context," in Susanna Delfino and Michele Gillespie, eds., *Global Perspectives on Industrial Transformation in the American South* (Columbia: University of Missouri Press, 2005) 153, 155; Gary R. Saxonhouse and Gavin Wright, "New Evidence on the Stubborn English Mule and the Cotton Industry, 1878–1920," *Economic History Review*, New Series, 37, no. 4 (November 1984): 519. 值得注意的是，日本锭子比印度锭子生产的纱线要多得多。

7 Arno S. Pearse, *The Cotton Industry of India, Being the Report of the Journey to India*

(Manchester: Taylor, Garnett, Evans, 1930), 3.
8   Pearse, *The Cotton Industry of India*, 101; Philip T. Silvia, "The Spindle City: Labor, Politics, and Religion in Fall River, Massachusetts, 1870–1905" (PhD dissertation, Fordham University, 1973), 7; Thomas Russell Smith, "The Cotton Textile Industry of Fall River, Massachusetts: A Study of Industrial Localization" (PhD dissertation, Columbia University, 1943), 21; William F. Hartford, *Where Is Our Responsibility?: Unions and Economic Change in the New England Textile Industry, 1870–1960* (Amherst: University of Massachusetts Press, 1996), 7–8, 54; John T. Cumbler, *Working-Class Community in Industrial America: Work, Leisure, and Struggle in Two Industrial Cities, 1880–1930* (Westport, CT: Greenwood, 1979), 54.
9   Hartford, *Where Is Our Responsibility?* 12, 28; Mary H. Blewett, *Constant Turmoil: The Politics of Industrial Life in Nineteenth-Century New England* (Amherst: University of Massachusetts Press, 2000), 183; Massachusetts Bureau of Statistics of Labor, *Thirteenth Annual Report* (Boston: Rand, Avery & Co., 1882), 195.
10 Cumbler, *Working-Class Community in Industrial America*, 105, 118; Dietrich Ebeling et al., "The German Wool and Cotton Industry from the Sixteenth to the Twentieth Century," in Lex Heerma van Voss, Els Hiemstra-Kuperus, and Elise van Nederveen Meerkerk, eds., *The Ashgate Companion to the History of Textile Workers, 1650–2000* (Burlington, VT: Ashgate, 2010), 227. 马萨诸塞州劳工统计局估计，一个家庭每年至少需要400美元的租金、燃料、食物和衣服。见 Massachusetts Bureau of Statistics of Labor, *Sixth Annual Report* (Boston: Wright and Potter, 1875), 118, 221–354, esp. 291, 372, 373, 441.
11 Hartford, *Where Is Our Responsibility?* 7–17, 29; Isaac Cohen, "American Management and British Labor: Lancashire Immigrant Spinners in Industrial New England," *Comparative Studies in Society and History* 27, no. 4 (October 1, 1985): 611, 623–24; Blewett, *Constant Turmoil*, 112; David Montgomery, *The Fall of the House of Labor: The Workplace, the State, and American Labor Activism, 1865–1925* (New York: Cambridge University Press, 1989), 163.
12 R. B. Forrester, *The Cotton Industry in France* (Manchester: Manchester University Press, 1921), 100; Claude Fohlen, *L'industrie textile au temps du Second Empire* (Paris: Librairie Plon, 1956), 412; David Allen Harvey, *Constructing Class and Nationality in Alsace, 1830–1945* (DeKalb: Northern Illinois University Press, 2001), 3, 64, 65.
13 Ebeling et al., "The German Wool and Cotton Industry," 228; R. M. R. Dehn, *The German Cotton Industry* (Manchester: Manchester University Press, 1913), 71–72.
14 M.V. Konotopov et al., *Istoriia otechestvennoi tekstil'noi promyshlennosti* (Moscow: Legprombytizdat, 1992), 179; Dave Pretty, "The Cotton Textile Industry in Russia and the Soviet Union," in Van Voss et al., eds., *The Ashgate Companion to the History of Textile Workers*, 435–37, 439; Dave Pretty, "The Cotton Textile Industry in Russia and the Soviet Union" (presentation, Textile Conference, International Institute of Social History, Amsterdam, November 2004), 17, 33.
15 Andreas Balthasar, Erich Gruner, and Hans Hirter, "Gewerkschaften und Arbeitgeber auf dem Arbeitsmarkt: Streiks, Kampf ums Recht und Verhältnis zu anderen Interessengruppen," in Erich Gruner, ed., *Arbeiterschaft und Wirtschaft in der Schweiz 1880–1914: Soziale Lage, Organisation und Kämpfe von Arbeitern und Unternehmern, politische Organisation und Sozialpolitik*, vol. 2, part 1 (Zürich: Chronos, 1988), 456ff., 464; Angel Smith et al., "Spain," in Van Voss et al., eds., *The Ashgate Companion to the History of Textile Workers*, 465–67; Elise van Nederveen Meerkerk, Lex Heerman van Voss, and Els Hiemstra-Kuperus, "The Netherlands," in Van Voss et al., eds., *The Ashgate Companion to the History of Textile Workers*, 388.
16 T. J. Hatton, G. R. Boyer, and R. E. Bailey, "The Union Wage Effect in Late Nineteenth Century Britain," *Economica* 61, no. 244 (November 1994): 436, 449; Farnie and Abe, "Japan, Lancashire and the Asian Market for Cotton Manufactures," 134, 136; William Lazonick, *Competitive Advantage on the Shop Floor* (Cambridge,

MA: Harvard University Press, 1990), 115, 136.
17. Charles Tilly, "Social Change in Modern Europe: The Big Picture," in Lenard R. Berlanstein, ed., *The Industrial Revolution and Work in Nineteenth-Century Europe* (New York: Routledge, 1992), 54–55; Elise van Nederveen Meerkerk, Lex Heerma van Voss, and Els Hiemstra-Kuperus, "Covering the World: Some Conclusions to the Project," in Van Voss et al., eds., *The Ashgate Companion to the History of Textile Workers*, 773–92.
18. Dehn, *The German Cotton Industry*, 94; Kathleen Canning, *Languages of Labor and Gender: Female Factory Work in Germany, 1850–1914* (Ann Arbor: University of Michigan Press, 2002), 261; Günter Kirchhain, "Das Wachstum der deutschen Baumwollindustrie im 19. Jahrhundert: Eine historische Modellstudie zur empirischen Wachstumsforschung" (PhD dissertation, University of Münster, 1973), 86; Patricia Penn Hilden, "Class and Gender: Conflicting Components of Women's Behaviour in the Textile Mills of Lille, Roubaix and Tourcoing, 1880–1914," *Historical Journal* 27, no. 2 (June 1984): 378; Smith et al., "Spain," 468.
19. Dehn, *The German Cotton Industry*, 82; Kirchhain, "Das Wachstum der deutschen Baumwollindustrie," 159–60. 实际工资（以 1913 马克为准）从每年 563.58 马克增加到每年 860 马克。See implicit deflator of net national product in Table A.5, Cost of Living Indices in Germany, 1850–1985 (1913=100), Appendix, in P. Scholliers and Z. Zamagni, eds., *Labour's Reward: Real Wages and Economic Change in 19th- and 20th-Century Europe*(Brookfield, VT: Edward Elgar Publishing, 1995), 226; 如果我们假设在两个星期内劳动十二天，1870 年阿尔萨斯的日工资在 1910 法郎每天 2.51—3.00 法郎之间，1910 年每天 5.42—6.25 法郎。要计算实际工资，见 Table H1, Wholesale Price Indices, in B. R. Mitchell, *International Historical Statistics: Europe, 1750–2005* (New York: Palgrave Macmillan, 2007), 955–56. Smith et al., "Spain," 469; Smith, "The Cotton Textile Industry of Fall River," 88. 19 世纪 90 年代，非技术工人每天挣 35.92 美元，1920 年每天挣 53.72 美元。织布机固定工从 1890 年的每天 42.39 美元上升到 1920 年的每天 81.92 美元。看见 Table III. Classified Rates of Wages per Hour in Each State, by Years, 1907 to 1912, in Fred Cleveland Croxton, *Wages and Hours of Labor in the Cotton, Woolen, and Silk Industries* (Washington, DC: Government Printing Office, 1913).
20. Harvey, *Constructing Class and Nationality in Alsace*, 82; Dehn, *The German Cotton Industry*, 94; Georg Meerwein, "Die Entwicklung der Chemnitzer bezw. sächsischen Baumwollspinnerei von 1789–1879" (PhD dissertation, University of Heidelberg, 1914), 94; Beth English, "Beginnings of the Global Economy: Capital Mobility and the 1890s U.S. Textile Industry," in Delfino and Gillespie, eds., *Global Perspectives on Industrial Transformation in the American South*, 177; Walter Bodmer, *Die Entwicklung der schweizerischen Textilwirtschaft im Rahmen der übrigen Industrien und Wirtschafts-zweige* (Zürich: Verlag Berichthaus, 1960), 397.
21. English, "Beginnings of the Global Economy," 176; W. F. Bruck, *Die Geschichte des Kriegsausschusses der deutschen Baumwoll-Industrie* (Berlin: Kriegsausschuss der Deutschen Baumwoll-Industrie, 1920), 11; John Steven Toms, "Financial Constraints on Economic Growth: Profits, Capital Accumulation and the Development of the Lancashire Cotton-Spinning Industry, 1885–1914," *Accounting Business and Financial History* 4, no. 3 (1994): 367; J. H. Bamberg, "The Rationalization of the British Cotton Industry in the Interwar Years," *Textile History* 19, no. 1 (1988): 85; M. W. Kirby, "The Lancashire Cotton Industry in the Inter-War Years: A Study in Organizational Change" *Business History* 16, no. 2 (1974): 151.
22. Kirchhain, "Das Wachstum der deutschen Baumwollindustrie," 95, 166; Gregory Clark, "Why Isn't the Whole World Developed? Lessons from the Cotton Mills," *Journal of Economic History* 47, no. 1 (March 1987): 145, 148; Hermann Kellenbenz, *Deutsche Wirtschaftsgeschichte*, vol. 2 (München: Beck, 1981), 406; Meerkerk et al., "Covering the World," 785.
23. Gisela Müller, "Die Entstehung und Entwicklung der Wiesentäler Textilindustrie bis

zum Jahre 1945" (PhD dissertation, University of Basel, 1965), 49; *Deutsche Volkswirtschaftlichen Correspondenz* 42 (Ulm: Gebrüder Rübling, 1879), 8; Brian A'Hearn, "Institutions, Externalities, and Economic Growth in Southern Italy: Evidence from the Cotton Textile Industry, 1861–1914," *Economic History Review* 51, no. 4 (1998): 742; Jörg Fisch, *Europa zwischen Wachstum und Gleichheit, 1850–1914* (Stuttgart: Ulmer, 2002), 65; Tom Kemp, *Economic Forces in French History* (London: Dennis Dobson, 1971), 184; Auguste Lalance, *La crise de l'industrie cotonnière* (Mulhouse: Veuve Bader & Cie., 1879), 6.

24 Department of Commerce and Labor, Bureau of Manufactures, and W. A. Graham Clark, *Cotton Goods in Latin America: Part 1, Cuba, Mexico, and Central America* (Washington, DC: Government Printing Office, 1909), 6–7, 14; Jordi Nadal, "The Failure of the Industrial Revolution in Spain, 1830–1914," in Carlo M. Cipolla, ed., *The Fontana Economic History of Europe*, vol. 4, part 2, *The Emergence of Industrial Societies* (Great Britain: Fontana, 1973), 612–13; M. V. Konotopov et al., *Istoriia otechestvennoi tekstil'noi promyshlennosti* (Moscow: Legprombytizdat, 1992), 268–69; For Atkinson see Edward Atkinson, *Cotton: Articles from the New York Herald* (Boston: Albert J. Wright, 1877), 31.

25 As reflected, for example, in the Proceedings of the Manchester Chamber of Commerce; in M8/2/1/16, Proceedings of the Manchester Chamber of Commerce, 1919–1925, Manchester Library and Local Studies, Manchester.

26 *Times*, October 3, 1923, 9; see also James Watt Jr. to Richard Bond, Esq., July 7, 1934, in DDX1115/6/26, Liverpool Records Office, Liverpool; as quoted in Spector-Marks, "Mr. Ghandi Visits Lancashire," 44.

27 "Textile Shutdown Visioned by Curley: New England Industry Will Die in Six Months Unless Washington Helps, He Says," *New York Times*, April 15, 1935. 工资成本对纺织品生产地理位置的重要性也是阿姆斯特丹社会历史研究所多年研究项目的核心成果之一。见 Meerkerk et al., "Covering the World," 774.

28 关于欧洲和美国的这一冲突，见 Sven Beckert, "Space Matters: Eurafrica, the American Empire and the Territorialization of Industrial Capitalism, 1870–1940" (article in progress).

29 Carlton and Coclanis, "Southern Textiles in Global Context," 160, 167ff.; Alice Carol Galenson, *The Migration of the Cotton Textile Industry from New England to the South, 1880–1930* (New York: Garland, 1985), 2; Timothy J. Minchin, *Hiring the Black Worker: The Racial Integration of the Southern Textile Industry, 1960–1980* (Chapel Hill: University of North Carolina Press, 1999), 9; Robert M. Brown, "Cotton Manufacturing: North and South," *Economic Geography* 4, no. 1 (January 1, 1928): 74–87.

30 Mildred Gwin Andrews, *The Men and the Mills: A History of the Southern Textile Industry* (Macon, GA: Mercer University Press, 1987), 1; Galenson, *The Migration of the Cotton Textile Industry*, 189–90; Carlton and Coclanis, "Southern Textiles in Global Context," 155, 156, 158; for the "labor agitation" quote see *Commercial Bulletin*, September 28, 1894, as quoted in Beth English, *A Common Thread: Labor, Politics, and Capital Mobility in the Textile Industry* (Athens: University of Georgia Press, 2006), 39; *Lynchburg News*, January 18, 1895, as cited in English, "Beginnings of the Global Economy," 176; Hartford, *Where Is Our Responsibility?* 54.

31 Elijah Helm, "An International of the Cotton Industry," *Quarterly Journal of Economics* 17, no. 3 (May 1903): 428; Galenson, *The Migration of the Cotton Textile Industry*, 186; Melvin Thomas Copeland, *The Cotton Manufacturing Industry of the United States* (New York: A. M. Kelley, 1966), 40, 46. See also Steven Hahn, *The Roots of Southern Populism* (New York: Oxford University Press, 1983); Gavin Wright, "The Economic Revolution in the American South," *Journal of Economic Perspectives* 1, no. 1 (Summer 1987): 169. 关于南方农村的转型如何影响到美国南方受薪工人的出现，见 Barbara Fields, "The Nineteenth-Century American South: History and Theory," *Plantation Society in the Americas* 2, no. 1 (April 1983): 7–27;

Steven Hahn, "Class and State in Postemancipation Societies: Southern Planters in Comparative Perspective," *American Historical Review* 95, no. 1 (1990): 75–88; *Southern and Western Textile Excelsior*, December 11, 1897, as cited in English, "Beginnings of the Global Economy," 188; English, *A Common Thread*, 116.

32 Galenson, *The Migration of the Cotton Textile Industry*, 141; Copeland, *The Cotton Manufacturing Industry*, 42; Katherine Rye Jewell, "Region and Sub-Region: Mapping Southern Economic Identity" (unpublished paper, 36th Annual Meeting of the Social Science History Association, Boston, 2011).

33 Geoffrey Jones and Judith Vale, "Merchants as Business Groups: British Trading Companies in Asia before 1945," *Business History Review* 72, no. 3 (1998): 372; on Portugal see Board Minutes, vol. 1, 1888–1905, Boa Vista Spinning & Weaving Company, Guildhall Library, London. On the Ottoman Empire see Necla Geyikdagi, *Foreign Investment in the Ottoman Empire: International Trade and Relations, 1854–1914* (New York: I. B. Tauris, 2011), 131; E. R. J. Owen, "Lord Cromer and the Development of Egyptian Industry, 1883–1907," *Middle Eastern Studies* 2, no. 4 (July 1966): 283, 289; Arno S. Pearse, *Brazilian Cotton* (Manchester: Printed by Taylor, Garnett, Evans & Co., 1921), 29; Speech at Konferenz der mitteleuropäischen Wirtschaftsvereine in Dresden, am 17. und 18. Januar 1916, Protokolle der Verhandlungen, Auswärtiges Amt, 1916–1918, Akten betreffend den mitteleurpäischen Wirtschaftsverein, Auswärtiges Amt, R 901, 2502, Bundesarchiv, Berlin; Michael Owen Gately, "Development of the Russian Cotton Textile Industry in the Pre-revolutionary Years, 1861–1913" (PhD dissertation, University of Kansas, 1968), 156; Bianka Pietrow-Ennker, "Wirtschaftsbürger und Bürgerlichkeit im Königreich Polen: Das Beispiel von Lodz, dem Manchester des Ostens," *Geschichte und Gesellschaft* 31 (2005): 175, 177, 178.

34 体制对经济发展的重要性，从而对政治的重要性，以及殖民主义的破坏性影响，也得到以下著作的强调: Daron Acemoglu, Simon Johnson, and James A. Robinson, "Reversal of Fortune: Geography and Institutions in the Making of the Modern World Income Distribution," *Quarterly Journal of Economics* 117, no. 4 (November 2002): 1231–94. 不过，我在本文强调的是不同的体制。

35 Samuel C. Chu, *Reformer in Modern China: Chang Chien, 1853–1926* (New York: Columbia University Press, 1965), 17, 45–46; Albert Feuerwerker, *China's Early Industrialization: Sheng Hsuan-Huai (1844–1916) and Mandarin Enterprise* (Cambridge, MA: Harvard University Press, 1958), 15; on Zhang see also Elizabeth Köll, *From Cotton Mill to Business Empire: The Emergence of Regional Enterprises in Modern China* (Cambridge, MA: Harvard University Press, 2003), 56–62.

36 Yen-P'ing Hao and Erh-min Wang, "Changing Chinese Views of Western Relations, 1840–95," in John K. Fairbank and Kwang-Ching Liu, *The Cambridge History of China*, vol. 11, *Late Ch'ing, 1800–1911*, part 2 (Cambridge: Cambridge University Press, 1980), 142–201; Feuerwerker, *China's Early Industrialization*, 36–37; Associação Industrial, *Representação dirigida ao exmo. Snr. Ministro da Fazenda* (Rio de Janiero, 1881), 5, 11, as quoted in Stanley J. Stein, *The Brazilian Cotton Manufacture: Textile Enterprise in an Underdeveloped Area, 1850–1950* (Cambridge, MA: Harvard University Press, 1957), 82; Manifesto da Associação Industrial, *O Industrial (Orgão da Associação Industrial)*, May 21, 1881, as quoted in Stein, *The Brazilian Cotton Manufacture*, 82; Stein, *The Brazilian Cotton Manufacture*, 83–84.

37 Byron Marshall, *Capitalism and Nationalism in Pre-war Japan* (Palo Alto: Stanford University Press, 1967), 15–16.

38 Carter J. Eckert, *Offspring of Empire: The Koch'ang Kins and the Colonial Origins of Korean Capitalism, 1876–1945* (Seattle: University of Washington Press, 1991), 30, 40; Pearse, *The Cotton Industry of India*, 3.

39 Pearse, *Brazilian Cotton*, 27–28; Stein, *The Brazilian Cotton Manufacture*, 114.

40 Stein, *The Brazilian Cotton Manufacture*, 66–67, 77, 82, 84–85, 98 100–1; Pearse,

Brazilian Cotton, 40; the Englishman is quoted in Stein, *The Brazilian Cotton Manufacture*, 101.
41 Stein, *The Brazilian Cotton Manufacture*, 53, 54, 57, 62; Pearse, *Brazilian Cotton*, 32; Companhia Brazil Industrial, *The Industry of Brazil*, 17.
42 Stein, *The Brazilian Cotton Manufacture*, 99; Rafael Dobado Gonzalez, Aurora Gomez Galvarriato, and Jeffrey G. Williamson, "Globalization, De-industrialization and Mexican Exceptionalism, 1750–1879," National Bureau of Economic Research Working Paper No. 12316, June 2006, 40; Stephen Haber, Armando Razo, and Noel Maurer, *The Politics of Property Rights: Political Instability, Credible Commitments, and Economic Growth in Mexico, 1876–1929* (New York: Cambridge University Press, 2003), 128; Clark et al., *Cotton Goods in Latin America*, 20, 38; Wolfgang Müller, "Die Textilindustrie des Raumes Puebla (Mexiko) im 19. Jahrhundert" (PhD dissertation, University of Bonn, 1977), 63; Stephen H. Haber, "Assessing the Obstacles to Industrialisation: The Mexican Economy, 1830–1940," *Journal of Latin American Studies* 24, no. 1 (February 1992), 18–21; Stephen Haber, *Crony Capitalism and Economic Growth in Latin America: Theory and Evidence*(Palo Alto, CA: Hoover Institution Press, 2002), 66, Table 2.3; Mirta Zaida Lobato, "A Global History of Textile Production, 1650–2000 (Argentina), Textile Conference IISH, November 11–13, 2004; Lockwood, Greene & Co. to Carlos Tornquist, Boston, August 13, 1924, in Industrias 144–8271, Biblioteca Tornquist del Banco Central de la República Argentina, Buenos Aires; Producción, elaboración y consumo del algodón en la República Argentina, 1924, in Industrias 144–8271, Biblioteca Tornquist del Banco Central de la República Argentina, Buenos Aires; Carlos D. Girola, *El Algodonero: Su cultivo en las varias partes del mundo, con referencias especiales a la República Argentinia* (Buenos Aires: Compania Sud-Americana, 1910).
43 A. J. Robertson, "Lancashire and the Rise of Japan, 1910–1937," in S. D. Chapman, ed., *The Textile Industries*, vol. 2 (London: I. B. Tauris, 1997), 490.
44 W. Miles Fletcher III, "The Japan Spinners Association: Creating Industrial Policy in Mejii Japan," *Journal of Japanese Studies* 22, no. 1 (1996): 67; E. Patricia Tsurumi, *Factory Girls: Women in the Thread Mills of Meiji Japan* (Princeton, NJ: Princeton University Press, 1990), 35; Thomas C., Smith, *Political Change and Industrial Development in Japan: Government Enterprise, 1868–1880* (Stanford, CA: Stanford University Press, 1955), 27, 58.
45 On imports see Motoshige Itoh and Masayuki Tanimoto, "Rural Entrepreneurs in the Cotton Weaving Industry in Japan," (unpublished paper, in author's possession, May 1995), 6; Ebara Soroku, as cited in Fletcher III, "The Japan Spinners Association," *Journal of Japanese Studies*, 67.
46 Fletcher III, "The Japan Spinners Association," 68; Yukio Okamoto, *Meijiki bōseki rōdō kankeishi: Nihonteki koyō, rōshi kankei keisei e no sekkin* (Fukuoka: Kyōshu̅ Daigaku Shuppankai, 1993), 157–58, 213–14; Tsurumi, *Factory Girls*, 42.
47 Takeshi Abe, "The Development of Japanese Cotton Weaving Industry in Edo Period" (unpublished and undated paper, in author's possession), 1; Masayuki Tanimoto, "The Role of Tradition in Japan's Industrialization," in Masayuki Tanimoto, ed., *The Role of Tradition in Japan's Industrialization: Another Path to Industrialization*, vol. 2 (Oxford: Oxford University Press, 2006), 9.
48 Naosuke Takamura, *Nihon bōsekigyōshi josetsu*, vol. 1 (Tokyo: Hanawa Shobō, 1971), 63; Naosuke Takamura, *Nihon bōsekigyōshi josetsu*, vol. 2 (Tokyo: Hanawa Shobō, 1971), 119; Tanimoto, "The Role of Tradition in Japan's Industrialization," 4, 12; Farnie and Abe, "Japan, Lancashire and the Asian Market for Cotton Manufactures," 119.
49 Fletcher III, "The Japan Spinners Association," *Journal of Japanese Studies*, 49–75; Fletcher III, "The Japan Spinners Association," in *The Textile Industry*, 66; Farnie and Abe, "Japan, Lancashire and the Asian Market for Cotton Manufactures," 118, 126.
50 Farnie and Abe, "Japan, Lancashire and the Asian Market for Cotton Manufactures,"

121, 128; Takeshi Abe, "The Development of the Producing-Center Cotton Textile Industry in Japan between the Two World Wars," *Japanese Yearbook on Business History* 9 (1992): 17, 19; see also Hikotaro Nishi, *Die Baumwollspinnerei in Japan* (Tübingen: Laupp'schen Buchhandlung, 1911), 71, 88.
51 Takamura, *Nihon bōsekigyōshi josetsu*, vol. 1, 239. On shipping see William Wray, *Mitsubishi and the N.Y.K., 1870–1914: Business Strategy in the Japanese Shipping Industry* (Cambridge, MA: Council on East Asian Studies, Harvard University, 1984).
52 关于一般的统计状况，见 Nishi, *Die Baumwollspinnerei in Japan*, 78, 84; Farnie and Abe, "Japan, Lancashire and the Asian Market for Cotton Manufactures," 136–37; Takeshi Abe, "The Chinese Market for Japanese Cotton Textile Goods," in Kaoru Sugihara, ed., *Japan, China, and the Growth of the Asian International Economy, 1850–1949*, vol. 1 (Oxford: Oxford University Press 2005), 74, 77.
53 Natsuko Kitani, "Cotton, Tariffs and Empire: The Indo-British Trade Relationship and the Significance of Japan in the First Half of the 1930s" (PhD dissertation, Osaka University of Foreign Studies, 2004), iii–v, 5, 49, 65; Department of Overseas Trade, *Conditions and Prospects of United Kingdom Trade in India, 1937–38* (London: His Majesty's Stationery Office, 1939), 170. See also Toyo Menka Kaisha, *The Indian Cotton Facts 1930* (Bombay: Toyo Menka Kaisha Ltd., 1930), 98.
54 请参阅日本棉纺织业协会的藏书，其中载有许多关于英国、美国、德国、印度和其他地方劳工问题的书籍；见 Japanese Cotton Spinners Association Library, University of Osaka. On labor more generally see E. Tsurumi, *Factory Girls*；关于农村与都市受薪劳工之间的关联，见 Johannes Hirschmeier, *The Origins of Entrepreneurship in Meiji Japan* (Cambridge, MA: Harvard University Press, 1964), 80; Toshiaki Chokki, "Labor Management in the Cotton Spinning Industry," in Smitka ed., *The Textile Industry and the Rise of the Japanese Economy*, 7; Janet Hunter, *Women and the Labour Market in Japan's Industrialising Economy: The Textile Industry Before the Pacific War* (London: Routledge, 2003), 69–70, 123–24; Farnie and Abe, "Japan, Lancashire and the Asian Market for Cotton Manufactures," 120; Janet Hunter and Helen Macnaughtan, "Japan," in Van Voss et al., eds., *The Ashgate Companion to the History of Textile Workers*, 317; Gary Saxonhouse and Yukihiko Kiyokawa, "Supply and Demand for Quality Workers in Cotton Spinning in Japan and India," in Smitka, ed., *The Textile Industry and the Rise of the Japanese Economy*, 185.
55 Hunter, *Women and the Labour Market*, 4; Jun Sasaki, "Factory Girls in an Agrarian Setting circa 1910," in Tanimoto, ed., *The Role of Tradition in Japan's Industrialization*, 130; Tsurumi, *Factory Girls*, 10–19; Nishi, *Die Baumwollspinnerei in Japan*, 141.
56 Hunter and Macnaughtan, "Japan," 320–21. See also Gary Saxonhouse and Gavin Wright, "Two Forms of Cheap Labor in Textile History," in Gary Saxonhouse and Gavin Wright, eds., *Techniques, Spirit and Form in the Making of the Modern Economies: Essays in Honor of William N. Parker* (Greenwich, CT: JAI Press 1984), 3–31; Nishi, *Die Baumwollspinnerei in Japan*, 143, 155; Farnie and Abe, "Japan, Lancashire and the Asian Market for Cotton Manufactures," 135.
57 Farnie and Abe, "Japan, Lancashire and the Asian Market for Cotton Manufactures," 125; Takamura, *Nihon bōsekigyōshi josetsu*, vol. 1, 308; 关于日本棉纺织业集体行动的情况，见 W. Miles Fletcher III, "Economic Power and Political Influence: The Japan Spinners Association, 1900–1930," *Asia Pacific Business Review* 7, no. 2 (Winter 2000): 39–62, especially 47.
58 Saxonhouse and Kiyokawa, "Supply and Demand for Quality Workers," 186; Chokki, "Labor Management in the Cotton Spinning Industry," 15; Nishi, *Die Baumwollspinnerei in Japan*, 147.
59 The table on page 408 is based on information from Nishi, *Die Baumwollspinnerei in Japan*, 55, 84; Department of Finance, *1912: Annual Return of the Foreign Trade of the Empire of Japan* (Tokyo: Insetsu Kyoku, n.d.), 554; for 1913–15, Department

of Finance, *1915: Annual Return of the Foreign Trade of the Empire of Japan*, part 1 (Tokyo: Insetsu Kyoku, n.d.), 448; Department of Finance, *1917: Annual Return of the Foreign Trade of the Empire of Japan*, part 1 (Tokyo: Insetsu Kyoku, n.d.), 449. Department of Finance, *1895: Annual Return of the Foreign Trade of the Empire of Japan* (Tokyo: Insetsu Kyoku, n.d.), 296; for 1902, Department of Finance, *December 1902: Monthly Return of the Foreign Trade of the Empire of Japan* (Tokyo: Insetsu Kyoku, n.d.), 65; Tōyō Keizai Shinpōsha, ed., *Foreign Trade of Japan: A Statistical Survey* (Tokyo: 1935; 1975), 229–30, 49.

60 关于工业的扩张亦可参见 Sung Jae Koh, *Stages of Industrial Development in Asia: A Comparative History of the Cotton Industry in Japan, India, China, and Korea* (Philadelphia: University of Pennsylvania Press, 1966); Takamura, *Nihon bōsekigyōshi josetsu*, vol. 2, 121; Nishi, *Die Baumwollspinnerei in Japan*, 1; Takeshi Abé and Osamu Saitu, "From Putting-Out to the Factory: A Cotton-Weaving District in Late Meiji Japan," *Textile History* 19, no. 2 (1988): 143–58; Jun Sasaki, "Factory Girls in an Agrarian Setting circa 1910," in Tanimoto, ed., *The Role of Tradition in Japan's Industrialization*, 121; Takeshi Abe, "Organizational Changes in the Japanese Cotton Industry During the Inter-war Period," in Douglas A. Farnie and David J. Jeremy, eds., *The Fibre That Changed the World: The Cotton Industry In International Perspective, 1600–1990s* (Oxford: Oxford University Press, 2004), 462; Farnie and Abe, "Japan, Lancashire and the Asian Market for Cotton Manufactures," 146; Johzen Takeuchi, "The Role of 'Early Factories' in Japanese Industrialization," in Tanimoto, ed., *The Role of Tradition in Japan's Industrialization*, 76.

61 François Charles Roux, *Le coton en Égypte* (Paris: Librairie Armand Colin, 1908), 296, 297; Robert L. Tignor, *Egyptian Textiles and British Capital, 1930–1956* (Cairo: American University in Cairo Press, 1989), 9, 10; Owen, "Lord Cromer and the Development of Egyptian Industry," 285, 288, 291, 292; Bent Hansen and Karim Nashashibi, *Foreign Trade Regimes and Economic Development: Egypt* (New York: National Bureau of Economic Research, 1975), 4.

62 Tignor, *Egyptian Textiles and British Capital*, 12–14; Joel Beinin, "Egyptian Textile Workers: From Craft Artisans Facing European Competition to Proletarians Contending with the State," in Van Voss et al., eds., *The Ashgate Companion to the History of Textile Workers*, 185; Hansen and Nashashibi, *Foreign Trade Regimes and Economic Development*, 3–4; for the quote see Robert L. Tignor, "Economic Planning, and Development Projects in Interwar Egypt," *International Journal of African Historical Studies* 10, no. 2 (1977): 187, 189.

63 *Statistical Tables Relating to Indian Cotton: Indian Spinning and Weaving Mills* (Bombay: Times of India Steam Press, 1889), 95; Misra Bhubanes, *The Cotton Mill Industry of Eastern India in the Late Nineteenth Century: Constraints on Foreign Investment and Expansion* (Calcutta: Indian Institute of Management, 1985), 5; R. E. Enthoven, *The Cotton Fabrics of the Bombay Presidency* (Bombay: n.p., approx. 1897), 4; Pearse, *The Cotton Industry of India*, 22. On the growth of the Indian cotton industry see also Department of Commercial Intelligence and Statistics, *Monthly Statistics of Cotton Spinning and Weaving in India Mills* (Calcutta: n.p., 1929); Atma'ra'm Trimbuck to T. D. Mackenzie, Bombay, June 16, 1891, Revenue Department, 1891, No 160, Maharashtra State Archives, Mumbai.

64 Enthoven, *The Cotton Fabrics of the Bombay Presidency*, 6; *Statistical Tables Relating to Indian Cotton*, 116; *Report of the Bombay Millowners' Association for the Year 1897* (Bombay: Times of India Steam Press, 1898), 3; Amiya Kumar Bagchi, *Private Investment in India, 1900–1939* (Cambridge: Cambridge University Press, 1972), 9; Helm, "An International Survey of the Cotton Industry," 432.

65 "Statement Exhibiting the Moral and Material Progress and Condition of India, 1895–96," 172, in 1895, SW 241, Oriental and India Office Collections, British Library, London. A slightly higher number is cited in *Imperial and Asiatic Quarterly Review and Oriental and Colonial Record*, Third Series, 58 (July–October 1904): 49. On the

general points see Tirthankar Roy, "The Long Globalization and Textile Producers in India," in Van Voss et al., eds., *The Ashgate Companion to the History of Textile Workers*, 266–67. Toyo Menka Kaisha, *The Indian Cotton Facts 1930* (Bombay: Toyo Menka Kaisha Ltd., 1930), 162, Appendix A, Progress of the Cotton Mill Industry; Enthoven, *The Cotton Fabrics of the Bombay Presidency*, 7; Eckehard Kulke, *The Parsees in India: A Minority as Agent of Social Change* (Munich: Weltforum Verlag, 1974), 120–25.

66 Morris D. Morris, *The Emergence of an Industrial Labor Force in India: A Study of the Bombay Cotton Mills, 1854–1947* (Berkeley: University of California Press, 1965), 101, 103, 114; Manmohandas Ramji, Chairman of the Bombay Millowners' Association, at Its Annual General Meeting held on April 28, 1910, in *Report of the Bombay Mill-owners' Association for the Year 1909* (Bombay: Times of India Steam Press, 1910), v; Letter from the Officiating Secretary of the Government of India, Home, Revenue and Agricultural Department (Judicial), no 12–711, dated May 2, 1881, in Revenue Department, 1881, No. 776, Acts and Regulations, Factory Act of 1881, in Maharashtra State Archives, Mumbai; Shashi Bushan Upadhyay, *Dissension and Unity: The Origins of Workers' Solidarity in the Cotton Mills of Bombay, 1875–1918* (Surat: Center for Social Studies, July 1990), 1; Dietmar Rothermund, *An Economic History of India: From Pre-colonial Times to 1991*(London: Routledge, 1993), 51; M. P. Gandhi, *The Indian Cotton Textile Industry: Its Past, Present and Future* (Calcutta: Mitra, 1930), 67; *Report of the Bombay Millowners' Association for the Year 1906* (Bombay: Times of India Steam Press, 1907), ii; "Memorandum on the Cotton Import and Excise Duties," 5–6, in L/E/9/153, Oriental and India Office Collections, British Library, London.

67 Rothermund, *An Economic History of India*, 37.

68 Tripathi, *Historical Roots of Industrial Entrepreneurship in India and Japan*, 14, 139.

69 Albert Feuerwerker, "Handicraft and Manufactured Cotton Textiles in China, 1871–1910," *Journal of Economic History* 30, no. 2 (June 1970): 338.

70 Ramon H. Myers, "Cotton Textile Handicraft and the Development of the Cotton Textile Industry in Modern China," *Economic History Review*, New Series, 18, no. 3 (1965): 615; Katy Le Mons Walker, "Economic Growth, Peasant Marginalization, and the Sexual Division of Labor in Early Twentieth-Century China: Women's Work in Nantong County," *Modern China* 19, no. 3 (July 1993): 360; R. S. Gundry, ed., *A Retrospect of Political and Commercial Affairs in China & Japan, During the Five Years 1873 to 1877* (Shanghai: Kelly & Walsh, 1878), Commercial, 1877, 98; Feuerwerker, "Handicraft and Manufactured Cotton Textiles in China," 342; H. D. Fong, "Cotton Industry and Trade in China," *Chinese Social and Political Science Review* 16 (October 1932): 400, 402; United States Department of Commerce and Ralph M. Odell, *Cotton Goods in China* (Washington, DC: Government Printing Office, 1916), 33, 43; M. V. Brandt, *Stand und Aufgabe der deutschen Industrie in Ostasien* (Hildesheim: August Lax, 1905), 11. 1902年，中国棉花进口总值的55%来自英国，26.8%来自美国，只有2.7%来自日本。到1930年，日本已占72.2%，英国下降到13.2%，美国下降到0.1%。有关这些统计信息，请参阅Kang Chao, with Jessica C. Y. Chao, *The Development of Cotton Textile Production in China*(Cambridge, MA: Harvard University Press, 1977), 97.

71 Köll, *From Cotton Mill to Business Empire*, 36–37; James R. Morrell, "Origins of the Cotton Textile Industry in China" (PhD dissertation, Harvard University, 1977), 1, 147–75.

72 Myers, "Cotton Textile Handicraft and the Development of the Cotton Textile Industry," 626–27; Feuerwerker, "Handicraft and Manufactured Cotton Textiles in China," 346; Fong, "Cotton Industry and Trade in China," 348, 370–71, 411, 416; Shigeru Akita, "The British Empire and International Order of Asia, 1930s–1950s" (presentation, 20th International Congress of Historical Sciences, Sydney, 2005), 16; Shigeru Akita, "The East Asian International Economic Order in the 1850s,"

in Antony Best, ed., *The International History of East Asia, 1900–1908* (London: Routledge, 2010), 153–67; Abe, "The Chinese Market for Japanese Cotton Textile Goods," 83; Robert Cliver, "China," in Van Voss et al., eds., *The Ashgate Companion to the History of Textile Workers*, 116; Ralph M. Odell et al., *Cotton Goods in China*, 158.

73 Feuerwerker, "Handicraft and Manufactured Cotton Textiles in China," 346; Loren Brandt, *Commercialization and Agricultural Development: Central and Eastern China, 1870–1937* (Cambridge: Cambridge University Press, 1989), 6; Robert Cliver, "China," in Van Voss et al., eds., *The Ashgate Companion to the History of Textile Workers*, 116; Bruce L. Reynolds, "The Impact of Trade and Foreign Investment on Industrialization: Chinese Textiles, 1875–1931" (PhD dissertation, University of Michigan, 1975), 64; Chong Su, *The Foreign Trade of China* (New York: Columbia University, 1919), 304; Department of Overseas Trade and H. H. Fox, *Economic Conditions in China to September 1, 1929* (London, 1929), 7, as quoted in Akita, "The British Empire and International Order of Asia," 17.

74 Odell et al., *Cotton Goods in China*, 161, 162ff., 168, 178, 179; Fong, "Cotton Industry and Trade in China," 376; *Report of the Bombay Millowners' Association for the Year 1907* (Bombay: Times of India Steam Press, 1908), ii.

75 Fong, "Cotton Industry and Trade in China," 376; Jack Goldstone, "Gender, Work and Culture: Why the Industrial Revolution Came Early to England but Late to China," *Sociological Perspectives* 39, no. 1 (1996): 1; Robert Cliver, "China," in Van Voss et al., eds., *The Ashgate Companion to the History of Textile Workers*, 123–24.

76 Chu, *Reformer in Modern China*, 19, 22, 24, 28; Marie-Claire Bergere, *The Golden Age of the Chinese Bourgeoisie, 1911–1937* (Cambridge: Cambridge University Press, 1989), 51–60; Cliver, "China," 126, 194; Albert Feuerwerker, *China's Early Industrialization*, 20, 28, 44; see Ching-Chun Wang, "How China Recovered Tariff Autonomy," *Annals of the American Academy of Political and Social Science* 152, no. 1 (1930): 266–77; Frank Kai-Ming Su and Alvin Barber, "China's Tariff Autonomy, Fact or Myth," *Far Eastern Survey* 5, no. 12 (June 3, 1936): 115–22; Kang Chao et al., *The Development of Cotton Textile Production in China*, 102; Abe, "The Chinese Market for Japanese Cotton Textile Goods," 96; Feuerwerker, "Handicraft and Manufactured Cotton Textiles in China," 343; Akita, "The British Empire and International Order of Asia," 20.

77 Farnie and Abe, "Japan, Lancashire and the Asian Market for Cotton Manufactures," 138, 139. 日本在中国的棉纺纱厂的效率世界第一; Hunter et al., "Japan," 316–17; United States Tariff Commission, *Cotton Cloth*, Report no. 112 (Washington: n.p., 1936), 157. 关于工资上涨，另见 Takamura, *Nihon bōsekigyōshi josetsu*, vol. 2, 209; Abe, "The Chinese Market for Japanese Cotton Textile Goods," 95; Charles K. Moser, *The Cotton Textile Industry of Far Eastern Countries* (Boston: Pepperell Manufacturing Company, 1930), 87; Fong, "Cotton Industry and Trade in China," 350.

78 Richu Ding, "Shanghai Capitalists Before the 1911 Revolution," *Chinese Studies in History* 18, no. 3–4 (1985): 33–82.

79 R. L. N. Vijayanagar, Bombay Millowners' Association, *Centenary Souvenir, 1875–1975* (Bombay: The Association, 1979), 29, in Asiatic Society of Mumbai; *Report of the Bombay Millowners' Association···1909*, vi; *Report of the Bombay Millowners' Association···1897*, 80; *Report of the Bombay Millowners' Association for the Year 1900* (Bombay: Times of India Steam Press, 1901), 32. See also *Report of the Bombay Mill-owners' Association for the Year 1904* (Bombay: Times of India Steam Press, 1905), 156; *Report of the Bombay Millowners' Association···1907*, xiii; Resolution of the First Indian Industrial Conference held at Benares on December 30, 1905, in Part C, No. 2, March 1906, Industries Branch, Department of Commerce and Industry, National Archives of India, New Delhi; Morris, *The Emergence of an Industrial Labor Force in India*, 38; *Report of the Bombay Millowners' Association···1907*, xiii.

80 Mehta, *The Ahmedabad Cotton Textile Industry*, 114; *The Mahratta*, January 19, 1896, February 2, 1896, February 9, 1896; "Memorandum on the Cotton Import and Excise Duties," 6, L/E/9/153, in Oriental and India Office Collections, British Library, London; Gandhi, *The Indian Cotton Textile Industry*, 66; G. V. Josji to G. K. Gokhale, File 4, Joshi Correspondence with Gokhale, Nehru Memorial Library, New Delhi.
81 *Report of the Bombay Millowners' Association for the Year 1901* (Bombay: Times of India Steam Press, 1902), 17–18.
82 *The Mahratta*, March 15, 1896; Mehta, *The Ahmedabad Cotton Textile Industry*, 117–19, 131; Tripathi, *Historical Roots of Industrial Entrepreneurship in India and Japan*, 115; A. P. Kannangara, "Indian Millowners and Indian Nationalism Before 1914," *Past and Present* 40, no. 1 (July 1968): 151. Bomanji Dinshaw Petit, 孟买一位棉纺厂主就说，"日本人在斯瓦德什精神的鼓舞下，他们拥有最大限度地利用这种精神的能力和优势"。*Report of the Bombay Millowners' Association⋯1907*, xii. For a different argument see Kannangara, "Indian Millowners and Indian Nationalism before 1914," 147–64. In contrast, see Sumit Sarkar, *Modern India, 1855–1947* (New Delhi: Macmillan, 1983), 132; *Report of the Bombay Millowners' Association⋯1906*, iii.
83 *Sydenham College Magazine* 1, no. 1 (August 1919); *The Mahratta*, October 11, 1896, May 3, 1896; Draft of the Minutes of a Meeting of the Cotton Merchants held at Surat on April 13, 1919, in File No. 11, Sir Purshotamdas Thakurdas Papers, Nehru Memorial Library, New Delhi; Letter of Purshotamdas Thakurdas to the Ahmedabad Millowners' Association, March 22, 1919, in ibid.; *Report of the Bombay Millowners' Association⋯1904*, 158. See also *Report of the Bombay Millowners' Association⋯1907*, iv; *Report of the Bombay Millowners' Association⋯1909*, iv; *Report of the Bombay Millowners' Association⋯1907*, viii.
84 Gandhi, *The Indian Cotton Textile Industry*; Lisa N. Trivedi, *Clothing Gandhi's Nation: Homespun and Modern India* (Bloomington: Indiana University Press, 2007), 105. 印度工厂主与民族主义运动之间的联系也可以参见 Sir Purshotamdas Thakurdas Papers, Nehru Memorial Library, New Delhi: for example, Letter of Sir Purshotamdas Tharkurdas to Ahmedabad Millowners Association, March 22, 1919, in Sir Purshotamdas Thakurdas Papers, File No. 11, Nehru Memorial Library; see also Draft of the Minutes of a Meeting of the Cotton Merchants held at Surat on April 13, 1919, in ibid.; "The Cotton Association," in *Sydenham College Magazine* 1, no. 1 (August 1919), in ibid.; Sir Purshotamdas Tharkurdas to Amedabad Millowners' Association, March 22, 1919, in ibid.
85 Gandhi, *The Indian Cotton Textile Industry*, 71, 123. For the connections to mill owners see Makrand Mehta, "Gandhi and Ahmedabad, 1915–20," *Economic and Political Weekly* 40 (January 22–28, 2005): 296. A. P. Kannangara, "Indian Millowners and Indian Nationalism before 1914," *Past and Present* 40, no. 1 (July 1968): 164; Visvesvaraya, *Planned Economy for India* (Bangalore: Bangalore Press, 1934), v, 203; Ding, "Shanghai Capitalists Before the 1911 Revolution," 33–82; on India see also Bipan Chandra, *The Writings of Bipan Chandra: The Making of Modern India rom Marx to Gandhi* (Hyderabad: Orient Blackswan, 2012), 385–441.
86 Bagchi, *Private Investment in India*, 5, 240, 241.
87 "The Cooperation of Japanese and Korean Capitalists," as cited in Eckert, *Offspring of Empire*, 48; Mehta, *The Ahmedabad Cotton Textile Industry*, 121; *Report of the Bombay Millowners' Association for the Year 1908* (Bombay: Times of India Steam Press, 1909), vi; Ratanji Tata to G. K. Gokhale, Bombay, October 15, 1909, in Servants of India Society Papers, File 4, correspondence, Gokhale, 1890–1911, Part 2, Nehru Memorial Library, New Delhi; File No. 24, Sir Purshotamdas Thakurdas Papers, Nehru Memorial Library; Dietmar Rothermund, *The Global Impact of the Great Depression, 1929–1939* (London: Routledge, 1996), 96; *A Brief Memorandum Outlining a Plan of Economic Development for India*, 1944, as reprinted in Purshotamdas Thakurdas, ed., *A Brief Memorandum Outlining a Plan of Economic*

Development for India, 2 vols. (London: Penguin, 1945).
88 See Joel Beinin, "Formation of the Egyptian Working Class," *Middle East Research and Information Project Reports* 94 (February 1981): 14–23; Beinin, "Egyptian Textile Workers," 188–89.
89 Fong, "Cotton Industry and Trade in China," 379, 381; Hung-Ting Ku, "Urban Mass Movement: The May Thirtieth Movement in Shanghai," *Modern Asian Studies* 13, no. 2 (1979): 197–216.
90 Morris, *The Emergence of an Industrial Labor Force in India*, 105, 178, 183; R. L. N. Vijayanagar, Bombay Millowners' Association, *Centenary Souvenir, 1875–1975* (Bombay: The Association, 1979), 63, in Asiatic Society of Mumbai; Mehta, *The Ahmedabad Cotton Textile Industry*, 113; Makrand Mehta, "Gandhi and Ahmedabad, 1915–20," *Economic and Political Weekly* 40 (January 22–28, 2005): 298; Vijayanagar, *Centenary Souvenir, 1875–1975*, 29; Roy, "The Long Globalization and Textile Producers in India," 269.
91 Jacob Eyferth, "Women's Work and the Politics of Homespun in Socialist China, 1949–1980," *International Review of Social History* 57, no. 3 (2012): 13; Prabhat Patnaik, "Industrial Development in India Since Independence," *Social Scientist* 7, no. 11 (June 1979): 7; Paritosh Banerjee, "Productivity Trends and Factor Compensation in Cotton Textile Industry in India: A Rejoinder," *Indian Journal of Industrial Relations* 4 (April 1969): 542; Government of India, Ministry of Labour, *Industrial Committee on Cotton Textiles*, First Session, Summary of Proceedings, New Delhi, January 1948; Lars K. Christensen, "Institutions in Textile Production: Guilds and Trade Unions," in Van Voss et al., eds., *The Ashgate Companion to the History of Textile Workers*, 766; Hansen and Nashashibi, *Foreign Trade Regimes and Economic Development*, 7, 19–20.
92 Eyferth, "Women's Work and the Politics of Homespun," 21.

第14章 结语：经线和纬线

1 "Liverpool. By Order of the Liverpool Cotton Association Ltd., Catalogue of the Valuable Club Furnishings etc. to be Sold by Auction by Marsh Lyons & Co., Tuesday, 17th December 1963," Greater Manchester County Record Office, Manchester.
2 Douglas A. Farnie and Takeshi Abe, "Japan, Lancashire and the Asian Market for Cotton Manufactures, 1890–1990," in Douglas Farnie et al., eds., *Region and Strategy in Britain and Japan, Business in Lancashire and Kansai, 1890–1990*(London: Routledge, 2000), 151–52; John Singleton, "Lancashire's Last Stand: Declining Employment in the British Cotton Industry, 1950–1970," *Economic History Review*, New Series, 39, no. 1 (February 1986): 92, 96–97; William Lazonick, "Industrial Organization and Technological Change: The Decline of the British Cotton Industry," *Business History Review* 57, no. 2 (Summer 1983): 219. 具有讽刺意味的是，英国历史学家也在20世纪60年代开始淡化棉花工业对工业革命的重要性。
3 John Baffes, "The 'Cotton Problem,'" *World Bank Research Observer* 20, no. 1 (April 1, 2005): 116.
4 For India, see Official Indian Textile Statistics 2011–12, Ministry of Textiles, Government of India, Mumbai, accessed on June 5, 2013, http://www.txcindia.com/html/comp%20table%20pdf%202011-12/compsection1%2011–12.htm. For Pakistan see Muhammad Shahzad Iqbal et al., "Development of Textile Industrial Clusters in Pakistan," *Asian Social Science* 6, no. 11 (2010): 132, Table 4.2, "Share of Textiles in Employment." On China see Robert P. Antoshak, "Inefficiency and Atrophy in China's Spinning Sector Provide Opportunities of Others," *Cotton: Review of World Situation* 66 (November–December 2012), 14–17.
5 National Cotton Council of America, "The Economic Outlook for U.S. Cotton, 2013,"

accessed September 17, 2013, http://www.cotton.org/econ/reports/upload/13annmtg_all_final.pdf. 另见 United States Department of Agriculture, Foreign Agricultural Service, "Cotton: World Markets and Trade," Circular Series, April 2013; Oxfam, "Cultivating Poverty: The Impact of US Cotton Subsidies on Africa, 2002," accessed March 15. 2012, http://www.oxfamamerica.org/files/cultivating-poverty.pdf. 关于世界棉花种植地区, 见 International Cotton Advisory Committee, *Cotton: Review of World Situation* 66 (November–December 2012), 5; International Cotton Advisory Committee, "Survey of Cotton Labor Cost Components in Major Producing Countries" (April 2012), foreword. The estimate of 350 million is from *Frankfurter Allgemeine Zeitung*, April 1, 2010. For the general points, see Naoko Otobe, "Global Economic Crisis, Gender and Employment: The Impact and Policy Response," ILO Employment Working Paper No. 74, 2011, 8; Clive James, "Global Review of Commercialized Transgenic Crops: 2001, Feature: Bt Cotton," *International Service for the Acquisition of Agri-Biotech Applications* no. 26 (2002), 59. David Orden et al., "The Impact of Global Cotton and Wheat Prices on Rural Poverty in Pakistan," *Pakistan Development Review* 45, no. 4 (December 2006): 602; John Baffes, "The 'Cotton Problem,'" *World Bank Research Observer* 20, no. 1 (April 1, 2005): 109.

6 Sabrina Tavernise, "Old Farming Habits Leave Uzbekistan a Legacy of Salt," *New York Times*, June 15, 2008; "Ministry Blames Bt Cotton for Farmer Suicides," *Hindustan Times*, March 26, 2012; David L. Stern, "In Tajikistan, Debt-Ridden Farmers Say They Are the Pawns," *New York Times*, October 15, 2008; Vivekananda Nemana, "In India, GM Crops Come at a High Price," *New York Times*, India Ink Blog, October 16, 2012, accessed April 2, 2013, http://india.blogs.nytimes.com/2012/10/16/in-india-gm-crops-come-at-a-high-price/?_r=0.

7 Amy A. Quark, "Transnational Governance as Contested Institution-Building: China, Merchants, and Contract Rules in the Cotton Trade," *Politics and Society* 39, no. 1 (March 2011): 3–39.

8 Nelson Lichtenstein, "The Return of Merchant Capitalism," *International Labor and Working-Class History* 81 (2012): 8–27, 198.

9 *New York Times*, April 1, 1946; International Cotton Association, History Timeline, accessed April 15, 2013, http://www.ica-ltd.org/about-us/our-history.

10 John T. Cumbler, *Working-Class Community in Industrial America: Work, Leisure, and Struggle in Two Industrial Cities, 1880–1930* (Westport, CT: Greenwood Press, 1979), 139.

11 Kang Chao, *The Development of Cotton Textile Production in China* (Cambridge, MA: East Asian Research Center, Harvard University, 1977), 269.

12 Ibid., 267; Alexander Eckstein, *Communist China's Economic Growth and Foreign Trade: Implications for U.S. Policy* (New York: McGraw-Hill, 1966), 56.

13 See "China's Leading Cotton Producer to Reduce Cotton-Growing Farmland," *China View* (December 25, 2008), accessed September 10, 2013, http://news.xinhuanet.com/english/2008-12/25/content_10559478.htm; National Cotton Council of America, Country Statistics, accessed December 15, 2012, http://www.cotton.org/econ/cropinfo/cropdata/country-statistics.cfm; Zhores A. Medvedev, *Soviet Agriculture* (New York: Norton, 1987), 229ff.; Charles S. Maier, "Consigning the Twentieth Century to History: Alternative Narratives for the Modern Era," *American Historical Review* 105, no. 3 (June 1, 2000): 807–831; Carol S. Leonard, *Agrarian Reform in Russia: The Road from Serfdom* (Cambridge: Cambridge University Press, 2011), 75.

14 See Maier, "Consigning," 807–31.

15 Oxfam, "Cultivating Poverty: The Impact of US Cotton Subsidies on Africa, 2002"; *New York Times*, August 5, 2003, A18, September 13, 2003, A26. Over the past decade, U.S. government cotton subsidies have ranged from around $1 billion to over $4 billion a year. John Baffes, "Cotton Subsidies, the WTO, and the 'Cotton Problem,'" World Bank Development Prospects Group & Poverty Reduction and Economic Management Network, Policy Research Working Paper 566 (May 2011),

18; Michael Grunwald, "Why the U.S. Is Also Giving Brazilians Farm Subsidies," *Time*, April 9, 2010; Realizing Rights: The Ethical Globalization Initiative, "US and EU Cotton Production and Export Policies and Their Impact on West and Central Africa: Coming to Grips with International Human Rights Obligations" (May 2004), 2, accessed January 20, 2013, http://www.policyinnovations.org/ideas/policy_library/data/01155/_res/id=sa_File1/.

16 See Akmad Hoji Khoresmiy, "Impact of the Cotton Sector on Soil Degradation" (presentation, Cotton Sector in Central Asia Conference, School of Oriental and African Studies, London, November 3–4, 2005); International Crisis Group, Joint Letter to Secretary Clinton regarding Uzbekistan, Washington, DC, September 27, 2011, accessed January 20, 2013, http://www.crisisgroup.org/en/publication-type/media-releases/2011/asia/joint-letter-to-secretary-clinton-regarding-uzbekistan.aspx; International Crisis Group, "The Curse of Cotton: Central Asia's Destructive Monoculture," *Asia Report* No. 93, February 28, 2005, accessed January 20, 2013, http://www.crisisgroup.org/en/regions/asia/central-asia/093-the-curse-of-cotton-central-asias-destructive-monoculture.aspx.

17 See David Harvey, *The Geopolitics of Capitalism* (New York: Macmillan, 1985).

18 See Xi Jin, "Where's the Way Out for China's Textile Industry?" *Cotton: Review of World Situation* 66 (November–December 2012): 10.

19 See Eric Hobsbawm, *The Age of Extremes: A History of the World, 1914–1991* (New York: Vintage, 1994); for a similar argument see Aditya Mukherjee, "What Human and Social Sciences for the 21st Century: Some Perspectives from the South" (presentation at Nation Congress on "What Human and Social Sciences for the 21st Century?" at the University of Caen, France, on December 7, 2012).

20 See Environmental Farm Subsidy Database, 2013, accessed September 25, 2013, http://farm.ewg.org/progdetail.php?fips=00000&progcode=cotton.

21 On Chinese households in the 1950s see Jacob Eyferth, "Women's Work and the Politics of Homespun in Socialist China, 1949–1980," *International Review of Social History* 57, no. 3 (2012): 2. On current household expenditures see United States Department of Labor, Bureau of Labor Statistics, Consumer Expenditures 2012, released September 10, 2013, accessed September 17, 2013, http://www.bls.gov/news.release/pdf/cesan.pdf; *Frankfurter Allgemeine Zeitung*, November 13, 2009, 25.

出版后记

资本主义影响了我们生活中的各个方面,我们的生活中充满着来自世界各地的商品。我们生活的时代也是全球化的时代。我们都知道,波音飞机这样的商品涉及多国合作,往往发动机在一国生产,机翼在另一国生产,而控制系统又在另一国生产。但是我们没有意识到的是,即使像衣服这种看似稀松平常的事物,也同样是全球化的产物。就我们所穿着的日常衣服,很可能棉花产自美国、埃及或乌兹别克斯坦,然后在中国和越南纺成纱线,在印度尼西亚织造成衣服,最后再通过一个发达的全球运输系统,出现在世界各地的超市中。这些都是资本主义的奇迹,也是全球化的产物。而资本主义全球史正是斯文·贝克特在《棉花帝国》一书中的研究对象。

自马克思以来,资本主义史一直就是历史学家热门的研究对象,关于这方面的著作也是汗牛充栋。但是一直以来,资本主义研究关注更多的是工业革命时代以及之后的发展。斯文·贝克特独辟蹊径,花费了大量笔墨讨论了工业革命前的资本主义。他创造了"战争资本主义"这一概念,用他的话来说,这就是欧洲强大的国家运用自己的国家力量,帮助其资本家垄断了市场,而在这一过程中,他们往往也不惮于使用武力。和马克思一样,贝克特着重描写了资本主义野蛮暴力的一面。贝克特描写了棉花帝国不那么为我们所知的阴暗的一面,叙述了棉花帝国和奴隶制之间的千丝万缕的联系,叙述了资本主义和强迫劳动之间的关系,还讲述了"自由放任"资本主义不那么自由放任的一面。同时,贝克特还描绘了资本主义生产关系不断变化的一面,在这个过程中,商人、商业资本家、经纪人、代理人、国家官僚、工业资本家,还有佃农、自耕农、奴隶都有自己的角色，他们的命运浮沉都和棉花帝国的兴衰捆绑在一起。

全球史一直是当下历史写作中的热门，而贝克特的书涉及范围非常之广。从墨西哥到印度，从埃及到德国，《棉花帝国》一书涉及到五大洲的各个角落。贝克特在书中利用了各个语种各个地区的大量的一手和二手资料，全面地展现了从种植到运输再到生产的各个方面，他的角度可以用波澜壮阔来形容，是当之无愧的全球史写作典范。同时，贝克特不仅涉及面广，而且还拥有真正的全球视角。贝克特认为，不存在一个所谓的资本主义全球化阶段，他认为，资本主义生产关系从一开始，本质上就是全球化的，英国之所以能够发生工业革命，是因为英国商人从一开始就在其国家机器的帮助下，掌握了全球贸易网络的枢纽。

因为译者和编者水平有限，本书难免各种错误，敬请广大读者指正。

服务热线：133-6631-2326　188-11142-1266

服务信箱：reader@hinabook.com

后浪出版公司
2019 年 1 月

© 民主与建设出版社，2023

图书在版编目（CIP）数据

棉花帝国 /（美）斯文·贝克特著；徐轶杰，杨燕译. -- 北京：民主与建设出版社，2019.3（2024.7重印）
书名原文: Empire of Cotton: A Global History
ISBN 978-7-5139-2392-7

Ⅰ. ①棉… Ⅱ. ①斯… ②徐… ③杨… Ⅲ. ①棉花—产业—研究—世界 Ⅳ. ①F316.12

中国版本图书馆CIP数据核字(2018)第295084号

EMPIRE OF COTTON: A GLOBAL HISTORY
Copyright © 2014 by Sven Beckert
This translation published by arrangement with Alfred A. Knopf, an imprint of The Knopf Doubleday Group, a division of Random House LLC.
Simplified Chinese copyright © 2019 by Ginkgo (Beijing) Book Co., Ltd.
简体中文版由银杏树下（北京）图书有限责任公司出版

版权登记号：01-2023-1640

棉花帝国
MIANHUA DIGUO

著　　者	［美］斯文·贝克特
译　　者	徐轶杰　杨　燕
筹划出版	银杏树下
出版统筹	吴兴元
责任编辑	王　颂
特约编辑	史文轩
封面设计	墨白空间·陈威伸
出版发行	民主与建设出版社有限责任公司
电　　话	（010）59417747　59419778
社　　址	北京市海淀区西三环中路10号望海楼E座7层
邮　　编	100142
印　　刷	河北中科印刷科技发展有限公司
版　　次	2019年3月第1版
印　　次	2024年7月第17次印刷
开　　本	655毫米×1000毫米　1/16
印　　张	32
字　　数	475千字
书　　号	ISBN 978-7-5139-2392-7
定　　价	118.00元

注：如有印、装质量问题，请与出版社联系。

Fig. 6. Fig. 13. Fig. 8. Fig. 21.b Fig. 22. Fig. 12. Fig. 10. Fig. 18.

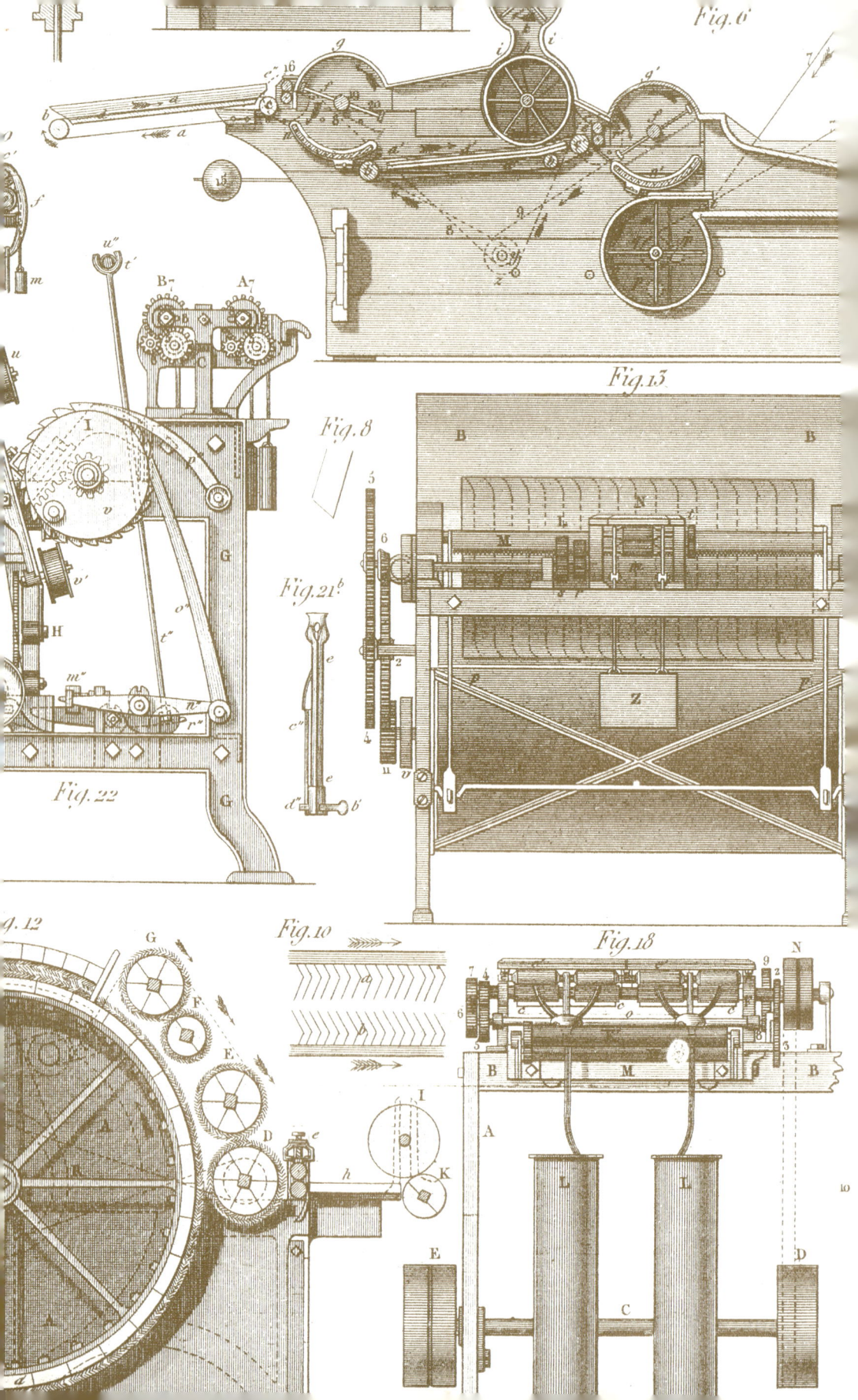